Cᴅᴀɴᴛ M.-H. WEIL

JOACHIM MURAT
Roi de Naples

La
Dernière Année de Règne
(MAI 1814 — MAI 1815)

TOME TROISIÈME

LES DERNIÈRES HÉSITATIONS DE MURAT
27 FÉVRIER - 26 MARS 1815
LA GUERRE. — L'OFFENSIVE NAPOLITAINE
27 MARS - 13 AVRIL 1815

Avec une carte du théâtre des premières opérations

PARIS
ANCIENNE LIBRAIRIE THORIN ET FILS
A. FONTEMOING ET Cⁱᵉ, ÉDITEURS
4, RUE LE GOFF (5ᵐᵉ)
—
1909

JOACHIM MURAT
Roi de Naples

La Dernière Année de Règne

DU MÊME AUTEUR

Le Prince Eugène et Murat. — Opérations militaires. — Négociations diplomatiques (1813-1814). Ouvrage honoré d'une souscription du Ministère de la Guerre. 5 forts volumes in-8, ornés de cartes. (Chaque volume se vend séparément).

Mémoires du Général-Major russe Baron de Löwenstern (1776-1858). — Publiés d'après le manuscrit original et annotés. Ouvrage honoré d'une souscription du Ministère de la Guerre. Deux beaux volumes in-8. (Chaque volume se vend séparément).

 Tome I (1776-1812), avec un portrait en héliogravure.
 Tome II (1813-1858), avec un portrait en héliogravure et une carte dans le texte.

Mémoires du Général Govone (1848-1870), mis en ordre et publiés par son fils le chevalier U. Govone. — Traduit de l'italien par le commandant M.-H. WEIL. Edition française augmentée de documents inédits. — Préface de M. Jules CLARETIE, de l'Académie Française, avec un portrait et une carte. Un fort volume.

C^{DANT} M.-H. WEIL

JOACHIM MURAT
Roi de Naples

La

Dernière Année de Règne

(MAI 1814 — MAI 1815)

TOME TROISIÈME

LES DERNIÈRES HÉSITATIONS DE MURAT
27 FÉVRIER - 26 MARS 1815
LA GUERRE. — L'OFFENSIVE NAPOLITAINE
27 MARS - 13 AVRIL 1815

Avec une carte du théâtre des premières opérations

PARIS

ANCIENNE LIBRAIRIE THORIN ET FILS
A. FONTEMOING ET Cie, ÉDITEURS
4, RUE LE GOFF (5me)

1909

JOACHIM MURAT
LA DERNIÈRE ANNÉE DE RÈGNE

PREMIÈRE PARTIE
LES DERNIÈRES HÉSITATIONS DE MURAT.
(27 FÉVRIER-18 MARS).
MURAT A ANCÔNE (19-26 MARS).

I. — 27 FÉVRIER-4 MARS 1815. — La première nouvelle du départ de Napoléon et l'arrestation de Pauline. — Inquiétude et mauvaise humeur de Murat. — Influence néfaste de la princesse de Galles. — Continuation des mouvements des troupes napolitaines. — Les dernières tentatives de rapprochement avec le Saint-Siège. — Zuccari, Lebzeltern et le cardinal Pacca. — Mesures défensives préparatoires des Autrichiens et la situation d'effectifs de l'armée autrichienne d'Italie au 1er Mars 1815. — Vincent chez Blacas et Louis XVIII. — Conclusion de l'arrangement entre la France et l'Autriche. — Conditions mises par la Cour de Vienne à son action contre Murat. — La lettre de Blacas à Castlereagh. — Les instructions de Louis XVIII à Talleyrand (5 Mars 1815). — Les déclarations de Metternich au cardinal Consalvi. — Les notes de Campochiaro. — L'arrivée de Colonna à Naples.

La felouque *Santa-Maria*, de Porto Salvi, venant de Porto Ferrajo avec des plis pour le gouvernement toscan et arrivée à Livourne dans la nuit du 28 février, y avait la première apporté la stupéfiante nouvelle du grand événement qui allait à nouveau révolutionner l'Europe. Dans la nuit du 26 au 27 février, Napoléon avait quitté l'île d'Elbe avec une flottille de 7 petits bâtiments, suivi de loin par le *Partridge* qui, à peine revenu à Porto Ferrajo avait aussitôt repris la mer pour essayer de lui donner la chasse [1]. L'ignorance complète qui régnait sur la direction prise par l'Empereur, sur ses projets, sur ses desseins augmentait encore le trouble, l'émoi, la confusion. « Fossombroni est atterré, écrivait lord Burghersh [1], et personne ne peut prévoir l'effet que produira en Italie la nouvelle de cette évasion. »

L'étonnement de Burghersh avait dû être d'autant plus grand qu'il avait reçu presque simultanément, et la nouvelle de cette évasion, et une dépêche que Campbell lui avait expédiée de Livourne le 26 février. Le colonel lui mandait

---

1. *R. Archivio di Stato. Naples (Occupazione francese. Consoli.)* Vice-Consul de Naples au duc de Gallo. Livourne, 1er mars 1815. — *Archiv des Ministeriums des Innern.* 1815. (Acten der Polizei Hof Stelle.) Colonel Campbell à lord Bathurst, à bord du *Partridge*, 28 février 1815; 2 heures du matin. — *R. Archivio di Stato. Modène. (Ministero Affari Esteri e Polizia Generale.)* Filza A. Fasc. XXI. 135. Colonel Campbell à Fossombroni, à bord du *Partridge*, 1er mars 1815. — Lord Burghersh au comte Munarini. Florence, 1er mars 1815. N° 134 et comte Munarini à lord Burghersh. Modène, 4 mars 1815 N° 120. — Circulaire du comte Munarini aux gouverneurs du Duché de Modène. Modène, 3 mars 1815. N° 132. — Fossombroni au comte Munarini. Florence, 2 mars 1815. N° 134. — Munarini au F. M. comte de Bellegarde, aux comtes de Vallaise et de Mier. Modène, 5 mars 1815. N° 140. — Comte Marescalchi au comte Munarini. Parme, 3 mars 1815. N° 141. — *Archivio Storico Cittadino Livourne.* F. 41. (Copia Lettere della Reale Segreteria del Governo di Livorno N° 203.) Général Spannocchi à Fossombroni, 2 mars 1815. — *R. Archivio di Stato. Florence. Elba. Pret.* 7. N° 1. Fossombroni au prince Corsini. Florence, 2 mars 1815. Rapports de Giuseppe Limmino, patron de la felouque *Santa Maria* et du lieutenant Cantini, commandant la marine à Livourne. — *Haus, Hof und Staats-Archiv.* (F. A. *Toscane.* N° 6.) Comte de Buol Schauenstein au prince de Metternich. Florence, 28 février 1815. Dépêche N° 22. — *Record Office. Foreign Office.* Volume 22. (*Tuscany.* Burghersh.) Lord Burghersh à lord Castlereagh. Florence, 1er mars 1815. Dépêches N°s 16 et 17. — *Record Office. Admiralty.* Vol. 430. (*Sicily.*) Contre-Amiral Penrose à John Wilson Croker, à bord de la *Queen*. Messine, 12 mars 1815. Dépêche N° 28. annonçant que le *Partridge* n'a pas pu rejoindre le brick de Napoléon.

que d'après les renseignements qui lui avaient été fournis par le vice-consul d'Angleterre à l'île d'Elbe, par Mariotti et par le capitaine Adye, commandant du *Partridge*, tout semblant indiquer que Napoléon avait l'intention de quitter l'île d'Elbe pour rejoindre Murat, il avait donné au capitaine Adye, « l'ordre de tirer sur le bateau qui porterait Napoléon comme sur un pirate. » Afin d'être plus complètement en mesure d'assurer la surveillance de l'Empereur, auquel la plupart des rapports parvenus entre ses mains prêtaient l'intention de se rendre à Gaëte avec un détachement de sa Garde, Campbell réclamait l'envoi d'urgence d'un autre bateau de guerre. La précaution n'aurait pas été inutile et la demande, quoique tardive, était assurément justifiée puisque ce fut précisément pendant qu'il rédigeait cette dépêche à Livourne que l'Empereur avait mis à la voile.

Lorsque le colonel arriva à Porto Ferrajo, il n'y retrouva plus que Madame Mère et la princesse Pauline qui lui demanda l'autorisation d'aller à Rome. En revanche, il n'y recueillit en fait de renseignements intéressants que quelques indications qui, si elles lui permirent d'annoncer à Burghersh dans sa deuxième dépêche que Napoléon n'allait pas à Naples, ne l'empêchèrent cependant pas d'affirmer avec Buol Schauenstein, et en se basant surtout sur l'envoi de Colonna à Naples, que l'Empereur était certainement d'accord avec Murat [1].

L'insistance avec laquelle Pauline avait réclamé à Campbell l'autorisation de quitter l'île d'Elbe, la précipitation avec laquelle, en dépit de la tempête qui faisait rage et

---

1. *Haus, Hof und Staats-Archiv.* (F. A. *Toscane* N° 6.) Comte de Buol Schauenstein au prince de Metternich. Florence, 28 février 1815. (Dépêche N° 22.). — *Record Office. Foreign Office.* Vol. 22. (*Tuscany, Burghersh.*) Lord Burghersh à lord Castlereagh. Florence, 1er mars 1815. (Dépêches N° 16 et 17.)

l'avait obligée à débarquer après une traversée épouvantable à San Vicenzo, celle avait tenu à effectuer son départ, avaient paru d'autant plus suspectes et sujettes à caution qu'elle avait été s'installer, non pas à Livourne, à Viareggio ou à Piombino, mais à l'écart, dans la villa de Compignano appartenant à sa sœur Elisa. On avait laissé échapper Napoléon qu'on avait désormais peu de chances de rejoindre ; on n'en avait que plus grand besoin de savoir ce qu'il méditait et on avait tout lieu de penser que cette fois encore Pauline avait dû recevoir les ordres et les instructions que l'Empereur avait intérêt à faire passer en Italie et surtout à Naples. Dans des conjonctures aussi graves, on ne pouvait se contenter d'exercer une simple surveillance sur la princesse Borghèse, sur ses correspondances et ses démarches. Il importait surtout de l'empêcher de s'éloigner de l'endroit où elle avait été se réfugier et d'aller rejoindre Elisa, le cardinal Fesch ou Lucien, et plus encore Murat et Caroline. Dès le lendemain de son arrivée, les précautions les plus sévères étaient prises, et un détachement autrichien envoyé de Lucques la gardait à vue dans la villa [1].

---

[1] *R. Archivio di Stato. Florence. (Elba. Prot. 7. N° 1.)* Fossombroni au prince Corsini. Florence, 2 mars 1815. — *Ibidem. (Polizia Segreta Toscana.) Filza 5. 45-69.* Minucci à Puccini, Président du *Buon Governo*, Campiglia, 2 mars 1815. — Carboni à Puccini. Pescia, 4 mars 1815, 8 heures soir et *Bargello* de Pescia à Carboni. Pescia, 4 mars 1815. — *Archivio Storico Cittadino Livourne. F. 41. (Copia Lettere della Reale Segreteria del Governo di Livorno.)* Spannocchi à Fossombroni. Livourne, 3 mars 1815. N° 213. — *Record Office. Foreign Office. Vol. 22. (Tuscany. Burghersh.)* Lord Burghersh à lord Castlereagh. Florence, 4 mars 1815. (Dépêche N° 19.) — *Archiv des Ministeriums des Innern*. 1815. *Acten der Polizei Hof Stelle.* M... au baron Hager. Bologne, 8 mars 1815. — *Haus, Hof und Staats-Archiv. (Bellegarde. 1815. 123. b. 1-V.)* Lieutenant-colonel Werklein au F. M. comte de Bellegarde. Lucques, 4 mars 1815. Il mande à Bellegarde qu'aussitôt informé du débarquement de Pauline, il a cru devoir s'assurer de la personne de la princesse et qu'il a envoyé à cet effet à Compignano le capitaine comte Sedlnicky avec 6 hussards. Le capitaine l'avait informé qu'il y avait trouvé Pauline malade et alitée. En atten-

Qu'il ait été ou non au courant des projets de Napoléon, que l'Empereur ait ou non jugé à propos de l'informer à l'avance, ce que, pour notre part, nous avons peine à admettre, des vastes desseins qu'il méditait, toujours est-il, que le manque de notions précises sur la situation réelle de ses affaires, sur les dispositions de l'Autriche à son regard avait pendant ces derniers jours augmenté les inquiétudes et les impatiences de Murat et l'avait confirmé dans sa résolution de garder les Marches. L'arrivée à Naples, le 28 février, de M. de Guibourd, secrétaire de la Reine, n'avait fait qu'accroître ses craintes et son irritation. Joachim n'avait pas caché le mécontentement, la déception que lui avaient causée les nouvelles qu'il venait d'apprendre. Aucune décision relative aux affaires de Naples n'avait été prise au moment où Guibourd avait quitté Vienne. « Son inquiétude
» et sa mauvaise humeur augmentent de jour en jour, écri-
» vait Mier à Metternich[1] et je crains que les têtes exaltées
» qui l'entourent ne l'engagent à quelque fausse dé-
» marche ».

De toutes les « têtes exaltées » auxquelles faisait allusion le Ministre d'Autriche, celle dont l'influence était la plus

dant les ordres de Bellegarde, Werklein avait cru bien faire en demandant à Fossombroni, si le gouvernement toscan s'opposerait à la venue éventuelle de Pauline à Florence, d'où on pourrait l'expédier à Bologne, où le général Steffanini se chargerait de la surveiller.

Dès qu'il eût reçu la dépêche de Werklein, Bellegarde s'empressa de demander à Metternich (*Ibidem*. Milan, 6 mars) des ordres sur la conduite qu'il devait tenir vis-à-vis de Pauline et d'Elisa. — *R. Archivio di Stato. Modène. (Ministero degli Affari Esteri e Polizia Generale. Filza A. Fasc. XXX).* Fossombroni au comte Munarini. Florence, 7 mars N° 150 P° 14. l'informe de l'arrestation de Pauline. —*Ibidem.* N° 157, P° 18. Gouverneur de la Garfagnana. Castelnovo, 6 mars 1815. Il rend compte de l'arrivée à Compignano de Pauline accompagnée par son beau-frère Francesco Borghèse et de l'envoi d'un poste autrichien chargé de les garder.

1. *Haus, Hof und Staats-Archiv. Neapel. N. F. 1. (Mier. Berichte.)* Comte de Mier au prince de Metternich. Naples, 5 mars 1815. (Dépêche N° 20.)

dangereuse et la plus néfaste était assurément la princesse de Galles. « Par sa conduite ridicule, extravagante et indé
» cente, c'est ainsi que Mier s'exprimait sur son compte
» dans cette même dépêche, elle a justifié aux yeux du
» public de Naples les procédés du Prince Régent à son
» égard. Tous les Anglais qui sont ici en ont honte et s'en
» moquent ouvertement. Sa dame d'honneur et ses deux
» chambellans la quittent, ne voulant plus être témoins de
» ses folies ». Elle s'était prise, comme Mier nous l'affirme encore, d'une folle passion pour Joachim, d'une passion qu'elle ne se donnait même plus la peine de déguiser. « Ne trouvant pas de retour » et accusant la Reine d'être la cause principale de cette non réussite, elle faisait tout pour troubler la paix du ménage royal. « Ayant l'esprit assez péné-
» trant et sachant découvrir le côté faible, elle s'était prise
» assez adroitement pour réussir dans son entreprise, mais
» il paraît qu'elle y a échoué. Il n'y a pas de flagorneries
» qu'elle n'emploie pour plaire au Roi. Elle ne l'entretient
» que de sa gloire et de ses hauts faits antérieurs et de la
» destinée brillante qui l'attend. Elle lui monte la tête sur
» le rôle qu'il doit jouer en Italie, sur ses nombreux par-
» tisans dans ce pays qui n'attendent qu'un signal pour se
» ranger sous ses drapeaux, sur l'entreprise digne de lui
» de réunir toute l'Italie sous le même sceptre. Elle s'est
» même offerte de parcourir toute l'Italie et de travailler les
» esprits en faveur du Roi. Cette folle proposition a été
» reçue comme elle devait l'être. Nonobstant cela, elle ne
» s'est pas désistée de son projet et je sais que son voyage
» en Italie n'a pas d'autre but ».

De pareils conseils, de semblables incitations n'étaient assurément pas de nature à ramener le calme, le sang froid dans un cerveau aussi bouillant que celui de Murat. Loin de contremander les mouvements de troupes, les préparatifs qui depuis quelque temps déjà excitaient la méfiance et les soupçons des cabinets de Paris et de Vienne, Joachim non seulement continuait à rassembler des troupes à San Germano [1], mais renforçait encore les troupes déjà stationnées dans les Marches. Mier signalait même dans sa dépêche du 5 Mars [2] le départ pour Ancône de deux frégates et d'une corvette à bord de laquelle on avait embarqué 200 hommes du 9º de ligne.

D'autre part cependant, et tout en persistant plus que jamais dans sa résolution de garder, si ce n'est les Marches, tout au moins Ancône, Murat se rendant aux conseils de Mier et de Gallo avait essayé de se rapprocher du Saint-Siège. Le 28 février, Gallo avait adressé à Crivelli à Rome une dépêche qu'il le chargeait de communiquer au gouvernement Pontifical, dépêche dans laquelle Joachim protestait de sa profonde vénération envers le Pape, de son vif désir de voir cesser les contestations avec la Cour de Rome et déclarait qu'à moins d'y être ouvertement provoqué, à moins d'une attaque directe, il ne nourrirait jamais d'intention hostile contre le Saint-Siège [3].

1. Record Office. Foreign Office. Vol. 22. (Tuscany. Burghersh.) Lord Burghersh à lord Castlereagh. Florence, 1er mars 1815. (Dépêches Nos 16 et 17.) Dans la dernière de ces dépêches, Burghersh évaluait à 20.000 hommes l'effectif des troupes rassemblées à San Germano.
2. Haus, Hof und Staats-Archiv. Neapel. N. F. 1. (Mier. Berichte.) Comte de Mier au prince de Metternich. Naples, 5 mars 1815. (Dépêche Nº 20.) — Cf. R. Archivio di Stato. Florence. (Affari Esteri.) Prot. 7. Nº 11. Mariotti, consul de France à Livourne, à Fossombroni. Livourne, lundi 6 mars 1815. Envoi du rapport de Girolamo Peragallo, patron du S. Fortunato, venant de Naples sous pavillon anglais et annonçant le départ de ce port antérieurement au 1er mars d'une frégate napolitaine ayant à son bord des troupes destinées à Ancône.
3. Haus, Hof und Staats-Archiv. (Bellegarde. 1815. 113. b. 61.) Duc de Gallo au chevalier Crivelli. Naples, 28 février 1815. — Cf. RINIERI. Corrispondenza Inedita dei Cardinali Consalvi e Pacca. 410 et Archives du Vatican. Congresso di Vienna. Cardinal Pacca au cardinal Consalvi. Rome, 18 mars 1815. (Dépêche chiffrée Nº 268.)

Mais pendant que d'une part le cabinet de Naples manifestait ces dispositions conciliantes, la question de l'immunité diplomatique réclamée par Zuccari restait toujours ouverte et risquait à tout instant d'aboutir à une rupture complète. Pacca s'entêtait à ne pas faire droit aux réclamations que Zuccari lui présentait par ordre de son gouvernement. Il se contentait de répondre par des faux-fuyants, de déclarer que l'on aurait pour le consul Napolitain les mêmes égards que pour les consuls des autres puissances, de sorte que Murat exaspéré par ces coups d'épingle avait fini par envoyer à Zuccari l'ordre, qu'il reçut le 3 Mars, de demander ses passeports si on persistait à lui refuser cette immunité [1]. Le cardinal avait cette fois attaché un peu plus de gravité aux suites que pouvait avoir le départ de Rome de Zuccari, parce qu'il venait d'apprendre par une estafette expédiée par son neveu, le Délégat apostolique de Civita-Vecchia, les graves événements encore ignorés de Zuccari et dont on ne devait avoir connaissance à Naples que le lendemain. Il avait cette fois cru devoir prendre l'avis de Lebzeltern. Malgré le peu de sympathie qu'il éprouvait pour Zuccari et plus encore pour son souverain, le diplomate autrichien n'avait pu s'empêcher de répondre au Pro-Secrétaire d'État pontifical, en regrettant « qu'une affaire de ce genre n'ait pas été évitée et surtout qu'on ait négligé de la régler convenablement ». Mais

---

1. *Archives du Vatican. Congresso di Vienna.* Cardinal Pacca au cardinal Consalvi. Rome, 4 mars 1815. (Dépêche chiffrée N° 258.) Pacca avait eu connaissance de l'ordre envoyé de Naples à Zuccari avant même que le consul napolitain ne l'eût saisi officiellement de la question. Ce même ordre fut renouvelé en termes encore plus impératifs à Zuccari quelques jours plus tard. Informé par Colonna du départ de Napoléon de l'île d'Elbe, Murat prescrivit en effet le 5 mars à Gallo d'envoyer à Zuccari l'ordre d'insister pour l'obtention de ses passeports. (*Archives Particulières du duc de Gallo. Dossier* N° 67.) Murat au duc de Gallo. Naples, 5 mars 1815.)

Pacca n'était pas homme à renoncer aussi facilement aux idées qu'il avait adoptées. Malgré les sages conseils de Lebzeltern, bien que Zuccari lui eût quelque jours plus tard, (le 6 Mars), adressé une nouvelle note dans laquelle il réclamait, formellement cette fois, l'immunité diplomatique et demandait ses passeports si on continuait à lui refuser un traitement en tous points semblable à celui dont jouissait à Naples le consul pontifical, le cardinal, comme il le mandait à Consalvi, n'était pas disposé à céder. Eludant une fois de plus la question primordiale de l'immunité, il comptait se tirer d'affaire en déclarant que « le gouvernement pontifical ne voyait pas d'inconvénients à reconnaître l'équivalence de traitement »[1].

Du côté autrichien, en attendant l'arrivée des troupes qu'on avait mises en marche vers l'Italie et dont on accélérait le mouvement, on parait au plus pressé, et l'on venait d'envoyer à 2 compagnies de pionniers l'ordre de se rendre sans retard à Occhiobello et de procéder au plus vite à la mise en état de la tête de pont. A peu près au même moment, on mettait à l'état-major du commandement général à Milan la dernière main à un projet de défense de la ligne du Pô qui aurait nécessité l'emploi de 58 bataillons et de 44 escadrons[2]. En même temps Nugent, insistant sur les services que serait appelé à rendre un petit corps indépendant suffisamment fort pour agir sur les derrières de

---

[1]. *Haus, Hof und Staats-Archiv. Kirchenstaat.* F. 7. 1815. (*Berichte aus Rom.*) Chevalier de Lebzeltern au prince de Metternich. Rome, 4 mars 1815. (Dépêche N° 77. Lit. D.) et *Archives du Vatican. Congresso di Vienna.* Cardinal Pacca au cardinal Consalvi. Rome, 6 mars 1815. (Dépêche chiffrée N° 260.)

[2]. *K. u. K. Kriegs-Archiv. Frimont. Armee in Italien.* (Commandement-général au lieutenant-colonel Winther (des pionniers) et à la Direction d'artillerie. Milan, 1ᵉʳ mars 1815. III. 2 et 3 — aux généraux Steffanini et Richter. Milan, 7 mars 1815. III. 10 et 11. et projet de défense de la ligne du Pô III. 13.

l'ennemi, réclamait l'envoi aussi prompt que possible de renforts en Toscane et déclarait se contenter pour le moment d'un bataillon et d'un escadron [1].

C'étaient là des renforts bien peu considérables, mais Nugent savait mieux que qui que ce soit qu'au moment où il formulait sa demande, Bellegarde se trouvait dans l'impossibilité de lui envoyer plus de monde. L'armée autrichienne d'Italie ne se composait en effet d'après les états de situation du 1er au 10 mars (*K. u K. Kriegs-Archiv. Feldacten*) que de 54 bataillons et 44 escadrons représentant un effectif total de 68.557, dont un peu plus de 60.000 combattants, et 6.333 chevaux. C'était peu de chose si l'on songe qu'il fallait défalquer de ces chiffres les troupes destinées à former les garnisons des places fortes et des principales villes du nord de l'Italie et celles qu'il fallait employer à la garde des magasins et des lignes de communication avec l'intérieur de la monarchie, enfin au maintien de l'ordre et de la tranquillité dans des provinces dont l'état d'esprit laissait si fort à désirer.

Heureusement pour Vincent et pour Bombelles, et malheureusement pour Murat, pas plus à Paris qu'à Vienne, on ne pressentait le coup de tonnerre qui allait faire trembler l'Europe. On s'y complaisait au contraire dans une tranquillité absolue. La visite de Castlereagh avait satisfait et rassuré Louis XVIII et ses ministres, et le moment semblait on ne peut plus propice à la continuation des négociations, à l'examen et à la discussion des conditions sur lesquelles on espérait voir s'établir un accord définitif complet entre la France et l'Autriche.

Chargé désormais de conduire officiellement cette grave

---

[1]. *K. u. K. Kriegs-Archiv.* (*Nugent.* Nouveaux papiers 1815. III.) Général-major comte Nugent au lieutenant-colonel Hrabowsky. Pistoja, 4 mars 1815.

affaire, Vincent avait à cœur de justifier la confiance que son gouvernement lui avait témoignée quelque peu tardivement, de tirer parti de l'impression encore toute fraîche produite par le passage de lord Castlereagh, de battre le fer pendant qu'il était chaud et d'arriver de la sorte à une solution aussi prompte que conforme aux instructions qu'il venait de recevoir. Dès le lendemain du départ de Castlereagh, dès le 2 mars, il se mettait en campagne, et 24 heures plus tard, il était déjà en mesure d'annoncer à Metternich, dans le dernier paragraphe de sa dépêche, qu'à l'exception de la question de Parme il avait réussi à faire accepter tous les points du *Memorandum confidentiel*. L'affaire des millions était entendue et arrêtée et la fixation définitive des détails relatifs à l'expédition que l'Autriche allait se charger de diriger contre Naples se réduisait désormais à une simple question de forme et de rédaction qui devait être réglée à Vienne. L'Autriche avait obtenu à bon compte gain de cause sur toute la ligne, et sans qu'il lui en coutât un centime, sans que la question fût portée devant le Congrès, elle pouvait d'ores et déjà se considérer comme libre de choisir pour en finir avec Murat le moment qui lui conviendrait le mieux.

» Le 27 du mois dernier, écrivait Vincent à Metternich,
» le 3 mars 1815 [1], j'ai eu l'honneur de rendre compte à
» Votre Altesse de l'arrivée de lord Castlereagh ici. Dans
» deux audiences qu'il a eues du Roi, il a développé à Sa
» Majesté ce qui était relatif à l'affaire de Naples d'après les
» principes établis par le *Memorandum* que Votre Altesse
» m'a envoyé pour ma direction. Les communications que
» le Principal Ministre de Sa Majesté Britannique m'a fai-

1. *Haus, Hof und Staats-Archiv.* 1815. III. 314. (*Vincent. Rapports à Metternich.*) F. M. Le baron de Vincent au prince de Metternich. Paris, 3 mars 1815. (Dépêche N° 36 A.)

» tes sur cette importante affaire m'ont marqué le chemin
» que j'aurais à suivre.

» J'avais fait précédemment des ouvertures générales
» au Comte de Blacas sur les dispositions de notre Cour à
» s'entendre avec celle de France et de marcher d'accord
» dès qu'on serait convenu de certains préalables. Le mi-
» nistre en avait rendu compte au Roi.

» Lord Castlereagh ayant quitté Paris le 1ᵉʳ mars au ma-
» tin, j'allai le *lendemain chez le Comte de Blacas qui, seul de*
» *ses Ministres est dans le secret de cette affaire,* et nous entrâ-
» mes dans le détail de tout ce qui en ressort.

» Je lui dis qu'avant d'entretenir le Roi, il était néces-
» saire que je connusse les dispositions de Sa Majesté sur
» les différents points du *Memorandum* que lord Castlereagh
» lui avait communiqué et que je puisse moi-même faire
» connaître au Roi, d'après quels arrangements préalables,
» notre Cour se proposait de marcher de concert avec la
» France.

» Le Ministre me répondit que le Roi, qui avec justice
» et raison désirait voir le rétablissement du Roi Ferdi-
» nand IV sur le trône de Naples, demandait en premier lieu
» sa reconnaissance dont il n'avait pas été fait mention
» dans le *Memorandum*; qu'ensuite il était naturel qu'il eût
» à cœur les intérêts de l'infante Dona Maria-Louise et de
» son fils et leur rétablissement dans les Etats de Parme et
» de Plaisance.

» Après avoir discuté cet article, je dis au Comte de Bla-
» cas que mes instructions étaient précises et sévères et
» que notre Cour ne pouvait se relâcher sur la possession
» du Duché de Parme qu'un traité assurait à l'archiduchesse
» Marie-Louise.

» Le comte de Blacas me fit alors mention d'un contre-
» projet par lequel l'archiduchesse Marie-Louise avait la

» joüissance de Parme, mais réversible à l'infant Charles-
» Louis, que celui-ci joüirait de l'Etat de Lucques avec les
» Présides et un supplément en argent formant ensemble
» l'équivalent du revenu de Parme, et que lorsque l'infant
» serait en possession de Parme, alors l'Etat de Lucques
» serait cédé à la Toscane, que cette proposition était
» d'ailleurs l'*Ultimatum* du Roi, que la restitution de Parme
» lui était à cœur par principe de religion, qu'on ne pouvait
» le considérer comme un objet d'ambition ou un motif d'a-
» grandissement, que d'ailleurs un semblable arrangement
» pouvait concilier toutes les prétentions.

» Je dois observer à cet égard que lord Castlereagh m'avait
» déjà insinué la même chose et avait considéré ce moyen
» d'accommodement auquel le Roi pouvait se prêter comme
» un terme moyen.

» Je passai aux autres objets, Pion bino, l'île d'Elbe, les
» Sept Iles, les fiefs Impériaux et la Valteline. Le comte de
» Blacas me dit que le Roi n'avait fait d'observation que
» relativement à Parme et que notre Cour pouvait compter
» qu'on s'entendrait facilement sur le reste.

» Je répondis qu'une énonciation vague n'était pas suf-
» fisante, que, quoique l'arrangement définitif dût être ar-
» rêté à Vienne, il fallait me mettre à même de fournir à
» ma Cour des notions précises sur tous les objets pris en
» détail.

» Le ministre n'ayant élevé des difficultés sur aucun
» point, j'abordai la question financière sur laquelle j'in-
» sistai avec force. Il se rendit aux motifs que je fis valoir
» et le Ministre convint enfin que ce ne serait pas une dif-
» ficulté qui arrêterait et qu'il se faisait fort de mettre à
» notre disposition les 25 millions, qui nous étaient néces-
» saires, pour un terme à fixer lors de l'arrangement défi-
» nitif.

» Il me restait à juger par moi-même des dispositions
» du Roi. Je témoignai au Comte de Blacas le désir d'en-
» tendre de Sa Majesté même la confirmation de ce qui avait
» été le sujet de notre entretien. Il alla aussitôt prendre les
» ordres du Roi chez qui il m'introduisit peu après et me
» laissa seul avec Sa Majesté.

» Le Roi encore souffrant de son accès de goutte était dans
» son fauteuil. Il m'obligea de m'asseoir. Sa Majesté me dit
» qu'elle apercevait dans les ouvertures de notre Cour des
» dispositions d'une convenance réciproque; que la France
» était l'alliée naturelle de l'Autriche; que l'attitude de la
» Russie, son intimité avec la Prusse devaient nous faire
» désirer de terminer tous les embarras qui pouvaient nous
» être préjudiciables; *que Murat était le premier inconvénient*
» *dont il fallait se défaire* et que, de toutes les propositions
» mises en avant par nous, la question de Parme exceptée,
» sur laquelle sa religion ne lui permettait pas de transiger,
» il était disposé à tout faire pour nous montrer sa fran-
» chise.

» Le Roi ajouta qu'on ne pouvait se prévaloir d'une re-
» nonciation arrachée par la violence; que l'infant don
» Charles-Louis, son cousin, fils de l'infante Dona Marie-
» Louise, tenait Parme de l'héritage de sa bisaïeule, héri-
» tière elle-même de la Maison Farnèse, qu'il consentait
» volontiers à se désister de Plaisance afin de consolider
» militairement notre frontière, mais que Parme et Guas-
» talla devaient être reversibles à l'infant don Charles-
» Louis.

» Le Roi alors proposa la même modification dont le
» Comte de Blacas avait précédemment fait mention et il
» ajouta: « L'archiduchesse Marie-Louise est âgée de 24 ans;
» l'infant en a 35. Vous voyez que cela peut durer longtemps,
» et dans l'intervalle que ne peut-il pas arriver? L'arran-

» gement que je propose est une marque de respect due aux
» anciennes transactions. D'ailleurs, je ne puis procurer un
» autre établissement à cette branche de ma Maison. Vous
» voyez que le moyen que je propose rapproche tout.

« Le Roi ayant cessé de parler, je dis à Sa Majesté que je
» devais me renfermer dans mes instructions qui étaient
» précises à cet égard, et j'ajoutai que je rendrais compte à
» ma Cour de ce que je tenais du Roi lui-même. Sa Majesté,
» d'ailleurs, m'assura qu'Elle se prêterait à tout et qu'Elle
» donnerait à M. de Talleyrand les ordres et les instructions
» analogues à la déclaration que je venais de recevoir.

» Le Comte de Blacas, chez qui j'allai en sortant de chez
» le Roi, m'engagea à retourner chez lui le samedi afin de
» nous concerter encore sur *l'affaire de Naples* et les parties
» accessoires. Il ajouta qu'il verrait encore le même jour le
» Ministre des Finances et que dans tous les cas nous pou-
» vions compter sur les 25 millions de francs dès que l'ar-
» rangement serait terminé à Vienne.

» Vous jugerez, d'après ce que je viens d'avoir l'honneur
» de vous exposer mon Prince, que, hors la question de
» Parme qui reste toutefois ouverte et réservée, tous les
» autres points du *Memorandum* sont entendus d'après votre
» désir. L'affaire des fonds est entendue et arrêtée, et l'ar-
« rangement définitif pourra facilement donner à ces der-
» niers éléments la valeur dont ils sont susceptibles. Je crois
» avoir rempli, autant qu'il était en moi, les instructions
» qui devaient me guider et *ne point m'être écarté de l'esprit*
» *des dépêches du 18 février que m'a remises le courrier arrivé*
» *le 26 du mois dernier* ».

Le lendemain 4 mars, comme il en avait été convenu dans les entretiens dont Vincent vient de rendre compte, le Ministre d'Autriche eut une nouvelle conférence avec le comte de Blacas.

« Le Roi écrit aujourd'hui à M. de Talleyrand, mande-t-il à Metternich [1], une lettre que m'a lue le comte de Blacas. Sa Majesté mande à son Ministre au Congrès qu'il a vu lord Castlereagh et moi. Elle se réfère à des détails plus amples, aux instructions, aux pièces, ainsi qu'au contre-projet que recevra M. de Talleyrand par un courrier qui partira après-demain.

» M. de Talleyrand a mandé hier que nous commencions à concentrer des troupes, ce que nous pouvions d'autant plus facilement que les arrangements avec la Russie et la Prusse nous en laissent la facilité. C'est aussi ce que m'avait dit lord Castlereagh.

» J'ai parlé ce matin au comte de Blacas de l'objet financier. Il m'a dit qu'il s'était entendu avec le Ministre des Finances et que nous pouvions compter sur les fonds. Je ferai remarquer à Votre Altesse que le point de vue de l'emprunt a été présenté si légèrement de ma part, que peut-être serait-il possible d'obtenir le tout ou une partie au moins à titre de subsides lorsqu'on traitera de l'arrangement définitif.

» M. de Blacas m'a dit que le Roi ne faisait pas mention de l'objet financier à M. de Talleyrand dans sa lettre d'aujourd'hui, mais que je n'en devais pas inférer une intention contraire à ce qu'il m'avait dit et venait de me répéter. Il ajouta : « *Si nous étions en mesure de terminer ensemble sur le* » *tout, dans deux heures je mettrais dix millions à votre dispo-* » *sition.* »

A la première, à la plus longue de ces deux intéressantes dépêches, à celle dans laquelle il avait consigné le plus exactement possible les importantes déclarations que

---

[1]. *Haus, Hof und Staats-Archiv.* 1815. III. 314. (*Vincent. Rapports à Metternich.*) F. M. L. baron de Vincent au prince de Metternich. Paris, 4 mars 1815. (Dépêche 36. B.)

Louis XVIII et Blacas lui avaient faites le 2 mars, Vincent avait joint, tant avant de se rendre le 4 chez ce dernier qu'au sortir de cette nouvelle conférence, des *Post-Scripta*, dont il nous a paru indispensable de reproduire ici les passages les plus caractéristiques.

« Il semble, écrit Vincent dans son *Post-Scriptum 1 à la
» dépêche N° 36* [1], que le Roi est flatté de pouvoir contribuer
» à la restauration de toutes les branches de la Maison de
» Bourbon et d'en être considéré comme le Chef et le Con-
» seil. Ce motif, bien plus que la raison d'Etat, m'a semblé
» influer sur le rétablissement de l'Infant don Charles-Louis
» à Parme.

» Le Roi cède ensuite aux instances multipliées de l'In-
» fante Dona Marie-Louise. De fait, l'archiduchesse Marie-
» Louise se trouvant en possession de l'Etat de Parme,
» même en condescendant au désir de la France, il peut
» dans les futures contingences se rencontrer des occasions
» de transiger sur la réversibilité à l'Infant don Charles-
» Louis.

» Je dois encore ajouter qu'avant de quitter le Roi, je Lui
» demandai s'Il donnerait à Son Ministre en Sicile les ins-
» tructions nécessaires pour ce qui se préparait contre Na-
» ples. « La Sicile, me dit le Roi, a des moyens militaires
» et maritimes bien faibles ; mais, ajouta-t-il en souriant,
» pour ce qui est des moyens politiques, je me charge de
» les recorder (*sic*). »

» Sur la demande explicite que je fis au Roi s'il n'avait
» aucune observation à faire sur le contenu du *Memoran-
» dum*, il me répondit : « Entendons-nous pour Parme. Je
» suis d'accord pour tout le reste. »

---

1. *Haus, Hof und Staats-Archiv*. 1815. III. 315. (*Vincent. Rapports à Metternich.*) F. M. L. baron de Vincent au prince de Metternich. Paris, 4 mars 1815. (P. S. 1 à Dépêche 36.)

Dans deux autres *Post Scripta*, Vincent enregistre le désir, exprimé par lord Castlereagh d'abord et par Louis XVIII ensuite, de voir l'Autriche procéder sans plus tarder à l'envoi de renforts en Italie.

« Lord Castlereagh m'a dit qu'il vous avait parlé, mon
» Prince [1], et qu'en prenant congé de S. M. l'Empereur, en
» lui répétant la même chose, il avait engagé Sa Majesté à
» vouloir bien faire marcher des troupes dans les provinces
» de la Monarchie contiguës à l'Italie afin d'être plus à
» portée de parer aux événements. Soit que lord Castlereagh
» en ait parlé au Roi et au comte de Blacas, Sa Majesté et
» son Ministre me *témoignèrent le désir de voir des troupes*
» *s'approcher du théâtre où on devait bientôt opérer*. Ils me
» dirent que, même comme simple précaution, cette mesure
» était nécessaire parce qu'il était possible que Murat nous
» prévînt et qu'il fallait au moins qu'on pût lui opposer de
» quoi le contenir dans le premier moment; Que d'ailleurs
» l'expédition contre Naples était d'une nature à obtenir un
» succès complet; Qu'il ne pouvait en être autrement sans
» s'exposer à un danger imminent; Qu'il fallait en consé-
» quence plutôt doubler les moyens que de compromettre
» le résultat d'une pareille entreprise par un faux calcul.
« Je voudrais apprendre, m'a dit le Roi, que le Maréchal de
» Bellegarde est à la tête de 100.000 hommes. »

De plus, afin que Metternich ne puisse lui reprocher aucune négligence, aucun oubli, Vincent prenait soin de l'informer que lord Castlereagh « s'est beaucoup loué ici de la
» loyauté qu'avait mise le prince de Talleyrand dans sa
» conduite politique au Congrès » [2].

---

1. *Haus, Hof und Staats-Archiv*. 1815. III. 315. (*Vincent. Rapports à Metternich.*) F. M. L. baron de Vincent au prince de Metternich. Paris, 4 mars 1815. (P. S. 3 à Dépêche 35.)

2. *Haus, Hof und Staats-Archiv*. 1815. III. 315. (*Vincent. Rapports à Met-*

Enfin pour achever de compléter les renseignements qui devront éclairer Metternich sur la situation politique et, sur l'état de la question Napolitaine, il ajoutait dans un dernier *Post-Scriptum* deux indications, aussi importantes l'une que l'autre, qu'il avait omis de consigner dans sa dépêche :

« M. de Blacas[1], dans l'entretien que nous avons eu ce ma-
» tin ensemble, m'a dit : « Pour vous donner une preuve que
» vous êtes autant et plus que nous intéressés à mettre Mu-
» rat de côté, je vous donne ma parole qu'il y a deux mois[2],
» il a fait offrir au Roi de vous attaquer s'il voulait lui ga-
» rantir son existence, ajoutant qu'il serait le premier à
» procurer au Roi Ferdinand IV un dédommagement en
» Italie pour Naples. »

C'est encore dans ce même *Post-Scriptum* qu'il est pour la première fois question de la découverte et de l'envoi des fausses lettres que lord Castlereagh eut le tort, ou tout au moins l'imprudence, de lire en plein Parlement avant de s'être assuré de leur authenticité et de les avoir soumises sans passion, sans parti pris, à un examen attentif et sérieux :

« M. de Blacas, à la sollicitation de lord Castlereagh ras-
» semble plusieurs lettres et documents qui fournissent le
» témoignage évident de la duplicité de Murat, de sa conduite
» équivoque ainsi que de ses intelligences avec Napoléon
» et le Vice-Roi pendant la dernière campagne d'Italie.
» Lord Castlereagh désire avoir des preuves pour en faire
» usage envers ses collègues et fixer leur opinion sur le
» compte de Joachim »[3].

ternich.) F. M. L. baron de Vincent au prince de Metternich. Paris, 4 mars 1315. (P. S. 4 à Dépêche 36.)

1: *Haus, Hof und Staats-Archiv*. 1815. III. 314. (*Vincent. Rapports à Metternich*.) F. M. L. baron de Vincent au prince de Metternich. Paris, 4 mars 1815. (P. S. 6 à Dépêche 36. A.)

2. Cf. Tome II. P° 127, Note 2. Les ouvertures de Schinina.

3. *Haus, Hof und Staats-Archiv*. 1815. III. 314. (*Vincent. Rapports à Met-*

Vincent n'avait qu'à se féliciter d'avoir mené les choses aussi grand train. S'il eût quelque peu tardé à entamer et à poursuivre ses démarches, on n'aurait plus prêté qu'une oreille distraite à ses propositions et à ses paroles. Quelques heures après la dernière de ses conférences avec Blacas, le 4 mars à trois heures de l'après-midi, le gouvernement français avait en effet reçu la stupéfiante nouvelle du débarquement de Napoléon [1].

L'accord était si bien fait que presqu'au moment même où lord Castlereagh à peine arrivé à Londres se rendait auprès du Prince Régent à Carlton House, Blacas ne se contentait déjà plus, en lui envoyant les neuf lettres relatives à la conduite tenue par Murat au printemps de 1814 [2], de le remercier de la lettre qu'il lui avait écrite avant son départ de

---

ternich.) F. M. L. baron de Vincent au prince de Metternich. Paris 4 Mars 1815. (P. S. 6 à Dépêche 36 A.)

1. Haus, Hof und Staats-Archiv. 1815. 314. III. (*Vincent. Rapports à Metternich.*) F. M. L. baron de Vincent au prince de Metternich. Paris, 6 mars 1815. (Dépêche N° 37.) A titre de curiosité et afin de mieux se convaincre de l'affolement que cette nouvelle causa à Paris, nous avons cru devoir extraire des dépêches subséquentes de Vincent les passages relatifs aux plus extraordinaires des bruits qui y couraient à ce moment.

« On accuse généralement les Anglais d'avoir facilité l'évasion de Bo-
» naparte de l'île d'Elbe, écrira-t-il le 9 mars à Metternich. (*Ibidem.*
» *Dépêche* N° 38.) On en rejette aussi le blâme sur l'Autriche et on sème
» des bruits alarmants sur des événements qui auraient eu lieu en
» Italie. »

Le même jour, une autre cloche fait entendre un autre son. « On
» croit aux Tuileries, dira-t-il dans sa dépêche chiffrée du 9 mars N° 39,
» que la Russie n'est pas étrangère à l'entreprise de Napoléon. Le gé-
» néral Jomini, dit-on, a été chargé de négocier avec Murat les moyens
» de transporter Napoléon en Provence. »

2. CASTLEREAGH. (*Letters and Despatches of lord*) X. 263-264. Comte de Blacas à lord Castlereagh. Paris, 4 mars 1815. « Vous trouverez ci-join-
» tes, Mylord, les copies des lettres dont vous avez vu les originaux
» entre mes mains. J'ai retrouvé encore depuis dans une autre liasse
» trois minutes de lettres de Napoléon, dont une n'a pas de date. J'ai
» l'honneur de vous en adresser pareillement des copies ; et ce ne sont
» pas les moins intéressantes des pièces qui ont été découvertes dans
» l'immense quantité des papiers où il a fallu faire des recherches. »

Paris et qui lui avait « offert une nouvelle preuve de l'importance qu'il attachait aux questions dont ils s'étaient entretenus ». Fier de pouvoir l'informer que désireux d'établir sur ce point une parfaite intelligence avec le gouvernement Britannique, le roi allait « en conséquence envoyer en Italie une personne revêtue de sa confiance »[1], il lui faisait connaître en même temps que, n'ayant rien plus à cœur que l'exécution du plan formé au sujet de l'Italie, Louis XVIII avait déjà songé aux subsides éventuels qui pourraient être nécessaires et l'avait chargé de l'inviter à le tenir au courant des intentions de son gouvernement sur le même objet. Il lui affirmait enfin que le Prince de Talleyrand allait recevoir du Roi « *les instructions les plus précises pour terminer l'important arrangement dont le principe est déjà reconnu* »[2].

Dès le lendemain en effet, Louis XVIII qui, aussitôt après avoir conféré avec Castlereagh le 27 et le 28 février et avec Vincent le 5 mars, avait fait connaître à Talleyrand que, ne voyant pas de difficulté à se rendre au désir exprimé par Metternich, il l'invitait à continuer à Vienne les négociations entre le chancelier autrichien et lui, sans y admettre aucune personne de la légation[3], adressait à son représentant les instructions dont Blacas avait annoncé l'envoi au secrétaire d'Etat britannique. Le Roi lui prescrivait de

---

1. « M. Jules de Polignac part demain pour Rome, écrit Jaucourt à
» Talleyrand le 28 février 1815. L'inspiration n'est pas venue du Roi;
» mais maintenant il le veut... Il l'a autorisé à envoyer des courriers
» et à s'occuper de l'affaire de Murat. »
2. CASTLEREAGH. (*Lettres and Despatches of lord*) X. 263-264. Comte de Blacas à lord Castlereagh. Paris, 4 mars 1815.
3. *Archives des Affaires Étrangères* et PALLAIN. *Correspondance Inédite de Talleyrand et de Louis XVIII*. Le Roi au prince de Talleyrand. Paris, 3 mars 1815. N° 24 reçue à Vienne le 12 mars. Il importe de remarquer qu'entre temps Talleyrand écrivait au roi le 3 mars (Dépêche N° 31) lui disait : « Je laisse dormir l'affaire d'Italie, comme je l'ai promis à
» M. de Metternich, jusqu'à ce que j'aie des nouvelles du passage de
» lord Castlereagh à Paris et à son arrivée à Londres. »

faire tous ses efforts pour accélérer la conclusion d'un traité secret entre la France, l'Angleterre et l'Autriche, et lui recommandait d'insister sur les points les plus essentiels suivants :

« 1° La fixation d'une époque prochaine pour l'exécution du plan concerté ;

» 2° La reconnaissance des droits héréditaires de l'Infant Charles-Louis à la souveraineté de Parme, Plaisance et Guastalla en adoptant pour l'établissement de l'archiduchesse Marie-Louise les dispositions transitoires indiquées dans le contre-projet. »

Le Roi autorisait d'autre part Talleyrand à prendre à l'égard des secours pécuniaires « que l'Autriche demande à titre d'emprunt des engagements jusqu'à la concurrence de vingt millions en se réglant sur les offres que l'Angleterre fera relativement au même objet et sur les prestations en nature qui pourront être convenues »[1].

A Vienne, où tout était apparemment dans le calme le plus profond, où l'on ne pouvait et ne voulait prendre aucune résolution avant d'avoir reçu les réponses qu'on attendait de Londres et de Paris, on ne perdait cependant pas de vue la question de Naples, la seule qui causât encore, malgré le silence momentané de Talleyrand, de réelles préoccupations à Metternich, la seule dont Consalvi avait pour le moment à cœur de connaître les vicissitudes et surtout la solution.

Sous le prétexte de savoir ce que Metternich pensait de la lettre interceptée par Tiberio Pacca et qu'avait adressée de Porto Ferrajo à la date du 5 février à l'adjudant de place de Gaëte un des officiers au service de Napoléon, lettre dont nous avons eu occasion de parler précédemment et dont,

---

1. Instructions adressées par le Roi au prince de Talleyrand. Paris, 5 mars 1815. (Annexe du N° 31.)

avec le consentement du cardinal, Metternich remit une copie à Wellington, Consalvi avait, au cours d'un entretien qu'il eût le 4 au soir avec le chancelier ramené sur le tapis l'éternelle affaire des Marches. En lui reparlant des mouvements inquiétants des troupes napolitaines à proximité de la frontière des Etats Pontificaux, il avait constaté que, si pour des raisons qu'il avait cru prudent de ne pas chercher à connaître, le chancelier n'avait plus soufflé mot des représentations qu'il s'était précédemment engagé à adresser à Naples, les notes, que l'Autriche avait fait tenir le 25 et le 26 février à Talleyrand et à Campochiaro, mettaient le patrimoine du Saint-Siège à l'abri de toute attaque, en tout cas jusqu'au moment où se produirait entre Vienne et Naples un éclat, une rupture que le cardinal croyait prochaine et inévitable.

S'inquiétant des dangers auxquels l'invasion immédiate de ses Etats par les troupes napolitaines pourrait alors exposer la personne même de Pie VII, Consalvi avait demandé à Metternich, si avant et après les fêtes de la Semaine Sainte, le Saint-Père ne ferait pas bien sous un prétexte quelconque de se rendre à Civita-Vecchia. A sa grande surprise Metternich n'avait partagé ni ses appréhensions, ni sa manière de voir. La solution définitive des affaires d'Italie dépendant de la réponse qu'on aurait faite à Paris aux ouvertures de Castlereagh, réponse que selon toutes les probabilités, il s'attendait à recevoir vers le 7 ou le 8, il lui semblait au contraire que le Pape n'avait qu'à rester jusque-là à Rome, quitte à s'éloigner plus tard de sa capitale sous le prétexte de visiter ses nouvelles Provinces. Revenant à nouveau sur les intentions dont il avait fait part au cardinal dans un précédent entretien, il lui affirma une fois de plus qu'aussitôt après la dénonciation par l'Angleterre de con armistice avec Naples, l'Autriche n'hésiterait pas à déclarer

qu'elle se trouvait dans l'impossibilité de défendre à elle
seule Murat contre l'Europe entière et qu'on ne saurait
exiger d'elle qu'elle employât 200.000 hommes à une pareille mission. Il ajouta, il est vrai, qu'à son avis nul ne
pouvait prévoir ni les événements, ni la résolution à laquelle Murat s'arrêterait en pareil cas, mais qu'étant donné
le caractère de Joachim il fallait plutôt s'attendre à le voir
risquer le tout pour le tout et tenter un coup désespéré en
déclarant la guerre à l'Autriche et en envahissant le jour
même les Etats du Pape [1].

En raison même de la situation de plus en plus délicate
qui leur était faite à Vienne, les représentants du roi de
Naples avaient d'autant moins pu parvenir à découvrir la
clef du petit complot qui combiné entre Metternich, Talleyrand, Castlereagh et Wellington avait abouti à la confection des notes des 25 et 26 février, que le seul personnage
qu'ils aient vu, le seul qui le 28 février fut venu conférer
avec Campochiaro de une heure et demie à cinq heures de
l'après-midi [2], Gentz n'avait pas été mis au courant de cette
manœuvre et ignorait complètement ce qui se machinait et se
tramait entre son chef direct et les cabinets de Saint-James
et des Tuileries. Ne pouvant, comme Talleyrand, se contenter de prendre acte de ces notes, justement ému du ton
presque comminatoire employé par Metternich dans la lettre
qui accompagnait cette communication, Campochiaro avait
reconnu la nécessité de remettre les choses au point et, sans
attendre la réponse et les instructions de sa Cour, de protester contre les insinuations contenues dans ces pièces. S'efforçant de justifier la loyauté de la conduite et la sincérité des
intentions de son Roi à l'égard de l'Autriche, la raison d'être

1. *Archives du Vatican. Congresso di Vienna.* Cardinal Consalvi au cardinal Pacca. Vienne, 4 et 8 mars 1815. (Dépêches chiffrées N°⁵ 250 et 262.)
2. Cf. Gentz. *Tagebuch.*

de ses armements, l'impossibilité pour lui de réduire l'effectif de son armée, d' « abandonner le sort de son royaume à l'incertitude des combinaisons politiques du cabinet de Vienne », il avait cru devoir réitérer au nom de son souverain la demande par laquelle il avait le 25 janvier prié le cabinet de Vienne d'intervenir auprès de la France afin de mettre fin à « cet état de tension entre les deux Puissances, » en contradiction avec le traité de Paris et les vœux de Sa » Majesté Napolitaine » et qui seul l'empêchait de se rendre aux désirs de l'Empereur d'Autriche. Enfin en donnant à nouveau communication à Metternich « de la décision bien » positive et constante du Roi de ne jamais se départir du » système de S. M. Impériale et Royale Apostolique et de » concourir avec Elle à maintenir et à consolider la paix et » le repos de l'Italie », Campochiaro avait eu l'habileté de rappeler à Metternich que Murat n'aurait pas pu se dispenser d'augmenter encore ses armements si « par les déterminations et les mesures prises par l'Autriche il n'était pas sûr de n'avoir rien à craindre du côté de terre et surtout si en cas d'agression maritime il ne comptait pas sur le contingent autrichien stipulé par l'art. 5 du traité du 11 janvier 1814 [1]. »

Les représentants de Murat n'allaient d'ailleurs pas s'en tenir là. Quarante-huit heures plus tard, afin de dissiper les doutes « sur le but et l'objet de l'attitude armée de leur Roi » qu'auraient pu faire naître les notes de Metternich, ils adressaient à Saint-Marsan et à Consalvi copie de la réponse qu'ils venaient de faire passer au chancelier en l'accompagnant de l'observation suivante : « Cette commu- » nication mettant Votre Excellence en état de donner à son » Souverain des indications précises et positives sur les vé-

1. ANNEXE I.

» ritables motifs de l'attitude de mon gouvernement, pour-
» rait en même temps lui fournir l'occasion de représenter
» à sa Cour les raisons pour lesquelles il importe au repos
» de l'Italie, que toutes les puissances intéressées se met-
» tent complètement d'accord et en complète communauté
» de vues et de relations »[1].

Pendant que Campochiaro se dépensait en efforts inutiles pour sauver la cause de Murat et cherchait vainement à se maintenir sur un terrain qu'on minait sous ses pieds, Colonna arrivait le 4 au soir à Naples, se rendait droit au Palais royal et y annonçait à Murat et à Caroline le départ de l'Empereur de l'île d'Elbe. Le cercle qu'y tenait la Reine était précisément sur le point de prendre fin. L'heure était trop avancée pour prendre immédiatement un parti. On résolut d'attendre au lendemain pour arrêter les mesures qu'il importait d'adopter sans plus tarder, pour faire connaître au public un événement qu'on ne pouvait songer à lui cacher plus longtemps et qu'on s'était contenté de confier confidentiellement le soir même aux quelques intimes qui se trouvaient encore au Palais.

Jamais, au cours de sa vie si accidentée, même en novembre 1813, lors de son retour de la Grande Armée, après

---

[1]. R. *Archivio di Stato. Turin. Congresso di Vienna.* Duc de Campochiaro au marquis de Saint-Marsan. Vienne, 6 mars 1815.
Quarante-huit heures plus tard, Saint-Marsan, après s'être entendu avec le cardinal Consalvi (Cf. *Archives du Vatican. Congresso di Vienna.*) Cardinal Consalvi au cardinal Pacca. Vienne, 8 mars 1815. (Dépêche chiffrée N° 262), répondait à Campochiaro par un billet poli dans lequel il lui faisait sentir qu'il « avait reçu sa communication comme une marque d'obligeance et confidentiellement, qu'il n'était pas dans le cas d'avoir avec lui des relations officielles », que de plus le duc devait avoir « appris, par le canal du cabinet de Vienne, que Sa Majesté (le roi de Sardaigne) seconderait dans cette affaire les vues de Sa Majesté Impériale. » Cf. R. *Archivio di Stato. Turin. Congresso di Vienna.* Mazzo 1. Marquis de Saint-Marsan au duc de Campochiaro. Vienne, 8 mars 1815. et *Ibidem.* Mazzo 2. (Dépêche N° 89.) Marquis de Saint-Marsan au comte de Vallaise. Vienne, 14 mars 1815.

Leipzig, Murat ne s'était trouvé aux prises avec de plus grandes difficultés, face à face avec un problème d'autant plus embarrassant qu'il lui fallait le résoudre de suite et qu'il ne pouvait baser sur aucune donnée positive une résolution dont dépendait son sort, celui de sa dynastie et de sa couronne. Il sentait que tous les yeux allaient se tourner de son côté, qu'à Paris, à Londres et surtout à Vienne, dès que la grande nouvelle y serait arrivée, on aurait hâte de connaître l'attitude qu'il aurait prise. La moindre faute, la plus légère hésitation ne pouvaient manquer d'avoir des conséquences irréparables. Son inquiétude, sa perplexité étaient d'autant plus grandes qu'il attendait avec une impatience bien naturelle les dépêches de Campochiaro et de Cariati ; qu'il ignorait encore et l'effet produit par la note que ses Ministres avaient dû remettre à Metternich et la réponse que le chancelier d'Autriche leur avait fait tenir ; que, sans parler même des engagements plus ou moins formels qu'il avait pu prendre vis-à-vis de l'Empereur, il se demandait quelle allait être l'issue du coup hardi et désespéré tenté par Napoléon.

Malgré le trouble profond qui régnait dans ses idées et bien qu'il eût décidé de remettre au lendemain des décisions auxquelles il n'osait s'arrêter sans avoir consulté ses ministres, il n'en avait pas moins dès le soir même paré à ce qui lui semblait le plus pressé. Se rappelant qu'il avait quelques jours auparavant donné à Questiaux l'ordre de se rendre à Paris, il avait envoyé à Gallo un court billet griffonné à la hâte et qui ne contenait que ces quelques mots :
« *Si Questiaux n'est pas encore parti, suspendez son départ* » *jusqu'à demain* »[1].

---

1. *Archives Particulières du duc de Gallo.* Murat au duc de Gallo. Naples, 4 mars 1815. Soir. (Billet autographe de Murat.)

Non seulement Questiaux était déjà en route, mais la lettre en date du 4 mars, que Gallo lui écrivit après avoir reçu le billet du roi, fut interceptée par les Autrichiens. Cette fois cependant, par une bizarrerie tellement extraordinaire qu'il importe de la signaler, Bellegarde, qui en général était porté à critiquer et à juger avec une sévérité souvent exagérée, avec une partialité manifeste les moindres actes de Joachim, allait au contraire porter sur lui un jugement d'une inexplicable bienveillance. Des termes mêmes de la dépêche inspirée par le billet adressé à Gallo, il tirait la conclusion, étonnante surtout de sa part, « qu'on n'avait pas connaissance
» à Naples du projet de Napoléon, ou que du moins l'on n'y
» connaissait pas d'une manière déterminée l'époque à la-
» quelle il se proposait de l'exécuter » [1].

1. *Haus, Hof und Staats-Archiv. Bellegarde.* 1815. 123 b. F. M. comte de Bellegarde au prince de Metternich. Milan, 12 mars 1815. (*en français.*)

Tandis que différentes lettres écrites par des agents napolitains dont Bellegarde annonçait l'envoi à Metternich ne sont plus annexées à sa dépêche, on y retrouve heureusement la lettre que Gallo écrivait à Questiaux.

Naples, 6 mars 1815.

« Les circonstances ayant changé, il est nécessaire que vous rebrous-
» siez chemin, mon cher Questiaux, et que vous reveniez de suite à Na-
» ples.
« Vous aurez su que l'Empereur Napoléon s'est embarqué le 26 au
» soir avec 1.200 hommes et 10 pièces d'artillerie, et qu'il a fait voile
» de l'île d'Elbe pour les côtes de France. Quoi qu'il soit arrivé après
» cet événement hardi, *votre mission à Paris devient inutile* avant que
» les choses ne soient éclairées.
« Le Roi a donc décidé votre retour ici, et je vous prie de revenir au
» plus tôt ici où sa Majesté déterminera ensuite ce que vous devrez
» faire. »

Bien que, comme nous ne manquerons pas de le faire remarquer, le feld-maréchal ait continué à presser les préparatifs militaires, il semble qu'il ait donné à son entourage le mot d'ordre d'afficher une confiance absolue dans le maintien de la paix en Italie puisque l'un de ses confidents les plus intimes, l'un de ses collaborateurs le plus au courant de ses pensées, le marquis Ghislieri, adressait encore de Mi-

lan, le 19 mars (*R. Archivio di Stato. Modène.* Filza A. Fasc. XXI. *Ministero degli Affari Esteri e Polizia Generale* 193. 40) au comte Munarini la curieuse dépêche que voici. « Bien que le feld-maréchal vous tienne au
» courant de tout, je crois devoir vous annoncer que le Roi de Naples
» ne paraît pas disposé à troubler la tranquillité de l'Italie et que Joa-
» chim a envoyé des courriers à Vienne et à Londres pour renouveler
» les assurances de sa fidélité. J'ajoute (il se trompait en cela) que con-
» trairement à tous les bruits répandus, Murat n'est pas allé à Ancône. »

II. — 5-9 Mars 1815. — **Le conseil extraordinaire du 5 mars.**
— Résolutions et déclarations de Murat. — Bellegarde
et la situation militaire du duché de Modène et du grand-
duché de Toscane. — L'arrivée à Vienne de la nouvelle du départ de Napoléon de l'île d'Elbe (7 mars 1815)
et les instructions de l'Empereur d'Autriche à Bellegarde.
— Murat refuse définitivement d'évacuer les Marches. —
Mesures militaires et Ordres de Mouvement. — Les projets de Joachim sur la Sicile, ses instructions au général
Desvernois. — Mesures prises à Messine par le général
Mac Farlane et le contre-amiral Penrose. — Les clubs italiens de Naples. — Arrivée à Compignano d'un courrier
de Caroline et de Murat.

Le lendemain 5 mars, au moment où se réunissait au Palais le conseil extraordinaire convoqué par Murat, on avait
déjà de deux côtés reçu la confirmation de la nouvelle apportée par Colonna. Zuccari en avait envoyé avis à son
Gouvernement en même temps que Lebzeltern en informait
le comte de Mier. Le grand événement qui n'avait pas tardé
à être connu en ville y avait causé une sensation aussi profonde, aussi vive que dans le reste de l'Italie. Malgré l'extrême agitation du Roi le conseil, auquel Caroline assista
avec tous les Ministres, ne dura relativement que peu de
temps. En présence de l'avis unanime de ses conseillers,
Joachim, aussitôt après avoir déclaré que : « Cet événement
ne changerait en rien la marche de sa politique », rédigea et
remit séance tenante à Gallo une note contenant ses instructions, note dont malgré son importance la teneur est restée,
croyons-nous, inconnue jusqu'à ce jour :

« Envoyez de suite un courrier à Vienne porter à Campo-
» chiaro l'ordre de demander à Metternich quelle détermi-

» nation prendra l'Autriche à la suite de l'événement qui
» vient de se passer à l'île d'Elbe.

» Je me flatte que mon allié appréciera, comme il le doit,
» ma démarche. Nos intérêts et notre véritable politique
» nous commandent plus impérieusement que jamais l'u-
» nion et le plus parfait accord dans notre système.

» Vous recommanderez à Campochiaro de ne rien donner
» par écrit.

» Faites partir ce soir un autre courrier pour Rome avec
» ordre à Zuccari d'insister pour l'obtention de ses passe-
» ports, si le Pape s'obstine à ne pas accorder l'immunité
» diplomatique à la personne de notre consul.

» Je vais vous expédier une lettre pour le cardinal Fesch
» et une pour le prince de Canino.

» Envoyez à Questiaux l'ordre de rentrer à Naples.

» Préparez aussi une copie destinée pour Londres. Or-
» donnez à Tocco de déclarer au gouvernement anglais que
» l'événement qui vient d'arriver ne change rien à ma poli-
» tique relativement à l'Angleterre »[1].

Ecrite au cours de la délibération, destinée à l'usage exclusif du Ministre des Affaires Etrangères, cette note porte, à notre avis, l'empreinte exacte et réelle des sentiments qui agitaient à ce moment et se partageaient l'esprit de Murat. Tout en exprimant à Gallo sa résolution de demeurer fidèle à la ligne politique qu'il a suivie jusque-là, de rester indissolublement lié à l'Autriche, il ne peut dissimuler la défiance que lui inspire la tiédeur que le cabinet de Vienne lui a manifestée dans les derniers temps. Il prend ses précautions en prescrivant à Campochiaro de ne faire à Metternich que des communications verbales.

---

1. *Archives Particulières du duc de Gallo. Dossier* N° 67. Murat au duc de Gallo. Naples, 5 mars 1815.

A la façon quelque peu hautaine dont il s'exprime à l'égard de l'Autriche, il est aisé de s'apercevoir qu'il lui garde rancune des procédés dont il a été l'objet, qu'il ne lui pardonne pas l'attitude qu'elle a prise dans la question des Marches, qu'il ne se résignera pas facilement à renoncer aux accroissements territoriaux qui lui ont été reconnus par le traité du 11 janvier 1814. S'il n'ose pas élever la voix quand il s'agit de l'Autriche, il prend aussitôt sa revanche dès qu'il s'agit du gouvernement pontifical, tandis qu'au contraire il s'abstient de toute réticence, de toute réserve dès qu'il est question de la déclaration que Gallo a ordre d'envoyer à Londres. Bien plus que l'Autriche, c'est avant tout l'Angleterre qu'il tient à ménager, se concilier et dont il lui importe de s'assurer les bons offices et l'appui.

Aussitôt après l'issue de ce conseil, il fait appeler le comte de Mier. En présence de la Reine il a avec lui une longue conférence qui dura deux heures et dont le Ministre d'Autriche rendit compte à Metternich dans une première dépêche, forcément assez sommaire expédiée le jour même, puis dans une seconde plus détaillée et bien autrement intéressante qui porte la date du 9 mars [1].

Mier a trouvé Joachim extrêmement agité, ne sachant à quoi arrêter ses idées, ne sachant même pas ce qu'il devait désirer. Après avoir annoncé au ministre d'Autriche que dans quelques heures il ferait partir pour Vienne un courrier portant à Campochiaro l'ordre de déclarer qu' « à tout événement la politique du roi de Naples resterait subordonnée à celle de l'Autriche, » que rien ne pourra le faire dévier de ce principe, il ne lui avait pas caché qu'il était hors de doute pour lui que, dès son débarquement en France,

---

[1]. *Haus, Hof und Staats-Archiv. Neapel.* N. F. 1. 1815. (*Mier. Berichte.*) Comte de Mier au prince de Metternich. Naples, 5 et 9 mars 1815. Dépêches N°ˢ 21 et 22. ANNEXE II.

l'Empereur aurait toute l'armée et toute la France pour lui, que les Bourbons seraient chassés et que Napoléon n'aurait pas risqué l'entreprise sans être à moitié sûr du succès. Posant ensuite à Mier une question à laquelle celui-ci était hors d'état de répondre, il l'avait interrogé sur le parti qu'allaient prendre l'Autriche et les autres puissances. Il avait même été jusqu'à lui dire que cet événement, très fâcheux pour lui sous beaucoup de rapports, embrouillant tout, allait retarder l'arrangement de ses affaires, jusqu'à lui déclarer même, avant de sortir pour s'enquérir des nouvelles apportées par les bâtiments qui entraient dans le port, qu' « à la longue il ne pourrait rester dans cette position et qu'il lui fallait savoir à quoi s'en tenir. »

Après le départ de Murat qui quitta le palais lorsqu'on vint lui annoncer l'arrivée d'un bâtiment de l'île d'Elbe, Mier eut une longue conversation avec Caroline. Bouleversée elle aussi par cet événement, mais moins préoccupée du sort réservé à Napoléon, dont elle croyait la perte inévitable, que du traitement qu'en cas de succès il leur ferait subir, à elle et à Joachim, convaincue d'ailleurs que l'Empereur les chasserait de Naples, elle déclara à Mier que l'honneur de Joachim et ses véritables intérêts commandaient au Roi de s'unir le plus intimement possible à l'Autriche, de rester ferme dans ses promesses et ses déclarations et que pour sa part elle lui promettait de « tout faire à cette fin. »

Malgré l'appui que lui promettait Caroline, appui sur lequel il savait pouvoir compter, malgré les paroles et les promesses de Murat, malgré l'expédition, le jour même, des courriers envoyés à Vienne et à Londres, Mier connaissait trop bien le caractère versatile de Joachim, se défiait trop de ses coups de tête pour croire que sa résolution était sincère et définitive. Il redoutait par-dessus tout de le voir donner suite à son projet de voyage dans les Marches, voyage qu'il paraissait décidé à entreprendre en dépit de l'oppostion de Caroline et des représentations des plus raisonnables de ses Conseillers, tels que Gallo et Mosbourg entre autres. Il aurait eu encore plus de raisons de douter de la sincérité des déclarations de Murat, de la fermeté de ses principes et de ses résolutions, s'il avait su, ce qu'il n'apprit qu'un peu plus tard, que le jour même, le Roi avait fait partir pour la France son aide de camp de confiance, le colonel de Beaufremont [1], en même temps que sous prétexte de ramener à Naples la mère de l'Empereur il expédiait Franceschetti à à l'île d'Elbe.

Mais au milieu de toutes ces démarches quelque peu contradictoires, c'était toujours l'Angleterre qui ne cessait d'être l'objet principal de ses préoccupations. Relativement rassuré sur la nature et l'avenir de ses relations avec l'Autriche qu'il considérait comme engagée envers lui, il tenait surtout à acquérir la certitude et à fournir à ses sujets la preuve qu'il pouvait compter sur le bon vouloir du cabinet de Saint-James. Aussi, non content d'expédier à Londres le courrier dont Gallo enregistrait le départ dans ses dépêches, et bien qu'il n'y eût pas à Naples de ministre anglais accrédité auprès de lui, avait-il voulu manifester plus nettement encore ses intentions. Le lendemain du conseil extraordinaire, il avait donné à Gallo l'ordre d'appeler chez lui le consul anglais Walcker et de lui répéter de vive voix les affirmations que dès la veille il avait fait envoyer par courrier à Londres. Il lui avait prescrit de bien marquer au consul que l'événement de l'île d'Elbe, quel qu'en soit le

---

1. Cf. Déclaration de la Cour d'Autriche de Vienne sur la conduite du Roi de Naples. Vienne, 12 avril 1815 «... En même temps il envoya le comte de Beaufremont, son aide de camp, en France avec la mission de chercher Bonaparte et de l'assurer de son appui... » d'ANGEBERG. *Congrès de Vienne.* II. 1066-1067.

résultat, ne changerait rien ni à sa politique, ni à ses déterminations envers son gouvernement [1]. Il l'avait de plus chargé de faire la même déclaration à lord Holland, à lord Sligo, à M. Brook et à tous les Anglais qu'il aurait occasion de voir. Revenant encore sur la communication dont Tocco devait s'acquitter à Londres, soit qu'il s'illusionnât lui-même sur la portée réelle des événements, soit qu'il voulût affecter, même vis-à-vis de son Ministre, une confiance qu'il était loin d'avoir, il n'avait pas craint d'ajouter que « Tocco pourrait profiter de cette circonstance pour amener ce gouvernement à une prompte paix. » En réalité, il doutait cependant si fort du succès des démarches de Tocco qu'il recommandait en terminant à Gallo d' « engager Sligo ou Brook à partir pour Londres afin de faire, disait-il, cette déclaration en mon nom à leur gouvernement [2] ».

Lord William Bentinck fut, on le voit, le seul Anglais auquel Murat n'ait pas jugé à propos de notifier ses résolutions momentanées. Il n'eût vraisemblablement pas manqué de lui en faire part s'il avait su que l'ancien

1. Cf. *Record Office. Foreign Office.* Vol. 71. (*Sicily. Fagan. Bentinck.* etc. 1815.) Walcker, Vice-Consul d'Angleterre à Naples, écrivant à lord Castlereagh. Naples, 7 mars 1815, en sortant de chez le duc de Gallo lui rendait compte que le duc l'avait invité au nom du Roi à faire connaître à la Grande Bretagne, « *en sa qualité de seul représentant du gou-* » *vernement britannique,* que le Roi avait déclaré au conseil des Ministres » qu'il n'avait qu'un seul désir, celui de cultiver et de conserver l'a- » mitié de l'Angleterre. »

2. *Archives Particulières du duc de Gallo.* Dossier N° 67. Murat au duc de Gallo. Naples, 6 mars 1815. Obsédé par l'idée de s'assurer les bons offices de l'Angleterre, Murat adressait encore le lendemain un billet à Gallo (*Ibidem*: Naples, 7 mars 1815) pour lui recommander de charger Walcker « de faire connaître à l'amiral anglais la déclaration qu'il avait faite à son gouvernement pour l'île d'Elbe » et de lui marquer qu'on était tout disposé « à lui fournir un bâtiment pour porter cette dépêche. »

lord capitaine général venait d'arriver à Gênes où il ne resta d'ailleurs que peu de jours [1].

Avant même d'avoir reçu à Milan, où elle ne parvint que dans le courant de la journée du 6 mars [2], la nouvelle du départ de Napoléon, Bellegarde n'avait cessé de presser ses propres préparatifs militaires et ceux des princes italiens apparentés à la Maison d'Autriche. Dès le 5 mars, il avait écrit à Munarini pour lui recommander de prendre des mesures sérieuses de précaution, de leur donner plus de poids en les faisant appuyer par des mouvements militaires, de garnir de troupes le duché de Modène, mais principalement Reggio, où le feld maréchal signalait l'existence de nombreux partisans de Napoléon et de Murat.

Tandis que Munarini s'empressait de lui répondre en lui assurant qu'il ferait de son mieux, mais qu'il ne disposait que de fort peu de monde [3], Bellegarde avait également fait savoir à Fossombroni qu'en raison des événements il espérait qu'on procéderait à l'augmentation immédiate des effectifs des troupes toscanes. La réponse approuvée par le grand-duc que Fossombroni lui adressa n'était guère de nature à le satisfaire. Il lui faisait savoir que, bien que

1. *Archiv des Ministeriums des Innern.* 1815. *Acten der Polizei Hof Stelle.* 208. Comte Strassoldo au baron Hager. Milan, 10 mars 1815.
Comme Provana di Collegno le mandait à Saint-Marsan le 8 mars, (*R. Archivio di Stato. Turin. Congresso di Vienna.* N° 81.) Bentinck avait manifesté l'intention d'établir pendant quelque temps son quartier-général à Gênes. En raison du mauvais effet qu'y aurait produit sa présence, le chevalier de Revel, gouverneur de Gênes, l'engagea à s'éloigner. Bentinck y consentit à condition d'avoir préalablement une audience de Victor-Emmanuel, en ce moment dans cette ville, audience qui, d'après le dire de Provana di Collegno, avait été sans intérêt.

2. Cf. Mantovani. *Diario Politico e Ecclesiastico di Milano.* T. V. (*Biblioteca Ambrosiana.*) Milan, 6 mars 1815.

3. *R. Archivio di Stato. Modène.* Filza A. Fasc. XXII. (*Ministero degli Affari Esteri e Polizia Generale.*) F. M. comte de Bellegarde au comte Munarini. Milan, 5 mars 1815. N° 146. 1011 et comte Munarini au F. M. comte de Bellegarde. Modène, 8 mars 1815. N° 148, P° 13.

l'effectif total des troupes toscanes ne s'élevât à ce moment
qu'à un peu plus de 5.600 hommes, en y comprenant 813
gardes-côtes d'infanterie et de cavalerie et 500 hommes de
gardes civiques qu'on se disposait à armer et à répartir le
long de la côte, il serait extrêmement dangereux, à cause
du mécontentement que provoquerait une mesure de ce
genre, de songer à porter les effectifs à un chiffre plus
élevé [1].

Poursuivant et accélérant sa marche, grossissant sa petite troupe à chaque étape, Napoléon était déjà sur le point
de faire son entrée triomphale à Grenoble au moment où,
dans la nuit du 7 mars, la première nouvelle de son départ
de l'île d'Elbe parvint vers six heures du matin à Metternich. Fatigué par une conférence avec les plénipotentiaires
des cinq puissances qui s'était prolongée jusqu'à trois heures du matin, le chancelier, qui avait vainement essayé de
se rendormir, se décida seulement vers sept heures et demie
à décacheter le pli que lui adressait le consul général d'Autriche à Gênes. Une demi-heure plus tard, il était chez l'Empereur d'Autriche qui, après avoir pris connaissance de la
dépêche, le chargea d'aller dire à Alexandre et à Frédéric-
Guillaume qu'il était prêt à donner à son armée l'ordre de
reprendre le chemin de la France. A neuf heures, après

---

1. *R. Archivio di Stato. Florence. Affari Esteri. Prot.* 7 N° 13. F. M. comte
de Bellegarde à Fossombroni. Milan, 5 mars 1815. — Fossombroni au
F. M. comte de Bellegarde. Florence, 9 mars 1815. (Effectif actuel de
l'armée toscane : Infanterie, 3.000 hommes, Cavalerie 300, Artillerie 250,
Vétérans 350. Gardes-côtes : Infanterie 703, Cavalerie 110, Gardes civiques (en train d'être armés pour être envoyés le long des côtes) 500.
Total général : 5.613. Quatre jours plus tard, le 13 mars, Fossombroni
écrivait à nouveau à Bellegarde pour lui rappeler qu'on avait compté,
et qu'on comptait encore sur l'envoi en Toscane d'un régiment d'infanterie autrichienne ayant à sa tête un officier supérieur accrédité
diplomatiquement auprès du gouvernement grand-ducal et qu'on réclamait l'envoi immédiat de cet officier et de ce régiment.

avoir vu le tzar et le roi de Prusse Metternich rentré chez lui y conférait avec Schwarzenberg. A dix heures, les Ministres des Puissances qu'il avait fait appeler se réunissaient dans son cabinet. A la même heure, les aides de camp couraient dans toutes les directions pour porter aux corps d'armée qui se retiraient l'ordre de faire halte. C'est ainsi, comme il le dira dans ses *Mémoires*, que « la guerre fut déclarée en moins d'une heure [1] ».

Malgré le calme apparent affecté par les Souverains et leurs Ministres, leur consternation et surtout leur irritation était d'autant plus profonde et plus vive qu'on ignorait encore la direction prise par l'Empereur. Talleyrand n'admettait pas qu'il pût songer à débarquer dans le Midi de la France. Metternich, au contraire, croyait et espérait qu'il chercherait à « aller droit sur Paris. » Mais en réalité Schwarzenberg et lui tremblaient à la pensée de le voir prendre terre dans le Nord de l'Italie où ils n'étaient pas en mesure et où sa seule présence aurait suffi, ils le craignaient du moins, pour déchaîner la révolution.

Talleyrand se consolait pour sa part et se rassurait en essayant de démontrer à Jaucourt que, pour peu qu'on agisse avec prudence et fermeté, loin d'avoir des suites fâcheuses cet événement en aurait au contraire d'utiles, « celle d'abord de faire cesser les indécisions de l'Autriche à l'égard de Murat avec lequel, disait-il, Buonaparte est très probablement d'accord, et ensuite de faire cesser toute crainte de voir éclater des révolutions en Italie ». Il n'avait naturellement pas manqué de profiter de l'entretien qu'il venait d'avoir avec Metternich pour renouveler ses attaques contre Murat. Il avait apporté un soin tout particulier à lui faire remarquer qu'il suffisait de considérer les dates pour

---

[1]. METTERNICH. *Mémoires. Autobiographie I.* 204-206.

acquérir la conviction que « cette évasion de Bonaparte se
» trouvait liée à la demande que Murat avait faite à l'Autri-
» che de lui accorder pour ses troupes un passage par ses
provinces [1] ».

En tout cas, et bien que Metternich ait vanté dans ses
Mémoires « le calme parfait qui ne quittait jamais l'empereur
François dans les grandes circonstances, » on se préoc-
cupa si vivement à Vienne des conséquences que ne pouvait
manquer d'avoir pour l'Autriche l'évasion de Napoléon, que
non seulement on expédia sur l'heure même des estafettes
portant à tous les corps dirigés sur l'Italie l'ordre d'accélérer leur marche [1], mais que le jour même l'Empereur
adressa à Bellegarde une lettre autographe qui laisse clairement apercevoir ses craintes et ses appréhensions [2].

Examinant les différentes hypothèses d'un débarquement
que Napoléon pourrait vouloir tenter sur les côtes d'Italie,
laissant d'ailleurs le feld-maréchal libre d'adopter celles des
mesures qui lui paraîtraient le mieux répondre aux néces-
sités du moment, il lui prescrivait de s'occuper avant tout
de l'organisation et de la défense des débouchés menant en
Italie et plus particulièrement aux passages du Pô, dont la
conservation pouvait seule assurer l'arrivée en Lombardie
et en Vénétie des renforts en marche pour le rejoindre. Il
lui recommandait en même temps de faire solidement gar-

---

1. JAUCOURT. *Correspondance avec le prince de Talleyrand.* 222. 223.
Prince de Talleyrand au comte de Jaucourt. Vienne, 7 mars 1815. —
Archives des Affaires Étrangères et PALLAIN. *Correspondance Inédite de
Talleyrand et de Louis XVIII.*) Prince de Talleyrand au Roi. Vienne,
7 mars 1815. Dépêche N° 32.
2. *K. u K. Kriegs-Archiv. Hof Kriegs-Rath. Praesidial Acten.* 1041. Empereur François au F. M. comte de Bellegarde. Vienne, 7 mars 1815.
F. III. ad 5. — 24 heures après l'expédition de cette lettre, Frimont informait Schwarzenberg (*Ibidem.* III. 8 mars 1815) qu'il avait remis son
commandement au général Vacquant et qu'il quittait Mayence le jour
même pour venir prendre ses ordres à Vienne.

der les routes conduisant à la rivière de Gênes et celles qui donnent accès au Piémont. Il lui conseillait en outre, après avoir mis de fortes garnisons à Venise, Mantoue et Peschiera et fait occuper solidement les citadelles de Plaisance et de Ferrare, de prendre avec le reste de son armée position autour d'Alexandrie et d'y attendre l'arrivée des troupes venant d'Autriche [1]. Il complétait enfin les indications qu'il lui donnait en l'invitant à charger le feld-maréchal lieutenant comte Bubna de transmettre au Roi de Sardaigne ses demandes de concours et de coopération, à mettre immédiatement Ferrare et Comacchio en état de défense et en lui annonçant que le conseil aulique de la guerre avait reçu l'ordre de faire immédiatement partir les régiments stationnés le plus à proximité des frontières de l'Italie et de l'informer des dates de leur arrivée au-delà des Alpes.

Bellegarde avait été au-devant des vues de son souverain. Depuis quelques jours déjà, on travaillait activement à la remise en état et à l'armement de la citadelle de Ferrare. Afin de presser les travaux on avait même, dès qu'on avait eu connaissance du départ de Napoléon, réquisitionné non seulement des voitures et des chevaux et tout ce qui se trouvait dans les magasins des serruriers et menuisiers, mais bon nombre d'ouvriers de la ville et des environs, et l'on avait commencé à fortifier les rives du Pô, surtout à

---

1. Il ne sera pas inutile de faire remarquer que, le lendemain même du jour où l'Empereur d'Autriche se prononçait ainsi en faveur d'une concentration éventuelle de l'armée autrichienne autour d'Alexandrie, Vallaise, répondant par ordre de Victor Emmanuel à la dépêche de Saint-Marsan, en date de Vienne 25 février, déclarait précisément que le roi était prêt à abonder dans le sens de l'Autriche pour agir dans le cas d'une guerre contre Murat, mais en exigeant que les troupes alliées n'entreraient pas dans ses Etats. (*R. Archivio di Stato. Turin. Congresso di Vienna.* Comte de Vallaise au marquis de Saint-Marsan. Gênes, 8 mars 1815. Dépêche N° 79.) Cf. ANNEXE III.

hauteur de la *Cascina* Vallunga où l'on procédait à l'établissement entre ce point et Occhiobello d'un pont de bateaux qu'on se proposait de couvrir par une tête de pont [1].

Il est pour le moins singulier de constater que ce fut précisément au moment où l'on soupçonnait plus que jamais Murat de connivences et d'intelligences secrètes avec Napoléon, et le lendemain du jour où l'on avait reçu à Vienne la nouvelle de son évasion, que Cariati s'adressa à nouveau à Metternich pour lui demander d'autoriser la maison Barisoni à expédier à Naples 3.000 sabres d'infanterie et autant de cavalerie [2].

Sans qu'il eût encore modifié en quoi que ce soit les résolutions qu'il avait si hautement proclamées pendant les journées précédentes, il n'en était pas moins évident qu'un terrible combat continuait à se livrer dans l'esprit de Murat. Comme Mier le constatait, sa tête travaillait, son humeur et ses propos annonçaient qu'il avait des projets en vue et que ses idées n'étaient pas encore fixées [3]. Si dans le doute qui le ronge, il se garde encore de rien faire, de rien dire qui puisse déplaire à Vienne, s'il tient surtout à ménager l'Angleterre dont il se plaît à croire que la protection et l'amitié lui sont acquises, il se montre en revanche intraitable lorsque Mier vient lui reparler des Marches, le presser de consentir à l'exécution de l'arrangement convenu, sauf ratification de sa part, entre le cardinal Consalvi et Campochiaro et approuvé par Metternich. C'est en vain que Mier essaye de le convaincre, de lui faire entendre

1. Cf. *Ferrara. Biblioteca Comunale.* Conti. *Annali Storici di Ferrara* T. I, du 4 mars au 6 juin 1815 § 1321-1322.
2. *Haus, Hof und Staats-Archiv. Neapolitanische Gesandtschaft in Wien 1815.* F. 4. Prince Cariati au prince de Metternich. Vienne, 8 mars 1815.
3. *Haus, Hof und Staats-Archiv. Neapel.* N. F. (*Mier. Berichte.* 1815.) Comte de Mier au prince de Metternich. Naples, 9 mars 1815. (Dépêche N° 22.)

langage de la sagesse et de la raison, de lui montrer les dangers de son refus. Force lui est de reconnaître que « maintenant, par la complication des circonstances et le » temps qui a raffermi le Roi dans son assiette, il sera diffi- » cile pour l'Autriche d'arranger cette affaire sans mécon- » tenter une des deux parties intéressées, peut-être même » toutes les deux [1] ».

Quelques semaines auparavant, Murat mettait comme uni-

1. *Haus, Hof und Staats-Archiv. Neapel.* N. F. 1. (*Mier. Berichte* 1815.) Comte de Mier au prince de Metternich. Naples, 9 mars 1815. P. S. 1. ad Dépêche N° 22.

La sortie de Murat n'aurait guère pu se produire plus mal à propos. Le jour même où il faisait connaître ses intentions à Mier, Pacca, exaspéré, il est vrai, par les attaques peu opportunes de Noailles et les épigrammes peu heureux de Talleyrand, par l'attitude hautaine et plutôt hostile des représentants de la France à l'égard de Consalvi, se laissait aller à un de ces accès, trop rares chez lui, de modération. Imposant silence à ses ressentiments et à ses rancunes, admirant le calme, le sang-froid imperturbable de Consalvi, la façon magistrale dont il avait manœuvré, les réponses fermes et dignes grâce auxquelles il avait en quelques mots réussi à décontenancer un adversaire aussi redoutable et aussi spirituel que Talleyrand, Pacca faisait à son tour le procès des Bourbons, en établissant par Doit et Avoir le compte du Saint-Siège et de la cour de France.

« Le Saint-Père, écrivait-il à Consalvi précisément le 9 mars (*Archives du Vatican. Congresso di Vienna.* Cardinal Pacca au cardinal Consalvi. Rome, 9 mars 1815. *Dépêche chiffrée* N° 261) » n'a-t-il pas rendu de grands « services de maisons de Bourbon, qui ne veulent pas entendre par- » ler de la restitution des Marches, de Bénévent et de Ponte-Corvo, en » se refusant à reconnaître Murat, à lui accorder l'investiture. Et l'on » voudrait maintenant que le Pape fulminât au nom de la religion » l'anathème contre Murat! On voudrait qu'il excommuniât l'*Usurpa-* » *teur*, quitte à s'exposer à voir le territoire pontifical envahi trois » jours après par les troupes napolitaines, le gouvernement renversé » lorsqu'il vient à peine d'être rétabli et ses sujets exposés à de nou- » veaux sévices. Notre Saint-Père n'aura pas et n'a d'ailleurs aucun » motif d'aimer un aussi mauvais voisin ; mais ce n'est pas là une rai- » son suffisante pour précipiter ses résolutions, pour violer des prin- » cipes recommandés par l'Evangile, pour adopter une conduite qui dé- » plaise à l'Autriche, peut-être même à l'Angleterre, toutes deux peu » disposées à partager la manière de voir et à épouser les querelles de » M. de Talleyrand. »

que condition à l'évacuation de ces provinces sa reconnaissance par le Pape. Maintenant il n'en est plus question. Il entend se voir attribuer définitivement l'accroissement de 400.000 âmes qui lui a été reconnu, garanti par son traité d'alliance avec l'Autriche. Mier a beau lui représenter qu'il y a renoncé de son plein gré ; que les Puissances, que l'Autriche surtout, lui sauront gré de sa modération ; que par cela même elles seront, pour ainsi dire, contraintes à se montrer plus complètement favorables à ses intérêts, Murat reste intraitable et inébranlable. Il répond qu'il n'a entendu et qu'il n'entend renoncer aux 400.000 âmes qu'à la dernière extrémité ; qu'il n'y aurait renoncé que si l'Autriche n'avait pu les lui procurer, mais que maintenant il en voit au contraire nettement la possibilité et « qu'il désire même apercevoir de la bonne volonté de la part de l'Autriche dans cette affaire à son égard ».

Ses derniers mots avaient été encore bien autrement hautains et cassants. Il avait terminé sa conversation avec Mier en lui disant : « Laissez-moi arranger cette affaire avec le » Pape. Je ne le crains pas. Qu'il vienne m'attaquer ».

Il était par suite désormais certain et évident que Murat ne songeait en aucune façon à renoncer à son voyage dans les Marches, que son départ pouvait avoir lieu, comme Mier le constatait avec douleur, d'un moment à l'autre, enfin qu'il ne se rendait pas compte de l'effet désastreux que produirait cette manifestation, de la défiance que réveillerait une pareille résolution.

En même temps qu'il faisait subir une modification inquiétante à son Ministère, qu'il remplaçait aux Finances le sage et fidèle Mosbourg par le baron Nolli, peut-être parce qu'il croyait le trouver plus souple et plus accommodant que son prédécesseur dont il faisait un secrétaire d'Etat à la place de Pignatelli-Cerchiara auquel il donnait comme compensation la Vice Présidence du Conseil d'Etat [1], il prenait une série de mesures qui n'étaient pas précisément de nature à faire croire à la sincérité de ses déclarations et de ses intentions pacifiques. Pendant qu'un ordre du jour du général Galdemar publié à Ancône [2] prorogeait le délai accordé aux anciens soldats de l'armée du royaume d'Italie pour se faire incorporer dans l'armée napolitaine, le maréchal de camp Fontana recevait l'ordre de se rendre en poste à Ancône et d'y prendre le commandement de la cavalerie qui s'y réunissait [3]. Bien que Mier fût encore dans le vrai en annonçant le 9 mars, à son gouvernement qu' « aucun mouvement des troupes napolitaines n'avait encore eu lieu dans le royaume, » le Ministre de la guerre n'en avait pas moins envoyé quarante-huit heures plus tôt au 3e régiment de chevau-légers l'ordre de se réunir à Venafro, d'en partir en deux échelons et d'être rendu le 18 et le 20 à San Benedetto, où les quatre escadrons de ce régiment recevraient de nouveaux ordres [4]. Le même jour le cardinal Pacca, sans garantir toutefois l'authenticité de la nouvelle qu'il venait de

---

1. *Haus, Hof und Staats-Archiv. Neapel.* N. F. 1. (Mier. Berichte 1815.) Comte de Mier au prince de Metternich. Naples, 9 mars 1815. P. S. 2 ad Dépêche 22.

2. *Archiv des Ministeriums des Innern.* 1815. *Acten der Polizei Hof Stelle* F. 494. 1373. Baron Hager à l'Empereur d'Autriche. Vienne, 23 mars 1815. (Envoi de l'ordre du jour du général Galdemar. Ancône, 7 mars 1815.)

3. *R. Archivio di Stato. Naples.* (*Carte di guerra e Amministrazione delle Marche* 1059.) Le Ministre de la guerre au général Carrascosa. Naples, 8 mars 1815.

4. *R. Archivio di Stato. Naples.* (*Carte di guerra e Amministrazione delle Marche* 1059.) Le Ministre de la guerre (Ordres de mouvement) Naples, 7 mars 1815. Ordre de mouvement pour le 3e régiment de chevau-légers : 2 escadrons (dont l'un venant de Teano se réunira le 10 à l'escadron de Venafro) le 11 de Venafro à Isernia, le 12 à Castel di Sangro, le 13 à Sulmona où ils feront séjour le 14, le 15 à Tocco, le 16 à Pescara, le 17 à Giulianova, le 18 à San Benedetto, où ils recevront des ordres. — Les 2 autres escadrons allant le 12 de San Germano à Venafro suivront le mouvement à deux jours de distance.

recevoir, mandait à Consalvi qu'on lui avait annoncé la mise en marche d'une colonne de 3.000 hommes d'infanterie napolitaine partie d'Aquila avec 6 canons et se dirigeant vers la frontière des Etats pontificaux [1].

Au même moment, le commissaire de police de Rimini, Fantini, signalait le passage par cette ville, le 6 mars, du général d'Ambrosio revenant de Vienne et se rendant en toute hâte à Naples ainsi que celui d'un officier de la garde royale napolitaine envoyé en courrier à Bologne. Il informait en même temps Savini des rumeurs vagues dans le principe, mais de plus en plus précises et fréquentes qui continuaient à circuler à Pesaro et à Ancône et d'après lesquelles Murat était décidé à pousser avant peu son armée jusque dans la Romagne [2].

Murat ne s'en était d'ailleurs pas tenu là. Il se croit si sûr de l'appui et de l'amitié de l'Angleterre, il a une telle confiance dans l'efficacité de la déclaration que son courrier est en train de porter à Londres qu'il ne se contente pas de prescrire au général Desvernois d'avoir avec le général anglais qui commande à Messine une entrevue dans laquelle il l'assurera « de la ferme résolution du Roi de Naples de persister dans sa politique, quelle que fût l'issue de l'événement de l'île d'Elbe [3] ». Il lui révèle en outre ses espérances et ses pro-

---

1. *Archives du Vatican. Congresso di Vienna.* Cardinal Pacca au cardinal Consalvi. Rome, 9 mars 1815. (Dépêche chiffrée N° 261.)
2. R. *Archivio di Stato. Bologne. Atti di Polizia.* (*Protoc. Privato.* F. VI. *Notizie sulle Corti di Roma e di Napoli.* N° 6-120.) Fantini, commissaire de police, à Savini, commissaire général du *Buon Governo.* Rimini, 7 mars 1815.
3. *Record Office. War Office.* Vol. 187. (*Sicily. Naples, Genoa Mac Farlane*). Général Mac Farlane à lord Bathurst. Palerme, 26 mars 1815. (Dépêche N° 5.) Rend compte de l'entrevue qui a eu lieu le 13 mars à Messine entre le Major Général Philipps et le général Desvernois. — *Ibidem. Admiralty. Sicily.* Vol. 430. Rear admiral Penrose à John William Croker. Messine, 15 mars 1815. (Dépêche N° 32.) — *Ibidem. Foreign Office.* Vol. 69. (*Sicily. A'Court.*) A'Court à lord Castlereagh. Palerme, 4 avril 1815

jets, ses vues sur la Sicile : « Si les Anglais ne s'y opposent
» pas formellement, lui écrit-il de Naples le 8 mars [1], Fer-
» dinand ne sera plus longtemps sur son trône ; il ne sau-
» rait faire le bonheur des Siciliens ; sa mauvaise adminis-
» tration, le mauvais état, surtout de ses finances, sont le
» présage assuré de sa ruine.

» Si quelques régiments napolitains de Sicile deman-
» daient à quitter cette île et à rentrer à mon service, pro-
» curez-leur tous les moyens de transport ».

Et il ajoute : « Demandez même, s'il le faut, des moyens
» de transport aux Anglais qui, j'ose le croire, ne se refu-
» seront pas à vous rendre ce service ».

« Inondez la Sicile de vos agents. Faites insurger l'armée
» sicilienne. Prenez en mon nom l'engagement d'aligner
» leur solde le jour qu'ils arriveront à Naples. Il vous sera
» facile de les décider à prendre cette détermination puis-
» que, d'après la suppression des subsides anglais, il ne
» leur reste plus l'espoir d'être payés par le gouvernement
» sicilien ».

Desvernois s'acquitta sur l'heure et consciencieusement
de sa mission. Il poussa même le respect de la discipline
et des ordres reçus jusqu'à transmettre au général Philipps la demande, par trop naïve pour le moins, qu'il était
chargé de lui adresser au sujet des transports ; mais le résultat fut loin de répondre aux espérances, aux illusions de Murat. L'amiral Penrose informé le 8 mars dans l'après-midi
par le capitaine Adye, commandant le *Partridge*, de l'événement de l'île d'Elbe, avait aussitôt transmis cette nouvelle
à Palerme, à Corfou et à Naples où il avait envoyé le *Wizzard* afin de connaître la route que comptait prendre la princesse de Galles, mais surtout afin de savoir la cause du dé-

---

1. DUFOURCQ. *Mémoires* du général baron Desvernois. 471-475.

part du *Capri* qui avait appareillé pour l'île d'Elbe juste au moment de l'évasion de Napoléon. L'envoi à Ancône de deux frégates et d'un brick portant des troupes napolitaines l'obligeant d'autre part à redoubler de vigilance, il croyait utile de rester pour le moment en Sicile avec sa division forte de quatre vaisseaux de ligne. En même temps du reste, le général Mac Farlane prenait, malgré les déclarations de Murat et de Desvernois, des mesures de précaution et faisait armer les batteries du Phare de Messine [1].

La police politique autrichienne s'était bien gardée de se relâcher en un pareil moment de la vigilance avec laquelle elle suivait depuis longtemps les agissements de l'entourage de Murat. Hager avait réussi à se procurer la liste et les états nominatifs des *clubs italiens* de Naples auxquels étaient affiliés les principaux hommes d'Etat et fonctionnaires du royaume, liste que la chancellerie d'Etat venait de lui retourner en lui prescrivant de compléter au plus vite ces renseignements intéressants dont on prévoyait qu'on pourrait avoir à faire usage, de chercher à découvrir les relations existant entre ces *clubs* et ceux de Milan et de la Lombardie, enfin d'appeler sur ces faits l'attention de Bellegarde [2].

La surveillance qu'on exerçait à Compignano sur Pauline [3] ne devait être ni bien sévère, ni bien sérieuse, puis-

---

1. *Record Office. Admiralty.* Vol. 430. *Sicily.* Rear Admiral Penrose à John William Croker, à bord de la *Queen*. Messine, 11 et 15 mars 1815. Dépêches N°⁸ 15 et 27.
2. *Haus, Hof und Staats-Archiv. Staats-Kanzlei an Polizei Hof Stelle* 1815. Bretfeld au baron Hager. Vienne, 5 mars 1815.
3. Presqu'aussitôt après l'arrivée à Compignano du poste autrichien chargé de la garder, Pauline avait écrit au Grand-Duc de Toscane en le priant d'intervenir en sa faveur et en lui affirmant qu'elle ignorait les projets de Napoléon. (Cf. *Record Office. Foreign Office.* Vol. 82. *Tuscany. Burghersh.*) Lord Burghersh à lord Castlereagh. Florence, 6 mars 1815. (Dépêche N° 20.)

qu'un colonel napolitain envoyé à Naples en courrier par Caroline à sa mère et à sa sœur avait pu parvenir à pénétrer dans la villa et à avoir avec la captive une conversation qui avait duré plus d'une heure. Le mandataire de Caroline n'avait pourtant pas essayé de cacher le but de son voyage. Venu de Naples à Pise en 53 heures, il s'était ouvertement renseigné le 8 au matin à la porte de Pise sur la possibilité d'arriver à la villa sans passer par Lucques. Sur la réponse affirmative qui lui fut faite, il était reparti à huit heures et quart. Revenu à Pise le lendemain 9 au matin, il avait d'abord manifesté l'intention de se rendre à Florence, mais, dès que sa voiture fut attelée, il avait donné au postillon l'ordre d'aller à Piombino. On avait su qu'en route à cause du mauvais état des chemins et du manque de chevaux il avait suivi les conseils des postillons et s'était dirigé sur Livourne, mais sans repasser par Pise, et qu'après un court arrêt il était reparti le 9, à une heure de l'après-midi, pour Florence. Sa conduite et son allure ayant paru suspectes aux autorités de Pise qui avaient fini par apprendre qu'on le croyait porteur de lettres adressées par le Roi et la Reine de Naples à madame Mère et à Pauline et, ce qui eût été plus intéressant encore, d'une lettre de Murat à Napoléon, le secrétaire du gouvernement à Pise, Viviani, en avait rendu compte au président du *Buon Governo*. De son côté, le lieutenant colonel Werklein, à la première nouvelle de la venue de l'officier napolitain à Compignano, avait écrit au général Spannocchi à Livourne en lui demandant de donner les ordres nécessaires pour se saisir de sa personne ou tout au moins de ses papiers. Mais, lorsque ce billet parvint à Livourne, le colonel en était déjà parti et bien que, quelques jours plus tard, Werklein et le comte de Buol Schauenstein eussent tous deux écrit à nouveau à Spannocchi pour réclamer l'arrestation du colonel qui ne devait pas tarder à revenir à Livourne, le général toscan ne l'en laissa pas moins passer à l'île d'Elbe sur le vu d'un passe-port visé par le consul de Naples [1].

1. *Archivio Storico Cittadino. Livourne. Lettere Civili 1815.* F. 100. Lieutenant colonel Werklein au général Spannochi. Lucques, 5, 9 et 15 mars 1815. N°⁸ 26, 29 et 51. — *R. Archivio di Stato. Florence. Polizia Segreta Toscana. Filza.* 5. 45-69. Viviani, secrétaire du gouvernement, au Président du *Buon Governo*. Pise, 9 mars 1815, 7 heures matin et 9 mars 5 heures soir. — Bianchi, secrétaire, général, à Viviani. Sienne, 10 mars 1815. — Général Spannocchi au Président du *Buon Governo*. Livourne, 9 mars 1814. — *Haus, Hof und Staats-Archiv. Toscana.* F. A. N° 6. Comte de Buol Schauenstein au prince de Metternich. Florence, 14 et 21 mars 1815. Dépêches N°⁸ 44 et 50. — Cf. *Record Office. Foreign Office.* Vol. 22. (*Tuscany. Burghersh.*) Lord Burghersh à lord Castlereagh. Florence, 14 mars 1815. (Dépêche N° 22.) confirme la visite et la conversation de l'officier napolitain envoyé par Murat et son départ pour l'île d'Elbe. Il ajoute que Pauline a reçu encore plusieurs autres courriers. — *R. Archivio di Stato. Naples.* (*Occupazione francese. Consoli.*) Quaglianelli, consul à Livourne, au duc de Gallo. Florence, 14 mars 1815.

III. — 10-12 Mars 1815. — **Inquiétudes croissantes des Gouvernements italiens. — Bentinck reprend le commandement des forces britanniques à Gênes. — Le Pape songe sérieusement à quitter Rome. — Le général d'Ambrosio chez Murat. — « L'Inconstant » à Gaëte. — Mouvements des troupes napolitaines. — Les dépêches de Mier à Metternich. — Sa note à Gallo (12 Mars 1815). — Manhès, Gouverneur de Naples et Maghella, Ministre de la police. — Murat et les Anglais. — Départ de la princesse de Galles pour Rome. — Lettre inédite du général Colletta à Tito Mansi. — Les lettres de Murat à Lucien et au cardinal Fesch (10 Mars). — Lucien et le cardinal Pacca (11 Mars).**

Plus le temps marche et plus les inquiétudes augmentent, non seulement à Naples, mais de tous côtés. En Sicile, la nouvelle du départ de l'Empereur de l'île d'Elbe et surtout celle de son débarquement en France ont plongé la Cour de Palerme dans la consternation. Le 11, au cours d'une entrevue avec A'Court, le marquis de Circello lui annonce qu'en envoyant un courrier en Angleterre, Ferdinand IV a surtout eu en vue d'obtenir du Cabinet de Saint-James l'autorisation d'attaquer immédiatement Murat [1].

Nugent qui a déjà adressé le 25 février à Schwarzenberg un mémoire dans lequel il a soumis à son approbation un plan de campagne contre Murat, insiste de nouveau auprès de lui sur celles des mesures qu'il importe de prendre sans plus tarder, sur la nécessité de se prononcer et de s'entendre sur les opérations qu'on peut d'un jour à l'autre avoir à entreprendre du côté de l'Adriatique. De son côté, Steffanini,

---

1. *Record Office. Foreign Office.* Vol. 69. (*Sicily.* A'Court 1815.) William A'Court à lord Castlereagh. Palerme, 12 mars 1815. (Dépêche N° 8.)

alarmé par les bruits de plus en plus inquiétants relatifs aux mouvements des Napolitains, ordonne au major Socher, qui commande à Ferrare, d'arrêter les 9.000 fusils et les 1.600 sabres expédiés le 12 de Milan par Pontelagoscuro au Roi de Naples [1].

On attribuait aux faits les plus insignifiants, à des faits qu'en d'autres temps on n'aurait même pas songé à remarquer, une importance que rien ne justifiait. C'est ainsi, par exemple, que lord Burghersh, lui-même n'hésitait pas à signaler à son gouvernement les sorties plus fréquentes d'Elisa, à rechercher les motifs qui, au cours de ces derniers jours, avaient pu la pousser à se montrer beaucoup plus fréquemment en public qu'elle ne l'avait fait depuis son arrivée à Bologne et que d'autre part, sans parler des nouvelles plus ou moins exagérées et inexactes que le commissaire de police de Rimini transmettait à Savini le 14 [2], on

---

1. *Kriegs-Archiv. Hof Kriegs-Rath. Proesidial Acten.* 1041. F. III. 40. Général-major comte Nugent au F. M. prince de Schwarzenberg. Vienne, 10 mars 1815. — *Idem in Ibidem.* F. III. 29. F. M. L: baron Bianchi au même. Ferrare, 26 mars 1815. — On surveillait plus activement que jamais tous ceux qu'on supposait être des agents Napolitains, et le 10 mars, Lederer, président de la commission de gouvernement de Bologne, recommandait au commissaire général Savini (*R. Archivio di Stato. Bologne. Protocoli Segreti, Archivio Privato.* F. 46. N° 130.) d'avoir l'œil sur un certain Natti qui, après avoir été d'Ancône à Trieste et à Venise, venait de quitter cette ville pour aller par Bologne en Toscane. Natti passait pour être en relation avec le général Carrascosa et on le soupçonnait d'être un émissaire de Murat.

2. *Record Office. Foreign Office.* Vol. 22. (*Tuscany. Burghersh.*) Lord Burghersh à lord Castlereagh. Florence, 14 mars 1815. Dépêche N° 22. — *R. Archivio di Stato.* Bologne. 1815. *Atti di Polizia.* (*Governo Provisorio Austriaco* etc.) *Prot. Privato.* Fasc. VI. N° 12. 141. (*Notizie sulle Corti di Roma e di Napoli.*) Fantini, commissaire de Police de Rimini, à Savini, commissaire général du *Buon Governo* dans les trois départements. Rimini, 14 mars 1815. (*Riservato.*) « On prétend toujours à Rome » que Murat arrivera le 15 à Ancône et qu'on sait par le télégraphe » qu'il a quitté Naples le 11 à 2 heures de l'après-midi. On dit à Pesaro » que 600 hommes des troupes Napolitaines sont en marche sur Gubbio (Etats du Pape)... »

relevait le passage de plus en plus actif de courriers napolitains venant de Bologne ou y allant [1].

Bentinck avait de son côté cru devoir quitter Florence pour aller reprendre son commandement à Gênes où cette fois, loin de protester contre les inconvénients pouvant résulter de sa présence dans cette ville, Victor Emmanuel avait au contraire, dès le 12 Mars, chargé Provana di Collegno de lui exprimer la satisfaction que lui avaient causée son retour et sa résolution [2].

Convaincu désormais que l'évasion de Napoléon avait été combinée d'accord avec Murat et qu'elle était en rapport direct avec les mouvements des troupes napolitaines, le gouvernement toscan s'abandonnait aux plus vives alarmes, qu'allait encore augmenter une dépêche adressée par Lebzeltern (Rome le 11 Mars) à Fossombroni et dans laquelle il lui signalait le renforcement incessant des Napolitains sur les frontières des Etats du Pape [3].

On avait d'ailleurs à Rome des motifs autrement sérieux de concevoir de réelles inquiétudes. Comme Pacca l'écrivait à Consalvi [4], Pie VII à peine remis d'une indisposition qui avait duré près de huit jours et uniquement due à la surprise et à la douleur qu'il avait ressenties à la nouvelle du départ de Napoléon, avait pris la résolution de quitter sa capitale dès qu'il recevrait l'avis de l'entrée des Napolitains dans ses Etats. Il ne restait plus qu'à décider si l'on donnerait la préférence à la voie de mer par Civita-Vecchia

---

1. *Bologne. Biblioteca Comunale.* Supplément au *Giornale del Reno* N° 30 du 12 mars 1815. — *Giornale di Forli.* Forli, 10 mars 1815.
2. *Record Office. War Office.* Vol. 186. (*Army in the Mediterranean. Bentinck.*) Lord William Bentinck à lord Bathurst. Gênes, 16 mars 1815.
3. *Record Office. Foreign Office.* Vol. 22. (*Tuscany. Burghersh.*) Lord Burghersh à lord Castlereagh. Florence, 14 mars 1815. Dépêche N° 22.
4. *Archives du Vatican. Congresso di Vienna.* Cardinal Pacca au cardinal Consalvi. Rome, 11 mars 1815. Dépêche chiffrée N° 264.

ou à celle de terre, qu'à savoir si cédant aux conseils de Pacca il demanderait asile au grand-duc de Toscane. Le Pape et Pacca étaient si intimement convaincus de l'imminence de l'invasion napolitaine que, le jour même où Lucien chargé par Murat de sonder les intentions du Souverain-Pontife se rendait chez le cardinal, on avait déjà fait partir de Rome les instructions destinées à régler la conduite que devaient tenir les délégués apostoliques de Pesaro, Spoleto et Perugia à l'arrivée des troupes napolitaines et envoyé l'ordre de mettre d'urgence Civita-Vecchia en état de défense.

Mier ne s'était pas trompé lorsque, dès le 9 Mars, il s'était écrié en parlant à Metternich des dispositions de Murat : « On ne peut répondre de rien ». L'événement devait même lui donner raison plus vite qu'il ne le supposait. Connaissant mieux qu'homme au monde le caractère et le tempérament de Murat qu'il avait eu le loisir d'étudier à fond depuis près de quatre ans, il avait cru que tant qu'il resterait à Naples, l'influence de Caroline et les sages conseils de quelques-uns de ses Ministres parviendraient à calmer son exaltation et à prévenir ses imprudences.

Le 9 au soir, rien ne pouvait lui faire prévoir le revirement subit dont il allait être le témoin dès le lendemain, revirement provoqué par le retour à Naples du général d'Ambrosio et l'arrivée inattendue de l'*Inconstant* à Gaëte [1].

Depuis Ferrare où, le 5 Mars, il avait appris le départ de Napoléon, d'Ambrosio ne s'était arrêté que quelques instants à Ancône juste le temps, pendant qu'on changeait ses chevaux, de causer avec Carrascosa et d'essayer de calmer quelque peu son ardeur. Il avait couru la poste sans souf-

---

1. *Haus, Hof und Staats-Archiv. Neapel.* N. F. 1. (*Mier. Berichte* 1815.) Comte de Mier au prince de Metternich. Naples, 10 mars 1815. (Dépêche N° 23.)

fler d'autant plus pressé de rendre compte au Roi de sa mission qu'il avait croisé dans les Abruzzes ses chevaux et ses équipages de campagne en route pour les Marches. A peine arrivé à Naples le 7 au matin [1], le général s'était précipité au Palais. Il y avait trouvé son Roi dans un indescriptible état d'exaltation et d'irritation. Sans presque lui laisser le temps de le mettre au courant de ce qui s'était passé à Vienne, après lui avoir demandé : « Qu'y a-t-il de nouveau? » Murat s'était violemment emporté contre le gouvernement autrichien. Donnant libre cours à son admiration, à son enthousiasme pour Napoléon, il s'était écrié que le succès de son entreprise ne pouvait être douteux et que « l'heure de la vengeance avait sonné ».

Le général avait en vain essayé de placer quelques mots, de lui représenter que l'Europe réunie au Congrès de Vienne resterait inébranlable dans sa détermination de renverser Napoléon, que la France épuisée par tant d'efforts parviendrait tout au plus, grâce à de nouveaux prodiges, à sauver son indépendance, mais qu'elle serait dans l'impossibilité de lui prêter son appui.

« Je n'ai besoin de personne, s'était écrié Murat [2], dès que

---

1. D'après la dépêche de Micr et le Journal de Nicola. (*Archivio Storico per le Province Napoletane*. XXIX. I. 782) d'Ambrosio ne serait rentré à Naples que le 10 mars. La date du 7 que nous donnons est celle indiquée par le général lui-même dans le *Manuscrit* rédigé par lui et qui appartient actuellement à la *Societa di Storia Patria* de Naples et dont B. Croce a publié les passages les plus intéressants sous le titre de « *La Missione a Vienna del Generale d'Ambrosio nel 1815.* » (*Archivio Storico per le Province Napoletane* XXVIII. II. 389-406.) Il y a d'autant plus lieu de penser que ce fut bien le 7 mars que le général conféra avec Murat, que nous savons par lui que la reine Caroline assista à cet entretien, et que d'autre part, le 10, Caroline, brisée par les émotions et les efforts qu'elle faisait pour retenir Murat sur la pente fatale sur laquelle il glissait, était malade et alitée.

2. Cf. B. Croce. *La Missione a Vienna del Generale d'Ambrosio nel 1815.* (*Archivio Storico per le Province Napoletane. XXVIII. II.*). — *Carnet historique et Littéraire.* 1899. III. *La Campagne de Murat en 1815.*

» les Italiens me saluent leur souverain, me proclament
» leur libérateur. En envahissant l'Italie, en passant rapi-
» dement le Pô, je tomberai sur les Autrichiens pris au
» dépourvu. Venise est ouverte et mal armée ; les Piémon-
» tais sont déjà las du gouvernement inepte de leur Roi ; les
» Milanais abhorrent la domination autrichienne ; les Véni-
» tiens n'ont pas perdu le souvenir de leur ancienne gloire ;
» les Liguriens gémissent du sort qui leur a été fait et
» les populations belliqueuses de la Romagne brûlent du
» désir de combattre sous mes drapeaux. L'Autriche est
» hors d'état de faire face de deux côtés à la fois. Je la
» battrai ».

« Mais Votre Majesté ignore donc l'état actuel des forces
» autrichiennes. L'Autriche seule a 26 millions de sujets et
» 450.000 hommes sous les armes. Elle est l'alliée de l'An-
» gleterre et de la Russie. Les Italiens seront écrasés ; ils
» sont sans armes et sans argent... En 1814, ils auraient
» peut-être pu tenter le sort des armes. Mais aujourd'hui,
» avec le Pape à Rome, avec tous ces petits princes rétablis
» dans leurs Etats, lorsque toutes ces provinces sont retom-
» bées dans l'apathie qu'elles avaient secouée pour un mo-
» ment, il n'y a plus pour nous qu'à rester liés à l'Autriche
» et à l'Angleterre ».

Mais Murat l'arrêta net, lui déclara qu'il n'admettait pas
qu'on discutât des projets définitivement arrêtés dans son
esprit. « Reposez-vous de votre voyage. Préparez-vous à
» partir incessamment. Le rôle de la diplomatie est fini,
» celui de la guerre commence ».

Et comme la Reine intervint à ce moment pour appuyer
le général, pour faire comprendre à Murat les raisons pour
lesquelles l'Autriche le craignait et le ménageait, les idées
et les vues du Cabinet de Vienne sur l'organisation de l'Italie,
l'intérêt qu'il avait à s'y conformer, les dangers au devant

desquels il courait, il mit fin à l'entretien en congédiant d'Ambrosio.

Rentré chez lui, consterné par ce qu'il venait d'entendre, redoutant et prévoyant les malheurs qui allaient fondre sur son pays, le général écrivit sur l'heure même à Murat une lettre vibrante d'émotion, inspirée par le patriotisme le plus pur, le suppliant de ne rien brusquer, d'attendre les réponses de Vienne, de Londres et de Paris, de ne pas assumer la terrible responsabilité de rallumer la guerre en Europe. Le lendemain matin 8, le Roi le fit appeler au Palais. Mais interrompue par l'arrivée des ministres, cette deuxième audience ne dura que peu d'instants, assez longtemps cependant pour prouver à d'Ambrosio que le roi persévérait plus encore que la veille dans ses projets de guerre contre l'Autriche et d'affranchissement de l'Italie.

» Nous réussirons, avait-il répété à d'Ambrosio. Je con-
» voquerai à Bologne tous les peuples de l'Italie. Je leur
» dirai de se donner à eux-mêmes une Constitution. Je ven-
» gerai sur les Ultramontains les malheurs de l'Italie. Il
» ne s'agit pas de temporiser, d'attendre. Le temps presse.
» Nous marcherons ».

Le 10 au soir, d'Ambrosio retourna une dernière fois au Palais, à la grande surprise de Murat qui, le croyant déjà parti de Naples, le reçut assez mal et lui ordonna de se rendre au plus vite dans les Marches, où quelques jours après il lui confia le commandement de la 2ᵉ division.

L'arrivée, le 10, à Gaëte de l'*Inconstant* revenant d'Antibes et apportant les premières nouvelles du débarquement de l'Empereur au golfe Jouan, des progrès de sa marche, des premiers résultats de son entreprise, avait achevé de bouleverser Murat, qui avait aussitôt envoyé à son capitaine l'ordre de venir mouiller à Naples [1].

---

1. R. *Archivio di Stato. Florence. Affari Esteri. Prot.* 7 N° 40. (*Invasione*

Passant comme toujours et sans transition d'un extrême
à l'autre, convaincu du triomphe final et prochain de l'Empereur, il ne se contient qu'à grand peine. Il ferme avec
impatience, presque avec brutalité la bouche à ceux qui ont
encore le courage de chercher à l'éclairer sur la gravité des
résolutions qu'il veut prendre, de l'évolution qu'il se propose d'accomplir sans plus tarder avec une précipitation qui
serait absolument inexplicable si elle ne lui était pas inspirée par les doutes qui subsistent dans son esprit sur les
dispositions de Napoléon à son égard, par la nécessité de
rentrer en grâce auprès de lui. Caroline elle-même, n'a-t-elle
pas avoué à Mier les craintes qui hantent son esprit? Comme
Murat, et c'est une des principales raisons pour lesquelles
elle tient à le voir rester fidèle aux engagements qui le lient à
l'Autriche, elle est persuadée que l'Empereur n'aura rien de
plus pressé que de leur enlever ce trône qu'il leur a donné.
Mais si Murat partage ses appréhensions, il envisage la
situation d'une toute autre façon qu'elle, et c'est à l'aide
d'une tactique toute différente qu'il espère non seulement
sauver sa couronne, mais accroître sa puissance et réaliser
ses rêves ambitieux. Il veut profiter de la rivalité, de l'hostilité de la France et de l'Autriche pour soulever et conquérir l'Italie, pour la réunir sous son sceptre et obliger
les deux Empereurs et l'Europe à accepter le fait accompli.

Pendant que les journaux de Naples continuent à insérer
des articles rédigés dans les bureaux de ses Ministères et

Napolitana e Disposizioni per la partenza di S. A. I. e R.) Chevalier de Lebzeltern à Fossombroni. Rome, 13 mars 1815. (Dépêche N° 33.) (*En français.*) — *Record Office. War Office.* Vol. 187. (*Sicily. Naples. Genoa. Mac Farlane*). Général Mac Farlane à lord Bathurst. Palerme, 26 mars 1815.) (Dépêche N° 5.) En lui annonçant l'arrivée de l'*Inconstant*, venu du Var à Naples, il lui rend compte que « le brick de Napoléon a apporté des » proclamations et toutes sortes de papiers et de brochures qu'on » avait répandues la nuit dernière sur les côtes de la Sicile. »

qui tous proclament les bienfaits et la solidité de l'alliance avec l'Autriche et de l'amitié avec l'Angleterre, Mier s'inquiète de l'activité des préparatifs, de la continuation des mouvements militaires, du caractère des mesures de toute sorte que l'on se hâte de prendre, et surtout de l'orientation nouvelle que Murat paraît vouloir donner à sa conduite politique.

La situation personnelle qu'il s'est faite à Naples, les égards tout particuliers qu'on lui témoigne, la faveur spéciale dont il est l'objet de la part de Caroline, les relations qu'il a su se créer, jointes à la connaissance qu'il a des hommes et des choses, lui permettent de tout suivre, de tout apprendre et augmentent la valeur qu'il convient d'accorder d'une part aux jugements qu'il porte sur la situation et de l'autre à l'exactitude des renseignements qu'il adresse à son gouvernement.

Les événements qui avaient marqué la journée du 10 Mars n'avaient pu ni échapper à son attention, ni le laisser indifférent. Il avait été frappé du changement « prononcé qui s'était produit dans l'air extérieur des choses ». On n'avait pas pu parvenir à lui cacher l'ordre donné aux troupes de se porter en avant, les mesures qui préparaient la mise en route d'une grande partie de l'armée napolitaine. Il avait pu constater que la Garde royale avait reçu l'ordre de se tenir prête à marcher, que tous les aides de camp et officiers d'ordonnance du Roi avaient été invités à terminer leurs préparatifs de façon à pouvoir partir d'un moment à l'autre[1]. S'il avait pu, comme tout le monde à Naples, prendre connaissance du décret qui augmentait d'un escadron de *Guardie di Sicurezza interna à cavallo* les effectifs de la Garde urbaine

---

1. Haus, Hof und Staats-Archiv. Nea, e!. N. F. 1. (*Mier. Berichte* 1815.) Comte de Mier au prince de Metternich. Naples, 12 mars 1815. (Dépêche N° 24.)

déjà forte de six bataillons, il ignorait encore qu'en réponse aux demandes des généraux d'Aquino et Carrascosa se plaignant de ce qu'il manquait 800 hommes au 2⁰ de ligne, le Ministre de la guerre avait donné l'ordre d'expédier d'urgence les renforts destinés, non seulement aux 2ᵉ et 3ᵉ régiments de ligne, mais encore aux 1ᵉʳ et 5ᵉ régiments de cette arme et au 3ᵉ d'infanterie légère [1]. Il n'avait pas non plus réussi à apprendre qu'on avait définitivement arrêté et expédié aux troupes les ordres approuvés par le Roi qui mettaient en mouvement à partir des 12 et 13 Mars, les 1ᵉʳ et 4ᵉ régiments d'infanterie légère, un bataillon du 2ᵉ de ligne, le 4ᵉ régiment de ligne tout entier, un bataillon des 10ᵉ et 11ᵉ de ligne, les 1ᵉʳ et 2ᵉ régiments de chevau-légers, un bataillon de sapeurs, les canonniers de la marine et les compagnies d'élite de la province de Naples et de la Terre de Labour [2].

Il est également peu probable qu'il ait pu savoir que le lendemain 11 Mars, Murat avait complété ses ordres par des instructions que Macdonald avait adressées à Carrascosa. Le Ministre informait le général que le Roi plaçait sous son commandement direct le régiment de chevau-légers et le bataillon de canonniers de la marine, et que le général d'Aquino devrait cantonner sa brigade de façon à débarrasser Fermo où le général Medici établirait son quartier général. Il recommandait en outre à Carrascosa d'affecter au cantonnement des troupes San-Giusto, Monte-Gennaro, Monte-Olivetto et autres communes situées entre Fermo et Macerata. Enfin, le Roi avait en outre prescrit à ses Ministres de

1. R. *Archivio di Stato. Naples. Carte di guerra e Amministrazione delle Marche 1059.* N° 999. Ministre de la guerre au général Carrascosa. Naples, 11 mars 1815.
2. R. *Archivio di Stato. Naples. Carte di guerra e Amministrazione delle Marche 1059.* Tableau des mouvements de troupes ordonnés par S. M. le Roi le 10 mars 1815. Cf. ANNEXE IV.

prévenir l'Inspecteur aux Revues et le préfet de Fermo de l'arrivée du 2ᵉ chevau-légers et celui d'Ancône de l'envoi dans cette ville des canonniers de la Marine qui devaient y être rendus le 3 avril, après avoir passé à San-Benedetto le 29, à Fermo le 30, à Civita-Nova le 31 et le 1ᵉʳ avril à Loreto où ils avaient ordre de faire séjour le 2[1]. Mais s'il ignorait ces dispositions qui n'auraient pu qu'augmenter ses appréhensions, il s'était cru suffisamment éclairé sur la situation des affaires, pour adresser à Gallo une note[2] par laquelle il l'invitait à lui fournir des éclaircissements sur les bruits relatifs au départ prochain du Roi pour Ancône, sur les mouvements des troupes vers les frontières du royaume, sur l'ordre donné à la Garde royale, ainsi que « sur beaucoup d'autres circonstances et mesures prises ».

Tout en réclamant une réponse pour le jour même, Mier ne se faisait aucune illusion sur les conséquences de cette mise en demeure. Il était d'autant plus convaincu que Gallo se garderait bien de s'expliquer sur « les véritables vues et projets de son souverain », qu'il avait eu occasion de s'entretenir avec lui dès le 11 au matin. En lui adressant cette note, il s'était, comme il l'écrivait à Metternich, uniquement proposé d'avoir en main une pièce officielle permettant « de
» constater avec le temps la mauvaise foi du gouvernement
» napolitain à l'égard de l'Autriche » et qui pourrait peut-être « lui fournir des données et l'occasion de revenir à la
» charge avec avantage pour demander des éclaircissements
» plus positifs sur les intentions et projets du Roi ».

L'entretien que Mier avait eu le 11 au matin avec Gallo

---

1. R. Archivio di Stato. Naples. Carte di guerra e Amministrazione delle Marche 1059. Ministre de la Guerre au général Carrascosa. Naples, 11 mars 1815.

2. Haus, Hof und Staats-Archiv. Neapel. N. F. 1. (Mier. Berichte 1815.) Comte de Mier au duc de Gallo Naples, 12 Mars 1815. Matin. (Note. ad Dépêche 24.) Cf. ANNEXE V.

et qu'il avait surtout recherché, parce qu'il avait su que le Ministre avait eu la veille avec le Roi une longue conférence au cours de laquelle il s'était efforcé en vain « de lui faire entendre raison sur les démarches qu'il avait en vue », avait en effet déjà fourni au ministre d'Autriche quelques aperçus qui n'étaient ni sans intérêt, ni sans utilité pour lui. Mier avait été droit au but. Il avait nettement demandé à Gallo si le Roi persistait dans son projet d'aller à Ancône. Il l'avait de plus prié de lui donner des éclaircissements sur la marche des troupes et sur les autres mesures, alarmantes pour les voisins, qu'on mettait ou qu'on se préparait à mettre à exécution.

Gallo, qu'il avait trouvé très abattu et consterné, lui avait donné à entendre que, contre son avis, le Roi semblait décidé à entreprendre ce voyage. Il lui avait déclaré qu'en poussant ses troupes vers la frontière, « Murat n'avait
» d'autre but que d'être en mesure à tout événement, d'at-
» tendre sur cette position les réponses de Vienne aux der-
» nières ouvertures dont Campochiaro avait été chargé, et
» de suivre la marche que l'Autriche tiendra dans ces cir-
» constances ». Il ajouta que « Sa Majesté était persuadée
» que l'Autriche prendrait fait et cause pour Napoléon ».

Et comme Mier avait combattu ces idées en insistant sur les mauvais effets et les conséquences regrettables, peut-être même dangereuses, de ces mesures et de ces projets, comme il avait surtout tenu à affirmer que le Roi se trompait complètement en prêtant à l'Autriche l'intention de se déclarer pour Napoléon, Gallo, après lui avoir fait connaître que les nouvelles apportées de Vienne par le général d'Ambrosio « avaient rendu le Roi assez inquiet et lui avaient monté la tête », avait fini par lui dire : « Qu'il était dégoûté de sa place, que le Roi ne voulant plus écouter ses conseils, donnait souvent, sans l'en prévenir, des ordres directs et en opposition avec la marche prescrite, à des agents diplomatiques à l'extérieur ; qu'il était fatigué de tout cela et qu'il désirait se retirer de cette bagarre »[1].

Les nouvelles, que Mier recueillit pendant la journée du 12, étaient encore plus graves et plus alarmantes que celles des deux jours précédents. Il s'attendait à tout instant à apprendre que Murat était parti. Tout était prêt pour son voyage. Mosbourg et le Ministre de l'Intérieur Zurlo étaient désignés pour l'accompagner. On parlait même du départ probable de Gallo et du Ministre de la guerre, Macdonald. « Tout le monde est étourdi de ce qui se prépare et ne sait ce qu'il doit en penser[1] ». L'installation du baron Nolli avait eu pour conséquence immédiate, l'adoption de mesures aussi vexatoires que néfastes qu'on n'aurait pu obtenir de Mosbourg. Il avait consenti à vider les caisses de la capitale, « même celle des pauvres et des hopitaux » pour subvenir aux dépenses de la mobilisation de l'armée et faire face au payement des soldes arriérées et « à ordonner l'exécution des mêmes opérations dans les provinces. »

« Les finances sont dans un état déplorable et je ne sais
» ce qu'on fera pour se procurer de l'argent, écrivait Mier.
» Un emprunt est inexécutable, et mettre de nouveaux im-
» pôts dans un moment où les troupes quittent le pays est
» très dangereux. Le trésor particulier du Roi pourra y
» remédier pendant quelque temps ». En attendant, on avait commencé par frapper le commerce de Naples d'une contribution forcée de 2 millions de francs.

Pendant ce temps, la plus grande partie de la garnison de Naples s'était mise en marche le 12 au matin et le peu de troupes qui y restaient encore avait l'ordre de partir le

1. *Haus, Hof und Staats-Archiv. Neapel.* N. F. 1. (*Mier. Berichte* 1815.) Comte de Mier au prince de Metternich. Naples, 12 mars 1815. P. S. 1. ad Dépêche 21.

lendemain, en même temps que les équipages de campagne et le trésor du Roi ainsi qu'un certain nombre de « personnes tant civiles que militaires attachées à sa personne. »
« Tout prouve, ajoutait Mier [1], que le Roi a pris son parti
» et qu'Il n'attend que les premières nouvelles de l'entre-
» prise de Napoléon pour agir. Je ne crois pas qu'Il ait le
» projet de marcher en France. *Il tâchera de soulever l'Italie*
» *et d'en prendre possession*. Il faudra donc qu'il se batte
» avec nous. Quoiqu'on veuille faire accroire ici que ces
» démarches sont concertées avec l'Autriche [2], la consterna-
» tion est ici générale. *On se méfie de la tête du Roi et on pré-
» voit des malheurs* » [2].

Les choix faits par Murat qui venait de nommer le général Manhès, gouverneur de Naples et de confier le portefeuille

1. *Haus, Hof und Staats-Archiv. Neapel. (Mier. Berichte* 1815.) Comte de Mier au prince de Metternich. Naples, 12 mars 1815. P. S. 2 ad Dépêche N° 24.

2. J'étais, écrit Maghella dans le *Compendio Storico della mia Carriera Politica* (Manuscrit dont je dois la communication à la bienveillance du
» baron L. Carranza) au nombre de ceux désignés pour accompagner
» le roi. Mais le Ministère de la police étant devenu vacant par suite
» de la démission du personnage *qui s'en était chargé par intérim*, on
» m'ordonna, le 14 mars, d'en prendre la direction. Je fis des difficul-
» tés pour accepter ce portefeuille d'abord parce que j'aurais préféré
» accompagner Joachim, ensuite... Je n'acceptai toutefois ces fonctions
» que lorsque le Roi m'eût donné l'assurance formelle et positive
» qu'il réglerait sa conduite d'après les réponses qu'il recevrait de
» Vienne. Comme tant d'autres, je lui exprimai le désir, je lui donnai
» le conseil d'attendre ces réponses à Naples. Mais il partit le 17 mars
» emmenant avec lui trois de ses Ministres. Il me laissa pour toute
» instruction celle de préparer la nation à seconder les efforts qu'il
» allait faire afin de sauvegarder pour toujours et à tout prix l'indé-
» pendance du royaume. Pour le reste, il se contenta de me dire qu'il
» me ferait tenir ses ordres aussitôt après le retour des courrier qu'il
» avait expédiés à Londres et à Vienne. D'une façon générale il déclara
» à ses conseillers et à tout le monde que, quelles que puissent être
» les résolutions auxquelles il avait jugé convenable de s'arrêter, il
» avait la ferme intention de rester fidèle à l'alliance qu'il avait con-
» tractée et qu'il croyait répondre au vœu unanime de ses peuples en
» s'efforçant de la rendre encore plus intime. »

de la Police à Maghella, le choix de ces deux individus qui, ainsi s'exprimait Mier, « jouissent de la plus mauvaise réputation et sont détestés comme étrangers », n'avaient pas peu contribué à augmenter encore les craintes et la consternation des habitants de la capitale.

A tous ces indices, déjà peu rassurants par eux-mêmes, étaient venues s'ajouter les intempérances de langage de Murat que Mier ne pouvait se dispenser de consigner dans sa dépêche : « Ce matin il y eut cercle à la Cour ; plusieurs
» Anglais y ont assisté pour prendre congé du Roi. Il leur
» a tenu un long discours sur l'événement présent qui oc-
» cupe tous les esprits. Il a dit avoir des nouvelles de l'Em-
» pereur de Grasse ; Que partout il était reçu avec enthou-
» siasme et qu'il était hors de doute qu'il réussirait dans
» son entreprise ; Que lui ne pouvait que le désirer ardem-
» ment, les Bourbons s'étant déclarés ouvertement ses en-
» nemis malgré toutes les démarches et avances qu'il avait
» faites pour se les rendre favorables ; Que tout changement
» de dynastie en France ne pouvait qu'être avantageux
» pour ses intérêts ; Qu'il lui serait assez indifférent que
» ce soit Napoléon ou un autre général français qui occupe
» le trône de France, pourvu que ce ne soient pas les Bour-
» bons : « Je suis leur ennemi, comme ils sont les miens. »
» Il a dit qu'il faisait marcher ses troupes pour être plus à
» portée des événements, que d'ailleurs sa politique restait
» invariablement attachée à celle de l'Autriche... et beau-
» coup d'autres bavardages qui ont rapport à sa carrière
» militaire et à son élévation au trône de Naples. »

Au milieu de tous ces symptômes inquiétants, Mier n'avait qu'un seul événement favorable et quelque peu rassurant à signaler à son gouvernement. La princesse de Galles, qui, dans son enthousiasme pour Murat, avait déclaré qu'elle le suivrait à Ancône, avait dû renoncer à son projet sur la demande du Roi. Le 11 au matin il lui avait fait dire par le duc de Rocca Romana « que la position des affaires politiques l'empêcherait de l'y recevoir » et le 12 au matin elle s'était décidé à partir pour Rome. Mais loin d'être furieuse, comme on l'avait affirmé à Mier, en arrivant à Rome le 13 au soir, elle n'avait même pas essayé de dissimuler les sentiments qui l'animaient. « *On ne peut se figurer,* écrivait Lebzeltern à Fossombroni dans une dépêche dont le ministre toscan remit copie à lord Burghersh et qui transmise par lui à lord William Bentinck fut expédiée de Gênes à lord Bathurst, *l'incohérence et la folie de ses propos* « *relativement à Napoléon et au Roi de Naples.* Elle va si loin » que les parents même de ce prince qui se trouvent ici » sont obligés de calmer son enthousiasme » [1].

1. Record *Office. War Office.* Vol. 186. (*Army in the Mediterranean. Bentinck.*) Lord William Bentinck à lord Bathurst. Gênes, 18 mars 1815. — *Ibidem. Foreign Office.* Vol. 22. (*Tuscany. Burghersh.*) Lord Burghersh à lord William Bentinck. Florence, 15 mars 1815. — *Idem in Ibidem.* et R. *Archivio di Stato. Florence. Affari Esteri. Prot.* 7 N° 40. (*Invasione Napolitana*) N° 33. Chevalier de Lebzeltern à Fossombroni. Rome, 13 mars 1815. — *Record Office. Foreign Office.* Vol. 22. (*Tuscany. Burghersh.*) Denis, consul à Civita-Vecchia, à lord Burghersh. Civita-Vecchia, 14 mars 1815.

L'accueil qu'on fit à la princesse de Galles à son retour de Naples ne ressemblait guère à celui qu'on lui avait réservé quelques mois auparavant, lors de son arrivée. A Civita-Vecchia où elle était encore le 18 mars, on s'était arrangé de façon à l'empêcher presque de débarquer. Le délégat apostolique n'avait profité de son séjour que pour lui arracher des révélations sur les projets de Murat, sur l'entente qui existait entre lui et Napoléon, « dont le roi de Naples aurait connu tous les desseins. » (*Archives du Vatican. Congresso di Vienna.*) Cardinal Pacca au cardinal Consalvi. Rome, 20 mars 1815. N° 269.)

Avant même que la princesse n'ait quitté Civita-Vecchia, le Président du *Buon Governo*, Puccini avait par *dépêche particulière et confidentielle,* prescrit au général Spannocchi de l'empêcher de débarquer à Livourne, « de trouver un prétexte convenable et plausible pour l'inviter à con- » tinuer sa route par mer et à ne pas s'arrêter dans les États du Grand- » Duc qui, en la recevant, je vous le dis secrètement, craindrait de » déplaire à son frère l'Empereur d'Autriche et aussi au Ministre an- » glais accrédité près de lui. » Il ajoutait : « J'ai l'ordre formel de vous » inviter à la décider d'aller plus loin, *à Gênes,* par exemple, *sans en-*

T. III. 5

Malheureusement pour Murat, la princesse de Galles était restée trop longtemps à Naples. De même que Caroline l'avait à la fin de 1813 jeté dans la coalition, de même cette fois encore ce fut l'influence d'une autre femme, ce furent les déclarations passionnées, les flatteries insensées d'une déséquilibrée qui contribuèrent à le pousser à une nouvelle folie, à la guerre contre l'Autriche.

La situation paraissait si grave à Mier qu'aussitôt après avoir expédié le 12 au soir le courrier qui emportait à Rome, à défaut de la réponse de Gallo à sa note du matin, les dépêches destinées à prévenir Metternich et Bellegarde des événements qui se préparaient à Naples, il avait cru de son devoir de tenter, quoique sans ordres de son gouvernement, une nouvelle démarche et de prendre la responsabilité d'une déclaration officielle qu'il fit le même soir à Gallo [1].

Dans la longue conversation qu'il eut jusque fort avant dans la soirée avec le Ministre des Affaires Etrangères de Murat, Mier lui exposa sans réticences, et presque brutalement même, la position dans laquelle par ses paroles imprudentes et ses actes inconsidérés, Murat allait se mettre envers l'Autriche, envers les autres Puissances, envers son propre

» *trer en Toscane et sans essayer d'avoir des relations avec notre gouverne-*
» *ment.* »

Spannocchi s'acquitta de sa mission avec succès. Lors de l'arrivée de la frégate anglaise la *Clorinde*, le 24 mars, il envoya à bord le chevalier d'Angiolo qui réussit à convaincre la princesse. Après avoir débarqué une de ses dames qui fut remplacée par une autre, la princesse de Galles promit de partir le soir même pour Gênes.
(R. *Archivio di Stato*. Florence. *Polizia Segreta Toscana* Filza 5. 45-67.) Puccini au général Spannocchi. Florence, 19 mars 1815. (*Particulière et confidentielle, en français*) Dépêche N° 64. — et général Spannocchi à Puccini. Livourne, 24 mars 1815.

1. Le colonel Koudelka envoyé en mission confidentielle à Naples ne remit en effet à Mier les instructions et les dépêches de Metternich du 26 février que le lendemain 13 dans l'après-midi. *Haus, Hof und Staats-Archiv. Neapel.* N. F. 1. (*Mier. Berichte* 1815.) Comte de Mier au prince de Metternich. Naples, 14 mars 1815. P. S. ad Dépêche N° 25.

pays. Il le prévint qu'un rassemblement aussi considérable de troupes Napolitaines sur les frontières du royaume obligerait l'Autriche à prendre des mesures du même genre ; Que la présence et le voisinage des deux armées augmenteraient la méfiance, produiraient une tension inévitable qui dégénérerait facilement et rapidement en aigreur. Enfin il n'eut pas de peine à lui démontrer « que quand on en serait
» là, il faudrait bien peu de chose pour devenir ennemis. »

Allant plus loin encore et voulant donner plus de poids à ses paroles, il n'avait pas craint d'ajouter qu'il « était auto-
» risé à *déclarer officiellement* au nom de sa Cour que le
» moindre mouvement de l'armée Napolitaine, hors des fron-
» tières du royaume ou des provinces que ses troupes occu-
» paient provisoirement, serait considéré comme une rup-
» ture de l'alliance qui existait entre les deux Cours ». En terminant il pria Gallo « de rapporter fidèlement à Murat
» tout ce qu'il venait de lui dire, sans aucun détour et mé-
» nagement, qu'un homme d'honneur ne doit pas avoir
» quand il s'agit d'affaires d'une si grande importance[1] »...

Les avertissements, les conseils n'avaient pas fait défaut à Murat pendant ces trois jours, pendant lesquels la Reine malade et découragée n'avait pu user de son influence pour essayer de le retenir et de le calmer, pendant lesquels Gallo écœuré et presqu'en disgrâce n'osait et ne pouvait plus se faire entendre. Avant même que Mier n'eût tenté cette démarche qui ne pouvait manquer de produire sur lui un effet dont la durée ne fut malheureusement que trop courte, il s'était trouvé dans son entourage, parmi ceux de ses généraux auxquels il témoignait une estime et une confiance particulières et dont il avait parfois même accepté les avis,

---

1. *Haus, Hof und Staats-Archiv. Neapel.* N. F. 1. (Mier. Berichte 1815.) Comte de Mier au prince de Metternich. Naples, 14 mars 1815. (Dépêche N° 25.)

un homme qui avait eu le courage d'aller au devant d'une disgrâce probable, parce qu'il avait cru de son devoir de conjurer ou du moins d'essayer de conjurer les malheurs qu'il voyait prêts à fondre sur son pays. Le 11 mars, avant de faire remettre à Murat la lettre qu'il a eu à cœur de reproduire dans ses *Opere Inedite e Rare* [1], lettre dans laquelle prévoyant les déceptions au-devant desquelles il courait, lui exposant les causes mêmes de l'indifférence avec laquelle les Italiens devaient seconder ses efforts en vue de leur donner la liberté, il le suppliait de ne pas s'exagérer les chances d'une campagne entreprise par une armée jeune et relativement peu nombreuse, de ne pas précipiter ses résolutions et d'attendre les événements avant de prendre un parti d'où dépendaient et son sort et les destinées de son royaume, le général Colletta, n'y tenant plus et dévoré de patriotiques inquiétudes, avait adressé à son ami Tito Mansi, alors Secrétaire du Conseil d'Etat, l'émouvant billet que voici :

« Naples, 11 mars 1815.

» Cher Tito,

» On va commettre une grande folie. J'ignore par quels
» mobiles, intérieurs ou extérieurs, le Roi est poussé ; mais
» ce qui est certain, c'est qu'il est décidé à la guerre. Tu
» envisages l'affaire de la même manière que moi et ne me
» blameras donc pas si je lui écris cette lettre [1]. Lis-la, cor-
» rige-la, mais vite, tout de suite parce que le temps presse
» et que je ne veux pas avoir à me reprocher de n'avoir pas
» essayé d'arrêter à temps un pas aussi téméraire.

» Je suis malade et dans mon lit. Viens m'apporter la
» réponse toi-même. Mais si je ne la reçois pas d'ici à deux

---

1. P. COLLETTA. *Opere Inedite e Rare*. — Général Colletta au roi Joachim. Naples, 11 mars 1815. Vol. II. 174-178. Cf. ANNEXE VI.

» heures, je considérerai ton silence comme une approba-
» tion et j'enverrai la lettre telle que je te la communique.
» — Je t'embrasse.

» Colletta »[1].

Ce pas téméraire dont Colletta s'alarmait si justement, ce pas fatal qu'il espérait encore pouvoir arrêter à temps, Murat l'avait déjà fait dans de si déplorables conditions, que même s'il eût cédé aux sages et patriotiques conseils du général, il lui eût été difficile, presque impossible de détruire l'effet produit par ses lettres. Arrivées à Rome depuis vingt-quatre heures, elles avaient été communiquées par Lucien au cardinal Pacca, et leur teneur déjà connue de Lebzeltern et de Vargas, le ministre d'Espagne accrédité auprès du gouvernement pontifical, n'allait pas tarder à être révélée à tous les cabinets européens. Comment pouvait-on ajouter foi à la parole, croire à la sincérité des intentions du souverain qui, quarante-huit heures après avoir expédié par courrier l'ordre à Campochiaro de déclarer aux représentants de toutes les puissances qu'il était fermement décidé à suivre invariablement la politique de l'Autriche et des Puissances, à s'opposer avec elles à tout changement de régime en France, chargeait Lucien et le cardinal Fesch de tenir en son nom à Rome un langage tout différent.

Se conformant au désir formulé impérativement par Murat, convaincu par les termes mêmes dont Joachim s'était servi que les troupes napolitaines étaient sur le point d'entrer dans les Etats Pontificaux, le prince de Canino avait, dans la nuit même du 11 au 12 mars, communiqué confiden-

---

[1]. *Florence. Biblioteca Palatina. Manuscrits.* N° 1206. — C'est à l'obligeance de mon excellent et savant ami le capitaine J. C. Faralli que je dois d'avoir eu connaissance de l'existence de ces Manuscrits. Qu'il me permette de lui exprimer ici ma vive et sincère reconnaissance.

tiellement au cardinal Pacca la lettre que son beau-frère lui avait écrite la veille. Grisé et ébloui par les nouvelles reçues de France, Murat terminait cette lettre par ces mots : « *En-fin tout va à merveille. J'ai pris mon parti. Je vais seconder les vœux de l'Empereur et de la France. Je pars à l'instant pour Ancône. Au revoir à Rome.* »

La lettre adressée au cardinal Fesch était conçue à peu près dans les mêmes termes. Lui décrivant avec au moins autant de chaleur l'accueil fait en France à Napoléon, il s'écriait : « *Je veux prouver au monde entier que je n'ai pas été, que je ne suis pas l'ennemi de Napoléon.* »

Lucien et le cardinal Fesch, le premier au cours de l'entretien qu'il avait eu avec le cardinal Pacca, le second dans les discours qu'il avait tenus dans les salons de la famille Bolognetti avaient ouvertement parlé des projets de Murat, de l'arrivée prochaine des troupes napolitaines. Lucien avait même posé nettement la question au cardinal Pacca. Il lui avait demandé, presque officiellement puisqu'il lui parlait au nom de Murat, si le Pape ne croirait pas devoir rester tranquillement à Rome dans le cas, où, comme Joachim s'offrait à en prendre l'engagement, les troupes napolitaines ne feraient que traverser pacifiquement ses Etats en se contentant d'y assurer le maintien de l'ordre.

Bien qu'il ne pût y avoir dans l'esprit de Pacca aucun doute sur l'accueil que Pie VII ferait à une pareille proposition, il ne fit connaître à Lucien la réponse du Souverain Pontife qu'après lui avoir soumis à nouveau une question sur laquelle celui-ci s'était déjà exprimé catégoriquement. Le Pape était plus que jamais décidé à quitter sa capitale dès que les troupes napolitaines auraient franchi la frontière. Il avait cependant renoncé définitivement au projet de se rendre à Civita Vecchia et résolu de se réfugier soit à Florence, soit à Milan, en laissant à Rome une commission gouvernementale (*Giunta di Stato*) présidée par un cardinal [1].

1. *R. Archivio di Stato. Florence. Affari Esteri. Prot.* 7 N° 40. (*Invasione Napoletana e Disposizioni per la Partenza di S. A. I. e R.*) Chevalier de Lebzeltern à Fossombroni. Rome, 13 mars 1815. (Dépêche N° 33). — *Record Office. Foreign Office.* Vol. 22. (*Tuscany. Burghersh.*) Lebzeltern à Fossombroni. (Nouvelles de Rome du 10 au 15 mars) et lord Burghersh à lord Castlereagh. Florence, 25 mars 1815. (Dépêche N° 23). — *Archives du Vatican. Congresso di Vienna.* Cardinal Pacca au cardinal Consalvi. Rome, 13 mars 1815. (*Dépêche chiffrée* N° 265.) Pie VII avait même songé à quitter immédiatement Rome et à partir pour Viterbe en laissant derrière lui Pacca qui serait dans ce cas venu le rejoindre dès que les Napolitains auraient franchi la frontière.

IV. — 13-16 Mars 1815. — **Détente inattendue et momentanée.** — La nouvelle de l'arrivée de Napoléon à Lyon, le conseil extraordinaire et la volte-face de Murat. — Mier chez Gallo et chez Caroline (15-16 mars). — Consternation causée à Rome par les nouvelles de France. — Les dépêches de Lebzeltern à Metternich et à Fossombroni, les instructions de Murat à Gallo, les lettres de Gallo à Lucien et à Zuccari et l'ajournement du départ du Pape. — Mouvements des troupes napolitaines. — Situation et effectifs de l'armée napolitaine. — Schwarzenberg et l'empereur François. — Ordres envoyés à Steffanini en cas d'ouverture des hostilités. — Etat de situation de l'armée autrichienne d'Italie (13-15 mars). — La mise hors la loi de Napoléon (13 mars 1815). — Les inquiétudes de Talleyrand et l'offre de Campochiaro de signer la déclaration.

Etait-ce, aux démarches pressantes et réitérées de Mier, aux prières, aux représentations, à l'influence de Caroline, aux instances de ceux de ses conseillers qui partageaient les appréhensions de Colletta, ou à une dernière lueur de raison qui traversa l'esprit de Murat, qu'était dû ce changement étonnant d'orientation, toujours est-il qu'au moment même où le Ministre d'Autriche croyait la partie irrémissiblement perdue [1], le vent avait subitement tourné. Pour des raisons qu'il serait trop long, trop difficile et d'ailleurs inutile de chercher à découvrir, il s'était dans l'espace de vingt-quatre heures produit un revirement aussi

---

1. Mier désespérait à tel point de la situation qu'il avait terminé sa dépêche du 12 au soir par ces mots : « Ma position devient ici très » embarrassante, et je supplie Votre Altesse de ne pas m'oublier et de » me donner le plus tôt possible ses ordres. » *Haus, Hof und Staats-Archiv. Neapel.* N. F. 1. (*Mier. Berichte* 1815.) Comte de Mier au prince de Metternich. Naples, 12 mars 1815. Soir. (P. S. 2 ad Dépêche N° 24.)

complet qu'inattendu, si radical même que les idées de sagesse et de modération semblaient avoir définitivement repris le dessus. Non seulement Murat ne s'était pas mis en route, comme on l'avait annoncé, mais on avait même contremandé certains mouvements que les troupes napolitaines avaient reçu l'ordre d'exécuter.

Le 13 au matin, peut-être pour ramener un peu de calme dans les esprits consternés par les rumeurs qui avaient produit un si déplorable effet sur l'opinion, le *Moniteur des Deux Siciles* [1] publiait un article rédigé dans les bureaux du Ministère. L'organe du gouvernement napolitain démentait catégoriquement les bruits de guerre répandus, disait-il, par quelques alarmistes qui avaient même parlé d'un ordre du jour dans lequel le Roi aurait déclaré que la guerre était inévitable et prochaine. Le *Moniteur* affirmait encore que Murat était en paix avec toutes les puissances et qu'en présence de l'évènement extraordinaire qui pouvait amener bien des complications, le Roi avait cru devoir prendre certaines mesures afin de pouvoir être prêt à concourir à l'action des souverains alliés. Joachim avait uniquement tenu à prouver par ces mouvements de troupes qu'il restait fidèle à sa politique et à donner une idée des efforts qu'il ferait, le cas échéant, afin d'assurer la tranquillité et le bonheur de son royaume et de l'Italie.

C'était à peu de chose près le même langage que Gallo allait tenir dans la note que Mier attendait depuis deux jours. Il était grand temps que le Ministre des Affaires Etrangères de Naples se décidât à parler. S'étonnant de la lenteur exceptionnelle de Gallo, l'attribuant d'autant plus à un parti pris qu'il avait eu le soin de bien marquer les rai-

---

1. *Moniteur des Deux-Siciles* du 13 mars 1815. N° 128. (Cf. *Giornale del Reno* N° 36. Bologne, 25 mars 1815. — *Giornale del Metauro*. Ancône, 21 mars 1815. (*Biblioteca Comunale*. Bologne.)

sons pour lesquelles il demandait une réponse immédiate, sachant depuis que le colonel Koudelka, arrivé le 13, à deux heures de l'après-midi, lui avait remis les instructions que Metternich avait fait rédiger à son intention le 26 février [1], que la conduite qu'il avait tenue jusqu'ici avait été conforme aux vues de son gouvernement, n'ayant pas revu Gallo depuis le 12 au soir, il avait pris la résolution de l'obliger à s'expliquer avant la fin de la journée du 14 [2]. Il se proposait dans ce cas de l'informer confidentiellement de l'envoi d'une deuxième note dans laquelle il lui aurait déclaré que
« ce retard ne prouvait que trop ce qu'il fallait penser des
» démarches du Roi, que dans le cas contraire on se serait
» empressé de lui donner des éclaircissements satisfaisants
» et de tout faire pour rassurer sa Cour sur les intentions
» de Sa Majesté Napolitaine [2] ».

Après avoir avant tout essayé de justifier la marche des troupes napolitaines par les rassemblements hostiles auxquels la France avait procédé à Grenoble et à Dijon, reparlé du voyage du Roi dans les Marches, et manifesté la surprise que lui avait causée la note de Mier, Gallo avait naturellement insisté dans sa réponse sur la nécessité dans laquelle se trouvait son souverain « d'être en raison des événements
» en mesure d'agir pour sa propre conservation et ensuite
» des réponses que Sa Majesté attend avec impatience aux
» ouvertures que Ses ministres ont eu ordre de faire au
» Cabinet de Vienne [3] ».

---

1. *Haus, Hof und Staats-Archiv. Neapel.* N. F. 1. (*Mier. Berichte* 1815.) Comte de Mier au prince de Metternich. Naples, 14 mars 1815. (*P. S.* ad Dépêche 25.)

2. *Haus, Hof und Staats-Archiv. Neapel.* N. F. 1. (*Mier. Berichte* 1815.) Comte de Mier au prince de Metternich. Naples, 15 mars 1815. (Dépêche N° 25.)

3. *Haus, Hof und Staats-Archiv. Neapel.* N. F. 1. (*Mier. Berichte* 1815.) Comte de Mier au prince de Metternich. Naples, 15 mars 1815. (*P. S.* ad Dépêche 26.) Envoi de la note du duc de Gallo au comte de Mier. Na-

Quelque insignifiante, quelque terne que lui parût et que fût la note de Gallo, le ministre d'Autriche n'en avait pas moins été obligé de reconnaître qu'elle exprimait des idées de modération sur lesquelles il n'était guère en droit de compter après l'entretien qu'il avait eu avec Murat le 9, et surtout après les paroles que le Roi avait prononcées lorsque les Anglais étaient venus prendre congé de lui. On conçoit donc qu'il ait été assez naturellement amené à attribuer le mérite de ce changement à ses démarches qui y avaient assurément contribué, au moins en partie. Il avait en effet manœuvré de façon à répandre d'abord de l'inquiétude dans le public, non seulement en donnant un démenti formel aux bruits, que le gouvernement tâchait de faire accréditer pour calmer les esprits, de la parfaite intelligence entre les deux Cours et de l'approbation que l'Autriche donnait à tout ce que faisait Murat, mais en déclarant publiquement que les discours de Joachim, son at-

ples, 14 mars 1815. (ANNEXE VII.) (Cf. *Ibidem*. Bellegarde 123 b. 1814) et *Record Office. War Office.* Vol. 186. (*Bentinck. Army in the Mediterranean.*)

Mier attribuait le retard mis à lui répondre à la tiédeur intéressée de Gallo, tiédeur causée, croyait-il, par des considérations qui n'avaient rien à voir avec la politique, au projet de mariage de sa belle-sœur avec un neveu de Murat, le général Bonafous. « Je savais, avait-il écrit à Metternich, que M. de Gallo ne soutint pas avec force en dernier lieu les avis de la Reine et des autres personnes sages qui conseillaient au Roi les démarches qu'il vient de faire. Il a même déclaré lorsqu'on lui demanda son avis dans le conseil : « qu'on ne devait pas trop se fier actuellement à l'Autriche qui paraît avoir changé de politique à l'égard du Roi. » Je crus devoir attribuer ce changement dans le langage de Gallo à ses vues d'intérêts personnels... »

Il importe toutefois de reconnaître que Mier n'hésita pas à revenir sur le jugement qu'il venait de porter. « On m'avait dit, et je l'ai mandé à Votre Altesse, écrit-il le 16 mars, que la note de M. de Gallo du 14 au courant avait été rédigée dans le cabinet du Roi et que le Ministre s'était opposé à me la remettre. Je viens d'apprendre, *et d'une source sûre*, que c'est M. de Gallo qui l'a composée en entier et qu'il n'a pas eu de discussion avec le Roi à cet égard. Il faut espérer qu'il redeviendra ce qu'il n'aurait jamais dû cesser d'être et qu'il engagera le Roi par ses conseils à redevenir raisonnable et à ne pas se perdre. »

titude, ses agissements et l'acheminement de son armée vers la frontière du royaume seraient désapprouvés à Vienne et considérés comme contraires à la tranquillité de l'Italie. Il avait ensuite tenu à plusieurs personnages influents « et dont il était sûr qu'ils n'auraient rien de plus pressé que de les rapporter au Roi, des discours bien plus positifs ». Il leur avait prouvé l'extravagance des discours et des projets de leur souverain, les malheurs que leur réalisation attirerait « nécessairement sur ce pauvre pays que Joachim allait perdre de gaieté de cœur ». Il leur avait démontré que « dans
» sa fougue militaire, hanté par des projets ridicules de con-
» quête et de bouleversement, il violait ses devoirs envers
» son peuple; que c'était une folie d'exposer la vie de ses su-
» jets, leurs existences, leurs fortunes, de préparer sa ruine
» et celle du pays, alors que soutenu par l'Autriche et se con-
» duisant sagement il était sûr de conserver son royaume et
» que peut-être même avec un peu de patience il finirait par
» être reconnu par les Bourbons. » Sachant d'autre part que son éloignement de Naples en pareil moment produirait dans le public l'effet le plus déplorable, il n'avait pas manqué de dire à plusieurs de ceux qu'il avait vus que, si Murat quittait Naples, il profiterait de son côté de son absence pour faire une course à Rome. Enfin il avait adressé une lettre confidentielle à la Reine en la conjurant « pour ses
» propres intérêts de déployer tout son pouvoir et son
» crédit pour faire revenir le Roi à la raison ».

« Toutes ces démarches combinées, écrivait-il à Metter-
» nich [1], ont produit de l'effet. Je sais de source sûre que la
» tête du Roi s'est calmée, que ses emportements militai-
» res se sont ralentis. Son voyage est retardé. Il commence
» à raisonner sur sa position. L'article du *Moniteur des Deux*
» *Siciles* en est la preuve ».

Après avoir constaté à l'appui de son dire que les Cuirassiers de la Garde qui devaient partir le matin avaient « reçu contre ordre ainsi qu'un autre régiment », après avoir fait connaître la composition projetée de la garnison de Naples (un bataillon de grenadiers de la garde royale et 3.000 hommes des compagnies d'élite qui ont ordre de venir dans la capitale), la décision prise de laisser dans le royaume et en tous cas de ne pas faire figurer dans les divisions actives les quatrièmes bataillons des régiments d'infanterie, les affectations données au général Livron qui devait commander toute la cavalerie et avoir sous ses ordres les maréchaux de camp Giulano, Rossetti et Campana, au général Millet qui sera appelé, d'après lui, au commandement de l'infanterie de la garde, au prince Pignatelli-Cerchiara auquel on confiera une division, il n'en avait pas moins cru prudent de mettre Metternich en garde contre de nouveaux changements d'orientation « qui lui paraissaient même probables ».

« Tout cela prouve, dit-il, qu'il y a de la vacillation dans le
» premier plan. Nonobstant il ne faut pas se flatter qu'on
» soit entièrement revenu à la raison et qu'on ait changé
» de détermination. L'arrivée de bonnes nouvelles pour
» Napoléon remettrait la tête du Roi en combustion, et il est
» prudent de ne pas se laisser endormir. Si même mes dé-
» marches ne produisent pas tout l'effet désirable, au moins
» causent-elles au Roi des embarras, retardent-elles la mar-
» che qu'il s'était prescrite et nous donnent-elles le temps
» nécessaire pour nous mettre en mesure [1] ».

1. *Haus, Hof und Staats-Archiv. Neapel.* N. F. 1. (*Mier. Berichte* 1815.) Comte de Mier au prince de Metternich. Naples, 14 mars 1815. (Dépêche (N° 25).

Dans une dépêche que Lebzeltern envoyait de Rome le 13 mars à Fossombroni, (*R. Archivio di Stato. Florence. Affari Esteri. Prot.* 7 N° 40. (*Invasione Napoletana e Disposizioni per la partenza di S. A. I. e R.* N° 33), le représentant de l'Autriche auprès du Saint-Siège paraissait, lui aussi, momentanément rassuré : « Mes nouvelles de Naples me font
» croire que le Roi flotte aujourd'hui entre la peur terrible de Napo-

L'éclaircie et la détente ne devaient durer que bien peu de temps. La dépêche rassurante de Mier était à peine en route que les nuages s'amoncelaient de nouveau à l'horizon. Ses pressentiments s'étaient vérifiés. Il avait suffi d'une nouvelle parvenue le 15 à Naples et annonçant que l'Empereur était entré à Lyon le 10 pour « remettre, comme il venait de l'écrire, la tête de Murat en combustion ».

Bien moins dans l'intention de suivre les avis qu'il allait leur demander que dans l'espoir de leur faire partager sa propre manière de voir, de les convertir à son opinion, de leur démontrer la nécessité de la guerre, Murat avait décidé de réunir sur l'heure même ses Ministres en conseil extraordinaire.

Exagérant ses craintes comme ses espérances, la force de son armée comme les appuis qu'il comptait trouver en Italie, il avait vainement essayé de convaincre le Conseil qui « trouvant dans Joachim plus de passion que de raison, plus d'ambition que de sage politique [1] » persévérant dans les idées de sagesse et de prudence qu'il avait déjà émises lors de sa première réunion, déclara une fois de plus qu'il importait de ne prendre aucun parti avant de connaître la fin de l'entreprise de Napoléon et les décisions du Congrès.

Joachim leva la séance et sortit de la salle plus décidé que jamais à profiter de l'occasion, de la faiblesse mo-

» léon et la crainte de faire une fausse démarche qui le compromettrait
» envers les alliés. Il croit que Napoléon réussira et il craint son cour-
» roux et son mépris; mais il n'est pas sûr de cette réussite et il re-
» doute d'un autre côté de se perdre. Le 10, il voulait partir sur-le-
» champ et agir hostilement. Le 11, il vacillera peut-être, bien que ses
» troupes soient toutes en mouvement... » Et il ajoute un peu plus
loin : « Le 11 au matin, le Roi n'était pas parti, quoique ses chevaux
» et ses équipages fussent déjà en route. »

1. Cf. COLLETTA. *Storia di Napoli*. III. LXXVI, 296-298 et *Opere Inedite o Rare*. I. 39.

mentanée de l'armée autrichienne, des préoccupations des Puissances dont toute l'attention était absorbée par les événements de France, pour lever l'étendard de l'indépendance italienne et se rendre maître de la péninsule affranchie et délivrée par lui du joug de l'étranger.

Il eût été puéril de songer à cacher à un diplomate aussi actif et aussi bien renseigné que Mier les graves communications que Murat venait de faire au conseil, les résolutions qu'il semblait cette fois décidé à prendre. Aussi, sans lui parler de la séance du conseil, sachant que Mier avait reçu un courrier de Vienne, Gallo avait-il eu le 15 mars au soir, avec le Ministre d'Autriche un long entretien dont les notes adressées à Talleyrand et à Campochiaro des 25 et 26 février avaient commencé par faire tous les frais. Cette escarmouche préliminaire dans laquelle Gallo déclara à Mier que Campochiaro avait tout fait manquer ; qu'il avait inutilement compromis le Roi ; que celui-ci était d'ailleurs fort mécontent de son représentant à Vienne, « parce qu'il se laissait entièrement mener par Metternich; » aurait suffi à elle seule pour faire comprendre à Mier que le vent avait de nouveau changé. Mais Gallo ne s'en était pas tenu là. Il s'était longuement étendu sur le refroidissement visible de l'Autriche pour les intérêts du Roi de Naples, sur le peu d'empressement qu'elle avait mis à le faire reconnaître par les Puissances, sur la séparation probable du Congrès sans que le Cabinet de Vienne ait rempli ses engagements à cet égard, sur la manière humiliante dont les Ministres napolitains et les autres personnages envoyés par Murat avaient été traités à Vienne. Il alla même jusqu'à ne pas lui cacher que cette attitude devant faire craindre qu'en fin de compte l'Autriche abandonnerait Murat, il était tout naturel que le Roi songeât à « se sauver comme il le pourrait et eût recours aux moyens qui pouvaient le lui faire espérer ». Il répéta à plusieurs reprises à Mier qu'« il devait y avoir un *sous-cappe (sic)* qui avait causé le changement de l'Autriche [1] ».

Mier n'avait même pas essayé de nier l'existence de ce refroidissement qu'il avait expliqué et justifié par le manque de suite dans la conduite de Joachim et le peu de compte qu'il avait tenu des conseils amicaux de l'Autriche. L'entretien avait dû être assez vif puisque, comme Mier le constate non sans une certaine satisfaction, « cela m'a donné » matière de lui dire des vérités incontestables ». Mais, encore plus que Mier, Gallo ne tenait pas à s'engager à fond. Il reconnut que son Roi avait « mis trop de précipitation dans ses démarches; » mais que, comme la chose était faite, il lui fallait maintenant laisser ses troupes rassemblées sur la frontière, et tout en lui déclarant que « Murat était toujours résolu à suivre la marche de l'Autriche, » il ne lui dissimula pas cependant qu'il « pourrait peut-être bien se » rendre en personne dans les Marches, pour se rappro- » cher des événements et des réponses qu'il attend de » Vienne ».

Il était donc de nouveau sérieusement question du voyage, auquel quarante-huit heures plus tôt Murat semblait avoir définitivement renoncé, tout comme il était d'autre part évident que cet entretien n'avait eu d'autre but que de préparer Mier aux nouvelles communications, bien autrement graves celles-là, qu'on se proposait de lui faire le lendemain.

C'était cette fois à Caroline qu'incombait la tâche d'exposer à Mier les nouveaux griefs de Murat, de lui faire pressentir les résolutions fatales auxquelles elle essayait encore de s'opposer, mais auxquelles elle craignait fort de ne pou-

---

1. *Haus, Hof und Staats-Archiv. Neapel.* N. F. 1. (*Mier. Berichte* 1815.) Comte de Mier au prince de Metternich. Naples, 16 mars 1815. (Dépêche N° 27.)

voir l'amener à renoncer. Un courrier envoyé de Florence par Pignatelli venait d'apprendre à Murat l'arrestation de Pauline à Compignano, la surveillance étroite à laquelle elle était soumise. Cette nouvelle, si elle avait causé un réel chagrin à Caroline, avait mis Murat en fureur. Cette grande colère n'était d'ailleurs que simulée. Il n'était au fond nullement peiné d'un événement qui fournissait un prétexte plausible à l'envoi d'urgence du général Filangieri à Milan. Chargé en apparence et officiellement d'obtenir de Bellegarde les ordres autorisant Pauline (et sa mère qu'on croyait elle aussi, à Compignano) à se rendre à Naples, Filangieri devait en réalité constater ce qui se faisait dans les Etats du Pape et en Toscane et relever la force et la répartition des troupes autrichiennes de l'autre côté de l'Apennin et au-delà du Métaure [1]. Non content de la démarche dont la Reine s'était chargée, ne pouvant douter de l'empressement que Mier mettrait à se rendre au désir de Caroline, à acquiescer à sa demande, comptant sur ses bons offices pour appuyer et faciliter la mission confiée à Filangieri, Murat avait cru pouvoir protester officiellement contre « une mesure de rigueur qui ne saurait être justifiée par aucune raison politique. » Le 16 mars au soir, Gallo adressait à Mier une note qui, si elle n'était pas tout à fait inutile, arrivait en tout cas bien tardivement [2]. Dans l'intervalle en effet le

---

1. Archives de la *Societa Napoletana di Storia Patria*. Général Filangieri. *Autobiografia* (*Manuscrit.*) Murat fit appeler Filangieri le *14 mars*, lui ordonna de partir le *15* et lui prescrivit de venir à son retour de Milan le *retrouver à Ancône* où il allait se rendre.

2. *Haus, Hof und Staats-Archiv. Neapel.* N. F. 1. (*Mier. Berichte* 1815.) Duc de Gallo au comte de Mier. Naples, 16 mars 1815. (*P. S. ad Dépêche* 27. — *Ibidem*. (*Bellegarde* 1815. 123. b.) Duc de Gallo au F. M. Comte de Bellegarde. Naples, 16 mars 1815. Même note qu'à Mier.

Dès le 14 mars, Bellegarde avait rendu compte à Metternich de la mission qu'il avait chargé un de ses officiers, le capitaine Weingarten, de remplir auprès de Pauline. Weingarten l'avait trouvée à Compignano

Ministre d'Autriche avait fait tenir au cabinet de Vienne copie de la dépêche adressée à Bellegarde que Filangieri emportait à Milan.

Mais ce n'était pas rien que pour l'intéresser au sort de sa sœur que Caroline avait aussi facilement consenti à faire appeler Mier. Elle avait des communications bien autrement graves à lui faire. Très souffrante, comme Mier se chargera lui-même de nous l'apprendre, et plus consternée qu'elle ne l'avait jamais été, elle lui répéta qu'elle ne cessait de faire tout au monde pour empêcher le départ de Murat. Deux fois déjà, il avait été sur le point de monter en voiture, et elle n'avait pu parvenir à le retenir qu'en lui déclarant que, s'il quittait Naples, elle refuserait de se charger de la régence, qu'elle ne se mêlerait en aucune manière des affaires du Gouvernement pendant son absence et qu'elle se retirerait aussitôt à Portici où elle ne recevrait aucun ministre.

Bien que cette résolution de Caroline, qui embarrassait beaucoup Murat, lui eût donné à réfléchir, la reine n'en était

---

où elle avait manifesté le désir de rester, et Bellegarde, pensant que son séjour près de Lucques pouvait être moins nuisible que sur n'importe quel autre point d'Italie, avait prévenu Metternich qu'il l'y laisserait jusqu'à l'arrivée de ses ordres. Des ordres étaient d'ailleurs partis de Vienne le même jour. Par ordre de l'Empereur, Metternich invitait Pauline à venir s'établir à Brünn (où elle devait retrouver sa sœur Elisa à laquelle on faisait la même communication). En même temps, il chargeait Bellegarde de prendre toutes les mesures nécessaires, de fixer la route qu'elles devront suivre, de désigner les officiers qui les accompagneront et « de faire comprendre à Pauline comme à Elisa qu'elles n'ont pas le choix de leur résidence. »

Metternich ajoutait que « dans le cas peu probable où la mère de Na-
» poléon tomberait en son pouvoir, il aurait à lui faire prendre la même
» direction. » (*Haus, Hof und Staats-Archiv. Bellegarde.* 123. b. F. M. comte de Bellegarde au prince de Metternich. Milan, 14 mars 1815. — *Ibidem.* (*Instructions à Bellegarde.*) Prince de Metternich au F. M. comte de Bellegarde, aux princesses Pauline et Elisa Bonaparte. Vienne, 14 mars 1815.

pas moins d'autant plus inquiète qu'elle avait pu constater l'éffet produit sur l'esprit de Joachim par les deux notes de Metternich des 25 et 26 février. Murat se voyait, se croyait à la veille d'être sacrifié par l'Autriche, « qui l'avait ménagé et bercé d'espérances fallacieuses jusqu'au moment d'un arrangement définitif avec les autres Puissances et qui maintenant rassemblait des troupes en Italie pour lui dicter la loi. » Caroline avait affirmé à Mier qu'elle était loin d'admettre les idées de Joachim, qu'elle les avait combattues « mais sans pouvoir les lui ôter de la tête. »

« Il croit, avait-elle ajouté, que les succès possibles de
» Napoléon pourront contribuer à le maintenir sur le trône.
« Vous connaissez mon opinion à cet égard. Je fais plus :
» *Je conseille au Roi si l'Autriche lui répond qu'elle est décidée*
» *à s'opposer à l'Empereur Napoléon de se joindre à elle et de*
» *suivre en tout son système et sa politique...* Le Roi doit tenir
» à une grande puissance qui le protège. S'il s'avise de
» vouloir voler de ses propres ailes, il est perdu... J'ai tenu
» autrefois au système de la France jusqu'à la dernière
» extrémité, car j'étais persuadée que nos intérêts l'exi-
» geaient. Les événements ont dû changer notre politique.
» Je me suis convaincue que notre salut dépendait de notre
» union intime avec l'Autriche, et j'y tiens de cœur et d'âme.
» L'Empereur François nous a soutenus jusqu'à présent en
» loyal allié et je suis sûre qu'il ne nous abandonnera pas,
» *si nous le méritons.* C'est son devoir, ses propres intérêts
» le lui commandent. »

Mier lui fit observer en s'appuyant sur le *si*, que l'on avait tout fait pour s'aliéner cette bonne volonté et cet appui; que malheureusement pour elle et pour Murat, l'Autriche était fort mécontente, et non sans raison, de l'attitude prise par le Roi en Italie et surtout dans les Marches et que les dernières mesures prises par Joachim ne pouvaient qu'augmenter cette méfiance et ce mécontentement.

« Vous savez combien je les ai combattues, répondit Ca-
» roline à bout de force et d'arguments, mais n'y cherchez
» pas beaucoup de malice, c'est un coup de tête, une sottise
» dont on se repent et que, j'espère, on ne voudra plus sou-
» tenir. Le Roi est plus calme, plus raisonnable. Je me
» flatte que cet état continuera. »

Mais Caroline y croyait elle-même si peu qu'elle ne parvint pas à cacher à Mier ses craintes et ses angoisses. « Souvent je perds courage [1], » furent les dernières paroles qu'elle lui adressa avant de le congédier.

La nouvelle de l'entrée de Napoléon à Lyon arriva à Rome presqu'en même temps qu'à Naples. Communiquée à Pacca par le marquis de San Saturnino, Ministre de Sardaigne, elle y avait causé au premier moment une telle panique que Pie VII avait pris la résolution de partir dès le 16 au soir pour Viterbe, d'accepter les offres du roi Victor Emmanuel et de se diriger de là sur Gênes [2]. Le roi et la reine d'Espagne, l'ex-reine d'Etrurie et l'ancien roi de Piémont, Charles Emmanuel [3], avaient eux aussi résolu, comme ils le firent du reste, de quitter Rome dès le 17 au matin. Louis Bonaparte avait manifesté la même intention et demandé à Lebzeltern de lui délivrer un passe-port. Lucien lui-même, se regardant comme sujet romain depuis que le pape l'avait fait Prince de Canino, se proposait de suivre le même parti et avait témoigné le désir de se retirer dans les provinces appartenant à l'Autriche. En présence du refus de

---

1. *Haus, Hof und Staats-Archiv. Neapel.* N. F. 1. (*Mier. Berichte* 1815.) Comte de Mier au prince de Metternich. Naples, 16 mars 1815. P. S. 1, ad Dépêche N° 27.

2. *Archives du Vatican. Congresso di Vienna.* Cardinal Pacca au cardinal Consalvi. Rome, 16 mars 1815. (*Dépêche chiffrée* N° 267.)

3. Charles Emmanuel avait abdiqué à Rome en 1812 en faveur de son frère Victor-Emmanuel.

Lebzeltern qui lui « reprochait de l'indiscrétion dans ses propos depuis quelque temps » et qui se retranchait derrière l'absence d'ordres, Lucien avait insisté et demandé à pouvoir se rendre à Florence [1]. En attendant la réponse du Grand-Duc, auquel il avait transmis la requête de Lucien, Lebzeltern préoccupé à l'idée de l'apparition prochaine des Napolitains, troublé par les bruits d'après lesquels Murat n'allait par tarder à se déclarer en faveur de Napoléon, avait jugé prudent d'expédier à Florence les archives de la Légation. Mais si dans les premiers paragraphes de sa dépêche il avait enregistré non sans une certaine satisfaction les résolutions que le roi de Naples avait fait connaître au prince de Canino et au cardinal Fesch, s'il avait annoncé à Metternich que Pie VII avait décidé de quitter Rome le 17 au matin, force lui avait été en finissant sa dépêche de l'informer que le Pape avait au dernier moment abandonné cette idée et que son départ avait été retardé par une démarche faite par Crivelli [2] auprès du cardinal Pacca, par les assurances formelles qu'il lui avait apportées au nom du roi de Naples et la déclaration qu'il respecterait le territoire romain [3].

1. *Haus, Hof und Staats-Archiv. Kirchenstaat.* N. F. F. 1. (*Lebzeltern. Metternich.* 1815.) Chevalier de Lebzeltern au prince de Metternich. Rome, 16 mars; (Dépêche N° 81). — *R. Archivio di Stato. Florence. Affari Esteri. Prot.* 7. N° 40. (*Invasione Napolitana e disposizioni per la partenza di S. A. I. e R.*) Chevalier de Lebzeltern à Fossombroni. Rome, 16 mars 1815. N° 35. En lui faisait part du désir de Lucien, il le prévenait qu'il ne prendrait aucune décision à son égard sans y être autorisé par le Grand-Duc. Il l'entretenait de plus, comme il l'avait fait dans sa dépêche à Metternich, du départ pour Civita-Vecchia et de là pour Livourne de la princesse de Galles qui, disait-il, a quitté « Naples à la suite d'un » ordre formel du Prince Régent *mécontent de son séjour et de ses pro-* » *cédés tout à fait inconvenants dans un pays dont le gouvernement britan-* » *nique ne reconnaissait pas le Souverain.* »
2. Comte Crivelli, chargé d'affaires de Naples à Rome, mais non reconnu par le Saint-Siège.
3. *Haus, Hof und Staats-Archiv. Kirchenstaat.* N. A. F. 1. (*Lebzeltern, Metternich.* 1815.) Chevalier de Lebzeltern à Metternich. Rome, 16 mars

Malgré ces pompeuses déclarations, Lebzeltern croyait si peu à leur sincérité et à leur durée qu'il prévenait Metternich de son intention d'accompagner le Pape, le cas échéant. Il communiquait d'autre part à Fossombroni les mesures arrêtées par le gouvernement pontifical et l'informait qu'après le départ de Pacca, qui resterait à Rome jusqu'à l'approche des Napolitains, la conduite des affaires serait confiée aux cardinaux della Somaglia, Opizzoni et Gabrielli, auxquels on adjoignait Monseigneur Rivarola en qualité de Secrétaire.

Au fond cependant, raisonnant en homme sage et logique, tout en ayant soin de faire remarquer qu' « avec un carac-
» tère comme celui de Murat, il n'y avait aucun calcul fondé
» à établir, » Lebzeltern ne pouvait se décider à croire que Murat se porterait à un éclat. Non seulement il pensait qu'il attendrait les événements et des renseignements plus positifs avant de se prononcer, mais, tout en poussant Fossombroni à prendre des mesures, comme si l'on était à la veille d'une attaque, il ne pouvait s'empêcher de s'écrier : « Si Mu-

---

1815. (Dépêche N° 81.) — *R. Archivio di Stato. Florence. Affari Esteri. Prot.* 7 N° 40. (*Invasione Napolitana e disposizioni per la partenza di S. A. I. e R.*) Chevalier de Lebzeltern à Fossombroni. Rome, 16 mars 1815. N° 35.

Voici d'ailleurs la note que Crivelli remit à Pacca le 17 mars, le lendemain du jour où il l'avait assuré de vive voix des intentions pacifiques et amicales de Murat.

« J'ai l'honneur de remettre à Votre Eminence la copie du passage de la dépêche qui m'a été adressée par S. E. le Ministre des Affaires Etrangères (a), en priant Votre Eminence de daigner la communiquer au Saint-Père.

« Je profite de cette occasion pour donner à nouveau à Votre Eminence les assurances les plus positives que jamais mon Souverain ne fera entrer un seul soldat dans les Etats Pontificaux et que, bien loin de songer à aucun acte hostile contre Sa Sainteté, il a en toutes circonstances manifesté ses sentiments de dévouement et de vénération pour le Saint-Père. »

a) A cette note était annexée la copie d'un passage de la dépêche adressée par Gallo à Crivelli le 28 février 1815 et dont nous avons eu lieu de parler plus haut.

» rat avait voulu agir, aurait-il publié d'avance ici toutes
» ses intentions. »

La remarque de Lebzeltern était parfaitement rationnelle, mais Murat allait se charger de lui prouver qu'il ne s'était pas trompé en disant qu'il était impossible d'établir un calcul sur un caractère comme le sien. Le 15 mars, aussitôt après avoir reçu les nouvelles de Lyon il avait brûlé ses vaisseaux et définitivement décidé de faire entrer ses troupes dans les Etats Pontificaux.

« M. le Ministre, mandait-il à Gallo [1], adressez-moi sur-
» le-champ la lettre que je vous ai envoyée pour le Saint-
» Père et chargez spécialement Zuccari d'informer le gou-
» vernement Pontifical de la marche par les Etats romains
» de deux divisions, dont l'une passera par Rome ou aux
» environs et l'autre débouchera de l'Aquila (sic) sur Terni.
» Il devra promettre au Saint-Père sûreté et protection pour
» sa personne et bonne discipline de la part de nos troupes.
» Les vivres et logements devront être fournis.
» Un commissaire des guerres constatera toutes les dé-
» penses qui seront acquittées de suite par le Trésor de
» Naples, les administrations Napolitaines n'ayant pas le
» temps de les faire préparer.
» Faites porter ces dépêches par un courrier.
» Sur ce, je prie, etc.
» Joachim NAPOLÉON. [1]. »

Dès le lendemain Gallo adressait deux dépêches à Zuccari. Dans l'une, qui n'était rien autre que la note que Zuccari devait *éventuellement* remettre au gouvernement Pontifical [2], le duc le chargeait de faire valoir les motifs pour

1. *R. Archivio di Stato. Naples. (Zuccari. Crivelli. Affari di Roma.* F. 109.) Murat au duc de Gallo. Naples, 15 mars 1815.
2. Nous citerons plus loin cette note que Zuccari remit au cardinal Pacca trois jours plus tard, le 19 mars.

lesquels le roi ne pouvait en cette saison faire passer toutes ses troupes par la route des Abruzzes impraticable à l'artillerie et aux convois. Par la seconde, il l'informait que cette dépêche ainsi que la note relative au passage des troupes et destinée au cardinal Pacca lui serait remise par le prince de Canino. Il le prévenait de plus que par ordre du Roi il aurait à communiquer ces pièces à Crivelli et à suivre en tous points les indications que le prince de Canino était chargé de lui donner. Enfin on lui recommandait d'envoyer immédiatement un courrier « pour me dire, ainsi s'exprimait Gallo, l'accueil fait à cette demande [1].

En même temps Gallo avait expédié à Lucien la dépêche, rédigée en termes quelque peu énigmatiques, par laquelle Murat subordonnait la remise des instructions destinées à Zuccari et à Crivelli au réglement amiable, peu probable et même inadmissible, d'une question à laquelle, il lui était impossible d'en douter, le Saint-Siège ne pouvait répondre que par un refus.

Naples, 16 mars 1815.

« Mon Prince,

» J'ai l'honneur de remettre ci-jointe à Votre Altesse, par
» ordre du roi, une seconde lettre que Sa Majesté vient de
» lui écrire ainsi qu'une lettre pour le Saint-Père dont le
» Roi désire que *Votre Altesse ne fasse usage que dans le cas*
» *déterminé dans Sa lettre particulière.*

» Sa Majesté m'a ordonné en même temps de confier à
» Votre Altesse la dépêche qu'Elle m'a prescrit d'adresser
» à Son Consul Général à Rome pour le charger de faire
» auprès du gouvernement Romain, les démarches néces-

---

1. *R. Archivio di Stato. Naples. (Crivelli. Zuccari. Affari di Roma.)* F. 109.) Note du duc de Gallo à Zuccari. Naples, 16 mars 1815 et duc de Gallo à Zuccari. Naples, 16 mars 1815.

LES DÉPÊCHES DE GALLO A ZUCCARI ET A LUCIEN 89

» saires pour le passage de deux divisions de troupes napo-
» litaines. Mais Votre Altesse voudra bien ne *remettre cette*
» *dépêche à M. Zuccari qu'après* qu'Elle aura aplani toutes les
» questions avec Sa Sainteté » [1].

Les nouvelles de France n'avaient pas été les seules causes déterminantes des déclarations que Murat avait faites au Conseil, des résolutions irréparables qu'il avait prises malgré les prières et les représentations de Caroline et de tous ceux qui ne partageant ni ses espérances, ni son aveuglement essayaient vainement de l'empêcher de courir à sa perte.

En même temps que l'entrée de Napoléon à Lyon, il avait appris par un courrier extraordinaire venu d'Ancône les mouvements que Bellegarde faisait exécuter sur le Pô, ces mouvements « que je ne puis interpréter que contre moi, écrivait-il à Gallo » [2], en lui marquant de plus qu'aucune lettre venant du Piémont et de Gênes n'était arrivée, ni à Ancône, ni à Bologne. Alarmé surtout par les « mouvements sérieux » qu'on lui signalait du côté de cette dernière ville, il avait enjoint à Gallo de « demander des explications à Vienne et à Milan et de venir lui parler de suite. »

L'arrivée du colonel Koudelka à Naples, arrivée qu'on avait cherché à expliquer à la population en répandant le bruit que cet officier n'avait apporté que de bonnes nouvel-

---

1. R. *Archivio di Stato. Naples. (Crivelli. Zuccari. Affari di Roma.* F 109.) Duc de Gallo au prince de Canino. Naples, 16 mars 1815. La minute de la lettre destinée au Pape, dont Gallo parle à Lucien, n'existe malheureusement pas aux Archives de Naples et cette lacune est d'autant plus regrettable qu'il eût été curieux et utile de savoir exactement quel était « *le cas particulier* » auquel Murat subordonnait la remise de cette lettre. L'entretien que Lucien eut avec Pacca le 18 permet toutefois de se faire une idée à peu près exacte des propositions qu'elle contenait.

2. *Archives Particulières du duc de Gallo. Dossier* N° 67) Murat au duc de Gallo. Naples, 15 mars 1815.

les, que son voyage n'avait d'autre but que la remise à Mier d'instructions affirmant la solidité et l'intimité des relations amicales entre les deux Cours, avait été en réalité pour Murat un nouveau sujet d'inquiétudes qui cette fois ne manquaient pas de fondement sérieux. Il savait que le colonel avait reçu de son gouvernement l'ordre, dont il s'acquitta à merveille, de lui fournir des renseignements précis et positifs sur l'état et les mouvements de l'armée napolitaine. Il n'ignorait pas qu'un autre officier autrichien était sur le point d'arriver de Rome (le capitaine Schöen) et qu'un troisième, le colonel Wohlgemüth, était en train de reconnaître les principaux passages des montagnes entre Rome et Naples [1].

Le colonel Koudelka s'était en effet mis à l'œuvre sans désemparer, et du premier coup d'œil il avait vu clair dans la situation.

Malgré les dénégations formelles publiées par le *Moniteur des Deux-Siciles*, l'ordre du jour de l'armée, en date du même jour (13 mars), avait en effet réglé les mouvements que les troupes devaient se tenir prêtes à exécuter.

« Les deux divisions des Marches resteront dans leurs
» cantonnements et se tiendront prêtes à un mouvement général.
» néral.

» La 3ᵉ division de ligne se cantonnera sur la frontière

---

[1]. *K. u K. Kriegs-Archiv. Hof Kriegs-Rath. (Praesidial Acten. F. III 14.)* Colonel Koudelka au général de Langenau. Naples, 15 mars 1815. — Dans cette même lettre, dans laquelle Koudelka déclarait qu'il ne saurait en aucune façon s'occuper des questions politiques, il avait, quoiqu'arrivé seulement depuis 48 heures à peine à Naples, joint une courte appréciation sur l'armée napolitaine : « Les soldats sont bien habillés
» et bien armés. Le corps d'officiers a bon aspect. La solde leur est ré-
» gulièrement payée, ce qui n'est pas le cas pour la troupe. Murat les
» comble de faveur. » Et il ajoutait une dernière remarque dont les événements allaient se charger de démontrer l'exactitude : « Tout in-
» dique que le Roi a hâte de se servir de son armée; mais il ne pourra
» jamais *entrer en Italie qu'avec 50.000 hommes tout au plus.* »

» des Abruzzes, les deux divisions de la garde sur la fron-
» tière de la Terre de Labour, de Sora à Terracina.
» L'artillerie suivra le mouvement des divisions et diri-
» gera un parc de réserve sur Ancône.
» L'état-major général et le génie se rendront également
» à Ancône où ils recevront des ordres ultérieurs »[1].

Un coup d'œil jeté sur la correspondance de Murat avec le général Desvernois, sur les instructions qu'il lui fit tenir à ce moment achèvera de fournir la preuve manifeste et indéniable des projets belliqueux du roi de Naples. Après avoir fait envoyer le 12 mars à ce général (qui les reçut le 15), 15.000 exemplaires des proclamations de l'Empereur annonçant son débarquement, Murat lui ordonna le 16 « d'adresser à l'avenir ses rapports à la Reine qui les lui fera passer à Ancône »[2].

Décidé à agir, mais sachant qu'il allait lui falloir agir seul, Murat aurait au moins dû réfléchir sur l'état réel de son armée qu'afin de ramener toutes les opinions à la sienne, d'arracher à ses conseillers une approbation qu'ils lui avaient refusée il s'était plu à leur représenter bien plus nombreuse qu'elle ne l'était réellement.

Si, en y comprenant la gendarmerie royale (un régiment,

1. Cf. *Carnet historique et littéraire* 1889. I. 102. GÉNÉRAL D'AMBROSIO. La campagne de Murat en 1815. (Ordre du jour de l'armée. Naples, 13 mars 1815.)
Cf. Deux rapports de Fantini, commissaire de police de Rimini, à Savini, commissaire général du *Buon Governo* dans les trois départements oN° 14 et 15. (R. Archivio di Stato. Bologne. Atti di Polizia 1815. *Governo Provisorio Austriaco* etc. Prot. Privat. Fasc. VI. *Notizie sulle Corti di Roma e di Napoli*) signalaient, l'un l'ordre donné aux troupes de l'intérieur du royaume de se réunir à celles déjà stationnées dans les Marches, l'annonce d'une grande revue qui serait passée à Ancône et à la suite de laquelle les troupes se mettraient en marche, l'autre, celui du 15, le mouvement exécuté par le parc d'artillerie napolitaine qui aurait été poussé jusqu'au pont, dit de S. Jovio, entre Fano et Pesaro.
2. Cf. A. DUFOURCQ. *Mémoires* du général Desvernois 475-477.

quatorze compagnies, sept escadrons, 3.285 hommes), les soixante-trois compagnies d'élite (6.925 hommes) et quatorze compagnies provinciales (2.470 hommes), soit 12.680 hommes qu'il fallait en tout état de cause affecter aux services à l'intérieur du royaume, l'effectif de cette armée s'élevait sur le papier à un total respectable de 81.782 hommes, le Roi n'ignorait pas que l'armée qu'il avait commencé à mobiliser et à mettre en mouvement n'arriverait jamais à dépasser 52.000 hommes (51.938 d'après les chiffres donnés par les états) et qu'en réalité il ne pourrait amener en ligne et faire entrer en campagne au début de ses opérations que 24.290 hommes avec cinquante-six canons au lieu de soixante-dix-huit qui figuraient sur l'ordre de bataille [1]. Mais dès le moment où il était décidé à jouer le tout pour le tout, il aurait au moins dû comprendre que seul un coup de hardiesse, un coup désespéré pouvait le sauver et qu'aussitôt arrivé à Ancône il lui fallait, en même temps qu'il envoyait sa déclaration de guerre, se porter énergiquement et vivement en avant. A la tête des divisions qu'il avait réunies dans les Marches il n'aurait éprouvé aucune peine à bousculer et à chasser devant lui les quelques troupes que les Autrichiens avaient disposées en cordon depuis Plaisance jusqu'aux rives de l'Adriatique [2]. L'effet moral produit par cette marche qui aurait surpris les Autrichiens presque au début de leurs préparatifs eût probablement été foudroyant. L'Italie, qui deux ou trois semaines plus tard allait rester presque

---

1. Cf. ANNEXE VIII ET IX. Etats de situation de l'armée Napolitaine.
2. *K. u K. Kriegs-Archiv. Feld-Acten.* XIII. Rapports des émissaires. — Les Autrichiens savaient à ce moment que le général Carrascosa avait sous ses ordres et sous la main le 1er régiment de ligne à Sinigaglia, le 2e de ligne à Jesi, le 1er d'infanterie légère à Loreto, le 3e de ligne à Osimo, le 9e à Macerata, le 6e à Fermo, le 3e d'infanterie légère à Ascoli, le 4e d'infanterie légère à San Benedetto, le 5e de ligne à Ancône avec 13 bouches à feu et 40 caissons de munitions. »

sourde à ses appels enflammés, électrisée et secouée par ses faciles et rapides succès lui aurait alors donné le concours sur lequel il fondait ses espérances. Quoique momentanée seulement, la retraite forcée, nécessaire des bataillons autrichiens aurait fait éclater un soulèvement national que ne parvinrent à provoquer ni la proclamation de Rimini, ni les appels enflammés de patriotisme, mais infructueux, du général d'Ambrosio, de Pellegrino Rossi, ni l'exemple donné par les anciens officiers de l'armée du royaume d'Italie, ni les circulaires des préfets et sous-préfets, ni les vers de Manzoni, ni l'*Inno dell' Independenza* de Rossini.

Ce ne sont assurément pas les scrupules qui ont retenu Joachim, et si l'on veut chercher l'explication du temps qu'il perdit à Ancône, du répit qu'il laissa aux Autrichiens du 15 au 29 mars, on la trouvera dans des considérations d'un ordre tout spécial auxquelles il ne prêta que trop tardivement l'attention qu'elles méritaient et lorsqu'il s'était déjà presque irrémissiblement compromis. On ne saurait en effet trop insister sur un fait qui paraît au premier abord absolument inadmissible et invraisemblable, sur le fait qu'apportant au dernier moment à l'examen et à la solution des questions militaires une prudence et une circonspection dont il faisait trop peu usage en politique il ne reconnut qu'après son départ de Naples les graves défectuosités, les inquiétantes lacunes que présentaient l'organisation et la composition de cette armée à laquelle il allait confier ses destinées, le sort de ses peuples et de sa dynastie.

Si le licenciement de l'armée du royaume d'Italie lui avait donné un certain nombre d'officiers expérimentés, de soldats aguerris, il lui était impossible de se dissimuler que son armée manquait d'homogénéité et qu'il existait dans son sein de dangereux ferments de discorde, de défiance et même de haines dûs à la présence dans ses rangs et surtout à sa tête de nombreux éléments étrangers.

Les derniers événements n'avaient fait qu'aviver les jalousies, les rivalités, les dissentiments qui n'avaient jamais cessé d'exister entre les officiers de nationalités différentes. Il importait d'autant plus de tenir compte de ce facteur que dix des vingt-cinq généraux de l'armée napolitaine et treize des vingt-sept colonels étaient français et que bon nombre d'officiers et de fonctionnaires militaires étaient mal vus de leurs camarades napolitains, rien que parce qu'ils étaient étrangers.

L'infanterie, seule de toutes les armes combattantes, et encore convient-il de faire des réserves pour trois régiments, le 4e d'infanterie légère, les 9e et 10e de ligne, dont on avait commis la faute de compléter les effectifs à l'aide d'hommes tirés des bagnes et des prisons, était dans un état à peu près satisfaisant et susceptible d'inspirer quelque confiance.

La cavalerie était tout au plus médiocre.

L'artillerie et le génie laissaient encore plus à désirer. Les hommes fort peu exercés, qu'on avait versés dans ces armes spéciales, manquaient de l'instruction et des connaissances indispensables.

La discipline était loin d'être parfaite, la constitution des différents services fort incomplète, les places mal armées, les magasins d'habillement et d'équipement presque vides, les hôpitaux et le service de santé à peine organisés. L'administration peu scrupuleuse avait négligé de réunir des vivres et des fourrages. Les dépôts n'existaient guère que sur le papier. Les armes portatives faisaient défaut et, la manufacture della Torre, ne pouvant suffire aux besoins, quoiqu'elle eût été agrandie, on avait dans les derniers mois cherché à s'en procurer au dehors et passé des marchés avec des maisons de Milan. Enfin on se préoccupait trop peu de l'épuisement du trésor. « La guerre nourrit la guerre, » disait Murat, sans considérer qu'en attendant le soldat n'était pas payé. Et cependant, bien que le soldat napolitain, tout brave qu'il est, ait horreur de la guerre, des privations qu'elle lui impose, de la discipline à laquelle il lui faut se plier, le moral de ce soldat était relativement bon, meilleur qu'on n'aurait pu le croire, parce qu'il était fier de son Roi, parce qu'il avait confiance dans ses généraux qui s'étaient instruits à l'école de Napoléon et dont plusieurs revenaient couverts de la gloire qu'ils avaient acquise dans les rangs de la Grande Armée, en Espagne, en Allemagne et en Russie.

On n'ignorait rien de tout cela à Vienne; on s'y défiait de plus en plus de Murat; mais, tout en s'attendant à le voir embrasser le parti de Napoléon, on connaissait trop bien son caractère pour admettre la possibilité d'une action immédiate et de l'invasion inopinée des provinces que les Autrichiens occupaient sur la rive droite du Pô. Malgré cela, dès les premiers jours de mars, le feld-maréchal lieutenant Bianchi, qui depuis la fin de la campagne précédente avait été appelé à faire partie du Conseil aulique de la guerre, n'en avait pas moins reçu de Schwarzenberg l'ordre de partir immédiatement pour l'Italie. Le but apparent de sa mission consistait à se rendre compte de l'état des places et des établissements ; mais en réalité Schwarzenberg avait tenu à y avoir, en cas d'ouverture précipitée des hostilités, un général capable de prendre, en attendant l'arrivée de Frimont, la direction des opérations.

Sérieusement inquiets de la situation de l'armée d'Italie, Schwarzenberg et le Conseil aulique de la guerre étaient loin de partager l'optimisme et la confiance de l'empereur François. Les nouvelles instructions en date du 12 mars, que ce prince se disposait à envoyer à Bellegarde avaient causé un vif émoi dans le sein de ce fameux Conseil. Ne tenant compte ni du temps assez long qui devait s'écouler jusqu'à l'arrivée des premiers renforts dans la vallée du Pô, ni des marches de concentration que commençaient seulement à exécuter les régiments stationnés en Italie [1], l'Empereur, qui, dans un premier ordre en date du 7 mars, avait laissé à Bellegarde une entière liberté d'action avait décidé maintenant de lui défendre de rester sur la défensive, même pendant quelques jours, et de lui ordonner de se porter immédiatement en avant et d'attaquer Murat partout où il le rencontrerait. Croyant à la supériorité numérique de Murat, évaluant à 60.000 hommes les forces à la tête desquelles il pourrait entrer en opérations, alors que Bellegarde, qui venait précisément de réclamer l'envoi d'urgence de douze compagnies d'artillerie, ne pourrait tout au plus lui opposer qu'une vingtaine de mille hommes et 78 canons, Schwarzenberg, au contraire était convaincu qu'une bataille

---

1. « 3.000 Allemands venant de Parme, lit-on dans la *Cronaca de D. Gio, Francisco Sonnini*, conservée à la *Biblioteca Comunale de Reggio-Emilia*, sont arrivés à Reggio le 8 mars. Après avoir passé la nuit en ville, ils ont continué le lendemain sur Modène et ont été remplacés par d'autres détachements allant ceux-là de Modène à Mantoue. »
Les renforts autrichiens étaient encore assez loin et leur marche devait prendre encore pas mal de temps. C'est ainsi, par exemple, que le régiment d'infanterie Chasteller parti de Graz le 14 mars, 48 heures après réception de l'ordre de mouvement, passant par Marburg, Cilli et Laibach, continuant à partir de ce point sa route à marches presque forcées et sans le moindre repos, ne put arriver à Vicence que le 7 avril et rejoignit seulement le 10 à Occhiobello la division du F. M. L. baron Mohr. (D'après l'historique du régiment Chasteller Cf. SCHIRMER. *Feldzug der Oesterreicher gegen König Murat.* 22.)
Le régiment d'infanterie Lusignan, mis en route le 15 mars ne devait rejoindre que beaucoup plus tard. Ses deux bataillons actifs étaient attendus à Vérone le 24 avril et son bataillon de landwehr à Trente le 10 du même mois. (*K. u K. Kriegs-Archiv. Hof Kriegs-Rath. Praesidial Acten.* III. 362. Ordres de mouvements aux troupes en marche vers l'Italie. Vienne, 15 mars 1815.)

perdue en Italie dès le début de la campagne aurait des conséquences bien autrement sérieuses que les inconvénients comparativement insignifiants résultant d'une défensive momentanée. Malheureusement pour Murat, il n'hésita pas à consigner ses représentations dans une note en date du 13 et réussit à faire partager à l'Empereur ses idées de prudence et de temporisation [1].

Presque en même temps, le généralissime demandait à Metternich de donner « d'urgence une solution immédiate » à des propositions faites par Bellegarde et approuvées par le Conseil aulique. Moins afin de venir en aide aux officiers de l'ancienne armée Italienne originaires des Légations qu'afin de les rendre moins dangereux et de pouvoir les surveiller plus facilement, on avait au cours de l'été précédent autorisé Bellegarde à former les cadres de deux régiments d'infanterie et d'un de cavalerie à Forli, Bologne et Ferrare; mais malgré tous les avantages qu'on leur avait offerts, on n'avait réussi qu'à enrôler un nombre dérisoire de sous-officiers et de soldats. On craignait maintenant de voir Murat profiter de la première occasion pour attirer à lui les anciens soldats des Légations comme il l'avait déjà fait pour ceux des Marches. Aussi, d'accord avec Bellegarde pour lui enlever ces ressources, espérant de plus que grâce à cette mesure il parviendrait à remplir les cadres encore vides de ces trois régiments, proposait-il à nouveau à Metternich [2] d'enrégimenter ces hommes et de les faire passer sur la rive gauche du Pô.

---

1. *Hof Kriegs-Rath. — Acten. Praesidial Vortrag.* F. M. Prince de Schwarzenberg à l'Empereur François. Vienne, 13 mars 1815. (Annexé à une lettre de Schwarzenberg à Metternich. Cf. GENTZ. *Oesterreich's Thielnahme an den Befreiungs-Kriegen.* 829-831.)

2. *Haus, Hof und Staats-Archiv. Kriegs-Archiv.* 492. (*Schwarzenberg. Metternich.* 1815.) F. M. Prince de Schwarzenberg au prince de Metternich. Vienne, 16 mars 1815. Répondant en même temps à une lettre de Met-

En raison de la « tension de la situation politique et des rapports avec Naples » et afin de parer au premier choc, on avait, dès le 14 mars, envoyé de Milan des instructions éventuelles au général-major Steffanini à Bologne, sous les ordres duquel se trouvaient placées les troupes les plus rapprochées de la frontière. On lui prescrivait, en cas d'ouverture des hostilités, de rester sur la défensive la plus absolue, de renforcer la garnison de Comacchio, de se replier derrière le Pô s'il y était contraint, mais de tenir le plus longtemps possible à Ferrare, dont la garnison opérerait alors sa retraite sur la tête de pont d'Occhiobello. Quant à lui, avec le gros de ses forces, il devait à ce moment, si faire se pouvait, se replier lentement par Modène et Carpi sur San Benedetto et Guastalla, laisser du monde à Guastalla, Reggiolo et Moglia et venir s'établir derrière le Cavo Bentivoglio [1].

ternich (du 14) lui annonçant que l'Empereur voulait faire occuper l'île d'Elbe par des troupes autrichiennes, il proposait de confier le commandement de cette expédition au général Nugent auquel il avait donné l'ordre de partir pour Milan.

1. *K. u. K. Kriegs-Archiv. Feld-Acten. Frimont. (Armee in Italien.)* Commandant en chef au général-major Steffanini. Milan, 14 mars 1815. F. III. 28 et ad 28. — Général-major Steffanini au commandement en chef. Bologne, 17 mars 1815. F. III. 38. (Accusé de reception de ces instructions.) Le 15 mars Steffanini avait fait publier à Bologne une proclamation défendant sous peine d'emprisonnement de parler de Napoléon. (*Archives particulières de M. R. Ambrosini, de Bologne. Frammenti de Memorie di Gaëtano Bevilacqua.* 1814-1815.) Le 16, le jour même où on lui annonçait l'arrivée à Occhiobello de la compagnie de pionniers, (Cf. *Ferrare. Archivio della Prefettura.* Rub. 29. (*Militari. Fortificazioni.*) Massmüller, commissaire de l'Intendance au délégué du gouvernement. Ferrare, 16 mars 1815 N° 4889.) Steffanini s'était rendu de Bologne à Ferrare pour se rendre compte de l'état d'avancement des travaux de mise en défense de la citadelle (Cf. *Ibidem. Cicognara.* Podestat de Ferrare au délégué du gouvernement. Ferrare, 12 mars 1815. N° 4866) et y passer en revue la garnison. (*Ferrare. Biblioteca Comunale. Manoscritti. Istoria della Città e Provincia di Ferrara descritta da* Luigi Sandri *dal 1790 a tutto il 1798 — da Giovanni dal 1798 a tutto l'anno 1814 e da questa epoca a tutto l'anno 1858 da Antonio,* della famiglia Sandri *— di ultimo.*

Dès son arrivée en Italie, aussitôt après avoir examiné les derniers rapports et les renseignements les plus récents relatifs aux mouvements et aux préparatifs des Napolitains, Bianchi s'entendit avec Bellegarde pour faire exécuter quelques travaux de réfection à Borgoforte, préparer l'établissement des deux ponts qu'on avait décidé de jeter et remettre Plaisance en état de défense. En même temps, il envoyait à Steffanini l'ordre de réunir ses troupes, de ne céder le terrain que lorsqu'il y serait forcé, de couper les ponts derrière lui, de gagner le temps dont on avait besoin pour achever la concentration des troupes stationnées en Italie et de tenir, si faire se pouvait, jusqu'au moment où l'entrée en ligne des renforts venant de l'intérieur de la Monarchie permettrait de reprendre l'offensive. Le même jour également, il chargeait le général-major Eckhardt de la défense du bas-Pô.

A ce moment les principales unités de l'armée autrichienne d'Italie étaient réparties comme suit : La division du feld-maréchal-lieutenant marquis Sommariva, à Milan avec un détachement dans la Valteline ; celle du feld-maréchal-lieutenant Merville, également à Milan avec des détachements à Brescia et Peschiera ; celle du feld-maréchal-lieutenant baron Mohr, à Pavie, Parme, Plaisance, Crémone et Mantoue ; celle du feld-maréchal-lieutenant Marziani, à Vérone, Vicence, Padoue et Udine ; celle du feld-maréchal-lieutenant baron Mayer von Heldenfeld, à Mantoue et Legnago ; les troupes sous les ordres du feld-maréchal-lieutenant Knesevich à Venise ; celles du général-major Klopstein, à Turin et Alexandrie ; la brigade du général-major baron Eckhardt, à Rovigo ; celle du général-major Steffanini, dans les Légations, à Bologne et Comacchio, et le détachement du lieutenant-colonel Werklein à Lucques et à Piombino. Enfin pour compléter cette énumération, il convient de rappeler qu'on avait mis des garnisons à Trévise, Palmanova et Osoppo. L'effectif total de ces troupes fortes de cinquante-neuf bataillons et quarante-quatre escadrons s'élevait à 68.833 hommes et 6.192 chevaux, dont il importe de défalquer un peu plus de 13.000 hommes en traitement dans les hôpitaux [1].

Les contingents des Etats italiens, sur lesquels l'Autriche pouvait compter, n'ajoutaient à ces chiffres qu'un appoint des plus insignifiants : 500 Parmesans, 600 Modénais, 2.500 Toscans (dont 300 de cavalerie). Le Piémont, qui un peu plus tard aurait pu mettre en ligne 17 à 18 000 hommes, était à ce moment hors d'état de fournir 3.000 hommes. Tout compte fait, à cette date (13 mars), en déduisant les malades, mais en ajoutant d'autre part les contingents des princes italiens, on arrivait à un total général de 62.233 hommes et 6.492 chevaux. On résolut en conséquence, après les avoir réparties entre les points indiqués dans la situation du 15 mars [2], d'établir toutes les troupes disponibles entre le Pô et l'Oglio et de les diriger sur Casalmaggiore [3].

Entre temps le Congrès revenu de sa stupeur avait exaucé les désirs de Louis XVIII, le vœu charitable qu'il avait autorisé Jaucourt à transmettre à Talleyrand [4]. Rédigée

---

1. *K. u K. Kriegs-Archiv. Feld-Acten.* (*Armee gegen Neapel* 1815.) F. M. L. baron Bianchi. *Operations Journal.* 996. Situation de l'armée I. et R. en Italie, 13 mars 1815. F. XIII. 68/8.
2. *K. u K. Kriegs-Archiv. Feld-Acten.* 1815. (*Bianchi. Opérations Journal.* 996.) Ordre de bataille de l'armée autrichienne, 15 mars 1815. F. XIII. 68/9. (Annexe X.)
3. *K. u. K. Kriegs-Archiv. Feld-Acten.* 1815. (*Bianchi. Operations Journal.* 996.) Situation de l'armée I et R. en Italie, 13 mars 1815. F. XIII. 68/8.
4. Jaucourt. *Correspondance avec Talleyrand.* 224. Jaucourt au prince de Talleyrand. Paris, 8 mars 1815.

« J'ai proposé au roi de vous faire connaître l'intention où il était
» que Bonaparte fût *mis hors du droit des gens de l'Europe* en vous char-
» geant d'en faire la proposition au Congrès. Hier au soir il m'a an-
» noncé sa lettre pour ce matin. J'ai pris la liberté de lui demander

par la Légation française, communiquée en projet à Metternich et à Wellington le 12 mars, lue le lendemain à la commission des huit Puissances signataires du traité de Paris, approuvée et signée le 13, destinée à rassurer l'opinion public sur les sentiments des Souverains et du Congrès, la déclaration du 13 mars, en proclamant l'union plus intime que jamais des Puissances, leur résolution de réunir « tous leurs efforts pour que la paix générale, objet des » vœux de l'Europe et but constant de leurs travaux, ne » soit pas troublée de nouveau et pour la garantir de tout » attentat qui menacerait de replonger les peuples dans les » désordres et les malheurs des révolutions, » annonçait au monde qu' « en rompant le seul titre légal auquel son existence se trouvait attachée, Napoléon Bonaparte s'était placé « hors des relations civiles et sociales » et « livré à la vindicte publique [1] ».

Mais si Talleyrand s'empressait et se réjouissait de pou-

» s'il vous parlait de ma proposition. *Nous étions seuls*. Il m'a dit : » « Non, *mais je vous charge de lui en parler*. »

1. Déclaration des Puissances signataires du traité de Paris réunies au Congrès de Vienne au sujet de l'évasion de Napoléon de l'île d'Elbe. Vienne, 13 mars 1815. (Cf. *Archiv des Ministeriums des Innern*. 1815. *Acten der Polizei Hof Stelle*.) — *Oesterreichischer Beobachter* N° 74 du 15 mars 1815 et les réflexions sur cette déclaration insérées dans les N°° des 16 mars, 4 et 26 avril. « Le Congrès a proscrit Buonaparte. Cet homme ne peut » et ne doit plus trouver un asile parmi les peuples civilisés. » — *Archives des Affaires Etrangères* et PALLAIN. *Correspondance Inédite de Talleyrand et de Louis XVIII*. Talleyrand au roi. Vienne, 14 mars 1815. N° 34. — WELLINGTON. (*Despatches of F. M. the Duke of*) T. XII. Wellington à lord Castlereagh. Vienne, 13 mars 1815 et Wellington au marquis de Wellesley. (Ambassadeur d'Angleterre à Madrid.) Vienne, 12 mars 1815.

La déclaration du 13 mars fut transmise avec une telle rapidité en Italie que dès le 18 lord Burghersh la faisait publier à Florence. (*R. Archivio di Stato. Bologne. Stampe Governative*) et que, le lendemain 19, Fossombroni en envoyait copie au comte Munarini, Ministre des Affaires Etrangères du duc de Modène. (*R. Archivio di Stato. Modène. Ministero degli Affari Esteri e Polizia generale* Filza A. Fas. XXI. 191. 38.) Fossombroni au comte Munarini. Florence, 19 mars 1815.

voir envoyer à son roi cette pièce « à la force de laquelle rien ne lui paraît manquer; » s'il espère que « rien ne manquera » à l'effet qu'elle est destinée à produire tant en France que » dans le reste de l'Europe où elle sera répandue par toutes » les voies.¹ », il était, en revanche, loin d'être entièrement rassuré sur la nature des intentions de l'Autriche contre Murat. Il n'avait pas encore reçu les instructions que Louis XVIII lui avait expédiées après sa conférence avec Vincent et que le Roi lui annonçait dans sa lettre du 3. Augurant mal du silence qu'on gardait avec lui depuis le départ de Castlereagh, du mystère dont on se plaisait à entourer des négociations dont il soupçonnait l'existence, espérant, sans toutefois en être autrement sûr que « ces ins- » tructions ne seront pas, comme M. de Metternich s'en » flatte, de nature à faire remettre la décision du sort de » Murat à une époque plus éloignée », déclarant qu'on ne peut, qu'on ne doit pas « croire à une promesse de M. de Metternich » il avait eu avec lui le 14 mars, une explication assez vive sur cet objet. Mais cette explication n'avait guère dû le satisfaire. Metternich ne s'était pas départi de son mutisme, puisqu'en sortant de cette entrevue Talleyrand n'avait pu s'empêcher de faire part au Roi de ses appréhensions : « Mon opinion est que, *si l'affaire de Murat est* » *remise, elle est perdue pour nous*, et par cela l'opinion, qui » aujourd'hui est tout en notre faveur, sera détruite ² ».

La conversation qu'il venait d'avoir avec Metternich avait

1. *Archives des Affaires Etrangères* et PALLAIN. *Correspondance Inédite de Talleyrand et de Louis XVIII.* Talleyrand au Roi. Vienne, 14 mars 1815. N° 34. — Cf. JAUCOURT. *Correspondance du comte de Jaucourt avec le prince de Talleyrand.* 234. Talleyrand à Jaucourt. Vienne, 14 mars 1815. « Elle » (la déclaration) est très forte ; jamais il n'y a eu une pièce de cette » force et de cette importance signée par tous les Souverains de l'Eu- » rope. »
2. *Archives des Affaires Etrangères.* PALLAIN. *Correspondance de Talleyrand et de Louis XVIII.* Talleyrand au Roi. Vienne, 14 mars 1815. N° 35.

dû lui laisser une impression nettement défavorable et le préoccuper plus sérieusement qu'il ne l'avait laissé voir à Louis XVIII. Le lendemain en effet, il recourt aux moyens auxquels il ne fait appel que lorsque les affaires lui paraissent prendre une mauvaise tournure. Il se rend chez Saint-Marsan. Il « appuye de nouveau sur Murat », et comme il sait le Ministre de Sardaigne en faveur chez Metternich, comme il n'ignore pas qu'il mettra le chancelier au courant de tout ce qu'il lui dira, il lui déclare que : « *Quelle que soit* » *l'opinion des autres Puissances, ni la France, ni l'Espagne ne* » *signeront rien si la déchéance de Murat n'est pas prononcée par* » *le Congrès* [1] ».

S'il avait été moins mécontent de lui-même, moins dérouté dans ses calculs, moins exaspéré par le silence et les réticences de Metternich, moins préoccupé surtout de sa situation personnelle, Talleyrand aurait reconnu l'inutilité de pareilles menaces et il aurait été des premiers à tirer des événements mêmes, qui lui firent perdre pendant un moment sa lucidité, son calme, son sang-froid habituels, des conclusions essentiellement favorables au succès de la campagne qu'il menait contre Murat. Il connaissait assez l'homme pour ne pas s'inquiéter plus que de raison des manifestations singulières auxquelles il allait se livrer, de démarches aux-

1. *R. Archivio di Stato. Turin. Congresso di Vienna.* Mazzo 2. Marquis de Saint-Marsan au roi Victor-Emmanuel. Vienne, 17 mars 1815. (Dépêche 15.) En rendant compte au roi de la démarche faite auprès de lui par Talleyrand le 15 mars et de l'arrivée du courrier napolitain porteur de la déclaration, Saint-Marsan ajoute : « Nous nous y attendions. »
Consalvi écrivant le 15 mars à Pacca (*Archives du Vatican. Congresso di Vienna* (*Dépêche chiffrée* N° 272) et lui mandant que le 14 au soir Metternich lui a fait part des déclarations et des offres de Campochiaro, lui dit : « *Io lo avevo già predetto, onde la cosa non mi riesce nuova.* » (Je l'avais prévu. La chose ne m'a donc pas surpris.)
Cf. plus loin Talleyrand au Roi. Vienne, 17 mars et copie de la lettre remise par Campochiaro à Talleyrand. Vienne, même date.

quelles des diplomates moins fins et moins avisés que lui ne s'étaient pas laissé prendre, de ces démarches que Saint-Marsan et Consalvi avaient prévues. A tout autre moment il n'aurait attaché aucune importance à l'arrivée du courrier qui apportait à Campochiaro l'ordre de déclarer que « Joachim était inébranlable dans son attachement aux alliés et dans l'ordre établi par eux en Europe [1] », de même qu'il aurait été le premier à hausser les épaules en apprenant qu'au moment même où Gallo avait à Naples avec le comte de Mier le grave entretien qui ne pouvait laisser subsister le moindre doute sur la nouvelle volte-face de son souverain, le représentant de ce même prince à Vienne offrait et demandait à Metternich de signer la déclaration contre Bonaparte [1].

En dépit de son invraisemblance, l'offre était sérieuse, si sérieuse même que le lendemain Wellington et Talleyrand recevaient de Campochiaro une communication qui, si elle ne fut pas sans étonner quelque peu le général anglais, ne contribua certainement pas à calmer les inquiétudes du prince. S'il faut en croire le cardinal Consalvi [1], le représentant de Louis XVIII s'efforçait, sans y réussir, de dissimuler ses craintes en parlant avec plus de hauteur que jamais aux autres diplomates, en ayant la bouche plus pleine encore que de coutume des grands mots de Principes immuables, de Légitimité et de Droit divin. Le 17 mars, au matin Campochiaro avait en effet fait tenir à Wellington et à Talleyrand une lettre [2] que celui-ci transmettait sur l'heure même à Louis XVIII en accompagnant cet envoi de remarques qu'on ne saurait passer sous silence : « Cette démarche, lui écrivait-il [3], jointe aux nou-

1. *Archives du Vatican. Congresso di Vienna.* Cardinal Consalvi au cardinal Pacca. Vienne, 15 mars 1815. (*Dépêche chiffrée* N° 272.)

2. Duc de Campochiaro au prince de Talleyrand et au duc de Wellington. Vienne, 17 mars 1815. (Cf. ANNEXE XI.)

3. *Archives des Affaires Étrangères* et PALLAIN. *Correspondance Inédite de*

» velles qui sont parvenues ici aujourd'hui (la défection
» des troupes et le départ de Napoléon de Grenoble pour
» Lyon) et le langage actuel des plénipotentiaires des Gran-
» des Puissances me font craindre que, si l'approche de Buo-
» naparte vers Paris a lieu et si les Puissances font réunir
» leurs troupes sur nos frontières, il sera à peu près impos-
» sible, non seulement d'obtenir que *le Congrès se prononce*
» *contre Murat en faveur de Ferdinand IV, mais encore d'ame-*
» *ner l'Autriche et peut-être l'Angleterre à prendre contre lui*
» *un engagement actuel et positif.* Je dois donc prier Votre
» Majesté de vouloir bien me donner à cet égard ses der-
» niers ordres. Il faut penser à nous avant de penser aux
» autres ».

La démarche faite par Campochiaro avait produit dans l'esprit des représentants des Puissances à Vienne un revirement manifestement favorable à Murat, revirement que Consalvi ne manqua pas de signaler sur l'heure même au cardinal Pacca. Il lui semblait en effet que la Cour de France obligée de songer à sa propre défense se verrait par la force même des choses « contrainte à renoncer pendant un certain temps à tourmenter Murat, » que d'autre part les alliés en présence d'une déclaration aussi solennelle n'oseraient pas se défaire de lui, enfin qu'il était impossible d'admettre que le Roi de Naples fasse choix d'un pareil moment pour donner à ses troupes l'ordre d'entrer dans les Etats Pontificaux.

Talleyrand et de Louis XVIII. Talleyrand au Roi. Vienne, 17 mars 1815. N° 38.

V. — 17 Mars 1815. — **Murat quitte Naples. — L'alarme à Rome. — Lord Burghersh et Pignatelli. — Les inquiétudes de Bellegarde.**

Le 17 mars, à une heure de l'après-midi, sourd aux prières que Caroline n'avait cessé de lui adresser, aux représentations, aux instances des plus dévoués de ses serviteurs, Murat quittait subitement Naples se dirigeant vers Ancône [1]. La stupeur et la consternation causées par cette nouvelle avaient été d'autant plus grande que la veille au soir on croyait généralement que son voyage était différé et que, hormis les personnages les mieux placés pour être bien renseignés, bon nombre pensaient même que Murat y avait définitivement renoncé. « Maintenant, écrivait Mier qui venait de recevoir la note [2] par laquelle Gallo lui annonçait l'événement, « on peut s'attendre à tout de la part du Roi. » Pas une personne de sa suite n'est en état de lui imposer. Il ne sera entouré que de flatteurs et de têtes exaltées qui le perdront [3] ».

1. « Aujourd'hui à une heure de l'après-midi j'ai vu, écrit Nicola, dans son *Diario* (*Archivio Storico per le Province Napoletane* XXIX. I 783. 734.) le Roi qui partait dans une voiture de voyage à 8 chevaux, suivie de 3 autres à 6 chevaux. On dit qu'il a décidé son départ à la nouvelle de la marche en avant de 40.000 Autrichiens que rejoindront bientôt 80.000 hommes. Le général d'Ambrosio est parti avec le Roi. Agar (le comte de Mosbourg), Zurlo et Gallo ne tarderont pas à se mettre en route. La reine n'est pas régente. On enverra le portefeuille au roi deux fois par semaine. » Et le 20 il ajoute : « On m'assure que toute la Cour a été consternée par le départ du Roi. La reine pleurait. Le roi avait l'air triste. On prétend aussi que le général Millet a tenté de décider le roi à renoncer à une résolution qui peut causer sa perte. »

2. Cf. Annexe XII. Note du duc de Gallo au comte de Mier. Naples, 17 mars 1815. (*Haus, Hof und Staats-Archiv. Neapel.* N. F. 1. (*Mier. Berichte* 1815.) Comte de Mier au prince de Metternich. Naples, 17 mars 1815. ad Dépêche N° 28.

3. *Haus, Hof und Staats-Archiv. Neapel.* N. A. F. 1. (*Mier. Berichte* 1815.)

La population partageait les craintes et la manière de voir du ministre d'Autriche. Elle s'était refusée à ajouter foi aux nouvelles sensationnelles des journaux du gouvernement, à l'annonce que le voyage du Roi avait été approuvé par la Cour de Vienne et que cette Cour voyait d'un bon œil les progrès de Napoléon. Enfin, comme Gallo venait de le mander à Mier, on se demandait comment et pourquoi la Reine n'était pas chargée de la Régence. On ne savait pas, il est vrai, que Caroline s'était refusée à prendre la direction du gouvernement pendant son absence, surtout dans l'espoir de parvenir à retenir Murat. On ignorait qu'il s'était contenté au dernier moment de lui écrire une lettre « extrêmement amicale », assure Mier, dans laquelle après l'avoir prévenue de son départ il lui disait que, « *ne quittant pas son royaume, il ne voyait pas la nécessité de la nommer régente* ». Mais en même temps il l'informait qu'il avait prescrit au Gouverneur de Naples, au Ministre de la Police et au Préfet de Police de lui faire journellement leurs rapports et de venir prendre ses ordres et qu'il mettait à sa disposition les forces stationnées à l'intérieur du Royaume. Enfin il lui faisait connaître que « si par la suite les circonstances l'obligent à sortir du royaume, il la nommera Régente comme par le passé ».

Caroline n'avait été ni désarmée, ni décontenancée par cette évolution, par cette espèce de mouvement tournant. Elle lui avait immédiatement répondu sur le même ton en faisant valoir que, « sa santé ne lui permettant pas de s'occuper des affaires, elle avait résolu d'aller s'établir à Portici. » Pour mieux prouver à Murat que sa résolution était irrévocable, elle avait imaginé de confier à Mosbourg et sa réponse et la lettre même qu'il lui avait adressée en le

Comte de Mier au prince de Metternich. Naples, 17 mars 1814. (Dépêche N° 28.)

chargeant de les remettre au Roi à l'instant où il se disposerait à monter en voiture. Le courage manqua au dernier moment à Mosbourg. Il rendit les lettres à la Reine, et ce fut à son défaut Gallo qui reçut la commission de les emporter à Ancône. Malgré ce contre-temps, Caroline resta inébranlable. Le 17 au soir, lorsque le général Manhès, Maghella et le Préfet de police se présentèrent au Palais pour lui rendre compte des événements de la journée et lui demander ses ordres, elle refusa de les recevoir en leur faisant dire qu'elle ne se mêlait de rien.

« Le manque de pouvoir central peut produire des désordres et avoir des suites fâcheuses, « écrivait Mier en rendant compte à Metternich de l'attitude et des résolutions de Caroline. « Le Roi sera furieux en apprenant le refus de la Reine ». Et il ajoutait non sans raison. « Je crois que si
» Mosbourg avait eu le courage de présenter la lettre, Sa
» Majesté ne serait pas partie, car il est impossible *qu'il ait*
» *voulu risquer de laisser son royaume sans gouvernement* [1] ».

A partir de ce moment un Ministre d'Autriche n'avait plus rien à faire à Naples, et Mier le comprenait si bien qu'il écrivait le jour même Metternich : « J'attendrai vos
» ordres ici à moins que le Roi ne nous attaque. Dans ce cas,
» je demanderai mes passeports et je quitterai ce pays [2] ».

On ne savait encore rien à Milan du départ subit de Murat au moment où le général de Ficquelmont écrivant une lettre privée à l'archiduc Ferdinand d'Este lui faisait part des craintes que lui donnaient les nouvelles de France et lui parlait de l'influence que pourrait exercer sur l'esprit et

---

1. Il importe de faire remarquer dès maintenant que Caroline dut pourtant se résigner plus tard à se charger de la Régence.
2. *Haus, Hof und Staats-Archiv. Neapel.* N. A. F. 1. (*Mier. Berichte* 1815.) Comte de Mier au prince de Metternich. Naples, 17 mars 1815. (Dépêche N° 28.)

les résolutions de Joachim la rentrée de Napoléon à Paris. Le général était toutefois loin de prévoir que Murat ferait un pas décisif, bien avant de savoir l'Empereur remonté sur son trône. « Si cela arrivait (la rentrée de Napoléon à Paris),
» notre bien aimé Murat profiterait de la bonne occasion
» et s'occuperait du bonheur de l'Italie. On n'ose vraiment
» pas penser à toutes les suites possibles et horribles qu'au-
» rait l'entreprise de Bonaparte si la France le secondait...
» On est encore tranquille dans toutes les provinces de l'I-
» talie. Les derniers événements y produisent cependant
» quelque fermentation. Cela éveille des craintes, des espé-
» rances. Les hommes sont agités dans des sens différents,
» mais la plus grande partie sont effrayés [1] »...

C'était là ce que Murat n'ignorait pas. Mais s'il attendait peut-être la nouvelle de l'arrivée de Napoléon à Paris pour lever définitivement le masque, il redoutait d'autre part les conséquences que pourrait avoir pour lui le rétablissement de la puissance de celui qu'il n'avait pas hésité à abandonner. Afin de détourner de lui le châtiment qu'il avait mérité, il lui fallait être plus fort, plus puissant qu'il ne l'était ; il lui fallait se tailler à l'avance un vaste domaine en Italie. Mais le temps pressait, le prestige qu'exerçait sur les esprits le nom de Napoléon [2] était si grand, si puissant qu'il

---

1. *K. u K. Kriegs-Archiv. Feld-Acten Frimont*. 1014. (*Armee in Italien*). Général comte de Ficquelmont à l'archiduc Ferdinand d'Este. Milan, 17 mars 1815. III. 33 1/4.

2. Il nous a semblé que sans aller jusqu'à accepter autrement que sous bénéfice d'inventaire les idées exprimées par lord William Bentinck, il serait cependant intéressant de faire connaître la lettre particulière des plus curieuses qu'à ce moment même il écrivait à lord Bathurst.

« Il serait peut-être de quelque intérêt pour le gouvernement an-
» glais de savoir si Bonaparte a quelque chance de rétablir son auto-
» rité en Italie. C'est chose qu'il m'a été tout récemment facile de cons-
» tater ici (à Gênes où il venait de reprendre possession de son com-
» mandement.)

« Quand on a cru qu'il était à Naples, on a été consterné. Tout le

n'y avait plus une minute à perdre. Ne lui fallait-il pas, pour avoir quelque chance de réussir, commencer par rendre la confiance aux hésitants, aux timides, aux effrayés, dont parlait Ficquelmont, par provoquer dans l'opinion un mouvement favorable à ses projets, par encourager par sa présence les espérances de ceux qui voulaient l'unité et l'indépendance de l'Italie?

Telle a dû être, telle a été, croyons-nous, la cause déter-

» monde disait qu'il pourrait et devrait marcher droit vers le Pô ; que
» les Italiens se rallieraient en masse autour de son drapeau ; que les
» troupes pontificales et toscanes le rejoindraient aussitôt. Etant à ce
» moment à Florence, je n'ai pu rien savoir sur les dispositions de
» l'armée piémontaise.

« A la fin de la dernière campagne, l'Italie en avait assez des Fran-
» çais, et, si l'on avait pris des mesures qui auraient donné satisfac-
» tion aux vœux du pays, on aurait dressé sans peine dans le Nord de
» l'Italie une solide barrière contre l'ambition de la France. On n'a
» rien fait de semblable. L'Italie est de nouveau divisée en petits Etats.
» Toutes les carrières sont fermées à la jeunesse, toute entière élevée
» dans les idées françaises. Le peuple gémit sous les régimes qu'on a
» rétablis. Toute la population intelligente et raisonnante de l'Italie est
» pour une organisation, un système qui la protègerait contre la France
» et contre l'Autriche. Le roi de Sardaigne n'a pas compris le rôle qu'il
» pouvait jouer, n'a pas vu la place qu'il pouvait prendre. On espérait
» en lui en Italie, plus qu'en Murat ou en Bonaparte. Donc, si Napo-
» léon entre en Italie, il sera rejoint par tous les anciens soldats, et
» rien qu'au Piémont ils sont au nombre de 25 à 30.000. Il aura pour
» lui presque toute la population, parce que sous lui l'Italie avait un
» nom, recueillait de la gloire et nourrissait de plus l'espoir de deve-
» nir libre et indépendante, qu'elle entrevoyait cette unité qui devait
» être le résultat et la conséquence de la Constitution qu'on lui avait
» promise.

« *Quant aux Autrichiens je ne sais même pas s'ils seront capables de se*
» *maintenir en Italie rien que contre Murat. En tous cas ils ne sauraient le*
» *faire contre Bonaparte et contre Murat.* »

Et il ajoute que « S'il y avait encore le temps de le faire, le mieux
» serait de donner une compensation aux Autrichiens et de constituer
» sous le roi de Sardaigne un grand Etat comprenant le Piémont, la
» Sardaigne, la Lombardie, la Vénétie et les pays au Sud du Pô et au
» Nord de l'Apennin sous le nom du Royaume d'Italie. »

(*Record Office. War Office.* Vol. 186. (*Army in the Mediterranean. Bentinck.*) Lord William Bentinck à lord Bathurst. Gênes, 17 mars 1815. (Particulière.)

minante et de son départ précipité et des ordres qu'il expédia aussitôt après avoir quitté Naples et de l'attitude qu'il adopta à l'égard de la Cour de Rome.

Pendant qu'il se dirigeait vers Ancône, c'est avant tout et presque exclusivement du côté de Rome qu'il tourne son attention parce que c'est de ce côté qu'il est décidé à agir sans plus tarder. Quelque retentissant que doive être l'effet causé par la nouvelle de son départ pour Ancône, ce seront les demandes qu'il adressera au gouvernement pontifical qui vont faire naître les premières complications et mettre le feu aux poudres. Il vient à peine de quitter Naples que Gallo, se conformant aux ordres qu'il lui a laissés, fait partir pour Rome le prince de Torella qui emporte, avec une dépêche prescrivant à Crivelli « d'expédier désormais ses courriers à Ancône où lui-même ne tardera pas à se rendre, » deux lettres que Murat a écrites avant de partir et dans lesquelles il révèle toute sa pensée à Lucien [1].

Bien qu'on n'ait pas et qu'on ne puisse encore avoir à Rome la moindre idée du grave événement qui vient de se produire à Naples, le semblant de confiance, que la démarche faite par Crivelli auprès du cardinal Pacca avait réussi à ramener pour un moment, a de nouveau disparu. Le départ de Charles IV et de la reine d'Etrurie, qui ont pris le 17 au matin la route de Florence, a péniblement impressionné la population. Dans l'entourage même du Pape, on a examiné de plus près la note remise par le diplomate napolitain. Pacca en a reparlé à Lebzeltern. Il lui a fait part des nouvelles appréhensions de Pie VII qui, craignant pour sa sûreté, songe de nouveau à s'éloigner de sa capitale. Tout en s'efforçant de rassurer le cardinal, en insistant sur le fait que rien ne permet de prévoir une rupture des relations

---

1. R. *Archivio di Stato. Naples.* (*Crivelli-Zuccari. Affari di Roma* F. 109.) Duc de Gallo au chevalier Crivelli. Naples, 17 mars 1815.

entre les deux gouvernements et ne justifierait par conséquent le départ précipité du Saint-Père, Lebzeltern ne peut s'empêcher de reconnaître que la valeur des assurances données par Crivelli est en effet singulièrement atténuée par les événements qui se sont produits depuis le moment (28 février) où Gallo rédigeait la note que Crivelli vient de communiquer au cardinal. A son avis, il lui semble que le mieux serait d'en prendre acte pour demander à Naples de nouvelles explications et mettre Murat en demeure de répondre par une déclaration catégorique. Les nouvelles qui parviennent à tout instant par estafettes à Pacca contribuent encore à accroître son trouble et son émoi. D'après les rapports des autorités pontificales et des émissaires, non seulement les Napolitains se renforcent sur la frontière où 600 chevaux sont venus rejoindre les troupes déjà stationnées à Fondi, mais tout semble indiquer qu'ils se préparent à se porter en avant. On va même jusqu'à annoncer le rassemblement entre Fondi et Itri d'un corps de 12.000 hommes [1]. La consternation était si grande et si vive, la situation paraissait tellement grave, tellement critique que Cooke, l'un des sous-secrétaires d'Etat aux Affaires Etrangères, qui se trouvait précisément à Rome à ce moment, n'avait pu résister à la tentation d'essayer de faire aboutir la singulière combinaison qu'il avait imaginée. Sachant par Lebzeltern et par Pacca que la conduite ultérieure de Murat dépendrait en grande partie de l'attitude de la Grande Bretagne à son égard, après avoir fait part au cardinal de la

---

1. *Haus, Hof und Staats-Archiv.* (*Bellegarde.* 113. b. 54.) Chevalier de Lebzeltern au F. M. comte de Bellegarde. Rome, 17 et 18 mars 1815. F. M. comte de Bellegarde au prince de Metternich. Milan, 24 mars 1815. — *Archives du Vatican. Congresso di Vienna.* Cardinal Pacca au cardinal Consalvi. Rome, 18 mars 1815. (*Dépêche chiffrée* N° 268.) — *Record Office. Foreign Office.* Vol. 8. (*Italian States. Rome* 1815.) Edward Cooke à lord Castlereagh. Rome, 18 mars 1815.

démarche qu'il se proposait d'entreprendre afin de mettre les Etats Pontificaux à l'abri de tout danger, il s'était rendu le 17 chez l'évêque de Saint-Malo. Il lui avait demandé si, en cas de nécessité absolue, d'urgence extrême, dans le cas où le salut de la Maison de Bourbon viendrait à dépendre de la reconnaissance de Murat comme roi de Naples, il croirait pouvoir, sans ordres de sa Cour, prendre sur lui de lui faire proposer un pareil arrangement, *sub spe rati*. On peut aisément deviner la réponse que Cortois de Pressigny fit à semblable ouverture qui, inspirée à son auteur par ses idées de conciliation et d'apaisement, était de toute façon, et surtout en un pareil moment absolument irréalisable et inadmissible [1].

Un autre diplomate anglais n'était pas au même moment animé de dispositions aussi conciliantes que Cooke, et le langage, que lord Burghersh venait de tenir à Florence à Pignatelli, était plus que raide et même presque comminatoire. Désagréablement impressionné par l'esprit dont étaient animées les quelques troupes organisées par le gouvernement grand-ducal, pressentant la résistance et le refus que le grand-duc allait opposer à la demande que, sur ses instances et sur celles de son collègue d'Autriche, Fossombroni avait consenti à adresser au feld-maréchal Bellegarde pour l'inviter à envoyer en Toscane un régiment d'infanterie autrichienne, inquiet, lui aussi, de l'attitude de Murat, n'ajoutant aucune foi aux protestations d'amitié pour l'Angleterre

---

[1]. *Archives du Vatican. Congresso di Vienna.* Cardinal Pacca au cardinal Consalvi. Rome, 18 et 20 mars 1815. (*Dépêches chiffrées* N° 268 et 269.) — CASTLEREAGH. (*Letters and Despatches of lord.* Vol. X. 275-276.) Edward Cooke à lord Castlereagh. Rome, 17 mars 1815. L'évêque de Saint-Malo n'avait pas caché à Cooke qu'un assez grand nombre de Français verraient d'un bon œil le maintien de Murat sur le trône de Naples, mais que connaissant la vivacité et la grandeur des sentiments de famille de Louis XVIII, il n'oserait jamais assumer la responsabilité d'une pareille ouverture sans y avoir été préalablement autorisé.

que Pignatell lui avait faites, à ces protestations qui, disait-il « n'ont aucune satisfaction ou ne sont qu'une ruse » [1], irrité des réponses évasives de ce général, auquel il n'avait pu arracher le moindre renseignement relatif aux mouvements, qu'il prétendait ignorer, des troupes napolitaines, lord Burghersh lui avait nettement et sèchement déclaré que l'Angleterre ne permettrait pas au gouvernement de Naples de troubler la paix en Italie. Il ne s'était pas contenté de cette déclaration. Aussitôt après s'être entretenu avec Pignatelli, convaincu de la gravité de la situation, de l'imminence de complications qui lui semblaient inévitables, se rendant au désir exprimé par Ferdinand IV, il avait écrit à l'amiral Penrose et à A'Court pour leur proposer et leur conseiller de faire une démonstration navale devant Naples, « dès que les Napolitains prendraient l'offensive en Italie ou se disposeraient à le faire. » Il avait de plus demandé à Bentinck d'envoyer un bâtiment de guerre à Livourne pour y protéger les grands intérêts commerciaux de l'Angleterre [1].

Les renseignements qui arrivaient des Marches et des Légations à Milan continuaient à être contradictoires, vagues, mais en général peu rassurants. D'après les rapports venant soit de Forli, soit de Cattolica par exemple, tout le monde dans les Marches croyait à la paix malgré l'arrivée des équipages de campagne de Murat. On y avait même, paraît-il, escompté les décisions du Congrès en arborant le drapeau Napolitain sur plusieurs points et entre autre à Sinigaglia. D'autres rapports en revanche signalaient la continuation des mouvements et des préparatifs des Napolitains et annonçaient pour le 17 au soir l'arrivée à Siniga-

---

1. *Record Office. Foreign Office.* Vol. 22. (*Tuscany. Burghersh.*) Lord Burghersh à lord Castlereagh. (Dépêche N° 24), au contre-amiral Penrose et à William A'Court. Florence, 17 et 18 mars 1815.

glia de 1.800 chevaux. D'autres enregistraient, il est vrai sous toutes réserves, les bruits d'après lesquel 10.000 hommes avec six canons et deux obusiers devaient venir s'établir le même jour aux environs de cette ville, tandis que d'autres déclaraient au contraire qu'aucun mouvement important n'avait été exécuté depuis plus de quarante-huit heures [1].

Heureusement pour lui, Bellegarde disposait encore d'autres moyens d'information, et c'était surtout Lebzeltern qui dans ces derniers temps avait été le mieux placé pour le tenir presque journellement au courant des fluctuations incessantes et des préparatifs de Murat [2]. Grâce à ses renseignements, il avait à nouveau insisté, dans ses dernières dépêches, sur la nécessité de presser la marche des troupes en route vers l'Italie, sans lesquelles il croyait absolument impossible de s'opposer avec quelque chance de succès aux opérations que les Napolitains ne manqueraient pas d'entreprendre « dès que les succès de Napoléon décideraient le roi de Naples à se déclarer en sa faveur ». En attendant, il lui fallait se contenter de parer au plus pressé, de pousser les travaux de défense des rives du Pô et d'envoyer quelques maigres renforts à Steffanini, à Bologne [3].

1. R. *Archivio di Stato. Bologne. Atti di Polizia.* (*Governo Provisorio Austriaco. Prot. Privato.* Fasc. VI. *Notizie sulle Corti di Roma e Napoli.* 49.) *Delegazione del Governo* à Savini. Forli, 16 mars 1815. Nos 854-149. — Giaccomelli, Inspecteur de Police, à Savini. Cattolica, 15, 16 et 17 mars 1815. No 28-128, 129. No 31-150. No 36-326.
2. *Haus, Hof und Staats-Archiv. Bellegarde.* 1815. I-V. b. F. M. comte de Bellegarde au prince de Metternich. Milan, 17 et 18 mars 1815.
3. *Archives particulières de M. R. Ambrosini, de Bologne. Frammenti di Memorie di Gaëlano* BEVILACQUA 1814-1815. signalant l'arrivée à Bologne le 16 et le 17 de quelques voitures d'effets d'équipement et de 8 pièces de canon. (Cf. ANNEXE XIII.) — *Ibidem. Diario della cose principali accadute nella Citta di Bologna dall' anno 1796 all' anno 1821.* D'après les recherches faites par M. AMBROSINI, propriétaire de ce Manuscrit, ce *Diario* aurait été rédigé par le *Marquis de* BUOI, un des membres de la municipalité de Bologne, partisan ardent des anciens régimes, tandis que Bevi-

Il semble donc qu'au point où en étaient les choses, Murat aurait dû prendre de suite une résolution énergique, un parti désespéré. S'il eût osé donner immédiatement à ses troupes l'ordre de se porter en avant, il n'aurait rien trouvé devant lui. Les 20.000 hommes qu'il avait dans les Marches seraient entrés sans coup férir à Bologne et à Ferrare, se seraient vraisemblablement emparés de Comacchio et n'auraient, peut-être même, eu que peu de peine à passer sur la rive gauche du Pô, à y prendre pied assez solidement pour y établir une tête de pont. Mais Murat hésitait encore, et quelque grande et insatiable que fût son ambition, rentrant en lui-même pendant qu'il courait au devant de sa destinée sur la route d'Ancône, réfléchissant trop tardivement sur les conséquences probables des fautes désormais irréparables auxquelles son orgueil, son aveuglement et de déplorables conseils l'avaient entraîné, il eut peur de l'aventure et se prit à trembler devant les dangers d'une entreprise, folle assurément, mais qui n'avait chance de tourner momentanément à son profit que s'il s'y jetait tête baissée.

Iacqua était au contraire tout acquis aux idées nouvelles. — *Biblioteca Comunale. Ferrare.* SANDRI. *Istoria della Citta e Provincia di Ferrara.*

VI. — 18 Mars 1815. — **La détresse et la misère à Naples.**
— **Le général Filangieri et le prince de Torella à Rome.**
— **Les lettres de Murat à Lucien.** — **Ordre général de mouvement donné à l'armée Napolitaine.**

L'état des esprits n'était guère meillleur à Naples qu'à Rome. La police avait vainement essayé de répandre des nouvelles destinées à calmer les alarmes. On s'était refusé à croire qu'une partie des troupes avait reçu l'ordre de s'arrêter et même de rentrer dans leurs anciens cantonnement. On se préoccupait d'ailleurs bien moins des événements politiques et des mouvements militaires que des difficultés de la vie matérielle, de la rareté de l'argent, de la cherté des vivres, de la stagnation complète des affaires, de la misère générale. Le bon sens populaire ne se laissait pas leurrer par les articles rassurants des journaux. Il persistait à attribuer à la gravité de la situation, à la crainte de complications plus sérieuses encore l'exode général des étrangers et surtout des Anglais. Les transactions commerciales avaient complètement cessé, et les négociants épouvantés, n'osant plus faire d'affaires, avaient annulé leurs ordres d'achat d'huiles, de grains et d'autres produits du pays, menaçant ainsi de priver le gouvernement des revenus très considérables des Douanes sur lesquels il comptait pour remplir ses caisses entièrement vides. « Tous ces ob-
» jets, écrivait Mier quelques jours plus tard [1], et beaucoup
» d'autres qui sont intimement liés aux intérêts et aux re-
» venus des particuliers et qui en dernière analyse devien-

---

1. Haüs, Hof und Staats-Archiv. Neapel. N. A. F. 1. (Mier. Berichte 1815.) Comte de Mier au prince de Metternich. Naples, 20 mars 1815. (Dépêche N° 29.)

» nent très préjudiciables aux moyens de subsistance du
» bas peuple qui ne vit que de son travail, doivent néces-
» sairement mécontenter la masse des habitants », qui ne
conservaient encore une lueur d'espérance que parce qu'ils
s'efforçaient de se persuader que Murat agissait de concert
avec l'Autriche.

La pénurie de l'argent empêchait le Trésor de satisfaire
à ses engagements. Murat avait emporté avec lui deux millions en or et en piastres, et Mosbourg, agissant d'après les
ordres formels qu'il lui avait donnés, avait dû prendre, non
seulement le reste de l'argent, mais les lettres de change qui
se trouvaient dans le portefeuille, de sorte que dès le lendemain de son départ, il avait fallu renvoyer à quelques mois
le payement des bons et des mandats. D'après ce que Mier
se charge de nous apprendre, ces effets, qui perdaient déjà
10 0/0 depuis les premiers jours du mois de mars, ne trouvaient plus de preneurs même avec 28 0/0 de perte. Les fournisseurs de tout genre ne voulaient plus rien vendre à crédit;
et, trois jours après le départ du roi, ceux-là mêmes qui
pourvoyaient le Palais des objets nécessaires pour la consommation journalière, n'étant pas payés depuis trois mois,
déclaraient ne vouloir plus rien livrer.

« On est embarrassé pour les satisfaire, nous dit Mier,
» car il n'y avait ce matin dans la caisse du Grand Maréchal
» du Palais, que 14 *Carlins.* » Et il ajoutait : « Les employés
» civils ont été prévenus qu'ils ne seraient pas payés pour
» le moment. » Quel concours, quel appui, Murat pouvait-il
espérer tirer d'un pays auquel il allait demander les plus
grands sacrifices et qui, dès le début de la dangereuse aventure dans laquelle on le précipitait, avait déjà à supporter
de pareilles épreuves, à s'imposer de si cruelles privations?

Bien qu'il n'ignorât rien de cette déplorable situation sur
laquelle les plus sages de ses conseillers n'avaient pas man-

qué d'appeler son attention, bien qu'il eut de loin en loin de fugitives velléités d'écouter la voix de la raison, Murat de plus en plus aveuglé par sa folle ambition, grisé par les espérances insensées que les *têtes chaudes* lui ont fait partager, continue à glisser inconsciemment sur la pente fatale sur laquelle il s'est engagé. Les ordres qu'il a donnés s'exécutent le jour même, et le 18 au soir, l'eût-il même voulu, se fût-il, ce qui était toujours possible avec lui, décidé tout à coup à changer de conduite, il eût été déjà trop tard pour effacer les traces du mal irréparable qu'il s'était fait à lui-même.

Deux de ses envoyés étaient arrivés à peu d'heures d'intervalle à Rome. Le général Filangieri [1], auquel il avait prescrit de se rendre en toute diligence, d'abord à Florence et de là à Milan, et que, comme nous l'avons dit, on croyait chargé d'une mission ayant pour objet d'obtenir la libération de Pauline et de l'amener ainsi que sa mère à Naples, ne s'était arrêté que quelques heures dans la ville éternelle, le temps de changer de chevaux et de rendre au Pape une simple visite de courtoisie. L'apparition que le général avait faite au Vatican avait été si courte, que le temps matériel lui aurait manqué pour transmettre à Pie VII une communication quelque peu sérieuse, pour lui faire part des intentions de son Roi. Et cependant on était généralement convaincu à Rome, que le général venait de s'acquitter auprès du Saint-Père, d'une mission que les uns croyaient relative

---

1. *Archives du Vatican. Congresso di Vienna.* Cardinal Pacca au cardinal Consalvi. Rome, 18 mars 1815. (*Dépêche chiffrée* N° 268.) — R. *Archivio di Stato. Florence. Affari Esteri. Prot.* 7. N° 40. (*Invasione Napolitana e Disposizioni per la Partenza di S. A. I. e R.*) Chevalier de Lebzeltern à Fossombroni. Rome, 18 mars 1815. (Dépêche N° 37.) — *Haus, Hof und Staats-Archiv. Kirchenstaat.* N. A. F. 1. (*Lebzeltern.* 1815.) Chevalier de Lebzeltern au prince de Metternich. Rome, 18 mars 1815. (Dépêches N°° 82 et 84.) — Cf. *Bologne. Biblioteca Comunale. Giornale del Reno* N° 38, 30 mars 1815. Nouvelles de Rome, 18 mars 1815.

au passage des troupes, et que les autres supposaient au contraire d'une nature rassurante. Partagée sur ce point, l'opinion publique était unanime en revanche à attribuer un caractère inquiétant à la conversation de quelques minutes que Filangieri avait eue avant de remonter en voiture avec le comte de Saint-Leu et avec Lucien. Le fait qu'il leur avait transmis de la part de Murat l'invitation de se rendre à Naples, invitation que tous deux avaient refusé d'accepter, paraissait à tous ceux qui eurent connaissance de cette offre un symptôme alarmant, précurseur de graves événements et d'une rupture imminente.

L'arrivée du prince de Torella, les instructions qu'il apportait à Crivelli et à Zuccari, les lettres qu'il remit à Lucien et au cardinal Fesch, lettres dont Lebzeltern et le cardinal Pacca ne tardèrent pas à connaître les passages les plus importants, devaient donner raison à ceux qui prévoyaient de nouveaux malheurs. Le 18 au soir, Lucien, s'acquittant une fois encore de la commission dont il était chargé, se rendait chez le cardinal et lui donnait communication des lettres que Murat lui avait écrites le 17 au matin, au moment de son départ pour Ancône, et qui n'étaient que la paraphrase, en termes bien autrement catégoriques, des intentions dont il lui avait déjà fait part dans sa lettre du 10.

Murat lui écrivait : « *Que son parti était pris; qu'il voulait* » *attaquer les* Bourbons *partout où il le pourrait, puisqu'eux* » *et leur inique Ministre avaient travaillé sans relâche à sa* » *destruction au Congrès et malheureusement pas en vain.* » « *Je sais*, ajoutait le Roi, *que plusieurs personnes me désap-* » *prouveront à Rome; mais abandonné, comme je le suis, à mes* » *propres forces, on ne peut exiger que je souscrive à ma perte* » *et j'agirai en conséquence.* »

Une autre lettre à Lucien contenait l'offre, que celui-ci transmit au cardinal Pacca, naturellement sans plus de suc-

cès que 8 jours auparavant, « de ne pas passer par l'Etat
« Romain si le Pape consentait à le reconnaître »[1].

Murat avait en effet pris son parti. Ses actes allaient répondre à ses paroles. De Sulmona où il était encore le 18 au matin, le chef d'Etat-major général de l'armée napolitaine, le général Millet de Villeneuve avait fait partir les ordres suivants[2] :

« Ordre au général Lechi de se porter avec sa division
» sur Ancône par Pescara et Giulia-Nova.

» Diriger de suite la Garde sur Ancône en passant par les
» Etats Romains. Elle est autorisée à ne pas passer par
» Rome.

» Faire partir pour Rome tout le 10e régiment avec 4 ou
» 6 pièces de canon et tout ce que le régiment de cuirassiers
» aura de disponible.

» Presser l'arrivée sur Ancône de toutes les réserves d'ar-
» tillerie et des sapeurs.

» Réunir à Pescara le plus de munitions possible, faire
» approvisionner cette place ainsi que les forts de Naples et
» de Capri pour six mois.

---

1. *Archives du Vatican. Congresso di Vienna.* Cardinal Pacca au cardinal Consalvi. Rome, 20 mars 1815. (*Dépêche chiffrée* N° 269.) — *Haus, Hof und Staats-Archiv. Kirchenstaat.* N. A. F. 1. (*Lebzeltern — Metternich.* 1815.) Chevalier de Lebzeltern au prince de Metternich. Rome, 20 mars 1815. (Dépêche N° 85.) Le 9 mars, pendant que Zuccari remettait à Pacca la Note apportée de Naples par le prince de Torella, Lebzeltern provoquait les confidences du prince de Canino. « Lucien m'a dit que, *si l'Autriche,*
» *la Russie et la Prusse reconnaissaient Murat, il rentrerait de suite dans*
» *ses frontières à condition qu'on lui garantisse son trône contre les Bour-*
» *bons.* »

« Je lui ai répondu en faisant ressortir les fautes constantes du roi,
» et Lucien a reconnu que le Roi n'aurait eu qu'un seul motif de se
» conduire ainsi, c'eût été dans le cas où l'Autriche l'eût abandonné
» tout à fait. »

2. *R. Archivio di Stato. Naples. Carte di guerra e Amministrazione delle Marche* 1059. Le général Millet au Ministre de la guerre, Sulmona, 18 mars 1815. (*En français dans l'original*).

» Diriger sur Ancône le plus d'avoine et de blé que l'on
» pourra.

» Après le départ de la Garde, réunir aux environs de
» Naples *sous l'étiquette de bataillons d'élite, les bataillons de
» réserve de Naples, de la Terre de Labour, de Salerne, d'Avel-
» lino, de Capitanata, et de Molise,* c'est-à-dire les bataillons
» de Basilicata, de Bari et de Lecce. Les bataillons des Trois
» Abruzzes se réuniront à Sulmona.

» Ordonner au général Desvernois de camper tout le
» 4e régiment aux camps de la milice et de la Corona. Faites
» réunir à Monteleone les deux bataillons de réserve des
» Deux Calabres.

» Les lieutenants-généraux Pignatelli et Livron devront
» marcher avec leurs troupes par brigade à une marche de
» distance.

» Les troupes ne feront que de deux séjours l'un » [1].

---

1. Il nous a paru utile de compléter ces ordres de mouvement à l'aide des renseignements que nous fournit à ce propos un Manuscrit existant dans les Archives de la *Societa di Storia Patria, de Naples* et dont l'auteur n'est autre que le chef de bataillon Logerot, à ce moment chef d'Etat-major de la division Lechi.

« En mars 1815, on envoie dans les Marches où se trouvent déjà les
» divisions de Carrascosa et d'Ambrosio (1re division, 11 bataillons, 2e
» division, 11 bataillons), la 3e division qui sous les ordres du général
» Lechi se compose également de 11 bataillons et une brigade de cava-
» lerie (1er, 2e et 3e régiments de chevau-légers) sous les ordres du
» maréchal de camp Rossetti.

« La Garde forme deux petites divisions sous Pignatelli (2 bataillons
» du 1er Vélites, 2 de voltigeurs, 4 escadrons de chevau-légers) et sous
» Livron (2 bataillons de Vélites, 4 escadrons de hussards qui se réu-
» nissent, la 1re à Sora, la 2e à Sessa.

« Chaque division doit être dotée de 13 canons; celles de la Garde ont :
» la première, 8 pièces d'artillerie à cheval, la deuxième, 4 pièces ser-
» vies par des artilleurs du 1er régiment.

« Le parc d'artillerie (6 compagnies sous les ordres de Begani) est à
» Capoue, d'où partent également les ambulances.

« L'armée, lors du début de la campagne, doit réoccuper ses ancien-
» nes positions d'avril 1814 avec 34.000 hommes. Les 3 divisions d'in-

Un rapide coup d'œil jeté sur ces ordres permet de se rendre compte de l'état de l'armée de Murat, de l'insuffisance des mesures prises, de tout ce qui restait encore à faire pour la mettre en état d'entrer en campagne, dotée de tous les services, de tous les éléments, de tous les approvisionnements qui lui faisaient encore défaut. Un seul exemple suffira du reste pour mettre en pleine lumière une des principales difficultés auxquelles il allait être impossible de porter remède au cours des opérations et que nous avons d'ailleurs déjà eu soin de signaler. A peu près au moment même où Millet expédiait ses ordres de mouvement, Carrascosa avait envoyé à Bologne le capitaine Tajani, de son état-major, afin de hâter l'expédition des 8.000 fusils qui, destinés aux Napolitains et achetés en Lombardie par Murat, étaient arrivés à Pontelagoscuro d'où les Autrichiens ne semblaient nullement disposés à les laisser partir [1].

Plus peut-être, en tout cas au moins tout autant qu'avec les considérations politiques que son tempérament aussi versatile que fougueux ne lui permettait pas d'examiner avec assez de calme, de méthode et d'attention, ne serait-ce pas aux graves préoccupations qu'avait dû, comme nous l'avons

» fanterie se réuniront la 1re à Pesaro, la 2o à Fano, la 3e à Ancône
» (d'où elle partit le 29 mars pour Bologne.)
« Les trois régiments de chevau-légers seront répartis entre les trois
» divisions.
« Les deux divisions de la Garde marchent l'une par Sora, Ferentino
» et Valmontone, l'autre par Fondi sur Terracina et Velletri. (Elles
» doivent y arriver le 23, y faire séjour et être le 26, l'une à Frascati,
» l'autre à Albano.) »
(*Archivio Storico d. lla Societa di Storia Patria. Naples.* LOGEROT. *Memoria Storica Politica* (1797-1860.) *Manuscrit.* Etat de l'armée Napolitaine en mars 1815.

1. *Archiv des Ministeriums des Innern.* 1815. *Acten der Polizei Hof Stelle* 1. F. 492. Général-major Steffanini au baron Hager. Bologne, 21 mars 1815. Steffanini ajoute : « J'ai soumis la question des fusils au commandant
» en chef et en attendant sa réponse, je ne l'ai pas laissé partir. Il (Ta-
» jani) a été chez Elisa... »

déjà fait remarquer, lui inspirer l'état de son armée qu'il convient en réalité d'attribuer la véritable cause de ses dernières et irréparables hésitations? Malgré les ordres qu'il vient de faire expédier, malgré l'effet que ne peuvent manquer de produire les lettres qu'il a fait parvenir à Lucien et la note que Zuccari va remettre à Pacca, malgré la nature des propositions que Filangieri a ordre de faire au grand-duc de Toscane, il retient encore le bras qu'il a déjà à moitié levé. Il a une dernière tentation de remettre au fourreau le sabre qu'il a déjà commencé à en tirer. On serait tenté de croire qu'il songe encore une fois à reprendre la marche qu'il a déjà suivie avant de finir par entrer dans la coalition, qu'il voudrait essayer de continuer son attitude à la fois menaçante et expectante, pour embrasser en fin de compte le parti de celui qui lui offrira les avantages les plus considérables et surtout les plus immédiats. Flottant entre la terreur que lui inspire Napoléon et la crainte de se porter à un pas qui le compromettrait par trop envers les Alliés et surtout envers l'Autriche, il ne sait encore s'il doit se réjouir ou s'attrister des progrès incessants de Napoléon, faire cause commune avec lui par haine des Bourbons pour se venger du mal qu'ils ont cherché à lui faire et déclarer la guerre à l'Autriche. Il hésite encore à la dernière minute à prendre la direction, à se mettre résolument à la tête du mouvement révolutionnaire sans lequel il sait bien qu'il lui est impossible de réussir, à proclamer l'indépendance de l'Italie, à souffler le feu de l'insurrection. Au moment d'agir, il semble presque avoir peur de tout bouleverser en faisant, avec l'appui des partis dont il croit s'être ménagé l'appui, éclater le soulèvement national qui réunira sous son drapeau les peuples des provinces septentrionales de la Péninsule, courant aux armes pour revendiquer leur liberté et conquérir l'unité de leur patrie.

La confiance qu'il avait dans les engagements souscrits par l'Autriche a singulièrement diminué depuis les premiers jours de 1815. Il se croit, il se voit abandonné par elle et d'autre part, il lui a fallu se rendre à l'évidence et se convaincre de l'impossibilité d'obtenir de l'Angleterre cette reconnaissance officielle à laquelle il attache avec raison tant de prix. Quoiqu'il en soit, bien qu'il ne puisse plus douter d'un refroidissement qu'on n'a même pas pris la peine de lui cacher, il recule encore au moment où il s'agit pour lui de faire le dernier pas, le pas décisif. Son orgueil joint à sa versatilité, à la fausse idée qu'il se fait de l'état de ses affaires l'empêche de voir que, dès qu'elle sera délivrée de ses embarras momentanés, l'Autriche n'aura rien de plus pressé que de le sommer de rendre compte d'une conduite qu'il aura d'autant plus de difficulté à justifier à ses yeux que cette Cour n'aura plus aucun intérêt à protéger et à soutenir un allié aussi douteux. Il s'imagine encore qu'il lui est possible d'opter entre les diverses résolutions qui se présentent à son esprit et de choisir l'attitude que lui semble convenir le mieux à ses intérêts. C'est uniquement parce qu'en dépit de la belle assurance dont il fait étalage, de la confiance dans le succès final qu'il affiche dans toutes ses paroles et dans toutes ses actions, il s'est aperçu trop tard de la faiblesse et des vices d'organisation de son armée, qu'il se demande si, avant de tenter un coup de désespoir, il ne vaudrait pas mieux profiter d'une situation, qu'il se plaît encore à croire renforcée par les complications survenues en France, pour arracher sa reconnaissance aux Puissances et attendre en tout cas la réponse qu'on fera au courrier qu'il a expédié à Vienne et dont il espère le retour vers le 26.

Bien que rien qu'à cause de la disproportion des forces, l'issue d'un duel entre l'Autriche et Joachim ne pût être

douteuse, il n'en est pas moins certain cependant qu'à Vienne comme à Milan on était sérieusement inquiet, qu'on redoutait les conséquences d'un mouvement brusqué des Napolitains, de leur entrée immédiate dans les Légations et les Duchés. Rien ne le prouve mieux qu'une dépêche que, le 23 mars, — par conséquent cinq grands jours après l'expédition de ces ordres de mouvement, quatre jours après l'arrivée de Murat à Ancône, à un moment où, si elles avaient été immédiatement poussées en avant, les têtes de colonnes de Carrascosa et d'Ambrosio auraient déjà pu être signalées aux environs de Bologne, — Bellegarde après avoir reçu la visite du général Filangieri, après avoir au cours de ce long entretien acquis la certitude que Murat était décidé à faire la guerre à l'Autriche, adressait à Metternich : « Cepen-
» dant nous ne sommes pas encore prêts dans nos pré-
» paratifs. Je tâcherai de lui faire perdre du temps et
» j'enverrai le comte de Starhemberg à Ancône dans cette
» intention »[1].

Ces quelques mots n'avaient pas suffi à Bellegarde et le jour même, dans une deuxième dépêche sur laquelle nous aurons bientôt à nous appesantir, il avait exposé tout au long à Metternich les raisons pour lesquelles il ne pouvait s'empêcher d'insister sur la gravité de la situation.

« Sans calculer l'effet de notre marche politique et sans
» parler de celle qu'il importerait de suivre à l'avenir, je
» dois seulement, mon Prince, fixer votre attention sur la
» situation du moment.

» Le Roi de Naples a disposé tous ses moyens. Aucuns
» des nôtres ne sont prêts. Depuis six mois, nous désarmons
» pour ainsi dire, en Italie. Une partie de l'artillerie, les

---

[1]. *Haus, Hof und Staats-Archiv. Bellegarde.* 1815. 123. b. F. M. comte de Bellegarde au prince de Metternich. Milan, 23 mars 1815. (Dépêche N° 47.) (*En français dans l'original.*)

» trains de pontons ont été dételés ; on n'a assigné aucuns
» fonds pour la direction d'artillerie et du génie, de manière
» qu'aucuns travaux n'ont pu se faire dans les places qui
» manquent totalement d'artillerie, de sapeurs et de mineurs.
» Toute notre attention, enfin, se concentrait sur ce qui se
» passait vers le Nord. C'est grâce à mes représentations mul-
» tipliées, que le nombre des troupes n'a pas été plus dimi-
» nué encore. Cependant, les renforts sont encore éloignés ;
» les points nécessaires à fortifier sur le Pô sont à peine
» commencés. Aucun des Princes de l'Italie n'a des forces
» à joindre aux nôtres ; toutes les places doivent être dé-
» fendues par nous ; les moyens de défense sont incomplets
» et l'argent, qui seul pourrait faire hâter les préparatifs
» nécessaires, manque dans nos caisses. *Si le Roi de Naples*
» *dans cette situation se portait à une agression subite, il pourrait*
» *facilement envahir l'Italie jusqu'au Pô.* Il augmenterait con-
» sidérablement ses forces dans ces provinces, parce qu'une
» de ses premières mesures serait de proclamer l'indépen-
» dance de l'Italie. Ses premiers succès n'en rendraient pas
» plus douteuse l'issue de cette lutte ; mais ils la prolonge-
» raient et feraient beaucoup de mal à l'Italie. Il serait donc
» très important de l'éviter et tout se réduit dans les cir-
» constances actuelles à gagner quelques semaines. S'il
» vous est possible, mon Prince, de faire osciller le Roi dans
» ses résolutions, vous sentirez la nécessité de le faire [1] ».

En perdant près de dix de jours à Ancône, Murat allait se charger lui-même d'épargner cette peine à Metternich et de calmer les légitimes inquiétudes de Bellegarde.

---

1. *Haus, Hof und Staats-Archiv. Bellegarde.* 1815. 123. b. F. M. Comte de Bellegarde au prince de Metternich. Milan, 23 mars 1815. (Dépêche N° 54, *en français.*)

MURAT A ANCÔNE (19-26 MARS 1815).

I. — 19-20 Mars 1815. — **Arrivée de Murat à Ancône.** — **Son inaction pendant ces deux journées.** — **Murat et Bentinck.** — **Bentinck et Bellegarde.** — **Le général Filangieri à Florence.** — **La note de Zuccari et la réponse du cardinal Pacca.**

Le 19 Mars, à trois heures de l'après-midi, vingt-quatre heures avant le retour de Napoléon aux Tuileries, Murat était arrivé à Ancône. Il y avait trouvé non seulement un accueil enthousiaste bien fait pour l'encourager à persévérer dans ses résolutions et dans son entreprise, mais, ce qui valait mieux encore, des nouvelles lui permettant de bien augurer de l'avenir et d'augmenter sa foi dans le succès. Le Vol de l'Aigle avait redonné une force nouvelle aux idées d'affranchissement, d'indépendance et de liberté. Les *unitaires*, les *indépendantistes* avaient relevé la tête, repris courage à Venise, à Padoue, à Brescia, à Milan, dans les duchés, à Reggio, plus encore dans les Légations et surtout à Bologne, où Steffanini, inquiet de l'état des esprits surexcités par les événements de France, alarmé par la découverte de dépots d'armes à Ravenne, d'effets militaires et d'uniformes français à Bologne même, avait dû recourir à des mesures de rigueur et procéder à des arrestations qui n'avaient produit aucun effet sur la population [1].

---

1. *Archiv des Ministeriums des Innern.* 1815. *Acten der Polizei Hof Stelle.* 1. F. 494. Général Steffanini au baron Hager. Bologne, 22 mars 1815. — *Archives particulières de M. R. Ambrosini*, de Bologne. *Frammenti de Memorie di Gaëtano Bevilacqua* 1815. — R. *Archivio di Stato. Bologne.* 1815. (*Prot. Privato.*) F. VI. N° 16-173. *Notizie sulle Corti di Roma e di Napoli.* Fantini à Savini. Rimini, 20 mars 1815. (*Riservata.*) — *Record Office.*

Tout paraissait marcher à souhait pour Murat. Les ordres de mouvement qu'il avait donnés à sa garde et à sa 3º division étaient en voie d'exécution. Les trois bataillons du 9º de ligne venaient de débarquer à Ancône quelques heures avant son arrivée [1]. Rien ne s'oppose donc à ce que, si ce n'est le jour même, au plus tard le lendemain, il pousse en avant la plus grande partie des troupes stationnées dans les Marches. Au point où il en est, il a tout intérêt à les rapprocher de la frontière et à entretenir par ces mouvements, dont ils ne manqueront pas d'avoir connaissance, les espérances patriotiques de ceux qui attendent sa venue pour se déclarer et pour le rejoindre, de ceux dont seuls le concours et l'appui peuvent lui donner quelques chances de succès. Il s'est d'ailleurs déjà trop avancé pour qu'il lui soit possible, non seulement de reculer, mais même de s'arrêter. Et cependant au lieu de réunir immédiatement ses généraux, de leur donner de vive voix ses instructions, il se complait pendant les journées du 19 et du 20, dans une inaction aussi inattendue qu'inexplicable. Il sait cependant que les minutes sont précieuses, que chaque jour rapproche les renforts autrichiens des troupes laissées en Italie et qui suffisent à peine à fournir quelques garnisons dans les Légations, à assurer la garde des principaux passages du Pô. Ses hésitations sont d'autant plus surprenantes que, s'il faut en croire Pepe, il n'évalue qu'à 15.000 hommes les forces dont l'Autriche dispose à ce moment pour les opérations en Italie. Et malgré cela, lorsqu'il l'invite le 20 à un déjeuner intime, au lieu de lui donner les ordres que ce général espérait recevoir, il lui annonce à sa grande stupéfaction que dans quelques jours

---

Foreign Office. Vol. 22. (*Tuscany. Burghersh*) Lord Burghersh à lord Castlereagh. Florence, 23 mars 1815. (Dépêche Nº 27).

1. *Archiv des Ministeriums des Innern.* 1815. *Acten der Polizei Hof Stelle* 1. F. 494. Rapports d'émissaires. Rimini, 19 mars 1815.

il lui parlera de la Constitution qu'il songe à octroyer au royaume et des moyens à employer pour chasser les étrangers [1].

En même temps, comme nous le dira d'Ambrosio, il passe ses troupes en revue, discute longuement sur la façon de conduire les opérations en Italie, s'amuse à inspecter les fortifications d'Ancône, et décide l'établissement d'un camp retranché sur les hauteurs de Montagnolo [2]. Au cours de ces deux jours, si l'on en excepte la marche insignifiante d'une petite colonne qui avec quatre canons est partie de Sinigaglia pour se porter vers le pont du Métaure, les troupes napolitaines ne firent aucun mouvement qui vaille la peine d'être signalé [3].

Pendant ce temps, l'inquiétude des autorités civiles et militaires est si grande depuis le Métaure jusqu'au Pô, et même à Milan, qu'on avait pris pour des canonnières napolitaines en train de faire des sondages et de préparer un débarquement de simples barques de pêches sorties de Sinigaglia et se livrant à leurs pacifiques occupations entre Fano, Pesaro et Cattolica [4].

---

1. PEPE. *Memorie*. Vol. I. XXI. 253.
2. D'AMBROSIO. *La Campagne de Murat en 1815*. (Carnet historique et littéraire. 1899. III. 102.) — Montagnolo à environ 4 kilomètres N.-O. d'Ancône. Un des forts détachés d'Ancône s'élève actuellement sur le point désigné par Murat.
3. R. *Archivio di Stato*. Bologne. 1815. *Atti di Polizia*. (*Prot. Privato.*) F. VI. *Notizie sulle Corti di Napoli e di Roma*. N° 16-173. Fantini, commissaire de police de Rimini, à Savini, commissaire général du *Buon Governo* dans les 3 départements. Rimini, 20 mars 1815. (*Riservata.*)
4. *Archiv des Ministeriums des Innern*. 1815. *Acten der Polizei Hof Stelle* 1. F. 494. Rapports d'émissaires. Pesaro, 20 mars 1815. — R. *Archivio di Stato*. Bologne. 1815. *Atti di Polizia*. (*Prot. Privato.*) *Notizie sulle Corti di Roma e di Napoli*. Fasc. 45. N° 38-178. Giacometti à Savini. Cattolica, 21 mars 1815.

Le commandant du parti autrichien ne put calmer l'émotion de la population qu'en faisant reconnaître ces barques par un canot envoyé du fort et monté par quelques soldats.

Entre temps, à Bologne où il venait d'être rejoint par un régiment de cavalerie [1] qu'il avait aussitôt fait filer en avant, Steffanini croyait la guerre tellement imminente, il était tellement convaincu que l'arrivée de Murat à Ancône coïnciderait avec l'ouverture immédiate des hostilité qu'en transmettant cette nouvelle au général-major Eckhardt à Padoue, au lieutenant-colonel Werklein à Lucques [2], il leur avait conseillé de redoubler de vigilance et de se tenir prêts à tout événement.

On n'était guère plus rassuré à Milan; on s'attendait si fort à une agression subite des Napolitains qu'avant même d'envoyer au feld-maréchal-lieutenant Mayer von Heldenfeld et au général Eckhardt l'ordre de faire garder solidement, l'un Pontelagoscuro, l'autre Rovigo, on avait cru indispensable de recommander à Steffanini de réunir ses troupes et de lui défendre, quoiqu'il pût arriver, d'accepter la lutte et de s'engager contre les Napolitains [3]. Le capi-

---

1. Fantini, chargé par le Vice-Délégué et par le colonel Gavenda, qui venait d'arriver avec ses hussards à Rimini, de se rendre à Pesaro sous le prétexte de se renseigner au sujet du courrier de Venise, mais en réalité pour recueillir des données positives sur les mouvements des Napolitains, avait rapporté à Rimini des nouvelles qu'il tenait pour la plupart du Délégat Apostolique. A son retour à Rimini, il avait constaté que la garnison autrichienne qui, lors de son départ le 17, se composait de 954 hommes s'était augmentée le 18 de 4 officiers et 123 hommes du régiment de hussards Prince Régent (140 chevaux), le 19 d'un officier et 114 hommes du même régiment (112 chevaux) et le 20 d'un sous-officier, 23 hommes et 48 chevaux avec 3 canons.

D'après le dire du Délégat apostolique, les Napolitains avaient 10.000 hommes dans le département du Métaure, et on croyait qu'ils se porteraient avant peu sur Fano et Pesaro. (*R. Archivio di Stato. Bologne* 1815. *Atti di Polizia.* (*Prot. Privato.*) F. VI. Nos 16-173. Fantini à Savini. Rimini, 20 mars 1815. (*Riservata.*)

2. *K. u. K. Kriegs-Archiv.* (*Feld-Acten. Frimont.* 1014.) Général-major Steffanini au général-major Eckhardt et au lieutenant-colonel Werklein. Bologne, 20 mars 1714. III. 43. b. et 43. c.

3. *K. u K. Kriegs-Archiv.* (*Feld-Acten. Frimont.* 1014.) *Armee Commando* au général-major Steffanini. Milan, 18 et 20 mars 1815. III. 37. III. 43.

taine Weingarten chargé de remettre à Steffanini les instructions de Bellegarde avait de plus reçu l'ordre de reconnaître les principaux passages du Crostolo, de la Secchia, du Panaro et du Reno, pendant que d'autres officiers s'acquittaient d'une mission analogue le long du Pô.

En examinant de plus près la singulière conduite tenue par Murat pendant ces deux premiers jours de son séjour à Ancône, en essayant de remonter jusqu'aux causes probables de l'indifférence qu'il attache à la solution cependant si urgente des questions militaires, on arrivera sans trop de peine à découvrir les raisons pour lesquelles son attention s'était portée tout entière d'un tout autre côté. Tant qu'il a été à Naples, et jusqu'au moment où il est monté en voiture, il s'est débattu contre les influences diverses qui cherchaient à influencer ses résolutions. En route, il s'est occupé de l'envoi des ordres de mouvement. C'était plus qu'il n'en fallait pour un cerveau tel que le sien. Depuis Sulmona, il a eu le temps de réfléchir, d'examiner sous toutes ses faces la situation dans laquelle il s'est placé. C'est alors seulement qu'il s'aperçoit avec épouvante qu'il a négligé de s'assurer des dispositions de l'Angleterre à son égard, qu'il ignore l'accueil fait à Londres à la communication faite le 7 Mars, par Gallo au consul Walcker et que celui-ci a promis de transmettre sans retard à son gouvernement, enfin qu'il n'a aucune nouvelle de la réponse donnée aux ouvertures dont a été chargé le chevalier Tocco. C'est

---

au F. M. L. Mayer von Heldenfeld et au général-major Eckhardt. Milan, 20 et 21 mars 1815. III. 45. III. 46.

Dans toute l'Italie on était tellement sûr que Murat allait entrer immédiatement dans les Légations qu'avant même de le savoir arrivé à Ancône, Munarini avait écrit à Steffanini pour le prier de le tenir au courant des mouvements des Napolitains. (*R. Archivio di Stato. Modène. — Ministero degli Affari Esteri e Polizia Generale.*) Filza A. Fasc. XXI. 184. N° 34. Comte Munarini au général Steffanini. Modène, 19 mars 1815.

alors aussi qu'il se rappelle tout à coup que lord William Bentinck, dont il a tout lieu de redouter l'irréductible hostilité, est de retour en Italie. A partir de ce moment, c'est cette idée qui l'obsède, qui le hante au point de lui faire rejeter au deuxième plan toutes les questions dont il lui faudrait cependant s'occuper sans retard.

A peine arrivé à Ancône, Murat n'avait en effet rien eu de plus pressé que de faire remettre à Bentinck par un de ses officiers d'ordonnance une lettre qui, même si elle lui était parvenue avant l'expédition de la dépêche qu'il adressa à Bellegarde, n'aurait assurément rien changé aux dispositions de l'ancien lord capitaine général.

« Il m'a été assuré, écrit Murat à Bentinck [1], que vous
» aviez repris votre commandement et établi votre Quar-
» tier général à Gênes.

» J'expédie un officier d'ordonnance pour vous faire con-
» naître tout le plaisir que j'éprouverais si quelque circons-
» tance me rapprochait de vous et rétablissait des relations
» plus intimes entre nous. Cet officier a ordre de vous réité-
» rer la même déclaration [2] que je fis à Londres par cour-
» rier extraordinaire » :

1. *Record Office. War Office.* Vol. 186. (*Army in the Mediterranean. Bentinck.*) Murat à lord William Bentinck. Ancône, — mars 1815. Quoique non datée, cette lettre n'a pu être écrite que le 19 ou au plus tard le 20 mars, puisqu'il ressort d'une dépêche adressée par Bentinck le 30 mars au lieutenant-général lord Stewart qu'il reçut l'épître de Murat le 23 mars. (Cf. *Record Office. Foreign Office.* Vol. 117. (*Austria. Stewart.*)

2. Cf. *R. Archivio di Stato. Modène. Ministero degli Affari Esteri e Polizia Generale.* Filza A, Fasc. XXI. 202-48. Comte Marescalchi au comte Munarini. Parme, 22 mars 1815. A propos de la déclaration officielle envoyée par Murat à toutes les puissances pour leur faire savoir que malgré les événements de France il conformerait sa conduite à la leur. Marescalchi, qui connaît bien le caractère de l'homme, ajoutait : « On
» peut croire qu'en raison de l'arrivée des renforts autrichiens en
» Italie, il (Murat) a eu des craintes et qu'il a pris des précautions en
» faisant faire des mouvements à ses troupes et en allant à Ancône ;

« *Que les événements de France ne changeraient en rien ma
politique envers la France et que je désirais plus que jamais voir
s'établir entre Naples et la Grande Bretagne une paix durable
que commandent à la fois la politique et les intérêts des deux Nations* ».

« Je vous prie d'ajouter foi, Mylord, à tout ce qu'il vous
» dira des sentiments personnels que Je vous porte. Ils sont
» inaltérables et basés sur l'estime. Agréez-en, Mylord,
» l'assurance et croyez à toute la sincérité de Mon amitié.

Joachim Napoléon. »

Voulait-il simplement sonder Bentinck, renouveler la
tentative qui lui avait si mal réussi en 1814, lorsqu'en lui
envoyant sa propre épée il avait essayé de le gagner à sa
cause, de le forcer par ses flatteries à se réconcilier avec
lui ? Espérait-il par cette nouvelle avance le ramener à de
meilleurs sentiments pour lui ? Nous serions au contraire
plus portés à croire que, réfléchissant sur la fragilité de sa
position, effrayé des risques de la partie qu'il était à la
veille de jouer, il avait songé à recourir une fois de plus à
cette politique de bascule qui put lui réussir momentanément à la fin de 1813 et dans les premiers mois de 1814,
mais dont il avait par trop abusé pour qu'elle pût lui être
encore de quelque utilité.

Il était en tout cas trop tard. Prévenu par les dépêches
de Lebzeltern, qui lui avaient été aussitôt communiquées
par lord Burghersh, des mouvements que « *le maréchal Murat* » était sur le point de faire exécuter à son armée, Bentinck avait dès le 20 mars, exprimé à Bellegarde [1] le désir

» mais l'expérience doit nous rendre prudents et je crois, moi, qu'il
» se réserve d'agir en se réglant sur les événements. »

1. Cf. *K. u. K. Kriegs-Archiv*. Nugent. *Nouveaux Papiers* I. VI. 1815.
Dépêche de lord William Bentinck au duc de Wellington. Gênes, 20

de savoir, « en cas que cet événement eût lieu », jusqu'à quel point le feld-maréchal considérerait ces mouvements comme une infraction au traité existant entre Naples et l'Autriche et comme un acte manifeste d'hostilité. Comme toujours, Bentinck allait droit et presque brutalement au but. Il n'essayait pas de dissimuler sa pensée et il exposait nettement à Bellegarde les raisons pour lesquelles il lui posait cette question. Il lui semblait que l'armistice conclu par lui avec le gouvernement napolitain n'était qu'une conséquence du traité fait par l'Autriche; dès que ce traité était violé l'armistice cessait virtuellement d'exister. D'autre part, si la conduite du « *maréchal Murat* » paraissait seulement suspecte au feld-maréchal, dont il désirait connaître les sentiments à ce sujet, il croyait qu'il serait peut-être convenable de sa part « de demander un éclaircissement « d'une conduite laquelle, si elle est hostile à l'allié de Sa » Majesté Britannique, doit l'être aussi à Sa Majesté même. » Enfin, si « *le maréchal Murat* » est en guerre avec l'Autriche, il considérait du devoir de tout commandant des forces britanniques, tant navales que militaires, de s'opposer à ses opérations [1]. Et pour mieux marquer encore sa disposition d'esprit, il s'empressait en terminant d'informer Bellegarde que des nouvelles reçues la veille de la Sicile lui signalaient le passage par le détroit de Messine d'une division de la flotte napolitaine faisant voile vers l'Adriatique.

Dès la veille, Bentinck avait songé aux mesures qu'il

---

mars 1815, sur le même sujet. Bentinck y demande au duc de lui tracer une ligne de conduite et lui communiquer ce qu'il aurait l'intention de faire.

1. *Haus, Hof und Staats-Archiv.* (*Bellegarde* 1815.) 123. b. Lord William Bentinck au F. M. comte de Bellegarde. Gênes, 20 mars 1815. (ad Dépêche N° 45.) F. M. comte de Bellegarde au prince de Metternich. Milan, 21 mars 1815. — *Record Office. War Office.* Vol. 186. (*Army in the Mediterranean. Bentinck.*) Même Dépêche.

convenait de prendre pour garantir et conserver Gênes, dont la garnison ne se composait que de trois régiments de la levée italienne et d'un régiment anglais, le 14°. La guerre faisait si peu de doute pour lui qu'en invitant le général Don, qui commandait à Gibraltar [1], à lui envoyer quelques renforts dont il croyait avoir grand besoin, il lui exposait les raisons qui le déterminaient à lui adresser cette demande. Il croyait pouvoir compter sur la levée italienne tant qu'il s'agirait de marcher et de se battre contre les Français; « mais il n'en sera plus de même, disait-il, si elle voit flotter en face d'elle le drapeau national ». Quant à l'armée piémontaise, Bentinck considérait que « pour le moment elle n'est bonne à quoi que ce soit ». Reste l'armée autrichienne qui peut seule « arrêter Murat. « Mais comme
» celui-ci sera rejoint et renforcé par tous les anciens soldats
» de Napoléon, comme il profitera du mécontentement qui
» est général en Italie, de l'aversion qu'on y éprouve con-
» tre le gouvernement et la domination des Autrichiens, je
» crains fort, déclare-t-il à Don [1], *que l'armée autrichienne ne*
» *puisse guère faire plus que de garder et de couvrir la ligne du*
» *Mincio* ».

Pendant ce temps, Filangieri envoyé par Murat à Milan, bien moins pour obtenir de Bellegarde la mise en liberté de Pauline ou des adoucissements à son sort que pour recueillir des renseignements positifs sur l'état de l'armée autrichienne, avait profité de son passage par Florence, où il resta pendant une partie de la journée du 20, pour appuyer et soutenir les démarches dont on avait chargé Pignatelli et essayer de décider le gouvernement toscan à avoir confiance dans les déclarations de Murat. Bien que le géné-

---

2. *Record Office. Admiralty.* Vol. 430. (*Sicily.*) Lord William Bentinck au général Don (à Gibraltar). Gênes, 19 mars 1815.

ral eût remis au Grand Duc une lettre de Caroline, comme il n'avait pu faire autrement que de confirmer la nouvelle du départ du Roi et de Gallo pour Ancône, comme d'autre part il avait dû se borner à affirmer à la Cour de Florence que son Souverain tiendrait scrupuleusement tous ses engagements, son apparition, loin de calmer les alarmes, n'avait fait que les augmenter. « Le gouvernement toscan, » s'écrie à ce propos lord Burghersh désespéré, n'a rien » fait, ne fait rien pour la défense du pays. La Toscane » tombera donc sans un seul coup de fusil entre les mains » de Murat, s'il est assez fort pour forcer les Autrichiens à » quitter Bologne, et la possession de la Toscane lui donnera » à la fois une grande force et de grosses ressources [1] ».

Dès la veille, dès le 19 au matin, sans laisser même à Pacca le temps de voir le Pape, de le mettre au courant des instructions reçues par Lucien, Zuccari s'était présenté chez le cardinal et lui avait remis la note officielle par laquelle Murat demandait au Pape d'autoriser le passage à travers ses Etats de deux divisions qui, marchant l'une par la route de Terni, l'autre passant tout près de Rome, mais sans y entrer, avaient l'ordre d'aller rejoindre celles déjà rassemblées dans la Marche d'Ancône [2]. Dès le lendemain, comme on s'y attendait à Naples et à Ancône, à Milan, à Venise et à Florence, le cardinal faisait à cette inadmissible demande une réponse évasive [3] rédigée avec une extrême

---

1. *Record Office. Foreign Office.* Vol. 22. (*Tuscany. Burghersh.*) Lord Burghersh à lord Castlereagh. Florence, 21 mars 1815. (Dépêche N° 26.) Cf. *Haus, Hof und Staats-Archiv.* F. A. N° 6. (*Toscana.*) Comte de Buol Schauenstein au prince de Metternich. Florence, 21 et 24 mars 1815. (Dépêches N°⁸ 47 et 52). — *Archiv des Ministeriums des Innern.* 1815. *Acten der Polizei Hof Stelle* 1. F. 494. Lederer à Hager. Bologne, 22 et 24 mars 1815.

2. *Archives du Vatican. Congresso di Vienna.* Zuccari, consul de Naples au cardinal Pacca. Rome, 19 mars 1315.

3. *Archives du Vatican. Congresso di Vienna.* Cardinal Pacca au consul

modération. Après avoir commencé par réfuter le principal argument invoqué par Murat en protestant contre la faculté, qu'il prétendait s'être réservée lors du retour de Pie VII, de pouvoir se servir de la grande route de Foligno, Pacca se retranchait derrière l'impossibilité d'accéder à une requête qui non seulement était nuisible aux intérêts du gouvernement pontifical, mais qui « de plus lui ferait rompre vis-à-vis des autres Puissances la neutralité à laquelle il s'était engagé ».

On ne s'illusionnait pas dans les conseils du Pape sur la valeur de cette protestation. On savait qu'au lieu de répondre à Zuccari on aurait tout aussi bien pu garder le silence et que l'entrée des Napolitains dans les Etats Romains n'était plus qu'une question de jours, peut-être même d'heures.

A Naples, où Caroline partie avec ses filles pour Portici avait momentanément laissé ses fils et où Mier attendait avec impatience son ordre de rappel, la situation ne faisait qu'empirer. Seuls les rares optimistes, qui se cramponnaient à leurs dernières espérances, essayaient de se tromper eux-mêmes et de voir un symptôme rassurant dans le fait que ni les cuirassiers, ni les lanciers de la garde, ni les deux bataillons de grenadiers n'avaient encore reçu, comme le bruit en avait couru, l'ordre de se mettre en route et que le gros de la cavalerie continuait aux dernières nouvelles à se tenir et à se rassembler aux environs de San Germano [1].

Jamais peut-être la conduite de Murat n'avait été plus

Zuccari. Quirinal, 20 mars 1815. — Cardinal Pacca au cardinal Consalvi. Rome, 20 mars 1815. (Dépêche N° 269.) — *Record Office. Foreign Office.* Vol. 22. (*Tuscany. Burghersh.*) Lord Burghersh à lord Castlereagh. Florence, 23 mars 1815. (Dépêche N° 27.)

1. *Haus, Hof und Staats-Archiv. Neapel.* N. A. F. 1. (*Mier. Berichte* 1815.) Comte de Mier au prince de Metternich. Naples, 20 mars 1815. (Dépêche N° 20.)

déconcertante, plus décousue, plus étonnante et plus pleine d'incompréhensibles contradictions. Pendant que Zuccari remettait sa note au cardinal Pacca, il expédiait à Vienne, où il arriva le 28 mars, un courrier porteur de deux courtes dépêches, à vrai dire, de deux petits billets adressés à Campochiaro. Dans l'un, il lui annonçait que venu dans les Marches pour y passer ses troupes en revue il se disposait à se rendre pour le même motif dans les Abruzzes, d'où il comptait revenir à Ancône où Gallo devait le rejoindre ; mais dans l'autre, il lui indiquait en quelques mots le sens de la réponse à faire au Cabinet de Vienne, des explications à lui fournir au sujet de ses mouvements et du caractère hostile que la Cour d'Autriche se plaisait, disait-il, à attribuer à la sortie de ses troupes de leurs cantonnements [1].

1. Cf. *Archives du Vatican. Congresso di Vienna.* Cardinal Consalvi au cardinal Pacca. Vienne, 29 mars 1815. (*Dépêche chiffrée* N° 290.)

II. — 21 Mars 1815. — **Entrée des têtes de colonnes napolitaines dans les Etats Pontificaux. — Pignatelli en audience de congé chez Fossombroni. — L'état des esprits à Naples et l'envoi dans l'Italie du Nord des mécontents italiens. — La dépêche de Bentinck transmise par Bellegarde à Metternich. — Etat de situation de l'armée autrichienne. — Mouvements des troupes autrichiennes sur Ferrare et Rovigo.**

Aussitôt après avoir reçu la réponse du cardinal Pacca, Zuccari lui avait immédiatement fait tenir le tableau de marche des troupes napolitaines qui devaient à partir de Terracine et de Veroli se porter en deux colonnes jusqu'à la Storta[1], y opérer leur jonction et se diriger de là sur Foligno et Serravalle, points sur lesquels ces troupes devaient être rendues le 3 et le 4 avril et où elles trouveraient des ordres ultérieurs[2]. Comme le prouvent les instructions adressées par Pacca à Monseigneur Sanseverino, commissaire général des armes[3], on ne doutait plus à Rome de la mise à exécution des menaces et des projets de Murat. Le 21 au soir, la violation du territoire Pontifical était du reste un fait accompli. Malgré les protestations et les représentations des autorités locales, une compagnie d'infanterie napolitaine et une compagnie de cavalerie (un demi-escadron) sous les ordres du chef d'escadrons prince Stigliano-Colonna étaient entrés à Terracine, où cette avant-garde ne

---

1. Veroli (Verula), environ 10 kilomètres N.-E. de Frosinone. — La Storta, environ 20 kilomètres N.-O. de Rome.
2. *Archives du Vatican. Congresso di Vienna.* Cardinal Pacca au Délégat apostolique de Pesaro. Rome, 22 mars 1815.
3. *Archives du Vatican. Congresso di Vienna.* Cardinal Pacca à Monseigneur Sanseverino. Rome, 22 mars 1815.

tarda pas à être suivie par le gros des deux divisions réunies sur la frontière [1].

C'était là un acte, dont malgré sa légèreté et son aveuglement, Murat ne pouvait se dissimuler la gravité, acte d'autant plus grave qu'il avait été prémédité, puisque le jour même où ce mouvement s'exécutait, Mier était en mesure de mander à Bellegarde [2] : « L'armée Napolitaine entre aujourd'hui dans les Etats du Pape » Or, d'après les termes mêmes de la note de Metternich à Campochiaro du 26 février, l'entrée des Napolitains dans les Etats du Pape devait être considérée comme un acte d'hostilité contre l'Autriche, comme un acte qui aurait dû avoir pour conséquence immédiate la rupture des relations diplomatiques entre les deux Cours et le départ de Naples du comte de Mier [2]. L'entrée des Napolitains constituait à tous égards un événement d'autant plus sérieux et d'autant plus ir-

---

1. *Archives du Vatican. Congresso di Vienna.* Cardinal Pacca aux Délégats apostoliques à Perugia, Pesaro et Spoleto. Rome, 22 mars 1815. — *R. Archivio di Stato. Milan. Atti Segreti.* 1815. VIII. Comte de Mier au F. M. comte de Bellegarde. Naples, 21 mars 1815. — *R. Archivio di Stato. Florence. Affari Esteri. Prot.* 7. N° 40. (*Invasione Napolitana e Disposizioni per la Partenza di S. A. I e R.*) et *R. Archivio di Stato. Modène.* Filza A. Fasc. XXI. (*Ministero degli Affari Esteri e Polizia Generale*) 243-56. Fossombroni au comte Munarini. Florence, 24 mars 1815. — *Record Office. Foreign Office.* Vol. 22. (*Tuscany.* Burghersh.) Lord Burghersh à lord Castlereagh. Florence, 24 et 28 mars 1815. (Dépêches N°ˢ 29 et 30.) — *Record Office. War Office.* Vol. 186. (*Army in the Mediterranean.* Bentinck.) F. M. comte de Bellegarde à lord William Bentinck. Milan, 27 mars 1815. — *Haus, Hof und Staats-Archiv. Neapel.* N. A. F. 1. (*Mier. Berichte* 1815.) Comte de Mier au prince de Metternich. Naples, 22 mars 1815. (Dépêche N° 30.)

2. *Haus, Hof und Staats-Archiv. Neapel.* N. A. F. 1. (*Mier. Berichte* 1815.) Comte de Mier au prince de Metternich. Naples, 22 mars 1815. (Dépêche N° 30.) « Je me proposais de quitter le pays au moment de la nou-
» velle positive de cet événement. Mais après mûre réflexion, j'ai pris
» la résolution d'attendre les ordres de Votre Altesse et de ne deman-
» der mes passeports qu'en apprenant le commencement des hostilités
» entre les deux armées. »

réparable que, comme lord Burghersh le faisait remarquer à Castlereagh[1], on devait forcément le rapprocher des déclarations que Murat venait de faire à Ancône, déclarations qui ne pouvaient laisser aucun doute sur ses intentions, sur la résolution, désormais arrêtée dans son esprit, de proclamer l'indépendance de l'Italie et de recourir aux armes pour en devenir le Souverain.

Cette fois en effet, il ne s'agit plus de simples propos de table, de quelques mots qui ont pu lui échapper au cours d'un déjeuner intime, presqu'à huis clos, qu'il lui était facile de désavouer en prétendant qu'ils avaient été inexactement rapportés, mais bien d'une manifestation formelle et officielle, de ses vues et de ses projets, de la déclaration retentissante qu'il a faite à la députation envoyée auprès de lui par les autorités judiciaires d'Ancône pour l'assurer de leur dévouement, de leur reconnaissance, de leur fidélité.

Répondant au président du tribunal qui, chargé de lui remettre l'adresse signée par les magistrats des Marches, avait terminé son allocution en le priant en ces termes, de ne pas demeurer insensible aux vœux, aux aspirations de populations avides d'indépendance et de liberté : « Il dépend de Votre Majesté de délivrer Ses fidèles sujets de la cruelle incertitude dans laquelle ils se trouvent et de mettre un terme à la condition provisoire faite à ce pays, » Murat s'était écrié[2] :

« Oui, on déchirera le voile. *Je ne vous demande que du » courage et de la fidélité. Je ne vous demande que votre union » à tous pour donner l'indépendance à l'Italie.* Les Marches

---

1. *Record Office. Foreign Office.* Vol. 22. (*Tuscany. Burghersh.*) Lord Burghersh à lord Castlereagh. Florence, 24 mars 1815. (Dépêche N° 29.)
2. *Record Office. Foreign Office.* Vol. 22. (*Tuscany. Burghersh.*) Annexe à la dépêche N° 29 de lord Burghersh à lord Castlereagh. Florence, 23 mars 1815.

» m'appartiennent par la conquête, et enfin parce que les
» Puissances alliées me les ont promises. Plutôt que de
» renoncer à ce pays, j'étais et je suis décidé à le détruire,
» à le réduire en cendres.

» Je vous le répète : Il faut seulement que vous me pro-
» mettiez *Union, Fidélité et Courage. Je ne connais d'autres li-
» mites à l'Italie que les monts et les mers.* On vous dira peut-
» être que d'énormes armées tomberont sur nous. Ne le
» croyez pas. »

« Majesté, avait alors ajouté le Président du Tribunal, Je
» parle pour moi et pour mes compagnons étrangers. Nous
» sommes les mêmes qu'en 1797 ». Et Murat le congédia en
disant : « Et moi, ne suis-je pas le fils de la Révolution? » [1]

Cette fois l'évolution radicale, qui coïncide avec la violation de la frontière Pontificale, est, il est impossible d'en douter, définitive, irrévocable et préméditée. Elle se manifeste en effet presque partout simultanément, non pas grâce à un concours fortuit de circonstances, mais à la suite d'ordres et d'instructions préparées à l'avance.

Tout est, il est vrai, encore relativement tranquille du côté du Métaure. A Ancône tout se borne à l'activité qu'on met depuis quelques jours à réunir les approvisionnements destinés à l'armée, à l'envoi de quelques canons à Sinigaglia, où le 3ᵉ régiment d'infanterie a ordre de se rendre le 22 [2], à l'expédition et à la diffusion des proclamations de Napoléon qu'on distribue non seulement aux régiments Napolitains

---

1. *Record Office. Foreign Office.* Vol. 22. (*Tuscany. Burghersh.*) Vice-Consul d'Angleterre à Ancône à lord Burghersh. Ancône, 21 mars 1815. (*en français*) et *Ibidem.* Lord Burghersh à lord Castlereagh. Florence, 23 mars 1815. (Dépêche N° 28.)

2. *Record Office. Foreign Office.* Vol. 22. (*Tuscany. Burghersh.*) Lord Burghersh à lord Castlereagh. Florence, 23 mars 1815. (Dépêche N° 28.) Envoi de renseignements fournis par le Vice-Consul d'Angleterre. Ancône, 21 mars 1815.

et dans les Marches, mais dans les Etats romains, les Légations et les Duchés[1]. Mais si Murat n'ose pas encore pousser en avant les deux divisions qu'il a sous la main, c'est uniquement parce qu'il manque presque entièrement de cavalerie, (il ne dispose pour le moment que d'un seul régiment de cette arme, les deux autres encore en route ne pourront le rejoindre que le 30) et parce qu'il veut avoir plus près de lui la 3ᵉ division (Lechi), qui serre sur lui à marches forcées et sans faire séjour [2]. En attendant le signal et le moment d'agir, on obéit partout à un nouveau mot d'ordre, on se conforme à de nouvelles instructions. A Florence, par exemple, où jusqu'à présent Pignatelli n'avait cessé de tenir un langage des plus pacifiques et des plus rassurants, Fossombroni constate avec épouvante qu'en venant prendre congé de lui avant de se mettre en route pour rejoindre d'abord le roi, puis sa division, le général napolitain s'est pour la première fois abstenu de lui affirmer que Murat ne ferait pas acte d'hostilité à l'égard des gouvernements établis en Italie [3].

A Naples même, Mier remarque, lui aussi, un changement dans l'attitude des sphères gouvernementales et dans l'opinion publique. Le peuple qui « commence à croire que Murat ne reviendra plus et à entrevoir la possibilité du retour de Ferdinand, ne bouge pas parce que le général Manhès

---

1. *Record Office. Foreign Office.* Vol. 121. (*Consuls. Hoppner, Cooper Gordon and various.*) Cooper, consul à Venise, à lord Castlereagh. Venise, 24 mars 1815.

2. *Record Office. Foreign Office.* Vol. 188. (*Austria Stewart.*) Etat de l'armée Napolitaine dressé par un officier napolitain et remis par lui au colonel Dalrymple vers la fin d'avril 1815 (*en francais.*) Cet officier quitta Forlimpopoli le 21 avril, déserta et fournit au colonel anglais des renseignements des plus intéressants sur l'état de l'armée napolitaine.

3. *Record Office. Foreign Office.* Vol. 22. (*Burghersh. Tuscany.*) Lord Burghersh à lord Castlereagh. Florence, 21 mars 1815. (Dépêche N° 26.)

lui en impose et assure pour quelque temps la tranquillité de la ville. » La consternation augmente « parce qu'on n'y conserve plus aucun doute sur les démarches du roi et sur les événements qui se préparent. » L'argent devient de plus en plus rare et cependant on parle de nouvelles impositions qui deviennent indispensables au gouvernement. « Beaucoup de personnes se mettent en mesure à tout événement et manifestent le désir de quitter le royaume. »

Enfin on n'essaye plus de cacher, même à Mier les mesures qu'on a prises en vue de faciliter la marche et les succès de l'armée Napolitaine. « Les Italiens mécontents, » écrit-il à Metternich [1] en le prévenant qu'il a informé di-
» rectement Bellegarde, tant de nos provinces que des au-
» tres parties de l'Italie, qui étaient en assez grand nombre
» ici, pour la plupart des *Jacobins* enragés, des mauvais su-
» jets et des gens de rien, ont tous été envoyés sous diffé-
» rents prétextes et noms à Milan et dans d'autres villes de
» notre domination. On les a munis d'instructions et de l'ar-
» gent nécessaire pour soulever les habitants contre le gou-
» vernement Autrichien. »

La dépêche de Bentinck, apportée à Milan et remise à Bellegarde par le courrier qu'il envoyait à Londres, avait causé une vive satisfaction au feld-maréchal sérieusement préoccupé de l'insuffisance des forces dont il disposait. Aussi, avant même d'expédier sa réponse à Gênes, avait-il tenu à en transmettre la copie à Metternich et à appeler tout particulièrement son attention sur le mouvement d'une partie de la flotte napolitaine vers l'Adriatique, mouvement qui lui paraissait révéler clairement les intentions de Murat. Il avait de plus fait savoir au chancelier qu'il cherchait

---

1. *Haus, Hof und Staats-Archiv. Neapel.* N. A. F. 1. (*Mier. Berichte* 1815. Comte de Mier au prince de Metternich. Naples, 22 mars 1815. (Dépêche N° 30 expédiée par le capitaine Schön.)

maintenant à s'assurer des dispositions de Bentinck « pour le cas où le roi de Naples commencerait les hostilités »[1].

Sans qu'il soit pour cela nécessaire d'enregistrer ici les nouvelles plus fantaisistes les unes que les autres transmises ce jour-là à Bologne[2], et qui serviraient tout au plus à prouver combien était grande l'inquiétude qui régnait dans les Légations, on conçoit parfaitement que la situation de son armée ait donné de sérieux soucis à Bellegarde.

Les effectifs de cette armée n'avaient guère varié pendant ces derniers jours[3]. Bellegarde avait, il est vrai, dans l'intervalle pressé le grand duc de Toscane de porter l'effectif total de son corps à 6.000 hommes[4]; mais, d'une part, le gouvernement toscan ne semblait pas autrement disposé à se rendre à son désir et d'autre part il se serait de toute façon écoulé un temps assez long avant de pouvoir faire entrer en ligne de compte cet insignifiant appoint.

1. *Haus, Hof und Staats-Archiv. Bellegarde* 1815. 123 b. F. M. comte de Bellegarde au prince de Metternich. Milan, 21 mars 1815. (Dépêche N° 45.)
2. D'après le *Giornale* de Raisi (*Giornale 1813-1817. Ravenne. Biblioteca Comunale*), les cavaliers napolitains arrivés à midi avaient annoncé l'approche de l'avant-garde des Napolitains. A Rimini, on s'attendait à voir les Napolitains occuper la ville le lendemain 22. D'autre part, il avait suffi de l'apparition sur la route, en avant de Sinigaglia, d'un détachement de 50 hommes allant en reconnaissance vers le Métaure pour qu'on ait envoyé à Rimini la nouvelle de l'occupation de Fano par les troupes de Murat et de leur marche sur Pesaro. (Cf. *R. Archivio di Stato. Bologne. Atti di Polizia.* (*Prot. Privato.*) F. VI. N° 45-174. Rapports de Fantini, commissaire de police de Rimini, à Savini, et *Ibidem.* (*Protocoli Segreti. Archivio Privato.*) Fasc. 46: N° 195. Rapport de Fragonesi, commissaire de police de Forli, à Savini.
3. *K. u Kriegs-Archiv. Hof Kriegs-Rath. Proesidial Acten.* (*Opérations Journal der Armee in Italien*). F. III. ad 30. Les états de situation donnent un total de rationnaires de 80.598 hommes et 6.333 chevaux dont il faut déduire 3.641 hommes en Dalmatie et 13.565 hommes aux hôpitaux et enregistrent la marche de 7 bataillons.
4. *Haus, Hof und Staats-Archiv.* F. A. *Toscana* N° 6. Comte de Buol Schauenstein au prince de Metternich. Florence, 21 mars 1815. (Dépêche N° 49.)

L'état de l'artillerie, qui n'avait d'ailleurs d'attelages que pour 13 batteries au plus et que le général Smola venait de lui adresser [1], n'était guère satisfaisant. Le feld-maréchal disposait en tout de 23 batteries et demies réparties comme suit :

1 Batterie de 6 livres à Milan; 3 de position, 1 de 12 livres et 1 de brigade à Pavie; 1 batterie à cheval à Lodi; une autre à Crémone; 1 batterie de brigade à Mantoue; 3/4 de batterie de 3 livres, 1 batterie de 6 livres et une batterie à cheval à Bologne; 1 demi-batterie de brigade de 3 livres à Lucques; 1 demi-batterie de brigade de 3 livres, 1 de position de 6 livres, 1 de position de 12 livres à Vérone; plus une demi-batterie de brigade de 3 livres, 2 batteries de 6 livres, 1 batterie de position de 12 livres et 2 batteries à cheval en réserve générale et quelques réserves à Bologne, Castelpusterlengo, Vérone et Milan et enfin une batterie de position de 6 livres en route de Vicence à Rovigo.

D'autre part, Steffanini ne cessait de se plaindre de la lenteur avec laquelle on procédait aux travaux de mise en état de la citadelle de Ferrare et de la tête de pont d'Occhicbello [2].

En attendant l'arrivée des renforts, on pressait la marche des troupes stationnées le plus à proximité des rives du Pô. Le 9ᵉ bataillon de chasseurs, qui était arrivé le 20 à Rovigo, avait continué sans arrêt sa marche sur Ferrare, où il entrait le 21 au soir. Entre temps les deux bataillons de chasseurs Fenner, dont l'effectif total n'étaient que de 600 hommes, avaient reçu, ainsi que 5 compagnies du régiment Wied-Runkel, l'ordre du général Eckhardt de se porter de Padoue sur

---

1. *K. u. Kriegs-Archiv. Feld-Acten. Frimont.* 1014. F. Z. M. Smola au F. M. comte de Bellegarde. Milan, 21 mars 1814. F. III. 50.

2. *Ferrara. Archivio Prefettura* Rub. 29. (*Militari. Fortificazioni.*) Lederer, Président de la commission de gouvernement, au délégué du gouvernement à Ferrare. Bologne, 21 mars 1815. Nº 5326.

Rovigo [1], où le feld maréchal-lieutenant Marziani envoyait également, mais de Vérone, un bataillon du régiment Saint-Julien qui ne pouvait y arriver que le 23 [2].

Plus en avant encore, on avait vu passer par Forli quelques sections d'artillerie se dirigeant vers la frontière et on y avait reçu l'ordre de diriger le lendemain sur Rovigo tous les anciens officiers italiens qui habitaient cette ville [3].

---

1. *K. u Kriegs-Archiv. Feld-Acten Frimont.* 1014. Général-major Eckhardt au commandement en chef de l'armée. Padoue 20 et 22 mars 1815. F. III. 51. F. III. 62.
2. *K. u. Kriegs-Archiv. Feld-Acten Frimont.* 1014. F. M. L. Marziani au commandement en chef de l'armée. Vérone, 21 mars 1815. F. III 58.
3. R. *Archivio di Stato. Bologne.* (*Protocoli Segreti. Archivio Privato.* 1815. Fasc. 46.) Fragonesi, commissaire de police de Forli, à Savini. Forli, 21 mars 1815. N° 171.

III. — 22 Mars 1815. — **Les conséquences de l'entrée en scène de Bentinck. — Le départ de Pie VII de Rome. — Consalvi, le général de Thuyll et Metternich. — Bianchi prend le commandement des troupes autrichiennes de la rive droite du Pô. — Ordres de mouvement. — Les missions de Neumann, d'Aspre et de l'archiduc Maximilien d'Este.**

De même que l'année précédente, Bentinck allait cette fois encore être la mauvaise étoile de Murat, le mauvais génie acharné à sa perte. Pour inopinée qu'elle fût, l'entrée en scène de lord William avait été au moins aussi fatale pour le roi de Naples que sa résolution, à tous égards malencontreuse, d'envahir les Etats Pontificaux.

La dépêche adressée par Bentinck à Bellegarde et dont celui-ci avait aussitôt envoyé copie à Metternich, cette dépêche, qui n'aurait pu arriver plus à propos puisqu'elle parvint au feld-maréchal au moment même où les troupes de Pignatelli et de Livron exécutaient leurs premiers mouvements, avait eu des conséquences d'autant plus graves qu'elles s'étaient manifestées immédiatement. Bellegarde avait sans perdre une minute répondu aux questions posées par Bentinck, et de Milan comme de Gênes, presque simultanément, quoique sans accord préalable, les deux commandants en chef des forces Autrichiennes et Britanniques avaient sans plus tarder mis Gallo en demeure de leur fournir des explications sur les intentions de son roi et les mouvements de son armée.

« Mylord, écrivait en effet Bellegarde à Bentinck, le 22 mars 1815 [1], j'ai reçu la dépêche que Votre Excellence

---

[1]. *Record Office. War Office.* Vol. 186. (*Army in the Mediterranean. Bentinck.*) F. M. comte de Bellegarde à lord William Bentinck. Milan, 22 mars 1815. (*en français*).

m'a fait l'honneur de m'adresser à la date du 20 et je m'empresse de répondre aux questions qu'elle renferme.

» Je dois d'abord confirmer à Votre Excellence *la marche de toutes les troupes Napolitaines vers Ancône* où le Roi lui-même est attendu d'un moment à l'autre.

» Je ne puis pas décider si le rassemblement de l'armée Napolitaine dans les Marches peut être regardé comme une infraction au traité actuellement existant entre les Cours d'Autriche et de Naples, parce que j'ignore si *des stipulations ultérieures à ce traité* n'y ont pas apporté des modifications.

» Je ne puis donc pas répondre à la première question posée par Votre Excellence. Dans tous les cas, je dois croire les intentions du Roi équivoques. Car, dans quel but rassemble-t-il son armée à la frontière des pays qu'il occupe? Le moment où se fait ce rassemblement étant le même que celui de l'entreprise de Napoléon en France, on peut supposer au roi de Naples une intelligence avec lui et l'intention d'agir en sa faveur si ses succès en France étaient assez prononcés pour lui en donner la possibilité.

» Sous ce rapport, je regarde la conduite du Roi comme suspecte.

» Il me paraît donc sur l'objet de votre deuxième question que Votre Excellence agira entièrement dans le sens de l'alliance intime qui unit nos gouvernements en demandant au roi de Naples une explication sur la nature d'armements qui semblent être dictés par des intentions hostiles.

» La troisième question de Votre Excellence suppose le cas d'une rupture entre l'Autriche et Naples.

» Je dois remercier Votre Excellence de la prévenance qu'Elle met à m'offrir *sa coopération contre un ennemi qui serait le nôtre*, et pour ce cas je lui ferai l'observation qu'un des plus puissants moyens que pourraient employer les forces de Sa Majesté Britannique dans la Méditerranée pour s'opposer aux opérations du roi de Naples serait de le menacer du côté de la Sicile [1]. Des préparatifs en Sicile le forceraient à renvoyer quelques troupes dans des provinces qu'il a tellement dégarnies que ce sont des Vétérans qui ont la garde de Naples, dont la garnison est partie le 12 de ce mois.

» Si vous demandez, Mylord, une explication au roi de Naples, il me serait intéressant de connaître celle qu'il donnera, et je prie Votre Excellence de vouloir bien m'en faire la communication confidentielle. Je n'attends de mon côté que la nouvelle de son arrivée à Ancône pour lui demander l'explication des raisons qui l'y amènent à la tête de son armée et je ferai part à Votre Excellence de sa réponse.

» Veuillez agréer, etc., etc.

BELLEGARDE. »

P.-S. « Dans l'instant, je reçois la nouvelle que le roi de Naples est arrivé à Ancône le 19 mars, ce que je m'empresse de porter à la connaissance de Votre Excellence. »

Pour tacite qu'il ait été, l'accord, qui s'était établi, pour ainsi dire, instinctivement entre Bellegarde et Bentinck, n'en était pas moins complet et absolu. Poussés et inspirés

---

1. Le même jour, le commandeur Ruffo faisait savoir à Metternich que « les Anglais avaient renoncé à leur projet de retirer leurs troupes de la Sicile et qu'il était question de la venue de Bentinck à Palerme. » (*Haus, Hof und Staats-Archiv. Neapel. Sicilien.* F. 4. 1814-1815. Commandeur Ruffo au prince de Metternich. Vienne, 22 mars 1815. N° CVIII.)

Il est également intéressant de constater que, deux jours plus tard, Murat écrivait d'Ancône, le 21 mars, à Desvernois pour lui ordonner, « sa politique n'étant aucunement changée vis-à-vis du gouvernement anglais, ainsi qu'il l'en avait fait assurer officiellement, » de continuer à entretenir les relations les plus amicales avec les généraux anglais en Sicile. (DESVERNOIS. *Mémoires.* 477. 478. — Cf. Wellington à Castlereagh. Vienne, 25 mars 1815.

par la haine qu'ils portaient à Murat, ils avaient tous deux le même jour, Bellegarde en se servant d'une forme plus diplomatique et moins menaçante, demandé à Gallo des explications sur la conduite et les projets de son Roi.

« Monsieur le Duc, lui écrivait Bellegarde [1], aussitôt après avoir expédié la dépêche destinée à Bentinck, des forces considérables napolitaines se rassemblent dans les Marches, et Sa Majesté le roi de Naples vient d'arriver à Ancône.

« Ne connaissant aucune des raisons qui puissent motiver de tels rassemblements de troupes sur un point limitrophe des provinces où je commande, je me trouve dans la nécessité de devoir en demander l'explication à Votre Excellence. Je la prie de vouloir bien me la faire passer sans retard.

» Les relations amicales qui existent entre le cabinet de Naples et celui de Vienne me font espérer que Votre Excellence voudra, par une déclaration franche des motifs qui font mouvoir les armées Napolitaines, détruire la défiance qu'ils devraient inspirer si vous hésitiez, monsieur le Duc, à m'en faire connaître la cause. »

Mais quelle différence entre la forme si parfaitement correcte de cette note, énergique au fond, mais irréprochablement pondérée dans ses termes et le ton brusque, cassant, presque comminatoire employé par Bentinck. On devine ses sentiments personnels rien que par la sécheresse et l'aigreur de son langage. On voit poindre l'ultimatum sous la raideur avec laquelle il exige, plutôt qu'il ne demande, des explications.

» Des rapports venus de tous côtés et de sources absolument certaines, mande-t-il à Gallo [2], établissent tous le fait

---

1. *Haus, Hof und Staats-Archiv. (Bellegarde* 1815.) 123 b. F. M. comte de Bellegarde au duc de Gallo. Milan, 22 mars 1815.
2. *Record Office. Foreign Office.* Vol. 186. (*Army in the Mediterranean, Bentinck.*) Lord William Bentinck au duc de Gallo. Gênes, 22 mars 1815.

que l'on procède dans le royaume de Naples à de grands préparatifs militaires et *considèrent ce fait comme le prodrôme de l'ouverture d'hostilités immédiates.* On dit que l'armée Napolitaine est déjà en mouvement, et ces mêmes rapports, je ne saurai le cacher à Votre Excellence, attribuent à ces opérations des desseins en opposition directe avec les principes sur lesquels reposent le traité de paix avec l'Autriche et l'armistice signé par Votre Excellence et moi.

» Comme j'ignore les circonstances qui ont pu modifier les relations établies par ces conventions, je crois de mon devoir, tant afin de renseigner mon gouvernement que *de pouvoir guider ma propre conduite,* de m'adresser directement et franchement à Votre Excellence et de la prier de me fournir des explications qui seront, je l'espère, de nature à dissiper les doutes désagréables auxquels ont donné naissance ces événements.

» Le colonel Sir John Dalrymple vous remettra cette lettre. Je profite de cette occasion, etc.; etc. »

Les démarches et les efforts de Campochiaro, les déclarations officielles qu'il avait été chargé de faire au nom de son roi, les communications tant verbales qu'écrites dont il s'était acquitté auprès de Wellington [1], de Talleyrand et des autres Ministres présents à Vienne avaient d'autant moins réussi à faire revivre dans l'esprit de Metternich une confiance qu'il avait perdue depuis longtemps, à le décider à modifier les résolutions auxquelles il s'était arrêté après mûre réflexion qu'un courrier expédié par le Grand duc de Toscane le 16 lui avait apporté des « nouvelles sur la probabilité d'une levée de boucliers du roi de Naples »[2].

---

1. Cf. Wellington à lord Castlereagh. Vienne, 25 mars 1815.
2. *Haus, Hof und Staats-Archiv.* (*Instructions à Bellegarde* 1815. 123 b.) Prince de Metternich au F. M. comte de Bellegarde. Vienne, 22 mars 1815. N° 17.

Ignorant encore, comme il le dira à Bellegarde « si le roi a
» effectué le projet qu'il avait annoncé le 16 d'une manière
» très incohérente à son beau-frère Lucien », s'abstenant naturellement de parler au feld-maréchal de la partie militaire
des instructions que le prince de Schwarzenberg se chargeait de lui faire parvenir, il avait cru le moment venu de
lui faire part « de l'attitude diplomatique, lui disait-il,
» dans laquelle nous nous trouvons placés vis-à-vis du roi
» de Naples. »

« Nous lui avons déclaré par une note que j'ai adressée
le 26 février au duc de Campochiaro : « Que nous regardions
» tout mouvement de troupes hors des frontières du royaume
» de Naples ou des parties de territoires occupés maintenant
» par l'armée Napolitaine *comme une déclaration de guerre* ».
La déclaration des Puissances du 13 de ce mois ne laisse
d'un autre côté pas de doute sur la manière dont Elles en-
visagent *toute coopération ou entreprise tendant à soutenir la
cause de Napoléon.* — Votre Excellence est dans le cas de ne
pas laisser admettre par le roi de Naples la possibilité que
nous puissions ne pas *regarder tout mouvement de ses troupes
hors de ses frontières comme une rupture de l'alliance et comme
une déclaration de guerre de sa part, et que Votre Excellence ne
soit dans le cas de se conduire, dès ce moment, d'après la seule
raison militaire.*

» Je ne suis pas encore à même de juger sur quoi le roi
de Naples voudra appuyer sa déclaration de guerre, ni
quelles seront les ouvertures qu'il croira devoir nous faire ;
mais ce n'est qu'après avoir reçu ces explications que nous
pourrons mettre dans une juste balance le sort réel des *démarches qu'il serait peut-être prudent ou utile de faire dans la
position actuelle des choses pour paralyser, ne fût-ce même que
momentanément par des moyens politiques, l'incartade du Roi
ou se déterminer à la réprimer par la seule voie des armes.*

» Je prie Votre Excellence de vouloir bien rétablir en Italie par les feuilles publiques et par tous les moyens à sa disposition la conviction que l'accord le plus intime règne à Vienne entre toutes les Puissances et que l'Europe entière, sans en excepter une seule Puissance, n'a plus d'autre volonté que de réprimer par tous les moyens possibles le BRIGANDAGE qui menace de troubler de nouveau la société.

» Le Congrès va finir sous peu de jours ses travaux ; les questions en litige sont terminées et un acte public prononcera que si Napoléon a compté sur la désunion des Puissances, il s'est trompé dans ses calculs ».

Les derniers mots de Metternich auraient pu s'appliquer avec non moins de raison à Murat. Les notes et les dépêches du 22 mars allaient détruire ses dernières illusions et le mettre face à face avec une réalité aussi triste que menaçante. Lui aussi, il s'était trompé dans ses calculs. Il avait cru pouvoir compter sur l'appui, tout au moins sur la neutralité bienveillante de l'Angleterre et bientôt, il allait apprendre que cette puissance lui était tout aussi hostile que l'Autriche. Depuis la veille du reste, depuis l'instant où en envahissant les Etats Pontificaux il s'était décidé à commettre un acte équivalent à une déclaration de guerre, il aurait dû, plus que jamais, comprendre qu'il ne lui restait d'autre ressource que de suivre résolument et vigoureusement la voie qu'il avait choisie, cette voie dans laquelle, pour le moment, Metternich et Schwarzenberg redoutaient de le voir s'engager à fond. Après avoir manqué de tact, de prudence et de sens politique, il manqua de coup d'œil et d'énergie. Il ajouta une nouvelle faute bien autrement grave et absolument irréparable à toutes celles qu'il n'avait cessé de commettre dans ces derniers temps. Ne pouvant se résigner à des concessions trop tardives pour avoir chance d'être acceptées et auxquelles ni l'Autriche, ni l'Angleterre n'auraient d'ailleurs ajouté foi, n'osant profiter des avantages momentanés dus à ces mouvements mêmes qui provoquaient les demandes d'explication de Bellegarde et de Bentinck et les inquiétudes de Metternich et de Schwarzenberg, il acheva de se perdre en attendant les événements. Au lieu de profiter des craintes de l'Autriche, de ces craintes que nul ne devait mieux connaître que lui, puisqu'il en était l'auteur, au lieu d'élever la voix et de formuler nettement et énergiquement des prétentions qui, la mission confiée à Neipperg le 31 mars et le langage même de Metternich sont là pour en fournir la preuve, auraient pu être admises, au moins en partie, il préféra piétiner sur place et ne se décida à agir que lorsqu'il n'en était déjà plus temps.

Au point où en étaient arrivées les choses, chaque jour devait le mettre en présence de nouvelles difficultés, lui réserver de nouvelles déceptions. Trop préoccupé par le règlement urgent des questions militaires pour songer au grand embarras que lui aurait causé Pie VII en restant à Rome [1], la nouvelle de son départ pour Viterbe, départ dû, d'après Lebzeltern [2], aux conseils et au crédit de Monsei-

---

1. « J'espère que Sa Sainteté ne quittera pas sa Capitale, ce qui mettrait le roi dans le plus grand embarras; » (Comte de Mier au F. M. comte de Bellegarde. Naples, 21 mars 1815. (Dépêche expédiée par le capitaine Schön.) (R. Archivio di Stato. Milan. Atti Segreti 1815. VIII.)

2. Haus, Hof und Staats-Archiv. Kirchenstaat. N. A. F. 1. (Lebzeltern-Metternich. 1815.) Chevalier de Lebzeltern au prince de Metternich. Viterbo, 24 mars 1815 et Acquapendente 24 mars. Minuit. (Dépêche N° 88. en français.) « Le départ du pape a été, à mon avis, provoqué par mon
» seigneur Mauri qui n'a acquis que trop de crédit sur son esprit et qui
» a voulu en isolant le Pape l'éloigner surtout de son Secrétaire d'E-
» tat (le cardinal Pacca). Pacca a en vain prié le Pape d'attendre les
« événements avant de quitter Rome. » Cf. Ibidem. Rome, 22 mars 1815.
(Dépêche N° 87.) « Le pape vient de partir cette après-midi et je vais le
» suivre. »

Cf. R. Archivio di Stato. Bologne. (Prot. Segreti. Archivio Privato.) Fasc. 46. N° 191. Fragonesi à Savini. Forli, 24 mars 1815, sur le départ du Pape. — Ibidem. (Atti di Polizia). Fantini à Savini. Rimini, 25 mars 1815. (Même su-

gneur Mauri, et que lui avaient d'ailleurs fait prévoir les réponses faites aux ouvertures dont il avait chargé Lucien, n'en avait pas moins désagréablement affecté Murat. La résolution prise par Pie VII ne le privait pas seulement de la possibilité de faire valoir un argument qui, basé sur la présence du Saint-Père à Rome, lui aurait permis de combattre plus efficacement les défiances et les soupçons des Puissances, mais en raison même de la précipitation avec laquelle le Saint-Père s'était éloigné de sa capitale, elle fournissait au contraire une arme à ceux qui considéraient comme un acte d'hostilité, la violation du territoire Pontifical[1].

Bien que partageant la manière de voir du Cardinal Pacca, et regrettant, lui aussi, la précipitation avec laquelle Pie VII s'éloigna de sa capitale, Lebzeltern n'avait pu cacher à Metternich, la joie que lui avait causée la nouvelle de l'entrée des Napolitains en territoire pontifical. Ennemi aussi acharné de Murat que Bentinck, il se réjouissait ouvertement des malheurs inévitables qu'il voyait prêts à fondre sur le roi de Naples. « Il s'agit maintenant de battre Murat, s'é- » crie-t-il dans sa dépêche à Metternich[2], et de le mettre

---

jet). — *Rimini. Biblioteca Gambalunga. Giornale di Rimini dell' anno MDCCCXV. Scritto da* Michel Angelo Zanotti. *Collegiata Riminese. (Manuscrit.)* — *Ravenne. Collection particulière du D*r Miseroccui. *L'Educatore e il Narratore Storico Italiano.* VII. (Florence, 1851). — *Record Office. Foreign Office.* Vol. 22. (*Tuscany. Burghersh.*) Lord Burghersh à lord Castlereagh. Florence, 24 mars 1815. (Dépêche N° 29.) — *Ibidem. War Office.* Vol. 186. (*Army in the Mediterranean. Bentinck.*) F. M. comte de Bellegarde à lord William Bentinck. Milan, 27 mars 1815. (*en français*). — *Archives du Vatican. Congresso di Vienna.* Cardinal Pacca au cardinal Consalvi. Rome, 21-22 mars. (*Relazioni della partenza da Roma del S. Patre Pio VII.*)

1. Cf. Annexe XIV. Murat à Pie VII. Ancône, 27 mars 1815. (Lettre transmise au Saint-Père par lord William Bentinck, de Turin, le 6 avril 1815).

2. *Haus, Hof nnd Staats-Archiv. Kirchenstaat.* N. A. F. 1. (*Lebzeltern. Beriche* 1815.) Chevalier de Lebzeltern au prince de Metternich. Rome, 22 mars 1815. (Dépêche N° 87.) Il ajoutait en terminant « Si les intelli- » gences entre lui et Napoléon sont peut-être de fraîche date, ses ma-

» dans l'impossibilité de donner des inquiétudes. Il n'a que
» 40 à 50.000 hommes tout au plus, et peu ou pas d'ar-
» gent ».

Dès le 21 au soir, dès l'arrivée à Rome des premières nouvelles annonçant l'entrée des Napolitains à Terracine, le cardinal Pacca avait dû, en présence des volontés formellement exprimées par le Pape, prescrire à Monseigneur Sanseverino de prendre dans le plus grand mystère les mesures nécessaires pour échelonner sur la route de Rome à Viterbe les piquets de cavalerie qui allaient servir d'escorte à Pie VII dont le départ tenu absolument secret eut lieu le 22 dans l'après-midi [1]. Après avoir envoyé ses ins-

---

» nœuvres en Italie ont commencé depuis l'époque de son retour à Na-
» ples. »

Il avait joint à cette dépêche la copie d'un ordre de mouvement des troupes Napolitaines du 23 mars au 4 avril.

« 22 Mars, Terracina pour les deux divisions ; 23 mars, division Livron, Torre tre Ponti ; division Pignatelli, Ferentino ; 24 mars, Livron, Velletri ; Pignatelli, Valmontone, 25 mars, Livron, Albano ; Pignatelli Frascati. Le 26 mars, les deux divisions devaient se réunir à la Storta, y faire séjour le 27 et atteindre le 28 Monterosi, le 29 Civita Castellana, le 30 Narni, le 31 Terni, le 1er avril Spoleto, le 3 Foligno, le 4 Serravalle. » (Cet ordre de mouvement subit des modifications à partir du 26 mars.)

1. *Archives du Vatican. Congresso di Vienna.* Cardinal Pacca à Monseigneur Sanseverino, du Quirinal. Rome, 21 mars 1815. — Le 22 au matin, Pacca informait par une Note Monseigneur Bertazzoli, *Maestro di Camera* du Pape d'avoir à se tenir prêt à partir avec le Saint-Père « pour lequel les relais étaient déjà préparés ». Pie VII était accompagné en outre par Monseigneur Testa, *Consultore dell' Indice,* Monseigneur Sagrista, Monseigneur Sala, Monseigneur Mauri, *Sostituto della Secreteria di Stato*, Monseigneur Soglia, *Relatore nella Congregazione dell' Indice.* Monseigneur Campa, qui l'avait déjà suivi à Savone, Monseigneur Evangelisti, chargé de chiffrer et de déchiffrer les dépêches, le père Fontana, son médecin, un valet de chambre et deux palefreniers.

Le 22 au soir, Pie VII était à Viterbo, le 23 à Acquapendente, le 24 à San Quirico, le 25 à Sienne, le 26 à Florence qu'il ne quitta que le 29 pour se rendre à Pise et à Livourne. Ayant dû renoncer à s'embarquer, il retourna à Pise où il resta le 30 et le 31. Le 1er avril il était à Sarzana, où il s'embarquait le 2, débarquait à Rapallo et arrivait le 3 à Gênes où il s'établissait dans le palais du marquis Durazzo.

tructions aux délégats apostoliques de Perugia, Pesaro et Spoleto et les avoir informés des résolutions du Saint-Père [1], après avoir rédigé et fait publié la *notification* qu'il communiqua à Consalvi et dans laquelle il exposait les causes de ce départ [2], avant de se mettre lui-même en route, Pacca avait porté à la connaissance des cardinaux du Sacré Collège présents à Rome, en même temps que cette *notification*, la constitution de la *Junte d'Etat* à laquelle le Pape confiait l'expédition des affaires en son absence et dont la composition primitive avait été modifiée au dernier moment. Le choix définitif de Pie VII et de Pacca s'était arrêté sur le Cardinal Vicaire della Somaglia, Président, Monseigneur Riganti, Monseigneur Falzacappa, Monseigneur Ercolani, Monseigneur Giustiniani, Membres et Monseigneur Rivarola, ce dernier faisant fonction de Secrétaire avec voix déterminante en cas de partage [3].

Pendant que Lucien Bonaparte, bien qu'il eût commencé par déclarer qu'en sa qualité de sujet romain il se considérait comme obligé par la reconnaissance et par le sentiment de son devoir à partager le sort du Souverain Pontife, demandait et faisait viser le 21 ses passeports pour l'Angleterre où l'appelaient, disait-il, des affaires d'ordre privé [4],

1. *Archives du Vatican. Congresso di Vienna.* Cardinal Pacca aux délégats apostoliques de Perugia, Pesaro et Spoleto. Rome, du Secrétariat d'Etat, 22 mars 1815.
2. Cf. ANNEXE XIV.
3. *Archives du Vatican. Congresso di Vienna.* Cardinal Pacca aux cardinaux présents à Rome. Rome, de la Secrétairerie d'Etat, 22 mars 1815.
4. Cf. RINIERI. *Il Congresso di Vienna e la Santa-Sede.* Note 566, la lettre de remerciements adressée à ce propos par Lucien au cardinal Pacca. Après avoir protesté dans ce billet autographe de son désir et de son espoir de pouvoir être utile au Saint-Père, il ajoutait en *Post-Scriptum* daté du mardi 21 mars. « On m'affirme de façon positive que les trou-
» pes napolitaines ne feront que défiler vivement et dans le plus grand
» ordre. Puisqu'elles n'entreront pas à Rome, pourquoi en partir ? »
Archives du Vatican. Italia. Appendice. Epoca Napoleonica Vol. III. Fascio 6. Lucien fit viser son passeport après le départ du Pape, le 24 mars.

Consalvi ne s'endormait pas à Vienne. La visite, que lui avait faite le 20 au matin, sur l'ordre de Nesselrode, le général de Thuyll chargé de prendre ses commissions pour Rome où il devait s'acquitter auprès de Pie VII [1] de la mission que le tzar venait de lui confier, avait permis au cardinal de profiter du peu de sympathie que l'ancien représentant de la Russie à Naples portait à Murat. Après s'être entendu avec lui sur les affaires ecclésiastiques, telles que l'installation d'un métropolite à Vilna par exemple, dont le règlement était l'objet apparent de la mission du général, le cardinal n'avait pas manqué de le mettre au courant des difficultés auxquelles avaient donné naissance les prétentions à l'immunité diplomatique réclamée par Zuccari. Il avait eu soin de lui parler du refus de Zuccari de laisser passer par Sigillo les chevaux

---

1. *Archives du Vatican. Congresso di Vienna.* Cardinal Consalvi au cardinal Pacca. Vienne, 21-22 mars 1815. (*Dépêche chiffrée* N° 280). Cf. RINIERI. *Correspondenza Inedita dei Cardinali Consalvi e Pacca* P° 419, le billet de Nesselrode remis par le général de Thuyll au cardinal. P° 423 la réponse de Consalvi à Nesselrode et enfin la copie jointe à la dépêche de Pacca à Consalvi, de Gênes, 26 avril 1815 de la lettre du tzar que Thuyll remit le même jour à Pie VII.

Vienne, 6/18 mars 1815.

« Alexandre Ier au Saint-Père.

« Désirant offrir à Votre Sainteté un nouveau témoignage des sentiments d'estime et de vénération que m'ont inspirés ses vertus, j'ai jugé nécessaire d'envoyer auprès d'Elle le général-major baron de Thuyll pour lui en renouveler l'expression. Chargé d'être auprès de Votre Sainteté l'organe de ces sentiments et de l'intérêt que Je prends à l'affermissement de Son pouvoir temporel, il est autorisé à L'entretenir sur différents objets à régler pour l'utilité mutuelle des deux États.

« Je La prie d'ajouter foi à tout ce qu'il Lui dira de ma part et j'aime à espérer que cette mission contribuera à resserrer toujours davantage les liens d'amitié qui subsistent si heureusement entre Nous.

« C'est avec autant de plaisir et d'empressement que je profite de cette occasion pour assurer Votre Sainteté de Mon sincère attachement et de ma haute considération,

ALEXANDRE. »

et les armes donnés par l'Empereur d'Autriche au Saint-Père et qui arrivés à la Scheggia sous la conduite du capitaine Setacci avaient dû rétrograder, faire un crochet qui occasionna un retard de trois à quatre jours, sous le prétexte qu'aucune troupe en armes ne pouvait franchir les postes napolitains de Sigillo et de Fossato sans une permission spéciale signée par le général en chef [1]. Après avoir ainsi préparé le terrain, il avait naturellement amené la conversation sur la question des Marches. Tout en reconnaissant qu'en raison même de la tournure prise par les événements, des progrès faits par Napoléon en France, l'Autriche était contrainte d'ajourner l'exécution de ses desseins à l'égard de Murat, le général russe n'avait pas manqué de rejeter sur Mier, qui s'était *laissé jouer*, disait-il, par Murat et par Gallo, la responsabilité du retard apporté à une évacuation qu'il lui aurait été facile d'obtenir en se conformant en temps utile aux ordres de sa cour, mais qu'il était impossible d'exiger dans les circonstances actuelles.

Au cours de cette première visite qui fut suivie presqu'immédiatement de deux autres, malgré ses efforts et toute son habileté, Consalvi n'avait pu arriver à découvrir le but réel de la mission confiée à Thuyll, la cause du choix évidemment intentionnel fait par Alexandre, la raison pour laquelle il avait tenu à désigner le personnage qui après le départ du général Balachoff avait représenté la Russie à Naples. Il avait cependant réussi à se convaincre du peu de sympathie dont le tzar était pour le moment animé à l'égard de Murat et des sentiments « *très-anti-Napoléoniens et très anti-Bourboniens* » de l'Empereur de Russie.

Un dernier entretien qu'il eut avec Thuyll après l'arrivée

---

[1]. *Archives du Vatican. Congresso di Vienna.* Cardinal Pacca au cardinal Consalvi. Billet en date de Rome 1ᵉʳ mars 1815. Cf. Rinieri, *Corrispendenza Inedita* etc. 421-422. Note.

du courrier de Florence relatif aux ouvertures que Lucien avait été chargé de faire au Pape, rapproché d'une courte conversation qu'il avait eue avec Metternich, avait en fin de compte permis à Consalvi, si ce n'est de découvrir toute la vérité, du moins d'être fixé sur les intentions de la Russie et d'acquérir la conviction que « certains ménagements » n'étaient que la conséquence d'éventualités qu'on redoutait.

Quelque brève qu'ait été la conversation que le cardinal avait arrachée à Metternich dans l'embrasure de la fenêtre d'un salon plein de gens avides de lui parler, elle n'en avait pas pour cela été moins intéressante. Le chancelier lui avait nettement déclaré qu'à la veille d'une nouvelle guerre, d'une guerre à outrance contre la France, l'Autriche ne pouvait prendre l'initiative des hostilités en Italie; qu'on devrait, si la lutte venait à s'engager de ce côté, commencer par rester sur la défensive et qu'il importait par conséquent de gagner du temps afin d'y faire arriver les forces qu'on y envoyait. Il ajouta, que décidé, comme on l'était, à se défaire de Murat, il fallait à tout prix éviter de lui fournir le prétexte de profiter de la reprise des négociations, auxquelles ne manquerait pas de donner lieu une nouvelle demande tendant à l'évacuation des Marches, pour réclamer à l'Autriche et aux autres puissances des garanties qu'on ne saurait lui accorder. Metternich, obligé par l'endroit même où l'entretien avait lieu à condenser sa pensée, avait à nouveau affirmé au Cardinal : « Que l'on était décidé à restituer les Marches au Saint-Père. » Il lui avait même touché deux mots de l'affaire des Légations dont il se réservait de lui reparler incessamment « parce que, avait-il
» dit, il faudra que nous fassions notre arrangement pour
» la partie militaire qui est tout à fait séparée de la par-
» tie civile ». Enfin il s'était séparé du cardinal en résumant toute la question de Naples dans ce dilemme : « Ou

bien Napoléon l'emportera, et alors notre intérêt nous oblige à préférer la présence d'un Bourbon à celle d'un parent de l'Empereur en Italie — ou bien ce sera le Roi de France, et alors il va de soi que les Bourbons voudront faire disparaître jusqu'au dernier vestige du régime déchu. — Dans les deux cas, *la chute de Murat est donc certaine et inévitable* [1]. »

C'étaient là des déclarations formelles et catégoriques qui ne pouvaient qu'être agréables à Consalvi. Son contentement eût été plus complet encore s'il avait eu connaissance du billet adressé à Lebzeltern que Metternich venait de remettre au général de Thuyll.

« Le général de Thuyll, porteur de cette lettre est chargé
» par l'Empereur de Russie d'une commission pour Rome
» et *doit, dans le cas où la guerre se rallumerait* (ce qu'à Dieu
» ne plaise), se rendre à notre Quartier-Général en Italie.

» Je vous le recommande et vous prescris de lui faciliter
» ultérieurement en cas de besoin les moyens de rejoindre
» notre Quartier-Général » [2].

La guerre, à laquelle on s'attendait à Vienne, était à ce moment d'autant plus inévitable, d'autant plus imminente qu'à son arrivée le 22 mars au matin à Bologne, où il avait ordre de prendre le commandement des troupes autrichiennes de la rive droite du Pô, le général Bianchi y avait trouvé les nouvelles les plus alarmantes. Le colonel Gavenda posté en première ligne avec son régiment de hussards venait en effet d'informer le général Steffanini que d'après les indices et les renseignements recueillis, les Napolitains se disposaient à entrer dans les Légations sans déclaration préala-

---

1. *Archives du Vatican. Congresso di Vienna.* Cardinal Consalvi au cardinal Pacca. Vienne, 21-22 mars 1815. (*Dépêche chiffrée* N° 280.)
2. *Haus, Hof und Staats-Archiv. Kirchenstaat.* N. A. F. 1. (*Metternich.* 1815.) Le prince de Metternich au chevalier de Lebzeltern. Vienne, 22 mars 1815. (Dépêche N° 67.)

ble de guerre. Pendant que Schwarzenberg envoyait au général-major Fürstenwerth à Unzmarkt, l'ordre de se porter à marches forcées avec sa brigade sur Vérone et d'y être rendu le 9 avril [1], le major d'Aspre, l'aide-de-camp et le bras droit de Nugent, expédié de Vienne en mission secrète, passait par Bologne se rendant en toute hâte à Livourne. Les allées et les venues, les commissions plus ou moins mystérieuses se multipliaient. De Bologne, Steffanini envoyait le lieutenant-colonel Neumann à Ancône sous prétexte de complimenter Murat, mais en réalité afin d'être plus exactement tenu au courant de tout ce qui s'y décidait [2]. Presqu'au même moment l'archiduc Maximilien d'Este quittait Modène à la requête de son frère, le duc François IV, afin de faire connaître à Vienne les projets hostiles de Murat et la situation réelle des affaires sur la rive droite du Pô [3]. Les Napolitains avaient, eux aussi, jugé utile de se renseigner plus exactement. Le 22 mars le chef de bataillon Bulk arrivait à Bologne. Chargé officiellement par Carrascosa, inquiet du silence que malgré les réclamations qu'il avait fait présenter quelques jours auparavant par le capitaine Pagani on gardait sur la question des fusils, d'insister sur l'expédition de ces armes dont on avait si grand

---

1. *K. u K. Kriegs-Archiv. Feld-Acten. Frimont.* 1044. F. M. prince de Schwarzenberg au général-major Fürstenwerth. Vienne, 22 mars 1815. F. III. 95. a.

2. *K. u K. Kriegs-Archiv. Feld-Acten. Frimont.* 1044. Capitaine Spanoghi au général Richter. Bologne, 22 mars 1815. F. III. 74. — *Ibidem. Hof Kriegs-Rath. Praesidial Acten.* Journal d'opérations de l'armée d'Italie. F. III ad 30.

3. Cf. GALVANI. *Vita di Francesco IV.* Vol. III. 71.
L'archiduc ne prit le chemin de Vienne qu'après avoir inspecté la ligne du Pô, constaté que les troupes autrichiennes n'étaient pas suffisamment nombreuses pour arrêter la marche des Napolitains, et prévenu son frère, le duc, qui dès le 28 prit ses dispositions pour quitter ses Etats. (Cf. *Modène. Archivio Storico. Museo Civico.* ROVATTI. *Cronaca Modenese.* 1ʳᵉ partie 1815. Modène, 28 et 29 mars 1815.)

besoin, il avait en réalité pour mission d'arriver jusqu'à
Elisa et de s'acquitter des communications que Murat tenait à faire parvenir à sa belle-sœur par une voie absolument sûre [1].

1. *Archiv des Ministeriums des Innern. Acten der Polizei Hof Stelle* 1815. F. 494. Général-major Steffanini au baron Hager. Bologne, 22 mars 1815.

IV. — 23-24 Mars 1815. — **Filangieri chez Bellegarde.** — Importance de leur entretien. — Les dépêches de Bellegarde à Metternich et à Gallo. — Starhemberg à Ancône et l'objet de sa mission. — Le colonel Dalrymple envoyé par Bentinck à Murat. — Les ordres de l'Empereur à Caulaincourt. — Instructions de Croker au contre-amiral Penrose. — L'hostilité de l'Angleterre. — Tocco et Castlereagh. — L'alarme en Toscane. — Les désertions dans les Abruzzes. — La circulaire de Carrascosa. — L'état des esprits en Lombardie et dans les Légations. — Les préparatifs autrichiens. — Le départ d'Elisa de Bologne. — Le prince Jérôme s'enfuit de Trieste.

Pendant que le capitaine de Constant-Villars expédié par Bianchi et par Steffanini touchait barre à Modène et portait à Milan les nouvelles alarmantes que le colonel Gavenda avait fait parvenir à Bologne, le général Filangieri arrivé le 23 mars l'après-midi [1] se rendait presque immédiatement chez Bellegarde. La lettre qu'il était chargé de lui remettre, celle par laquelle Gallo le chargeait au nom du Roi et de la Reine de réclamer la mise en liberté de Pauline et la délivrance de passe-ports lui permettant de se rendre à Naples, cette lettre qui n'avait d'autre but que de dissimuler l'objet réel de sa mission, cette lettre dont l'utilité, même apparente, était presque réduite à néant par les instructions envoyées de Vienne à Milan, n'était plus bonne tout au plus qu'à servir d'entrée en matière à la longue et importante conversation que l'envoyé de Murat allait avoir avec l'ancien commandant en chef de l'armée autrichienne d'Italie.

[1]. *Archiv des Ministeriums des Innern. Acten der Polizei Hof Stelle* 520. 53. 1509. Marquis Ghislieri au baron Hager. Milan, 23 mars 1815.

Se conformant aux ordres de Metternich qui trouvait que dans les circonstances actuelles la présence en Italie de Pauline et d'Elisa présentait de sérieux inconvénients, Bellegarde avait en effet déjà fait préparer la dépêche que Starhemberg devait emporter à Ancône et dans laquelle, après avoir justifié et expliqué la conduite du commandant de Lucques, il communiquait à Gallo [1] les décisions que son gouvernement avait prises à l'égard de ces princesses. En même temps, et avant même d'avoir reçu la visite de Filangieri, il avait déjà rendu compte à Metternich de la façon dont il avait procédé à l'exécution de ses ordres en date de Vienne, 14 mars, des missions dont il avait chargé le capitaine comte de Sedlnicky et le major Le Breux désignés par lui pour conduire et accompagner Pauline et Elisa à Graz [2].

1. Dans cette dépêche au duc de Gallo, Bellegarde lui mandait que le débarquement de Pauline sur la côte de Lucques, exécuté sans préavis, avait embarrassé le lieutenant-colonel Werklein. N'ayant pas d'ordres, cet officier avait cru devoir en référer à Milan avant de la laisser continuer son voyage. Quant à lui, il s'était empressé d'envoyer aussitôt un de ses officiers pour informer la princesse qu'elle pouvait rester à Compignano. La dépêche, qu'il avait envoyée à Mier le 18, était là pour prouver qu' « il avait été, en ce qui dépendait de lui, au-devant des » désirs du Roi et de la Reine. » Quant à Lœtitia, il ignorait encore où elle se trouvait et n'avait pas été prévenu de son débarquement. Entre temps, il avait fait son rapport à Vienne. « L'Empereur, ajou-» tait-il, sentant que la *position de Pauline à Lucques pouvait être em-* » *barrassante pour elle,* ordonna au prince de Metternich de l'inviter à » se rendre dans ses Etats où elle jouirait d'un asile agréable. » Bellegarde qui venait d'en faire part à Pauline ne doutait pas qu'elle se fût mise en route pour Graz où il espérait que le séjour lui conviendrait. Il informait en même temps Gallo que « pour la même raison Metternich avait adressé la même invitation à Elisa », et il terminait en lui disant : « Ce procédé, preuve de l'intérêt que Sa Majesté leur porte, ne peut que resserrer et multiplier les relations de nos Cours. »
(*Haus, Hof und Staats-Archiv. Bellegarde* 1815. 123 b.) F. M. comte de Bellegarde au duc de Gallo. Milan, 23 mars.

2. *Haus, Hof und Staats-Archiv.* (*Bellegarde* 1815. 123 b.) F. M. comte de Bellegarde au prince de Metternich. Milan, 23 mars 1815. (Dépêche N° 47.) Bellegarde n'avait pas dit la vérité tout entière à Gallo. « J'espère que » ces officiers trouveront à Graz des ordres pour la route à lui faire

Avec une franchise qui ne manquait pas d'habileté et qui, par cela même qu'elle produisit une agréable impression sur Bellegarde, ne contribua pas peu à faciliter leur long entretien, Filangieri, loin de se lancer dans les grandes phrases, s'était contenté de lui dire simplement en lui remettant sa dépêche que Murat, qui aimait beaucoup Pauline, tenait pour cette raison à la voir s'établir à Naples. Il avait même été jusqu'à ajouter : « Elle ne s'occupe guère que de ses plaisirs et bien peu de politique. »

Aucun des deux interlocuteurs n'était d'ailleurs disposé à s'appesantir longuement sur une affaire, en somme insignifiante, et dont tous deux ne voulaient faire usage que pour en venir à parler du voyage et de la présence de Murat à Ancône et pour entrer presque immédiatement dans le vif de la question.

Ce fut Bellegarde qui ouvrit le feu en faisant observer à l'envoyé de Murat que, dans les circonstances actuelles on avait peine à se défendre de l'idée de croire son Maître d'intelligence avec Napoléon, qu'il y avait par trop de coïncidences entre les desseins de Napoléon et toutes les mesures prises par Murat.

Filangieri lui répondit « avec vivacité en lui garantissant de sa parole », que le roi de Naples avait absolument ignoré les projets de l'Empereur et que « le voyage d'Ancône était le résultat naturel de sa position et de son caractère. »

« Vous connaissez, monsieur le Maréchal, la tête volca-
» nique du Roi. Sa situation lui donne des inquiétudes dont
» les sujets ne s'accroissent que trop depuis quatre mois.

» suivre de là jusqu'à Brünn. » De plus, après avoir rendu compte à Metternich des arguments qu'il avait fait valoir dans sa réponse à Gallo, il le priait, à cause de l'arrivée de Filangieri, de hâter la solution de cette affaire. « Je chercherai, lui disait-il, à retarder le retour
» du général Filangieri pour gagner du temps et pour que ce départ
» soit effectué quand il arrivera à Ancône, mais il presse extrêmement. »

» Aucune des personnes qu'il a envoyées à Vienne n'a pu
» lui apporter aucune raison d'espérer la conservation de
» son trône. Il se voit continuellement menacé par plusieurs
» des Puissances rassemblées au Congrès, et jamais les
» explications de l'Autriche n'ont été assez franches pour ne
» pas fortement la soupçonner, ou de le jouer, ou, au moins,
» de ne pas vouloir soutenir ses intérêts avec chaleur. Les
» hommes qui l'entourent, la Reine elle-même, ont cherché
» à le calmer, à lui faire sentir les dangers des mesures
» qu'il prend; mais il n'a plus cédé aux conseils de la
» prudence et de la modération et a annoncé le parti qu'il
» avait pris de défendre son existence, les armes à la
» main » [1].

Et pour mieux marquer l'importance de sa déclaration, le caractère et la nature des résolutions de Murat, Filangieri avait ajouté : « *Ce ne sont pas les Marches que veut le Roi. Il* » *renoncerait aux prétentions auxquelles l'autorise son traité avec* » *l'Autriche*. IL NE VEUT ET NE DEMANDE QUE LA CERTITUDE DE » GARDER SON TRÔNE... »

Ne pouvant répondre d'une manière nette et catégorique aux derniers mots de Filangieri, à cette déclaration formelle d'abandon des avantages stipulés par un traité en échange d'une garantie et d'une reconnaissance également inscrites dans cet acte, Bellegarde crut plus prudent et plus sage de s'en tenir aux questions brûlantes du moment et de lui faire part des réflexions qu'il avait faites, des conclusions qu'on devait tirer des mesures prises par son Roi. Il lui semblait que la marche adoptée par Murat n'était pas de nature à faciliter la réalisation de ses désirs; que la menace était une arme d'autant plus dangereuse pour lui que dans les

---

1. *Haus, Hof und Staats-Archiv. (Bellegarde 1815.)* 123. b. F. M. comte de Bellegarde au prince de Metternich. Milan, 23 mars 1815. (Dépêche N° 51.)

circonstances actuelles les Puissances « ne lui pardonneraient pas l'apparence de se trouver de concert avec Napoléon ». Déplaçant alors la question, il avait essayé de lui démontrer qu'une agression tentée par lui serait en outre injuste, l'Autriche lui ayant récemment encore donné des preuves évidentes de l'intérêt qu'elle lui portait. « Dès le moment où le cabinet de Versailles avait paru vouloir se porter à la violence contre lui, » n'avait-elle pas déclaré « qu'elle ne permettrait jamais à des armées étrangères d'entrer en Italie pour y établir la guerre » et pour mieux prouver cet intérêt et ses bonnes dispositions, elle avait soutenu cette déclaration par la résolution de réunir dans ses provinces italiennes une armée de 150.000 hommes. Cette disposition lui semblait être tout à fait à l'avantage et dans les intérêts de Murat. N'était-ce pas le soutenir que de ne pas permettre qu'on vînt l'attaquer, « puisqu'on réduisait les intentions hostiles de la France contre lui au seul expédient d'une expédition maritime. » Développant encore ses arguments et allant au-devant des objections qu'il prévoyait, Bellegarde avait toutefois cru utile et opportun de faire remarquer à Filangieri que toute cette force destinée dans le fait à protéger Murat était d'autre part prête à le combattre, « s'il se portait à des voies extrêmes », et qu'en agissant de la sorte son Roi s'engagerait « dans une lutte trop inégale pour jamais espérer en sortir avec avantage. »

Loin de songer à discuter les chances de succès que Murat pourrait avoir dans une guerre contre l'Autriche, Filangieri avait cru plus habile et plus digne de reconnaître que le Roi ne se faisait aucune illusion sur l'inégalité de cette lutte. Mais il avait déclaré en même temps que « Joachim aimait » mieux mourir à la tête de son armée que descendre honteusement du trône sur un ordre des Puissances et qu'il

» trouverait des ressources dans son propre désespoir [1] ».

Bellegarde relevant ce dernier mot avait saisi l'occasion qui s'offrait à lui pour essayer de se renseigner sur un point qui avait naturellement pour lui une importance capitale, sur l'état des esprits, sur la façon dont l'opinion publique accueillerait et accepterait la guerre. Il fit donc observer à Filangieri que ce désespoir, conséquence de la défiance et des inquiétudes de son Roi, ce désespoir qui le menait infailliblement à sa perte ne devait être partagé ni par son peuple, ni par son armée.

Tout en reconnaissant que le feld-maréchal pouvait avoir jusqu'à un certain point raison, tout en allant jusqu'à admettre « qu'il ne paraissait pas sage de se sacrifier pour un homme étranger aux Napolitains », il s'était empressé d'ajouter aussitôt que : « Quand on pensait à Naples à l'ancien
» gouvernement où régnaient la faiblesse, l'intrigue et la
» cruauté, tout le monde était prêt à défendre le roi actuel ».

Entrant alors dans le détail des moyens dont disposait Murat, jugeant d'ailleurs que le moment de mettre fin à cette longue conversation approchait, Filangieri fit valoir un argument qu'il avait tenu en réserve, parce qu'à juste raison il le croyait, plus qu'aucun autre, susceptible de produire une profonde impression sur Bellegarde : « Ces moyens, lui
» dit-il, ne sont pas aussi inégaux qu'ils le paraissent d'a-
» bord. *Le Roi a un grand parti en Italie et l'Autriche n'en a*

---

1. Comme il le dira à Metternich, dans une première dépêche, (*Haus, Hof und Staats-Archiv.* Dépêche N° 47. Milan, 23 mars. 1815) avant de donner audience à Filangieri, Bellegarde avait réussi « à le faire son-
» der sur les intentions du roi de Naples. »

« Il (Murat) ne le cache pas. Il est décidé à nous faire la guerre. Il
» a dit à ses généraux en partant de Naples que les armes l'avaient
» conduit jusqu'au trône ; qu'il ne voulait en descendre que par les
» armes et non par un décret ; que le Congrès s'était terminée sans
» que son sort fût décidé et qu'il avait pris le parti de le décider l'é-
» pée à la main... »

» *plus*. Elle a perdu celui qu'elle y avait ; elle a traité l'Italie
» d'une manière trop secondaire ; elle ne lui a laissé aucun
» espoir de force ou de nationalité. L'Autriche, qui pouvait,
» il y a six mois, tirer 80.000 hommes de l'Italie et qui par
» la force d'un système italien aurait comprimé le roi de
» Naples dans ses Etats, *l'Autriche, qui en aurait fait un auxi-*
» *liaire trop faible pour qu'il ne lui soit pas très fidèle*, a fait
» *par ses fausses mesures passer tous les Italiens dans le parti de*
» *ce même roi de Naples qui aurait été un caporal de ses armées.*
» Si l'Autriche avait profité de la circonstance pour joindre
» aux couronnes réunies sur la tête de son Empereur celle
» de l'Italie dans *le moment où l'ascendant de la victoire per-*
» *mettait de le faire sans que la France y mît opposition*, elle
» aurait aujourd'hui tous les Italiens ralliés autour d'elle et
» le roi de Naples dans l'impuissance ».

Les dernières paroles de Filangieri avaient porté. Et c'était sous l'impression encore toute fraîche et toute vivante de l'effet qu'elles avaient produit sur lui, qu'aussitôt après le départ du général napolitain Bellegarde écrivait à Metternich : « Vous voyez par ces discours, mon Prince, que
» Filangieri n'est pas ami du roi de Naples [1] et qu'il parle
» *dans un sens tout à fait italien. C'est celui qui est le plus gé-*
» *néral en Italie et c'est celui malheureusement que nous avons le*
» *plus blessé*. Je ne doute pas que le roi de Naples, qui était
» détesté à l'époque de la dernière guerre tandis qu'on nous
» désirait, ne compterait aujourd'hui plus de défenseurs que
» nous ».

L'émotion à laquelle Bellegarde était en proie au sortir de cet entretien avait été si profonde et si vive qu'il n'avait pas cru suffisant de se contenter de cette courte constatation

---

1. Filangieri ne devait pas tarder à prouver qu'il était en tout cas un des plus vaillants et plus dévoués serviteurs de Murat.

de l'existence en Italie d'un grand parti favorable à Murat. Il avait jugé de son devoir de fixer l'attention de Metternich sur la situation du moment, d'insister, comme nous l'avons mis en lumière par le passage extrait de cette dépêche que nous avons reproduit (Pages 126 et 127), sur les avantages qu'assurait à Murat la réunion de la plus grande partie de ses moyens militaires, sur le faible effectif des troupes autrichiennes, sur la facilité avec laquelle une agression subite conduirait presque sans coup férir les Napolitains jusqu'au Pô. Quoique ne doutant pas un seul instant de l'issue de la lutte, il n'avait pas caché à Metternich combien il serait important de l'éviter, quel intérêt il y avait « à gagner quelques semaines ». Il l'avait supplié même, si la chose lui était possible, « de faire osciller le Roi dans ses résolutions ». Mais il ne s'en était pas tenu là. Il avait, après son entretien avec Filangieri, été amené à considérer la question non plus « sous le point de vue isolé de l'Italie » mais « en y associant l'idée de la lutte qui vient de s'établir en France ».

Convaincu qu'elle devenait « dangereuse dans l'hypothèse du succès de Napoléon », il avait pris sur lui, afin de « tâcher de faire perdre du temps à Murat », d'envoyer immédiatement à Ancône le général comte de Starhemberg. Comme nous l'avons dit, il lui confiait en apparence la mission « de complimenter le Roi sur son arrivée [1], » de porter en même temps à Gallo la réponse à ses instances en faveur de Pauline et de lui demander des explications sur les préparatifs de son Roi; mais en réalité il avait surtout recommandé au général de tout mettre en œuvre pour circonvenir et leurrer Joachim.

1. *Haus, Hof und Staats-Archiv.* (*Bellegarde* 1815.) 123 b. F. M. comte de Bellegarde au prince de Metternich. Milan, 23 mars 1815. (Dépêche N° 47.)

« J'ai chargé le comte de Starhemberg, dira-t-il à Met-
» ternich dans sa deuxième dépêche en date du 23 mars[1],
» d'observer au roi de Naples : qu'il *pouvait dans cette cir-*
» *constance actuelle mettre l'Autriche à même de plaider au Con-*
» *grès sa cause d'une manière victorieuse ; qu'il devait aujourd'hui*
» *prouver à l'Europe la sincérité de ses intentions et que les Bour-*
» *bons eux-mêmes seraient moins éloignés d'assurer son existence*
» *politique par leur ratification, s'ils le voyaient rester totale-*
» *ment étranger à l'entreprise que forme Napoléon pour les dé-*
» *trôner.*

» Je ne sais pas quel effet feront de telles observations.
» Je vous prie, mon Prince, de vouloir les seconder sans
» retard par celles que bien que mieux que moi vous jugerez
» convenables à nos relations avec la Cour de Naples et *faites*
» *pour lui faire au moins perdre du temps* ».

Et il ajoute afin de justifier le choix qu'il a fait de Starhemberg et de bien laisser entendre que de son côté il ne s'endormira pas :

« Le comte de Starhemberg connaît toute l'armée napo-
» litaine avec laquelle il a servi dans la guerre dernière.
» Personne mieux que lui ne pourra nous donner des ren-
» seignements positifs sur sa force, sur l'esprit qui l'anime
» et sur les projets du Roi ».

On approuva à Vienne la manœuvre de Bellegarde et ce fut probablement sa dépêche qui fit naître la pensée de la mission qu'on songea à confier à Neipperg et contribua à désigner ce général au choix de Metternich et de Schwarzenberg.

Bentinck avait eu, au même moment et presque pour les mêmes raisons, la même idée que Bellegarde. Désireux

---

[1]. Haus, Hof und Staats-Archiv. (*Bellegarde* 1815.) 123. b. F. M. comte de Bellegarde au prince de Metternich. Milan, 23 mars 1815. (Dépêche N° 51.)

comme lui de découvrir les véritables intentions de Murat il avait le même jour fait partir le colonel Dalrymple pour Ancône. Mais contrairement à ses habitudes, il avait tout particulièrement recommandé au colonel d'apporter la plus extrême prudence et la plus grande réserve dans ses conversations avec Gallo, de ne pas lui cacher l'effet déplorable produit par les événements » mais de bien se garder de le menacer et surtout de ne « pas lui laisser supposer la possibilité d'une diversion partant de la Sicile ». Il n'avait naturellement pas manqué de lui prescrire de profiter de tous les prétextes imaginables pour prolonger le plus possible son séjour à Ancône « afin d'être mieux à même de le renseigner complètement et exactement [1]. »

Jamais on ne s'était tant et en tant de lieux occupé de Murat, de ses projets, du parti qu'il allait prendre. Pour la première fois depuis son départ de l'île d'Elbe et trois jours seulement après son arrivée à Paris, Napoléon avait cru utile de manifester ses sentiments à l'égard du roi de Naples. Le 23 mars, il avait en effet donné ordre à Caulaincourt [2] de faire analyser « toutes les dépêches de M. de Talleyrand et du roi

---

1. *Record Office. Foreign Office.* Vol. 186. (*Army in the Mediterranean. Bentinck.*) Lord William Bentinck à sir John Dalrymple. Gênes, 23 mars 1815. — *Ibidem in Ibidem*, même date. Lord William Bentinck à lord Bathurst. — *R. Archivio di Stato. Bologne.* (*Protocolli Segreti. Archivio Privato.*) Fasc. 46. Fragonesi à Savini. Forli, 23 mars 1815. N° 494. Signale le passage par cette ville le 24 mars à 5 heures de Dalrymple et à 6 heures d'un aide de camp de Murat, M. de B. (peut-être bien Baufremont) venant de Gênes et allant lui aussi à Ancône. — *Archiv des Ministeriums des Innern. Acten der Polizei Hof Stelle 1815. Wiener Congress.* F. 497. 535. Raab au baron Hager. Bologne, 30 mars 1815.

2. *Correspondance de Napoléon.* T. 28. N° 21693. L'Empereur au duc de Vicence. Paris, 23 mars 1815.

Cf. *Haus, Hof und Staats-Archiv. 1815.* (*Frankreich. Vincent.* — *Metternich.*) 315. IV-VIII. Baron de Vincent au prince de Metternich. P S. 2 ad Dépêche 44. Vienne, 3 avril 1815. sur les efforts faits le 24 mars par Flahault et Caulaincourt afin de lui prouver que Napoléon veut la paix.

contre le roi de Naples afin de pouvoir les lui faire communiquer ».

Mais à côté de cette marque encore toute platonique d'intérêt que Napoléon donnait à son beau-frère, partout ailleurs on se prononçait contre lui, ou tout au moins on redoublait de méfiance à son égard. Le même jour, Saint-Marsan, s'adressant cette fois à Wellington, renouvelait, en en motivant l'urgence par les derniers événements, la demande d'armes et de munitions qu'il avait remise à Castlereagh le 30 octobre 1814. Il croyait même opportun d'insister tout particulièrement sur l'obtention de subsides dont sa Cour avait le plus pressant besoin « afin de pouvoir pousser ses armements et ses préparatifs[1]. » Le lendemain, profitant du départ de Vienne de La Tour du Pin passant par Turin pour se rendre dans le Midi de la France, il lui confiait une dépêche confidentielle dans laquelle, sûr qu'elle ne serait ni ouverte, ni interceptée en route, il faisait, en quelques lignes, connaître toute sa pensée à Vallaise. « On s'attend ici, lui disait-il, à apprendre d'un moment à l'autre
» que le roi Joachim est en mouvement. Les troupes qui
» marchaient en Italie ont reçu l'ordre de doubler les éta-
» pes. Le nombre en a été encore augmenté ». Et il ajoute
» en terminant et en revenant sur le fait que nous avons
» déjà signalé : « En attendant, le duc de Campochiaro avait
» demandé que son Maître fût admis dans l'alliance et avait
» offert un contingent [2] ».

Pendant ce temps, les affaires de Murat se gâtaient de plus en plus du côté de l'Angleterre. Le 24 mars, Croker

---

1. R. *Archivio di Stato. Turin. Congresso di Vienna.* (*Saint-Marsan.*) Marquis de Saint-Marsan au duc de Wellington. Vienne, 23 mars 1815.
2. R. *Archivio di Stato. Turin. Congresso di Vienna.* (*Correspondance particulière de Saint-Marsan avec Vallaise.*) Marquis de Saint-Marsan au comte de Vallaise. Vienne, 24 mars 1815. (Lettre confidentielle et particulière N° 27.)

expédiait à l'amiral Penrose des ordres secrets et confidentiels réglant les opérations de son escadre [1]. Au même moment aussi, lord Liverpool manifestait nettement et carrément l'intention bien arrêtée du cabinet de Saint-James de se refuser à toute espèce de conversation, même indirecte, avec le gouvernement de Naples. Répondant le 23 mars à Marshall qui, comme nous l'avons dit précédemment [2], lui avait remis, et la lettre de Murat au Prince Régent du 18 janvier, et la note que Gallo lui avait adressée à la même date, il lui faisait savoir sèchement que « toute discussion à ce sujet, tout arrangement à ce propos doit être continué et fixé à Vienne » [3].

Il ne devait pas s'en tenir là. Le chevalier Tocco, qui résidait à Londres, « sans caractère accrédité » et s'efforçait vainement d'y représenter Murat, avait tenté à ce moment de nouvelles démarches aussi infructueuses, mais plus désastreuses que les précédentes. Le 24, il avait cru faire un coup de maître en faisant tenir à Castlereagh un billet par lequel il l'informait qu' « en raison de la résolution inébranlable » de Murat de persévérer dans le système de la Coalition » Européenne, en raison du désir qu'a le Roi d'avoir un » traité définitif » il se proposait de faire « partir un courrier » pour communiquer au Roi tout ce que lord Castlereagh » lui a dit à ce sujet [4] ». Le lendemain, il revenait à la charge. Voulant réexpédier au plus tôt ce courrier à Naples,

---

1. Cf. *Record Office. Admiralty. (Sicily.* Vol. 430.) *Rear Admiral* Penrose à John William Croker, à bord de la *Queen.* Gênes, 3 mai 1815. Dépêche N° 26.
2. Cf. Tome II. P^{es} 285 et 607.
3. *Record Office. Foreign Office* Vol. 73. (*Sicily. Domestics, Various.*) Lord Liverpool à Marshall. Londres, 23 mars 1815.
4. *Record Office. Foreign Office.* Vol. 73. (*Sicily. Domestics, Various.*) Chevalier Tocco à lord Castlereagh. Londres, 24 et 25 mars 1815. (Notes en français.)

Tocco priait lord Castlereagh « de *lui donner une réponse*
» *officielle sur ce dont nous sommes convenus dans la conférence*
» *d'hier* et sur les ordres expédiés par le Gouvernement
» Britannique pour la signature du traité définitif avec les
» Plénipotentiaires du roi à Vienne ».

La réponse officielle que demandait Tocco, le secrétaire d'Etat allait la lui faire parvenir. Mais il faut croire que le diplomate napolitain avait bien mal compris ce que lord Castlereagh lui avait dit dans la conférence à laquelle il se référait avec tant de confiance. Castlereagh l'informait en effet qu'il avait transmis à Wellington, en même temps que sa note en date du 24 mars, les autres notes venant de Walcker, (le vice-consul anglais) de Naples. « Wellington, » lui disait-il sans daigner répondre à sa question, recevra » en même temps les ordres du Prince Régent. Il trans- » mettra les notes aux membres du Congrès et donnera » la réponse au duc de Campochiaro ». Et pour bien marquer à Tocco qu'il entendait mettre à tout jamais fin à toute velléité de conversation avec lui, il terminait son billet par ces mots : « Lord Castlereagh ne saurait agir » autrement, M. Tocco n'ayant aucun caractère diploma » tique » [1].

---

1. *Record Office. Foreign Office.* Vol. 72. (*Sicily. Castelcicala.*) Lord Castlereagh au chevalier Tocco. Londres, 26 mars 1815.

Dès le 24, Castlereagh avait adressé à Wellington une dépêche dont il ne sera pas inutile d'extraire le passage suivant :

« Je vous envoie une communication que j'ai reçue de Murat par le chevalier Tocco qui réside ici, comme Walcker à Naples, sans caractère accrédité.

« Le Prince Régent me charge de prévenir Votre Grâce qu'on va avertir M. Tocco qu'on ne peut donner à Londres aucune réponse à son ouverture et que la décision sera prise par Votre Grâce (à laquelle la proposition sera transmise cette nuit) de concert avec les autres Puissances réunies au Congrès.

« J'ai l'honneur d'adresser à Votre Grâce une dépêche de M. Tocco au duc de Campochiaro par laquelle il transfère au duc, de la part de

S'il ne brillait pas par la perspicacité, l'infortuné envoyé de Murat était en revanche doué d'une remarquable persévérance. Sans se laisser décourager par la communication peu gracieuse de Castlereagh, il avait tenté dès le lendemain une dernière démarche qui ne devait et ne pouvait pas avoir plus de succès que les précédentes. N'ayant désormais plus aucun ménagement à garder, il voulut essayer d'obtenir de Castlereagh « une note *écrite* sur ce dont ils étaient con-
» venus dans la conférence qu'ils ont eue le 26 ainsi que
» communication des ordres envoyés à Wellington en vue
» d'entamer la négociation d'un traité définitif »[1].

Loin de songer à se rendre au désir de Tocco, Castlereagh s'empressa au contraire de mettre Castelcicala, le ministre de Ferdinand IV à Londres, au courant des démarches du diplomate napolitain.

En Toscane, où la nouvelle du départ de Pie VII avait causé une consternation générale, l'inquiétude loin de se calmer prenait des proportions d'autant plus sérieuses que, bien qu'on n'y eût jamais eu grande confiance dans les déclarations amicales, rassurantes et pacifiques du roi de Naples, on n'en avait pas moins négligé de prendre les mesures les plus élémentaires de précaution. Le gouvernement

---

la Cour, la négociation au sujet de cette affaire. » Cf. Schoell. *Recueil de pièces officielles.* VII. 4-5.

Quelque bien renseigné que soit généralement Gentz, il est difficile de s'expliquer, après avoir pris connaissance de ces pièces, comment il se fait que, dans le *Mémoire confidentiel sur la situation de l'Europe* en date de Vienne, le 24 avril, annexé à sa dépêche à Karadja du 25, il ait pu lui annoncer que : « Après six mois d'hésitation, le gouvernement britannique se décida tout à coup le 24 mars à traiter avec Murat. » (Cf. Gentz. *Oesterreich's Theilnahme an den Befreiungs-Kriegen.* 634.) Si Gentz a voulu faire allusion à la dépêche de Castlereagh à Wellington, on devra reconnaître que son appréciation est pour le moins par trop optimiste.

1. *Record Office. Foreign Office.* Vol. 72. (*Sicily. Castelcicala.*) Chevalier Tocco à lord Castlereagh. Londres, 27 mars 1813. (*en français.*)

toscan n'avait absolument rien fait. L'effectif des troupes toscanes ne dépassait guère 2.000 hommes, animés du reste, comme le constatait lord Burghersh, du plus mauvais esprit. Fossombroni, ne sachant plus que faire et ne se dissimulant pas qu'il était de toute façon trop tard pour parer le coup, n'avait plus d'espoir que dans un secours autrichien et ne cessait de supplier Buol Schauenstein d'obtenir de Bellegarde l'envoi immédiat de renforts dirigés sur Lucques et sur la Toscane [1]. N'osant et ne pouvant augmenter les effectifs, il se contentait de faire procéder dans le grand-duché, et contre paiement, à des réquisitions d'armes et d'effets d'équipement. Le Grand-Duc, qui ne songeait guère qu'à veiller à la sûreté de sa personne, était décidé à suivre l'exemple du Pape et attendait avec impatience l'arrivée du bâtiment de guerre anglais sur lequel il comptait s'embarquer en cas de besoin [2]. Telles étaient les dernières nouvelles que lord Burghersh transmettait à lord Castlereagh, en y ajoutant quelques mots sur les résultats probables des premières opérations et des hostilités dont l'ouverture lui paraissait imminente. Il était hors de doute pour lui que les Autrichiens trop faibles numériquement pour se maintenir sur la droite du Pô devraient, de peur d'y être contraints, se replier sur la rive gauche. Il en concluait que presque dès le début de la campagne Murat occuperait du coup une position qui, couvrant complètement le sud de l'Italie, lui assurerait toutes les ressources et la libre et tranquille possession de territoires dont il deviendrait maître sans avoir eu à combattre pour celà. C'était là pour lord

1. *Haus, Hof und Staats-Archiv.* F. A. N° 6. *Toscana.* Comte de Buol Schauenstein au prince de Metternich. Florence, 24 mars 1815. (Dépêche N° 52.)
2. *Record Office. Foreign Office.* Vol. 22. (*Tuscany. Burghersh.*) Lord Burghersh à lord Castlereagh. Florence, 23 et 24 mars 1815. (Dépêches N°° 27 et 29.)

Burghersh, surtout après la réception d'avis l'informant d'une part, de l'activité avec laquelle on poussait l'armement de la flotte napolitaine, de l'autre, de l'existence à Naples d'un grand mécontentement, une raison de plus pour insister à nouveau sur les lettres qu'il avait écrite dix jours auparavant à A'Court et à l'amiral Penrose et sur l'utilité d'une démonstration navale dirigée contre Naples, démonstration qu'il proposait d'exécuter en se servant de la place forte de Civita-Vecchia comme point d'appui de la flotte.

Les troupes napolitaines n'avaient toutefois pas encore reçu l'ordre de se porter en avant. Si les deux divisions de la Garde continuaient sans encombre leur marche à travers les Etats Pontificaux, la nouvelle du départ du Pape n'avait cependant pas été acceptée partout avec une résignation absolue. Dans certaines communes voisines de la frontière des Abruzzes, les populations avaient pris les armes, formé des bandes et fait sonner le tocsin. Quoiqu'isolées, ces manifestations avaient inquiété le général Montigny qui « craignant de voir le mouvement s'étendre et le feu se communiquer aux provinces de sa division » avait aussitôt donné l'ordre au capitaine, chef de son poste de Citta Ducale « d'agir conformément à ses instructions et de mettre les patriotes en action ».

C'était là, on ne pouvait se le dissimuler, un symptôme peu rassurant. Mais ce qui était plus grave et plus inquiétant encore, c'était, bien plus que les retards regrettables apportés à la mise en route d'un des bataillons du 7e régiment que Montigny n'avait pu faire partir « parce qu'il lui fallait attendre les armes et les gibernes qu'on devait lui envoyer de Naples, » ou au mouvement du 1er léger qui, par suite d'une erreur de la gendarmerie, venait seulement de recevoir les ordres qui lui étaient destinés, « l'apparition dans ce régiment d'une honteuse désertion » à laquelle, sans trop y croire cependant, le général espérait voir échapper ses autres régiments [1].

Dans les Marches, où Murat perdait un temps précieux et irréparable à attendre le retour de Filangieri et de Pignatelli et l'arrivée des réponses de Vienne, où tout s'était borné aux mouvements habituels des patrouilles qui se montraient de temps en temps du côté du pont du Métaure, il n'y aurait eu, en dehors de l'établissement au bivouac, à la Torretta (4 kilomètres environ de l'embouchure du Métaure), d'un corps de troupes napolitaines [2], rien de remarquable à signaler, si Carrascosa n'avait pas adressé le 22 mars aux préfets, Intendants des Finances et Inspecteurs des Domaines une note circulaire qui semblait indiquer l'approche de graves événements. Il les avait en effet informés que « *devant partir pour l'armée* » il remettait à partir de ce jour les affaires militaires au Maréchal de camp Crivelli, les affaires d'administration civile au directeur central des Domaines et les affaires d'administration militaire à l'ordonnateur Balbieni [3].

Pendant ce temps, malgré les assurances de Ghislieri qui affirmait à Hager [4], que la déclaration des Puissances avait produit un excellent effet sur l'esprit public en Lombardie, les partisans mêmes de l'Autriche dans les Légations

---

1. *R. Archivio di Stato. Naples. — Carte di guerra ed Amministrazione delle Marche.* 1059. Maréchal de camp Montigny au général Millet. Aquila, 23 mars 1815. (Le général Montigny commandait à ce moment la 3ᵉ Division Militaire et était « chargé de la haute police dans les trois départements des Abbruzzes. »)
2. *R. Archivio di Stato. Bologne. (Protocolli Segreti. (Archivio Privato.* F. 46. N° 191). Rapports de Fragonesi à Savini. Forli, 24 mars 1815. Pignatelli passa le 23 par cette ville et Filangieri le 24.
3. *R. Archivio di Stato. Naples. (Carte di guerra ed Amministrazione delle Marche.* 1060. Général Carrascosa aux Préfets, Intendants des Finances et directeurs des Domaines. Ancône, 23 mars 1815.
4. *Archiv des Ministeriums des Innern. Acten der Polizei Hof Stelle.*

étaient obligés de reconnaître que « les progrès de Napoléon en France avaient exalté à nouveau les esprits et que les Autrichiens avaient contribué par leurs mesures à entretenir et à accroître le mécontentement des populations par les charges qu'ils ne cessaient de leur imposer. Après avoir vidé toutes les caisses publiques et envoyé de Bologne 600.000 écus en Autriche, afin de faire face à des besoins urgents ils n'avaient pas hésité à imposer à la corporation des marchands de Bologne un emprunt forcé de 100.000 lires ».

On continuait naturellement à presser avec une activité fébrile la marche des troupes et l'exécution des travaux. A Ferrare et dans les communes environnantes, on réquisitionnait le 23 et le 24 mars, 2.000 travailleurs qu'on employait, partie aux travaux de la citadelle, partie à Occhio bello. On s'occupait en même temps des réparations les plus urgentes à faire aux routes conduisant à Occhiobello et à Pontelagoscuro [1]. On armait au plus vite Comacchio. Bien que l'on se préoccupât surtout du sort éventuel des Légations, on n'avait pas entièrement perdu de vue la situation critique du duc de Modène, et le 24 mars, on acheminait de Crémone sur Modène, deux bataillons du régiment Vacquant [2].

1. *Ferrare. Archivio della Prefettura. Rub.* 29. (*Militari-Fortificazioni.*) Meissmüller commissaire de l'Intendance au délégué du gouvernement. Ferrare, 23-24 mars 1815. N°s 5372 et 5390. *Ibid. Rub.* 20. N°s 5416. 5417. 5418. — *Ibidem.* Lieutenant-colonel de Winterfeld au préfet du Bas Pô. Occhiobello, 24 mars N° 5379.
Cf. *Record Office. Foreign Office.* Vol. 168. *Army in the Mediterranean. Bentinck.*) F. M. comte de Bellegarde à lord William Bentinck. Milan, 27 mars 1815. (*en français.*)
2. *K. u. Kriegs-Archiv.* (*Hof Kriegs Rath. Praesidial Acten*). Journal d'opérations de l'armée d'Italie, 24 mars. F. III. ad 30. — *Ibidem.* (*Feld-Acten* 1014.) *Armee Commando* au F. M. L. Mohr, Milan, 24 mars F. III. 63. — F. M. comte de Bellegarde au Hof Kriegs-Rath. Milan, 26 mars 1815. F. III. 79.

Mais en attendant l'arrivée de Nugent qu'on savait en route, et aussi parce qu'on ne le croyait en aucun cas exposé à un danger immédiat et sérieux, on avait remis à une date un peu plus éloignée la solution à donner à la requête du lieutenant-colonel Werklein qui, le 23 mars, avait écrit à Bellegarde pour réclamer l'envoi à Lucques et à Piombino d'un bataillon et d'un demi-escadron.

En Lombardie, comme dans les Légations, le gouvernement autrichien manquait d'argent. Ne pouvant faire face aux dépenses extraordinaires occasionnées par les mesures auxquelles il était indispensable de recourir en présence des événements de France, malgré le mécontentement qu'allait forcément accroître une pareille résolution, on avait dû imposer au commerce milanais, plus durement traité que les négociants de Bologne, un emprunt forcé de 1.100.000 lires [1]. En même temps, tandis que par mesure de précaution on donnait à Steffanini l'ordre de diriger sur Mantoue et sur la Vénétie les anciens officiers italiens domiciliés à Bologne, on avait cru sage et prudent de promulguer un décret par lequel on rappelait à l'activité en leur rendant et leur reconnaissant leurs anciens grades tous les officiers ayant appartenu à l'armée du royaume d'Italie [2].

Enfin, pendant que, non sans peine, on parvenait le 24 mars au soir à décider Elisa à s'incliner devant les ordres du

---

1. Cf. Comandini. L'*Italia nei Cento Anni del Secolo* XIX. F. 783. — Cf. *Archives particulières de M. R. Ambrosini.* Bologne. *Diario delle cose principali accadute nella Citta de Bologna dall' anno 1796 fino all' anno 1821.* (24 mars 1815.)

2. 48 heures plus tard, s'appuyant sur le décret impérial affiché à Milan le 23 mars, Bellegarde fit publier le 25 mars une ordonnance prescrivant à tous les officiers et sous-officiers de l'ancienne armée italienne habitant Milan et les environs, qui touchaient leur demi-solde ou leurs pensions aux caisses de la capitale, d'avoir à se présenter et à se réunir le 1er avril à 11 heures du matin à l'ancien Palais du Sénat.

gouvernement autrichien et à quitter Bologne [1], malgré la surveillance rigoureuse qu'on exerçait à Trieste sur le consul de Naples, Abattucci et sur les quelques bateaux napolitains ancrés dans le port [2], et bien qu'il eût été autorisé par l'Empereur d'Autriche à acheter une propriété près d'Aquileja [3], Jérôme Bonaparte (le comte de Harz) déguisé en matelot avait réussi dans la nuit du 24 au 25 à s'enfuir à bord d'une felouque. Au moment de partir, il avait adressé au comte de Wickenburg [4] un billet par lequel il

---

1. *Archives Particulières de M. R. Ambrosini*, de Bologne. *Diario delle cose principali accadute nella Citta de Bologna* (marquis de Buoi) 24 mars 1815 et *Ibidem. Diario di Gaetano Bevilacqua.* 24-25 mars 1815.
Cf. Conti. *Annali Storici Ferrara.* T. II. (Ferrare. Biblioteca Comunale.) § 1324. Ferrare, 25 mars. « Steffanini s'est rendu à la maison Caprara » où habite Elisa Bacciochi et lui a communiqué l'ordre de quitter Bo- » logne à l'instant même. Escortée par un major autrichien et par 7 » hussards elle arrive à 2 heures du matin à l'*Albergo Tre Mori* et re- » part le 26 pour Padoue. » — Cf. *Haus, Hof und Staats-Archiv.* Bellegarde 123 b. F. M. comte de Bellegarde au prince de Metternich. Milan, 26 mars 1815. (Dépêche N° 65) sur le départ d'Elisa et de son mari de Padoue pour Graz.
2. *Archiv des Ministeriums des Innern. Acten der Polizei Hof Stelle* 1815. F. 494. 1373. Baron Hager à l'Empereur d'Autriche. Vienne, 23 mars 1815.
3. *Haus, Hof und Staats-Archiv. Staats Kanzlei an Polizei Hof Stelle* 1815 Bretfeld au baron Hager. Vienne, 8 mars. 1815.
4. *Archiv des Ministeriums des Innern. Acten der Polizei Hof Stelle* 1176. Comte de Wickenburg au Directeur général de la police. Trieste, 26 mars 1815. (Envoi de la lettre du prince Jérôme). Il ajoute : « Son départ a été causé par la lettre ci-jointe (Cette lettre ne figure plus au dossier) du comte de Winzingerode à la comtesse de Harz, lettre par laquelle il l'informe des inquiétudes de son père (le roi de Wurtemberg) et la prévient qu'on a l'intention de les envoyer, elle et son mari, à Graz. Le roi charge Winzingerode de demander à sa fille ce qu'elle désire le voir faire pour eux ». — Cf. *Haus, Hof und Staats-Archiv. Bellegarde.* 123 b. F. M. comte de Bellegarde au prince de Metternich. Milan, 26 mars 1815. (Sur Abattucci, confident de Jérôme et le départ d'une des barques napolitaines dans la nuit du 24. Cette barque armée en guerre était partie pour les Pouilles. (Cf. Rapport du consul de Toscane à Trieste du 25 mars.
Cf. *Record Office. Foreign Office.* Vol. 121. (Consuls. Hoppner, Cooper, Garden and Various) Cooper à lord Castlereagh. Venise, 1er avril 1815.

le chargeait de faire savoir au baron Hager qu'il allait rejoindre Murat, mais qu'il laissait à Trieste sa femme que son état de la santé mettait dans l'impossibilité de l'accompagner.

V. — 25-26 Mars 1815. — **Starhemberg à Ancône. — Son entrevue avec Murat. — La réponse de Gallo à Bellegarde. — Conseil des Ministres et conseil de guerre à Ancône. — Le plan de campagne de Filangieri. — Emplacement des troupes napolitaines et ordres de mouvement. — Les instructions de Schwarzenberg à Frimont et l'état de situation de l'armée Autrichienne d'Italie. — Répartition des troupes de Steffanini dans les Légation. — Mesures prises par Bellegarde. — Les arrangements avec Modène et la Toscane. — Pie VII à Florence et les préparatifs de départ du Grand-Duc. — La manœuvre de Talleyrand. — L'hostilité d'Alexandre Ier contre Murat. — La dépêche de Wellington à Castlereagh.**

Rien que par le développement fatal des événements, par l'effet naturel des soupçons et des défiances entretenues par les armements, les préparatifs et les mouvements militaires des deux partis, la tension sans cesse croissante des relations entre les deux Cours de Vienne et de Naples était arrivée à un tel degré d'acuité qu'il suffisait désormais du moindre incident pour amener une rupture que l'intérêt de l'Autriche lui commandait de retarder et que Murat au contraire n'avait que trop tardé à provoquer.

S'il avait reconnu, dans sa dépêche du 26 mars [1] que « la déclaration du Congrès (celle du 13 mars) avait fait un grand effet en Italie en comprimant pour le moment les têtes exaltées », Bellegarde croyait cependant si peu à la durée de cette accalmie que, sans attendre le retour de Starhemberg, il avait eu hâte de communiquer à Metternich les craintes que lui inspirait la situation : « Il est bien inté-

---

1. *Haus, Hof und Staats-Archiv. (Bellegarde)* 123. b. F. M. comte de Bellegarde au prince de Metternich. Milan, 26 mars 1815. (Dépêche N° 65.)

» ressant, lui disait-il, de voir quel parti prendra le roi de
» Naples dans la circonstance actuelle et s'il se range du
» parti de Napoléon dont l'entreprise a réussi au delà des
» probabilités ».

Au moment où le feld-maréchal traçait ces lignes, le doute n'était déjà plus possible. Starhemberg, chargé de remettre à Gallo la dépêche du 23 mars par laquelle Bellegarde lui demandait, comme Bentinck l'avait fait de son côté, des explications sur la concentration du gros des forces napolitaines dans les Marches, était arrivé la veille, 25 mars, à Ancône. Il s'était aussitôt acquitté de sa commission auprès du Ministre des affaires étrangères de Murat et avait été immédiatement après reçu en audience par le Roi lui-même.

Si la réponse de Gallo [1], simple paraphrase de la note qu'il avait adressée à Mier le 14 mars n'était, comme le feld-maréchal le disait à Metternich [2], « pas satisfaisante sur le point de la question » ou « évasive », comme il le marquait à Bentinck [3], le langage que Murat tint à Starhemberg était au contraire aussi catégorique que menaçant. Au cours de cet entretien d'une importance capitale qui ne dura pas moins de trois heures, Joachim développa, mais avec plus de force et de netteté, une partie des arguments que Filangieri venait, 48 heures auparavant, d'exposer à Bellegarde et que le feld-maréchal avait consignés dans sa dépêche du 23 mars. Reprenant et résumant les principaux événements des trois derniers mois, se plaignant, non sans raison, de l'accueil gla-

---

1. Cf. ANNEXE XV. (*Haus, Hof und Staats-Archiv.* (*Bellegarde*) 123. b.) Duc de Gallo au F. M. comte de Bellegarde. Ancône, 25 mars 1815. (ad Dépêche N° 67.) et *Record Office. War Office.* Vol. 186. (*Army in the Mediterranean. Bentinck*).

2. *Haus, Hof und Staats-Archiv.* (*Bellegarde*) 123. b. F. M. comte de Bellegarde au prince de Metternich. Milan, 28 mars 1815. (Dépêche N° 67.)

3. *Record Office, War Office.* Vol. 186. (*Army in the Mediterranean, Bentinck.*) F. M. comte de Bellegarde à lord William Bentinck. Milan, 29 mars 1815.

cial fait à tous les personnages qu'il avait envoyés à Vienne, du traitement inqualifiable dont avaient été l'objet ses représentants « qu'on avait évité avec soin d'admettre même à des réunions de société où les Ministres de toutes les Cours avaient concouru », déduisant de tous ces faits la preuve que l'Autriche ne voulait pas le soutenir, il avait déclaré à Starhemberg que « puisqu'on le forçait à la guerre, il était décidé à la faire ».

« Je vois bien, avait ajouté le roi, qu'on ne veut pas de
» moi et dans cette situation vous conviendrez qu'il ne me
» reste d'autre parti que celui de la guerre ». Et comme Starhemberg lui faisait observer l'inégalité des moyens, Murat lui répondit que « Sans doute ses forces étaient infé-
» rieures à celles de l'Autriche, mais qu'il mettrait tout en
» usage pour soutenir la lutte et qu'il aurait toute l'Italie en
» sa faveur ».

En présence de ces déclarations, le général autrichien n'avait plus hésité « à aborder la question sous le point de vue
» nouveau que lui donnait l'entreprise de Napoléon ». Murat, de son côté, avec une franchise qui ne fut pas sans surprendre Starhemberg, loin de chercher à cacher sa pensée, ne s'était pas contenté de lui déclarer « qu'il se rangerait sûrement de son parti. » Il avait même trouvé bon d'insister sur « les conséquences avantageuses pour lui » qu'aurait le rétablissement de l'Empereur sur le trône de France. « S'é-
» tendant longuement sur toutes les raisons qui devaient
» contribuer à assurer la réussite de l'entreprise de Napo-
» léon », il avait ajouté, telles sont les expressions mêmes dont Bellegarde se sert en rendant compte à Metternich de la mission de Starhemberg, « quantité de sophismes et
» de faux raisonnements pour essayer de prouver que l'in-
» térêt de l'Autriche serait de protéger le rétablissement
» de Napoléon sur le trône ».

Malgré la clarté et la netteté de ces déclarations, il est assez curieux de voir que, même après le retour de Starhemberg, Bellegarde se refusait encore à croire que Murat eût déjà pris son parti et qu'on fût à la veille de l'ouverture des hostilités [1].

» Je ne peux, écrivait-il en effet à Metternich après lui
» avoir rendu compte du retour de Starhemberg, asseoir au-
» cune opinion sur le parti que prendra définitivement le roi
» de Naples, puisque j'ignore complètement les raisons qu'il
» a de craindre ou d'espérer. Sa situation n'est plus celle
» dans laquelle il se trouvait il y a un mois. C'était alors la
» France qui le menaçait ; aujourd'hui c'est de sa coopéra-
» tion avec la France qu'il paraît attendre la sûreté de son
» existence.

» Si la guerre de la coalition recommence contre la France,
» le roi de Naples se trouve dans une situation plus avan-
» tageuse que celle où il était lorsqu'*on* lui promit des avan-
» tages pour le détacher de Napoléon. Il exigerait plus au-
» jourd'hui pour deux raisons : La première parce qu'il est
» plus fort de fait et d'opinion; la deuxième, parce que le
» traité conclu avec lui est resté jusqu'à aujourd'hui sans
» effet. Il n'est pas probable qu'il se laissera encore *séduire*
» *de la même manière qu'il l'a été la première fois*. Il doit exis-
» ter en lui une tendance toute naturelle à se rallier à la
» cause de la dynastie de Napoléon. Il a trop senti que le
» rétablissement des Bourbons sur les trônes de France et
» d'Espagne est incompatible avec la conservation du sien.
» Subordonnant ainsi son existence à celle de Napoléon en
» France, il me *paraît naturel qu'il nous déclare la guerre au*
» *moment où la guerre sera engagée entre Napoléon et les alliés*.

1. *Haus, Hof und Staats-Archiv. (Bellegarde)* 123. b. F. M. comte de Bellegarde au prince de Metternich. Milan, 28 mars 1815. (Dépêche N° 67.) (Com. te-rendu de la mission de Starhemberg à Ancône.)

» C'est l'hypothèse à laquelle il faut se préparer et c'est le
» point de vue sous lequel il faut considérer notre situation
» en Italie.

» Je vous en ai fait le tableau, mon Prince, dans ma dé-
» pêche du 23 [1] et je n'ai rien de plus à vous dire sur ce su-
» jet dont j'ai eu souvent l'honneur de vous entretenir dans
» mes différentes dépêches »...

On ne saurait s'empêcher de rendre hommage, en même temps qu'à la lucidité avec laquelle Bellegarde appréciait la situation de Murat, au courage qu'il lui fallait pour tenir un pareil langage, à ce courage qui lui était inspiré par la droiture, la loyauté de son caractère. Les événements devaient cependant lui donner tort et raison à Starhemberg qui, connaissant mieux le tempérament de Murat pour avoir pu l'étudier de près au cours de la dernière campagne, avait rapporté d'Ancône une impression bien moins optimiste que celle laissée par son rapport verbal dans l'esprit de son chef.

Tant dans ses paroles que dans ses lettres, Starhemberg avait considéré de son devoir de donner libre cours à des appréhensions que les événements ne devaient pas tarder à justifier. Il avait cru inutile, dangereux et même impolitique de dissimuler son opinion. Le 26 au soir, en repassant par Bologne et en causant avec Raab, il ne lui avait pas fait un mystère des impressions qu'il rapportait d'Ancône. Sans entrer cependant dans aucun détail et surtout sans motiver ses appréciations, il lui avait simplement annoncé que « la guerre était non seulement inévitable, mais prochaine »[2]. Certain désormais de l'imminence de la crise, il avait jugé indispensable de se départir de toute réserve dans la lettre

---

1. Cf. plus haut p. 126-127, 168-175.
2. *Archiv des Ministeriums des Innern. Acten der Polizei Hof Stelle.* (*Wiener Congress 1815.*) F. 497. 535. Raab au baron Hager, Bologne, 30 mars 1815.

qu'il écrivit à Fossombroni, selon toutes les probabilités de Bologne, peut-être même en route et avant d'y arriver, et dans laquelle il avait tenu au contraire à lui exposer en quelques lignes les considérations sur lesquelles reposait le jugement qu'il portait sur la situation.

« Je me fais un devoir de communiquer à Votre Excel-
» lence [1] le résultat de ma mission près du roi de Naples à
» Ancône.

» Après un entretien de trois heures que j'ai eu avec lui,
» *il n'y a plus de doutes que ses intentions sont vraiment hostiles.*
» Après un langage très fort avec le Roi, j'ai obtenu, *pour*
» *rester maître de la route de Bologne aussi longtemps que pos-*
» *sible,* qu'il ne fera aucun mouvement d'Ancône jusqu'à ce
» ce que le courrier qu'il attend de Vienne soit arrivé. Je
» l'ai rencontré hier [2] à Pesaro, et doutant très fortement
» que la réponse puisse être favorable, *j'ai tout lieu de croire*
» *que le Roi commencera ses mouvements entre aujourd'hui et*
» *demain et qu'il puisse être au plus tôt le 30 ou le 31 à Bo-*
» *logne.* J'attends demain au soir les nouvelles les plus po-
» sitives que je ne tarderai pas à communiquer à Votre Excel-
» lence [3]...

» Je pars dans ce moment pour Milan. En toute hâte, j'é-

---

1. R. *Archivio di Stato. Florence. Affari Esteri. Prot. 7. N° 40. (Invasione Napoletana e Disposizioni per la partenza di S. A. I. e R.)* Général comte de Starhemberg à Fossombroni. Sans lieu ni date (*en français.*)

2. Le 25 au soir ou le 26 de grand matin, puisqu'il n'y a guère que 50 kilomètres d'Ancône à Pesaro, alors qu'il y en a environ 125 de Pesaro à Bologne où nous savons par le rapport de Raab à Hager que Starhemberg était déjà le 26 au soir.

3. Il est permis de penser que Starhemberg faisait ici allusion à l'envoi de Dalrymple à Ancône et aux nouvelles que le colonel anglais ne pouvait manquer d'envoyer à Bentinck et à Bellegarde. Il informait de plus Fossombroni, sur la foi des renseignements recueillis à Ancône, de la présence à Florence, « où ils avaient été envoyés pour soulever le militaire et le peuple » de plusieurs officiers de l'armée Napolitaine natifs de la Toscane, et entre autres d'un certain capitaine Bicci.

» cris également au comte de Buol et à lord Burghersh ».

Starhemberg avait vu juste. En effet, pendant que Dalrymple se dirigeait sur Ancône, Murat s'était rendu compte de la gravité et des conséquences de son entretien avec Starhemberg. Il n'attendait plus pour prendre une résolution suprême et irréparable, pour lancer ses ordres de mouvement que l'arrivée de ce courrier que le général autrichien venait de croiser en route, à Pesaro [1].

Avant même d'avoir reçu la fatale lettre que Joseph lui avait écrite de Prangins et qui lui fut remise entre Fano et Pesaro, lettre pleine de contradictions qu'il ne parvint pas à démêler et qui ne fit que l'encourager à poursuivre la conquête de la couronne et du royaume d'Italie, à continuer sa marche téméraire et folle vers les Alpes, Murat, la tête en

1. Record Office. War Offfice. Vol. 186. (*Army in the Mediterranean. Bentinck.*) L'importante dépêche de Sir John Dalrymple à lord William Bentinck d'Ancône, 27 mars 1815. (Dépêche N° 2), que nous reproduirons plus loin *in extenso* (P** 217-223), confirme définitivement ce fait, Gallo lui-même ayant affirmé au colonel que Murat n'avait pris sa résolution qu' « à la suite d'avis et de mauvaises nouvelles reçues le 26 par un *courrier venant de Vienne*. »

A cela près les faits rapportés par Colletta (*Opere Inedite o Rare* I. 59-60) et par d'Ambrosio (*Carnet historique et littéraire*. 1899. III. 105), pour peu qu'on remplace le grand personnage venu de Milan par un simple courrier napolitain, sont parfaitement exacts.

Ce courrier annonçait en effet que « l'armée autrichienne s'avançait à marches forcées ; que les têtes de colonne avaient passé à ce moment le Tagliamento ; que, déjà forte de 5.000 hommes, l'armée d'Italie serait portée au double et placée sous les ordres de Schwarzenberg. »

Il ajoutait que les places fortes s'approvisionnaient rapidement ; qu'à Plaisance on travaillait activement à la citadelle et aux ouvrages avancés servant à protéger le pont sur le Pô ; qu'un second pont avait été jeté à Borgoforte, un troisième à Occhiobello et un autre enfin à Pontelagoscuro appuyé sur la citadelle de Ferrare, dont on poussait fébrilement la mise en état. Il annonçait encore que tous ces travaux étaient commencés depuis 20 jours ; qu'à Bologne il y avait en outre des forces assez nombreuses échelonnées depuis Bologne jusqu'à Cattolica.

Murat ne pouvant douter de l'authenticité de ces nouvelles et voulant, en présence des intentions hostiles des Autrichiens, les prévenir, donna à son armée l'ordre de marcher.

feu, plus disposé cependant à intimider les Autrichiens qu'à entrer en lutte ouverte avec eux, avait voulu prendre une dernière fois conseil, d'abord des Ministres qui l'avaient accompagné à Ancône, puis des principaux de ses généraux présents dans cette ville. Il ne s'agissait en effet de rien moins pour lui que de voir s'il convenait d'arrêter le mouvement à la frontière des Marches sans se compromettre davantage, sans fournir de nouveaux arguments à la méfiance déjà surexcitée de l'Autriche et de l'Angleterre, ou bien s'il se déciderait à pousser jusque dans les Légations pour reprendre les positions que, d'accord avec les Autrichiens et aux termes de la convention de Bologne, son armée avait occupées en 1814. Les paroles enflammées de Murat, les arguments qu'il fit valoir pour leur démontrer qu'il fallait profiter des avantages de la situation et prévenir les Autrichiens n'avaient pu réussir à convaincre Gallo, Zurlo et Mosbourg. Profondément émus par cette communication, épouvantés à la pensée des malheurs qu'ils prévoyaient, tous trois à l'envi lui exposèrent avec autant de loyauté que de fermeté les considérations qui lui faisaient presqu'un devoir de ne pas commencer les hostilités [1].

Si les généraux réunis en Conseil par Murat avaient, comme venaient de le faire ses Ministres, émis, eux aussi, à l'unanimité un avis favorable à la continuation de l'expectative, il est permis de croire que le roi de Naples aurait hésité à passer outre et à prendre sur lui seul la responsabilité d'une résolution aussi grave, également désapprouvée par ses conseillers civils et militaires. Au lieu de l'unanimité en faveur du *statu quo*, ou tout au moins de la défensive, on ne put, d'après Filangieri qui s'est chargé de consigner

---

1. Cf. Meneval. *Memoires*. T. III. 408-410. *Napoléon et Marie-Louise.* T. II. 242-244.

cette mémorable séance dans son *Autobiographie*, arriver qu'au partage des voix.

« A mon retour de Milan, écrit-il [1], je me rendis droit chez
» le Roi qui me dit : « Vous avez fait vite. J'avais hâte de
» savoir ce que vous avez vu, fait et entendu ».

» Prévoyant cela, je m'étais arrêté à Pesaro pour établir
» mon rapport. Après m'avoir écouté, Murat fit appeler Mil-
» let, Carrascosa et Colletta et m'ordonna de le leur lire. Je
» proposais d'embarquer le 2e léger (1.600 hommes), que j'a-
» vais commandé en 1813, sur les trois frégates présentes à
» Ancône et de le débarquer à Venise, la ville d'Italie la
» plus anti-autrichienne et pour le moment dégarnie de
» troupes. Je demandais de presser immédiatement nos au-
» tres mouvements afin de profiter de la faiblesse momen-
» tanée de l'Autriche, de marcher, sans perdre une minute,
» par la voie Emilienne sur Bologne et d'y faire arriver par
» la Toscane Pignatelli et Livron, puis avec l'armée réunie
» de se porter sur Plaisance, de s'en emparer et de passer
» le Pô. En agissant de la sorte, on aurait reçu presque
» simultanément à Vienne la nouvelle de notre passage du
» Pô, de l'insurrection projetée de Salo [2] et des révoltes qui
» se produiraient à Brescia, Bergame et Vérone, enfin de
» l'occupation de Venise. L'action des journaux et la haine
» qu'on portait aux Autrichiens de l'autre côté du Pô au-
» raient ainsi doublé, triplé même le chiffre de nos troupes,
» grâce à l'arrivée sous nos drapeaux des officiers et soldats
» de l'ancienne armée d'Italie, et auraient fait craindre à
» l'Autriche de perdre la Lombardie et la Vénétie.

» Je rappelais que, pendant mon séjour à Vienne, Met-
» ternich lui-même m'avait parlé de l'ascendant personnel

---

1. *Archivio Storico della Societa di Storia Patria*. Naples. Génér. l Filangieri. *Autobiografia*. (*Manuscrit*.)
2. Salo, sur le lac de Garde.

» du roi sur les Italiens, et je pensais qu'une marche ra-
» pide et inopinée pourrait lui assurer la possession de
» toute l'Italie. Je faisais remarquer que, si ce mouvement
» était très hardi, d'autre part Frimont aurait avant peu
» 40.000 hommes avec lesquels il entrerait dans la Roma-
» gne et qu'une guerre défensive et méthodique conduite
» avec nos 24.000 hommes serait notre ruine certaine ».

» Le Roi, qui gardait le silence, demanda d'abord l'avis
» de Millet qui m'approuva, puis celui de Colletta et de
» Carrascosa qui exagérèrent les dangers que j'avais si-
» gnalés et se prononcèrent pour *la défensive à laquelle le*
» *Roi se rallia*. Je me tus par discipline, quoiqu'entièrement
» convaincu du désastre certain au devant duquel nous al-
» lions ».

Tout en ayant pris, s'il faut en croire le récit de Filangieri, la résolution de rester sur la défensive, au sortir de
ce conseil de guerre Murat n'en avait pas moins envoyé à
son armée l'ordre de commencer la marche en avant [1].

La 1re division (Carrascosa) [2] ira sur Fano et Pesaro.
« La 2e division (d'Ambrosio), dont la 1re brigade (d'Aquino)
a déjà 16 compagnies à Sinigaglia, y sera concentrée toute
entière le 27 et y sera rejointe le même jour par la 2e bri-

1. R. *Archivio di Stato. Naples. (Carte di guerra ed Amministrazione delle Marche* 1060). Emplacements des 1er, 2e et 3e divisions d'infanterie, des 1er, 2e et 3e régiments de chevau-légers et Ordres de mouvement (en français.)
2. Cf. *K. u. K. Kriegs-Archiv.* (Feld-Acten. Bianchi.) Rapport du major Pasquali. Sinigaglia, 28 mars 1815. 992. F. 111. 4. 1. « 26 mars. Murat vient à Sinigaglia, y passe en revue la division Carrascosa et repart aussitôt après: La division se porte ensuite avec 500 chevaux et un train d'artillerie sur Fano et Pesaro. »
Cf. PEPE. *Memorie* I. 257. « Après avoir salué le Roi en passant devant
» lui à la tête de ma brigade, j'allai selon l'usage me placer à côté
» de lui. La brigade avait bon aspect et était pleine d'enthousiasme.
» Le roi, satisfait de la façon dont elle défilait, m'en fit compliment et
» comme je lui disais qu'avec de tels hommes on pouvait bien aller
» de l'avant, il me répondit : « *N'en doutez pas, nous irons.* »

gade (Medici), à l'exception d'un bataillon qu'elle laissera à Ancône.

« Six des dix bouches à feu de l'artillerie de la 2ᵉ division seront le 27 à Sinigaglia, les quatre autres ont ordre de venir dès le 26 de Macerata à Ancône. On enverra de suite deux caissons à Sinigaglia pour y aligner les régiments de la 1ʳᵉ brigade à 40 cartouches par homme en prescrivant (cette mesure est de rigueur) de renvoyer immédiatement ces caissons à Ancône pour s'y ravitailler.

« Le 9ᵉ de ligne (division Lechi), qui sera le 26 au soir à Osimo, continuera le 27 son mouvement sur Ancône, où la 3ᵉ division (Lechi) remplacera la 2ᵉ. Cette division ne pourra être que le 29 dans le département du Musone.

« Les 6ᵉ de ligne (2ᵉ division) et 9ᵉ de ligne (3ᵉ division) s'aligneront à 40 cartouches par homme.

« 3 prolonges, 80 mulets et 3 caissons de munitions, qui sont par ordre du général Carrascosa dans le département du Musone pour le transport des blés, rejoindront la 2ᵉ division le 27 à Ancône, le 28 à Sinigaglia.

« CAVALERIE. La 2ᵉ division manque tout à fait de cavalerie, ce qui nuit à la transmission des correspondances. Le 1ᵉʳ régiment de chevau-légers, qui doit être arrivé à Ascoli, a reçu l'ordre d'en partir et de venir, sans faire de séjour, par Macerata et Filotrano sur Jesi. Le 2ᵉ chevau-légers, dont les deux premiers escadrons sont à Fermo où les deux autres n'arriveront que le lendemain (27 mars), continuera au plus vite sur Sinigaglia, où se trouve déjà aujourd'hui 26 le 3ᵉ chevau-légers qui suivra le mouvement de la 1ʳᵉ division.

« GARDE. Les deux divisions ont ordre de se rendre sans séjour à Foligno [1] ».

---

1. Soit 6 jours consécutifs de marche sans arrêt, à partir de Frascati.

De l'état qui précède il résulte manifestement que grâce à la négligence avec laquelle les mouvements de concentration avaient été réglés, Murat ne se trouvait avoir sous la main, au moment où il résolut de se porter en avant, qu'une bien faible partie des forces qui auraient déjà dû être rassemblées dans les Marches, si avant même de partir de Naples il avait réellement conçu le projet de jeter le gant à l'Autriche et de s'établir sur la ligne qu'il occupait lors de la convention de Bologne. En somme, les renseignements que Steffanini venait de fournir à Bianchi étaient exacts. Les Napolitains n'avaient guère plus de 5 à 6.000 hommes sur le Métaure [1]. Seule la division Carrascosa était à peu près au complet et prête à agir. La division d'Ambrosio n'allait pouvoir disposer de son artillerie au plus tôt que le 28 à Sinigaglia. Ses soldats n'avaient pas encore touché leurs cartouches. Elle manquait totalement de cavalerie. Le 2ᵉ chevau-légers était dans l'impossibilité de rejoindre avant le 29 ce régiment. De plus forçant sa marche à partir de Fermo et arrivant à Sinigaglia après deux fortes étapes à travers un pays difficile, ne pouvait guère être employé utilement qu'après s'être refait et avoir laissé souffler ses chevaux encore peu entraînés.

Quant à la 3ᵉ division (Lechi), elle ne pouvait entrer en ligne que dans les premiers jours d'avril [2].

pour la Division Pignatelli qui arrivée le 25 y fit séjour le 26, et à partir d'Albano pour la division Livron.

1. *K. u. K. Kriegs-Archiv. Hof Kriegs Rath. Præsidial Acten.* F. M. L. Bianchi au F. M. prince de Schwarzenberg. Ferrare, 26 mars 1815. 1041. F. III. 29.

2. Cf. ANNEXE XVI. Situation et composition de l'armée Napolitaine, 17-30 mars 1815. (*K. u. K. Kriegs-Archiv. Feld-Acten. Bianchi.*) (*Operations Journal* 996. F. XIII. 68.) L'Etat-major autrichien possédait, outre cette situation, des données assez exactes sur l'état des troupes laissées à l'intérieur du royaume de Naples. Il savait (Cf. *Ibidem*. F. XIII. 68, 1) que les 3 bataillons de Vélites se composaient chacun de 600 hommes, que l'effectif des Grenadiers de la Garde s'élevait à 1.800

Pour ce qui est de la Garde, dont l'arrivée à Foligno était primitivement fixée au 3 avril et à laquelle on s'était contenté de prescrire d'accélérer sa marche, l'itinéraire proposé par Pignatelli au Ministre de la guerre et approuvé par ce dernier avait été tracé en tenant si peu compte de l'état des routes et des ressources du pays que le général Livron, mieux informé que lui et seul présent sur les lieux, prit sur lui de le modifier. Sans passer par Rome, il poussa en une seule marche d'Albano sur Monterotondo où il arriva le 27, en avance d'un jour sur les troupes de Pignatelli qui prenant par Tivoli n'atteignirent ce point que le 28. A partir de ce moment, la division Livron se trouva faire l'avant-garde aux lieu et place des troupes de Pignatelli auxquelles les erreurs commises lors de la confection de l'itinéraire avaient fait perdre un jour et qui ne purent par suite partir de Foligno que le 3 au lieu du 2 avril [1].

hommes et celui des Cuirassiers à 200 hommes et 200 chevaux, que la Gendarmerie à pied était forte de 1.300 hommes et la Gendarmerie à cheval de 300 hommes et 300 chevaux, soit un total de 5.400 et 500 chevaux, auxquels on pouvait à la rigueur ajouter 7.000 hommes de la garde nationale, 6.000 hommes fournis par les dépôts des régiments, 2.000 artilleurs, 6.000 marins et 18 compagnies de gendarmeries (1800 hommes) représentant sur le papier un total de 22.800 hommes.

On arrivait ainsi pour l'ensemble des forces utilisables tant à l'extérieur qu'à l'intérieur du royaume à un total de 68.675 et 5.876 chevaux, dont 40.000 hommes environ faisaient partie de l'armée d'opération.

L'état-major autrichien savait également que les 3 divisions étaient échelonnées d'Ancône à Fermo, que la Garde devait traverser les États Romains pour entrer en Toscane, qu'on avait envoyé en Romagne des émissaires chargés de soulever le pays et de faire proclamer Murat roi d'Italie, enfin qu'on devait provoquer des mouvements populaires à Milan et sur plusieurs points de la Lombardie et de la Vénétie.

1. L'ordonnateur en chef de l'armée Napolitaine ne voulait assurément pas se laisser surprendre par les événements. Dès le 25 mars, il avait écrit au podestat d'Arezzo pour lui annoncer l'arrivée prochaine (sic) de l'armée Napolitaine dans sa ville et lui ordonner d'y faire préparer des vivres pour 10.000 hommes et des fourrages pour 3.000 chevaux. (R. Archivio di Stato. Florence. Archivio Segreto. (Armata Napole-

Dans de pareilles conditions, ne disposant pour les premières opérations que de 15 à 16.000 hommes tout au plus, sachant que sa 3ᵉ division ne serait qu'au bout d'une huitaine de jours en mesure de se déployer à hauteur des deux autres, dans l'impossibilité de prévoir avec un semblant d'exactitude l'époque à laquelle il pourrait être rejoint par sa Garde séparée de lui par la chaîne des Apennins et avec laquelle ses communications étaient aussi longues que difficiles, ne semble-t-il pas que la prudence la plus élémentaire, un coup d'œil jeté sur la force, la situation et l'état moral de son armée auraient dû suffire pour décider Murat à se conformer aux indications qu'avant de partir de l'île d'Elbe, Napoléon avait chargé Colonna de lui porter à Naples? N'aurait-il pas dû se rappeler que l'Empereur lui avait conseillé de ne pas prendre l'initiative des hostilités, de lui laisser le temps de se concerter avec lui et de le soutenir [1], de renforcer son armée en l'établissant dans une bonne position en avant d'Ancône

---

tana) Filza 13. N° 176. L'ordonnateur en chef de l'armée Napolitaine à Zanotti, Podestat d'Arezzo. Ancône, 25 mars 1815.

1. Cf. Montvéran VIII. 123. *Histoire critique et raisonnée de la situation de l'Angleterre au 1ᵉʳ janvier 1816 et Mémoires pour servir à l'histoire de France en 1876.* P. 11.

C'étaient encore les mêmes conseils de sagesse et de prudence que Napoléon lui donnait dans sa lettre sans date. (*Correspondance* T. 28. N° 21745) mais qui, on peut s'en convaincre par les faits que l'Empereur lui signale, a dû être écrite vers cette époque, du 25 au 23 mars très probablement, et presque certainement avant le 30.

« Je suis arrivé. J'ai traversé la France...

« Je suis entré le 20 mars à Paris...

« Toute la France, hormis Marseille, dont je n'ai pas encore de nou-
» velles, a arboré les couleurs nationales...

« J'ai une armée en Flandre, une en Alsace, une dans l'intérieur,
» une qui se forme dans le *Dauphiné*.

« Jusqu'à cette heure, je suis en paix avec tout le monde.

« *Je vous soutiendrai de toutes mes forces. Je compte sur vous.* Aussitôt
» que Marseille aura arboré la cocarde tricolore, envoyez de vos bâti-
» ments pour que nous puissions correspondre; car je crains bien que
» la correspondance par l'Italie ne devienne difficile. Envoyez-moi un
» Ministre ; je vous en enverrai un sur une frégate dans peu. »

et « dans toutes les circonstances imprévues de se conduire par le principe : qu'il valait mieux reculer qu'avancer et donner une bataille sur le Garigliano que sur le Pô »[1]. N'aurait-il pas dû en tous cas attendre les nouvelles que ne pouvait manquer de lui rapporter la goëlette qu'aussitôt après l'arrivée de Colonna à Naples il avait envoyée à Toulon?[2] N'aurait-il pas dû se rappeler et comprendre qu'il pouvait beaucoup comme diversion et lorsqu'il serait appuyé par une armée française, mais qu'agissant seul il ne pouvait rien que compromettre une fois de plus l'Empereur et courir à sa propre perte.

Mais que pouvaient des considérations, quelque sérieuses et quelque graves qu'elles fussent, sur sa tête exaltée par la marche triomphale de Napoléon, par la faiblesse de l'Autriche, hantée par la crainte de se voir détrôné, soit par l'Empereur victorieux, soit par les Autrichiens bien décidés à en finir avec lui et certains de l'écraser sous le poids de forces que dans les circonstances actuelles il leur était impossible de jeter contre lui.

Le nouveau commandant en chef de l'armée autrichienne d'Italie était, tout comme les renforts destinés à cette armée, encore en route pour la rejoindre. Ce n'avait d'ailleurs été que le 25 mars qu'en sa qualité de Président du

---

1. Cf. MONTVÉRAN. VIII. 123, etc. etc.
2. Cf. *Correspondance*. T. 28 N° 21744. L'Empereur au Vice-Amiral Decrès. Paris, 30 mars 1815. « La goëlette napolitaine qui arrive à Tou-
» lon vient pour avoir des nouvelles. *C'est une opération concertée*. Ex-
» pédiez trois officiers adroits, l'un après l'autre avec une copie chif-
» frée de la lettre que vous remettra le Ministre des Affaires Etran-
» gères. Ils remettront cette lettre ainsi que le *Moniteur* depuis le 20
» jusqu'à ce jour au commandant de la goëlette. Expédiez un de
» ces officiers par Gap, un par Arles et l'autre par la ligne droite. Il
» faut que ce soient des gens du pays... Enfin réitérez, autant qu'il
» sera nécessaire, l'envoi d'officiers pour porter vos lettres, des nou-
» velles et des journaux de Toulon. »
Cf. *Correspondance*. T. 31. L'ile d'Elbe et les Cent-Jours. P. 34.

Conseil aulique de la guerre Schwarzenberg avait adressé au général de cavalerie baron Frimont la dépêche dans laquelle il déterminait les pouvoirs que l'Empereur venait de lui confier et lui faisait connaître la composition de l'armée placée sous ses ordres et dont il restait naturellement libre de modifier la répartition. S'il avait cru devoir lui conseiller de laisser Bianchi « continuer l'inspection des troupes dont on l'avait chargé » en revanche, il avait eu soin de s'abstenir de lui donner sur les projets et les mouvements du roi de Naples des indications que le général allait pouvoir se procurer plus complètes et plus exactes sur place. Il s'était contenté d'appeler, en ce qui avait trait aux opérations du début de la campagne, son attention sur les considérations que l'Empereur d'Autriche et lui-même ils avaient exposées dans les lettres que dès les premiers jours du mois de mars ils avaient adressées à Bellegarde.

Convaincu que cette armée d'Italie serait appelée à faire face de deux côtés, à se porter d'une part vers les Alpes, de l'autre vers le centre et le midi de la péninsule, Schwarzenberg s'était arrêté à l'idée de la répartir en deux corps de force à peu près égale, l'un sous Radivojevich qui devait se composer de 44 bataillons et 30 escadrons, l'autre sous Bianchi fort de 43 bataillons et 30 escadrons [1]. Il avait pour la même raison attribué à ces deux corps tous les éléments dont on pouvait disposer à bref délai et affecté au contraire au corps de réserve destiné plus particulièrement à fournir les garnisons des places et des grandes villes et à assurer le maintien de l'ordre les troupes qui ne devaient rejoindre

---

1. *K. u. K. Kriegs-Archiv. (Feld-Acten Frimont). Armee in Italien.* F. M. Prince de Schwarzenberg au général de cavalerie baron Frimont. Vienne, 25 mars 1815. 1014. F. III. 133. (Instructions). — *Ibidem*. Cf. ANNEXE XVII. Ordre de bataille de l'armée autrichienne F. III 123 a. et ANNEXE XVIII. Tableau de marche des corps de troupes dirigés à marches forcés sur l'Italie F. III. 133 b.

que plus tard et à des intervalles plus ou moins éloignés, du 19 avril au 22 juin. Des 46 bataillons et des 12 escadrons dont se composait sur le papier ce corps de réserve, 16 bataillons seulement, mais dont les effectifs étaient loin d'être au complet, se trouvaient à ce moment de l'autre côté des Alpes. Il importe toutefois de remarquer que 12 autres bataillons qui ne figurent pas dans le tableau de marche envoyé par Schwarzenberg à Bianchi, parce qu'ils avaient déjà été mis en route et annoncés à Bellegarde, devaient arriver en Italie du 9 au 16 avril.

En attendant l'entrée en ligne de ces 12 premiers bataillons et celle plus prochaine des troupes que de Rovigo, Vérone et Mantoue on poussait sur la rive droite du Pô, et peut-être même jusqu'au jour où on aurait pu mettre à exécution les dispositions que le général Frimont ne pouvait manquer de prendre aussitôt après son arrivée, Bianchi ne disposait pour s'opposer au premier choc que des 6 bataillons, du régiment de cavalerie et de la batterie dont se composait la brigade sous les ordres du général-major Steffanini. Ces troupes étaient à ce moment réparties comme suit : un bataillon à Rimini et Cesena, un à Forli, un à Faenza et Imola, un à Ravenne, deux à Bologne avec les généraux Bianchi et Steffanini, le gros de la cavalerie aux environs de Rimini et de Cesena, se couvrant en avant et faisant surveiller la frontière à hauteur de Cattolica par des postes d'observation qui s'éclairaient sur Pesaro et Fano.

Pendant que Bianchi faisait, le 26 mars, une courte apparition à Ferrare [1], où l'on attendait l'arrivée des troupes que

---

1. *K. u. K. Kriegs-Archiv. Hof Kriegs-Rath. (Præsidial Acten.)* F. M. L. Bianchi au F. M. Prince de Schwarzenberg. Ferrare, 26 mars 1815. 1041. F. III. 29.
En signalant le départ de Bianchi pour Ferrare, Bevilacqua, qui était un ardent partisan de Murat et de l'indépendance italienne, relève dans son *Diario* (*Archives Particulières de M. R. Ambrosini*) le fait suivant

Eckhardt avait ordre d'y envoyer d'urgence, et constatait la nécessité de prendre au plus vite des mesures de précaution tant dans cette ville qu'à Occhiobello, Bellegarde informait le Conseil aulique de la guerre des dispositions qu'il avait arrêtées. Tout en conservant un rideau à Ferrare, Occhiobello et Plaisance, où il allait dès le lendemain expédier de Pavie deux bataillons du régiment Esterhazy, il comptait en cas d'ouverture des hostilités parvenir à concentrer en deux marches toutes ses troupes disponibles entre Casalmaggiore et Bozzolo [1]. En même temps, il avait achevé de régler toute une série de questions avec les gouvernements voisins. Le 25 mars, le duc de Modène avait fixé par ordonnance la composition des rations de vivres à fournir aux troupes autrichiennes de passage ou en cantonnements dans ses Etats. Le 26, on prenait à Reggio les dispositions pour assurer le logement et les vivres au régiment Vacquant qui venant de Crémone devait y arriver le 28 et continuer le lendemain sa marche sur Modène [2]. D'autre part, Bellegarde s'était

---

qui prouve que la domination autrichienne était peu aimée à Bologne.
« Ce matin, Steffanini a donné trois heures à la ville pour lui verser
» 300.000 Lires sous la menace de la réduire en cendres si ce paye-
» ment n'était pas fait dans ce délai. A cet effet, il a mis son artillerie
» en batterie à San Michele in Bosco (Hauteur aux portes de Bologne et
» qui domine toute la ville). A 10 heures la somme était versée et il a
» fait retirer les canons » (25 mars 1815.) Et il ajoute : « On dit que le
» reste des troupes autrichiennes partira cette nuit. »

1. *K. u. K. Kriegs-Archiv.* (*Feld-Acten. Frimont.*) *Armee Commando* au Conseil aulique de la guerre. Milan, 26 mars 1815. 1014. F. III. 79, et au F. M. L. Mohr. Milan, 27 mars 1815. F. III. 79. k.

K. u. K. Kriegs-Archiv. NUGENT. *Nouveaux documents.* 1815. I-IV. Colonel Urmenyi (Commandant le régiment Vacquant) au F. M. L. Vacquant, propriétaire de ce régiment. Crémone, 25 mars 1815, l'informe qu'il a reçu l'ordre d'envoyer le 26 à Modène le 2ᵉ bataillon de son régiment qui doit faire partie d'une colonne sous les ordres du général-major comte Nugent.

2. *R. Archivio di Stato. Reggio.* Tit. XVII. Rub. XII. Filza 4. (*Militare e Guerra. Sussistenze.*) Ordonnance du duc de Modène, 25 mars 1815. N° 1763. — *Ibidem.* Tit. XVII. Rub. IV. Filza 3. (*Truppe Estere nello Stato.*)

empressé de faire connaître au gouvernement toscan qu'il mettait immédiatement à sa disposition 1.000 des 5.000 fusils que l'Autriche consentait à lui céder et que le général comte Nugent, dont l'arrivée ne pouvait plus tarder, avait été désigné pour prendre le commandement des troupes autrichiennes qui se préparaient à entrer en Toscane [1].

Il n'était que temps de prévenir et de rassurer le grand-duc de Toscane. Le jour même où le feld-maréchal informait Fossombroni des résolutions prises par la Cour de Vienne à l'égard de la Toscane, ce même ministre venait de mander à Munarini [2], que le Grand-Duc et sa famille se rendant probablement à Mantoue passeraient par Modène. Le lendemain 26, Bellegarde lui-même prévenait à son tour Metternich [3] du projet du Grand-Duc de quitter Florence. Le Pape, qui en partit le 28 pour Pise, venait d'y arriver le 25. Le roi et la reine d'Espagne s'y arrêtèrent à peine Le 27 ils filaient sur Bologne que l'ex-reine d'Etrurie avait quittée dès la veille pour se réfugier à Mantoue [3].

Pour le gouverneur de Reggio, comte Re, Benvenuti, commissaire du gouvernement au Podestat. Reggio, 26 mars 1815. N° 1041.

1. *R. Archivio di Stato. Florence. (Affari Esteri. Prot.)* N° 27. F. M. comte de Bellegarde à Fossombroni, 25 mars 1815.

2. *R. Archivio di Stato. Florence. (Affari Esteri. Prot.* 7. N° 40. *Invasione Napolitana e disposizioni per la partenza di S. A. I. e R.)* Fossombroni au comte Munarini. Florence, 25 mars 1815. — *Haus, Hof und Staats-Archiv. (Bellegarde* 1815.) 123 b. F. M. comte de Bellegarde au prince de Metternich. Milan, 26 mars 1815. (Dépêche N°65.) — *Archives Particulières de M. R.* AMBROSINI. (Bologne). *Diario etc du Marquis de Buoi.* 26 mars 1815.

3. *R. Archivio di Stato. Florence. (Polizia Segreta Toscana.)* Filza 5. 45-69. Au gouverneur de Livourne. Florence, 25 mars 1815. (*Confidentiel.*) « Le pape sera ce soir au palais Pitti et la vieille cour espagnole à » Poggio. » — *Ibidem. Archivio Segreto.* Filza 11. 169. (*Pontifice. Partenza di Roma. Transito per la Toscana.*) Rapports des 24 et 25 mars. — *Archives du Vatican. Congresso di Vienna.* Cardinal Pacca au cardinal Consalvi. Florence, 28 mars 1815.

R. Archivio di Stato. Bologne. (Atti di Polizia) et *Gazzetta di Forli* N° 15. 1er avril 1815. — *Record Office. Foreign Office.* Vol. 22. (*Tuscany. Bur-*

Pendant que Murat craignant d'être chassé de Naples, soit par l'Empereur, soit par l'Autriche se décidait à précipiter les événements, les Alliés s'étaient empressés de renouveler et de compléter le pacte de Chaumont en signant le 25 mars le traité de la Quadruple Alliance. Ils y avaient mis une telle hâte, une telle ardeur qu'on serait presque tenté de penser que l'exaspération et le dépit d'Alexandre, l'état d'exaltation et d'affolement dans lequel se trouvaient les représentants des Grandes Puissances étaient provoqués et entretenus par la crainte de l'effet qu'aurait pu produire en Europe la publication d'une note dans laquelle Napoléon aurait formulé son programme, exposé ses intentions et démontré au monde que l'exil et le malheur avaient modifié ses vues et ses idées. Entre temps Talleyrand et Wellington poursuivant sans relâche leur croisade contre celui auquel ils avaient voué une haine mortelle, contre ce Murat auquel ils ne pardonnaient pas d'être encore sur un trône, étaient loin de penser que leurs démarches et leurs écrits serviraient un jour à justifier jusqu'à un certain point la folle et inexplicable entreprise dans laquelle il se lançait, poussé peut-être autant par le désespoir que par l'ambition.

Les événements mêmes, dont Talleyrand avait parlé tant de fois mais sans jamais croire à leur réalisation, alors qu'il insistait sur les dangers que faisait courir à l'Europe la présence de son ancien maître à l'île d'Elbe, ces événements qui venaient si brutalement de le faire descendre du piédes-

---

ghersh.) Lord Burghersh à lord Castlereagh. Florence, 28 mars 1815. (Dépêche N° 30.) — *Archives Particulières de M. R. Ambrosini*, de Bologne. *Diario etc. di Bologna (du Marquis de Buoi.)* — Ibidem. *Diario di Gaëtano. Bevilacqua* (25-27 mars 1815). — A noter que presqu'au même moment, le 25 mars, la princesse de Galles partait de Livourne pour Gênes à bord de la *Clorinde*. (*Record Office. Admiralty.* Vol. 430. *Sicily.*) Rear-Admiral Penrose à John William Croker, à bord de la *Queen.* Palerme, 2 avril 1815. (Dépêche N° 46.)

tal sur lequel il n'avait réussi à se hisser et à se maintenir qu'à force d'art et d'esprit, n'avaient pu ni abattre son énergie, ni étouffer ses rancunes, ni le décider à renoncer au rôle qu'il se croyait encore appelé à jouer sur la scène du monde. Dérouté et désorienté dans ses calculs, déconcerté par le coup de foudre du débarquement au golfe Jouan, par le Vol de l'Aigle à travers la France transportée d'enthousiasme, il sentait son prestige atteint sans pouvoir se résigner à le croire détruit à tout jamais. Forcé de baisser le ton, ayant trop peu de confiance en Metternich pour songer à lui parler de cette affaire de Naples qui lui tenait tellement à cœur et dans laquelle il voyait maintenant le moyen de raffermir son prestige gravement compromis et sa situation personnelle sérieusement ébranlée, merveilleusement servi par son incomparable dextérité, il n'avait pas tardé à trouver le moyen de remettre cette question sur le tapis. L'entretien, auquel l'Empereur Alexandre le convoqua le 25 mars, allait lui fournir cette occasion et lui permettre non-seulement de faire perdre à Murat le dernier appui sur lequel le roi de Naples fondait encore quelque espérance, mais de satisfaire en même temps une vengeance personnelle contre Metternich qui, nul ne le savait mieux que lui, était loin d'être en faveur auprès du tzar.

Encouragé par l'accueil particulièrement aimable que lui fit Alexandre, il n'eut pas de peine d'arriver à ses fins. Redoutant encore les tergiversations, les hésitations du Cabinet de Vienne, il avait si habilement manœuvré que c'était la Russie qui, poussée par lui, allait en cas de besoin se charger de mettre le feu aux poudres. « Les Russes, écrit-il au » Roi le lendemain de cette audience[1], commencent à se

---

1. *Archives des Affaires Étrangères*. PALLAIN. *Correspondance Inédite de Talleyrand et de Louis XVIII*. — Talleyrand au Roi. Vienne, 26 mars 1815. N° 45.

» persuader *qu'ils ne peuvent avoir une entière confiance dans
» l'Autriche tant que celle-ci ne sera pas compromise vis-à-vis de
» Murat.* J'ai trouvé l'Empereur très bien disposé pour cette
» affaire ».

Il est vrai que, s'il faut en croire Wellington, généralement mieux renseigné que le représentant de la France sur les intentions de la Cour de Vienne et sur la ligne de conduite qu'elle se proposait de tenir en Italie, ce que Talleyrand se flattait d'avoir obtenu grâce à cette manœuvre aussi habile que prudente était déjà chose absolument décidée.

Après avoir résumé en quelques lignes les nouvelles reçues à Vienne depuis le 17, depuis le jour où le duc de Campochiaro était venu lui remettre la communication de Murat et lui faire connaître sa ferme résolution de rester fidèle à l'alliance, Wellington écrivait en effet à lord Castlereagh :
« Je ne doute pas que Murat ne se mette en avant aussitôt
» qu'il apprendra les succès de Bonaparte ; et s'il trouve que
» les Autrichiens ne se soumettent pas patiemment à ses
» envahissements, il se proclamera probablement roi d'Italie
» et essayera de révolutionner ce pays... Ces renseigne-
» ments sur la conduite de Murat, réunis aux preuves [1],
» que Votre Seigneurie m'a transmises dans sa dépêche
» du 12 de ce mois, de la trahison de Murat dans la der-
» nière guerre, paraissent avoir convaincu les Puissances
» assemblées ici de *la nécessité absolue de l'attaquer sur-le-
» champ* »[2].

Sans le vouloir assurément et certainement sans s'en douter, Wellington s'est dans ces quelques lignes institué le défenseur, l'avocat de Murat. Nul plus que l'*Iron Duke*

---

1. Wellington fait évidemment allusion ici aux fausses lettres envoyées par Blacas à Castlereagh.
2. Cf. Schoell. *Recueil de Pièces officielles* etc. VII. 12-14. Duc de Welington à lord Castlereagh Vienne, 25 mars 1815.

n'a plus éloquemment expliqué, plus complètement justifié le fatal coup de tête qui devait coûter à Joachim d'abord le trône, puis la vie. Il n'est désormais plus permis d'en douter: Si Murat était resté encore quelque temps l'arme aux pieds à Ancône, il n'aurait pas échappé à son destin[1]. Les Puissances l'auraient attaqué, c'est le duc de Wellington lui-même qui nous l'affirme. C'est devant son affirmation que nous croyons devoir nous incliner et c'est à la voix autorisée du futur vainqueur de Waterloo que nous laissons le dernier mot.

Pour peu que l'on se remémore les évènements qui avaient marqué les trois premiers mois de l'année 1815, que l'on tienne compte des négociations secrètes qui depuis le mois de novembre 1814 s'étaient engagées entre les cabinets des Tuileries et de Vienne par l'intermédiaire de Blacas et de Bombelles, des communications confidentielles faites par Metternich à Saint-Marsan, du projet de traité que le chancelier avait expédié de Vienne dès le 13 janvier, de l'impatience avec laquelle il attendait la réponse de Louis XVIII, de l'envoi du *Mémoire confidentiel,* du but réel du passage de lord Castlereagh par Paris, enfin de la lettre que Blacas écrivit quelques mois plus tard de Gand, le 11 juin 1815 à Metternich pour le féliciter et se féliciter avec lui du rétablissement de Ferdinand IV sur le trône de Naples, pour peu que l'on veuille bien se rappeler que les représentants de la France à Vienne ignoraient encore, au moment où La Besnardière rédigeait en mai 1815 son « *Mémoire sur la conduite de l'Ambassade de France au Congrès de Vienne* », la portée considérable des accords intervenus en dehors de leur participation, on reconnaîtra avec nous qu'il est impossible

1. Nous nous réservons de produire à la fin de notre travail le jugement porté par Gentz sur la question de Naples, sur les torts réciproques de l'Autriche et de Murat.

d'admettre dans leur ensemble les conclusions énoncées dans les dernières phrases de ce Mémoire.

S'il était assurément « de l'intérêt de la France de tra-
» vailler à rétablir en Italie une influence qui, dans la
» situation de l'Europe telle qu'elle était alors, pût avoir
» et eût des points en dehors et pût contrebalancer l'in-
» fluence de l'Autriche », c'est aller trop loin, c'est surtout porter atteinte à la vérité que de prétendre que « la
» conduite du roi de Naples a plus fait pour cela que les
» vœux de la Maison de Bourbon et *qu'il avait pour se con-*
» *server des chances que par son agression intempestive il a lui-*
» *même détruites* ».

Le roi de Naples a commis assez de fautes politiques et militaires au cours de sa dernière année de règne pour qu'on ne l'accable pas sous le poids de celles qu'on ne saurait en bonne justice lui reprocher. Quoi qu'il eût fait, même si avant de jeter le masque il eût tenu une conduite d'une irréprochable correction, sa perte n'en était pas moins décidée depuis l'entrevue de Louis XVIII et de Castlereagh, depuis l'accord intervenu entre Blacas et Vincent, depuis le marché que venaient de conclure les Cours de France et d'Autriche. L'époque seule de sa chute n'était pas encore définitivement fixée. L'Autriche s'était réservée de choisir l'époque qui lui conviendrait le mieux pour procéder à cette exécution. Mais depuis lors les événements s'étaient précipités et, avant même que l'on eût connaissance à Vienne de la marche de ses troupes à travers les Etats romains [1], et du passage du Métaure, dès le 25 mars, c'est-à-dire quatre

---

[1] On n'en eut guère connaissance à Vienne que le 31 mars ou le 1er avril. On l'ignorait le 30 mars, puisque Talleyrand n'en dit mot dans sa dépêche de ce jour et n'en parle pour la première fois que le 3 avril. « Depuis quelques jours, on a appris ici que Murat était entré dans les états du Saint-Siège... »

jours après l'apparition du premier détachement napolitain à Terracine, non seulement on avait prononcé sa condamnation, mais on avait reconnu, c'est Wellington qui l'affirme, « *la nécessité absolue de l'attaquer sur le-champ* ». En un mot, on avait obtenu le résultat qu'on recherchait depuis plusieurs mois; on avait acculé Murat à la guerre. Le colonel Dalrymple avait donc raison et il voyait juste, lorsqu'écrivant à lord William Bentinck au sortir de la longue conférence qu'il eut le 27 mars avec le duc de Gallo il résumait et peignait en ces termes la situation du roi de Naples.

« Je ne crois pas qu'il désire la guerre ; mais il veut qu'on
» lui donne des garanties, et si on les lui refuse, il est dé-
» cidé à la faire » [1].

---

1. *Record Office. War Office.* Vol. 186. (*Army in the Mediterranean. Bentinck.*) Sir John Dalrymple à lord William Bentinck. Ancône, 28 mars 1815. (Dépêche N° 2.)

DEUXIÈME PARTIE

LA GUERRE.
L'OFFENSIVE NAPOLITAINE
(27 MARS-13 AVRIL 1815).

27 Mars 1815. — **La division Carrascosa passe le Métaure.
— Le général Pepe à Pesaro, sa rencontre en route avec le secrétaire de Joseph. — La division d'Ambrosio à Sinigaglia et la marche de la division Lechi. — Dalrymple à Ancône chez Murat et chez Gallo. — La colonne de gauche de l'armée Napolitaine en marche sur la Toscane et la lettre de Murat au Grand-Duc. — La consternation en Toscane et l'opinion de Lebzeltern sur les plans d'opérations. — La surveillance de Pauline. — Bellegarde concentre son armée à Casalmaggiore. — Etat de la flotte autrichienne.**

Le 27 mars au matin, la division Carrascosa avait commencé son mouvement, franchi la frontière, et sa brigade de tête (général Pepe) avait déjà dépassé Fano lorsque l'officier, qui commandait le peloton de cavalerie de sa pointe d'avant-garde, arrêta un voyageur venant de Pesaro. Quoique porteur d'un passeport le qualifiant de négociant suisse, cet individu, qu'après en avoir reçu l'autorisation l'officier napolitain envoya sous escorte à son général, n'était autre que le propre secrétaire du roi Joseph, chargé par lui de remettre à Murat une lettre datée de Prangins, le 16 mars 1815[1]. L'ex-roi d'Espagne, annonçait à son beau-frère les progrès et les succès ininterrompus de Napoléon

---

1. Cf. Pepe. *Mémoire* I. 257. Détails sur la conversation qu'il eut entre Fano et Pesaro avec l'envoyé de Joseph.

et l'invitait à se joindre à l'Empereur, à le seconder par la politique et par les armes. Il lui rappelait qu'enfant de la Révolution il devait tout au peuple et rien au droit divin, le conjurait d'accélérer sa marche et lui donnait des conseils néfastes, mais du reste superflus parce que tardifs. En lui criant: « *Parlez, agissez selon votre cœur; marchez sur les Alpes mais ne les dépassez pas* », il aurait achevé, si ce n'eût déjà été fait, de le précipiter dans l'abîme [1].

La marche était déjà commencée, la frontière franchie lorsque l'envoyé de Joseph se fit reconnaître par Pepe et lui révéla l'objet de sa mission. Quand il rejoignit Murat, Carrascosa et Pepe étaient déjà entrés vers midi à Pesaro où ils avaient été précédés dès le matin par deux commissaires napolitains, chargés de faire préparer des vivres. Les fonctionnaires pontificaux et le délégat apostolique (Monseigneur Pandolfi) étaient restés dans la ville aux portes de laquelle les soldats napolitains montaient la garde côte à côte avec ceux du pape [2].

Dès le premier avis du mouvement des Napolitains au-delà de la frontière, le colonel Gavenda qui commandait les avant-postes de cavalerie échelonnés depuis Rimini et la Cat-

---

1. Prangins, 16 mars 1815. (Jung. *Lucien Bonaparte et ses Mémoires.*) III. 284.

2. *K. u. K. Kriegs-Archiv.* (Feld-Acten. Frimont.) Général-major Steffanini au F. M. comte de Bellegarde. Bologne, 28 mars 1815. 1014. F. III. 111. — *Ibidem. Feld-Acten. Bianchi. Operations Journal.* 996. F. XIII. 28. — Capitaine Belloti au commandant des troupes J. et R. à Rimini (colonel Gavenda) Cattolica, 27 mars 1815. 1014. F. III. 111. b. — *R. Archivio di Stato. Bologne.* (*Atti di Polizia. Governo Provisorio Austriaco.*) *Prot. Privato.* (*Notizie sulle Corti di Roma e Napoli.*) F. VI. N° 20-196. Fantini à Savini. Rimini, 28 mars 1815. — *Ibidem.* N° 41-197. Giaccomelli, inspecteur de police, à Savini. Cattolica, 27 mars 1815. — *R. Archivio di Stato. Florence. Affari Esteri.* (*Invasione Napolitana e Disposizioni per la partenza di S. A. J. e R.*) Général-major Steffanini à Fossombroni. Bologne, 28 mars 1815. Prot. 7. N° 40. — (Rimini. Biblioteca Gambalunga.) *Giornale di Rimini dell' anno MDCCCXV.* T. 26. Scritto da Michel-Angelo Zanotti. *Notajo Collegiata Riminese.* (Manuscrit).

tolica jusqu'à la Foglia avait envoyé au devant d'eux un parlementaire chargé de demander des explications à Carrascosa. Cet officier qui n'avait pu parvenir jusqu'au quartier général napolitain de Pesaro avait cependant rapporté une réponse et appris par l'un des officiers d'avant-garde que Carrascosa avait ordre de pousser jusqu'au Pô et que selon toute probabilité il se refuserait à recevoir des parlementaires [1].

Bien que le général napolitain, se conformant aux instructions qu'il avait reçues, se soit abstenu dans sa réponse à Gavenda de lui fournir la moindre explication sur la nature de son mouvement, il ressort cependant d'un renseignement que Steffanini envoya à Bellegarde que l'on ne s'attendait pas au quartier-général de Murat à pouvoir faire une simple marche militaire jusqu'au Pô et à voir les Autrichiens évacuer de bon gré les Légations. Le général avait en effet réussi à apprendre de source certaine que, par courrier spécial expédié de Pesaro, Carrascosa avait fait tenir au consul de Naples à Ferrare l'ordre de renvoyer au plus vite la chaloupe canonnière napolitaine qui était à Pontelagoscuro [2].

1. *K. u. K. Kriegs-Archiv.* (*Feld-Acten. Frimont.*) Lieutenant Stolling (des Hussards Prince Régent) au colonel Gavenda. Cattolica, 27 mars 1815, 5 heures soir. 1014. F. III. ad 113. « J'ai été en parlementaire au-devant des Napolitains. Un de leurs officiers m'a dit que Carrascosa avait ordre de pousser jusqu'au Pô et qu'il croyait qu'on ne recevrait aucun parlementaire. — *Ibidem*. F. 113. Général-major Steffanini au F. M. comte Bellegarde. Bologne, 29 mars 1815, transmet le billet de Stolling en ajoutant que Carrascosa compte arriver jusqu'au Pô sans rencontrer de résistance, et y joint la réponse du général Carrascosa au colonel Gavenda (à Rimini) (billet *en français* de Pesaro 27 mars 1815.) (*Ibidem*. F. III. 111. a.) « Je m'empresse de répondre à la lettre que vous m'avez adressée pour vous faire connaître sous quels rapports nos troupes ont fait un mouvement en avant. J'ai l'honneur de vous informer que notre gouvernement les a déjà fait connaître à S. E. le comte de Bellegarde. »

2. *K. u. K. Kriegs-Archiv.* (*Feld-Acten. Frimont.*) Général-major Steffa-

La division d'Ambrosio avait, elle aussi, suivi le mouvement. A l'exception de son régiment de cavalerie qui n'avait pas encore rejoint, elle était tout entière aux environs de Sinigaglia. Son artillerie s'était établie au bivouac en avant de la ville, près de la route de Fano. Quant à la 3ᵉ division (Lechi), elle était encore assez loin en arrière et ne pouvait guère être réunie avant le 2 avril. Il suffit d'ailleurs d'un coup d'œil jeté sur les ordres donnés par Murat pour voir que le roi ne comptait nullement attendre son entrée en ligne pour continuer son mouvement en avant, puisque ses équipages de campagne avaient reçu dans la journée du 27 l'ordre de partir pour Pesaro [1]. D'après les bruits les plus répandus à Sinigaglia et qui émanaient, disait-on, de l'entourage même du roi de Naples, on croyait en général que, comme ils l'avaient fait l'année précédente, les Autrichiens évacueraient la Romagne et se contenteraient de couvrir la ligne Ravenne-Argenta-Ferrare [2].

Avant de quitter Ancône pour se rendre à Sinigaglia, avant de recevoir la visite du secrétaire de Joseph et de prendre connaissance de la malencontreuse missive qu'il lui apportait, Murat avait consacré sa matinée à l'expédition de graves affaires politiques. Avant de donner audience au colonel Dalrymple, il avait tenu à rédiger la lettre qu'il expédiait par courrier au Pape à Gênes [3], à s'assurer sur-

nini au F. M. comte de Bellegarde. Bologne, 28 mars 1815. 1014. F. III. 111.

1. *K. u. K. Kriegs-Archiv. (Feld-Acten. Bianchi.)* Major Pasquali. Sinigaglia, 28 mars 1815. 932. F. III. 4. 1. — *R. Archivio di Stato. Bologne. Atti di Polizia. Governo Provisorio Austriaco. (Prot. Privato.)* Fasc. VI. (*Notizie sulle Corti di Roma e di Napoli.*) Nᵒ 41. 197. Giaccomelli à Savini. Cattolica, 27 mars 1815.

2. *K. u. K. Kriegs-Archiv. (Feld-Acten. Bianchi.)* Rapport du major Pasquali. Sinigaglia, 28 mars 1814. 992. F. III. 4. 1.

3. *R. Archivio di Stato. Bologne. (Protocolli Segreti. Archivio Privato.)* Fasc. 46. Nᵒ 194. Fragonesi, commissaire de police à Savini. Forli, 28 mars 1815. Signale le passage de Bustanelli, courrier de Murat allant

tout du départ d'un autre courrier chargé d'emporter la note dont Carrascosa parlait à Gavenda dans sa réponse, que Campochiaro et Cariati communiquèrent le 8 avril à Metternich [1], et dans laquelle se plaignant de la conduite de la Cour de Vienne il exposait les motifs de sa marche vers le Pô.

Sur ces entrefaites le colonel Dalrymple [2], après avoir rencontré en chemin une « colonne de 12 à 15.000 hommes » de l'armée napolitaine qu'il avait trouvés beaucoup mieux » qu'il ne le pensait, » était arrivé à Ancône le 27 à midi.

Pensant que ces mouvements de troupes avaient pour objet d'occuper d'abord Pesaro, puis « la rivière de Rimini, » sachant par Gavenda que le colonel avait ordre de demander des explications dès que les Napolitains passeraient le Métaure, Dalrymple à peine arrivé à Ancône était allé tout droit chez Gallo. Dès le début de la longue conférence [3] qu'il eut avec lui, aussitôt après lui avoir remis la lettre de Bentinck dont la lecture parut « le troubler très fort », il avait amené la conversation sur ces mouvements

à Gênes. (f. Lettre de Murat à Pie VII. Ancône, 27 mars 1815. ANNEXE XIV).

1. R. *Archivio di Stato. Bologne. Atti di Polizia . Governo Provisorio Austriaco. Prot. Privato.* Fasc. VI. (*Notizie sulle Corti di Roma e Napoli*). Fantini à Savini. Rimini, 28 mars 1815. N° 20-196. Signale le passage le 27 par Rimini d'un courrier napolitain allant en toute hâte d'Ancône à Vienne.

2. *Archiv des Ministeriums des Innern.* 1815. *Acten der Polizei Hof Stelle. Wiener Congress.* Raab au baron Hager. Bologne, 30 mars 1815. F. 497. 535. « Lord Bentinck a envoyé le colonel Dalrymple déclarer à Murat » que l'armistice serait rompu au premier mouvement des Napolitains » en avant de leurs lignes. »

3. *Record Office. War Office.* Vol. 186. (*Army in the Mediteranean. Bentinck.*) Sir John Dalrymple à lord William Bentinck. Ancône, 27 mars 1815. (Dépêche N° 27). « J'ai vu un corps de 7.000 hommes au moment où ils » arrivaient à l'étape. Il n'y avait qu'une quinzaine de traînards et » d'éclopés. L'armement et l'équipement sont en bon état, les chevaux » en bonne condition. L'artillerie m'a paru avoir ses attelages et ses » munitions au complet... »

et réussi à apprendre par des moyens détournés (*sideways*) que les Napolitains s'étaient tenus jusqu'ici derrière le Métaure par pure déférence pour le Pape, puisqu'aux termes de la convention passée avec l'Autriche (celle de Bologne) c'était le Tavollo [1], et non le Métaure, qui délimitait la frontière.

L'explication de ces mouvements, dont Bentinck s'alarmait si fort, semblait fort simple à Gallo. L'Autriche envoyant 100.000 hommes en Italie, il était impossible pour son gouvernement de se croiser les bras en attendant leur attaque. Ces arguments n'avaient pas paru absolument péremptoires à Dalrymple, qui affirma au contraire que l'Autriche ne faisait ces mouvements que pour garantir ses provinces au-delà des Alpes, pour y remplacer les régiments italiens envoyés en Allemangne, enfin pour être en mesure de parer aux complications que pouvait faire naître l'évasion de Napoléon.

Gallo n'en insista pas moins sur la duplicité de l'Autriche à l'égard de Naples et s'appliqua surtout à bien marquer au colonel anglais que les premiers mouvements des troupes autrichiennes étaient antérieurs au départ de l'Empereur de l'île d'Elbe. Passant ensuite à l'intention manifestée par l'Autriche de maintenir l'ordre et la paix en Italie, et de s'opposer à l'entrée de toute troupe étrangère dans la Péninsule, Gallo fit observer au colonel que la note remise par le cabinet de Vienne à Talleyrand ne faisait allusion à ce propos qu'au maintien de la paix dans les pays gouvernés par des princes de la Maison d'Autriche, mais ne parlait pas de ceux de ses alliés. En somme, d'après lui, l'Autriche, d'accord avec la France, était décidée à chasser Murat de Na-

---

1. Cours d'eau qui tombe dans l'Adriatique, à environ 1 kilomètre Est de Cattolica.

ples, parce qu'elle ne voulait pas prendre sur la part qu'elle s'était taillée et qu'elle se réservait en Italie les territoires destinés à servir de compensation à Ferdinand IV.

Dalrymple lui ayant objecté que, peut-être sans que son roi ait eu cette intention, il était regrettable que les mouvements de son armée eussent coïncidé avec l'évasion de Napoléon, et que cette coïncidence seule justifiait les soupçons conçus par Bentinck, soupçons que l'envoi de Starhemberg à Ancône, le départ de Rome de Pie VII, de Charles IV et de l'ex-reine d'Etrurie n'étaient pas de nature à dissiper, Gallo dans sa réponse revint plus longuement encore sur la perfidie et la duplicité de l'Autriche. Il insista tout spécialement sur l'attachement inébranlable que Murat n'avait jamais cessé de témoigner à l'Angleterre, sur la preuve qu'il venait encore d'en donner en envoyant dès le 7 mars un courrier à Londres.

« Il me semble, écrivait Dalrymple en sortant de cette conférence qu'il comptait reprendre le lendemain afin de pousser Gallo davantage et de le serrer de plus près, que
» Murat a en somme peur des Autrichiens et qu'il espère
» les intimider en les prévenant. Il a lancé hier soir ses
» ordres de mouvement (Je l'ai su par Gallo qui ne voulait
» cependant pas me le dire) à la suite d'avis et de mauvai-
» ses nouvelles reçues le 26 par un courrier venant de
» Vienne. Aussitôt après l'évasion de Napoléon, Murat avait
» écrit à la Cour de Vienne pour lui proposer une alliance
» intime. La réponse n'a pas été favorable. Aussi, ne crois-je
» pas que les Napolitains s'arrêteront sur le Tavollo. Gallo
» a trop insisté sur les préparatifs des Autrichiens sur le
» Pô, pour que cette éventualité me semble probable ».

Dalrymple a d'ailleurs le soin de motiver et de justifier ses appréciations. « Aux termes de la convention de Bologne pas-
» sée l'an dernier entre Nugent et ses généraux, Murat se

» croit en effet en droit d'occuper Bologne. La haine que
» l'on porte aux Autrichiens auxquels on préfère les Napo-
» litains, le fait que, si on veut l'attaquer, il a jusqu'à un
» certain point le droit de se placer de la façon la moins
» désavantageuse pour lui, enfin la croyance d'ailleurs jus-
» tifiée que les Autrichiens ne sont pas prêts, me font croire
» que les Napolitains profiteront des avantages momentanés
» que leur offrent les circonstances, et que, si la réponse de
» Londres n'est pas plus rassurante que celle de Vienne,
» ils risqueront le coup et pousseront sur Bologne. *Je ne crois*
» *pas qu'ils veuillent la guerre, mais ils veulent qu'on leur donne*
» *des garanties, sinon ils se décideront à la guerre* ».

Les circonstances allaient d'ailleurs permettre immédiatement à Dalrymple de compléter par de nouvelles appréciations le jugement si remarquable par sa netteté et son impartialité qu'il venait dans ces deux dernières lignes de porter sur la situation. L'entretien, qu'il eut en effet avec Murat quelques instants après être sorti du cabinet de Gallo, est à la fois si grave, si caractéristique, si simplement et si clairement exposé dans sa dépêche, qu'on ne peut s'empêcher de reproduire *in extenso* le récit qu'il en fait.

« Murat m'a fait appeler [1].

» Après quelques mots aimables et bienveillants, il in-
» sista sur l'amitié qu'il avait pour nous, sur la mauvaise
» foi de l'Autriche, sur la haine que lui portait le gouver-
» nement français, sur son désir de maintenir la paix, mais
» aussi sur sa résolution de lutter jusqu'à la dernière extré-
» mité s'il était attaqué ou menacé, enfin sur le droit qu'il
» avait de se replacer sur les positions militaires qu'il occu-
» pait avant le traité de Paris et sur la façon cavalière dont

---

1. *Record Office. War Office.* Vol. 186. (*Army in the Mediterranean. Bentinck.*) Sir John Dalrymple à lord William Bentinck. Ancône, 27-28 mars 1815. (Dépêche N° 2).

» il avait été abandonné par l'Autriche, dont il se croyait
» être et dont il était l'allié.

» Murat parla très vite, sans s'arrêter, passant sans tran-
» sition d'un sujet à un autre, de la politique de la Russie à
» celle de Naples.

» Mon audience a duré une heure et quart. Il m'invita à
» dîner avec lui et pendant tout le repas, ce fut de sa part
» un mélange curieux de plaisanteries et de communications
» sérieuses, mais toujours des coups de boutoir contre
» l'Autriche et rien que des fleurs pour nous.

» Après le dîner, il me fit appeler de nouveau pour me
» dire qu'il avait une grande amitié pour Votre Seigneurie,
» qu'il était désolé que vous vous soyez éloigné en étant en
» froid avec lui. Puis il me reparla politique et me demanda
» pour quelle raison l'Angleterre ne s'emparait pas de
» l'île d'Elbe.

» Je lui fis observer que nous n'avions pas besoin de cette
» petite île dont la prise nous coûterait trop d'hommes et
» trop de temps.

» Murat me confia qu'il n'avait pas mis la main sur elle,
» uniquement pour ne pas contrarier la Grande Bretagne;
» qu'il pourrait même le faire encore, s'il ne craignait d'é-
» veiller les susceptibilités et la jalousie et surtout de nous
» mécontenter.

» Je lui déclarai alors que ses mouvements commencés
» au moment même de l'évasion de Napoléon de l'île d'Elbe
» paraissaient très suspects à toute l'Europe.

» Il m'affirma qu'il ignorait les projets de Napoléon; que,
» si celui-ci les lui avait communiqués, il l'aurait certaine-
» ment aidé ; qu'il aimait toujours l'Empereur qui était
» son maître, son vrai professeur et son ami; mais qu'il
» sentait et savait bien que Napoléon ne lui pardonnerait
» jamais; qu'il n'avait plus aucune relation avec lui et enfin

» qu'il était fermement résolu à ne jamais s'allier avec la
» France.

» Comme Roi de Naples, ajouta-t-il, il doit être l'allié de la
» Grande-Bretagne, mais en ayant une forte armée dont il a
» besoin pour conserver son alliance en cas de guerre con-
» tinentale, mais sans marine de guerre dont il n'a nul be-
» soin.

» Il affirma de plus que Napoléon, auquel il tenait tant,
» l'avait forcé à suivre sa politique et à avoir une flotte que
» personnellement il ne se souciait nullement d'avoir.

» Il ne me cacha pas que Napoléon pourrait bien réussir
» dans son entreprise parce qu'à l'*exception du duc d'Orléans* on
» détestait en France toute la famille de Bourbon; que, si
» lui, il était venu en France lors des revers de Napoléon,
» il aurait pu s'y assurer le trône, et enfin, que tous les
» Français âgés de moins de quarante ans avaient été élevés
» dans la haine de Louis XVIII et de sa dynastie.

» Murat est convaincu que l'Autriche est décidée à l'écra-
» ser et à le chasser. Puisqu'on veut l'attaquer, n'est-ce pas
» son devoir et son droit de prendre toutes les précautions
» possibles? Il affirma qu'il avait le plus ardent désir de
» traiter et de négocier.

» J'ai eu, m'a-t-il dit, confiance dans l'Autriche qui m'a
» trompé. Elle a fait cause commune avec Talleyrand qui
» veut me détruire, parce que *je suis neuf*. Mais tout a été
» neuf à une certaine heure, à un certain moment. *La Grande
» Bretagne ne saurait être l'adversaire d'un gouvernement neuf
» et libéral rien que parce que le gouvernement n'est ni vieux ni
» réactionnaire.* »

« Il insista enfin sur un fait qui m'avait été révélé le
» matin même par Gallo : Napoléon avait envoyé, il y a
» quelques mois, un émissaire à Naples pour savoir si,
» comme Napoléon se croyait avoir des chances favorables

» de succès en France, Murat lui prêterait son concours.
» Murat m'affirma que, comme me l'avait dit Gallo, il avait
» réfléchi pendant quelque temps et avait finalement ré-
» pondu par un refus ».

Après avoir annoncé à Bentinck qu'on lui remettrait, le 28, la réponse écrite à la lettre qu'il avait apportée, que, d'après les déclarations de Murat et de Gallo, « cette réponse » serait absolument pacifique et marquerait bien que Murat » se prépare non pas à attaquer, mais uniquement à se dé- » fendre et qu'il tient par dessus tout à être et à rester dans » les meilleurs termes avec l'Angleterre », Dalrymple examinait, avant de clore sa dépêche, le côté purement militaire de la question :

« Mon opinion est que Murat a la certitude morale que
» les Autrichiens veulent l'attaquer. S'ils continuent leurs
» armements, il entrera en Toscane. Enfin, si la guerre de-
» vient inévitable, il basera ses mouvements sur ce pays et
» le Bolognais afin de forcer ses adversaires à repasser le
» Pô. Murat a pour le moment 14.000 hommes entre Ancône
» et Pesaro, (5.000 hommes ici, à Ancône) et 10 à 12.000 hom-
» mes, dont la plus grande partie de sa cavalerie sur l'A-
» pennin et vers Spoleto. Il sera tout à fait prêt pour les opé-
» rations vers le 10 avril et aura alors 25.000 hommes de ce
» côté de l'Apennin et 10.000 hommes en Toscane. Il compte
» beaucoup sur la haine qu'on porte aux Autrichiens en
» Italie et croit que c'est là le meilleur allié qu'il puisse
» avoir. Il m'a dit que ses troupes avaient beaucoup profité ;
» qu'il s'était beaucoup occupé d'elles et que certains de ses
» régiments lui paraissaient aussi bons que des régiments
» français. Il a avec lui un assez grand nombre de jeunes
» officiers français [1] ».

1. *Record Office. War Office.* Vol. 186. (*Army in the Mediterranean, Bentinck.*) Sir John Dalrymple à lord William Bentinck. Ancône, 27-28.

Entre temps, la colonne de gauche de l'armée Napolitaine, la garde royale, contournait à ce moment Rome qu'elle laissait à sa gauche, s'engageait sur la route de Terni, atteignait Monterotondo, d'où son échelon de tête (division Livron) continuait le lendemain 28 jusqu'à Cantalupo in Sabina, suivi à un jour de marche par la division de Pignatelli-Strongoli, pour se porter de là par Foligno et Perugia sur Florence [1].

Comme il l'avait fait avec le Pape et sans plus de succès qu'il n'en avait eu avec Pie VII, pendant que sa garde dessinait son mouvement, Murat avait écrit au Grand-Duc. Il lui affirmait dans sa lettre que ses intentions étaient pacifiques; que, voulant continuer à entretenir les relations les plus amicales avec la Toscane et les Etats du Pape, il espérait et désirait voir rester dans leurs capitales les princes italiens dont le départ pourrait devenir la cause de mouvements populaires et lui déclarait enfin que ses troupes ne dépasseraient pas les frontières du Grand-Duché [2].

Mais, pendant que cette lettre, qui en tout état de cause n'aurait eu que peu de chance d'inspirer confiance à Ferdinand III, s'acheminait vers sa destination, on avait reçu à Florence des nouvelles qui, venant confirmer celles envoyées précédemment d'Arezzo, avaient achevé d'y jeter la consternation. On avait appris par un billet du Juge de Cortona que les Napolitains lui avaient fait tenir l'ordre de préparer 10.000 rations de vivres et 3.000 de fourrages. L'invasion de la Toscane était donc certaine et imminente, et le

mars 1815. (Dépêche N° 2). — *Ibidem*. Lord William Bentinck à lord Bathurst. Turin, 6 avril 1815. (Dépêche N° 6). Envoi de la dépêche de Dalrymple.

1. *Archivio Storico della Societa di Storia Patria. Naples*. Logerot. *Memorie Storiche e Politiche (Manuscrit.)* 27 mars 1815.

2. Haus, Hof und Staats-Archiv. F. A. N° 6. *Toscana*. Comte Buol Schauenstein au prince de Metternich. Florence, 4 avril 1815. (Dépêche N° 62) relative à la lettre de Murat au Grand-Duc, d'Ancône, 27 mars 1815.

gouvernement toscan instruit par les événements de Rome conseillait au Grand-Duc de pourvoir à sa sûreté[1].

Résolu en cas de besoin à se retirer à Pise, convaincu que les progrès constants de Napoléon avaient décidé Murat à jeter le masque, Ferdinand III, avait aussitôt fait partir sa famille qui se dirigea par Modène sur Mantoue.

Le pape se disposait de son côté à quitter Florence pour se rendre à Pise. Mais ce ne fut pas sans peine que lord Burghersh, n'ayant d'ailleurs sous la main qu'un fort petit nombre de bâtiments disponibles et dont il pouvait avoir besoin à tout instant, informé de plus de l'arrivée à Livourne du *Joachim* (vaisseau de ligne de 74 canons) et de la présence de deux frégates napolitaines dans les eaux de Civita Vecchia[2], parvint à le dissuader de son projet de se faire conduire à Gênes par un navire de guerre[3].

En présence de l'impossibilité de faire partir Pauline de Compignano, on l'y avait surveillée plus étroitement que

---

[1]. Cortona, à 10 kilomètres environ Nord du lac Trasimène et à 35 kilomètres Nord-Ouest de Perugia. Cf. *R. Archivio di Stato. Florence. Affari Esteri. Prot.* 7. N° 40. (*Invasione Napolitana e disposizioni per la partenza di S. A. J. e R.*) Extraits d'un protocole du gouvernement toscan. — Cf. ROVATTI. *Cronaca Modenese.*

[2]. *Record Office. Foreign Office.* Vol. 22. (*Tuscany. Burghersh.*) Lord Burghersh à lord Castlereagh. Florence, 28 mars 1815 (Dépêche N° 30). Burghersh ajoute à propos du *Joachim*. « Pour me conformer à l'aver-
» tissement que j'avais donné à Pignatelli et à la déclaration faite à
» Vienne, j'ai, en raison de l'attitude menaçante des Napolitains dans
» les Marches, (il ignorait encore les mouvements exécutés par eux le 27)
» ordonné au capitaine Thomson, de l'*Aboukir*, d'arrêter le *Joachim*, si
» toutefois il reçoit des instructions à ce sujet. Le capitaine n'en avait
» pas, et le *Joachim* a quitté Livourne sans encombre. » — *K. u. K. Kriegs-Archiv.* (*Feld-Acten. Frimont.* 1014.) Chevalier de Lebzeltern au général-major Steffanini. Florence, 28 mars 1815. F. III. 131. b.

[3]. *Archives du Vatican. Congresso di Vienna.* Monseigneur Mauri au cardinal Consalvi. Avril 1815. Le pape s'embarqua le 1er avril sur une felouque à Lerici et débarqua à Rapallo.
Cf. *R. Archivio di Stato. Florence. Affari Esteri. Prot.* 7. N° 37. (*Passagio di S. Santita per la Toscana.*) Rapports de Pise et de Livourne, 28 mars 1815.

jamais. Malgré son indifférence et son insouciance habituelles, le gouvernement toscan s'était ému de ce qui pouvait bien se passer dans la villa qu'elle occupait. L'ancien jacobin enragé de 1799, devenu le président du *Buon Governo*, redoutant presqu'autant les conspirations et les trames qu'on aurait pu ourdir à Compignano que l'arrivée des troupes napolitaines devant lesquelles il savait avoir le temps de décamper, n'avait été quelque peu rassuré qu'après avoir reçu les renseignements qu'il avait demandés à Pise. Il aurait assurément préféré savoir Pauline partie pour d'autres rivages ; mais il respira un peu plus librement quand il sut qu'elle était gardée presqu'à vue par les Autrichiens qui ne la laissaient ni correspondre ni parler avec qui que ce fût sans un ordre du Gouverneur, quand on lui affirma qu'hors de la présence de l'officier de service elle ne pouvait recevoir aucune personne, même munie de l'autorisation spéciale indispensable à cet effet. Enfin, pour l'édifier plus complètement, on lui mandait qu'elle n'allait pas mieux et qu'elle était obligée de garder la chambre et même le lit[1].

Bien que l'on eût déjà reçu avis de la résolution prise par le gouvernement autrichien d'envoyer des troupes en Toscane, l'émotion y était si grande que Lebzeltern n'avait pas craint d'écrire à Bellegarde et de lui donner son opinion sur les opérations, en appelant son attention sur les énor-

1. R. *Archivio di Stato. Florence. Polizia Segreta Toscana.* Filza 5. 45-69. (*Pauline et Lætitia*). — Viviani à Aurelio Puccini, *Président du Buon Governo*. Pise, 27 mars 1815. (9 h. soir). — Cf. *Haus, Hof und Staats-Archiv. Bellegarde.* 123. b. F. M. comte de Bellegarde au prince de Metternich. Milan, 28 mars 1815. (Dépêche N° 62.) « La princesse Pauline a répondu » à l'intimation qui lui a été faite de partir qu'elle était hors d'état » de voyager. Les rapports qui m'ont été faits confirment que cela » est vrai. Elle m'a fait passer les deux lettres ci-jointes, l'une adressée » à Sa Majesté, l'autre à vous. Dans cet état de choses il faut bien la » laisser à Lucques. »

mes inconvénients que présenterait la retraite éventuelle de l'armée autrichienne vers le Pô et sur les têtes de pont.

« C'est à mon sens, écrivait-il à Metternich [1], aux yeux duquel il cherchait à justifier de la sorte son incursion dans le domaine de la stratégie, le parti le plus dangereux que l'on puisse prendre. Il est probablement dicté par la timidité et l'irrésolution; mais en agissant de la sorte, on centuple les moyens d'action du Roi, et on nous rend la besogne difficile et douteuse, ce qu'elle est loin d'être en ce moment ». Lebzeltern eût mieux fait de s'abstenir de cette singulière sortie et de s'en tenir aux renseignements bien autrement utiles qu'il rejetait à la fin de sa dépêche : « La consternation et la confusion sont tout aussi grandes ici qu'à Rome [1] ».

A la première nouvelle des mouvements des Napolitains, Bellegarde avait fait savoir à Bianchi et à Steffanini [2], de retour à ce moment d'une tournée d'inspection à Ferrare [3] qu'il avait donné à son armée l'ordre de venir se concentrer à Casalmaggiore.

Dès qu'il avait eu connaissance de la concentration des forces napolitaines aux environs de Sinigaglia et d'Ancône, le feld-maréchal qui n'avait jamais pu se décider à ajouter foi à la sincérité des assurances pacifiques que Murat se plaisait

---

1. *Haus, Hof und Staats-Archiv. Kirchenstaat.* N. A. F. 1. 1815. (*Lebzeltern. Metternich.*) Chevalier de Lebzeltern au prince de Metternich. Florence, 27 mars 1815. (Dépêche N° 89).
2. *K. u. K. Kriegs-Archiv.* (*Feld-Acten. Frimont.* 1014.) F. M. comte de Bellegarde au général major Steffanini. Milan, 27 mars 1815. F. III. 112.
3. *K. u. K. Kriegs-Archiv.* (*Feld-Acten. Frimont.* 1014.) Général Steffanini au F. M. comte de Bellegarde. Bologne, 27 mars 1815. F. III. 111. — Cf. *Ferrare. Archivio della Prefettura.* Rub. 20. 6610-9070, 5940, 5991. 5676. (*Militare-Fortificazione.*) Ingénieur Bertini et Ingénieur Benetta au délégué du gouvernement. Ferrare et Occhiobello 27-29 mars. Etats nominatifs des 1081 maçons, charpentiers et terrassiers employés à Ferrare et des 1465 ouvriers qui travaillent à Occhiobello.

à faire répandre[1] et qui n'avait cessé de croire à l'imminence de mouvements offensifs tant du côté des Légations que par mer vers les bouches du Pô et les lagunes, avait envisagé l'éventualité d'un débarquement napolitain[2] et porté son attention sur le concours que pourrait lui fournir la marine autrichienne. Les rapports, qu'on lui expédia de Venise le 27 mars, étaient loin de répondre à ses espérances. Seules la péniche la *Rovignese* et la *paranga* la *Fina*, qui croisaient déjà entre Ravenne et le delta du Pô, remplissaient les conditions voulues pour assurer la surveillance des côtes et s'en tenir à petite distance. La plupart des autres navires de guerre autrichiens, ayant un tirant d'eau de 10 à 14 pieds, ne pouvaient en cas d'échec ou de poursuite par un ennemi supérieur, trouver d'abri qu'à Chioggia et Malamocco. La goëlette la *Nina* envoyée en reconnaissance vers Ancône, la corvette *Carolina* et le brick *Sparviero* qui croisaient entre l'Istrie et les bouches du Pô n'auraient eu, à cause de la faiblesse de leur artillerie, aucune chance de pouvoir tenir tête aux deux frégates *Lætitia* et *Cerere* que les Napolitains avaient dans l'Adriatique. Tous les rapports concluaient à l'impossibilité presque absolue pour la marine autrichienne de s'opposer dans son état actuel à un débarquement que les Napolitains au contraire pouvaient exécuter, presqu'en toute sécurité, sur un point quelconque entre Ri-

---

1. Cf. *Record Office. Foreign Office*. Vol. 186. (*Army in the Mediterranean. Bentinck.*) F. M. comte de Bellegarde à lord William Bentinck. Milan, 27 mars 1815. (*en français*). Bellegarde lui confirme entre autres la nouvelle de l'entrée de Napoléon à Paris et le départ de Louis XVIII « se dirigeant sur Bruxelles, » et lui annonce de plus que l'Empereur a confié le Ministère de la Police à Fouché.

2. Bellegarde, nous l'avons dit, avait ordonné de remettre en état la petite place de Comacchio et, d'après Raisi. *Giornale 1813-1817*. VIII. (*Ravenne. Biblioteca Comunale*), le 27 mars, 100 hommes de troupes étaient arrivés à 7 heures du matin à Primaro où l'on se proposait de jeter un pont sur le Pô.

mini et le Pô di Primaro. Ils faisaient tous remarquer qu'il faudrait beaucoup de temps et d'argent, et qui plus, est un ordre du Conseil aulique de la guerre pour procéder à l'armement des deux vaisseaux de ligne, des deux frégates et des bricks désarmés mouillés à l'arsenal de Venise.

La marine marchande autrichienne n'était guère en meilleur état puisque, comme cela avait déjà eu lieu au cours de la campagne de 1813-1814, Wellington, sur la demande de Metternich ordonnait le même jour au général commandant les forces britanniques dans la Méditerranée d'expédier au plus vite les grains demandés par les Autrichiens et de les répartir en quantités égales entre Livourne, Venise et Pontelagoscuro [1].

Enfin, comme Saint-Marsan le mandait à Vallaise [2], bien qu'on n'eût pas encore connaissance des mouvements de Murat, on pressait si fort la marche des troupes qu'on avait mises en route que, revenant à nouveau sur les informations contenues dans la dépêche qu'il avait confiée à La Tour du Pin, il lui déclarait une fois de plus que : « *Sous peu l'armée autrichienne sera formidable en Italie* ».

1. WELLINGTON. (*Despatches of F. M. the Duke of*) XII. 382. Duc de Wellington au général commandant les forces britanniques dans la Méditerranée. Vienne, 27 mars 1815.
2. *R. Archivio di Stato. Turin. Congresso di Vienna.* Mazzo 2. §. 32. Marquis de Saint-Marsan au comte de Vallaise. Vienne, 27 mars 1815. (Dépêche N° 92).

28 Mars 1815. — **Les résolutions de Metternich et de Wellington. — L'alarme en Italie. — Bellegarde préconise la création du royaume de Lombardie. — Les appréciations de Marescalchi et de lord Burghersh. — La réponse de Gallo à la demande d'explications de Bentinck. — Les Napolitains occupent Cattolica et Rimini. — Gavenda se replie sur Cesena. — (Nuit du 28 au 29). — Murat à Pesaro. — Décret d'annexion des territoires d'Urbino, de Pesaro et de Gubbio aux Marches et des Marches au royaume de Naples. — Ordre à Pignatelli de se porter à marches forcées sur Florence. — L'envoi de Nugent en Toscane. — Mouvements de troupes autrichiennes dans les Duchés. — Ordres à Bianchi.**

Les représentants des puissances s'étaient prononcés sur le sort de Murat. Ils avaient rendu leur jugement rien que sur de simples indices avant même d'avoir eu connaissance de l'entrée des Napolitains dans les Légations, avant d'avoir été informés des graves événements qui venaient de se produire, avant de pouvoir invoquer à l'appui de leur verdict les griefs légitimes qu'ils n'auraient pas manqué de faire valoir quelques jours plus tard.

L'Angleterre, dont le roi de Naples s'était flatté d'obtenir l'appui, mais dont la neutralité bienveillante, conséquence de l'armistice conclu en février 1814, lui semblait en tout cas hors de doute, se tournait contre lui. L'Autriche, considérant qu'il avait lui-même déchiré le traité d'alliance du 11 janvier 1814, n'hésitait plus à l'abandonner. L'accord le plus complet s'était établi entre Metternich et Wellington pressé de quitter Vienne et désireux d'emporter la certitude que Murat ne tarderait pas à disparaître. Le 28 Mars, aussitôt après réception du pli qui contenait, à côté du rapport de Bellegarde en date de Milan, le 21 Mars, la lettre que Bentinck avait écrite la veille de Gênes au feld maréchal, Metternich avait envoyé copie de cette dépêche à Wellington et s'était empressé de lui faire savoir que « la manière dont Bentinck envisageait les conséquences des mouvements de Joachim répondait entièrement à la marche que la Cour de Vienne avait l'intention de tenir à l'égard du gouvernement napolitain ». Non content d'inviter le duc à « confirmer Bentinck dans l'exécution de ses projets et dans ses dispositions d'agir de concert avec le feld-maréchal comte de Bellegarde », il l'avait prié d'adresser des directions analogues aux commandants des forces militaires et navales de S. M. Britannique dans la Méditerranée et l'Adriatique « afin qu'ils s'opposent aux opérations du gouvernement napolitain qui ne peuvent être considérées que *comme hostiles par l'une et l'autre des deux Cours* [1] ».

Le jour même, Wellington transmettait cette importante notification à lord Castlereagh, en accusait réception à Metternich et lui communiquait la dépêche que, sans perdre une minute, il le priait de faire parvenir à Bentinck [2].

---

1. *K. u. K. Kriegs-Archiv. Nugent. (Nouveaux Papiers).* 20/III — 20/IV. Prince de Metternich au F. M. duc de Wellington. Vienne, 28 mars 1815.

2. *Ibidem* et WELLINGTON. (*Despatches of F. M. the Duke of*). Duc de Wellington au prince de Metternich, à lord Castlereagh, à lord William Bentinck. Vienne, 28 mars 1815. (Cf. SCHOELL. *Recueil de Pièces officielles etc.* VII. 15-17-21-23.)

Metternich, prié par Wellington de faire parvenir ses dépêches à Bentinck, en donna copie à Bellegarde et lui accusa en même temps réception de sa dépêche du 23, celle par laquelle le feld-maréchal lui avait rendu compte de son entretien avec Filangieri. Il l'informait que « l'entrée des Napolitains dans l'Etat ecclésiastique ne changeait rien aux dispositions prises par lui jusqu'à ce jour et le prévenait de plus de l'envoi de nouvelles instructions qu'il comptait lui expédier le lendemain. (*Haus, Hof und Staats-Archiv. Instructions à Bellegarde.* 128. 6.

Prince de Metternich au F.M. comte de Bellegarde. Vienne, 30 mars 1815. (Dépêche N° 21). —Cf. *K. u. K. Kriegs-Archiv.* (*Feld-Acten. Frimont.* 1016.) Wellington à lord William Bentinck. Vienne, 28 mars 1815. IV. 556. c.

Jugeant inutile et dangereux même d'attendre que de Londres on ait envoyé à Bentinck l'ordre de prêter sa coopération active à Bellegarde, Wellington lui envoyait directement l'ordre « dans le cas où le maréchal Murat attaquerait les Autrichiens en Italie, de faire tout ce qui dépendait de lui pour les soutenir, d'aviser les commandants des forces navales dans la Méditerranée de la cessation de l'armistice, de prescrire au commandant des Sept-Iles de prêter assistance aux corps autrichiens en Dalmatie, soit par des bâtiments de transport, soit en détachant des troupes ». Il lui recommandait enfin « dans l'hypothèse probable d'une offensive autrichienne, de faciliter son action et ses progrès à l'aide d'un corps expéditionnaire partant de la Sicile ».

La promesse formelle de cet appui, qui ne pouvait être encore que moral, n'en était pas moins précieuse pour l'Autriche, non seulement à cause du coup que ne pouvait manquer de porter à Murat la note que Bentinck allait s'empresser de lui adresser aussitôt après réception de la dépêche de Wellington, mais surtout à cause des craintes que la situation inspirait à ceux-là mêmes qui avaient charge de défendre les possessions autrichiennes en Italie, de ces craintes que l'attitude résolue de l'Angleterre pouvait seule réussir à dissiper.

« Le roi de Naples, écrit en effet à ce moment Ficquel-
» mont à l'archiduc Ferdinand d'Este [1], le roi de Naples,
» que nous avons laissé se fortifier tranquillement et tra-
» vailler les esprits de toute l'Italie en sa faveur, tandis
» que nous les avons éloignés de nous, deviendra un ennemi
» qui n'est pas indifférent... » Ce sont encore ces mêmes appréhensions qu'on retrouve dans la dépêche dans laquelle

---

1. *K. u. K. Kriegs-Archiv. Feld-Acten. Frimont.* 1014. F. III. 116 1/4. b.) Général comte de Ficquelmont à l'archiduc Ferdinand d'Este-Autriche. Milan, 28 mars 1815.

Bellegarde faisait remarquer [1] à Metternich que la fuite du Pape et des Rois et Reines qui étaient à Rome a dû lui montrer « combien est grande l'alarme jetée par le roi de Naples dans l'Italie Méridionale. »

Reprenant pour son compte et développant les idées que Ficquelmont vient d'émettre, après avoir, comme nous l'avons déjà fait voir, déclaré au chancelier d'Autriche que, même à la suite de l'envoi de Starhemberg à Ancône, « il ne peut asseoir aucune opinion sur le parti que prendra définitivement le roi de Naples », ignorant encore les événements décisifs de la veille, Bellegarde n'en dépeignait pas moins sous des couleurs assez sombres l'état des choses en Italie et lui proposait comme remède à cette situation une mesure que la cour de Vienne ne tarda pas à appliquer [2].

« C'est des moyens d'améliorer notre situation qu'il faut
» à présent s'occuper. Quelque faibles que puissent être les
» efforts que ferait la France de nouveau soumise à Napo-
» léon pour rentrer en Italie, ils seront d'une nature bien
» sérieuse pour nous en se réunissant à ceux du roi de
» Naples, parce que tout ce qui est capable de porter les ar-
» mes en Italie, se rattache ou *comme Napoléoniste* à la France
» ou comme *partisan de l'Indépendance italienne à Murat*[3]. C'est

1. Haus, Hof und Staat-Archiv. Bellegarde. 123. F. M. comte de Bellegarde au prince de Metternich. Milan, 28 mars 1815. (Dépêche N° 62).
2. Haus, Hof und Staats-Archiv. Bellegarde. 123. b. F. M. comte de Bellegarde au prince de Metternich. Milan, 28 mars 1815. (Dépêche N° 67).
3. Il est pour le moins curieux de remarquer que Ghislieri tirait des mêmes faits des conclusions diamétralement opposées. Rendant compte, de Milan le 30 mars, à Hager de la marche des Napolitains vers Rome, lui parlant de leur entrée probable dans les trois Légations, entrée qu'il considérait comme inévitable même, à cause de l'impossibilité de faire vivre une armée dans les Marches, il lui disait : « Ce mouvement a jeté l'alarme dans toutes les provinces du Pô et redoublé l'acti-
» vité de notre Quartier-Général. Milan (on peut en dire autant des
» autres villes) est partagé entre trois partis, *les Napoléonistes, les
» Indépendants et les Autrichiens.* Cette division est très favorable à nos
» intérêts qui seraient mal soutenus sans cela par notre parti qui est.

» cet état de choses qu'il serait si essentiel de changer et qui
» ne peut l'être qu'en changeant notre marche vis-à-vis des
» Italiens. Il ne faudrait pas les laisser livrés plus long-
» temps à l'incertitude sur leur sort futur. Sa Majesté l'Em-
» pereur devrait se décider à prendre le titre de roi de Lom-
» bardie, et peut-être même ajouter à ce titre des idées plus
» étendues. Les considérations politiques qui jusqu'à pré-
» sent ont pu s'y opposer cessent dans les circonstances
» actuelles où cette détermination, loin de pouvoir être en-
» visagée par les populations comme dictée par l'ambition,
» est peut-être *devenue le seul moyen de nous préserver d'une*
» *catastrophe en Italie. Il n'y aurait pas un instant à perdre, s'il*
» *n'est pas trop tard. Car Murat couvre nos provinces et toute*
» *l'Italie de ses émissaires.* Dès le premier jour de la guerre,
» il appellera tous les italiens a l'indépendance *et nous*
» *aurons alors besoin d'une armée pour le combattre et d'une armée*
» *pour maintenir nos provinces dans l'obéissance.* Ce n'est pas
» une concession qu'il s'agit de faire à l'Italie; ce n'est
» qu'une couronne qu'il faut ajouter à celles que porte déjà
» Sa Majesté l'Empereur. C'est un peu d'espoir qu'il faut
» donner, un peu de vanité qu'il faut caresser, c'est l'ima-
» gination d'un peuple vif qu'il faut captiver et attacher à
» nous par des liens qui ne soient pas des sacrifices et qui
» augmenteront seulement la possibilité de régner sur lui.
» Si Sa Majesté l'Empereur se décide à prendre ce parti,
» nous pouvons avec confiance espérer que l'Italie réunira
» ses efforts aux nôtres pour se défendre contre une inva-
» sion de la France et qu'elle résistera aux séductions du

* le plus tranquille et le moins nombreux. Les *Indépendants* sont les
* plus nombreux et craignent les *Napoléonistes* dont ils sont les enne-
* mis déclarés. »

Archiv des Ministeriums des Innern. 1815. *Acten der Polizei Hof Stelle.*
Wiener Congress. F. 493. 1. d 535. Marquis Ghislieri au baron Hager.
Milan, 30 mars 1815. (*en français*).

» roi de Naples. Mais, je ne vous le cache pas, mon Prince,
» c'est une mesure urgente et que je vous prie de soumettre
» sans perdre de temps à la réflexion de Sa Majesté l'Em-
» pereur. Si la situation des affaires ne permet pas à Sa
» Majesté de venir prendre lui-même possession de cette
» couronne et exercer par Elle-même cette influence auguste
» qui attacherait les Italiens à nos intérêts, il faudrait au
» moins qu'un Prince de Sa Maison fût délégué par lui à
» cet effet. On ne peut pas laisser les hommes à froid à l'é-
» poque actuelle. Il faut entraîner leur esprit et leur imagi-
» nation par les mesures qui peuvent faire contre-poids à
» cet art qu'exerce Napoléon de les étonner par des événe-
» ments imprévus ; il faut distraire l'attention des Italiens,
» et ne pas les livrer exclusivement à l'impression de la
» crainte et de l'admiration, les deux sentiments que fait
» naître ici Napoléon.

» *Des mesures de ce genre sont devenues d'autant plus néces-*
» *saires qu'une partie des forces destinées à l'Italie sera pro-*
» *bablement détournée pour l'Allemagne* [1]... »

Plus encore que Bellegarde, dont les préoccupations n'avaient rien que de naturel et de légitime, plus que Fossombroni qui, en présence de l'alarme provoquée par le simple bruit de la mise en marche d'une division napolitaine se dirigeant vers la Toscane [2], envisageait avec terreur toutes les difficultés qui naîtraient pour son gouvernement de la continuation et de l'exécution de ce mouvement, l'ancien Ministre des affaires étrangères du royaume d'Italie, Mares-

---

1. En terminant Bellegarde insistait à nouveau sur la nécessité de faire disparaître de la décoration de la Couronne de Fer l'effigie de Napoléon afin que « cet ordre ne reste pas un point de ralliement en sa faveur. »
2. R. *Archivio di Stato. Modène.* (*Ministère. Affari Esteri e Polizia Generale.*) Filza A. Fasc. XXI. Fossombroni au comte Munarini. Florence, 28 mars 1815. 233-73.

calchi prenait les choses au tragique et les voyait en noir.
« Il s'agit de redoubler de vigilance, écrit-il tout tremblant
» à Munarini [1], d'autant plus que le bruit répandu partout
» que Murat veut faire un seul royaume d'Italie a sensible-
» ment augmenté le nombre de ceux qui acceptent et cares-
» sent cette idée. »

Lord Burghersh au contraire, restait parfaitement calme.
Il envisageait la situation avec un flegme tout britannique. Il
avait connaissance de l'entrée de Napolitains à Pesaro. Pour
lui, le doute n'était plus possible, « la guerre était déclarée
entre Naples et Vienne. » Il s'attendait à voir les Napolitains
arriver avant peu à Florence, se disposait à accompagner le
grand duc et comme d'une part Dalrymple lui avait écrit de
Bologne pour l'avertir de son envoi à Ancône, comme d'autre part il résultait de la déclaration de Vienne que Murat
ayant passé la frontière, l'Angleterre était, elle aussi, en
guerre avec lui, sachant que Bentinck « était encore en correspondance avec Ancône », s'abstenant prudemment de
toute manifestation, il s'était borné à donner avis du nouvel
état de choses aux consuls anglais du Sud de l'Italie [2].

Murat, ou pour mieux dire son porte-paroles Gallo, qu'il
avait chargé de répondre à la demande d'explications apportée par Dalrymple resté encore à Ancône afin de s'acquitter
de la deuxième partie de sa mission, ne partageait naturellement pas, du moins en ce qui avait trait à ses relations
avec l'Angleterre, la manière de voir de lord Burghersh.

« Mylord [3], m'étant empressé de mettre sous les yeux du

---

1. *R. Archivio di Stato. Modène. (Ministero Affari Esteri e Polizia Generale.* Filza A. Fasc. XXI.) Comte Marescalchi au comte Munarini. Parme, 29 mars 1815. 228-68.
2. *Record Office. Foreign Office.* Vol. 22. (*Tuscany. Burghersh.*) Lord Burghersh à lord Castlereagh. Florence, 28-29 mars 1815. (Dépêche N° 30.)
3. *Record Office. War Office.* Vol. 186. (*Army in the Mediterranean. Bentinck.*) Duc de Gallo à lord William Bentinck. Ancône, 28 mars 1815.

» Roi la lettre que Votre Excellence m'a fait l'honneur de
» m'adresser le 22 de ce mois au sujet des troupes napoli-
» taines réunies dans les Marches, Sa Majesté m'a ordonné
» de vous communiquer les réponses que par Son ordre j'ai
» adressées au F. M. comte de Bellegarde et au comte de
» Mier, Ministre d'Autriche près de Sa Majesté, qui m'avaient
» également demandé des explications à ce sujet.

» Vous y verrez, Mylord, la nécessité où le Roi s'est
» trouvé de prendre les précautions que la prudence lui dic-
» tait, lorsqu'il a vu que l'Autriche, dès qu'elle a été débar-
» rassée de ses affaires et de ses inquiétudes vers le Nord,
» a précipitamment mis en mouvement 100.000 hommes
» pour renforcer son armée d'Italie, sans que le Roi ait pu
» obtenir aucune réponse rassurante sur ses véritables in-
» tentions. »

Parlant pour la première fois du retour de Napoléon et de la probabilité d'une guerre en Italie, se contentant de faire une courte allusion à la rupture des relations diplomatiques entre Vienne et Naples, Gallo insistait au contraire plus que jamais sur le prix attaché par Murat à la continuation de rapports amicaux et intimes avec l'Angleterre.

« Au surplus les évènements survenus en France sur ces
» entrefaites et les résolutions auxquelles ils viennent de
» donner lieu de la part des Puissances alliées sont de na-
» ture à faire prévoir le renouvellement de la guerre en Ita-
» lie et exigent que le Roi prenne les positions qui convien-
» nent à sa propre sûreté et *à Sa ligne d'opérations.*

» Mais toutes ces mesures, Mylord, n'ont rien de commun
» avec les relations heureusement existantes entre les Cours
» de Naples et de Londres, *ni avec notre armistice, qui sont*
» *absolument indépendants de toute autre relation politique.*

» Au contraire, Sa Majesté désire vivement les voir sui-
» vies par un *traité de paix définitif,* et Elle ne cesse de vous

» engager, Mylord, à réitérer à cette Cour les assurances
» les plus positives sur Son désir de cimenter toujours da-
» vantage l'amitié la plus sincère entre les deux Etats.

» Je me plais, Mylord, à vous réitérer ce que Sa Majesté
» vous a exprimé directement et ce que Sa Majesté a fait·
» déclarer par tous les moyens possibles à votre gouverne-
» ment :

» Qu'aucun événement ne pourra jamais changer Sa po-
» litique à l'égard de la Grande-Bretagne et que le Roi n'a
» rien plus à cœur que de voir établir entre Elle et Son
» royaume une paix sûre et durable et des relations intimes,
» politiques et commerciales basées sur les intérêts mutuels
» des deux Nations que la nature et l'équilibre de l'Europe
» ont créées et qu'aucune passion humaine ne peut changer. »

Le 28 dès le matin, le général Carascosa, conformément aux ordres qu'il venait de recevoir, avait poussé ses troupes de Pesaro jusqu'à Cattolica, et pris sans coup férir possession de cette petite ville évacuée à son approche par le faible détachement de cavalerie autrichienne qui l'occupait et qu'il avait continué à suivre à 200 pas de distance jusqu'à Rimini dont le colonel Gavenda avait aussitôt fait fermer les portes à l'exception de celle de Cesena. A onze heures et demie du matin, le colonel autrichien avait été rejoint un peu avant d'y arriver par un des aides de camp de Carrascosa chargé de lui répéter verbalement la communication écrite qui lui avait déjà été faite la veille. Gavenda s'était contenté de répondre à cet officier que, n'ayant reçu de ses chefs ni avis de la marche des troupes napolitaines, ni ordre de les laisser passer, c'était affaire à son général d'exécuter, comme il l'entendrait, les ordres de son Roi. Les Napolitains ayant alors amené deux canons devant les portes de la ville, Gavenda se replia à une heure et demie du matin sur Cesena. Laissant une arrière-garde sur le Savio, il s'était établi sur une bonne position sur laquelle, couvert par le cours de la rivière, il se proposait en cas d'attaque de résister aussi bien et aussi longtemps que le lui permettrait l'infériorité de ses forces [1].

Dans le courant de la journée Murat, accompagné par Jérôme qui venait de débarquer pendant la nuit alle Torrette (entre Sinigaglia et Fano), arriva à 2 heures de l'après midi à Pesaro, où il passa la nuit. Son premier acte, presque aussitôt après son entrée en ville, avait consisté à faire afficher le décret qui incorporait au département du Métaure les trois districts d'Urbino, Gubbio et Pesaro et annexait les Marches au royaume de Naples. Le délégat Pontifical après avoir protesté contre cet acte arbitraire, contre l'enlèvement des armes pontificales et contre l'occupation du fort de Pesaro d'où les Napolitains avaient chassé une poignée de soldats du Pape, partit dans la nuit du 28 au 29 pour Bologne en compagnie du fameux Godoy [2].

1. *K. u. K. Kriegs-Archiv.* (Feld-Acten. Frimont. 1014.) Général-major Steffanini au F. M. comte de Bellegarde. Bologne, 29 mars 1815. F. III. 131. — *Ibidem.* (Feld-Acten. Bianchi. 992.) Colonel Gavenda au général Steffanini. Cesena, 29 mars 1815. F. IV. 8. b. Capitaine Bellotti au même. Cattolica, 28 mars 1815. F. IV. 8. c. — *Ibidem. Bianchi. Operations Journal.* 996. F. XIII. 68. — *Ibidem. Nugent. Nouveaux Papiers.* Positions Journalières. 1815. XIII. — *Record Office. Foreign Office.* Vol. 22. (*Tuscany. Burghersh.*) Lord Burghersh à lord Castlereagh. Florence, 1er avril 1815. (Dépêche N° 31) — *Archiv des Ministeriums des Innern. Acten der Polizei Hof Stelle. Wiener Congress.* Rapport de Bologne, 29 mars. F. 497. 1184. — *R. Archivio di Stato. Florence. Affari Esteri.* (*Invasione Napolitana e disposizioni per la partenza di S. A. I. e R.*) Prot. 7. N° 40. Général Steffanini à Fossombroni. Bologne, 29 mars 1815. — *Rimini. Biblioteca Gambalunga.* M. A. ZANOTTI. *Giornale di Rimini dell' anno MDCCCXV.* T. 26. (*Manuscrit*) et TONINI. (C). *Compendio della Storia di Rimini.* Parte 2ª dal 1500 al 1861 P° 463. (Rimini 1896). Ces deux auteurs signalent le peu de discipline des Napolitains qui n'attendent pas les billets de logement pour pénétrer dans les maisons et y prennent de force du pain et du vin.

2. *Archives du Vatican. Congresso di Vienna.* Monseigneur Rivarola au cardinal Pacca. Rome, 3 avril 1815. — Protestation du cardinal Pacca contre l'occupation des Etats Pontificaux par l'armée de Murat. Gênes,

Pendant que Pignatelli-Strongoli chargeait son commissaire des guerres d'écrire à Zuccari et de se plaindre de ce que sa division en arrivant à Monterotondo n'avait rien trouvé de préparé en fait de vivres et de ce que les fournisseurs n'avaient rien versé dans les magasins [1], le général Millet, s'apercevant trop tard que la garde n'arriverait que difficilement à opérer en temps utile sa jonction avec les divisions de droite, envoyait le 28 à ce général l'ordre de presser sa marche « et de se rendre directement et en toute hâte à Florence ».

Il était déjà trop tard pour que le mouvement pût, comme on y comptait, s'exécuter sans encombre. Lebzeltern venait de s'entendre avec le gouvernement toscan qui avait fini par se décider à prendre la résolution de faire replier sur Pise toutes les troupes dont il disposait et par prescrire à leur chef de se mettre en communication avec le lieutenant-colonel Werklein, commandant le faible détachement autrichien de Lucques [2]. De plus, en présence de l'imminence de l'entrée des Napolitains, de la nécessité de contrarier la marche de la garde à travers le Grand-Duché, Nugent, qui venait d'arriver de Vienne à Milan, avait reçu de Bellegarde l'ordre de rejoindre au plus vite la petite colonne qu'on

---

(Palais Durazzo) 10 avril 1815. — *Record Office. War Office.* Vol. 186. (*Army in the Mediterranean. Bentinck.*) Sir John Dalrymple à lord Bentinck. Forli, 31 mars 1815. (Sur l'arrivée de Jérôme à Pesaro.)

1. R. *Archivio di Stato. Naples.* (*Occupazione francese. Consoli.*) Commissaire des guerres de la division d'infanterie de la garde à Zuccari. Monte Rotondo, 29 mars 1815.

2. *K. u. K. Kriegs-Archiv.* (*Feld-Acten. Frimont.* 4014.) Chevalier de Lebzeltern au général major Steffanini. Florence, 28 mars 1815 et général Steffanini au F. M. comte de Bellegarde. Bologne, 28 mars 1815. F. III. 131 a. et 131 b. — *Ibidem.* (*Hof Kriegsrath. Præsidial Acten.* 4041.) Prince de Metternich au F. M. prince de Schwarzenberg. Vienne, 30 mars 1815. F. III. 37. — R. *Archivio di Stato. Florence. Affari Esteri.* (*Invasione Napolitana etc.*) Prot. 7. N° 40. Fossombroni au lieutenant-colonel Werklein. Florence, 28 mars 1815.

avait déjà mise en route et à laquelle le lieutenant-colonel Werklein devait envoyer un renfort de 3 compagnies et sa demi-batterie d'artillerie [1].

A Modène, où l'archiduc Maximilien venait de rentrer après avoir constaté au cours de son inspection de la ligne militaire que les Autrichiens n'étaient pas en force suffisante pour s'opposer aux progrès et à l'invasion des Napolitains, le duc François IV se préparait à quitter ses Etats destinés de nouveau à devenir le théâtre des premières opérations et des premières rencontres et qu'allaient traverser 2.000 Autrichiens venant de Parme et envoyés en toute hâte à Bologne [2]. Un bataillon du régiment Vacquant avait d'autre part reçu de Milan l'ordre de se rendre de Modène à Parme pour y remplacer le 8ᵉ bataillon de chasseurs qui se dirigeait au contraire de Reggio sur Modène [3]. En même temps, tant pour parer au plus pressé qu'afin d'éviter les conflits d'attribution et d'assurer l'unité du commandement, on informait Bianchi qu'on avait placé sous ses ordres les troupes stationnées à Bologne, Ferrare, Rovigo et Comacchio et on faisait savoir à Steffanini qu'on le maintenait dans les fonctions de gouverneur de Bologne [4].

1. *K. u. K. Kriegs-Archiv.* (*Feld-Acten. Frimont.* 1014.) Armee Commando au lieutenant-colonel Werklein (à Lucques) Milan, 28 mars 1815. F. III. 107. — *R. Archivio di Stato. Florence. Prot.* 7. 27. F. M. comte de Bellegarde à Fossombroni. Milan, 28 mars 1815.

2. *R. Archivio di Stato. Florence. Affari Esteri.* (*Invasione Napoletana etc.*) *Prot.* 7. Nº 40. Comte Munarini à Fossombroni. Modène, 28 mars 1815.

3. *K. u. K. Kriegs-Archiv.* (*Feld-Acten. Frimont.* 1814.) Armee Commando au commandant du 8ᵉ bataillon de chasseurs et au colonel Urmenyi. Milan, 28 mars 1815. F. III. 103 et 104.

4. *K. u. K. Kriegs-Archiv.* (*Feld-Acten. Frimont.* 1014.) Armee Commando au F. M. L. baron Bianchi et au général-major Steffanini. Milan, 28 mars 1815. F. III. 97 et 99.

29 Mars 1815. — **La lettre de Murat à Bentinck.** — **Bellegarde informe Bentinck de l'ouverture des hostilités et de l'envoi de Nugent en Toscane.** — **Carrascosa continue son mouvement sur Cesena.** — **La garnison de Ravenne se replie sur Primaro et de là sur Comacchio.** — **Préparatifs d'évacuation de Bologne.**

Tout mettre en œuvre afin de se ménager le concours des personnages qui par leur haute situation étaient à même de pouvoir plaider sa cause à Londres et lui conserver un semblant de bienveillance du côté de l'Angleterre, ne rien négliger afin d'éviter ou tout au moins afin de retarder la dénonciation de l'armistice, telle est l'idée qui, surtout depuis l'arrivée de Dalrymple, hante presque exclusivement l'esprit de Murat, qui l'obsède au point de faire passer au deuxième plan les questions militaires auxquelles seules dans un pareil moment il aurait dû consacrer toute son attention. Non content d'avoir chargé Gallo du soin de répondre officiellement à Bentinck, oubliant tout ce qui s'était passé entre eux, s'illusionnant encore sur des intentions que le ton même de la note, par laquelle l'ex-lord capitaine général lui demandait des explications, aurait dû lui révéler, avant de quitter Pesaro pour rejoindre sa 1re division, Murat, avait poussé l'aveuglement et l'inconscience jusqu'à croire utile, non seulement de se justifier à ses yeux et de lui expliquer sa conduite, mais de lui parler des mouvements de ses troupes et de ses projets.

« Pesaro, 29 mars 1814.

« Mylord, [1]

« J'ai reçu votre lettre du 24 mars et Mon Ministre des
» Affaires Etrangères a pris mes ordres sur celle que vous
» lui avez écrite.

» Vous avez dû recevoir sa réponse et l'assurance du *sys-*
» *tème inviolable que j'ai adopté de rester l'ami et de devenir même*
» *l'allié de la Grande-Bretagne.*

» Ni les événements de France, ni ceux que peut amener
» la conduite aussi extraordinaire que peu méritée de l'Au-
» triche à Mon égard ne sauraient l'ébranler.

» La marche de 100.000 hommes en Italie, une déclara-
» tion faite à Mon ministre à Vienne : Que l'Autriche regar-
» derait comme un acte d'hostilité tout mouvement de Ma
» part hors de Mes frontières », l'indifférence que ce Cabi-
» net a marquée au Congrès pour tout ce qui concernait les
» intérêts de Son allié durent M'avertir d'un changement de
» politique à Mon égard et Me conseiller des mesures de
» sureté.

» Si l'Autriche est décidément résolue à Me faire la guerre,
» j'ai dû concentrer Mon armée et reprendre Mes anciennes
» positions sur le Pô.

» Si elle veut rester Mon Alliée, j'ai dû reprendre égale-
» ment Mes positions sur ce fleuve pour agir de concert
» avec Elle.

» Ainsi les mouvements de Mon armée ne doivent pas vous
» surprendre, ni rompre les liens d'amitié qui unissent pour
» le moment la Grande-Bretagne et le royaume de Naples,
» puisque, quels que soient les résultats des événements

---

1. *Record Office. War Office.* Vol. 186. (*Army in the Mediterranean. Bentinck.*) Murat à lord William Bentinck. Pesaro, 29 mars 1815. (*en français.*)

» en Italie, le Roi de Naples ne pourra que *sentir davantage*
» *le danger réel qu'Il aura à craindre du côté de la France* et
» tout l'avantage qu'Il doit tirer d'une alliance avec l'An-
» gleterre, et J'ose avancer que cet avantage sera récipro-
» que.

» Ma première division sera ce soir à Forli, et Mes troupes
» ont ordre de ne commettre aucune hostilité, et jusqu'à pré-
» sent *Mes Alliés* ne semblent pas disposés à vouloir les com-
» mencer, et tout fait présumer que ce ne sera que *sur le Pô*
» *que pourront avoir lieu les premières explications.*

» *Voilà, Mylord, un tableau bien succinct de Ma position ac-*
» *tuelle et de Ma politique pour l'avenir envers l'Angleterre*
» *qu'il M'importe avant tout de conserver pour amie.*

» Voulez-vous, Mylord, être l'interprète de ces sentiments
» auprès de votre Nation, en être le garant et *devenir l'au-*
» *teur d'une paix* qui ferait le bonheur d'une Nation que la
» nature a faite pour être votre amie, d'une famille qui n'ou-
» blierait dans aucune circonstance que *l'Angleterre resta*
» *fidèle à son engagement.*

» Je vous réitère, Mylord, l'assurance de ma sincère ami-
» tié.

Joachim Napoléon. »

« *P. S.* Depuis cette lettre écrite les hostilités ont com-
» mencé de la part des Autrichiens. Je vous envoie une de
» mes proclamations » [1].

Bellegarde de son côté confirmait au même moment à Bentinck la nouvelle contenue dans le *Post Scriptum* de la lettre de Murat. Il se hâtait de l'informer qu'il regarderait comme une « hostilité prononcée le moment où les trou-

---

[1]. Probablement celle que Murat lança le lendemain et qui est connue sous le nom de *Proclamation de Rimini*.

pes Napolitaines venant de Pesaro entreront sur le territoire des Légations occupé par les troupes Impériales Autrichiennes » [1].

En même temps, il lui faisait savoir que d'accord avec Wellington, dès qu'on eut appris l'évasion de Napoléon, on avait décidé de prendre possession de l'île d'Elbe et confié à Nugent le commandement de cette expédition à laquelle il fallait renoncer pour le moment. En présence du mouvement de l'aile gauche de l'armée Napolitaine, de l'intention évidente de Murat de vouloir occuper la Toscane, la défense du grand-duché était devenue un objet d'une bien autre importance que l'occupation de l'île d'Elbe. Bellegarde lui faisait savoir en conséquence que Nugent était déjà en marche, qu'il avait ordre de se faire rejoindre par les troupes toscanes et le priait de prendre de son côté les mesures nécessaires pour lui assurer la coopération d'une force maritime anglaise. D'autre part la présence dans l'Adriatique de la plus grande partie de la flotte napolitaine faisant craindre au feld-maréchal une aggression, peut-être même une tentative de débarquement vers le Bas Pô, il appelait l'attention de Bentinck sur l'utilité de renforcer les forces maritimes anglaises de l'Adriatique et sur l'opportunité qu'il y aurait à envoyer à la frégate anglaise qui se trouvait à Corfou l'ordre de venir croiser au plus vite vers les bouches du Pô [2].

L'avant-garde de la Division Carrascosa, forte d'un millier d'hommes environ, n'était arrivée qu'assez tard dans la soirée du 28 devant Rimini, dont il lui avait fallu faire ou-

1. *Record Office. War Office.* Vol. 186. (*Army in the Mediterranean. Bentinck.*) F. M. comte de Bellegarde à lord William Bentinck. Milan, 29 mars 1815. (*en français.*)
2. *Record Office. War Office.* Vol. 186. (*Army in the Mediterranean. Bentinck.*) F. M. comte de Bellegarde à lord William Bentinck. Milan, 29 mars 1815. (*en français*).

vrir les portes par ses sapeurs. Le gros de la division n'y entra que vers les deux heures du matin, et comme les troupes avaient besoin de quelques heures de repos, ce ne fut guère qu'entre onze heures et midi que les éclaireurs de Carrascosa se montrèrent sur la rive droite du Rubicon (Pisatello) dont le pont était barricadé et les abords gardés par les hussards de Gavenda. Ils s'arrêtèrent d'ailleurs sur ce point (à 3 k. environ de Cesena) qu'on ne se proposait d'attaquer et d'enlever que le lendemain [1].

Pendant que les 2º et 3º divisions continuaient à se porter en avant et à serrer sur la 1ʳᵉ division, que la flottille du lieutenant de vaisseau de Martino, composée, jusqu'au retour de la *Lætilia*, de deux péniches, un chébec, deux canonnières et d'une petite barque armée (*Scoridoja*) faisait voile d'Ancône à Rimini [2], le ministre de la guerre informait le chef d'Etat-major général que les escadrons de guerre des lanciers de la garde, auxquels il avait envoyé l'ordre de partir d'Aversa le 1ᵉʳ avril et de passer par les Etats Pontificaux, seraient rendus à Foligno le 16 avril [3] et que l'esca-

1. *K. u. K. Kriegs-Archiv.* (Feld-Acten. Bianchi. Operations Journal 996. 29 mars 1815. F. XIII. 68. — Ibidem. (Feld-Acten Frimont. 1014.) Généralmajor Steffanini au F. M. comte de Bellegarde. Bologne, 29 mars 1815. F. III. 113. — Ibidem. Nugent. (Nouveaux Documents). Opérations et positions journalières. 29 mars 1815. XIII. — Rimini. Biblioteca Gambalunga. M. A. ZANOTTI. *Giornale di Rimini del anno MDCCCXV* T. 26. (Manuscrit) et TONINI. *Compendio della Storia di Rimini.* Parte 2ª Pª 434. 29 mars 1815.
2. *R. Archivio di Stato. Carte di guerra ed Amministrazione delle Marche* 1059. Commandant de la Marine au général Millet. Naples, 29 mars 1815. Nº 846.
3. *Idem in Ibidem.* Ministre de la Guerre au général Millet. Naples, 24 mars 1815. Nº 1345. Le même jour il fournissait encore au chef d'Etat-major général Nº 1333 l'indication de l'emplacement des dépôts suivants : 1ᵉʳ de ligne, Barletta, 2º Naples, 3º Lecce, 4º Naples, 5º Trani, 6º Ischia, 7º Aquila, 8º Pescara, 9º Procida, 10º Gaëte, 11º Capri, 12º Capoue. — 1ᵉʳ d'infanterie légère. Campobasso ; 2º Naples ; 3º Bari ; 4º Monteleone. — 1ᵉʳ de chevau-légers. Foggia ; 2º Nocera ; 3º Avellino ; 4º Nola. Train d'artillerie; Santa Maria di Capua. — Sapeurs et Mineurs. Gaëte.

dron de guerre de la gendarmerie avait, lui aussi, reçu l'ordre de quitter Naples le même jour pour se rendre au Quartier général de l'armée [1]. C'étaient là tous les renforts qu'on avait trouvé moyen de mettre en route depuis le départ de Joachim.

Pour le moment du reste, les Autrichiens ne se renforçaient, eux aussi, que fort lentement, d'une façon absolument insignifiante et insuffisante. Il est vrai que leur concentration s'opérant en arrière de leurs positions actuelles, des positions avancées qu'ils étaient décidés et qu'ils commençaient déjà à abandonner, ils se rapprochaient de plus en plus de leurs soutiens, d'ailleurs bien moins éloignés et bien autrement considérables et sérieux que ceux de Murat. Dans l'après-midi du 29, dès qu'on eut fait partir les ouvriers et expédié les outils et le bois requisitionnés à Ravenne pour les travaux à exécuter au pont de Primaro (Reno), le major Brehm avait quitté cette ville dont il avait confié la garde aux gardes de finance et à la garde urbaine. Il s'était replié sur Primaro d'où il avait détaché le soir même à Mandriole une compagnie chargée de surveiller les passages du Lamone depuis Cortelazzo jusqu'à San-Alberto. On était du reste fortement inquiet à Comacchio, moins à cause des rumeurs qui signalaient l'apparition, encore prématurée, des Napolitains du côté de Cesenatico où n'avaient pu se montrer tout au plus que quelques petites reconnaissances de cavalerie, que de la présence dans les parages de Goro d'une frégate napolitaine qui y croisait avec quatre petits bâtiments [2].

1. *Ibidem.* Général Manhès, Inspecteur Général de la Gendarmerie au Général Millet. Naples, 29 mars 1815.
2. *K. u. K. Kriegs-Archiv.* (*Feld-Acten.* Bianchi. 992.) Lieutenant-colonel N. et capitaine Iouack au général-major Steffanini. Comacchio, 29 et 30 mars 1815. F. III. 3 et 4. g. — *Ravenne. Biblioteca Comunale.* Raisi. *Giornale* 1813-1817. VIII. 29 mars 1815.

A Bologne, Steffanini prenait insensiblement et discrétement ses dispositions pour battre en retraite. S'il mandait d'une part que le pont d'Occhiobello était sur le point d'être rétabli, il reconnaissait de l'autre que la tête de pont et la citadelle de Ferrare ne pourraient guère être en état de défense avant huit ou même dix jours. D'autre part, s'il attendait le lendemain 30 le régiment Vacquant et deux escadrons de hussards Liechtenstein venant de Modène ainsi que quelques renforts qui lui étaient annoncés, il n'avait pour le moment qu'un seul régiment à Bologne. Ne se faisant aucune illusion sur la situation, quelque peu surpris de voir que les Napolitains avaient laissé la journée se passer sans attaquer son arrière-garde à Cesena, il s'attendait néanmoins à devoir la replier le lendemain sur Forli. Il s'attendait si fort à la retraite forcée de Gavenda que non seulement il avait donné aux quelques troupes qu'il avait sous la main l'ordre de camper hors de la ville sur la route d'Imola, mais qu'il avait fait procéder à des réquisitions de bétail, de chevaux, de voitures, de fourrages, de vivres et de bois, qu'il avait vidé les caisses publiques et qu'afin de faire rentrer et de se procurer encore plus d'argent il avait à partir du lendemain 30 abaissé de moitié le prix du sel [1].

1. *K. u. K. Kriegs-Archiv.* (*Feld-Acten Frimont.* 1014.) Général-major Steffanini au F. M. comte de Bellegarde. Bologne, 29 mars 1815. F. 111. 113. — *R. Archivio di Stato. Florence. Affari Esteri.* Prot. 7. N° 40. (*Invasione Napolitana etc.*) Général-major Steffanini à Fossombroni. Bologne, 20 mars 1815. — *Archiv des Ministeriums des Innern. Acten der Polizei Hof Stelle. Wiener Congress.* Rapport de Bologne, 29 mars 1815. F. 497. 1184. — *R. Archivio di Stato. Bologne.* (*Militari. Comissione Governativa delle Tre Legazioni*). Baron Lederer, Président de la commission, au délégué du Gouvernement. Bologne, 29 mars 1815. Tit. 17. Rab. 15. — *Bologne. Biblioteca Comunale. Memorie Storiche della Citta di Bologna dal 1773 al 1822.* (*Manuscrit*). — *Archives Particulières de M. R. Ambrosini.* (Bologne.) *Diario di Gaëtano* Bevilacqua.

30 Mars 1815. — Ordres et plan d'opérations du général Frimont. — Positions des deux armées. — Positions et mouvements des colonnes Napolitaines. — L'armée de Murat jugée par le colonel Dalrymple. — Les premiers coups de fusil. — L'affaire de Cesena. — La proclamation de Rimini et les appréciations de Catinelli.

Depuis le retour de Starhemberg, on n'avait plus eu à Milan l'ombre d'un doute sur l'imminence des événements qui venaient de se produire et on y avait arrêté définitivement des dispositions qu'il était grand temps de mettre à exécution.

Comme Schwarzenberg l'avait fait remarquer à l'Empereur François, la faiblesse momentanée de l'armée autrichienne et la multiplicité des missions qu'elle avait à remplir imposaient à son chef l'obligation de se tenir sur la défensive jusqu'à l'arrivée des renforts en marche, dont les premiers bataillons ne devaient le rejoindre que du 9 au 16 avril. Il importait donc d'éviter à tout prix tout engagement sérieux pendant la durée de cette période critique, de céder le terrain sans précipitation, mais aussi sans se compromettre et de faire choix d'une position permettant à la fois de donner des inquiétudes à l'adversaire, de surveiller et d'inquiéter ses mouvements, d'une position située à proximité des lignes de marche suivies par les renforts et qui tout en étant couverte contre une attaque brusquée laissait cependant la possibilité d'en déboucher aisément dès qu'on serait en mesure de se porter en avant.

La tâche du nouveau général en chef était sous ce rapport singulièrement facilitée par les renseignements absolument certains que l'Etat-major autrichien avait pu se procurer, par la connaissance exacte des forces et des projets de l'ennemi. Sachant que les Napolitains marchant parallèlement à la chaîne des Apennins ne pouvaient se déployer et opérer leur jonction que sur la ligne Bologne-Modène, il fallait, comme Frimont s'y décida dès son arrivée, prescrire aux quelques troupes postées en première ligne de diriger et d'assurer leur retraite, d'abord sur Bologne, puis de là, en se repliant progressivement vers le Pô dans la direction du Nord-Ouest, vers la tête de pont de Borgoforte, organiser ou plutôt compléter la défense de la ligne du Pô à partir de ce point jusqu'à Occhiobello et Pontelagoscuro et achever de concentrer le gros de l'armée entre l'Oglio et le Pô, de Bozzolo à Casalmaggiore. Tout en prévoyant l'évacuation éventuelle et momentanée de la rive droite du Pô, l'abandon du duché de Modène et de la plus grande partie des Légations, le nouveau général en chef avait nettement manifesté surtout par deux de ses dispositions, et son intention bien arrêtée de reprendre le plus tôt possible l'offensive, et la direction qu'il comptait faire suivre à son armée dès que les circonstances et le relèvement de ses effectifs le lui permettraient. D'une part en effet, il s'était bien gardé d'annuler l'ordre qui envoyait Nugent en Toscane et lui confiait [1] la mission d'arrêter la marche de la garde napolitaine; de l'autre, il tenait par dessus tout à rester maître sur la droite du Pô d'Occhiobello et de Ferrare, afin d'avoir ainsi un point d'appui grâce auquel il se trouvait en mesure, dès l'entrée en ligne de ses renforts et dès que son adversaire dépasserait le Panaro, de déborder sa droite et de menacer ses communications et sa ligne de retraite. Afin d'assurer l'exécution de ce plan et de ces dispositions, Frimont chargea son état-major de rédiger et d'expédier les ordres suivants [2].

2. *K. u. K. Kriegs-Archiv.* (*Feld-Acten Frimont.* 1015.) Général de cavalerie baron Frimont au F. M. prince de Schwarzenberg. Milan, 1ᵉʳ avril 1815. F. IV. 3.
2. *K. u. K. Kriegs-Archiv.* (*Feld-Acten Frimont.* 1014 et 1015.) Général

Au feld-maréchal lieutenant Bianchi, auquel il donnait le commandement de son aile gauche, de rassembler toutes les troupes placées jusqu'ici sous les ordres de Steffanini, de les replier lentement, en évitant tout combat inutile, vers le Pô, à hauteur de Borgoforte, et de les établir en arrière du canal Bentivoglio [1].

Au général Lauer, d'occuper la citadelle de Ferrare et d'y tenir jusqu'à la dernière extrémité :

Au feld-maréchal lieutenant Mohr, de se rendre à marches forcées à Occhiobello et d'y prendre le commandement de ce poste.

Au feld-maréchal lieutenant comte Nugent, de se porter avec une colonne forte de 3 bataillons et 2 $^1/_4$ escadrons de Modène sur Pistoia et Florence, d'y rallier le détachement autrichien de Lucques et de Piombino ainsi que les troupes toscanes et d'arrêter la garde napolitaine.

Ces dispositions étaient en outre complétées par une série de mesures moins importantes, telles que le renforcement de la brigade Suden en garnison à Plaisance, à laquelle on prescrivit en outre d'assurer la communication, d'une part avec la colonne du général Nugent à l'aide d'un détachement de 200 hommes qui alla occuper le château de Bardi (Route de Plaisance à Pontremoli), de l'autre, avec les troupes placées sous les ordres de Bianchi, l'établissement d'un pont en amont sur le Pô à Valenza afin de s'assurer une communication directe avec Alexandrie et le Piémont, enfin le rappel de l'ordre déjà donné à toutes les troupes disponibles de venir s'établir entre Casalmaggiore, Bozzolo et Borgoforte.

---

de cavalerie baron Frimont au F. M. L. baron Bianchi et au général-major Lauer. (*Instructions générales*). Milan, 31 mars et 1ᵉʳ avril 1815. III. 141. d. et IV. 4.

1. Sur la rive droite du Pô au sud de Borgoforte.

La situation d'effectifs n'avait guère changé et, lorsque Frimont arriva sur le théâtre des opérations, elle n'avait été modifiée que par l'appui formel promis par Bentinck et par l'effet moral considérable que ne pouvait manquer de produire une pareille déclaration. Mais le moment critique n'était pas encore passé, et comme Raab le mandait à Hager, ordre avait été en réalité donné aux généraux autrichiens de se replier éventuellement derrière le Pô [1].

C'eût été là pour Murat un premier résultat, un résultat considérable, qu'il aurait dû s'attacher à obtenir et qu'il lui eût été même assez facile de s'assurer. Il lui eût suffi pour cela, d'une part de tout mettre en œuvre pour s'emparer de Ferrare et de la tête de pont, si essentielle pour lui, d'Occhiobello; de l'autre, d'avoir la certitude absolue de pouvoir opérer en temps voulu sa jonction à Bologne avec sa colonne de gauche. Malheureusement pour lui, il avait tout compromis par ses hésitations, ses temporisations, ses demi-mesures. Le jour même où il prit la résolution d'arracher par la force la reconnaissance d'une possession d'Etat qui lui était garantie par les traités et que le Congrès lui refusait, sans garder le moindre ménagement ni pour le Pape, ni pour le grand-duc de Toscane, il aurait dû, avant même de quitter Naples le 17, donner à son armée l'ordre de se porter au plus vite vers le Pô, à sa Garde de franchir la frontière pontificale immédiatement, par conséquent dès le 17, et non le 22 Mars.

Si, au lieu d'être le 30 avec son avant-garde entre Rimini et Cesena, d'avoir sa 2e division en marche sur Rimini, la 3e vers Pesaro il avait pris une avance de 4 à 5 marches, avance que rien ne l'empêchait de s'assurer grâce à des

---

1. *Archiv des Ministeriums des Innern. Acten der Polizei Hof Stelle. Wiener Congress.* F. 497. 1. 535. Raab au baron Hager. Bologne, 30 mars 1815.

ordres donnés en temps utile, Ferrare serait tombée sans coup férir entre ses mains, la tête de pont encore inachevée d'Occhiobello n'aurait pu tenir devant une attaque, et les Autrichiens auraient dû se résigner à replier le pont dont ils venaient précisément le 30 Mars d'achever l'établissement sur ce point [1]. Enfin, si la Garde Royale avait été mise en route au même moment, si la lenteur et l'incapacité de ses généraux jointes aux hésitations politiques de Joachim ne lui avaient pas fait perdre un temps précieux en chemin, si au lieu de n'arriver à Florence que le 7 avril, la Garde y eût fait son entrée quatre ou cinq jours plus tôt, rien n'eût été plus aisé pour Livron et Pignatelli que de prévenir Nugent à Pistoia, de s'y établir solidement et d'y laisser une forte garnison qui aurait couvert la marche du gros de leur colonne. Marchant par la route de poste, par Pratolino, Montecarelli, Covigliaio, Lojano, Pianoro, sur Bologne, ils y auraient opéré leur jonction avec les divisions amenées par le Roi. L'envoi de Nugent en Toscane, qui allait avoir des conséquences si désastreuses pour les Napolitains, n'aurait produit dans ce cas aucun effet, et ce général craignant de se voir coupé de sa ligne de retraite sur les Duchés, aurait dû vraisemblablement se résigner, soit à se rejeter dans la montagne pour gagner Pontremoli, soit à se dérober par la route de Pescia à Lucques.

La faute impardonnable et irréparable commise par Murat, faute due surtout à des considérations politiques, sa déplorable résolution de se porter vers le Pô sur deux grosses colonnes séparées l'une de l'autre par la chaîne de

---

1. *K. u. K. Kriegs-Archiv.* (*Feld-Acten. Bianchi.*) 992. Colonel Szinkowitz au général major Steffanini: Ferrare, 30 mars 1815. F. III. 4, lui annonce que le pont et bateaux d'Occhiobello est établi et gardé par 2 compagnies et 2 canons et que la tête du pont encore inachevée est occupée par une compagnie et armée de 3 canons.

l'Apennin et ne pouvant communiquer entre elles que par de longs détours et avec la plus extrême difficulté ne s'explique que par la croyance que sa Garde ne rencontrerait aucune résistance dans sa marche à travers la Toscane. S'exagérant la faiblesse des Autrichiens, il ne s'attendait certainement pas à les voir s'affaiblir encore en détachant sur Florence le petit corps du général Nugent. Quand il s'aperçut de son erreur, qu'avaient encore aggravée l'apathie et l'incurie de Pignatelli et de Livron, il était trop tard pour porter remède au mal.

En effet, le jour même (30 mars), c'est-à-dire 48 heures après avoir envoyé à Pignatelli l'ordre de pousser directement et en toute hâte sur Florence, au moment où Millet écrivait de Cesena à Livron : « Demain la 1re division « marche sur Forli et Faeñza. Vous voyez qu'il est néces- « saire que vous pressiez davantage votre marche, c'est « l'ordre formel de Sa Majesté », ce jour même, les 13 compagnies et l'escadron, dont se composait la petite colonne de Nugent, étaient déjà en route vers la Toscane. Après avoir par précaution laissé momentanément un bataillon à Reggio et s'être arrêté, le 30 au soir, à San Venanzio et Sassuolo, ce général avait continué sans arrêt sa marche à travers la montagne. Le 3 avril, fermement décidé à disputer pied par pied le passage aux Napolitains il s'établissait à Pistoia [1].

1. *K. u. K. Kriegs-Archiv. Bianchi. Operations Journal.* 1014. Mouvement de Nugent de Modène sur Pistoia et Florence. F. XIII. 68. — *Ibidem. (Feld-Acten. Frimont.* 1014) F. M. L. comte Nugent au F. M. comte de Bellegarde. Bologne, 30 mars 1815. Midi. F. III. 134. l'informe de la mise en marche de sa colonne et de l'envoi des troupes toscanes à Pise par ordre du Grand Duc. — *Ibidem.* du même au même. Bologne, 30 mars 1815. 1H. 151. Ordre de mouvement de sa colonne qui sera le 30 à San Venanzio, le 31 à Paviello, le 31 à Pievepelago et le 3 avril à Pistoia. Il réclame en outre l'envoi d'un renfort de cavalerie. — *R. Archivio di Stato. Florence. Affari Esteri. (Invasione Napoletana* etc.) Prot. 7. N° 40. Général Steffanini à Fossombroni. Bologne, 30 mars 1815. — *Ibidem.* Prot. 8. N° 4. F. M. L. comte Nugent au comte de Buol Schauens-

Non seulement Murat avait lancé trop tard ses ordres de mouvement, mais son état-major avait mal calculé les marches. On n'avait pas suffisamment tenu compte de la jeunesse et du peu de résistance des hommes, de l'entraînement incomplet des chevaux de la cavalerie, de la qualité défectueuse des attelages de l'artillerie. Les marches forcées qu'on avait imposées à l'infanterie avaient éclairci ses rangs, surtout ceux de la 3ᵉ division (Lechi), avant que le premier coup de fusil n'ait été tiré, et, — comme un témoin oculaire avait pu le constater, Dalrymple qui, resté à Ancône jusqu'au 30, avait dépassé le lendemain 31, en se rendant à Forli, les trois divisions de la colonne de droite, — les chevaux d'artillerie, à l'exception de ceux de la 1ʳᵉ division, étaient déjà dans un état déplorable.

Voulant agir par surprise, tomber sur les Autrichiens pendant qu'ils seraient encore peu nombreux et disséminés sur une vaste étendue de terrain, le premier devoir de Murat aurait dû consister à régler la date du départ et la longueur des mouvements quotidiens de son armée de façon à arriver dans les Duchés à la tête de troupes fraîches, entraînées et endurcies, non pas épuisées par les marches, mais au contraire aguerries et encouragées par de premiers et faciles succès.

Sur cette faute, Murat en avait greffé une autre, celle d'entrer en campagne sans avoir arrêté un plan d'opérations, sans avoir un objectif nettement défini. Le silence, qu'il avait gardé même envers son chef d'état-major, prouve bien qu'il ignorait encore absolument le parti qu'il s'agissait cependant de prendre au plus tard, aussitôt après son arrivée à Bologne. Ferait-il une simple démonstration vers Modène et Parme pour détourner l'attention des Autri-

---

tein. Bologne, 30 mars 1815. (*en français*). L'informe qu'il marchera avec la plus grande célérité et, qu'il s'est fait précéder par le major d'Aspre chargé par lui « de prendre les arrangements préalables. »

chiens de l'objectif réel : Ferrare et Occhiobello, comme Dalrymple semblait le croire, évidemment d'après les renseignements qu'il avait recueillis pendant son séjour à Ancône ? Etendrait-il sa droite vers Venise afin d'y provoquer un mouvement insurrectionnel soutenu par sa flottille, pendant que son gros se rabattrait sur Borgoforte, chercherait à donner la main à sa gauche opérant dans l'Emilie et que, maître des deux rives du Pô, il pénétrerait en Lombardie et pousserait sur Milan ? Valait-il mieux au contraire se contenter de masquer Ferrare et Occhiobello, pousser par Modène et Parme sur Plaisance et Pavie et chasser les Autrichiens de Milan ? C'étaient là évidemment des questions que Murat avait dû examiner, un problème qu'il s'était posé, mais dont il n'avait ni trouvé, ni même recherché sérieusement la solution. N'osant prendre un parti, n'ayant encore aucune idée nette, ne voyant pas suffisamment clair dans la situation, il préférait s'en remettre au hasard et s'inspirer des circonstances.

Malgré cela, l'armée napolitaine présentait en somme un assez bon aspect. « J'ai vu, écrira le lendemain Dalrymple[1],
» les troupes qui sont entre Forli, Pesaro et Ancône, trois
» divisions d'infanterie dont les bataillons ont de 7 à
» 800 hommes. On a eu recours à des expédients pour gros-
» sir la 3º division [2]. Il y a beaucoup de tout jeunes gens,
» presque des enfants dans les rangs. Les grenadiers et les
» voltigeurs sont très beaux et leurs compagnies ont un
» effectif de 120 à 130 hommes. Un régiment de cavalerie
» légère est attaché à chaque division. Les chevaux de l'ar-
» tillerie, à l'exception de ceux de la 1re division, sont dans

---

1. *Record Office. War Office.* Vol. 186. (*Army in the Mediterranean. Bentinck.*) Sir John Dalrymple à lord William Bentinck. Forli, 31 mars 1815.
2. *The Third Division is very much bagged*, écrit Dalrymple. Traduction littérale : La 3ᵉ Division est très gonflée.

LES PREMIERS COUPS DE FUSIL. L'AFFAIRE DE CESENA 257

» un état déplorable. Les soldats ont l'air d'être disciplinés
» et contents. Les désertions sont jusqu'à présent insigni-
» fiantes ».

Lorsque Dalrymple formulait cette appréciation sur l'armée de Murat, il y avait 24 heures que les premiers coups de fusil avaient été tirés, et bien que la supériorité du nombre eût assurément facilité leur tâche, les soldats de Carrascosa et de Pepe n'en avaient pas moins fait preuve d'une excellente attitude au feu.

Les Napolitains, qui n'avaient presque pas bougé dans la matinée, avaient montré vers midi quatre bataillons, quatre escadrons et deux batteries de la 1re division. Le reste de la division ne s'était mis en marche que deux heures après cette avant-garde qui, conformément aux ordres formels de Murat, s'avança sans tirer contre le pont barricadé du Pisatello. Accueilli par un feu assez vif, Carrascosa, afin de ménager ses troupes, se contenta de couvrir son front par des tirailleurs, pendant que Pepe, défilant par les hauteurs avec deux bataillons du 2e léger et dérobant sa marche aux Autrichiens, débordait la position de Gavenda et débouchait sur ses derrières sans avoir été aperçu.

Les tirailleurs de Carrascosa n'avaient gagné pendant ce temps que peu de terrain. Les charges répétées des hussards autrichiens contre la droite napolitaine avaient inquiété le général qui, craignant une attaque venant du côté de Ravenne, avait cru prudent de faire un changement de front afin de se relier à Pepe et de refuser entièrement sa droite. Il avait à peine achevé ce mouvement lorsque Gavenda se voyant sur le point d'être débordé et tourné par Pepe, informé que des troupes napolitaines filant par Bertinoro et Meldola cherchaient à le devancer à Forli, donna à son petit détachement l'ordre de sortir de la ville par la porte de

Cervia[1] et se mit en retraite sous la protection de ses hussards et de son artillerie dont le tir bien dirigé ralentit la poursuite des Napolitains.

Entrés de deux côtés à la fois dans Cesena, ces derniers établirent le soir leurs avant-postes sur la rive droite du Ronco, en avant de Forlimpopoli, pendant que Gavenda, dont les troupes étaient épuisées de fatigue, s'arrêtait à Forli. Il avait eu d'abord l'intention d'y rester et d'y attendre une nouvelle attaque des Napolitains; mais il ne tarda pas à renoncer à ce projet en raison même du danger auquel l'exposait le mouvement qu'un de leurs détachements exécutait par Meldola. Ne voulant pas courir le risque d'être coupé, il se décida à prendre ses dispositions pour se replier dès le lendemain par Faenza derrière le Santerno.[2].

Pendant qu'Autrichiens et Napolitains échangeaient les premiers coups de fusil de la campagne au pont du Pisatello, un événement d'un autre ordre, tout aussi grave et

---

1. Le dernier peloton de hussards Prince Régent fut serré de si près que son chef le capitaine Kardos ne put sortir de Cesena que par une brèche assez grande qui existait à proximité dans les remparts et lui permit de faire filer par le fossé ses cavaliers dont Gavenda protégea la retraite en faisant prendre position à sa demi-batterie.

2. *K. u. K. Kriegs-Archiv.* Nugent. (*Nouveaux papiers.*) XIII. Positions et événements journaliers XIII. — *Ibidem.* (*Feld-Acten.* Bianchi.) *Operations Journal.* 996. XIII. 68. 30 mars 1815. — *Ibidem.* (*Feld-Acten.* Frimont. 1014.) Colonel Gavenda au général Steffanini. Forli, 30 mars 1815. F. 111. 152. 1. — Général Steffanini au F. M. comte de Bellegarde. (Envoi du rapport précédent.) Bologne, 30 mars 1815. 10 h. 1/2 soir. 111. 152. Général-major comte Starhemberg au F. M. comte de Bellegarde. Bologne, 30 mars 1815. III. 138. — *Archiv des Ministeriums des Innern. Acten der Polizei Hof Stelle. Wiener Congress.* F. 493-579. Raab au baron Hager. Venise, 4 avril 1815. — *R. Archivio di Stato. Florence. Archivio Segreto.* (*Passagio e Partenza delle Truppe Napoletane.*) Rapports de Borgo. S. Sepulcro, 31 mars. Filza 11. 166. 172. — *Archivio Storico della Societa di Storia Patria.* (Naples.) Logerot. *Memorie Storiche e Politiche.* (*Manuscrit.*) — *R. Archivio di Stato. Naples.* (*Carte di guerra ed Amministrazione delle Marche.* 1059.) Général Carrascosa au général Millet. Rapport. Cesena, 30 mars 1815. Cf. Annexe XIX.

tout aussi irréparable, avait marqué la journée du 30 mars. Avant de rejoindre ses troupes, avant de passer de sa personne le Rubicon, avant de quitter Rimini où il avait déjeuné en compagnie de son beau-frère Jérôme [1] chez le podestat, comte Battaglini [2], chez lequel il était descendu, Murat avait lancé et prescrit d'afficher sur tous les points occupés par ses troupes, en même temps que son ordre du jour à son armée, la fameuse proclamation qu'il avait, assure-t-on, chargé Pellegrino Rossi de rédiger. Malgré les promesses qu'elle contenait, malgré les grands mots d'indépendance, de liberté, d'unité, malgré l'appel retentissant et désespéré qu'elle adressait au patriotisme de la nation cette proclamation impolitique et maladroite n'en resta pas moins sans écho. Elle ne parvint pas à communiquer aux masses l'enthousiasme dont Murat avait besoin pour avoir quelque chance de vaincre. Elle n'enflamma que quelques têtes déjà échauffées et ne provoqua nulle part ce mouvement populaire grâce auquel à la tête d'une armée renforcée, triplée, soutenue et alimentée par le soulèvement national, il espérait réussir à chasser l'étranger du sol affranchi de la Péninsule [3].

1. *Archiv des Ministeriums des Innern. Acten der Polizei Hof Stelle.* 494, 1261-1262. Comte Munarini à Raab. Modène, 31 mars. Raab à Hager. Venise, 2 avril et 3 avril (Minuit), et baron Hager à l'Empereur. Vienne, 14 avril. sur l'arrivée de Jérôme à Pesaro.
2. Rimini. Biblioteca Gambalunga. M. A. ZANOTTI. *Giornale di Rimin dell' anno MDCCCXV.* T. 26. (Manuscrit.) — Ibidem. C. TONINI. *Compendio della Storia di Rimini.* P° 2ᵈ 434-442.
3. Cf. ANNEXE XX et XXI. Proclamation de Rimini et ordre du jour à l'armée.

Pendant qu'on se battait à Cesena, Murat avant de lancer sa proclamation avait encore essayé de correspondre avec Vienne, tout comme si les hostilités n'avaient pas commencé déjà depuis quelques jours. Le jour même, en effet Steffanini signalait à Bellegarde l'arrivée à Bologne d'un courrier napolitain, porteur d'une lettre adressée par Joachim à l'Empereur d'Autriche. (*K. u. K. Kriegs-Archiv. Feld-Acten.*

En signant cette proclamation, en lançant cet appel aux armes, en prêchant cette croisade contre l'étranger, Joachim n'avait pas songé à l'effet que devaient produire sur les cœurs italiens les deux seuls noms qui figuraient sur la pièce qui devait, il en était intimement convaincu, mettre dès le lendemain le feu aux quatre coins de l'Italie. *L'Italia fara da se*, voilà le cri que l'un des premiers il aura eu le courage de pousser, sans songer qu'il était lui-même, que son chef d'état-major était, lui aussi, un de ces étrangers, honnis et détestés contre lesquels il voulait conduire un peuple qu'il croyait prêt à combattre et à mourir pour son indépendance et son unité. Ce n'était là qu'une des nombreuses contradictions contenues dans cette proclamation dans laquelle il parlait de Constitution, oubliant qu'il avait toujours refusé d'en accorder une à ses propres sujets. Comme toujours, il s'est cette fois encore laissé emporter par sa tête chaude, par son cœur généreux. Comme toujours, il ne réfléchit qu'après avoir agi et dès, le lendemain, dans son dernier entretien avec Dalrymple, il sera le premier à reconnaître les inconséquences qui contrarieront l'effet de sa proclamation, à regretter d'avoir mis en avant des idées que Bellegarde, que l'Autriche ne manquera pas de retourner contre lui.

Quoiqu'il en soit, c'est précisément un de ses adversaires les plus acharnés, l'officier qui pendant la campagne précédente avait été le bras droit, l'homme de confiance de Bentinck, le personnage dont il avait fait choix pour les mis-

---

Frimont. 1014.) Général-major Steffanini au F. M. comte de Bellegarde. Bologne, 30 mars 1815. III. 139.

Un autre courrier napolitain, venant de Vienne et porteur de paquets pour Caroline et pour Gallo, était arrivé le même jour à Bologne où Steffanini l'avait retenu, se réservant de ne le laisser passer que « lorsqu'il lui sera impossible de donner sur nous des renseignements qui pourraient être utiles à l'ennemi. »

sions les plus délicates, qui tout en condamnant les aspirations unitaires encouragées par Murat, en condamnant ce qu'il appellera « les prétentions qui constituent la question italienne, à savoir : *réunion, indépendance et régime constitutionnel* », tout en critiquant les principaux arguments employés pour les défendre, se chargera de justifier dans ses grandes lignes la proclamation de Rimini.

« La proclamation que Joachim Murat avait fait répandre » de Rimini sous la date du 30 mars 1815, s'écriera le co-» lonel *Catinelli* dans un livre paru quelques mois avant la » guerre d'Italie, en mars 1859 [1], devint et resta toujours le » Code du parti subversif en Italie ». Et quelques pages plus loin, il ajoutera : « L'initiative dans cette branche de l'art d'agiter est due à Joachim Murat ».

Mais avant d'avoir fait connaître son appréciation sur la valeur et la portée historique de cette proclamation, Catinelli avait laissé échapper un aveu, tellement inattendu surtout dans sa bouche, qu'on ne saurait se dispenser de le recueillir. « Au sujet de cette expédition (la campagne con-» tre l'Autriche) Joachim Murat a été taxé d'extrême lé-» gèreté. Mais la vérité c'est que, voulant rester ce qu'il » était, il n'avait d'autre parti à prendre que de déterminer » le plus grand nombre d'Italiens possible à soutenir sa » cause tandis qu'il épouserait la leur. Or, comme les Ita-» liens, qui se disaient l'ancien royaume d'Italie, et la Haute-» Italie, et aux paroles desquels il croyait pouvoir ajouter » foi, venaient d'eux-mêmes s'offrir à lui, accepter leurs of-» fres et tenter la fortune était chose d'autant plus naturelle » qu'il avait tout lieu de s'attendre à ce que Napoléon à lui » seul donnerait assez à faire aux Alliés et surtout à l'Au-» triche. Joachim Murat est en cela excusable. — En dirons-

---

1. COLONEL COMTE CATINELLI. *La Question Italienne. Etudes.* Flatau. Bruxelles et Leipzig. 1859. P° 78-82.

» nous autant de ces Italiens qui, à force d'adulations men-
» songères l'ont poussé à prendre ce parti ? Non, certaine-
» ment... ¹ »

Et cependant, sans vouloir en rien infirmer la valeur des appréciations de Catinelli, il convient d'insister sur le fait que, même avant la publication de ce manifeste enflammé, les personnages placés à la tête du gouvernement à Milan ne dissimulaient pas l'inquiétude que leur causaient le caractère et les progrès de l'agitation qu'on remarquait dans la Haute-Italie. « Les partis s'échauffent, écrivait ce même
» jour Ghislieri, surtout celui des *Indépendants*, qui est
» flatté de voir que Murat semble vouloir remuer ² ».

1. *Ibidem.* P° 73.
2. *Archiv des Ministeriums des Innern. Acten der Polizei Hof Stelle.*
F. 494. 1262. Marquis Ghislieri au baron Hager. Bologne, 30 mars 1815.
(*en français.*)

31 Mars 1815. — **Retraite de Gavenda sur Imola.** — **Murat à Forli.** — **Positions des trois divisions du corps de droite.** — **La dépêche de Dalrymple.** — **Ordre à l'armée napolitaine, relatif aux bivouacs.** — **Préparatifs et inquiétudes de Steffanini et du duc de Modène.** — **Munarini et ses renseignements sur l'entente entre Napoléon et Murat.** — **Lord Burghersh et Fossombroni.** — **Ordres donnés par Bentinck aux commandants Anglais en Sicile et dans la Méditerranée.** — **Le départ et la mission de Neipperg.**

Dès l'aube, la brigade Pepe s'était remise en mouvement. Continuant sa marche par les hauteurs qui courent parallèlement et au sud de la chaussée de Bologne, elle avait pris de Bertinoro par Meldola sur Terra del Sole et se dirigeait sur Faenza pendant que le gros de la division se portait par la grande route sur Forli.

Obligé par l'extrême fatigue de ses troupes à passer la nuit dans cette ville et à donner à son petit détachement le temps de souffler, préoccupé par le mouvement débordant que les Napolitains avaient déjà esquissé en se portant sur Cesena, Gavenda avait eu le soin de s'éclairer par des patrouilles qui, envoyées à la découverte sur sa droite et sur ses derrières, sur Brisighella (13 kilomètres environ S.-O. de Faenza, sur la rive gauche du Lamone) et Modigliano, devaient lui signaler en temps utile l'approche des Napolitains sur son flanc. Il n'avait pas non plus négligé de se renseigner exactement sur ce qui se passait sur son front et avait expédié à cet effet un parlementaire à Carrascosa. Trop faible pour risquer de compromettre le sort de sa petite troupe dans une affaire dont l'issue ne pouvait être douteuse, Gavenda ne tarda pas à reprendre sa retraite. Passant par Faenza et recueilli en route par le colonel Szent-Ivanyi, il avait pu se replier sans encombre sur Imola et s'était établi en arrière de cette ville, en attendant les ordres qu'il avait fait demander au général-major comte Starhemberg. Prévoyant qu'il lui serait impossible de tenir sur ce point, il avait aussitôt pris ses dispositions pour ramener son monde plus en arrière et venir prendre position à San Nicolo, à peu près à mi-chemin entre Imola et Bologne[1]. Dans le courant de l'après-midi, le colonel Szent-Ivanyi, d'accord avec Gavenda, avait commencé ce mouvement rétrograde en allant s'établir derrière le Sillaro à Castel San Pietro[2], (9 kilomètres environ N.-O. d'Imola sur la chaussée de Bologne).

Un peu après midi, le gros de la division Carrascosa entrait à Forli. Plus à droite le long de la mer, une reconnaissance de cavalerie venant de Cesenatico se montrait à peu près au même moment à Cervia, tandis que Carrascosa détachait sur Ravenne un bataillon du 2º léger[3].

Le 31 mars au soir, les divisions de l'armée conduite par

---

1. *K. u. K. Kriegs-Archiv.* (*Feld-Acten Bianchi.*) (*Operations Journal.*) 996. 31 mars 1815. F. XIII. 68. — *Ibidem.* 992. Colonel Gavenda au général Steffanini. Imola, 31 mars. Midi et 9 h. soir. F. III. 11 et 11 b. — Colonel Szent-Joanny au général Steffanini. Imola, 31 mars 1815. IV. 8. d. — *Ibidem.* (*Feld-Acten. Frimont.* 1014.) Général-major Steffanini. Bologne, 31 mars 1815. III. 161. — *Record Office. Foreign Office.* Vol. 22. (*Tuscany. Burghersh.*) Lord Burghersh à lord Castlereagh. Florence, 1ᵉʳ avril 1815. (Dépêche Nº 31). — Ravenne. *Biblioteca Comunale.* Raisi. *Giornale* 1813-1817. VIII.

2. *K. u. K. Kriegs-Archiv.* (*Feld-Acten. Bianchi.* 992.) Colonel Szent-Joanny au général-major Steffanini. Castel San Pietro, 31 mars 1815. F. III. 9.

3. Ravenne. *Biblioteca Comunale.* Raisi. *Giornale* 1813-1817. VIII. « Le délégué de Ravenne reçut à 8 heures du soir une dépêche que le délégué de Forli lui adressait par ordre de Murat.

« Camp de Forli, 31 mars 1815.

« L'avant-garde du Roi arrive à l'instant. Ordre du Roi d'envoyer à Forli les fonds existant dans la caisse. Le Roi veut protéger Ravenne.

« Le général chef d'Etat-major de l'armée Napolitaine. »

Joachim étaient arrivées : la 1ʳᵉ (Carrascosa) à Faenza et à Forli, la 2ᵉ (d'Ambrosio), à Cesena, la 3ᵉ (Lechi), à Rimini et à Pesaro, échelonnées par conséquent sur une profondeur de plus de 90 kilomètres, distance qui séparait les subdivisions de tête arrivées à Faenza des dernières fractions de la 3ᵉ division qui n'avaient pas encore dépassé Pesaro [1].

Un peu après midi, Murat accompagné par Jérôme [2] était arrivé à Forli où, pressé de se montrer à ses troupes, d'entretenir et de stimuler leur entrain et leur bonne volonté, il ne s'arrêta que peu d'instants. Le colonel Sir John Dalrymple, qui était resté à Ancône jusqu'au 30 au matin pour assister à l'arrivée des différents échelons de la colonne de droite, et aussi « pour faire parler Gallo », l'y manqua de peu. Retenu jusqu'au lendemain par Carrascosa qui ne voulut pas le laisser dépasser la ligne de ses avant-postes avant d'avoir reçu les rapports de ses reconnaissances [3], le colonel anglais, heureusement pour l'histoire et pour nous, con-

---

1. *Record Office. War Office.* Vol. 186. (*Army in the Mediterranean. Bentinck.*) Sir John Dalrymple à lord William Bentinck. Forli, 31 mars 1815. — *Rimini. Biblioteca Gambalunga.* N. A. Zanotti. *Giornale di Rimini dell' anno MDCCCXV.* T. 2). (*Manuscrit*). « 30 mars 1815. La ville a été illuminée par ordre du Podestat. » — 31 mars 1815 « Arrivée de 5.000 Napolitains qu'on loge dans les casernes et qui sont partis la même. Arrivée le 31 au soir venant de Pesaro de 5.000 autres avec de l'artillerie et du train. Le passage des troupes fait beaucoup souffrir le pays et surtout les paysans habitant le long des routes qu'elles suivent. Affichage des deux proclamations de Murat aux Italiens et à son armée. Murat insiste surtout sur le fait que l'Autriche a violé le traité qu'elle avait signé avec lui. »

2. La présence de Jérôme et surtout les discours qu'il tint tant à Ancône qu'à Forli (Cf. *Record Office. Foreign Office.* Vol. 189. (*Army in the Mediterranean. Bentinck.*) Sir John Dalrymple à lord William Bentinck. Forli, 31 mars 1815. et Pepe. *Memorie* 259.) produisirent sur les généraux napolitains et même sur le colonel anglais une impression nettement défavorable. Cf. Trovanelli. *Cesena dal 1796 al 1831.* I. 123. Murat avait passé la nuit à Cesena et logé au palais Cuidi.

3. *Record Office. War Office.* Vol. 186. (*Army in the Mediterranean. Bentinck.*) Sir John Dalrymple à lord William Bentinck. Faenza, 1ᵉʳ avril 1815.

sacra les loisirs, que lui créait son séjour forcé à Forli, à consigner dans la dépêche qu'il expédia à Bentinck, outre certains renseignements qui ont d'autant plus de valeur qu'ils ont été recueillis sur place par un observateur compétent, les points essentiels de la dernière conversation qu'il avait eue avec Murat.

Après avoir affirmé à Bentinck que Murat ne pressa le mouvement de son armée et ne donna à sa Garde l'ordre d'entrer en Toscane qu'après avoir reçu la nouvelle du passage du Tagliamento par les renforts envoyés d'Autriche à l'armée d'Italie, il en vient à parler des proclamations de Joachim, des observations qu'il lui fit à ce propos et des réponses du Roi de Naples.

A l'en croire, Murat s'excusa d'avoir parlé du Piémont « où, croyait-il, les Anglais n'avaient plus de troupes ». Il lui fit connaître qu'il avait préparé des lettres pour le Pape et le Grand Duc de Toscane [1], invitant le premier à rentrer dans ses États, le second à ne pas les quitter, et leur déclarant à tous deux « qu'il ne songeait en aucune façon ni à troubler ni à détruire le fonctionnement des gouvernements exercés par les Souverains légitimes ». Les paroles de Joachim avaient si peu réussi à convaincre l'officier anglais qu'il s'empressait d'ajouter : « J'ai tout lieu de croire qu'il
» ne leur a tenu ce langage que pour essayer de faire croire
» qu'il abandonne, renie et condamne tous les principes révo-
» lutionnaires ».

Dalrymple ayant ensuite essayé de faire toucher du doigt à Murat les dangers de sa proclamation par rapport à Milan et à Venise, à lui démontrer que ses assertions étaient absolument en contradiction avec les déclarations du Congrès de Vienne, le roi lui avait carrément répondu que : « Le

---

1. Cf. *Record Office Foreign Office*. Vol. 22. (*Tuscany Burghersh*.) Lord Burghersh à lord Castlereagh. Florence, 3 avril 1815. (Dépêche N° 32.)

» Congrès ne s'était prononcé en Italie que sur le sort de
» Gênes; que l'Autriche l'avait trompé, et qu'elle avait mis
» ses armées en marche pour le renverser ». Il n'avait pas
hésité à reconnaître que la lutte qu'il allait engager était
« celle d'un pygmée contre des géants ». Mais il n'en était
pas moins « décidé à lutter jusqu'à la mort ». Et il avait
ajouté qu' « il n'aurait jamais attaqué les Autrichiens, s'il
n'avait eu la certitude, la preuve qu'ils allaient l'attaquer,
que ses troupes ayant fait des marches forcées avaient besoin d'un repos qu'il leur donnerait dès qu'elles auraient occupé la position sur laquelle il se proposait de les amener
et que cette position était Bologne ». Et Dalrymple, de
tirer de cette déclaration la conclusion qu'après avoir laissé
souffler ses troupes à Bologne, Murat prendrait Ferrare
pour objectif de ses premières opérations.

Murat avait d'ailleurs fait à Dalrymple une communication qui, si elle manquait assurément de sincérité, n'en est
en revanche que plus curieuse et plus caractéristique. Lui
parlant du choix et de la désignation d'un *roi d'Italie*, il lui
avait déclaré que, si tel était le désir de l'Angleterre, il était
tout prêt à reconnaître le roi de Sardaigne, mais qu'il n'accepterait jamais un prince autrichien. Enfin, il avait encore
ajouté qu'il était tout prêt à traiter et à s'entendre avec
l'Autriche, mais à la condition toutefois « qu'elle ne domine
pas l'Italie », et enfin qu'il y avait une pièce qu'il ne consentirait jamais à signer, « la déclaration des Alliés relative à
la France, cette abominable production de Talleyrand déclarant que Napoléon était un félon [1] ».

Après avoir exposé à Bentinck l'état d'âme et les projets
de Murat, Dalrymple lui transmettait une série de rensei-

---

1. *Record Office. Foreign Office.* Vol. 136. (*Army in the Mediterranean. Bentinck.*) Sir John Dalrymple à lord William Bentinck. Forli, 31 mars 1815.

gnements plus ou moins exacts, tels que la marche de la Garde et de la 4e division [1] sur la Toscane, la mise en route de la 5e division [1] venant des Abruzzes et le départ de Pignatelli qui allait rejoindre sa division sur le point d'entrer en Toscane. Signalant ensuite des faits qu'il avait personnellement contrôlés, il affirmait que l'effectif total de l'armée de Murat était sensiblement inférieur aux chiffres énoncés dans la proclamation. Après avoir eu soin d'enregistrer que, comme il avait pu le constater *de visu*, la population de Forli était *très italienne* (« *Cette ville, disait-il, est un vrai nid de Jacobins* »), Dalrymple communiquait encore à son chef quelques indications que les adversaires de Murat avaient intérêt à connaître. Il lui mandait, par exemple, que, d'après le dire de Joachim, il avait déjà avec lui 200 officiers de l'ancienne armée d'Italie ; que Forli s'offrait à lui fournir 2.000 hommes ; qu'il espérait se renforcer dans le Bolognais de 8 à 10.000 hommes prêts à se lever dès son arrivée ; mais que, ce qui lui manquait et qu'il ne savait comment se procurer, « c'étaient les armes, et surtout les fusils ».

« Murat, disait-il enfin en terminant sa dépêche par un
» mot cruel, m'a demandé mon assistance pour envoyer un
» courrier en Angleterre, Je vous l'envoie parce qu'on m'af-
» firme qu'il est porteur d'une déclaration d'amitié. *Si vous*
» *l'expédiez à Londres en même temps que la vôtre, on y recevra*
» *l'antidote et le poison* [2] ».

Avec sa légèreté et son inconséquence habituelles, Murat avait une fois de plus complètement perdu de vue le caractère et le but de la mission dont Dalrymple avait été chargé.

---

1. La 4e Division n'entra en ligne que tout à fait à la fin de la campagne et quant à la 5e, elle ne fut jamais constituée que sur le papier.
2. *Record Office. Foreign Office.* Vol. 186. (*Army in the Mediterranean. Bentinck.*) Sir John Dalrymple à lord William Bentinck. Forli, 31 mars 1815.

Il avait négligé de peser la portée des paroles qu'il avait laissé échapper, à moins toutefois que, persistant à croire en dépit de tout à la réalisation de ses espérances, s'entêtant à compter sur la neutralité bienveillante de la Grande Bretagne, il n'ait tenu à donner à l'officier anglais une nouvelle marque d'une confiance aussi dangereuse que mal placée.

S'il ressort de « l'*Operations-Journal* » du feld-maréchal lieutenant Bianchi que les Autrichiens n'ayant pas reçu de déclaration de guerre n'ont considéré les hostilités comme commencées qu'à partir du moment où Murat lança sa proclamation de Rimini [1], dont la publication coïncide, il est vrai, avec le petit combat de Cesena, il résulte d'autre part de l'examen des documents militaires napolitains que ce fut également à partir de ce jour que Murat crut nécessaire de prescrire les mesures que les troupes prenaient à cette époque dès leur entrée en campagne. Il faut croire de plus que Joachim n'avait pas une confiance illimitée dans la façon dont ses officiers observeraient les prescriptions les plus élémentaires du *Service des Armées en Campagne,* puisqu'en faisant connaître à ses troupes qu'elles bivouaqueraient désormais sur leurs positions, il avait chargé son chef d'état-major de joindre à cet ordre les recommandations suivantes :

« Messieurs les Lieutenants-Généraux et Maréchaux de
» Camp établiront eux-mêmes leurs avant-postes et leurs
» grand-gardes.
» On aura toujours soin de laisser au moins à trois milles
» en arrière les bagages et les hommes isolés.

---

1. K. u. K. *Kriegs-Archiv.* (Feld-Acten. Bianchi.) *Operations Journal.* 996. 31 mars 1815. « Murat n'a pas encore déclaré la guerre. Le commandant de son avant-garde annonce seulement qu'il a ordre de pousser jusqu'au Pô et qu'il espère qu'on ne s'opposera pas à sa marche. Mais ce jour-là Murat lance sa proclamation datée de Rimini. (30 mars) »

» Tous les équipages seront parqués en dehors des villes
» et des villages auxquels seraient appuyés les bivouacs.

» On veillera à ce que les grand-gardes et les postes
» avancés soient protégés par quelques obstacles, tels que
» ruisseaux, rivière, etc., et, s'il se trouve des ponts en
» avant de ces postes, on devra les barrer en y plaçant des
» voitures, des abatis, etc.

» Les vedettes et factionnaires seront toujours placés à
» une distance telle des postes et grand-gardes que leur
» avertissement donne le temps aux troupes de prendre les
» armes ou de monter à cheval [1] ».

Bien qu'il eût, fort à tort du reste, critiqué la conduite de Gavenda et qu'il lui eût reproché d'avoir prématurément quitté Forli pour se replier sur Imola, Steffanini n'en était pas moins extrêmement inquiet. Espérant tout au plus parvenir à conserver Bologne jusqu'au 2 avril, il avait écrit à Milan pour demander si, en cas de retraite il devait se diriger sur Plaisance ou sur Bogoforte [2]. Plus franc avec Fossombroni qu'il n'osait l'être avec ses chefs, il lui mandait au même moment que, l'ennemi s'avançant avec des forces supérieures sur son front et sur ses flancs, il craignait de voir les Napolitains arriver dès le lendemain devant Bologne [3].

Entre temps, il avait commencé à procéder à l'évacuation de Bologne en faisant filer les bagages de ses troupes et les effets militaires sur Mantoue et Rovigo. Le général

---

1. *R. Archivio di Stato. Naples. (Carte di guerra ed Amministrazione delle Marche* 1059.) Ordre du jour à l'armée signé par les généraux Millet et Galdemar. Rimini, 31 mars 1815. (*en français.*)

2. *K. u. K. Kriegs-Archiv. (Feld-Acten. Frimont.* 1014.) Général-major Steffanini au général de cavalerie Frimont. Bologne, 31 mars 1815. 111. 155 et 161.

3. *R. Archivio di Stato. Florence. (Affari Esteri. Prot. 7. N° 40.) (Invasione Napoletana).* Général Steffanini à Fossombroni. Bologne, 31 mars 1815.

Eckhardt n'était pas plus rassuré que lui et constatait tristement que, bien qu'on y employât près de 4.000 ouvriers, il faudrait encore environ huit jours pour achever complètement les travaux de mise en état de défense de Ferrare. Afin de parer au plus pressé, comme on n'avait pas encore un seul canon, ni à Occhiobello, ni à Ferrare, où venait d'arriver un bataillon du régiment Hesse-Homburg, Steffanini y envoya en toute hâte une demi-batterie [1].

L'inquiétude augmentait d'heure en heure, et partout on réclamait l'envoi de troupes dont on manquait à Bologne et qui ne pouvaient au plus tôt rejoindre qu'au bout de quelques jours. Leur arrivée immédiate et leur entrée en ligne devenaient d'autant plus nécessaires que le major Brehm, qui pour s'éclairer et pour être plus à portée de dégager ou de recueillir Gavenda avait poussé de Comacchio jusqu'à Cesenatico, demandait d'urgence des renforts et qu'Eckhardt appelait l'attention du commandement sur la nécessité de mettre du monde à Cavanella d'Adige [1].

D'autre part, Bellegarde n'avait attendu que l'achèvement du pont de Borgoforte pour prescrire au feld-maréchal lieutenant Mayer von Heldenfeld de faire immédiatement partir de Mantoue deux bataillons du régiment Simbschen

---

1. *K. u. K. Kriegs-Archiv. Feld-Acten. Frimont.* 1011. Général-major Eckhardt au général de cavalerie Frimont. Rovigo, 31 mars 1815. 1 heure matin. III. 156. — *Ibidem.* (*Feld-Acten. Bianchi.* 992.) Général-major Eckhardt au général-major Steffanini. Rovigo, 31 mars 1815. III. 8. — Major Brehm au général major Steffanini. Cesenatico, 31 mars 1815. III. 10. — *Archives Particulières de M. R. Ambrosini.* (*Bologne.*) Diario di G. Bevilacqua, 31 mars 1815. — *Ferrare. Biblioteca Comunale.* Conti. *Annali Storici di Ferrara.* T. II. 1439-1815. § 1326-1327. 31 mars 1815. « Steffanini » fait arrêter un courrier porteur de dépêches destinées à Murat. Parmi » elles s'en trouvait une d'Elisa pressant Murat d'envahir l'Italie en » raison des progrès que Napoléon faisait en France et lui conseillant » de s'emparer du Pape, des Cardinaux, du Grand Duc de Toscane, du » roi d'Espagne et de la reine d'Etrurie. »

et un du régiment Hiller [1]. Il avait en même temps fait expédier toute une série d'ordres aux troupes chargées de prendre position le lendemain et le surlendemain et d'assurer la défense de la ligne du Pô depuis Crémone jusqu'aux bouches de l'Adige et du Pô.

Le duc de Modène, François IV était encore bien plus alarmé que Steffanini. S'attendant à rien moins qu'à « voir les Napolitains arriver dès le lendemain (1er avril) à Modène, pensant que Steffanini se rabattrait d'abord sur le Reno, puis sur le Panaro, il le priait instamment de lui faire savoir s'il devait faire couper le pont de Navicello [2], s'il y avait un pont volant à Bomporto [3], et dans ce cas ce qu'il devrait en faire. Il appelait son attention sur le fait que le Panaro était guéable partout au Sud de la voie Emilienne, dans toute la partie de son cours comprise entre San-Cesario et Spilamberto [4], l'informait de sa résolution d'envoyer son bataillon à Mantoue et l'invitait enfin à lui faire connaître s'il comptait diriger sa retraite par Carpi sur Mantoue ou par Reggio-Emilia sur Parme et Plaisance [5].

Il est toutefois juste de reconnaître que l'entourage et les conseillers du duc avaient puissamment contribué à jeter

---

1. *K. u. K. Kriegs-Archiv.* (*Feld-Acten. Bianchi.* 992.) F. M. L. Mayer von Heldenfeld au général-major Steffanini. Mantoue, 31 mars 1815. III. 6.

2. Navicello, environ 5 kilomètres Nord-Est de Modène.

3. Bomporto, plus en aval, à un peu plus de 12 kilomètres Nord de Modène.

4. S. Cesario al Panaro, à un peu moins de 4 kilomètres Sud-Ouest de Castelfranco dell' Emilia. Spilamberto, à 3 kilomètres Sud de San Cesario.

5. *K. u. K. Kriegs-Archiv.* (*Feld-Acten. Bianchi.* 992.) Duc François IV de Modène au général-major Steffanini. Modène, 31 mars 1815. III. 5. — Cf. *R. Archivio di Stato. Modène.* (*Gride e Stampa.*) Arrêté de Livizzani, Podestat de Modène. Modène, 31 mars 1815. « D'ordre du duc et du gé- » néral-major Marquis Campori, la garde Civique qu'on avait renvoyée » dans ses foyers sera remise en service à partir de demain 1er avril ».

l'alarme dans l'esprit d'un prince assez porté par son caractère à prendre grand soin de son Auguste personne. A en juger par la dépêche qu'il adressait ce même jour à Raab et à Hager, Munarini voyait l'avenir sous des couleurs encore plus sombres que François IV.

« Tous les rapports qui me sont parvenus, écrit-il à Ha-
» ger [1], me confirment l'existence d'une correspondance
» suivie entre les partisans de Napoléon dans le Duché et
» les employés de la police de Mantoue qui auraient connu
» les projets de Napoléon, l'état d'esprit des troupes en
» France, enfin les intelligences avec le Roi de Naples et
» les mouvements exécutés par ses troupes aussitôt après
» le 26 février.

» J'en conclus qu'il faut tenir sérieusement compte des
» bruits relatifs à l'existence d'un plan concerté entre Mu-
» rat et Napoléon. Il paraît que, dès que Murat aura pu
» passer sur la droite du Pô et que Napoléon aura porté
» des troupes sur les Alpes, les régiments italiens au ser-
» vice de l'Autriche se révolteront en faveur de Napoléon
» et feront une diversion qui immobilisera une partie des
» forces autrichiennes stationnées en Italie.

» On m'annonce à l'instant que les Bonapartistes de Reg-
» gio y répandent le bruit que Masséna est chargé du com-
» mandement de l'armée qui opérera au-delà des Alpes. »

Que penser d'un Ministre d'Etat qui n'hésite pas à prendre au sérieux et à transmettre sans la moindre réserve de pareilles fantasmagories!

L'alarme, on ne saurait le nier, était d'ailleurs presque partout aussi grande et aussi vive que dans le Modenais. Le colonel Koudelka, celui-là même qu'on avait envoyé en

---

[1]. R. *Archivio di Stato. Modène, Affari Esteri e Polizia Generale.* Filza A. F. XXI. Comte Munarini au baron Hager et à la Direction de police de Venise. Modène, 31 mars 1815. Nᵒˢ 229, 270, 271. (*en français.*)

mission confidentielle à Naples, n'avait pas échappé aux atteintes d'un mal général à ce moment. Les mauvaises nouvelles et le découragement qui régnait au Quartier général autrichien à Bologne, où l'on prêtait à Murat « l'intention de pousser droit sur le Piémont, » l'avaient impressionné à un tel point qu'il n'hésita pas à écrire au général de Langenau pour lui dire que le mouvement de Nugent sur la Toscane lui paraissait bien hasardeux et bien dangereux et qu'il craignait fort qu'on se repentît trop tard d'y avoir consenti [1].

Et cependant rarement détachement n'a été plus utile que celui qui effrayait Koudelka, rarement les opérations isolées d'une poignée d'hommes n'ont été couronnées de plus de succès que celles de la petite colonne de Nugent. Il suffit de comparer, par exemple, deux dépêches en date de ce même jour pour se convaincre de ce qui se serait passé en Toscane si Livron et Pignatelli n'y avaient pas trouvé Nugent. Le 31 mars, Voltelini, un des commissaires des guerres de la colonne de gauche et qui précède la division Livron sur le point d'arriver à Spoleto [2], a expédié à Cortona l'ordre de tenir prêts pour le 3 avril des chariots attelés de bœufs et d'envoyer le 3 au matin à Ossaja [3], vingt paires de bœufs destinés à amener l'artillerie à Cortona où il prescrit en même temps de préparer le logement de la

---

1. *K. u. K. Kriegs-Archiv. (Feld-Acten.) (Hof Kriegs-Rath Proesidial Acten.* 1041.) Colonel Koudelka au général de Langenau. Bologne, 31 mars 1815. III. 32.

2. Cf. *Record Office. Foreign Office.* Vol. 22. (*Tuscany. Burghersh.*) Lord Burghersh à lord Castlereagh. Florence, 1er avril 1815. (Dépêche N° 31). « La division napolitaine qui a passé par les Etats Romains est arrivée » le 31 mars à Spoleto, d'où elle doit continuer sur Ancône à moins » qu'on ne la dirige sur Bologne. Cette division qui n'est pas entrée à » Rome a observé le plus grand ordre et la discipline la plus parfaite » pendant sa marche. »

3. Ossaja, à 5 kilomètres Sud de Cortona, à mi-chemin entre la rive Nord du lac Trasimène et Cortona.

division [1]. On avait pris si peu de mesures de précautions en Toscane que lord Burghersh, qui venait de constater par l'examen des tableaux d'effectifs des troupes toscanes que le grand-duc disposait de 1.500 hommes et des six compagnies en garnison à Sienne et à Arezzo, n'avait pu s'empêcher de conseiller le même jour à Fossombroni de pousser quelques troupes du côté de Gattaro et de Pietramala [2], vers la partie des frontières du Grand-Duché vers laquelle il s'attendait à voir les Napolitains se diriger peut-être même avant, en tout cas aussitôt après leur arrivée à Bologne [3]. Il est vrai qu'écrivant le lendemain à Castlereagh il était obligé de reconnaître qu'on ne pouvait compter « sur les Toscans qui sont horriblement mauvais » [3].

Pendant que Murat s'épanchait aussi imprudemment dans le sein de Dalrymple, dès la réception de la dépêche de Bellegarde qui l'informait de l'entrée des Napolitains à Pesaro, Bentinck avait sur l'heure même envoyé aux commandants des forces anglaises dans la Méditerranée l'ordre de prêter leur concours aux Autrichiens. Il avait en même temps fait connaître à lord Burghersh les dispositions que d'accord avec Bellegarde il avait décidé d'adopter à l'égard de Murat et écrit à lord Stewart pour lui rendre compte de tout ce qu'il avait cru devoir faire depuis le 23 mars [4].

---

1. R. *Archivio di Stato. Florence. Archivio Segreto.* (*Movimento Passaggio delle Truppe*). Filza 11. Voltelini, Commissaire des guerres, à la Municipalité de Cortona. Foligno, 31 mars 1815. 166-172.
2. Sur la route directe de Bologne à Florence, près du col du même nom, plus connu sous le nom de col des Filigare.
3. *Record Office. Foreign Office.* Vol. 22. (*Tuscany. Burghersh.*) Lord Burghersh à Fossombroni. Florence, 31 mars 1815.
4. *Record Office. Foreign Office.* Vol. 117. (*Austria. Stewart.*) Lord William Bentinck au lieutenant-général lord Stewart, 30 mars 1815. — *Ibidem.* Vol. 22. (*Tuscany. Burghersh.*) Lord Burghersh à lord Castlereagh. Florence, 1er avril 1815. (Dépêche N° 31.) — *Ibidem. War Office.* V. 186. (*Army in the Mediterranean. Bentinck.*) Lord William Bentinck au

L'amiral Penrose, que lui et Burghersh avaient eu soin de tenir au courant de ce qui se passait en Italie et auquel il avait en même temps demandé d'envoyer des troupes anglaises de Sicile à Gênes, avait précisément reçu tout ce courrier le 31 mars. Mais après avoir conféré avec A'Court, il avait reconnu l'impossibilité et d'affaiblir par un détachement les effectifs anglais en Sicile et d'expédier de Palerme, ou même de la Méditerranée, un seul bâtiment dans l'Adriatique. Il n'avait en effet en dehors de son propre vaisseau amiral la *Queen*, que le *Tremendous* à Gênes, l'*Aboukir* à Livourne, le *Rivoli* qui était à ce moment en route de Palerme à Naples, le *Partridge* qui lui avait apporté les dépêches de Bentinck et de Burghersh et le *Wizzard* qui venait de revenir de Naples avec une lettre du Ministre de la Marine Napolitaine, lui déclarant que le *Capri* n'avait été envoyé à l'île d'Elbe que pour offrir à la mère [1] et à la sœur de Napoléon de les conduire à Naples. Il avait su par le capitaine du *Wizzard* que le brick de Napoléon l'*Inconstant* était en réparation à Castellamare et que

---

commodore Robert Campbell commandant le *Tremendous*. Gênes, 30 mars 1815.

Il nous a paru utile de relever que presqu'au même moment lord Stewart rendait compte à lord Castlereagh (*Record. Office. Foreign Office.* Vol. 117. *Austria. Stewart.*) Vienne, 29 mars 1815. (Dépêche N° 17.) de la visite de Talleyrand et de Dalberg venus chez lui pour le prier de leur avancer de l'argent « La mission française » lui disait-il, est dans la plus grande détresse... « Talleyrand estime les dépenses totales de
» l'ambassade à 2.200 livres par mois et demande que cette somme soit
» tirée sur les frères Bethmann à Francfort-sur-le-Mein à partir du
» 1er avril et pour le compte des Ministres de France. »

1. Cf. R. *Archivio di Stato. Florence.* (*Polizia Segreta Toscana. Atti Segreti.*) Général Spannocchi à Fossombroni. Livourne, 1er avril 1815. (Filza, 9 dal 104 al 134.) « Lætitia est depuis quelques jours à Livourne. Elle en partira demain pour Naples sur une brigantine anglaise mise à sa disposition par le colonel Campbell. »

Lætitia arriva le 4 à Naples, où elle retrouva le cardinal Fesch, parti de Rome le 31 mars.

tous les batiments de la flotte napolitaine, y compris le *Joachim*, étaient dans l'Adriatique [1].

Pour en finir avec les événements de cette journée, il importe de constater que ce n'était pas seulement au Quartier général de l'armée napolitaine, dans le cerveau agité de Murat qu'on remarquait à ce moment les plus extraordinaires, les plus surprenantes contradictions.

Le jour même, 31 mars, où Bellegarde recevait et expédiait à Bentinck sa dépêche en date du 28 mars par laquelle Schwarzenberg [2] l'informait que Wellington, d'accord avec Metternich et avec lui, faisait tenir à Bentinck et aux commandants des forces anglaises de terre et de mer dans la Méditerranée les ordres dont nous venons de parler et approuvait toutes les dispositions exposées par Bentinck dans sa dépêche du 20 mars, Metternich donnait à Neipperg, qui allait le lendemain matin se mettre en route pour rejoindre Murat, ses dernières instructions et « l'ordre de lui garantir, au nom de l'Autriche et des Puissances alliées, son royaume et sa couronne à la condition d'adhérer formellement, sincèrement et sans réserve à la coalition » [3].

---

1. *Record Office. Admiralty.* Vol. 430. (*Sicily*). Rear-Admiral Penrose à John William Croker. A bord de la *Queen*. Palerme, 29 mars et 2 avril 1815. (Dépêche N⁰ˢ 42 et 46.)
Cf. ANNEXE XXII. Etat de la flotte napolitaine.
2. *K. u. K. Kriegs-Archiv.* (*Feld-Acten. Frimont* 1016.) Prince de Schwarzenberg au F. M. comte de Bellegarde. Vienne, 28 mars 1815 et F. M. comte de Bellegarde au général de cavalerie Frimont. Milan, 31 mars 1815. IV. 156. a)
3. *R. Archivio di Stato. Turin.* Mazzo 2. S. 32 § 39. Marquis de Saint-Marsan au Roi Victor-Emmanuel. Vienne, 2 avril 1815. (Dépêche N⁰ 21)
« Le général Neipperg est parti hier matin pour l'armée. On le croit chargé d'une mission pour le roi Joachim. »

1ᵉʳ Avril 1815. — **Prise effective du commandement en chef par Frimont. — Retraite de Gavenda sur Bologne. — Dernières dispositions de Steffanini en vue de l'évacuation de cette ville. — Dalrymple à Bologne et les projets qu'il prête à Murat. — Le duc de Modène fait couper le pont de Navicello et renvoie les troupes autrichiennes à Reggio. — Lebzeltern, d'Aspre, Fossombroni et l'arrangement avec la Toscane. — Mesures administratives prises et nominations faites par Murat.**

« Les hostilités contre Murat sont ouvertes »[1], écrivait le 1ᵉʳ avril Bellegarde à Schwarzenberg et au duc de Modène, en même temps qu'il portait à leur connaissance l'arrivée de Frimont et la mise à l'ordre du jour du décret le déchargeant des soucis d'un commandement qu'il lui eût été impossible d'exercer utilement de Milan d'où la gravité de la situation et la multiplicité des affaires ne lui permettaient pas de s'éloigner. Il était d'ailleurs grand temps que Frimont arrivât sur les lieux et prît possession de ses fonctions. Le provisoire ne pouvait durer plus longtemps. Il y avait urgence à ce qu'un général en chef présent sur les lieux assurât, quitte à leur faire subir ultérieurement les modifications que les circonstances auraient rendues nécessaires, l'exécution des dispositions adoptées par le feld-maréchal et des ordres que Bianchi avait fait tenir aux officiers placés provisoirement sous son commandement. Les événements s'étaient précipités, et lorsque Frimont expédia de Milan le 1ᵉʳ avril ses premières instructions générales à Bianchi[2],

---

1. *K. u. K. Kriegs-Archiv. (Feld-Acten. Frimont.* 1016.) F. M. comte de Bellegarde au F. M. prince de Schwarzenberg et au duc de Modène. Milan, 1ᵉʳ avril 1815. F. IV. 550 et IV ad 559.
2. *K. u. K. Kriegs-Archiv. (Feld-Acten. Frimont.* 1415.) Général de ca-

ce général avait déjà dû !prendre de graves résolutions et préparer le mouvement de retraite des faibles troupes dont il disposait à ce moment.

Dès que les Napolitains reprirent leur marche en avant et débouchèrent en force d'Imola, Gavenda, afin d'éviter un engagement inutile et dangereux, avait prudemment quitté sa position derrière le Sillaro. Se repliant lentement et en bon ordre sur Bologne, il avait aussitôt donné avis de son mouvement rétrograde à Steffanini. A une heure et demie de l'après-midi [1], ce général prenait de son côté ses dernières dispositions et donnait à ses troupes l'ordre de se tenir prêtes à se mettre en route sur deux colonnes, sur Modène et sur Carpi. Dans le courant de l'après-midi il commençait à procéder à l'évacuation de Bologne en envoyant camper à l'ouest de la ville les quelques fractions qu'il y avait encore maintenues et faisait savoir à Gavenda chargé de faire l'arrière-garde qu'il aurait à se porter avec son gros sur la ligne Guastalla-Reggiolo-Moglia, derrière le canal Bentivoglio [2].

L'approche des Napolitains lui avait été d'autre part confirmée par le colonel Dalrymple qui, venant de Forli, avait dépassé leur avant-garde et rejoint en route Starhemberg et Gavenda [3].

---

valerie Frimont au F. M. prince de Schwarzenberg. Milan, 1er avril 1815. IV. 3. au F. M. L. Bianchi, même date IV. 4.

1. *K. u. K. Kriegs-Archiv.* (*Feld-Acten. Frimont.* 1915.) Général-major Steffanini au général de cavalerie Frimont, Bologne, 1er avril 1815. 1 1/2 heure après midi. IV. 16.

2. *K. u. K. Kriegs-Archiv.* (*Feld-Acten. Bianchi.*) 995. Tableau des positions et mouvements du corps Bianchi. du 1er avril au 22 mai 1815. F. XIII. 10. — *Ibidem.* NUGENT. (*Nouveaux papiers*) 1814-1815. XIII. 1er avril 1815. — *Ibidem.* (*Feld-Acten Bianchi.*) 992. Général Steffanini au colonel Gavenda. Bologne, 1er avril 1815. Soir. IV. 8. — *Ibidem.* BIANCHI. *Operations Journal.* 996. F. XIII. 68.

3. *Record Office, Foreign Office.* Vol. 186. (*Army in the Mediterranean. Bentinck.*) Sir John Dalrymple à lord William Bentinck. Bologne, 1er avril 1815.

L'armée napolitaine, surtout l'infanterie qui lui avait paru être « pour le moins aussi bonne, peut-être même un peu meilleure que l'infanterie autrichienne, » avait produit sur Dalrymple une impression si favorable qu'il avait accueilli avec une incrédulité marquée la déclaration de Steffanini lui affirmant qu'avant quinze jours les Autrichiens seraient de nouveau maîtres de Bologne. Il n'avait même pas hésité à le déclarer à Bentinck : « Malgré cette assurance, j'en doute fort pour ma part. »

L'attitude et les paroles du colonel anglais, qui revenait d'Ancône et de Forli complètement sous le charme que Murat savait exercer, jointes à l'intention qu'il avait manifestée d'attendre le roi de Naples à Bologne et d'y rester quelques jours auprès de lui, intention que justifiaient et qu'expliquaient d'ailleurs les instructions dont Bentinck l'avait muni, avaient paru au plus haut point dangereuses à Bellegarde et à Frimont. Ils avaient aussitôt signalé, l'un à Bentinck, l'autre à Schwarzenberg [1] les graves inconvénients que présenterait la prolongation de son séjour au Quartier général du Roi de Naples et le parti que pourrait en tirer Joachim, désireux « de persuader par tous les moyens pos-
» sibles à l'Italie que le Gouvernement britannique connaît
» ses projets et se dispose à les soutenir. »

Dalrymple, auquel Murat avait affirmé que le 9 ou le 10

---

1. *K. u. K. Kriegs-Archiv.* (*Feld-Acten. Frimont.* 1016.) F. M. comte de Bellegarde à lord William Bentinck. Milan, 1ᵉʳ avril 1815. IV. 553. (*en français.*) — *Ibidem. Hof Kriegs Rath. Prœsidial Acten.* 1041. Général de cavalerie Frimont au F. M. prince de Schwarzenberg. Piadena, 4 avril 1815. IV. 9. — Cf. ANNEXE XXIII.

F. M. comte de Bellegarde au prince de Metternich. Milan, 8 avril 1815. IV. 17. (*en français*). « Je n'ai pas manqué de faire observer à Mylord
» (Bentinck était arrivé le 8 au matin à Milan venant de Turin) le
» mauvais effet que faisait sur l'esprit public la présence du colonel
» Dalrymple au Quartier général de Murat, et j'ai appris qu'il l'avait
» déjà rappelé et que le colonel en était parti.

il aurait au moins 35.000 hommes à Bologne [1], n'avait pas caché à Steffanini, et naturellement encore moins à Bentinck, que les conversations qu'il venait d'avoir l'amenaient à penser que Murat avait l'intention de ne pas dépasser Bologne, d'occuper le pays jusqu'au Pô et de soulever les provinces de la rive gauche. Il constatait du reste à ce propos qu'en dépit du zèle et des efforts de l'évêque de Forli, un des champions les plus ardents et les plus avérés de l'indépendance italienne, les populations avaient jusqu'à ce moment témoigné fort peu d'enthousiasme. Mais il se hâtait d'ajouter que Murat, dont il partageait du reste l'opinion, paraissait sûr de pouvoir tenir et décidé à s'arrêter à Bologne. Dalrymple avait d'ailleurs d'autant plus de motifs de croire à une semblable résolution qu'aussitôt après avoir débouché

---

[1]. Comme on peut en juger par le tableau suivant que Bianchi avait en sa possession à cette date, les Autrichiens possédaient à ce moment des renseignements assez exacts sur les effectifs que Murat pouvait amener en ligne.

Situation d'Effectifs de l'armée Napolitaine au début de la Campagne.

DIVISIONS	BRIGADES	CORPS	HOMMES
Carrascosa	Pepe	1er de ligne	
		2e léger	
		3e de ligne	
		5e de ligne	
Ambrosio	Aquino	2e de ligne	2.800
		3e léger	2.800
	Medici	8e de ligne	3.000
		9e de ligne	2.800
Lechi	Majo	1er léger	2.500
		4e de ligne	2.700
		6e de ligne	2.050
		7e de ligne	1.450
		Lanciers (2 escadrons)	400
		Artilleurs (2 compagnies)	180
		Sapeurs (1 compagnie)	80
		6 canons	

(K. u. K. Kriegs-Archiv. Feld-Acten Bianchi. 995. F. XIII. 3.)

de Bologne pour se porter vers l'ouest, Murat s'engageait dans une vaste plaine, dans une région découverte éminemment favorable à l'action de la cavalerie et que le Roi lui-même avait été le premier à reconnaître devant lui l'insuffisance numérique et l'infériorité d'une arme dont personne ne faisait plus grand cas et ne connaissait mieux que lui l'utilité [1].

Pendant que les premiers renforts autrichiens passaient à marches forcées par la Vénétie, qu'on s'inquiétait à Venise de la croisière prolongée devant Goro des frégates napolitaines « qui arboraient de temps à autre le pavillon anglais »[2], le duc de Modène avait, sans plus tarder, fait couper le pont de Navicello et donné à ses troupes l'ordre définitif de partir le lendemain pour Mantoue. Décidé d'ailleurs à quitter lui-même sa capitale dès que les Autrichiens abandonneraient la ligne du Panaro, il n'avait gardé à Modène qu'une seule compagnie du bataillon autrichien qu'il avait fait rétrograder sur Reggio [3].

En Toscane, l'entente avec l'Autriche était loin d'être un fait accompli. En effet tandis que, de Gênes où il avait accompagné le pape, Lebzeltern annonçait à Metternich qu'il s'était mis d'accord avec le gouvernement toscan et que les troupes toscanes, auxquelles on avait donné l'ordre de se concentrer à Pise, combineraient leurs mouvements avec ceux du détachement autrichien du lieutenant-colonel

---

1. *Record Office. War Office.* Vol. 186. (*Army in the Mediterranean. Bentinck.*) Sir John Dalrymple à lord William Bentinck. Faenza et Bologne, 1er avril 1815.
2. *Record Office. Foreign Office.* Vol. 121. (*Consuls. Hopner, Cooper, Gordon, Various*). Cooper à lord Castlereagh. Venise, 1er avril 1815.
3. *K. u. K. Kriegs-Archiv.* (*Feld-Acten Bianchi.*) 992. François IV, duc de Modène au général-major Steffanini. Modène, 1er avril 1815. 3 heures après-midi III. 4 a. — *Archivio Storico. Modène. Museo Civico.* Rovatti. *Cronaca Modenese.* 1re partie 1815. Modène, 1er avril 1815. — *Reggio-Emilia. Biblioteca Comunale.* Sonini. (*Gio Francesco.*) *Cronaca.* 1er avril 1815.

Werklein, le major d'Aspre, par lequel Nugent s'était fait précéder, venait d'arriver à Florence porteur de la lettre que Bellegarde avait écrite à Fossombroni le 28 mars. Il y avait constaté avec surprise par la réponse du Ministre toscan que les choses n'étaient ni aussi avancées qu'on le croyait, ni réglées de la façon qu'on avait espéré [1].

Pendant les divisions de la colonne de droite de l'armée Napolitaine continuaient sans encombre et sans tirer un coup de fusil leur marche sur Bologne et sur Ravenne, le chef d'Etat major général avait profité des espèces de loisirs que lui laissaient encore les événements pour s'enquérir de l'état des approvisionnements de l'armée en fait de munitions [2] sur lequel il ne possédait que des indications par trop sommaires. Entre temps, après réception d'une nouvelle lettre de Pauline toujours dans l'impossibilité de voyager, Bellegarde avait dû consentir, à son corps défendant, « à la laisser où elle se trouvait, mais en la surveillant avec soin » [3]. De son côté, Murat qui savait bien, comme d'Ambrosio allait l'écrire le lendemain, qu'il importait d'agir au plus vite sur les esprits, qui sentait qu'il ne fallait pas perdre un instant si l'on voulait provoquer ce grand mouvement national, sa seule et unique chance de réussite, ne s'é-

---

1. *Haus, Hof und Staats-Archiv. Kirchenstaat.* N: F. 1. Chevalier de Lebzeltern au prince de Metternich. Gênes, 1er avril 1815. (Dépêche N° 90). — *K. u. K. Kriegs-Archiv. (Feld-Acten. Frimont.)* 1016. Comte de Buol-Schauenstein au F. M. comte de Bellegarde. Florence, 1er avril 1815. IV. 556. d.

2. *R. Archivio di Stato. Naples.* 1060. (*Carte di guerra ed Amministrazione delle Marche.*) Général Petrinelli, 1er Inspecteur de l'artillerie au général Millet. Ancône, 1er avril 1815. Etat des Munitions de l'armée : à Rimini double approvisionnement de cartouches (5.000) pour la 1re division. Celui des 2e et 3e division y sera le 2, (15 caissons avec 250.000 cartouches, de la poudre en barils et 30.000 pierres à fusil.) L'armée a de plus à Forli 3 caissons par pièce de 6 livres et 4 par obusier. On fabrique à Ancône des munitions qui seront expédiées à Rimini.

3. *Haus, Hof und Staats-Archiv.* 123. 1. (*Bellegarde.*) F. M. comte de Bellegarde au prince de Metternich. Milan, 1er avril 1815 (Dépêche N° 72.)

tait pas contenté de faire répandre à profusion ses proclamations de Rimini. Il avait avec raison ordonné de procéder immédiatement à l'organisation administrative des territoires occupés par ses troupes. C'est ainsi, pour ne citer qu'un exemple qu'à peine entré à Lugo, le major Malczewski, qui commandait l'un de ses détachements d'avant-garde, ne s'était pas borné à envoyer de tous côtés la proclamation adressée aux Italiens. Il n'avait rien eu de plus pressé que de confirmer dans leurs fonctions le podestat et les autres autorités de la ville [1].

Pendant que Bartorelli, le secrétaire Général du Département du Rubicon, lançait une proclamation par laquelle il exhortait les Italiens à courir aux armes pour s'affranchir du joug de l'étranger, proclamation qui se terminait par le cri de : « *Vive l'Indépendance Italienne! Vive le Roi!* »[2], qu'il envoyait une circulaire vibrante d'enthousiasme aux Vice-Préfets, Syndics et Podestats, aux commissaires de police et au clergé de son département[2], Murat avait tenu à signer avant de quitter Forli les décrets nommant un juge dans cette ville et un Vice-Préfet (Odoardo Fabbri) à Cesena [2]. A Faenza, où, même d'après les rapports autrichiens, les Napolitains avaient été reçus avec enthousiasme [3], il avait aussitôt fait choix comme préfet du Rubicon du comte Ginnasi, podestat de la ville [4], nommé le comte Pietro Lader-

---

1. *Rome. Biblioteca Vittorio Emanuele.* (*Manuscrits*. Busta 5. 76.) Major Malczewski au Podestat de Lugo. Lugo, 1er avril 1815.
2. *R. Archivio di Stato. Bologne. Stampe Governative.* Proclamation de Bartorelli et circulaire du même. Forli, 1er avril. — *Ibidem. Atti di Polizia* et *Gazzetta di Forli* N° 14. — *Ibidem. Stampe Governative.* Décrets de Murat. Forli et Imola 31 mars 1815. — Cf. Trovanelli. *Cesena dal 1796 al 1831.* I. 127-133.
3. *Archiv des Ministeriums des Innern.* 1815. *Acten der Polizei Hof Stelle.* F. 493-579. Raab au baron Hager. Venise, 4 avril 1815.
4. *R. Archivio di Stato. Bologne. Stampe Governative.* Imola et Faenza, 1er avril 1815.

chi, commandant de la garde Nationale et le comte Roncarini, podestat de Faenza, le comte Marchesini, Inspecteur des Postes des Départements occupés, le comte Colombani, podestat et le marquis Romagnoli, commandant de la garde-nationale de Forli, le comte Golfarelli, podestat de Forlimppopoli et Ragonesi, podestat de Cesena.

A Rimini, où pendant toute la journée n'avaient cessé de défiler des troupes, les unes venant de Pesaro, les autres débarquées dans le port avec les bagages et les convois, où l'on avait en même temps procédé à de nombreuses réquisitions de chevaux et de bœufs, Murat ne s'était pas contenté de confier le commandement de la Garde nationale à Angelo Antomi. Il l'avait de plus nommé colonel et lui avait conféré l'ordre des Deux Siciles, dont il avait fait une large distribution à nombre de personnages dont il voulait stimuler le zèle et s'assurer le concours et les services [1].

---

1. *Rimini. Biblioteca Gambalunga.* ZANOTTI. (M. A.) *Giornale di Rimini. dell' anno MDCCCXV.* F. 26. (*Manuscrit*) 1er avril 1815. La prodigalité avec laquelle on distribua des croix avait inspiré aux ennemis de Murat le sonnet suivant :

> « Nè tempi piu lontani è piu feroci
> S'appicavano i Ladri su le Croci.
> Nè tempi piu felici e piu leggiadri
> S'appicano le Croci su petto ai Ladri. »

Nuit du 1ᵉʳ au 2 avril et journée du 2 avril 1815. — **Evacuation de Bologne par les Autrichiens. — Positions des Autrichiens le 2 au matin. — Murat et sa 1ʳᵉ division à Bologne. — L'escarmouche du pont du Reno. — Positions des Napolitains le 2 au soir. — L'alarme à Ferrare et la dépêche du général Eckhardt. — Le général d'Ambrosio, ses proclamations et sa lettre au général Millet. — Ordres de Murat à Livron et sa lettre au Grand-Duc de Toscane. — La réponse de Ferdinand III à la lettre de Murat du 27 mars. — Nugent et d'Aspre à Pistoia.**

La journée était trop avancée et le gros de la 1ʳᵉ division encore trop loin en arrière, au moment où après avoir débusqué l'arrière-garde de Gavenda de Castel San Pietro, l'avant-garde napolitaine arriva le 1ᵉʳ avril à hauteur de Bologne, pour que l'on pût se risquer d'entrer dans l'obscurité dans une aussi grande ville. On n'y aurait plus trouvé, il est vrai, que quelques piquets et quelques petits postes Autrichiens. La plus grande partie des troupes de Stéffanini s'était déjà repliée derrière le Reno depuis près de 36 heures et l'arrière-garde avait seule campé depuis le 31 au soir dans les champs hors de la ville, partie du côté de la Porte San Felice, partie devant la Porte Maggiore. A deux heures du matin, ces troupes avaient levé leurs camps. A quatre heures, il ne restait plus un seul Autrichien aux portes de Bologne et leur arrière-garde, sous les ordres du général-major Starhemberg et du colonel Gavenda, se repliait de l'autre côté du Reno, où elle s'établissait à huit heures à hauteur de Borgo Panigale.

Dans la matinée du 2 avril, les troupes autrichiennes occupaient les positions suivantes :

Le colonel Gavenda avec deux bataillons, deux escadrons

et une demi batterie, sur la rive gauche du Reno, à Borgo Panigale, s'éclairant sur sa gauche par Budrio sur Lugo, sur sa droite du côté de l'Apennin par Tajano et Lojano dans la direction d'Imola.

Le colonel Szent-Ivanyi (du régiment Hesse-Homburg) avec 2 bataillons, un demi escadron et une demi batterie d'artillerie à cheval, en soutien de Gavenda, à Anzola dell' Emilia, derrière le Lavino.

Détachements de flanc : 1 compagnie chargée de couvrir l'aile gauche, à San Giovanni in Persiceto et Cento ; 2 compagnies et un demi-escadron, plus en arrière, en avant de Carpi, observant par des postes le Panaro, à hauteur de Bomporto.

Le gros (général-major Steffanini) fort de 15 compagnies, $2^3/_4$ escadrons et une batterie de brigade, en réserve générale, à Fossalta, à cheval sur le Panaro [1].

Un peu avant midi, la brigade Pepe rejointe par le reste

---

1. *K. u. K. Kriegs-Archiv.* (*Feld-Acten. Bianchi.* 995.) Positions et mouvements du 1er avril au 22 mai XIII. 10. — *Ibidem. Bianchi. Operations Journal.* 996. 27 mars au 2 avril. XIII. 68. — NUGENT. *Nouveaux papiers.* 1814-1815. 8 avril 1815. XIII. — *Ibidem.* (*Feld-Acten. Bianchi.*) 992. Colonel Gavenda au général-major Steffanini. Borgo Panigale, 2 avril 1815. 8 h. 1/2 du matin. IV. 6 et IV. 7. — *Ibidem.* (*Feld-Acten. Frimont*) 1015. Capitaine Spanoghi au lieutenant-colonel Hrabowski, et général-major Steffanini au F. M. comte de Bellegarde. Fossalta, 2 avril 1815. IV. 23 et IV. 23. b. — *R. Archivio di Stato. Florence. Affari Esteri.* (*Invasione Napoletana*). Général-major comte Starhemberg à Fossombroni. Bologne, 2 avril 1815. 2 heures matin. (*en français.*) Filza 2128. — *Record Office. Foreign Office.* Vol. 22. (*Tuscany. Burghersh.*) Lord Burghersh à lord Castlereagh. Florence, 3 avril 1815. (Dépêche N° 32.) — *Ibidem.* Vol. 117. (*Austria. Stewart*). Lieutenant-général Stewart à lord Castlereagh. Vienne, 14 avril 1815. (Dépêche N° 34.) — *Archives Particulières de M. R. Ambrosini. Bologne. Diario di G.* BÉVILACQUA et *Diario delle principali cose accadute nella Citta di Bologna dall 1796 all 1821.* (Marquis de Buoi.) 1-2 avril 1815. — *Bologne. Biblioteca Comunale. Memorie Storiche delle Citta di Bologna dal 1773 al 1822.* (*Manuscrit.*) 1-2 avril 1815. — *Ibidem.* GIUDICINI. *Diario Bolognese.* IV. 6-16. 1-2 avril 1815. — FERRARE, SANDRI. *Istoria della Citta e Provincia di Ferrara.* etc. (*Manuscrit*).

de la division entrait à Bologne par la porte de la Strada Maggiore et défilait par la ville saluée par les acclamations de la population. Quelques instants plus tard Murat, longeant les murs à l'extérieur, rejoignait hors de la porte San Felice ses troupes, qu'il passait rapidement en revue avant d'entrer à Bologne où il était reçu avec un enthousiasme indescriptible. Après un court arrêt au Palais Royal, il ressortait de nouveau de la ville pour aller retrouver ses régiments en train d'établir leur camp hors de la Porte San Felice, dans les *Prati Caprari*.

Vers 2 heures, la tête d'avant-garde de l'armée napolitaine se reportait en avant sous la conduite personnelle du roi [1] et poussait vers le pont du Reno. Sans s'engager sérieusement, Gavenda essayait de se maintenir jusqu'au moment où, se voyant sur le point d'être débordé et tourné, il se mettait en retraite sur Anzola où il était recueilli par le colonel Szent-Ivanyi, pendant que Carrascosa établissait ses avant-postes sur le Reno [2].

Il eût été imprudent et impossible même de pousser plus loin, d'abord à cause de la fatigue des troupes de la 1re division très éprouvées par les marches ininterrompues qu'elles venaient de faire [3], ensuite parce qu'il importait de

---

1. *Archives Particulières de M. R. Ambrosini. Bologne.* On lit dans le *Diario du marquis de Buoi*, qui n'était cependant pas un partisan de Murat : « Il s'avança si témérairement que sans l'intervention de Giu- » seppe Zini, dit Savernino, blanchisseur de son état, il risquait d'être » enlevé par les avant-postes autrichiens. » Cf. Pepe. Memorie. 259-260.

2. *K. u. K. Kriegs-Archiv. (Feld-Acten. Bianchi. Operations Journal.* 996. XIII. 68. — Ibidem. *Feld-Acten. Frimont.* 1015. Général-major Steffanini au F. M. comte de Bellegarde et au général de cavalerie baron Frimont. Fossalta, 2 avril 1815. IV. 25. — *Archives Particulières de M. R. Ambrosini. Bologne. Diario di G.* Bevilacqua et *Diario du marquis de* Buoi. — *Bologne. Biblioteca Comunale.* Giudicini. *Diario Bolognese* etc. VI. 6-16.

3. Bien qu'elle eût reçu la veille un renfort de 300 chevaux, la division Carrascosa, qui s'était mise en route avec 8.400 hommes, n'en comptait déjà plus que 7.800 en arrivant à Bologne. Elle avait par suite

donner le temps de serrer sur elle et de se déployer à sa hauteur aux deux autres divisions qui se trouvaient à ce moment, la 2ᵉ (d'Ambrosio), à Imola, à une bonne journée de marche de Bologne, la 3ᵉ à Forli [1].

Aussitôt après avoir assisté à l'enlèvement du pont du Reno, réglé et surveillé l'établissement de ses avant-postes, Murat rentré à Bologne y avait adressé un ordre du jour à son armée et signé une série de décrets qui publiés le lendemain avaient pour objet d'organiser l'administration des départements occupés [2]. Il avait en même temps recommandé aux autorités de faire savoir aux populations qu'il n'était venu que pour leur apporter la paix, les délivrer de la tyrannie autrichienne et assurer le bonheur de tous les peu-

---

laissé 600 hommes en chemin. (Cf. COLLETTA. *Opere Inedite o Rare* 78. — D'AMBROSIO. *Campagne de Murat en 1815.* (*Carnet historique et littéraire*, 1899. III. 181.)

1. D'après les renseignements parvenus au Quartier-général autrichien. (Cf. *K. u. K. Kriegs Archiv.* (*Feld-Acten. Bianchi.*) *Operations Journal.* 996. XIII. 68.) la 2ᵉ Division aurait détaché une brigade sur Argenta, mouvement dont on ne trouve aucune trace dans les *Carte di guerra*. Il convient toutefois de constater qu'on avait reçu à Ferrare le 2 avril, en même temps que de nombreux exemplaires des proclamations de Rimini, un rapport du syndic de Bastia (environ 40 kilomètres Sud-Est de Ferrare et 18 kilomètres Nord de Lugo), annonçant l'approche d'une avant-garde Napolitaine et parlant de l'établissement probable d'un pont sur le Reno. (*Biblioteca Comunale*. CONTI. *Annali Storici di Ferrara*. T. II. § 1.29. 2 avril 1815.)

Le renseignement relatif à l'envoi du général Napoletani sur Ravenne serait au contraire plus exact. On trouve en effet au *R. Archivio di Stato. Naples. Carte di guerra.* 1060. (avril 1815.) le billet suivant adressé par Murat au général Galdemar et qui, quoique sans lieu ni date, doit se rapporter à ce détachement : « Faites partir un officier » d'état-major pour aller chercher des nouvelles du général Napole» tani qui doit se trouver *alle due Boschi*, derrière Bellaria sur la route de » Cesenatico. » (Bellaria, à environ 8 kilomètres Sud-Est de Cesenatico.)

2. *K. u. K. Kriegs-Archiv.* (*Feld-Acten Frimont* 1046.) Général Galdemar. Ordre du jour à l'armée. Bologne, 2 avril 1815. IV. 533. d. — *Archives Particulières de M. R. Ambrosini. Bologne. Diario di G. BEVILACQUA.* — Cf. *Ferrare Biblioteca Comunale*. CONTI. *Annali Storici di Ferrara* § 1330, 2 avril. « Reçu par une commission provisoire du gouver-

ples de l'Italie. Ressorti le soir pour se rendre à travers les rues illuminées au théâtre *del Corso*, il avait été sur tout le parcours salué par des acclamations frénétiques [1].

Afin de tirer parti du désarroi des Autrichiens il s'agissait, au point où en étaient arrivées les choses, d'agir vite et de pousser immédiatement en avant. Une offensive ininterrompue, foudroyante pouvait seule donner des résultats que la disproportion des forces ne permettait plus d'obtenir plus tard. En suivant les Autrichiens vivement, en ne leur laissant pas le temps d'achever une concentration qu'ils venaient seulement de commencer, il eût peut-être été possible de profiter de l'inquiétude générale encore augmentée par la nouvelle de l'évacuation de Bologne, de cette inquiétude dont rien ne donne mieux la mesure que la dépêche que le général Eckhardt adressait le 2 au soir de Rovigo à Bianchi : « Le colonel Szinkovics me déclare qu'il sera impossible » de tenir à la citadelle de Ferrare, où il n'y a pas un seul » canon et voudrait se retirer sur Occhiobello. Les Napoli-» tains sont à Bologne. Prière de me dire ce que j'aurai à » faire si l'ennemi forçait le Pô [2]. »

La ligne du Pô n'était en effet que bien faiblement gardée. Il n'y avait depuis Cavanella d'Adige jusqu'à Ficarollo, en amont de Pontelagoscuro, sur une ligne de près de 100 kilomètres que dix-sept compagnies d'infanterie et deux ca-

---

» nement dont le chef le harangue, Murat lui répond : « On aurait tort
» de croire que le Roi de Naples a provoqué la guerre avec l'Autriche.
» Mais voyant qu'elle violait la foi des traités, au lieu d'attendre l'en-
» nemi et de recevoir son attaque dans ses Etats, il a cru plus sage de
» se porter au devant de lui. »
1. *Archives Particulières de M. R. Ambrosini. Bologne. Diario du marquis de Buoi*. Il ne sera pas inutile de rappeler que Rossini dirigea en personne l'orchestre du théâtre Contavalli où l'on chanta ce soir là, la cantate qu'il avait appelée la *Marsigliese Italiana*.
2. *K. u. K. Kriegs-Archiv.* (Feld-Acten Bianchi.) 992. Général-major Eckhardt zu F. M. L. Bianchi. Rovigo, 2 avril 1815. 10 h. soir. IV. 4.

nons ayant pour tout soutien quatre compagnies et une batterie à Rovigo, deux compagnies à Arqua et deux à Trecensta. Plus en avant, la garnison de Mantoue avait fourni un poste de deux compagnies établies à Ostiglia et chargées de la surveillance de tout le cours du fleuve entre Massa et le confluent de l'Oglio. A partir de ce point jusqu'à Crémone, le Pô était gardé par les hussards Liechtenstein et un bataillon de chasseurs, entre Crémone et Plaisance, par quelques postes fournis par la garnison de ces deux villes.

On avait été, et on était encore si alarmé à Ferrare que, dans la nuit du 1er au 2, on avait fait partir de nombreux convois dirigés sous escorte sur la rive gauche du Pô, barricadé les portes San Paolo et San Giorgio, suspendu le matin les travaux de la citadelle, chargé la garde civique et la garde départementale du maintien de l'ordre dans la ville, et imposé aux riches et aux négociants un emprunt forcé de 50.000 francs payables dans les vingt-quatre heures. Vers le soir, la situation menaçait de devenir plus critique, si inquiétante même que le général Lauer, qui venait d'arriver, n'eut rien de plus pressé que de donner au podestat l'ordre de prendre ses mesures pour payer de suite les ouvriers employés par les Autrichiens. Il avait d'autre part décidé de reprendre sur l'heure même les travaux de la citadelle, de faire réquisitionner des bœufs, des médicaments, des pelles, des pioches etc., et prescrit de couper le lendemain les ponts du canal de Cento[1].

Militairement et politiquement il aurait donc été de la plus haute importance pour Murat de précipiter les événements. « A l'égard des Italiens, écrivait d'Ambrosio au

---

1. *Ferrare. Archivio della Prefettura.* (*Militari-Fortificazioni*) Rub. 20. 9070. Général-major Lauer au Podestat. Ferrare, 2 avril 1815. Soir. — *Ibidem. Biblioteca Comunale.* Costi. *Annali Storici di Ferrara.* § 1328, 1330, 1331. Nuit du 1er au 2 avril et 2 avril 1815.

» général Millet [1], il faut se presser. Ils sont accoutumés à
» crier, à applaudir au dernier qui arrive. J'ai laissé des
» ordres pour qu'on conserve, qu'on nourrisse, qu'on ins-
» truise partout les volontaires. Le Roi ne saurait trop se
» presser. Gardes nationales, *landwehr*, *landsturm*, gardes
» d'honneur, compagnies départementales, achat de chevaux
» dans l'Etat Romain et en Toscane, tout doit marcher si-
» multanément. Sans tout cela, point de salut. J'ai invité la
» jeunesse de tout le pays parcouru à s'armer. » Et il lui
envoyait la proclamation, l'appel aux armes qu'il avait
lancé le matin avant de quitter Faenza [2]. Il aurait pu y
joindre encore, s'il avait eu besoin de fournir d'autres preuves de son dévouement à Murat, de son ardeur et de son
zèle, la lettre qu'il avait écrite au colonel commandant la
garde nationale du département de Rubicon, l'ordre qu'il
avait donné de réunir dans un dépôt les volontaires qui
s'étaient présentés la veille, la proclamation du colonel Romagnoli, commandant de cette Garde Nationale, enfin et surtout l'éloquent appel adressé par le chancelier de la Cour
de Justice aux Présidents et aux Juges de la Romagne [3].

Malgré l'accueil enthousiaste qu'on avait fait à Murat à
Bologne, « on ne pouvait, se dissimuler, s'écriera Filangieri [4],
l'imprudence qu'on avait commise en entrant en campagne
avec plus d'audace que de logique avec trois petites divisions, peu d'artillerie, sans réserves, et en dirigeant la garde
royale sur la Toscane. »

1. R. *Archivio di Stato. Napoli*. 1060. *Carte di guerra*, etc., etc. Général d'Ambrosio au général Millet. Imola, 2 avril 1815. (*en français.*)
2. R. *Archivio di Stato. Bologne. Stampe Governative...* « L'Italie appelle
» de partout ses enfants à combattre pour sa gloire, son indépendance
» et sa liberté... »
3. R. *Archivio di Stato. Bologna. Atti di Polizia* et *Gazzetta di Forli*. N° 14. 6 avril 1815.
4. *Archivio Storico della Societa di Storia Patria. Naples.* GÉNÉRAL FILANGIERI. *Autobiografia*.

Cette faute, ces imprudences, la nécessité d'y porter remède, de sauver la situation en pressant les événements, Murat les reconnaissait si bien, il avait si grande impatience, si grand besoin de voir arriver sa garde que, le jour même, où le général Livron se portait de Foligno sur Perugia, il lui avait envoyé directement l'ordre de marcher en toute hâte sur Bologne, d'amener avec lui toutes les troupes qu'il pourrait détacher de la division Pignatelli-Strongoli, toute son artillerie et jusqu'à deux bataillons de vélites qui se trouvaient à Frascati [1].

Il tenait toutefois tellement à prévenir la moindre cause de retard ou de difficulté, à empêcher surtout une manifestation hostile de la part du Grand-Duc de Toscane qu'il lui écrivait à peine entré à Bologne une nouvelle lettre, dans laquelle il lui exprimait tous ses regrets d'avoir dû faire passer sa garde par le Furlo et lui affirmait qu'il y avait été contraint par la nécessité de s'opposer au mouvement de Nugent. Il lui déclarait qu'il avait donné à ses généraux l'ordre de s'abstenir de toute manifestation, de toute attitude hostile, et qu'il était « prêt à évacuer la Toscane si le Grand-
» Duc consentait de son côté à prendre l'engagement d'en
» faire sortir les troupes autrichiennes et étrangères et de
» faire respecter la neutralité de son territoire [2]. »

Ferdinand III, qui ne devait recevoir que trop tard cette

---

1. Cf. GÉNÉRAL D'AMBROSIO. *La campagne de Murat en 1815.* (*Carnet historique et littéraire* 1899. III. 1057.) — COLLETTA. *Opere Inedite o Rare* I. 67.
Cf. R. *Archivio di Stato. Florence: Archivio Segreto.* (Mevimenti, Passagio e Partenza delle Truppe Napoletane.) Filza 11-172. Celley, chef d'Etat-major de la division de cavalerie de la Garde royale, au commissaire royal, à San Giovanni. Pérouse, 2 avril 1815 « le prévient de l'arrivée
» et du passage de sa division sur son territoire, répond de l'ordre et
» de la discipline de ses troupes et compte sur l'accueil amical de ses
» administrés. » (San Giovanni, à environ 11 kilomètres Nord de Pérouse.)
2. *Haus, Hof und Staats-Archiv.* F. A. N° 6. (*Toscana.*) Murat au Grand-Duc de Toscane. Bologne, 2 avril 1815.

missive, qui n'aurait d'ailleurs rien changé à ses dispositions, avait précisément répondu le jour même à la première lettre conçue dans des termes à peu près identiques, que Murat lui avait adressée d'Ancône le 27 mars pour le prier de rester à Florence. La réponse qu'il venait d'expédier, réponse au sujet de laquelle il avait consulté Burghersh, qui trouvait qu'elle aurait pu être plus digne, avait cependant à peu près satisfait le représentant de l'Angleterre. Le Grand-Duc s'était en effet borné à déclarer qu'il n'abandonnerait pas ses Etats et qu'il était heureux de constater qu'ils ne seraient pas envahis [1]. C'était d'ailleurs tout ce qu'on pouvait demander à ce prince puisque, malgré l'approche des troupes de Nugent, Burghersh lui-même était obligé de reconnaître que, la Toscane étant absolument sans défense, Murat était maître de l'occuper quand il le voudrait. Il ajoutait même : « Jusque-là et en attendant qu'il ait essuyé des » revers, il importe pourtant de mettre ce pays à l'abri de » l'invasion. » Ne pouvant, il est vrai, trouver de remède à ce mal, il s'en consolait à la pensée que le Grand-Duc ne resterait dans sa capitale que jusqu'au moment où l'entrée des Napolitains serait imminente. Les vœux de Burghersh ne pouvaient plus tarder beaucoup à être exaucés.

Presque au même moment où Murat s'efforçait de rassurer le Grand-Duc, les Napolitains se disposaient à pénétrer sur son territoire, et des renseignements envoyés le 2 avril de Monte San Savino à Florence allaient y apporter la nouvelle qu'en présence du mouvement de la garde royale de Foligno sur Perugia les quelques troupes toscanes station-

---

1. *Haus, Hof und Staats-Archiv.* F. A. N° 6. (*Toscana.*) Comte de Buol Schauenstein au prince de Metternich. Florence, 4 avril 1815. (Dépêche N° 62). — *Record Office. Foreign Office.* Vol. 22. (*Tuscany. Burghersh.*) Lord Burghersh à lord Castlereagh. Florence, 3 avril 1815. (Dépêche N° 32.)

nées de ce côté avaient battu en retraite et quitté leurs postes d'Ossaia, Cortona et Arezzo [1].

Mais il était déjà trop tard pour pouvoir traverser la Toscane sans coup férir. Le major d'Aspre et le général Nugent étaient arrivés le jour même le premier, le matin, le second, le soir à Pistoia, précédant de peu la colonne qui venant de Pievepelago allait après une marche de nuit y entrer le lendemain et y faire sa jonction avec le détachement du lieutenant-colonel Werklein. Les deux officiers autrichiens avaient immédiatement écrit au Ministre d'Autriche à Florence, d'Aspre pour lui faire savoir que les troupes autrichiennes seraient rendues dans cette ville le 4 ou le 5 au plus tard et le charger de demander à Fossombroni de fournir à l'artillerie les chevaux, les harnais et les caissons de réserve dont elle avait besoin pour être en état de servir, le général, pour s'enquérir de l'endroit où se trouvait le Grand-Duc. Il lui annonçait qu'il viendrait à Florence aussitôt après avoir expédié des ordres urgents et pris à Pistoia les dispositions les plus indispensables et lui réclamait des renseignements sur la marche, la position et les intentions de Livron et de Pignatelli [2].

La légitime curiosité de Nugent ne devait pas tarder à être

---

1. R. *Archivio di Stato. Florence. Archivio Segreto.* (*Movimenti, Passagio e Partenza delle Truppe Napoletane*). Renseignements de Monte San Savino. 2 avril 1815. Filza 11-172.

2. R. *Archivio di Stato. Florence.* (*Movimenti, Passagio e Partenza delle Truppe Napoletane*) Filza 11. 172. — Cercignani au président du *Buon Governo.* Pistoia, 2 avril 1815. — *Ibidem.* (*Affari Esteri.*) (*Invasione Napoletana.*) Prot. 8. N° 1. Major d'Aspre au comte de Buol-Schauenstein. Pistoia, 2 avril 1815. matin. Comte de Buol Schauenstein à Fossombroni. Florence, 2 avril 1815. — Général comte Nugent au comte de Buol-Schauenstein. Pistoia, 2 avril 1815, 10 h. du soir. (*en français.*) — *Record Office. Foreign Office.* Vol. 22. (*Tuscany. Burghersh.*) Lord Burghersh à lord Castlereagh. Florence, 3 avril 1815. (Dépêche N° 32.) — *Ibidem.* Vol. 117. (*Austria. Stewart.*) Lieutenant-général lord Stewart à lord Castlereagh. Vienne, 14 avril 1815. (Dépêche N° 31.)

en partie satisfaite par le petit billet que Fossombroni venait de lui expédier pour l'informer qu'ordre de se concentrer avait été donné aux compagnies toscanes postées sur la frontière sud du Grand-Duché. Il ajoutait, il est vrai que, si le bruit de l'entrée prochaine des Napolitains du côté de Perugia se confirmait, il était fort à craindre que ce détachement ne pourrait se réunir et lui mandait en outre que le Grand-Duc se proposait de s'éloigner de sa capitale à l'approche des envahisseurs [1].

Les vues de Murat sur la Toscane étaient loin d'être aussi pures ou aussi désintéressées qu'il s'était plu à les représenter à Ferdinand III. Il résulte en effet de lettres qui existent encore à Florence à la *Bibliothèque Palatine* (1206. *Fascicolo di Lettere e Autografi*), que Maghella avait envoyé à Lampredi et au secrétaire du Conseil d'État, Tito Manzi, l'ordre de se rendre immédiatement au Quartier général du Roi de Naples en passant par Florence où le général Pignatelli était chargé de leur transmettre des communications et des instructions confidentielles. La mission du reste ne paraît pas avoir été du goût de ces fonctionnaires, puisque, s'ils finirent par obéir et par rejoindre Murat, ils eurent en revanche grand soin d'éviter de *passer par la Toscane* [2].

[1]. *K. u. K. Kriegs-Archiv.* NUGENT. *Nouveaux papiers.* IV. 1815. Fossombroni au général comte Nugent. Florence, 2 avril 1815.

[2]. Cf. ANNEXE XXIV. Zobi commet par suite une erreur, tout au moins de personnes, lorsqu'il accuse Manzi d'être venu secrètement en Toscane pour travailler les anciens patriotes et préparer un mouvement hostile au Grand-Duc. (Cf. ZOBI. *Storia Civile della Toscana dal 1737 al 1848.*) IV. Page 71. Note 58.) Il n'en est pas moins certain que Murat avait de nombreux agents en Toscane et qu'il n'avait nullement renoncé à un pays qu'il convoitait depuis longtemps et qui l'année précédente avait été la cause première de ses dissentiments avec lord William Bentinck.

3 Avril 1815. — **Murat forcé de donner un jour de repos à
ses troupes à Bologne. — Positions de son armée le 3 au
soir. — Dispositions défensives de Bianchi. — Les instructions du duc de Modène. — Eckhardt à Occhiobello et l'escarmouche de Bastia. — Les décrets du 3 avril, les proclamations et les troubles de Gubbio. — L'entrée de la Garde
napolitaine en Toscane. — Le départ du Grand-Duc décidé
à la suite de la visite de Nugent. — Mise en route de renforts destinés à l'armée napolitaine. — Mier demande ses
passeports.**

Un adversaire plus fort, plus résolu, mais surtout plus
concentré, que ne l'était la petite armée napolitaine, aurait
pu faire payer bien cher aux Autrichiens les imprudences
qu'ils avaient commises, imprudences sensiblement accrues
encore par la distance relativement considérable qui séparait
le général en chef du théâtre des premières opérations, par
le manque absolu d'esprit de direction, auquel l'arrivée de
Bianchi, qui établit le 3 avril son quartier général à Belvedere [1] ne porta remède que tardivement à un moment où le
gros de ses troupes disponibles avait déjà dû rétrograder
jusqu'à la rive gauche du Panaro. L'occupation de Bologne,
sans portée réelle au point de vue militaire, puisque les Napolitains n'avaient pas été rejoints dans cette ville par la colonne si malencontreusement détachée à Toscane, n'avait de
valeur, même au point de vue politique, que si elle provoquait
l'explosion immédiate du mouvement populaire sur lequel
Murat croyait pouvoir compter, de cette insurrection générale qui avait si puissamment influé sur ses résolutions, et
que si elle lui assurait, comme le lui avait promis entre au-

---

1. *K. u. K. Kriegs-Archiv. Feld-Acten Bianchi.* 995. Tableau de mouvement du corps Bianchi. (Quartier général et gros.) 3 avril 1815. XIII. 10.

tres le prince Ercolani[1], le concours des 12.000 volontaires qui devaient grossir les rangs de son armée dès son arrivée dans les Romagnes. Quoiqu'il en soit, de toute façon et à tous égards, il importait de ne pas perdre une minute, de ne pas laisser le temps de souffler aux quelques bataillons autrichiens qu'on avait devant soi. C'est ce que Murat avait parfaitement compris, et c'était ce qu'il voulait faire dès le 2 au soir. Mais l'épuisement des troupes de la 1re division, la seule qu'il eût encore sous la main, les représentations de Carrascosa et de Pepe[2], naguère si ardents à le lancer dans cette entreprise qui, à un moment où le succès dépendait uniquement de la rapidité et de la continuité du mouvement, lui déclaraient maintenant déjà que leurs hommes n'en pouvaient plus, la nécessité, invoquée par eux et reconnue par lui, d'attendre les deux autres divisions l'obligèrent à renoncer à ce projet et à accorder le 3 avril un jour de repos à sa tête de colonne. Mais si cette halte permit à sa 2e division (d'Ambrosio) de pousser jusqu'à Bologne, à la 3e (Lechi) de serrer quelque peu sur les deux premières[3], les Autrichiens de leur côté avaient mis ce jour de répit à profit pour compléter leurs dispositions défensives.

Tandis que Frimont parti de Milan s'établissait de sa personne à Borgoforte[4], Bianchi avait rejoint ses troupes

---

1. Cf. *Archivio Storico della Societa di Storia Patria.* (Naples.) GÉNÉRAL FILANGIERI. *Autobiografia.*

2. Cf. PEPE. *Memorie.* 1. 260. 261. « Il était impatient comme un enfant et me disait : « Vous m'avez poussé à la guerre et maintenant » vous êtes las de marcher. Vous savez bien pourtant qu'à la guerre » on n'obtient de grand résultats que par la rapidité des mouvements. »

3. *Archivio della Societa di Storia Patria Naples.* GÉNÉRAL FILANGIERI. *Autobiografia.* — Archives particulières de M. R. Ambrosini, Bologne. — *Diario di* G. BEVILACQUA. — *Ibidem. Diario du Marquis de* BUOI. — *Biblioteca Comunale. Bologne.* GUIDICINI. (G.) *Diario Bolognese* etc. — *Ibidem. Memorie Storiche della Citta di Bologna dal 1773 al 1822.* (Manuscrit.) 3 avril 1815.

4. K. u. K. *Kriegs-Archiv.* (Feld-Acten Frimont.) 1815. Général de cava-

dans le courant de l'après-midi à Fossalta et procédé à la reconnaissance du terrain et à l'inspection de leurs positions. L'entrée de la division Carrascosa à Bologne et l'établissement de son avant-garde à cheval sur le Reno ne constituaient pas un ensemble de faits assez caractérisés pour lui permettre de pénétrer avec un semblant de certitude les projets de Murat. De Bologne, en effet, le Roi de Naples pouvait, ou bien prendre par Modène et Plaisance pour aller sur le Piémont et les Alpes, ou bien se porter sur le bas Pô, le passer et agir sur les communications des Autrichiens. Le premier de ces deux plans, à condition d'être exécuté de suite et vigoureusement, paraissait à la fois le plus probable comme aussi le plus dangereux pour les troupes de Bianchi. Le deuxième l'était bien moins à cause des obstacles naturels, des difficultés du terrain et aussi du temps qu'il aurait fallu employer pour le préparer et l'exécuter. Passer d'abord le Pô, puis les nombreux canaux de la Polésine, faire défiler une armée par des routes étroites, et mauvaises surtout à cette époque de l'année, se glisser ensuite entre les places fortes de l'Adige, constituait une opération des plus difficiles et des plus délicates. Tout arrêt apporté au mouvement en avant des Napolitains, toute perte de temps, telle que le séjour forcé du 3 avril à Bologne, étaient autant d'avantages pour les Autrichiens auxquels ces délais permettaient de se concentrer et de faire serrer leurs renforts.

D'autre part, la configuration du terrain aux environs de Modène, sur la rive gauche du Panaro, du côté où Bianchi s'attendait à être attaqué compensait jusqu'à un certain point la faiblesse des moyens dont il disposait et présentait

---

lerie Frimont au général-major Eckhardt. Borgoforte, 3 avril 1815. IV. 30. — *Ibidem.* F. M. L. Bianchi au général de cavalerie Frimont. Fossalta, 3 avril 1815. IV. 43.

des avantages d'autant plus sérieux à la défense que non seulement elle y tenait un pont protégé par quatre tours, mais que le Panaro cessait d'être guéable en aval de ce pont. Cette circonstance permettait par suite à Bianchi de parer assez aisément au danger d'être débordé sur sa droite par Spilamberto, où les Napolitains pouvaient arriver en se servant d'un chemin carrossable qui longeant le pied des Apennins bifurque à partir de ce point d'un côté sur Modène, de l'autre sur Reggio, tant en y mettant du monde qu'en préparant à l'aide de retranchements de campagne la défense de ce point.

Décidé à arrêter les Napolitains au passage du Panaro, Bianchi répartit comme suit les troupes dont il disposait :

En première ligne à Samoggia (15 km. environ E. de Fossalta), sur la grande route de Bologne, le général-major comte Starhemberg avec un bataillon de chasseurs, cinq compagnies d'infanterie, quatre escadrons de hussards et une demi-batterie, s'éclairant en avant par une chaîne de postes avancés établis à hauteur d'Anzola (à environ 4 km. de Samoggia).

Le gros (dix-sept compagnies d'infanterie, deux escadrons de hussards, une demi-batterie de brigade et une demi-batterie à cheval), sous ses ordres directs, prit position à Fossalta, au débouché du pont du Panaro, à cheval sur la route.

Il avait détaché ; sur son flanc gauche à Bomporto (14 km. environ N. de Fossalta), deux escadrons chargés d'y surveiller le passage du Panaro et de le relier avec les deux bataillons qui avec une section d'artillerie, étaient postés à Finale ; sur son flanc droit, deux compagnies qui allèrent occuper Spilamberto (un peu plus de 10 km. S. de Fossalta) et garder les gués du Panaro.

L'ensemble de ces mesures était complété par l'établissement à San Giovanni in Persiceto et à Cento de deux petits postes d'observations et de liaison avec le détachement de Finale, fournis par une compagnie tirée des troupes du général Starhemberg.

Tout était resté absolument calme sur toute la ligne des avant-postes napolitains que, d'après les rapports fournis à Starhemberg par ses émissaires, Murat était venu inspecter en compagnie de Jérôme et où il avait été reçu par ses troupes aux cris de : « *Eviva il Re d'Italia* ». Mais vers le soir, ce général était cependant en mesure de mander à Bianchi, après réception d'autres renseignements de même origine, et bien qu'on n'eût encore remarqué aucun mouvement, que les Napolitains avaient reçu ordre de se mettre en marche entre trois et quatre heures du matin et qu'il s'attendait par suite à être attaqué de bon matin[1].

A Modène, complètement dégarnie de troupes depuis le départ du bataillon Modènais et des dragons d'Este pour Mantoue, le duc avait achevé ses préparatifs de départ. Mais il n'avait pas voulu quitter ses Etats ayant d'avoir adressé aux Podestats de son duché des instructions dans lesquelles il les invitait, dans le cas où une invasion viendrait à se produire, à recommander le calme et la patience à leurs administrés et à les prévenir qu'à son retour il punirait sévèrement tout abus qu'ils auraient commis et déférerait les coupables à la justice militaire[2].

---

1. *K. u. K. Kriegs-Archiv.* (*Feld-Acten. Bianchi.* 99.) Général-major comte Starhemberg au F. M. L. Bianchi. Samoggia, 3 avril 1815. 6 h. soir. IV. 10. — Dans le même rapport il enregistrait la nouvelle, prématurée du reste, du détachement de Bologne sur Ferrare de 3.000 Napolitains d'après les uns, de 5.000 d'après les autres. — *Ibidem.* 995. Bianchi. Tableau des mouvements. etc. XIII. 10. — *Ibidem.* NUGENT. *Nouveaux documents* 1814. 1815. Positions Journalières XIII. — *Archivio della Società di Storia Patria.* Naples. GÉNÉRAL FILANGIERI. *Autobiografia.* — Modène. Museo Civico. ROVATTI. *Cronaca Modenese.* (1re partie 1815.) 3 avril 1815.

2. *R. Archivio di Stato. Reggio. Polizia.* (*Provvidenzze generali*) Tit. XX.

Tandis que Frimont informait le général-major Eckhardt de l'évacuation de Bologne et insistait sur la nécessité de tenir, coûte que coûte, à Ferrare et à Occhiobello [1], ce général, qui était allé s'établir sur ce dernier point, transmettait de son côté à Bianchi les rapports qu'il venait de recevoir du major Brehm, qui commandait à Comacchio. Cet officier lui ayant rendu compte qu'au moment où ils coupaient le pont de Bastia, ses soldats avaient eu près de ce point une petite escarmouche avec les Napolitains qui lui avaient enlevé quelques hommes et que d'autre part une frégate napolitaine continuait à croiser devant Goro sous pavillon anglais, mais avec des intentions manifestement hostiles, Eckhardt avait cru utile de prendre des mesures de précaution et envoyé au major Pirquet l'ordre de mettre immédiatement du monde au fort de Goro [2].

Pendant l'arrêt forcé que lui imposait, à son grand regret, la fatigue de ses jeunes troupes, Murat avait essayé de calmer son impatience, de se distraire de ses soucis, d'oublier ses préoccupations en signant force décrets, en prenant quantité de mesures administratives. Après avoir créé en faveur de Pellegrino Rossi les fonctions de Commissaire

---

Filza I. N° 1186. François, duc de Modène, à Fossa, Podestat de Reggio. Modène, 3 avril 1815. Cf. *Modène. Museo Storico.* ROVATTI. *Cronaca Modenese.*

1. *K. u. K. Kriegs-Archiv. (Feld-Acten. Frimont.* 1045.) Général de cavalerie Frimont au général major Eckhardt. Borgoforte, 3 avril 1815. IV. 30.

2. *K. u. K. Kriegs-Archiv. (Feld-Acten. Bianchi* 998.) Zanoni, commandant du port et Zercevak, commandant de place, au major Brehm. Porto di Volano, 3 avril 1815. IV. 11. b et c. — Major Brehm au colonel Szinkovics (à Ferrare). Comacchio 4 avril 1815. IV. d. — Général-major Eckhardt au F. M. L. Bianchi. Occhiobello, 3 avril 1815. 8 h. 1/2 soir. IV. 9. — *Archiv des Ministeriums des Innern.* 1815. *Acten der Polizei Hof Stelle* F. 493. 579. Raab au baron Hager. Venise, 4 avril 1815. — *R. Archivio di Stato. Naples. Carte di guerra.* etc. 1060. Commandant de la marine au général Millet. Ancône, 4 avril 1815, lui annonce l'arrivée de la frégate la *Caroline.*

civil dans les trois départements du Reno, du Rubicon et du bas Pô et fixé les attributions de ce commissaire civil, apposé sa signature sur les décrets qui nommaient le baron Agucchi préfet du Reno et faisaient connaître les noms des conseillers de préfecture de ce même département ainsi que des délégués chargés d'enrôler les volontaires et de se procurer des armes, il avait remis en vigueur ses anciens décrets relatifs à l'organisation de la Garde Nationale de Bologne. Il ne s'en était pas tenu là. Il avait encore, le même jour, approuvé les dispositions relatives à l'appel sous les armes de tous les Italiens, au concours que les municipalités étaient invitées à prêter à ces enrôlements, aux offrandes patriotiques ainsi qu'aux récompenses à accorder à ceux qui se distingueraient pendant la campagne. Il avait enfin décidé l'ouverture dans les bureaux des commissaires des guerres des registres destinés à recevoir l'inscription des anciens militaires désireux de reprendre du service et fait préparer une ordonnance créant un nouveau département sous le nom de département de la Pineta.

Pendant ce temps aussi, les nouveaux fonctionnaires avaient suivi l'exemple que leur avait donné la veille le général d'Ambrosio. Le vice préfet de Faenza lance un appel enflammé « à la nation qui après avoir été la mère du monde entier, se lèvera toute entière pour faire revivre son ancienne gloire. » Le commandant de place de Cesena est plus ardent encore et il termine son appel par ces mots : « *L'Independenza o la Morte* ». A Rimini où il n'y a plus de troupes, on organise la garde nationale ; à Ravenne, on n'a pas attendu l'arrivée des troupes napolitaires pour y répandre et y afficher les proclamations de Rimini [1].

---

1. R. *Archivio di Stato*. Bologne. *Stampe Governative*. — *Ibidem. Atti di Polizia et Gazzetta di Forli* N° 15. — Ravenne. *Biblioteca Comunale*. RASI.

Mais malgré toutes ces mesures et toutes ces exhortations les résultats obtenus jusqu'à cette heure sont loin de répondre aux espérances, aux désirs, aux besoins de Joachim. Les populations sont presque partout restées indifférentes, sauf à Gubbio où les habitants ont répondu au décret les annexant au royaume de Naples en fusillant le vice-préfet qui venait prendre possession de son poste, en menaçant de mort leurs concitoyens partisans de Murat et dont seule l'intervention de l'évêque réussit à sauver les jours.

En Toscane, pendant que, comme lord Burghersh se hâtait de le mander à son gouvernement, Murat violait les déclarations qu'il avait faites au Grand-Duc, pendant qu'on signalait l'arrivée et le passage de la cavalerie des Napolitains à Castiglione Fiorentino [1] et la présence de leur infanterie à Perugia, Nugent était accouru à Florence. Il y avait eu avec les Ministres de Ferdinand III, ignorant encore, comme lui, que la Garde Royale avait pénétré en territoire toscan, une conférence au cours de laquelle on avait décidé que le Grand-Duc ne quitterait sa capitale qu'après avoir reçu la nouvelle de l'invasion. Après un arrêt de peu d'instants, le général pressé de rejoindre ses troupes et de les établir sur leurs positions avait aussitôt après repris le chemin de Pistoia [2].

Giornale 1813-1817. VIII. 3 avril 1815. — *Rimini. Biblioteca Gambalunga.*
ZANOTTI. *Giornale di Rimini* etc. (*Manuscrit.*) 1er au 3 avril 1815.
1. Castiglione Fiorentino, 20 kilomètres Nord du lac Trasimène.
2. *K. u. K. Kriegs-Archiv.* (*Feld-Acten Frimont.*) 1015. F. M. L. comte Nugent au général de cavalerie Frimont. Pistoia, 5 avril 1815. IV. 88.
— *Ibidem. Hof Kriegs Rath. Præsidial-Acten.* 1041. Général de cavalerie Frimont au F. M. prince de Schwarzenberg. Castelluccio 12 avril 1815. IV. 48. — *R. Archivio di Stato. Florence. Affari Esteri. Prot.* 8. N° 1. (*Invasione Napoletana.*) Giudici à Fossombroni. Cortona, 3 avril 1815. — Fossombroni au prince Corsini. Florence, 6 avril 1815. — Résumé des événements de Toscane du 30 mars au 20 avril 1815. — *Record Office. Foreign Office.* Vol. 22. (*Tuscany. Burghersh.*) Lord Burghersh à lord Castlereagh. Pise, 8 avril 1815. (Dépêche N° 34.)

L'entrée des Napolitains en Toscane avait coïncidé avec l'ordre donné le jour même par Macdonald aux cuirassiers de la Garde de continuer de Fondi et d'Itri leur mouvement sur Foligno, où ils devaient être rendus le 12, aux dépôts des Pouilles de diriger sur les bataillons de guerre des renforts s'élevant à 900 hommes et destinés aux 1er, 2e et 5e de ligne et au 3e d'infanterie légère, au maréchal de camp Minutolo de partir immédiatement pour Bologne [1].

Prévenu par une communication confidentielle de Caroline qui avait tenu à l'informer que, les hostilités ayant commencé, elle avait ordre de lui faire délivrer ses passeports, le comte de Mier, qu'on semblait avoir oublié à Naples où il attendait impatiemment les ordres et les instructions de Metternich, avait pris l'initiative de la démarche, demandé par une note ses passe-ports au duc de Carignano [2] et résolu de partir dans le plus bref délai possible.

Il avait immédiatement porté ces faits à la connaissance de Metternich et de Bellegarde auprès duquel il avait l'intention de se rendre. Il avait eu soin d'ajouter en terminant sa dépêche que : « le royaume étant presque entièrement dégarni de troupes et les esprits très agités, quoique la tranquillité n'eût pas été troublée, l'apparition de quelques vaisseaux anglais ayant à bord des troupes de débarquement mettrait tout en ébullition »[3].

1. *R. Archivio di Stato. Naples. Carte di guerra* etc. 1060. Ministre de la guerre. Ordres. Naples, 3 avril 1815.
2. Chargé du portefeuille des Affaires Etrangères.
3. *Haus, Hof und Staats-Archiv. Neapel.* N. F. 1. Comte de Mier au prince de Metternich. Naples, 3 avril 1815. (Dépêche N° 31.) — Comte de Mier au duc de Carignano. Naples, 3 avril 1815. — *R. Archivio di Stato. Milan. Atti Segreti.* 1815. VIII. Comte de Mier au F. M. comte de Bellegarde. Naples, 3 avril 1815.

4 Avril 1815. — Combat du Panaro. — Le fait d'armes décisif du général Filangieri. — Positions de Bianchi le 4 au soir. — Murat et la division Carrascosa à Modène. — Dalrymple quitte le quartier général napolitain. — La lettre de Murat à Bentinck. — Positions des 2ᵉ et 3ᵉ divisions. — Départ du grand-duc de Toscane pour Pise. — La proclamation de Pellegrino Rossi et le décret de Murat créant la Commission de guerre italienne. — La prestation du serment de fidélité imposée en Lombardie et en Vénétie aux anciens officiers de l'armée italienne.

En exécution des ordres qu'il avait reçus, Carrascosa avait, dès 3 heures du matin, commencé son mouvement sur Modène et engagé sur la grande route son infanterie, son régiment de cavalerie et deux batteries en se faisant précéder et flanquer sur sa gauche par le chef de bataillon Pepe. Il avait prescrit à cet officier de se porter avec un bataillon du 3ᵉ de ligne et 50 chevaux du 3ᵉ chevau-légers par Bazzano[1] sur Spilamberto en dérobant le plus possible sa marche, d'y passer le Panaro, de déborder la droite autrichienne et de tourner le pont de San Ambrogio que lui-même attaquerait de front avec son gros.

A l'aube du jour, l'avant-garde napolitaine avait donné à hauteur d'Anzola contre les avant-postes autrichiens qui se replièrent en bon ordre sur le gros de Starhemberg établi à Samoggia. Profitant du terrain coupé pour le défendre pied à pied et donner à Bianchi, auquel il avait signalé la marche de la colonne ennemie sur Bazzano, le temps de compléter ses dernières dispositions, tiraillant tout le temps,

---

1. Bazzano, à environ 8 kilomètres Sud-Ouest de la Voie Emilienne et de Samoggia, à environ 20 kilomètres Ouest de Bologne, et à un peu plus de 5 kilomètres de Spilamberto.

mais évitant de s'engager sérieusement, ce général avait été suivi jusqu'au delà de Castelfranco par les Napolitains qui s'arrêtant à cet endroit l'avaient laissé continuer tout à son aise sa retraite sur le Panaro. Pendant ce temps, Bianchi avait fait occuper les tours et les maisons les plus voisines du pont par quatre compagnies d'infanterie et mis son artillerie en batterie sur la chaussée, à peu de distance de la rive gauche. De son côté, se conformant aux instructions que Murat lui avait données la veille, Carrascosa n'avait poussé en avant sur la voie Emilienne qu'un rideau de troupes chargées de masquer son véritable mouvement. Il avait aussitôt commencé à faire filer sur sa gauche par la route de San Cesario [1] une partie de sa division qui donnant la main au détachement de flanc devait passer le Panaro à Spilamberto, pousser sur Nizzola, menacer la droite et la ligne de retraite des Autrichiens et les obliger à abandonner le pont de San Ambrogio.

Pendant que l'avant-garde napolitaine continuait à s'avancer sur la chaussée, à l'extrême gauche la colonne venant de Bazzano s'était déjà engagée avec les deux compagnies autrichiennes postées à Spilamberto. Elle les pressait même si vivement que, s'il faut en croire le rapport de Carrascosa, Murat arrivé à ce moment à Castelfranco crut, « de-
» voir, en raison de la situation et de la répartition des
» troupes ennemies, modifier son plan. Il m'ordonna en con-
» séquence de prendre un ordre oblique à gauche et de re-
» fuser entièrement ma droite qui avec le centre de ma ligne
» et mes deux batteries devait attaquer le pont de front et
» de renforcer les échelons de gauche qui avaient passé le
» fleuve à gué.

---

1. San Cesario sul Panaro, à environ 4 kilomètres Sud de Castelfranco, et 3 kilomètres Nord de Spilamberto.

« Le Roi, ajoute-t-il, m'ordonna de prescrire à ma gauche
» de gagner du terrain en avançant de façon à couper la
» droite autrichienne qui était à Spilamberto, et à ma droite
» de forcer le pont »[1].

Vers midi en effet, pendant que le général Pepe se portait en avant avec deux bataillons pour rejoindre et soutenir le détachement de flanc, les Napolitains avaient réussi à enlever Spilamberto et à en chasser les deux compagnies de l'extrême droite autrichienne. Ils se disposaient à pousser plus avant vers Nizzola d'où ils auraient menacé la ligne de retraite des troupes de Starhemberg, lorsque l'entrée en ligne du général Steffanini que Bianchi avait dirigé en toute hâte de ce côté avec quatre compagnies et quelques pelotons de cavalerie les obligea, d'abord à s'arrêter au moment où ils débouchaient de Spilamberto, puis à évacuer ce village et peu après à repasser de l'autre côté de la rivière.

Exaspéré par la résistance acharnée qu'opposaient les défenseurs du pont au moins autant que par l'échec éprouvé par sa gauche, Murat ordonne au général Pepe de renouveler l'attaque de Spilamberto et de reprendre ce village pendant que Carrascosa passera lui-même à gué plus en amont avec le 3ᵉ de ligne à hauteur de Nizzola. Mais ces deux tentatives n'ont pas plus de succès que la première. Pepe arrivé jusqu'à la rive gauche ne peut parvenir à y prendre pied et se voit contraint à revenir en arrière et à établir ses tirailleurs derrière une levée de terre d'où leurs feux bien dirigés font beaucoup de mal à leurs adversaires.

L'attaque tentée par le 3ᵉ de ligne n'avait pas été plus heureuse, et de ce côté pas plus qu'à Spilamberto on n'avait pu réussir à se maintenir sur la rive gauche.

---

1. R. *Archivio di Stato. Naples. Carte di guerra.* 1060. Général Carrascosa, commandant la 1ʳᵉ Division au général Millet. Devant Modène, 4 avril 1815. 7 h. soir. (Rapport sur le combat de Panaro.)

Le Roi, ainsi s'exprime le général Filangieri [1], se décide alors à forcer le passage du pont et le général Fontaine, qui se trouvait sur la chaussée avec 14 compagnies du 1er de ligne, reçut à deux reprises l'ordre de se porter en avant. Mais bien que Murat lui eût en même temps fait savoir qu'il soutiendrait son opération, le général ne bougea pas et ne prit même aucune disposition. « Le Roi me chargea de por-
» ter pour la dernière fois cet ordre à Fontaine, nous ap-
» prend encore Filangieri. [1] A mon retour, je lui dis que
» Fontaine n'était pas l'homme qu'il fallait pour cela et le
» priai de m'en charger. Il y consentit et par ordre du Roi
» je pris le commandement de ses troupes ».

Un tambour élevé en avant d'une solide barricade qui fermait le passage entre les deux tours de la rive droite constituait la tête de pont soutenue par les pièces en batterie sur la rive gauche, auxquelles l'artillerie napolitaine avait cependant déjà réussi à imposer presque complètement silence. Après avoir fait préparer son attaque par deux obusiers et fait jeter une cinquantaine de grenades qui rompirent le tambour et rendirent les tours inhabitables, Filangieri réunit, dès qu'il y eut un passage suffisant pour deux chevaux, vingt-quatre cavaliers du 3e chevau-légers qui s'offrirent volontairement à le suivre et prescrivit à Fontaine « qui, dit-il, n'avait pas osé quitter le terrain de l'action » de le soutenir avec le 3e chevau-légers formé en colonne par deux.

« Je m'élançai alors avec mes vingt-quatre hommes. Une
» salve à mitraille de l'artillerie autrichienne faucha les ca-
» valiers de la 4e à la 8e file. Avec le reste, j'arrivai sur la
» rive gauche. L'ennemi y était établi sur deux lignes, à

---

1. *Archivio della Societa di Storia Patria*. *Naples*. GÉNÉRAL FILANGIERI. *Autobiografia*.

» cheval sur la Via Emilia, la première à cent pas en ar-
» rière d'une maison crénelée. J'arrive avec cinq de mes
» hommes sur la droite de cette ligne à laquelle je crie de
» se rendre et je vois avec joie cette troupe déposer les
» armes lorsque j'eus annoncé à son chef que le Roi me
» suivait. Me croyant en effet suivi par Fontaine, je me por-
» tai au galop vers la 2ᵉ ligne. A ce moment, l'officier au-
» trichien voyant qu'il n'y avait aucune troupe sur le pont
» fit reprendre les armes à sa troupe et tirer sur moi. La
» droite de sa ligne en fait autant. Mon cheval est blessé et
» moi-même atteint légèrement de sorte que je ne pus me
» jeter assez vite sur un sous-officier tyrolien qui, abrité
» derrière un arbre m'envoya une balle qui me brisa le
» fémur et me fit tomber de cheval. Les Autrichiens m'en-
» tourèrent et un de leurs officiers me fit ramasser et trans-
» porter vers Modène. Après une heure environ, les Hon-
» grois qui me portaient m'abandonnèrent sur le bord de la
» route et se mirent à fuir. Quelques minutes après, j'en-
» tendis des soldats napolitains, des grenadiers des 3ᵉ et
» 5ᵉ de ligne, envoyés par le Roi pour savoir ce que j'étais
» devenu. Je leur criai « *Je suis ici* ». Ils accoururent et
» firent savoir au Roi ce qui m'était advenu. Le Roi arriva
» suivi du duc de Roccaromana, du fils de ce dernier et de
» quelques officiers de son état-major et fit venir le chirur-
» gien du 3ᵉ de ligne. Après m'avoir nommé lieutenant-gé-
» néral et donné libre cours à sa rage contre la lâcheté de
» Fontaine, il ordonna de me transporter à Bologne » [1].

1. *Archivio della Societa di Storia Patria. Naples.* Général Filangieri. *Autobiografia.* — Cf. *K. u. K. Kriegs-Archiv. (Feld-Acten. Bianchi.) Operations Journal.* 990. XIII. 68. — *Ibidem.* 995. XIII. 51. XIII. 52. 3-6. Journal de correspondance de Bianchi avec Frimont et F. M. L. Bianchi au général de cavalerie Frimont. Rapports sur le combat du Panaro. Carpi, 5 avril matin et Gonzaga 5 avril 1815 : « 50 chevaux passent le pont
» avec Filangieri à leur tête, arrivent jusqu'aux premières maisons de

Cette charge héroïque et folle qui avait coûté si cher à Filangieri, cette charge qui, si elle avait été soutenue par Fontaine, comme elle aurait dû l'être, aurait, à elle seule, suffi pour mettre fin au combat, n'avait cependant pas été inutile. Malgré le retour offensif momentané de l'infanterie autrichienne, malgré quelques charges brillantes des hussards Prince Régent, elle avait ébranlé le moral des défenseurs du pont qui ne résistèrent plus que mollement à une dernière attaque de l'infanterie napolitaine et lui abandonnèrent le pont. Vers cinq heures, Bianchi cédant à la supériorité du nombre donnait l'ordre de se mettre par Bomporto en retraite sur Carpi.

Si le faible effectif de sa cavalerie avait obligé Murat à laisser le général en chef autrichien se retirer sans être poursuivi ni même inquiété, il n'en avait pas été de même pour les quelques troupes de Steffanini qui avaient si longtemps tenu bon à Nizzola et à Spilamberto. Coupé du gros du corps par le mouvement en avant de Carrascosa qu'aussitôt après l'enlèvement du pont et de Fossalta Murat avait poussé droit sur Modène, serré de près et presque entouré, ce général, qui quoique blessé était resté à la tête de sa petite colonne, ne parvint à se faire jour qu'à grand peine et au prix de pertes sensibles. Grâce à son énergie et à la fatigue des troupes napolitaines, il parvint à atteindre pendant la nuit la route menant à Rubiera d'où, après avoir accordé un court repos à ses troupes, il continua sa retraite sur Guastalla.

A sept heures du soir, un parlementaire napolitain se

» Fossalta après avoir malmené mon infanterie ; mais une compagnie
» du 9ᵉ chasseurs maintenue en bon ordre les accueillit par un feu de
» salve qui les arrête et les décime au moment où les hussards Prince
» Régent s'ébranlent pour les charger. Le général Filangieri grièvement blessé est resté sur le terrain jusqu'à ce que l'infanterie napolitaine ait forcé le passage du pont. »

présentait devant Modène précédant de peu les troupes de Carrascosa qui n'avaient plus rien trouvé devant elles et n'avaient ramassé que quelques traînards ou quelques isolés. Le duc de Modène, se rendant à Mantoue, avait quitté quelques heures auparavant sa capitale où il ne restait plus d'autres troupes que la garde civique chargée de maintenir l'ordre dans la ville. Le soir même, Murat reçu par les autorités aux portes de Modène, acclamé par les anciens officiers et soldats de l'armée italienne, faisait son entrée à la tête des régiments de la division Carrascosa qui, traversant les rues illuminées par ordre, allèrent s'établir hors des murs, des deux côtés de la route menant à Reggio [1].

Le combat du Panaro n'avait coûté aux Autrichiens, d'après les chiffres donnés par Bianchi, que 19 hommes et 15 chevaux tués, 3 officiers et 316 hommes blessés et 66 disparus. Les pertes des Napolitains, si on en défalque les prisonniers ou disparus dont le total atteint le chiffre relativement énorme de 6 officiers et 536 hommes (la plupart de ces derniers avaient dû profiter de la circonstance pour déserter), étaient encore moins considérables. Elles ne s'élevaient, d'après les rapports de Carrascosa qu'à 2 officiers et 24 hom-

---

[1]. *K. u. K. Kriegs-Archiv. (Feld-Acten Frimont. 1016.)* Duc de Modène au F. M. L. comte Nugent, 4 avril 1815. IV. 532. — *R. Archivio di Stato. Modène. (Gride e Stampe.)* Livizzani, Podestat de Modène. Modène, 4 avril 1815. Recommande à ses administrés de s'abstenir de prendre part aux opérations militaires et les invite à coopérer avec la garde civique sous les ordres du marquis Jules Fontanelli au maintien de l'ordre et de la tranquillité. — *Archiv des Ministeriums des Innern. Acten der Polizei Hof Stelle.* F. 493-598, Raab au baron Hager. Venise, 5 avril 1815. — *Museo Civico. Modène.* Rovatti. *Cronaca Modenese.* 4 avril 1815. — *Biblioteca Comunale. Reggio.* Sonini. *(Gio Francesco). Cronaca.* — Cf. Galvani. *Memorie Storiche* II. 30 et II. 31. Note écrite par le duc de Modène François IV. (Parti à cheval de Modène dans l'après-midi du 4, dîné à Carpi, en repart à l'approche de l'ennemi, va coucher à Novi, en repart le 5 à l'aube pour se rendre à San Benedetto et de là à Mantoue où il arrive à midi.)

mes tués, 4 officiers et 93 hommes blessés et 46 chevaux [1].

Si l'on comprend que Murat toujours porté à tout exagérer se soit illusionné au moins au premier moment sur les conséquences politiques et militaires du combat du Panaro ; si l'on admet même que, comme le prétend Pepe, en soupant le soir avec lui, Millet et Carrascosa, il ait pu, grisé par le succès, laisser échapper ces paroles qui ne réussirent même pas à convaincre ses invités : « J'ai vu combattre l'infanterie » française, mais jamais avec plus d'élan que la nôtre au- » jourd'hui » ; si même, sans aller jusqu'à ces hyperboles, il avait en réalité tout lieu d'être satisfait de la vigueur et de la bonne tenue de ses troupes, de l'issue d'un combat assurément fort honorable pour son armée, il n'en aurait pas moins dû faire un retour sur lui-même. Il aurait alors pu se rendre compte des fautes qu'il avait commises et regretter amèrement d'avoir une fois de plus cédé à son impétuosité naturelle et cherché à obtenir par une attaque de front et de vive force des résultats qui auraient été à la fois moins chèrement achetés, plus brillants et plus complets, s'il avait eu recours à une manœuvre aussi simple qu'efficace et surtout s'il n'avait pas dans son impatience modifié au dernier moment les ordres rationnels et logiques qu'il avait donnés la veille à ses généraux. Quoi qu'il en soit, l'effet moral produit par cette première affaire était considérable, plus considérable même qu'il ne le pensait.

Le combat du Panaro avait laissé en effet une profonde

---

1. *K. u. K. Kriegs-Archiv. (Feld-Acten Bianchi. 996.) (Operations Journal.* Combat du Panaro, 4 avril 1815. XIII. 68. — *R. Archivio di Stato. Naples. Carte di guerra* 1060. Général Carrascosa. État des pertes de sa division le 4 avril 1815.

Les Autrichiens avaient en outre laissé 300 blessés à Modène et, d'après le rapport du colonel Dalrymple, les Napolitains leur avaient pris deux compagnies de chasseurs. (*K. u. K. Kriegs-Archiv. Feld-Acten. Bianchi.*) 995. Sir John Dalrymple. Note sur le combat de Panaro. XIII. 1.)

impression dans l'esprit de Bianchi. Résumant en quelques mots à son arrivée à Carpi, le 5 avril à une heure du matin, les raisons pour lesquelles il avait cru utile de s'engager, « Pour l'honneur des armes, écrit-il à Frimont, il fallait com- » battre sur le Panaro où le terrain était à notre avantage. » Puis, après lui avoir annoncé que l'ennemi avait perdu beaucoup de monde et 200 prisonniers, que Filangieri était grièvement blessé, mais qu'en fin de compte il avait dû céder au nombre, il jette un coup d'œil sur sa situation, sur les conséquences probables de cette affaire et termine ce premier rapport par cette phrase peu rassurante : « Je me » replie derrière le canal Bentivoglio et *peut-être* devrai-je » continuer le 6 la retraite sur Borgoforte » [1].

Bien qu'il n'ait été ni poursuivi, ni inquiété, un second rapport expédié le lendemain dans la matinée est encore plus alarmant. « Mon gros, mande-t-il à Frimont [2], se con- » centrera demain à la tête de pont de Borgoforte; mais je » continuerai à occuper solidement Guastalla et je laisse- » rai une petite arrière-garde à Gonzaga et quelques postes » d'observation au Cavo Bentivoglio ».

En réalité, sous l'impression encore toute fraîche de l'échec qu'il venait d'essuyer, Bianchi se croyait, on le voit, obligé d'abandonner du coup toute la rive droite du Pô aux Napolitains. Il ne devait toutefois pas tarder à envisager plus tranquillement la situation; mais entre temps son état d'esprit n'avait pas été sans inquiéter Frimont. Aussi fut-ce probablement pour lui rendre un peu de confiance que le commandant en chef de l'armée autrichienne

---

1. *K. u. K. Kriegs-Archiv.* (*Feld-Acten. Frimont.*) 1015. F. M. L. Bianchi au général de cavalerie Frimont, Carpi, 5 avril 1815. F. IV. 66.
2. *K. u. K. Kriegs-Archiv.* (*Feld-Acten. Bianchi.*) 995. (*Journal de correspondance de Bianchi avec le général en chef.*) F. M. L. Bianchi au général de cavalerie Frimont. Gonzaga, 5 avril 1815. XIII. 51.

d'Italie, généralement porté à critiquer, même plus sévèrement que de raison, les actes de ses subordonnés, s'empressa non seulement de lui décerner des éloges dans son *Rapport Officiel* destiné à la publicité, mais de lui adresser dans une lettre particulière de chaudes félicitations « à l'occasion du combat qu'il venait de livrer si brillamment [1] ».

Les ordres du jour que les généraux en chef adressent à leurs soldats ne sont jamais et ne peuvent jamais être l'expression exacte de la vérité. Si celui que Murat fit rédiger le soir même du 4 avril à Modène n'échappe pas à cette règle générale, il est certain cependant qu'il se rapprochait infiniment plus de la vérité que celui que Frimont fit partir le surlendemain de son Quartier-général de Piadena. On comprend à la rigueur que pour encourager et exciter ses soldats il leur ait dénoncé en termes d'une extrême violence « la conduite indigne et tout à fait contraire au droit des gens du Roi de Naples » violant un territoire à main armée et commençant « les hostilités sans déclaration de guerre préalable. »; mais on éprouve plus de difficulté à s'expliquer et la joie avec laquelle il leur fait part « des premiers *succès* de cette guerre qui a commencé » et la pensée qui lui a dicté la phrase, pour le moins singulière, par laquelle se termine sa proclamation. « *L'armée, qui a toujours soutenu l'honneur* » *de ses armes, peut regarder ce succès comme l'avant-coureur de* » *victoires plus décisives et plus importantes* [2] ».

Il semble du reste qu'on redoutait à Vienne autant qu'en

---

1. *K. u. K. Kriegs-Archiv. (Feld-Acten. Bianchi.)* 995. Général de cavalerie Frimont. Rapport officiel N° 1. Piadena, 6 avril 1815. XIII. 25. *Ibidem.* 992. Général de cavalerie Frimont au F. M. L. Bianchi. Piadena, 6 avril 1815. 9 h. 1/2 soir. IV. 14.

2. Cf. ANNEXE XXV. Ordre du jour de Murat à son armée et Rapport de l'armée (autrichienne) d'Italie. Nouvelles officielles publiées par le gouvernement (autrichien) sur les événements d'Italie. — Cf. SCHOELL. *Recueil de Pièces officielles* VII. 58.

Lombardie l'effet qu'aurait pu produire la nouvelle d'un échec éprouvé en Italie et que pour cette raison on y ait tout mis en œuvre pour faire accepter non seulement à l'opinion publique, mais, ce qui était plus difficile et plus important, aux diplomates et aux ministres étrangers, la version adoptée par Frimont dans son *Rapport Officiel* et les assertions intentionnellement erronées de son ordre du jour. Il semble même qu'on réussit à surprendre la bonne foi de certains hommes d'Etat, et non des moindres, puisque lord Clancarty lui-même, auquel Metternich venait de donner lecture du *Rapport Officiel* arrivé du Quartier-général, écrivait de Vienne le 15 avril, à Castlereagh : « Je suis heureux de pouvoir infor- » mer Votre Seigneurie que le commencement de cette guerre » a été favorable aux armes Impériales[1] ». C'était pousser un peu loin l'euphémisme puisque, comme Clancarty l'enregistrait lui-même dans sa dépêche, ce rapport, après avoir annoncé que « l'avant-garde autrichienne avait eu une forte affaire avec Murat dans laquelle celui-ci avait été repoussé », avouait que cette affaire avait eu lieu sur le Panaro et que Bianchi s'était retiré sans autre empêchement jusqu'à Borgoforte. Si Clancarty n'avait réellement pas remarqué les flagrantes contradictions contenues dans sa dépêche, Dalrymple, qui avait assisté au combat du Panaro[2], s'était en

---

1. SCHOELL, *Recueil de Pièces officielles* VII. 24-25. Lord Clancarty à lord Castlereagh. Vienne, 14 avril 1815.
2. Cf. ANNEXE XXVI. *Record Office. War Office.* Vol. 186. (*Army in the Mediterranean. Bentinck.*) Sir John Dalrymple à lord W. Bentinck. Turin, 6 avril 1815.
Cf. pour le COMBAT DU PANARO. K. u. K. *Kriegs-Archiv.* (*Feld-Acten Bianchi*). *Operations Journal.* 996. Combat du Panaro. XIII 68. *Ibidem. Correspondenz Journal.* 995. F. M. L. Bianchi au général de cavalerie Frimont. Rapport sur le combat du 4 avril. XIII. 52/3-6. *Ibidem.* XIII. 51. Le même au même. Gonzaga, 5 avril 1815. — *Ibidem.* (*Feld-Acten. Frimont.* 1015. F. M. L. Bianchi au général de cavalerie Frimont. Carpi, 5 avril 1815. 1 heure du matin. IV. 66. — *Ibidem.* 1016. Général-major comte Starhemberg au F. M. L. comte Nugent. Gonzaga, 6 avril IV. 555. — *Ibidem.*

revanche chargé de remettre les choses au point dans le rapport qu'il adressa à Bentinck.

Le colonel anglais, dont la présence quelque peu prolongée au Quartier-général napolitain avait provoqué des réclamations de la part de Bellegarde et de Frimont [1], emportait de Modène, qu'il quitta dans le courant de la journée du 5, autre chose que des renseignements sur l'état de l'armée napolitaine, autre chose que les éléments qui devaient lui servir à rédiger son rapport sur le combat du Panaro. Avant de partir de Bologne pour se mettre à la tête de ses

(Feld-Acten. Bianchi) 995. Tableau résumé des positions et mouvements. XIII. 10. — Ibidem. Nugent. (Nouveaux documents) 1814-1815. Positions Journalières XIII. — Ibidem. (Feld-Acten. Bianchi.) 995. Note du colonel Dalrymple, 8 avril 1815. XIII. 1. — R. Archivio di Stato. Naples. (Carte di guerra etc.) 1060. Général Carrascosa au général Millet, devant Modène, 4 avril 1815. 7 heures soir. — Archivio della Società di Storia Patria. Naples. Général FILANGIERI. Autobiografia. — Ibidem. LOGEROT. Memorie Storiche e Politiche. — Archives Particulières de M. R. Ambrosini. Bologne. Diario di G. BEVILACQUA. — Ibidem. Diario du marquis de BUOI. — GIUDICINI. Diario Bolognese. — Ferrare. Biblioteca Comunale. SANDRI. Istoria delle Città e Provincia di Ferrara. — Reggio. Biblioteca Comunale. VIANI. (L.). Cronaca. — Milan. Biblioteca Ambrosiana. MANTOVANI. Diario Politico e Ecclesiastico (Manuscrit). T. II. 6 avril 1815.

1. K. u. K. Kriegs-Archiv. (Hof Kriegs Rath) Proesidial Acten. 1041. Général de cavalerie Frimont au F. M. prince de Schwarzenberg. Piadena, 4 avril 1815. IV. 9. Transmettant à Schwarzenberg les renseignements envoyés par Dalrymple le 1er avril à Bentinck et le résumé de son entretien avec Steffanini, il lui disait que : « En raison des » bruits d'entente avec l'Angleterre répandus par Murat, ce serait une » imprudence de laisser Dalrymple à Bologne » et l'informait qu'il avait écrit dans ce sens à Bentinck.

Bellegarde s'exprimait de la même façon dans une dépêche qu'il expédiait le lendemain à Metternich. (Haus, Hof und Staats-Archiv. Bellegarde 123/b. Milan, 5 avril 1815. Dépêche N° 73) (en français.) « La pré- » sence du colonel Dalrymple au Quartier-général de Murat, qui s'y » est laissé arrêter depuis que lord Bentinck l'y a envoyé avec la com- » mission dont j'ai eu l'honneur de vous faire part, accrédite beaucoup » la fausse idée, que le Roi de Naples insinue astucieusement dans sa » proclamation, de l'adhésion de l'Angleterre à ses projets de rendre » l'Italie indépendante, surtout depuis qu'on sait que lord Somerset, » après l'arrivée de Napoléon à Paris, n'a pas quitté ce lieu... »

troupes en marche vers le pont de Sant-Ambrogio, Murat lui avait confié une lettre qui, plus que tout autre, mérite assurément d'être connue. Le langage du Roi de Naples est cette fois autrement ferme et énergique que celui qu'il a cru politique d'employer jusqu'ici dans ses lettres à Bentinck.

Bologne, 4 avril 1815.

« Mylord,

« Je viens de vous annoncer par un *Post-Scriptum* de ma dernière lettre que contre mon attente les Autrichiens avaient commencé les hostilités.

» Si vous vous êtes cru obligé à me demander des explications sur les mouvements de mes troupes, les circonstances actuelles me font vivement désirer à mon tour de connaître le système que vous vous proposez de suivre en cette occurence.

» Je me plais toujours à croire que l'Angleterre protégera cet enthousiasme unanime que font éclater les Italiens pour leur indépendance.

» Le Prince qui se trouvera à la tête de cette nation généreuse ne pourra jamais être que l'ami de la Grande-Bretagne.

» Je prie le colonel Dalrymple qui vous remettra cette lettre de vous engager à vouloir bien me donner une réponse par le retour du courrier qui l'accompagne.

» Recevez, Mylord, la nouvelle assurance de tous mes sentiments d'estime et d'amitié.

» Joachim NAPOLÉON [1]. »

---

1. *Record Office. War Office.* Vol. 186. (*Army in the Mediterranean. Bentinck.*) Murat à lord William Bentinck. Bologne, 4 avril 1815. (*en français.*)

La réponse que Murat demandait ne devait lui parvenir que trop tôt. La note, que Bentinck lui adressa le 5, était plus qu'un *ultimatum*. Elle allait le fixer sur le système que l'Angleterre se proposait de suivre, lui apporter la nouvelle, non seulement de la dénonciation de l'armistice, mais de la reprise immédiate de la guerre entre la Grande-Bretagne et Naples.

Pendant qu'on se battait sur le Panaro, la 2ᵉ division napolitaine était restée immobile à Bologne à se refaire et à se rétablir quelque peu dans son camp, hors de la ville et sur la route menant à Cento. Elle n'en partit que vers le soir lorsqu'après l'arrivée de la 3ᵉ division elle reçut l'ordre de se porter par Cento, où elle entra le 5 au matin, sur Ferrare [1].

Le Grand-Duc de Toscane avait été encore plus prudent que son cousin de Modène. Malgré l'arrivée de la colonne autrichienne à Pistoia et la venue de Nugent la veille à Florence, il avait suffi de la nouvelle de la marche de Livron de Cortona sur Arezzo pour le décider à quitter sa capitale et à aller s'établir à Pise. On n'avait laissé à Florence que 800 hommes de troupes toscanes, en piteux état du reste, sans artillerie, sans munitions, que Ferdinand III semblait vouloir se décider à mettre en fin de compte à la disposition de Nugent, bien qu'en même temps sous le prétexte de remettre à Livron sa réponse à la lettre de Murat il eût en réalité chargé le major Spannocchi d'essayer de négocier avec le général napolitain [2].

---

1. *Archivio della Societa di Storia Patria*. Logerot. *Memorie Storiche e Politiche*.
2. *Haus, Hof und Staats-Archiv.* F. A. N° 6. *Toscana.* Comte de Buol-Schauenstein au prince de Metternich. Florence, 4 avril 1815. (Dépêche N° 62). — Cf. *Ibidem.* Correspondance relative aux troupes toscanes échangée entre Buol et Nugent du 4 au 12 avril. - *K. u. K. Kriegs-Archiv. (Feld-Acten. Frimont.)* 1015. F. M. L. comte Nugent au F. M. comte

A Bologne, Pellegrino Rossi avait fait afficher, quelques heures après sa proclamation aux habitants des trois départements du Reno, du Rubicon et du Bas-Pô [1], l'avis officiel de la victoire du Panaro et l'appel aux armes qu'il adressa aux Italiens. Le baron Agucchi, le nouveau préfet du Reno, avait, lui aussi, essayé de stimuler l'ardeur de ses administrés, pendant que les anciens officiers italiens habitant cette ville rédigeaient de leur côté un appel enflammé et exhortaient les vétérans et les anciens soldats dispersés dans le reste de l'Italie à se joindre à eux. Profitant de l'enthousiasme aussi vif que réel, causé par la nouvelle du premier succès des armes napolitaines, on avait le jour même publié un décret pratique et sage, susceptible de donner des bons résultats et ayant pour objet de réglementer le mouvement populaire. On avait à cet effet créé, sous la présidence du général Arcovito, commandant supérieur des trois départements, une *Commission de guerre italienne* chargée d'organiser militairement le soulèvement national, de réunir, d'équiper et d'armer les unités nouvelles que l'on comptait former à l'aide des anciens officiers et soldats de l'armée d'Italie et des volontaires [2].

---

de Bellegarde. Pistoia, 4 avril 1815. IV. 55. et VI. 110. b — *Ibidem*. Nugent. (*Nouveaux documents*) 1815. IV. — *R. Archivio di Stato. Florence.* (*Affari Esteri*). Prot. 8 N° 1. (*Invasione Napoletana*). Spadini à Fossombroni. Cortona, 4 avril 1815. — *Bologne. Biblioteca Comunale.* Cf. *Gazzetta del Reno* N° 42. 8 avril 1815.

1. *R. Archivio di Stato. Bologne.* (*Stampe Governative*). Proclamation de Pellegrino Rossi « ... Le Roi veut donner aux Italiens une patrie » et l'Indépendance! Vous ne voudrez pas que l'Europe entière, dise » que nous sommes indignes d'être libres! Vive l'Italie! Vive l'Indé- » pendance Italienne! Vive le roi Joachim l'Italico! » — Cf. *K. u. K. Kriegs-Archiv.* (*Feld-Acten. Bianchi*) 995. XIII. 35.

2. *R. Archivio di Stato. Bologne.* (*Stampe Governative*). Décret de Murat créant une Commission de guerre Italienne. Bologne, 4 avril 1815. — *Ibidem. Atti di Polizia.* (*Stampe durante l'occupazione Napolitana*). N° 1891. Proclamation de Farini. Vice-Préfet de Rimini, 4 avril, appelant les

C'étaient là des mesures rationnelles et pratiques, mais dont l'effet dépendait malheureusement de l'écho que trouveraient dans les cœurs des anciens officiers et soldats, dans les âmes des patriotes les appels qu'on leur adressait. On redoutait si fort cependant les conséquences de ces appels et de ces proclamations qu'on avait cru utile de prendre en Lombardie certaines précautions destinées à priver Murat des concours qu'il se flattait d'obtenir. Le 1er avril, Frimont avait, comme nous l'avons dit, convoqué à Milan, au palais du Sénat, les officiers italiens, mais sans leur faire connaître l'objet de cette convocation. Bien qu'ils ne fussent pas pourvus d'emplois, on avait, en se fondant sur les termes d'un décret du 23 mars, décidé de les considérer comme en activité de service, de les assimiler par suite aux officiers autrichiens, de s'assurer leur fidélité en faisant dans cette réunion prêter le serment de fidélité à l'Empereur d'Autriche aux généraux Bonfanti, Peyri, Severoli, Dembowsky, Balabio et Galimberti ainsi qu'à un certain nombre d'officiers supérieurs et subalternes. Le même jour, un ordre de Bellegarde complétait cette mesure en faisant connaître aux officiers italiens en non-activité que ceux d'entre eux qui résidaient en Lombardie devraient avant le 15 avril, ceux habitant la Vénétie, avant le 30, avoir prêté ce même serment devant les commandants de place et qu'à l'expiration de ce délai ils seraient considérés comme démissionnaires, rayés des états, déchus du droit de porter l'uniforme et privés de toute solde.

volontaires aux armes. « Le colonel Antimi, commandant la Garde Nationale et la place de Rimini recevra les inscriptions... »

5 Avril 1815. — **Positions et mouvements du corps Bianchi. — Inaction et hésitations de Murat à Modène. — Mouvements de Lechi sur Cento, d'Ambrosio sur Ferrare. — Situation des Autrichiens à Ferrare et à Occhiobello. — Ordres donnés à Livron et à Pignatelli et mouvements de leurs troupes. — Nugent à Florence. — Les proclamations et l'indifférence des populations. — Bellegarde, lieutenant du Vice-Roi, et les instructions de Schwarzenberg à Frimont. — Envoi de la lettre de rappel de Mier et remise des passeports aux Ministres de Naples à Vienne. — La dépêche de Metternich à Bellegarde et la note de lord William Bentinck à Gallo. — La lettre de Wellington à Castlereagh (Bruxelles 5 avril, 8 heures du matin).**

Après avoir passé la nuit et pris un peu de repos à hauteur de Carpi, le gros des troupes autrichiennes, couvert par Starhemberg chargé de faire l'arrière-garde, avait continué le 5 de bon matin sa retraite sur Gonzaga où Bianchi avait établi son Quartier-général, pendant que Steffanini passant par Rubiera et Novellara réussissait à ramener ses troupes à Guastalla. En arrière, et sur la rive gauche du Pô, Senitzer, qu'on avait fait sortir de Mantoue avec trois bataillons, avait pris position dès le 4 au soir à Borgoforte avec l'ordre d'occuper et de défendre la tête de pont, de recueillir et de soutenir les troupes de la rive droite.

Les Napolitains n'avaient même pas essayé d'inquiéter la retraite des Autrichiens. Les patrouilles, que Starhemberg avait poussées en avant de sa ligne, ne les avaient même pas aperçus, lorsque ce général se décida vers midi à se diriger avec son bataillon de chasseurs sur Ponte della Pietra et détacha sur sa droite, sur Reggiolo, une compagnie d'infanterie et un peloton de hussards chargés d'établir sa communication avec Guastalla et de tendre en avant du Cavo Bentivoglio, derrière lequel il se repliait, une ligne d'avant-postes allant de Moglia par Bondanello jusque vers le Pô, à hauteur de Santa Lucia [1].

Agréablement surpris par l'immobilité des Napolitains, Bianchi, qui avait approuvé dans leur ensemble les mesures prises par Starhemberg, l'avait seulement invité à lui faire savoir si les piquets de cavalerie envoyés sur Reggio y étaient encore et si Carrascosa avait poussé de Modène sur Reggio, et prévenu qu'il l'attendrait le lendemain à Guastalla. Il l'informait en même temps du mouvement général de retraite sur Borgoforte qu'il avait résolu d'exécuter le 6 et lui faisait connaître que son arrière-garde renforcée par un escadron resterait sur la ligne Gonzaga-Guastalla, mais qu'il avait donné directement au reste de ses troupes (Hussards Prince Régent et régiment Hesse-Homburg) l'ordre de se mettre en marche sur Borgoforte à 5 heures du matin [2].

Un peu plus en amont sur la rive gauche du Pô, le général Gober se portait à ce moment de Crémone vers Casalmaggiore et Viadana, où il relevait le détachement (un bataillon de chasseurs, quatre escadrons et une batterie à cheval) avec lequel le colonel Zichy se dirigea immédiatement sur Occhiobello.

1. K. u. K. Kriegs-Archiv. (Feld-Acten. Frimont.) 1015. F. M. L. Bianchi au général de cavalerie Frimont. Gonzaga, 5 avril 1815. 1 heure matin. IV. 84. — K. u. K. Kriegs-Archiv. (Feld-Acten. Bianchi) 995. Général-major Starhemberg au F. M. L. Bianchi. Novi (di Modena) 5 avril 1815. Midi. IV. 12. — Ibidem. Bianchi. Operations Journal. 996. 5 avril. XIII. 68.
2. K. u. K. Kriegs-Archiv. (Feld-Acten. Bianchi). Journal de correspondance du 5 au 8 avril 1815. 995. — Ordre de mouvement et F. M. L. Bianchi au général-major comte Starhemberg. XIII. 51. 3 et 4. — Ibidem. XIII. 10. Tableau résumé des mouvements du corps Bianchi. 5 avril 1815. — Ibidem. Nugent. (Nouveaux documents) Positions Journalières. XIII.

Sur la rive droite, en arrière de Reggio et de Parme, il n'y avait plus qu'un bataillon d'infanterie à San Donnino [1] et la petite garnison de Plaisance (deux bataillons, six compagnies et une batterie) sous les ordres du général Suden.

Murat n'ignorait rien de cette situation momentanément si favorable pour lui. Plus impatient encore qu'il ne l'était déjà lors de son arrivée à Bologne, il n'avait qu'une idée, qu'un désir : pousser en avant, poursuivre ses avantages et profiter de son succès. Comme l'écrira quelques jours plus tard le lieutenant-général lord Stewart à Castlereagh[2], « l'ar-
» mée autrichienne avait été surprise au moment où elle
» était en mauvais état et en mauvaise posture. Le général
» en chef et son chef d'Etat-major étaient absents. De plus,
» la plupart des batteries n'avaient que peu ou pas d'offi-
» ciers ». Le général anglais trouvait néanmoins que les Autrichiens avaient été trop pressés de reculer et qu'en tout état de cause ils n'auraient pas eu besoin de se reporter si loin en arrière.

Mais en même temps qu'il reconnaissait plus que jamais la nécessité d'agir vigoureusement et sans perdre une minute, Murat avait dû constater une fois de plus que les moyens matériels lui faisaient défaut. Le manque presque total de cavalerie qui l'avait empêché de suivre et d'inquiéter la retraite de son adversaire lui permettait à peine de s'éclairer et de pousser quelques faibles et timides reconnaissances du côté de Reggio. Les troupes de Carrascosa

---

1. *Record Office. War Office.* Vol. 186. (*Army in the Mediterranean. Bentinck.*) Sir John Dalrymple à lord Bentinck. Turin, 6 avril 1815.

2. *Record Office. Foreign Office.* Vol. 117. (*Austria. Stewart.*) Lieutenant-général lord Stewart à lord Castlereagh. Vienne, 14 avril 1815. (Dépêche N° 31.)

Cf. *K. u. K. Kriegs-Archiv.* (*Feld-Acten. Frimont.*) 1015. Général de cavalerie Frimont au F. M. prince de Schwarzenberg. Piadena, 5 avril 1815. IV. 75. En lui faisant l'exposé des difficultés de sa situation, Frimont se plaignait en outre de manquer d'officiers généraux.

qui avaient combattu la veille à San Ambrogio et à Spilamberto se ressentaient trop des épreuves de cette journée et d'une marche dans laquelle certaines unités avaient eu à parcourir plus de quarante kilomètres, pour que l'on pût songer à leur demander sur l'heure même un nouvel effort. Il lui fallut donc se résigner à les laisser à Modène, se borner à envoyer des reconnaissances sur Reggio d'une part, sur Carpi de l'autre, à fouiller le mieux possible le terrain entre le Panaro et la Secchia, à ravitailler la 1re division en munitions [1].

Ces difficultés matérielles n'étaient pas les seules que Murat eut à surmonter à ce moment. Il s'agissait pour lui, au lendemain du combat du Panaro, de prendre une résolution décisive et capitale. Il avait mis ses divisions en route sans avoir une idée nette de ce qu'il allait entreprendre et il était, on le sait, entré en campagne sans avoir arrêté même les grandes lignes d'un plan d'opération. L'heure était venue de se décider sans retard, de prendre un parti définitif.

Il suffit d'un coup d'œil jeté sur la situation de Murat le 5 avril, sur les positions occupées à ce moment par son armée, pour se rendre un compte exact de la gravité, de la difficulté du problème qu'il avait à résoudre, de ce problème singulièrement compliqué par l'éparpillement de ses forces : la 1re division à Modène, la 2e à Cento, la 3e à Bologne, la Garde, encore à deux grandes journées de marche de Florence.

Il semble cependant, pour peu qu'on considère les conditions politiques et militaires au moment de l'ouverture de

---

[1]. R. *Archivio di Stato. Naples.* (*Carte di guerra.* etc.) 1060. Général Pedrinelli au général Millet. Bologne, 5 avril 1815. Lui rend compte qu'à la première nouvelle du combat du 4 il a dirigé sur Modène la réserve de munitions de la 1re Division qui doit avoir 240.000 cartouches et lui mande qu'il attend le 6 ou le 7 au plus tard un convoi de munitions venant de Rimini.

la campagne que, se contentant de faire de simples démonstrations sur le Bas-Pô afin de donner le change à son adversaire et de détourner son attention de son véritable objectif, Murat aurait dû se porter pendant ce temps avec son gros vers le Haut-Pô, percer sur Milan et tendre de là la main à une insurrection du Piémont. Il est hors de doute, évident même, qu'il avait conçu cette idée, qu'il avait songé à sa réalisation puisqu'il comptait sur le soulèvement des Italiens, sur les troubles que sa marche provoquerait dans les pays au-delà du Pô et de l'autre côté de l'Apennin, sur une faible résistance des Autrichiens, enfin sur l'appui de la France. Mais un pareil plan n'avait de chances de succès qu'à condition d'être exécuté sans la moindre perte de temps. L'armée napolitaine était au début de la campagne assez forte pour se maintenir peut-être pendant un certain temps dans la Haute Italie, mais non pour y manœuvrer et faire face de tous les côtés, dès que l'Autriche y aurait réuni son armée rejointe par des renforts. Pour exécuter ce programme, Murat devait donc, sans se laisser distraire par quoi que ce soit, se porter sur Plaisance, presser la marche des divisions de sa garde à travers la Toscane, se faire suivre et rejoindre au plus vite par toutes les troupes disponibles à l'intérieur de son royaume, les pousser sur Bologne tant afin d'empêcher les Autrichiens de menacer ses derrières en rentrant dans les Légations qu'afin d'immobiliser à l'aide de ce corps et de cette diversion une partie de leurs forces sur le Bas-Pô. Grâce à ce mouvement, grâce à cette marche rapide à travers les Duchés, les mécontents du Piémont, du Milanais, du Bolognais, encouragés par ses progrès, le voyant près et au milieu d'eux, se sentant soutenus, pouvaient encore se décider à prendre les armes et à accourir sous ses drapeaux.

Les Autrichiens, qui n'avaient pris que tardivement la

résolution de renforcer sérieusement leur armée d'Italie, n'auraient guère été en mesure de s'y opposer. Avant de pouvoir porter le gros de leurs forces contre lui, ils auraient vraisemblablement été obligés de faire de forts rassemblements sur le Mincio et à Rovigo afin d'être à portée d'étouffer les soulèvements dont ils redoutaient l'explosion, surtout en Vénétie [1]. Murat devait donc, immédiatement après le combat du Panaro, agir vivement, par surprise, et tenter un grand coup qui aurait donné confiance au pays.

Découragé probablement par les résultats insignifiants de ses proclamations et de ses appels, regrettant trop tard l'erreur irréparable qu'il avait commise en faisant marcher son armée sur deux colonnes, il n'osa pas prendre ce parti hardi, hasardeux assurément, mais qui seul lui offrait encore quelques faibles chances de salut. Il hésita. Dalrymple avait prévu la résolution fatale qu'il allait prendre, lorsqu'à peine arrivé à Turin il écrivait à Bentinck [2] : « Je crois » que Murat a l'intention d'assurer ses derrières en détrui- » sant les têtes de pont de Pontelagascuro et de Comacchio

---

1. Il n'y avait à ce moment de Venise à Brondolo et à Chioggia que 5 bataillons, et le 31 mars le feld-zeugmeister Chasteller, qui avait pris le commandement de la place, croyait tellement imminente l'explosion d'une révolution qu'il avait écrit à Frimont pour lui demander l'envoi d'urgence de 3.000 hommes de renfort, que l'on aurait été d'ailleurs dans l'impossibilité de lui donner. Après le départ de Senitzer pour Borgoforte, il ne restait en effet à Mantoue que 3 bataillons et 2 escadrons, et Legnago était confié à la garde d'un bataillon. Enfin les troupes que Frimont concentrait plus en-arrière, en 2ᵉ ligne entre Marcaria, Bozzolo et Piadena ne se composaient à ce moment que de 11 bataillons, 24 escadrons et 3 batteries.

Les craintes de Chasteller étaient entretenues par la présence, dans les eaux et en vue même de Venise, « de deux frégates, d'un brick et de plusieurs canonnières de la marine Napolitaine. » Cf. *Record Office. Foreign Office.* Vol. 117. (*Austria. Stewart.*) Cooper, Consul d'Angleterre au Lieutenant-Général lord Stewart. Venise, 5 avril 1815.

2. *Record Office. War Office.* Vol. 186. (*Army in the Mediterranean. Bentinck*) Sir John Dalrymple à lord William Bentinck. Turin, 6 avril 1815.

» et en plaçant ses 4e et 5e divisions, qui sont encore en
» marche[1], en position contre ces têtes de pont. Puis, quand
» il aura été rejoint par sa garde et sa cavalerie venant de
» Pistoia, il poussera sa gauche sur Plaisance afin de s'ou-
» vrir une communication sur Milan, pendant que son cen-
» tre se tiendrait en face des Quartiers-généraux des Autri-
» chiens, entre Borgoforte et Guastalla.

» De toute façon Murat ne pourra jamais avoir le 12 avril,
» plus de 45.000 hommes entre le Pô et l'Apennin ».

S'il est permis de regretter, de critiquer même l'irrésolution et l'inaction de Murat pendant la journée du 5 avril, pendant laquelle la pointe d'avant-garde de la 1re division prit seule le chemin de Reggio et quelques fractions de la brigade Pepe poussèrent timidement et lentement vers Carpi[2], il convient toutefois de tenir quelque compte de considérations qui, quoique absolument secondaires, ne pouvaient manquer d'exercer une certaine influence sur un esprit aussi facilement impressionable que celui du Roi de Naples.

La division du général Lechi était arrivée dans un assez triste état à Bologne, traînant à sa suite un long convoi de voitures chargées de ses traînards et de ses éclopés, sans son ambulance qui ne l'avait pas rejointe et à l'absence de laquelle on essaya de suppléer en réquisitionnant à Bologne

---

1. L'erreur commise par le colonel anglais au sujet de la marche de ces deux divisions est facile à expliquer. Elle résulte évidemment des renseignements intentionnellement exagérés qu'on lui avait donnés à ce propos au Quartier-général Napolitain avant son départ de Bologne.

2. R. *Archivio di Stato. Modène.* (*Gride e Stampe*). Modène, 5 avril 1815. Pendant le cours de cette journée, Carrascosa avait demandé au Podestat de lui fournir les états des logements militaires en prévision du passage ultérieur des troupes et fit sommer les habitants de remettre au commandant de place Napolitain les effets militaires abandonnés par les Autrichiens.

des brancards, des instruments de chirurgie et jusqu'à de la charpie [1]. La plus grande partie de cette 3e division avait, il est vrai, quitté Bologne et était allée occuper les positions de S. Giovanni in Persiceto et de Cento, où elle fit du reste séjour le lendemain. Le général d'Ambrosio avait pu de la sorte en partir avec ses troupes et continuer son mouvement sur Ferrare [2], où le général Lauer, prévoyant qu'il n'allait pas tarder à devoir s'enfermer dans la citadelle, essayait vainement de se faire fournir par le podestat les approvisionnements dont il avait le plus grand besoin et qu'il n'avait ni le temps ni les moyens de tirer d'Occhiobello [3].

Le général Frimont, qui avait inspecté la veille Ferrare et Occhiobello, avait trouvé la citadelle et la tête de pont en assez bon état. Il avait toutefois reconnu qu'Eckhardt avait trop peu de monde avec lui à Occhiobello et donné immédiatement à deux bataillons l'ordre de partir de Padoue et de Trévise et de venir le rejoindre à marches forcées. Si les Napolitains avaient pu attaquer à ce moment la tête de pont, ils l'auraient enlevée d'autant plus facilement que non seulement elle était faiblement occupée, mais que jusqu'à l'arrivée, le 5 au matin, d'une batterie de six livres venant de Pavie, elle ne possédait en fait d'artillerie qu'un obusier et deux pièces de six livres [4].

1. *R. Archivio di Stato. Bologne. Governo Provisorio. (Dipartimento del Reno. Militare. Requisizioni.)* Tit. 17. Rub. 15. 7828-8037. N° 169. Vauchelles, ordonnateur en chef de l'armée, au préfet du Reno. Bologne, 5 avril 1815.
2. *Archivio della Societa di Storia Patria. Naples.* LOGEROT. *Memorie Storiche e Politiche*, 5 avril 1815.
3. *Ferrara. Archivio della Prefettura* Rub. 19. (*Militare. Provvidenze generali)* Général-major Lauer au délégué du gouvernement. Ferrare, 5 avril 1815. N° 6021.
4. *K. u. K. Kriegs Archiv. (Feld-Acten. Bianchi.)* 1015. Général de cavalerie Frimont au F. M. prince de Schwarzenberg. Piadena, 5 avril 1815. IV. 75. Général-major Eckhardt au général de cavalerie Frimont et au F. M. L. Bianchi. Occhiobello, 4 avril 1815. 11 h. 1/2. matin et 5 avril

Les nouvelles de Toscane n'étaient guère de nature à satisfaire et à rassurer Murat. Les populations, loin de bien accueillir les Napolitains, restaient calmes et tranquilles, fidèles à leur souverain [1], toutes prêtes même, si on les maltraitait, à prendre une attitude hostile. La présence des troupes autrichiennes ne pouvait qu'encourager ces dispositions. D'autre part, comme Mosbourg l'écrivait à la Reine quelques jours plus tard [2], Murat ne pouvait s'expliquer comment sa Garde, qu'il avait compté voir arriver à Flo-

---

1815 1 h. matin. IV. 84. a et b. — *Ibidem.* (*Feld-Acten. Bianchi.*) 992. Général-major Eckhardt au F. M. L. Bianchi. Occhiobello, 5 avril 1815. 10 h. du matin. IV. 11. — *Ferrare. Biblioteca Comunale.* — Conti. *Annali Storici di Ferrara.* T. II. § 1331.

1. Le Grand-Duc en quittant Florence avait protesté dans une proclamation adressée à ses sujets contre l'invasion de ses Etats par les Napolitains. Cf. Zobi, *Storia Civile della Toscana* IV. 70 et *Raccolta delle Leggi* donnant le texte du *Motu proprio* daté du 4 avril.

2. *R. Archivio di Stato. Naples.* (*Carte di guerra* etc, etc.) 1060. Comte de Mosbourg à la Reine. Bologne, sans date. (doit être du 7 avril) ainsi qu'il résulte du passage suivant relatif au prince Jérôme qui n'avait pas assisté au combat du Panaro).

« Le Roi de Westphalie parti avant-hier pour Florence y arriva hier » à 11 heures croyant y trouver les troupes du Roi ; mais il y trouva » les Autrichiens au nombre de 15 à 1600 hommes et il y apprit que » des courriers et des officiers de S. M. avaient été arrêtés. Bientôt il » fut témoin lui-même de l'arrestation du général Campana. Heureuse- » ment il voyageait comme négociant, ne fut nullement obligé de chan- » ger de tête et se hâta de repartir. Il est arrivé ce matin à Bologne » et va partir ce soir pour Naples par les Marches et les Abruzzes. » — Cf. *K. u. K. Kriegs-Archiv.* (*Feld-Acten. Frimont*) 1015. Général comte Nugent au général de cavalerie Frimont. Florence, 6 avril 1815. IV. 120. « ... J'ai vu *hier* le général Campana qui croit la perte de Murat inévi- » table. Il m'a dit que le tiers de l'armée Napolitaine désertera dès que » l'Angleterre se sera déclarée contre son roi. » — *R. Archivio di Stato. Florence.* (*Affari Esteri*) Prot. 8. N° 1. (*Invasione Napoletana*) Résumé des événements en Toscane du 30 mars au 20 avril 1815. — « Le général » Campana envoyé par Livron arriva à Florence le 5 et se rendit au » Secrétariat d'Etat pour s'entendre sur les fournitures à faire aux » troupes napolitaines. On lui répondit qu'il y avait un commandant » de place autrichien, et le 6 avril au matin Nugent fit arrêter Campana » et les autres officiers napolitains qu'il remit presqu'aussitôt en li- » berté sur parole. »

ORDRES DONNÉS A LA GARDE. — NUGENT A FLORENCE 331

rence le 3 au plus tard, n'y était pas encore entrée. Dès le 4 avril, sachant que Nugent s'était établi à Pistoia, il avait fait expédier par Millet l'ordre à Livron et à Pignatelli de reconnaître ce corps d'observation, de l'attaquer sur le champ s'il existait, de le forcer à évacuer la Toscane et le pays de Lucques en le poussant soit sur Modène, soit par Pontremoli sur Parme. Il leur recommandait en même temps de n'entrer en aucun cas sur le territoire de Gênes et d'éviter toute hostilité contre les Anglais [1].

Tandis que Livron et Pignatelli s'arrêtaient le 5 au soir, l'un à Montevarchi [2], l'autre à Castiglione Fiorentino [2], le premier de ces généraux avait cru qu'il lui suffirait de se faire précéder à Florence par le général Campana, chargé par lui de s'entendre et de négocier avec Fossombroni [2], pour achever de déconcerter le gouvernement grand-ducal et l'amener à se conformer aux désirs et aux exigences de Murat. Il était loin de supposer que, bien qu'il eût reconnu l'impossibilité de tirer des renforts de Lucques à cause des sentiments manifestement hostiles de la population, bien que n'ayant, à vrai dire, ni cavalerie, ni artillerie, il se crût à peine en état de résister à une attaque des Napolitains [3] Nugent, après avoir laissé le gros de ses troupes à Pistoia et à Prato, aurait eu l'audace de faire venir

1. Général Millet aux généraux Livron et Pignatelli. Bologne, 4 avril 1815.
2. Montevarchi, environ 45 km. Sud-Est de Florence. Castiglione Fiorentino, environ 42 km. Sud de Montevarchi. — *K. u. K. Kriegs-Archiv.* (*Feld-Acten. Bianchi.*) 996. Opérations en Toscane du 5 au 13 avril 1815. XIII. 68. — *Ibidem. Nugent.* (*Nouveaux documents*) F. M. L. comte Nugent au F. M. comte de Bellegarde. Pistoia, 5 avril 1815. IV. — *R. Archivio di Stato. Florence.* (*Affari Esteri*). *Prot.* 8. N° 1. Résumé des événements en Toscane du 30 mars au 20 avril. — *Ibidem. Archivio Segreto.* (*Movimenti, Passagio e Partenza delle Truppe Napoletane*). Filza 11. 172. Arezzo, 5 et 6 avril 1815.
3. *K. u. K. Kriegs-Archiv. Nugent.* (*Nouveaux Papiers*). Général comte Nugent au F. M. comte de Bellegarde. Pistoia, 5 avril 1815. IV.

son avant-garde à Florence. La présence momentanée de ce détachement dans cette capitale, qu'en raison de la faiblesse numérique de sa petite colonne il se savait dans l'impossibilité de défendre contre une attaque quelque peu sérieuse, n'avait en réalité d'autre but que de mettre un terme aux hésitations du gouvernement toscan et d'obtenir des Ministres de Ferdinand III une réponse qu'ils ne semblaient nullement pressés de lui donner. Pendant que Frimont informait de Piadena Fossombroni de sa prise de commandement, l'invitait à lui communiquer tout ce qui avait trait aux affaires militaires et le mettait au courant des ordres donnés à Nugent, celui-ci ne s'était pas borné à faire connaître au président du Conseil que, ne pouvant tolérer la présence des Napolitains dans le Grand-Duché, il prenait ses mesures pour s'y opposer par la force; il lui avait en même temps remis une note dans laquelle il exigeait la mise à sa disposition immédiate des troupes toscanes [1].

---

5. *K. u. K. Kriegs-Archiv.* (*Feld-Acten. Frimont.*) 1015. Général comte Nugent au général de cavalerie Frimont. Pistoia, 5 avril. IV. 88. — *Ibidem. Bianchi. Operations Journal.* 996. XIII. 68. — *Ibidem.* (*Hof Kriegs-Rath. Præsidial Acten.*) 1014. Général de cavalerie Frimont au F. M. prince de Schwarzenberg. Mantoue, 14 avril 1815. IV. 51. Envoi des rapports de Nugent sur les dispositions du gouvernement toscan qui n'a pas procédé aux armements demandés par Bellegarde. Le Grand-Duc a fait à Nugent des difficultés pour placer ses troupes sous son commandement et le départ de ce prince a seul permis à Nugent d'agir sur le gouvernement et sur l'esprit des troupes toscanes. — *Record Office. Foreign Office.* Vol. 22. (*Tuscany. Burghersh.*) Lord Burghersh à lord Castlereagh. Pise, 8 avril 1815. (Dépêche N° 34.) — *Ibidem.* Général comte Nugent au gouvernement toscan. Pistoia, 5 avril 1815. — *R. Archivio di Stato. Florence.* (*Affari Esteri*). Filza 2393. D[to] 17. Note de Nugent au gouvernement toscan insistant sur la mise à sa disposition des troupes toscanes. Pistoia, 5 avril 1815. — *Ibidem.* Filza 2928 D[to] 144. (*Carteggio relativo all' Invasione Napolitana*). Général de cavalerie Frimont à Fossombroni. Piadena, 5 avril 1815. — *Ibidem. Prot.* 8. N° 1. Fossombroni. Rapport au Grand-Duc. Florence, 6 avril 1815. — Viviani, secrétaire du gouvernement, à Fossombroni. Pise, 5 avril. (Mise à la

Si Murat avait été acclamé partout où il avait passé, partout où il s'était montré, cet enthousiasme momentané s'était éteint aussitôt après son départ pour faire place à une déplorable insouciance. Les enrôlements en masse qu'on lui avait promis étaient aussi rares que les adhésions à son entreprise. Le succès même qu'il venait de remporter ne semblait pas avoir fait sur l'opinion publique l'impression nécessaire pour galvaniser les masses et pour secouer l'indifférence qu'elles avaient témoignée jusqu'à ce jour.

A Modène, on n'avait cependant pas manqué de battre le fer pendant qu'il était chaud. On y avait le soir même de l'entrée des troupes fait afficher les deux proclamations de Rimini, celle adressée par Carrascosa aux anciens soldats de l'armée d'Italie, l'*Inno dell'Independenza* dont Rossini avait composé la musique et le chant de guerre d'Ermenegildo Frediani que dès le lendemain les patriotes modènais firent retentir dans les rues.

A Bologne, Pellegrino Rossi, après avoir invité le préfet du Reno à fournir des moyens de transport aux officiers chargés de parcourir le département afin d'y provoquer les enrôlements volontaires, avait invité le clergé des trois départements, non seulement à prier pour le triomphe de l'indépendance italienne, mais à prêter son concours à la sainte cause de la liberté nationale.

A Ravenne, aussitôt après l'arrivée des troupes napolitaines et l'entrée en fonction du nouveau gouvernement, Berardi chargé par le général Millet de recueillir et de provoquer les enrôlements avait expédié aux podestats et ordonné

---

dispositions de Nugent de 2 officiers et 10 hommes avec 4 canons venant d'Orbetello). — *Ibidem*. (*Archivio Segreto*.) Filza 11. N° 72. Cercignani au Président du *Buon Governo*. Pistoia, 5 avril 1815. — *Ibidem*. (*Invasione Napolitana*). Résumé des événements en Toscane du 30 mars au 20 avril 1815.

de répandre et d'afficher partout une proclamation qui commençait par ces mots : « La cause de l'Indépendance italienne est tellement sacrée qu'elle doit provoquer un enthousiasme universel ». Raspони, le préfet du nouveau département de la Pineta, Della Torre, le podestat de Ravenne, n'avaient pas été moins ardents que lui. Et cependant, même à Rimini, où depuis près de huit jours on n'avait cessé de travailler les esprits, il ne s'était présenté en tout qu'une trentaine de jeunes gens que ces appels multipliés avaient décidé à se faire inscrire sur les listes d'enrôlement, à se présenter de leur plein gré et volontairement [1].

Assez insignifiante sous le rapport des opérations militaires, la journée du 5 avril est en revanche l'une de celles qui au point de vue politique a été marquée par des événements de la plus haute importance.

A Vienne, à Milan et à Gênes on avait pris ce jour-là une série de dispositions des plus graves.

Schwarzenberg ne s'était pas contenté de communiquer confidentiellement à Frimont la dépêche par laquelle Metternich informait, à la date du 2 avril, Bellegarde que : « Sa
» Majesté ayant résolu d'élever au rang de royaume les
» provinces italiennes réunies à la Monarchie autrichienne
» et de s'y faire représenter par un vice-roi », l'Empereur l'avait désigné comme lieutenant du vice-roi et chargé d'en

---

[1]. R. *Archivio di Stato*. Modène. (*Gride e Stampa*) 5 avril 1815. — *Ibidem. Museo Civico.* ROVATTI. Cronaca Modenese. — R. *Archivio di Stato. Bologne.* (*Atti di Polizia*). — *Ibidem.* (*Governo Provisorio. Dipartimento del Reno.*) Filza 17. Rub. 17. Sez. I. (*Trasporti Militari* etc.) 7898. N° 73. Pellegrino Rossi au Préfet du Reno. Bologne, 5 avril — *Ibidem. Biblioteca Comunale. Memorie Storiche della Citta di Bologna* etc. (*Manuscrit*) 5 avril 1815. — R. *Archivio di Stato. Naples.* (*Carte di guerra* etc.) 1060. — Rome. *Biblioteca Vittorio Emanuel.* (*Manuscrit*). Busta 5. 83 et 84. Berardi aux podestats. Ravenne, 5 avril 1815. — Ravenne. *Biblioteca Comunale.* (*Stampe governative*). — *Ibidem.* RAISI. *Giornale* 1813-1817. VIII — Rimini. *Biblioteca Gambalunga.* — ZANOTTI. *Giornale di Rimini* etc. (*Manuscrit*).

remplir les fonctions jusqu'à l'arrivée de ce prince à Milan[1].
Il avait de plus, en raison de la tournure prise par les événements en Italie, jugé le moment venu de lui faire tenir
ses instructions et de lui exposer à grands traits ses vues
sur la manière de conduire les opérations.

Après lui avoir prescrit de lui envoyer deux fois par jour
et par courrier un rapport sur la position, la répartition et
les mouvements de ses troupes et de celles de l'ennemi, de
lui rendre compte de ses projets, de tenir Bellegarde au courant des moindres événements militaires, après lui avoir
recommandé tout particulièrement d'avoir soin d'indiquer
avec la plus grande exactitude l'heure à laquelle s'étaient
passés les faits relatés dans ses rapports[2], Schwarzenberg
abordait la question des opérations.

Le mouvement de l'armée napolitaine équivalant à une
déclaration de guerre, Frimont devait s'abstenir de toutes négociations autres que celles destinées à gagner du temps en
attendant l'entrée en ligne des renforts. N'ayant pu, rien
que d'après les données qu'il avait, rien que d'après la
marche de l'armée napolitaine sur deux colonnes, parvenir
à découvrir les véritables projets de Murat, Schwarzenberg
inclinait à croire que le roi de Naples commencerait par
s'emparer des Etats romains et de la Toscane afin de tirer
de ces pays des ressources matérielles et des renforts en
hommes et se bornerait à menacer l'aile gauche de l'armée
autrichienne jusqu'au moment où il se porterait vigoureusement en avant et combinerait ses opérations avec celles d'une
armée française qui attaquerait les Autrichiens de front.

---

1. *Haus, Hof und Staats-Archiv.* (*Bellegarde. Instructions.*) 123 b. Prince de Metternich au F. M. comte de Bellegarde. Vienne, 2 avril 1815.

2. Il n'est pas inutile de rappeler ici que si Frimont avait été appelé à exercer le commandement de l'*Armée active d'Italie*, Schwarzenberg, comme il le marquait d'ailleurs à ce général, ne continuait pas moins d'être le commandant en chef de toutes les forces de l'Autriche en Italie.

« Si telle est son intention, disait Schwarzenberg, il s'est complètement trompé dans ses calculs, puisque les têtes de nos colonnes vous arrivent pour le moment et que les Français ne peuvent pas penser à envoyer en Italie une nouvelle armée ». Le feld-maréchal, en revanche, craignait fort de le voir, sans se soucier du sort de son royaume, pousser droit sur le Piémont, où son armée se renforcerait-d'une foule de mécontents et d'où en cas d'échec il avait toujours sa retraite assurée sur la France. C'était pour cette raison que le Conseil aulique, tout en reconnaissant les inconvénients que présentait la formation de deux armées destinées à opérer ultérieurement chacune pour son propre compte, avait, dès le 7 mars, conseillé à Bellegarde de concentrer toutes ses forces disponibles autour d'Alexandrie et derrière le Tanaro, parce que, grâce à cette répartition des forces, « le roi de Naples courait inévitablement à sa perte s'il lui prenait fantaisie de chercher à passer entre les deux groupes ». Schwarzenberg craignait du reste que le temps n'ait manqué pour mettre ce plan à exécution. Il le craignait d'autant plus que, d'après les nouvelles qu'il avait reçues, Bellegarde avait réuni ses troupes entre Casalmaggiore et Piadena. Force lui était par suite de n'exposer à Frimont que les grandes lignes, les objectifs essentiels de ses opérations :

Nécessité d'anéantir l'armée du Roi de Naples avant de rien entreprendre contre la France du côté de l'Italie, d'où nécessité de se tenir sur la défensive la plus absolue du côté des Alpes et de prendre vigoureusement l'offensive contre les Napolitains ;

Avantages résultant de la destruction de cette armée le plus près possible du Pô ;

Inconvénients que présenterait l'obligation de la poursuivre jusqu'à Naples. Un corps d'armée détaché après une victoire décisive remportée dans les Marches n'éprouvera aucune difficulté à conquérir tout le royaume;

Inutilité et dangers de détachements qu'on formerait sous le prétexte de maintenir l'ordre à l'intérieur de l'Italie;

Déclaration de l'état de siège dans toutes les places fortes, dont les garnisons, au lieu de rester enfermées dans ces forteresses, doivent être considérées comme des colonnes mobiles chargées d'assurer l'ordre et de couvrir les lignes d'étapes [1].

Le même jour, pendant qu'il faisait préparer les lettres de rappel destinées à Mier et la note par laquelle il allait quelques jours plus tard informer Cariati et Campochiaro de la rupture des relations diplomatiques avec Naples et de l'expédition de leurs passeports [2], Metternich avait fait connaître à Bellegarde les résolutions de la Cour de Vienne en insistant d'une façon tellement caractéristique, tellement nette et précise sur les considérations qui les avaient inspirées, qu'on ne saurait s'empêcher de reproduire cette curieuse dépêche que le comte d'Eltz apporta à Milan.

Vienne, 5 avril 1815 [3].

« Les explications du Roi de Naples envers le comte de

1. *K. u. K. Kriegs-Archiv. (Feld-Acten. Frimont.)* 1015. F. M. Prince de Schwarzenberg au général de cavalerie Frimont. Vienne, 5 avril 1815. XIII. et IV. 90.

2. *Haus, Hof und Staats-Archiv. Neapel.* Prince de Metternich au prince Cariati et au comte de Mier. Vienne, 5 avril 1815. Cf. ANNEXE XXVII. Lettres expédiées après la remise de la note du 8 et datées du 10 avril. — *R. Archivio di Stato. Turin. (Congresso di Vienna).* Mazzo 2. S. 32. g. 39. Marquis de Saint-Marsan au comte de Vallaise. Vienne, 12 avril 1815. (Dépêche N° 96). « On leur (aux ministres de Naples) a donné leurs
» passeports et ils partiront incessamment pour se rendre par Trieste
» à Ancône. »

3. *Haus, Hof und Staats-Archiv. (Bellegarde. Instructions)* 123 b. 1815. Prince de Metternich au F. M. comte de Bellegarde. Vienne, 5 avril 1815. (en français).

Starhemberg sont plus fortes que celles qui ont eut lieu entre les Cabinets. On a pu se convaincre de ce fait par la teneur de la note remise par le duc de Gallo au comte de Mier. Les Ministres du Roi de Naples ici sont sans instructions aucunes depuis longtemps. Les seules qu'ils ont eues sont à la date du 5 mars, jour où le Roi avait appris le départ de Napoléon d'Elbe. *Le Roi voulut s'assurer la faculté de nous tromper ou de tromper Napoléon, selon les circonstances. Nullement dupes de ses manœuvres, nous faisons filer depuis deux mois des troupes en Italie.*

» Cette affaire, la seule qui devait survivre au Congrès, n'était assurément pas compromettante sans le concours d'événements aussi extraordinaires que ceux qui ont eu lieu pendant le mois de mars en France. La complication est devenue forte. Elle le sera moins si notre armée joue le principal rôle. Des nouvelles de Modène nous font croire que le Roi s'est avancé à Cattolica et a forcé nos avant-postes à se replier. Ce fait seul ne suffit pas pour établir la guerre. Dès que nous en aurons la confirmation officielle, je remettrai les passeports aux Ministres de Naples et j'enverrai des passeports au comte de Mier.

» Je ne puis, pour toute direction, dans l'ignorance dans laquelle nous nous trouvons encore, donner d'autre avis à Votre Excellence que celui de *ne plus diriger toutes ses opérations que d'après la raison militaire. Nous sommes décidés à faire la guerre à Murat : mais nous n'avons pas voulu provoquer les hostilités avant le temps le plus éloigné pour laisser de la marge à l'arrivée de nos troupes.* Vous voyez par là que nous avons partagé le point de vue que vous développiez dans vos dépêches.

» Votre Excellence est d'autant plus à l'aise pour les formes politiques que nous ne ferons pas de manifeste. Nous nous bornerons à déclarer que le Roi de Naples, en violant tous ses engagements anciens et nouveaux et en prouvant par le fait (ce qu'il avait annoncé de vive voix aux personnes qui lui ont parlé) qu'il prenait fait et cause pour Napoléon, s'est placé en état de guerre avec l'Europe entière. La déclaration des Puissances du 13 mars est également la nôtre dans ce sens spécial. Vous connaissez mieux que personne l'esprit public de l'Italie. Le *jacobinisme* y aura de nombreux partisans. Je ne le crois pas à craindre si nous avons des succès militaires. L'Italie ne saura jamais trop ce que nous ne cessons de dire à l'Europe et à la France : « Que toutes les Puissances sont irrévocablement unies *contre Bonaparte et ses adhérents*, mais qu'elles ne veulent que la paix, qu'elles repousseront toute attaque et que, sans vouloir s'immiscer dans les questions nationales, elles ne regardent pas comme telle la trahison qui a ramené à Paris le perturbateur du repos du monde ».

Bellegarde n'avait pas attendu les bras croisés cette communication si grave, si importante de Metternich. Il avait cru nécessaire de répondre à la proclamation de Rimini par une contre-proclamation qu'il lança dès le lendemain du combat du Panaro afin de mettre en garde les Lombards contre les dangers auxquels les exposeraient les manifestations d'un enthousiasme qu'il était bien décidé à réprimer au besoin par la force. Le 5 au matin, pendant que le capitaine Zuchary lui remettait les deux lettres de Metternich en date du 30 mars et les dépêches de Wellington qu'il expédiait immédiatement à lord Bentinck, il avait fait afficher à Milan sa réponse à la proclamation de Rimini que, pour nous servir des termes qu'il employa dans sa dépêche, « il soumettait après l'avoir publiée à l'examen de Metternich [1] ».

1. *Haus, Hof und Staats-Archiv.* (*Bellegarde*). 123 b. et *R. Archivio di Stato. Milan. Atti Segreti.* VIII. N° 120. F. M. comte de Bellegarde au prince de Metternich. Milan, 5 avril 1815. (Dépêche N° 73.) (*en français*).

Partageant sur tous les points la manière de voir du chancelier, se réjouissant avec lui des nouvelles rassurantes relatives à l'accord régnant entre toutes les Puissances, à cet accord auquel il avait fait allusion dans sa proclamation, Bellegarde avait toutefois jugé utile de lui faire remarquer avec juste raison qu'on s'exposerait à de graves mécomptes en fondant de grandes espérances sur la coopération des Anglais. « La bonne volonté et l'ardeur de lord Bentinck ne peuvent, écrivait-il, suppléer à l'insuffisance présente des forces britanniques de terre et de mer ».

Nul ne le savait mieux que lord Bentinck. Il n'avait d'ailleurs attendu ni les dépêches de Wellington, ni les missives de Bellegarde pour mettre fin à un état de choses intolérable, surtout pour un caractère comme le sien. Toujours pressé d'agir, bien décidé à ne pas rester, jusqu'à l'arrivée des troupes et des vaisseaux de guerre qui lui faisaient défaut, spectateur oisif et indifférent des événements qui se déroulaient sous ses yeux, il venait de porter à Murat le coup le plus terrible que le Roi de Naples pût recevoir.

Répondant le 5 avril de Turin à la lettre du 28 mars, dans laquelle Gallo avait essayé de lui fournir une explication rassurante de la marche de l'armée napolitaine, Bentinck ne s'était pas contenté de protester dans les termes les plus vifs contre l'appel à l'insurrection adressé par la proclama-

— Cf. *Ibidem*. Proclamation du 5 avril 1815. (ANNEXE XXVIII.) — R. *Archivio di Stato*. Milan.-*Atti Segreti* 1815. VIII. F. M. comte de Bellegarde à lord William Bentinck. Milan, 5 avril. (Envoi des dépêches de Wellington du 28 mars et de la copie des lettres datées de Gênes 2 et 3 avril qu'il a reçus de Lebzeltern.) En même temps, il écrivait à Lebzeltern (*Ibidem*. VIII. N° 64) pour l'inviter à conseiller au Pape de se retirer dans les Etats autrichiens, lui affirmant que l'abandon des Légations n'était que momentané. Ignorant encore à ce moment le résultat du combat de la veille, il lui disait : « Il est possible que nous nous retirions du Panaro que nous gardons actuellement pour nous rapprocher de nos renforts venant d'Allemagne. »

tion de Rimini aux Piémontais. Il avait eu à cœur de le prévenir qu'au premier avis reçu du Quartier-général autrichien l'informant que le Roi avait violé son traité avec l'Autriche, l'armistice cesserait d'exister sur l'heure[1] même et les hostilités seraient immédiatement reprises.

« D'après Votre Excellence, les mesures prises par le Cabinet de Naples et la marche de l'armée napolitaine vers le nord de l'Italie n'ont rien de commun avec les relations existant entre ce royaume et la Grande-Bretagne et ne sauraient en aucune façon influer sur l'armistice. La seule relation dont j'ai connaissance entre les deux gouvernements est cet armistice.

» Votre Excellence ne peut ignorer la nature des engagements existant entre les Puissances alliées et Elle sait également que tout acte d'hostilité contre l'une d'entre elles serait naturellement considéré comme une attaque dirigée contre l'Alliance en général.

» Votre Excellence ne peut pas ignorer non plus que les Puissances alliées se sont réciproquement engagées à maintenir et à garantir la tranquillité de l'Europe. Jusqu'à ce moment, je n'ai reçu du commandant en chef autrichien aucun avis annonçant l'ouverture des hostilités entre ses troupes et les Napolitains. Mais je dois vous prévenir, Monsieur le Duc, que je considérerai une pareille notification, non seulement comme mettant fin à l'armistice, mais comme imposant aux commandants des forces britanniques de terre et de mer le devoir de se-

---

1. Dans sa dépêche de Florence, 10 avril (*Record Office. Foreign Office.* Vol. 22. *(Tuscany. Burghersh.)* (Dépêche N° 37.) Lord Burghersh écrivait à lord Castlereagh : « N'est-il pas absurde de voir le maréchal Murat prétendre, après avoir violé le Traité de paix qu'il avait conclu avec l'Autriche, que l'Angleterre est tenue à dénoncer avec préavis de trois mois un armistice qui fait partie intégrante du traité qu'il a déchiré. »

» conder de tous leurs moyens les armées autrichiennes.
» Je ne peux cacher à Votre Excellence que le gouverne-
» ment napolitain s'est rendu coupable d'un acte d'agres-
» sion du caractère le plus grave par sa proclamation de
» Rimini en date du 30 mars, en excitant à la révolte les
» sujets du Roi de Sardaigne, l'un des plus vieux et des
» meilleurs alliés de l'Angleterre, dont les soldats assurent
» pour le moment la sûreté.

» Je déclare en conséquence à Votre Excellence que je
» me trouve obligé par tous les liens d'amitié, d'honneur
» et de bonne foi qui unissent les Nations à employer tous
» mes efforts, de concert avec le gouvernement de Sa Ma-
» jesté le Roi de Sardaigne, pour repousser un attentat
» aussi indigne contre un Souverain qui ne l'a nullement
» provoqué [1] ».

Tout le poids des imprudences, des fautes politiques de Murat retombait sur lui au même moment. Le jour même où Bentinck se chargeait de lui démontrer l'erreur qu'il avait commise en croyant avoir enchaîné l'Angleterre par un armistice qui l'obligerait à rester l'arme au pied pendant trois mois, un autre de ses ennemis, un ennemi aussi implacable et aussi acharné que Bentinck lui-même, s'abandonnait à la joie que lui causait la condamnation à mort que le Roi de Naples avait lui-même prononcée contre lui,

---

1. *Record Office. Foreign Office.* Vol. 71. (*Sicily. Bentinck.*) — *Ibidem. War Office.* Vol. 186. (*Army in the Mediterranean. Bentinck.*) Lord William Bentinck au duc de Gallo. Turin, 5 avril 1815. (*en français*).

Il est assez curieux de remarquer que le jour même où Bentinck expédiait cette note comminatoire à Gallo, le *Moniteur des Deux Siciles* annonçait l'arrivée à Naples du vaisseau de guerre anglais, le *Rivoli*, venant de Palerme et ayant à son bord, entre autres personnages qui débarquèrent à Naples, la duchesse de Bedford. — Cf. *Archivio Storico per le Province Napoletane* XXIX. *Diario di* Nicola. Le *Rivoli* resta à Naples jusqu'au 11 avril, date à laquelle une corvette anglaise lui apporta l'ordre d'appareiller.

à la satisfaction qu'il éprouvait en songeant que la mission de Neipperg était désormais sans objet et qu'il était impossible de réaliser l'arrangement auquel le Secrétaire d'Etat britannique paraît avoir sérieusement songé un moment.

« L'affaire de Murat, écrit Wellington à Castlereagh, de
» Bruxelles, le 5 avril à huit heures du matin [1], aurait été
» réglée selon vos désirs et le Congrès aurait fait quelque
» déclaration sur ce sujet avant de se séparer. Mais entre
» temps Murat semble avoir tranché lui-même la question.
» Il est arrivé lui-même à Ancône avec toute son armée, y
» compris un équipage de pont.

» ... J'ai communiqué à Clancarty vos lettres des 24 et
» 26 mars, que j'ai reçues près de Würzburg. J'ai dit à
» Clancarty que la *conduite de Murat excluait absolument, du*
» *moins d'après mes renseignements, la réalisation de la question*
» *d'arrangement que vous proposiez ; que je croyais même qu'il*
» *valait mieux n'en pas parler, à moins que Murat ne commette*
» *aucun acte d'hostilité et que les Autrichiens ne soient pas assez*
» *forts pour dicter la loi en Italie, ni assez forts partout ailleurs*
» *pour pouvoir entrer en ligne sans appeler à eux les forces qu'ils*
» *ont en Italie.*

» Pour ma part, je suis convaincu qu'ils sont en mesure
» et en état de le faire et que, *si nous ne détruisons pas Mu-*

---

[1]. WELLINGTON. (*Despatches of F. M. the Duke of.*) Vol. 12. 237. Duc de Wellington à lord Castlereagh. Bruxelles, 5 avril 1815. 8 h. matin. Wellington était parti de Vienne le 29 mars à 6 h. du matin. Il n'est pas inutile de rappeler à ce propos que les lettres de Castlereagh, des 24 et 26 mars, sont précisément celles qu'il écrivit après avoir eu avec le chevalier Tocco les entretiens dont nous avons parlé et à la suite desquels le représentant non accrédité de Murat à Londres demanda le 27 mars à Castlereagh de lui communiquer « les ordres envoyés à Wellington en vue d'entamer les négociations d'un traité de paix définitif. » Cf. plus haut. Pp. 177-179 et *Record Office. Foreign Office.* Vol. 72. (*Sicily. Castelcicala*). Lord Castlereagh au chevalier Tocco. Londres, 27 mars 1815.

» rat, et cela tout de suite, ce sera lui qui sauvera Bonaparte ».

Murat, on le voit, avait donné raison à l'empereur François : il avait justifié le jugement que ce prince avait porté sur lui dans sa lettre du 29 juillet 1814. Il s'était chargé d'être « l'artisan de sa propre ruine ».

6 Avril 1815. — **Pepe occupe Carpi.** — **Les ordres de Murat à Carrascosa et à Lechi.** — **Le mouvement d'Ambrosio sur Ferrare et l'entrée de son avant-garde le 6 au soir.** — **Le feld-maréchal lieutenant Mohr chargé de la défense de la tête de pont d'Occhiobello.** — **Positions des troupes autrichiennes.** — **Reconnaissance sur Comacchio.** — **Nugent évacue Florence.**

Si la journée de la veille avait été presque exclusivement remplie par les événements politiques, celle du 6 au contraire allait être exclusivement consacrée à la préparation des opérations militaires. Pendant que Bianchi manœuvrait à couvert en arrière de la ligne du Pô et cherchait surtout à organiser solidement aux deux extrémités de sa ligne la défense des têtes de pont de Borgoforte et d'Occhiobello, protégées celle-ci par la citadelle de Ferrare, celle-là par les quelques troupes qu'il tenait encore à Guastalla et à Gonzaga, Murat avait quitté Modène, traversé en courant Bologne et renoncé aux opérations en avant et à l'ouest de cette ville pour tenter de déboucher par Ferrare et Occhiobello et de rejeter l'aile gauche autrichienne de l'autre côté du Pô. Il se croyait tellement sûr du succès, l'entreprise lui semblait même si facile que Mosbourg, écrivant sur son ordre à Caroline, lui disait : « Le Roi a annoncé le projet de rentrer à Bologne, aussitôt qu'il aura terminé ses opérations militaires sur le Pô [1] ».

S'occupant exclusivement de sa droite il s'était contenté de laisser Carrascosa entre le Panaro et la Secchia

---

1. R. *Archivio di Stato. Naples. (Carte di guerra*, etc., etc.) 1060. Comte de Mosbourg à la Reine. Bologne. Sans date, mais évidemment écrite le 6 avril.

avec la brigade du général de Gennaro à Modène [1], de lui prescrire de pousser des reconnaissances sur sa droite sur Guastalla et Brescello, de diriger le lendemain un détachement sur Reggio, d'envoyer Pepe à Carpi qu'il croyait évacué par les Autrichiens, de mettre du canon au pont de la Secchia et de répandre le bruit qu'il se proposait de déboucher par Reggio.

Dans le courant de l'après-midi Pepe était en effet entré sans tirer un coup de fusil avec 3 bataillons du 2e léger, 80 chevaux du 3e chevau-légers et 2 canons à Carpi, et une compagnie du 3e de ligne s'était établie à Rubiera. Quelques heures plus tard Millet avait envoyé du pont de Cassana [2] à Carrascosa l'ordre assez bizarre, presque incompréhensible même, de « suivre l'ennemi sur San Benedetto et de le forcer à repasser le Pô si après la rentrée de ses reconnaissances il apprenait que les Autrichiens n'avaient plus rien à Reggio et à Parme et *n'avaient personne en Toscane* ». Il lui recommandait en même temps de laisser toujours du monde à Modène. Enfin le mettant en quelques mots au courant des mouvements exécutés pendant la journée par la 2e et

---

1. R. *Archivio di Stato. Modène. Gride e Stampe). — R. Archivio di Stato. Reggio. (Militare e Guerra)* Tit. XXVII. Rub. IV. Filza 3. Proclamation du général Carrascosa aux soldats italiens revenus de l'ancienne armée d'Italie (*en français*). Modène, 6 avril 1815.

« L'Indépendance de l'Italie vous appelle pour reprendre les armes sous les drapeaux d'un *Monarque invaincu* qui désire vous avoir autour de lui pour soutenir la plus belle de toutes les causes. Courez donc vous réunir autour de vos anciens officiers supérieurs et subalternes avec lesquels vous avez déjà partagé tant de gloire et qui, eux aussi, brûlent du désir de vous avoir sous leurs ordres pour donner une preuve indéniable d'attachement à notre patrie commune. Ils ont déjà reçu les instructions nécessaires pour vous organiser à Modène.

« Aucun de vous ne sera sourd à la voix qui l'appelle et l'autorité civile n'aura pas besoin d'intervenir pour vous faire rejoindre les dépôts qui vous sont destinés.

CARRASCOSA. »

2. Cassana, sur le canal de Poatello, 5 km. Ouest de Ferrare.

la 3ᵉ division et le prévenant de l'établissement d'un poste de correspondance à Bomporto, il lui disait textuellement :

« Le Roi se propose de marcher demain sur Occhiobello
» et *d'enlever la tête de pont*. S'il est assez heureux pour y
» réussir, il croira avoir gagné une grande bataille. Il espère
» que le mouvement fait aujourd'hui sur San Benedetto et
» Mirandola [1] aura eu pour conséquence l'évacuation de
» Carpi et forcé l'ennemi à repasser le Pô, ce qui le débar-
» rassera de sa présence sur la rive droite [2] ».

Le disciple n'avait guère profité des leçons de son grand maître, et ce n'était assurément pas à l'école de Berthier que le chef d'état-major de l'armée napolitaine avait appris à rédiger des ordres qui, loin d'éclairer les généraux auxquels ils étaient adressés, ne pouvaient qu'augmenter leur embarras. On s'explique d'autant moins un pareil ordre que Murat, on le sait, et on en a la preuve par la dépêche qu'il adressait la veille à Livron et à Pignatelli, n'ignorait pas la présence de Nugent en Toscane. D'autre part, il est difficile d'admettre qu'il ait réellement pensé qu'il suffirait du simple mouvement en avant et de l'apparition des reconnaissances de la division Lechi pour décider les Autrichiens, qui s'y seraient peut-être résignés si on les avait poursuivis et inquiétés sérieusement aussitôt après le combat du Panaro, à lui abandonner bénévolement Ferrare et la rive droite du Pô.

Les ordres envoyés à Lecchi, quoique un peu moins vagues, n'étaient pas, eux non plus, ceux qu'il aurait fallu don-

1. Mirandola, environ 30 km. Nord de Modène et 10 de Carpi. San Benedetto sur le Pô, environ 10 km. Nord de Mirandola.
2. R. *Archivio di Stato. Naples.* (*Carte di guerra* etc., etc.) 1060. Général Millet au général Carrascosa. Pont de Cassana, 6 avril 1815. 8 h. soir. Cf. K. u. K. *Kriegs-Archiv.* (*Feld-Acten. Bianchi*) 996. *Operations Journal.* XIII. 60. — *Archivio della Societa di Storia Patria.* Naples. LCGEROT. *Memorie Storiche e Politiche.* (*Manuscrit*).

ner pour avoir quelque chance d'obtenir des résultats aussi considérables. On avait en effet prescrit à ce général, qui n'avait encore qu'une de ses deux brigades avec lui à Cento, d'accentuer quelque peu son mouvement en avant. Mais en réalité, c'était se borner à lui ordonner d'exécuter quelques reconnaissances et de couvrir la droite de la division d'Ambrosio en marche sur Ferrare. Il devait à cet effet commencer par mettre à San Agostino[1], à l'embranchement des chemins de Bondeno et de Ferrare par Porotto un piquet de 25 chevaux, qui fournirait un petit poste d'observation au pont du canal de Cento[1], sur la route entre San Agostino et Bondeno, occuper ensuite avec un régiment conduit par le général Carafa le pont de Finale[2] sur le Panaro, avec ordre de le défendre jusqu'à la dernière extrémité en cas d'attaque et d'informer de suite le Roi à Ferrare. Aussitôt après avoir assuré l'exécution de ces dispositions, Lechi devait aller s'établir de sa personne à Finale[2] afin de se rendre plus exactement compte de la situation, envoyer des reconnaissances sur Bondeno[3], Mirandola et Bomporto, enfin se mettre de ce dernier point en communication avec Carrascosa à Modène. Ce fut seulement assez avant dans la soirée, lorsque la tête de colonne d'Ambrosio fut entrée à Ferrare, que Murat fit donner à Lechi l'ordre de replier la compagnie envoyée à Bomporto, de faire rentrer le poste de San Agostino, de mettre un bataillon à Bondeno et de masser à Cento sa première brigade à laquelle le Roi avait envoyé directement à Bologne l'ordre d'exécuter ce mouvement[4].

1. San Agostino, un peu plus de 10 km. Nord-Est de Cento. — Pont du canal de Cento à 7 km. Nord de San Agostino.
2. Finale nell'Emilia, 12 km. Nord de Cento.
3. Bondeno, 21 km. Nord de Cento, Mirandola, à la même distance Ouest de Finale, Bomporto, 20 km. Ouest de Cento.
4. *R. Archivio di Stato. Naples.* (*Carte di guerra* etc., etc.) 1060. Général

Pendant ce temps, parti de Porotto aussitôt après y avoir rétabli la communication entre les deux rives du canal de Poatello, passant par Cassana et Mizzana, d'Ambrosio, rejoint bientôt par Murat avait poussé sur Ferrare la brigade du général Medici, attaqué à huit heures du matin à Mizzana et rejeté sans peine les avant-postes du général Lauer. Trop faible pour risquer de s'engager, le général autrichien avait aussitôt ramené dans la ville, dont il fit fermer et barricader les portes, ses troupes repoussées jusque sur les glacis et s'était enfermé dans la citadelle après avoir confié la garde de la ville à la garde civique.

A trois heures et demie, un parlementaire napolitain se présenta devant la citadelle qu'il somma [1] de se rendre. A quatre heures, Murat arrivait avec une petite escorte, descendait de cheval au palais Revedin [2] et faisait appeler le podestat Cicognara qui, enfermé dans la ville, ne pouvait se rendre auprès de lui. Peu de temps après il était rejoint par deux anciens officiers de l'armée d'Italie le colonel Neri et le capitaine Borghi, par un ancien officier français, Guillot qui, tous trois en grande tenue et à cheval, s'étaient fait ouvrir par la garde civique la porte San Giorgio et étaient venus sous le feu des canons de la citadelle lui offrir leurs services [3]. Pendant ce temps, quelques sol-

---

Millet au général Lechi. Pont de Cassana, 6 avril 1815. matin. et Ferrare, 6 avril 10 h. soir. — *Ibidem.* Général Millet au général Carrascosa. Pont de Cassana, 6 avril 8 h. soir, le prévient que Lechi a un régiment au pont de Finale et un autre régiment en réserve à Cento.

1. La citadelle de Ferrare aujourd'hui démolie, s'élevait à l'ouest de la ville, à peu près à l'endroit où se trouve actuellement la gare.

2. Palais Revedin, hors de la ville, à quelque distance de la Porte San Paolo. (Porta Reno) sur la rive droite du canal. Désigné aussi sous le nom de palais della Sammartina.

3. *Ferrare. Biblioteca Comunale.* Le soir même, les colonels Neri, Cappi, Piolla, 3 majors et 7 chefs de bataillon ou d'escadron rédigeaient et faisaient afficher le lendemain à Ferrare et à Bologne une procla-

dats napolitains escaladaient avec l'aide des habitants les murs de la ville, occupaient et ouvraient la porte San Paolo, par laquelle entrait aussitôt un escadron napolitain conduit par le colonel Neri et suivi de près par les troupes du général Medici qui somma une deuxième fois le général Lauer et le prévint que Murat n'accorderait pas de quartier à la garnison si la citadelle ouvrait le feu contre la ville [1].

Le mouvement sur Ferrare avait été entrepris en tout cas trop tardivement. L'opération contre cette ville et contre Occhiobello, qui n'aurait été deux ou trois jours auparavant qu'un simple coup de main aisé à exécuter, présentait maintenant au contraire de réelles difficultés. On avait laissé à Frimont le temps de se mettre en mesure et le 6 au matin le feld-maréchal lieutenant Mohr, dont la division faisait à partir de ce jour partie du corps Bianchi (deuxième corps de l'armée d'Italie), était venu prendre le commandement de la tête de pont d'Occhiobello, confié jusqu'à ce moment à Eckhardt. Frimont, en le chargeant de cette mission et en le prévenant que jusqu'à l'arrivée des renforts sa division se composerait de la brigade du général Eckhardt et

---

mation adressée aux vétérans et aux anciens soldats de l'armée d'Italie habitant les Légations.

1. *R. Archivio di Stato. Naples. (Carte di guerra* etc.) 1060. Général d'Ambrosio au général Millet. Devant Occhiobello 8 avril 1815. — Général Millet au général Carrascosa. Pont de Cassana, 6 avril, 8 h. soir. « En ce moment, on nous ouvre les portes de la ville où le roi va entrer. Le colonel Neri assure que nous trouverons ici des armes et des volontaires. Les Ferrarais détestent les Autrichiens. » — *Archivio della Societa di Storia Patria. Naples.* LOGEROT. *Memorie Storiche e Politiche.* — Ferrare. *Biblioteca Comunale.* CONTI. *Annali Storici di Ferrara* T. II. §§ 1332-1336. — Ibidem. SANDRI. *Storia della Citta di Ferrara* etc. (*Manuscrit*). — Ibidem. POZZATI. (Guido). (*Memorie Patrie Ferrarese dal 1807 a tutto il 1815. (Autografo di Guido Pozzati, Ferrarese, Dottore di ambi le Leggi, morto li 22 Settembre 1837).* — *K. u. K. Kriegs-Archiv. (Feld-Acten Bianchi.)* 996. *Operations Journal.* XIII. 68. 6 avril 1815. — Ibidem. 995. Général de cavalerie Frimont. Rapport officiel du 18 avril. XIII. 25. b. — Ibidem. XIII. 1. Note du colonel Dalrymple, 6-8 avril.

de celle du colonel Zichy, lui avait en même temps fait
connaître les positions occupées par les troupes placées
sous ses ordres. Jusqu'à l'arrivée de la brigade de cavalerie
du général-major Taxis (dix escadrons) attendue le 8 et
le 10, Mohr allait désormais disposer du détachement du
major Brehm, (deux bataillons du régiment Hesse-Homburg) à Comacchio; des troupes aux ordres du général-major Lauer (un bataillon du régiment Hesse-Homburg, trois
compagnies du régiment Wied-Runkel et trois pelotons de
hussards Prince Régent) dans la citadelle de Ferrare; de
la brigade du général-major Eckhardt (un bataillon de chasseurs Fenner, un du régiment Saint-Julien, deux bataillons
et demi du régiment Wied-Runkel, dont dix compagnies à
Occhiobello et le reste à Porto di Goro, le long du Pô, à Adria
et à Cavanella d'Adige; de la brigade, commandée par intérim, par le colonel Baumgarten, (un bataillon du régiment
Beaulieu devant arriver à Occhiobello le 6, ou le 7 de grand
matin au plus tard, et deux bataillons du régiment Chasteller venant à marches forcées de Trévise et attendus à la tête
de pont le 10): En somme, les forces dont il disposait le 6 au
soir à Occhiobello ne s'élevaient, en y comprenant le bataillon du régiment Beaulieu, qu'à environ 2.760 hommes; mais
on avait eu le temps d'achever et d'armer les ouvrages qui
se composaient de quatre redoutes (pour l'infanterie) sur la
rive droite du Pô, d'un réduit à l'entrée du pont et de trois
batteries établies derrière des épaulements sur la rive gauche [1]. D'autre part prévenu par ses émissaires de l'occupation de Cento par les Napolitains et informé par Eckhardt
des mouvements qui faisaient craindre à ce général d'être

1. *K. u. K. Kriegs-Archiv.* (Feld-Acten. Bianchi.) 992. Général de cavalerie Frimont aux F. M. L. Bianchi et Mohr. Piadena, 6 avril IV. 15. IV
ad 15. IV. 16. IV ad 16. et (*Feld-Acten. Frimont.*) 1015. IV. 100. — *Ibidem.*
Operations Journal. Bianchi. 6 avril. Positions de la Division Mohr. 995.
XIII. 2 et 996. XIII. 65.

attaqué le lendemain à Occhiobello, le feld-maréchal lieutenant Mayer von Heldenfeld avait cru sage de l'échelonner et de le soutenir en mettant du monde à Ostiglia [1].

A la droite des lignes autrichiennes, Starhemberg continuait d'occuper Gonzaga avec le 9e bataillon de chasseurs et deux escadrons de hussards Prince Régent et faisait garder Guastalla par un poste, pendant qu'une petite colonne mobile forte de deux compagnies et de deux pelotons de hussards battait le pays vers Reggio avec l'ordre de rechercher la communication avec les troupes venant de Plaisance [2]. Enfin rassuré sur le sort de Steffanini qu'il avait « cru pris par l'ennemi », Frimont, après avoir renforcé la gauche de Bianchi par l'envoi de Mohr à Occhiobello, renforçait également sa droite en mettant à sa disposition la brigade du général-major Senitzer qui avait déjà trois de ses bataillons à Borgoforte [3].

La ligne occupée par les trois petites divisions de Murat, la ligne sur laquelle elles commençaient à manœuvrer, cette ligne dont le front allait déjà de la Secchia au Pô di Primaro, de Rubiera à Ferrare, cette ligne déjà démesurément longue s'étendait en réalité encore bien plus loin. Elle se terminait en effet à Ravenne occupée par le général Napoletani avec un bataillon du 6e de ligne et un demi-escadron du 2e chevau-légers. Pour bien faire et pour couvrir efficacement la droite de cette longue ligne, il aurait fallu,

---

1. *K. u. K. Kriegs-Archiv.* (*Feld-Acten Bianchi.*) 992. F. M. L. Mayer von Heldenfeld au F. M. L. Bianchi. Mantoue, 6 avril 1815 et rapports confidentiels d'émissaires. IV. 13 et IV. 13. b.

2. *K. u. K. Kriegs-Archiv.* (*Feld-Acten Bianchi.*) 996. *Operations Journal.* XIII. 65. — *Ibidem.* 995. Tableau résumé des mouvements du corps Bianchi. XIII. 10. — *Ibidem. Nugent.* (*Nouveaux documents*). *Positions Journalières.* XIII.

3. *K. u. K. Kriegs-Archiv.* (*Feld-Acten Bianchi*) 992. Général de cavalerie Frimont au F. M. L. Bianchi. Piadena, 6 avril, 5 h. soir. IV. 17.

Murat ne s'en aperçut que trop tard au moment d'opérer sur Ferrare et sur Ravenne, s'assurer la possession du point d'appui indispensable constitué par les remparts de Comacchio.

L'insuffisance de ses forces et l'époque tardive de leur arrivée en ligne ne lui ayant permis de laisser à Ravenne que 900 hommes, il avait dû, au lieu d'essayer d'enlever Comacchio, se contenter de prescrire à Napoletani de pousser le 8 dans la direction de cette petite place une simple reconnaissance qui ne dépassa pas le Pô di Primaro [1].

C'était sur cette immense ligne, dont la longueur était encore augmentée par la difficulté des communications, par les détours que le petit nombre des routes praticables et à l'abri des inondations imposait aux mouvements des troupes, que Murat voulait tenir l'offensive avec tout au plus 20.000 hommes n'ayant aucune réserve, aucun soutien derrière eux, contre un adversaire couvert par le cours du Pô, maître des ponts de Borgoforte et d'Occhiobello, appuyé sur Mantoue et sur Comacchio, pouvant déjà dès ce moment lui opposer des forces sensiblement égales aux siennes et dont les effectifs allaient désormais s'accroître presque journellement.

Pour porter remède à ce danger, parer à la disproportion inévitable des forces et combler les vides, il aurait fallu pouvoir se faire rejoindre au plus vite par la garde. Mais une pareille jonction subordonnée désormais à la destruction préalable du petit corps de Nugent ne pouvait plus s'opérer qu'à un moment où, même en mettant les choses au mieux, l'entrée en ligne des 7.000 hommes de la garde n'au-

---

1. *K. u. K. Kriegs-Archiv.* (*Feld-Acten Bianchi.*) 996. *Operations Journal.* XIII. 68. — *Ibidem.* (*Feld-Acten Frimont.*) 1045. Major Brehm au général-major Eckhardt. Comacchio, 7 avril 1815. IV. 138. — *Ravenne. Biblioteca Comunale.* Raisi. *Giornale.* VIII. 6 avril 1815.

rait déjà plus été suffisante pour rétablir l'équilibre des forces.

Les deux généraux napolitains, pressés par les ordres incessants de leur Roi, sentant combien il était important de battre au plus vite Nugent, de l'empêcher d'appeler à lui les Toscans [1], d'opérer surtout dans le plus bref délai possible leur jonction avec l'armée du Roi avaient enfin accéléré leur marche. Livron avait quitté Montevarchi le 6 au matin [2], et poussant rapidement vers Florence avec sa tête de colonne il était arrivé le soir même en vue de cette ville. Pendant que ce mouvement s'exécutait, les deux généraux napolitains avaient écrit à Fossombroni et cherché à le rassurer sur leurs intentions pacifiques. Ils lui avaient fait remarquer une fois de plus que, leurs soldats n'ayant cessé de respecter le pays, de s'y conduire en amis, il leur était impossible d'admettre que les troupes toscanes s'unissent à celles de Nugent [3], qui entre temps et à l'approche des Napolitains avait d'ailleurs évacué Florence. Laissant une fai-

---

1. *Archivio della Società di Storia Patria. Naples.* Pignatelli-Strongoli, *Memorie.* (*Manuscrit*). Ordre du jour de Nugent aux soldats toscans. Il les invite à combattre à côté de ses troupes contre les Napolitains qui ont forcé leur Prince à quitter sa capitale. Florence, 6 avril 1815. — Cf. *Record Office. Foreign Office.* Vol. 22. (*Tuscany. Burghersh.*)

2. *Record Office. Foreign Office.* Vol. 22. (*Tuscany. Burghersh.*) Général de Livron au major toscan Spadini. Montevarchi, 6 avril 1815, matin. « Il lui est impossible de s'arrêter et de perdre une marche d'autant » plus qu'il sait que les troupes du roi sont à Modène et marchent sur » Reggio. » *K. u. K. Kriegs-Archiv.* (*Feld-Acten Bianchi.*) 996. *Operations Journal.* Mouvement de Nugent de Modène sur Florence, 6 avril 1815. XIII. 65.

3. *R Archivio di Stato. Naples.* (*Carte di guerra* etc, etc.) 1060. et *R. Archivio di Stato. Florence.* (*Affari Esteri*). (*Napolitani e Austriaci in Toscana*). Filza 2393. D° 17. Généraux Livron et Pignatelli à Fossombroni. Note du 6 avril 1815.

K. u. K. Kriegs-Archiv. Nugent. (*Nouveaux papiers.*) 1815. IV. Situation des troupes toscanes réunies le 6 avril au Ponte alle Mosse (Etat établi et signé par le colonel Carlo Strozzi.) Régiment Royal Ferdinand 1006 hommes. Régiment Roy 1 Léopold 539. Artillerie 30 hommes.

ble arrière-garde en observation à Bagno à Ripoli, sur le point où la route d'Arezzo sort de la montagne, il avait été s'établir à Prato après avoir attiré à lui 1.500 hommes de troupes toscanes.

Les cavaliers de Livron avaient suivi d'assez loin la retraite de Nugent. Leur avant-garde avait à peine dépassé Pian di Rigalla (5 km. E de Florence), lorsque l'arrière-garde autrichienne s'engagea sur la route de Prato. Quelques instants plus tard, deux commissaires napolitains arrivaient à Florence et y prenaient avec les autorités les dispositions nécessaires pour assurer le logement des 8000 hommes dont ils annonçaient la venue [1]. La division Pignatelli avait fait halte ce soir là à Incisa in Valdarno (25 kim. environ SE de Florence) [1].

1. *K u. K. Kriegs-Archiv. (Feld-Acten. Bianchi.)* 99 b. *Operations Journal.* Opérations en Toscane. 6 avril XIII. 68. — *Ibidem. (Feld-Acten. Frimont.)* 1015. Général comte Nugent au F. M. comte de Bellegarde. Florence, 6 avril. IV. 120. — *R. Archivio di Stato. Florence. (Affari Esteri.) Prot.* 8. N° 1. (*Invasione Napolitana*). Résumé des événements en Toscane du 30 mars au 20 avril. — Fossombroni au Grand-Duc et à Corsini. Florence, 6 avril 1815. — *Ibidem.* (*Movimenti, passagio e partenza delle truppe Napolitane*). Filza II. N° 172. Rapports d'Arezzo. — *R. Archivio di Stato. Naples. (Carte di guerra* etc, etc.) 1060. Fossombroni au commissaire royal d'Arezzo, et aux vicaires royaux des Romagnes. Florence, 7 avril 1815. 7 h. matin. — *Record Office. Foreign Office.* Vol. 22. (*Tuscany. Burghersh.*) Lord Burghersh à lord Castlereagh. Pise, 8 avril 1815 (Dépêche N° 34.)

7 Avril 1815. — **Murat à Ferrare.** — **D'Aquino à Pontelagoscuro.** — **Reconnaissance et première attaque de la tête de pont d'Occhiobello.** — **Bianchi en route pour Occhiobello.** — **Marche des renforts vers ce point et les instructions de Frimont.** — **Immobilité des divisions Lechi et Carrascosa.** — **Livron à Florence. Nugent à Pistoia.** — **Les désertions dans l'armée napolitaine.** — **Les lettres patentes du 7 avril.** — **La déclaration de lord William Bentinck.** — **Les ordres de l'Empereur à Caulaincourt.**

Quelque hâte qu'il eût d'être maître de la tête de pont d'Occhiobello, Murat n'avait pu cependant résister à la tentation de faire une entrée triomphale à Ferrare. Après avoir conféré au palais Revedin avec le podestat Cicognara [1] et donné au gros de ses troupes l'ordre de continuer leur mouvement sur Ponte Lagoscuro et Vallunga (en face d'Occhiobello), Murat cavalcadant à la tête d'un brillant état-major et d'une petite escorte s'était arrêté pendant quelques instants, vers huit heures du matin, sur la grande place et s'y était fait acclamer par la foule. Il avait ensuite établi son Quartier-général à l'*Albergo dei Tre Mori* [2] où l'attendaient les nouveaux fonctionnaires qu'il venait de nommer et de placer à la tête de l'administation du département du Bas-Pô. Après avoir expédié rapidement les affaires civiles et envoyé à nou-

---

1. R. *Archivio di Stato*. Bologne. (*Stampe governative*). Décrets nommant Cicognara, préfet, le secrétaire général de la préfecture, le directeur de police, le commandant de la Garde Nationale, l'intendant des finances, les conseillers de préfecture et organisant la nouvelle administration du département du Bas Pô. — Cf. *Ferrare. Biblioteca Comunale.* Proclamations de Cicognara. Ferrare, 8 avril 1815.
2. L'auberge des Trois Maures n'existe plus. Elle était située Via Boccaleone N° 1, une petite rue à peu de distance de la *Piazza del Municipio*. Cf. *Ferrare. Bibliothèque de l'Université. Effemeride Ferrarese, ovvero Memorie per* Gaetano Lodi, *quondam Venanzio, dal 1807 al 1867.* (*Manuscrit.*)

veau sommer Lauer de se rendre, il avait du haut du toit d'une maison [1] observé la citadelle et déclaré aux officiers qui l'accompagnaient qu'elle était hors d'état de résister. Mais comme Lauer avait répondu aux sommations en gratifiant la ville de quelques boulets qui firent des victimes dans la population, Joachim exaspéré par ce qu'il affectait de considérer comme une fanfaronnade avait riposté en faisant couper les conduites qui amenaient l'eau à la citadelle. Il ne s'en était pas tenu là. Avant de monter à cheval vers midi pour aller rejoindre la division d'Ambrosio [2], il avait fait ouvrir le feu contre cette bicoque et ordonné de compléter son investissement.

Pendant ce temps le général d'Ambrosio avait exécuté l'ordre qu'il avait reçu la veille au soir et fait reconnaître la tête de pont d'Occhiobello. Le général d'Aquino, qui avait déjà commencé dès le 6 à bloquer la citadelle de Ferrare et reconnu pendant la nuit les abords de Pontelagoscuro, s'était de grand matin porté de ce côté. Rejetant sans peine les faibles avant-postes que les Autrichiens avaient établis sur ce point et les obligeant à repasser le Pô, il avait occupé Pontelagoscuro presque sans coup férir et continué de

---

1. Maison *Saraceni* dans la *Contrada della Rotta.* (Cette rue se trouvait à proximité de San Giustino et San Benedetto. Cf. *Ferrare. Biblioteca Comunale.* Conti. *Annali Storici di Ferrara.* 7 avril 1815. § 1338-1339.

2. *K. u K. Kriegs-Archiv.* (Feld-Acten. Frimont.) 1024. *Tagebuch über die Vertheidigung der Citadelle von Ferrara.* (7-12 avril 1815.) XIII. 14. — *Ibidem.* (Feld-Acten. Bianchi.) 992. Général-major Eckhardt au F. M. L. Bianchi. Occhiobello, 7 avril 1815. 3 h. après-midi. IV. 20. — *Ibidem.* 995. Général de cavalerie Frimont. Rapport Officiel du 18 avril 1815. XIII. 25. b. — *Ferrare. Archivio della Prefettura.* Rub. 14. *Militari.* Principales dispositions prises par la préfecture de Ferrare pendant l'occupation Napolitaine du 7 au 13 avril 1815. — *Ibidem. Biblioteca Comunale.* Pozzati. (G.). *Memorie Patrie Ferrarese* etc. (*Manuscrit*). — Conti. *Annali Storici di Ferrara* etc. 7 avril 1815. § 1337-1340. — Sandri. *Istoria della Citta e Provincia de Ferrara.* etc. 7 avril 1815. (*Manuscrit*).

là sa marche pour rejoindre d'Ambrosio venant par Casaglia et Vallunga sur Occhiobello. Les Autrichiens avaient vainement tenté d'arrêter les Napolitains à hauteur de Casaglia. Ils n'avaient pu que tenir bon devant l'avant-garde du général Medici jusqu'au moment où pris de flanc par un bataillon du 9e de ligne et sur le point d'être coupés ils avaient été contraints de se replier sur la tête de pont et les maisons crénelées et mises en état de défense de Vallunga. Malgré la présence de Murat arrivé sur les lieux à ce moment, les Napolitains ne purent parvenir à les en déloger. On dut se contenter de reconnaître la tête de pont et d'établir sur un emplacement intelligemment choisi une batterie dont le tir bien réglé empêcha les Autrichiens, comme d'Ambrosio l'établit dans son rapport, « de reprendre les positions qu'ils avaient perdues », et d'où en outre, d'après le dire de Bianchi, « les Napolitains commandaient le pont et le canonnaient à petite distance [1] ». Le feu ne cessa qu'à la nuit. Les troupes de d'Ambrosio campèrent sur les points mêmes où elles s'étaient arrêtées, et Murat triste et mécontent, irrité et inquiet, retourna à Ferrare.

La journée n'avait pas été bonne pour lui. Lauer refusait de capituler et l'obligeait à employer devant une bicoque des troupes dont il aurait eu grand besoin ailleurs. Ce n'eut été là, à vrai dire, qu'un incident désagréable, qu'un contre-temps insignifiant si, n'ayant plus d'in-

1. *K. u. K. Kriegs-Archiv.* (Feld-Acten. Bianchi.) 996. *Operations Journal,* 7 avril 1815. XIII. 68. Général-major Eckhardt au F. M. L. Bianchi. Occhiobello, 7 avril matin et 3 h. après-midi. IV. 19 et IV: 20. — *R. Archivio di Stato. Naples.* (Carte di guerra etc, etc.) 1060. Général d'Ambrosio au général Millet. Devant Occhiobello, 8 avril 1815. — *Ferrare. Biblioteca Comunale.* Pozzati. *Memorie Patrie Ferrarese.* (Manuscrit). — Conti. *Annali Storici di Ferrara* § 1339. (Manuscrit). — Sandri. *Istoria delle Citta e Provincia di Ferrara).* 7 avril 1815. (*Manuscrit.*) — *Record Office. Foreign Office.* Vol. 121. (*Consuls, Hoppner, Cooper, Gordon and Various*). Cooper à lord Castlereagh. Venise, 8 avril 1815.

quiétudes pour le Bas-Pô, grâce à l'enlèvement immédiat de la tête de pont, il avait pu, comme il l'espérait, recouvrer presque entièrement sa liberté d'action, se rabattre sur Borgoforte et reprendre sans perdre de temps son mouvement sur Plaisance. Enfin l'insuccès de cette première tentative, était d'autant plus significatif, d'autant plus grave que cette opération avait été exécutée dans des conditions bien autrement favorables que celles dans lesquelles elle allait se renouveler le lendemain. Bianchi, alarmé par les rapports lui signalant les mouvements des deux divisions d'Ambrosio et de Lechi et prêtant à Murat l'intention de se porter vigoureusement en avant et de l'attaquer sur toute la ligne, avait confié au général Senitzer le commandement par intérim de ses troupes et quitté Borgoforte pour accourir à Occhiobello dans l'espoir d'y arriver encore à temps pour conjurer les dangers qui menaçaient la ligne du Bas-Pô [1].

Il n'avait d'ailleurs fait que prévenir les désirs de son général en chef, très mécontent de la façon dont le général Eckhardt avait compris et organisé la défense d'Occhiobello. Convaincu que Murat ne se porterait pas en masse sur la tête de pont tant qu'il lui faudrait s'occuper de Ferrare et qu'il serait par suite obligé de masquer un de ces points pendant qu'il attaquerait l'autre, reprochant, non sans raison, à Eckhardt, de n'avoir que 6 compagnies à la tête de pont et 3 en soutien alors qu'il disposait cependant de 5 bataillons et de 16 canons, Frimont venait précisément d'écrire à Bianchi et de l'inviter à prescrire à Eckhardt de masser ses troupes avec lesquelles il lui paraissait par-

---

1. K. u. K. Kriegs-Archiv. (Feld-Acten. Frimont). 1015. F. M. L. Bianchi au général de cavalerie Frimont. Borgoforte, 7 avril 1815. 7 et 8 h. du matin. IV. 125. IV. 126. — Ibidem. (Feld-Acten. Bianchi). 995. Journal de correspondance. Général-major Senitzer au général de cavalerie Frimont. Borgoforte, 7 avril 1815. 1 h. 1/2 après-midi. XIII. 51. 8.

faitement en état de résister à toute attaque. Après avoir, dans cette même dépêche, rassuré Bianchi sur le sort de la citadelle de Ferrare et lui avoir annoncé que non seulement le colonel Zichy serait rendu le 8 au matin à Occhiobello avec quatre escadrons et une batterie à cheval, mais que de plus il était décidé à renforcer avant tout la gauche de l'armée, il le priait, tant que les effectifs seraient aussi peu considérables, de ne pas les affaiblir par des détachements. Il lui mandait en outre que « dès qu'il aurait acquis la certitude que les Napolitains opéraient en forces sur le Bas-Pô, il devrait, sans perdre un instant, pousser avec son gros du *Cavo Bentivoglio* sur Modène ». Afin de mieux lui marquer encore que le moment de la reprise de l'offensive était proche et qu'il pouvait, sans rien craindre pour sa droite, renforcer sa gauche du côté d'Occhiobello, il l'informait que dès le lendemain 8, la brigade Gober se porterait de Castellucchio sur Borgoforte afin de lui servir de soutien [1]. Enfin, pour le laisser sous l'impression d'une nouvelle favorable et le débarrasser des inquiétudes que pouvaient lui donner les bouches du Pô où croisaient encore des bâtiments napolitains [2], il s'empressait de lui annoncer qu'il venait de recevoir l'avis officiel de la coopération de l'Angleterre [3].

Complètement hypnotisé par Ferrare et Occhiobello, Murat s'était fort peu occupé de ses deux autres divisions. Cependant, après avoir songé un moment à faire exécuter une démonstration à la brigade Carafa postée à Finale et à

---

1. *K. u. K. Kriegs-Archiv.* (*Feld-Acten. Frimont.*) 1015. Général de cavalerie Frimont au F. M. L. Bianchi. Piadena, 7 avril 1815. IV. 130 et (*Feld-Acten. Bianchi.*) 992. IV. 22. et IV. 23.
2. *K. u. K. Kriegs-Archiv.* (*Feld-Acten. Bianchi.*) 992. Général-major Eckhardt au F. M. L. Bianchi. Occhiobello, 7 avril 1815. 3 h. après-midi. IV. 20. — *Record Office. Foreign Office.* Vol. 121. (*Consuls Hoppner, Cooper, Gordon and various*). Cooper à lord Castlereagh. Venise, 7 avril 1815.
3. *K. u. K. Kriegs-Archiv.* (*Feld-Acten. Frimont*). 1015. Général de cavalerie Frimont au F. M. L. Bianchi. Piadena, 7 avril 1815. IV. 123.

Bondeno, après avoir prescrit à dix heures du matin à Lechi de tenir cette brigade prête à marcher au premier ordre, il n'avait pas tardé à changer d'idée. Un second ordre enjoignit simplement à Lechi d'envoyer un escadron à Ferrare et d'arrêter sa 1re brigade en marche de Bologne vers Cento sur le point même où cet ordre joindrait le général de Majo [1].

Quant à Carrascosa qu'il continuait à laisser immobile à Modène, Murat n'avait pensé à lui que fort avant dans la soirée. Il lui avait fait savoir qu'il avait « fait ce soir une forte reconnaissance sur Occhiobello qu'il attaquerait demain » et s'était contenté de lui dire : « Vous devrez pousser des reconnaissances sur la route de Pistoia où l'on assure que se trouve le général Nugent » [2].

Entre une et deux heures de l'après-midi, Livron était entré à Florence précédant de vingt-quatre heures l'infanterie de Pignatelli qui n'avait pu aller plus loin que Figline et Incisa. Les deux généraux avaient aussitôt écrit à Millet, le premier pour lui dire que dès le soir il se mettrait en marche pour exécuter les ordres qu'il avait reçus, le second pour lui mander que le 9 il serait en mesure de soutenir Livron sur la route de Pistoia.

Laissant à Prato et à Poggio à Cajano son arrière-garde couverte par une chaîne de petits postes, Nugent avait été s'établir avec son gros à Pistoia. Toujours actif et infatigable, non content de s'occuper de procurer aux troupes toscanes dont il avait pris le commandement tout ce qui leur manquait encore pour pouvoir être utilement employées en

1. *R. Archivio di Stato. Naples.* (*Carte di guerra* etc, etc.) 1060. Général Millet au général Lechi. Bivouac en avant de Cassana, 7 avril 1815. 10 h. matin et Pont de Cassana, 7 avril 1815. — *Archivio della Società di Storia Patria. Naples.* Logerot. *Memorie Storiche e Politiche* 7 avril.

2. *R. Archivio di Stato. Naples.* (*Carte di guerra*). 1060. Général Millet au général Carrascosa, Bivouac sous Occhiobello, 7 avril 1815. 10 h. soir. (*Billet au crayon.*)

campagne, sachant que les désertions devenaient de plus en plus nombreuses parmi les soldats de Livron et de Pignatelli, il avait immédiatement envoyé aux autorités toscanes l'ordre de faire bon accueil à ces déserteurs, de les munir d'une feuille de route pour Livourne d'où on les dirigerait sur leurs foyers et de leur faire connaître « qu'ils seraient traités au point de vue de leur logement et de leurs subsistances sur les lignes d'étapes d'après les règlements en vigueur en Toscane pour les troupes grand-ducales [1]. »

La désertion n'avait pas fait son apparition rien que dans les régiments de la Garde. Le jour même où Nugent s'adressait aux autorités toscanes pour les inviter à en faciliter le développement, à en encourager les progrès, le syndic de Lojano, celui d'une autre localité du département du Reno et le colonel Piella, commandant la gendarmerie de ce département, signalaient au préfet le grand nombre des déserteurs napolitains qui ne songeaient qu'à voler, qu'à piller et répandaient la terreur dans les campagnes. Ceux que les gendarmes du colonel Piella avaient réussi à arrêter appartenaient pour la plupart au 2º de ligne (division d'Ambrosio) [2].

---

1. *K. u. K. Kriegs-Archiv.* (*Feld-Acten. Frimont.*) 1015. Général comte Nugent au F. M. comte de Bellegarde et au général de cavalerie Frimont. Pistoia, 7 avril. IV. 140. au Grand-Duc de Toscane IV. ad 140. — *Ibidem.* (*Hof Kriegs Rath. Proesidial Acten.*) 1041. Général de cavalerie Frimont au F. M. Prince de Schwarzenberg. Castellucchio, 12 avril 1815. IV. 48. — *R. Archivio di Stato. Florence.* (*Affari Esteri*). Prot. 8. Nº 1. (*Invasione Napoletana*). Résumé des événements en Toscane du 30 mars au 20 avril 1815. — *Ibidem.* Fossombroni à Corsini. Florence, 7 avril. — *Ibidem.* Filza 11. 172. (*Movimenti, passaggio e partenza delle Truppe Napoletane*). Corfoni, Vicaire de Pescia, au gouvernement. Pescia, 7 avril 1815. — Rapports d'Arezzo, même date. — *Archivio della Societa di Storia Patria. Naples.* PIGNATELLI-STRONGOLI. Memorie. Lettre à S. M. la Reine Régente. Naples, 17 mai 1815. (*en français*). — *Record Office. Foreign Office.* Vol. 22. (*Tuscany. Burghersh.*) Lord Burghersh à lord Castlereagh. Pise, 8 avril 1815. (Dépêche Nº 34.) Lord Burghersh ne partit de Florence que le 7 au matin.

2. *R. Archivio di Stato. Bologne.* (*Governo Provisorio. Dipartimento del*

Pour la première fois aussi, on signalait d'autre part encore au général Millet des désertions assez nombreuses parmi les troupes qui formaient l'avant-garde de la 4º division en marche pour rejoindre l'armée en passant par les Etats romains. D'après les dires du maréchal de camp Roche et de Zuccari, ces désertions auraient été provoquées par les autorités pontificales qui auraient décidé un certain nombre de soldats du 10º de ligne à quitter le service du roi de Naples pour entrer à celui du Souverain Pontife [1].

C'étaient là des symptômes de mauvais augure, les premiers indices d'un découragement aussi dangereux que contagieux. La journée du 7 avril avait d'ailleurs été encore plus défavorable pour Murat qu'il ne le pensait le soir en s'irritant de l'insuccès de sa tentative contre Occhiobello, de cet insuccès uniquement dû cependant aux dispositions insuffisantes et défectueuses qu'il avait adoptées. Il ne se doutait certainement pas à ce moment que de Vienne on venait d'expédier à Bellegarde les lettres patentes érigeant les provinces autrichiennes de la Haute-Italie en Royaume Lombard-Vénitien [2]; mais il était encore bien plus loin de penser que Bentinck venait de lui porter le coup de grâce et de ruiner

Reno. Militari. 1815. *Disertori.*) Tit. 17. Rub. 18. 7 avril 1815. 7913 Nº 104. — 8015 Nº 30. — 8023. 58.

1. R. *Archivio di Stato. Naples.* (*Carte di guerra* etc., etc.). 1860. Maréchal de camp Roche au général Millet. Velletri, 7 avril 1815. — *Ibidem.* (Zuccari. *Crivelli. Affari di Roma.* 109.) Zuccari au duc de Carignano. Rome, 11 Avril 1815.

2. R. *Archivio di Stato. Milan.* (*Gride e Stampa.*) Lettres patentes du 7 avril publiées à Milan le 20 avril. Cf. Patente de S. M. l'Empereur d'Autriche par laquelle il déclare la formation du royaume Lombard-Vénitien et sa réunion à l'Empire, datée de Vienne du 7 avril 1815. — (D'ANGEBERG. *Congrès de Vienne* II. 1045-1047. Une ordonnance spéciale devait faire connaître, l'époque à laquelle cesserait l'existence de la Régence à Milan, du gouvernement provisoire à Venise, des préfectures et sous-préfectures et à partir de quel jour les *Consigli generali* des départements seraient considérés comme supprimés).

son dernier espoir. Par une note datée de Turin le 7 avril, lord William Bentinck avait fait connaître aux agents diplomatiques, aux commandants des forces militaires et navales de l'Angleterre en Italie, en leur donnant communication d'extraits des dépêches de Wellington; que : « *les hostilités ayant commencé entre Naples et l'Autriche, l'armistice avait pris fin et que par conséquent ils devaient à partir de ce moment prêter aide et assistance aux Autrichiens* » [1].

L'expédition de cet ordre si désastreux pour Murat rendait superflue la lettre jointe par Bellegarde à de nouvelles dépêches adressées par Wellington à Bentinck. Il était inutile de lui demander, comme il le faisait une fois de plus, « d'employer contre l'ennemi commun toutes les forces dont il pourrait disposer » [2].

Au milieu de cet effondrement général de ses rêves et de ses espérances, au moment où il allait se voir obligé de lutter seul contre deux des plus grandes puissances de l'Europe, une seule main se tendait vers Murat, un seul appui lui restait encore. Celui qu'il n'avait pas hésité à abandonner et à trahir donnait au duc de Vicence l'ordre de faire un rapport qui après avoir été lu au Conseil des Ministres devait être imprimé dans le Moniteur du dimanche 9 avril. « Ce rapport, disait l'Empereur [3], fera connaître nos rela-
» tions avec le roi de Naples, les avantages qui doivent en
» résulter et ce que nous savons sur ses opérations. *Ce
» rapport doit être clair et vrai* ».

1. *Record Office. War Office.* Vol. 186. (*Army in the Mediterranean. Bentinck.*) Lord William Bentinck aux agents diplomatiques et aux commandants des forces navales et militaires de l'Angleterre en Italie. Turin, 7 avril 1815.
2. *R. Archivio di Stato. Milan.* (*Atti Segreti*). VIII. F. M. comte de Bellegarde à lord William Bentinck. Milan, 7 avril 1815.
3. Napoléon. *Correspondance* T. 28. N° 21777. au général Caulaincourt, duc de Vicence, Ministre des Affaires Étrangères. Paris, 7 avril 1815. Ce rapport fut publié dans le *Moniteur* du 14 avril 1815.

L'Empereur n'était d'ailleurs pas resté si longtemps sans lui donner signe de vie, sans le rassurer sur ses intentions à son égard. Dès les derniers jours de mars, postérieurement au 25 et très probablement vers le 28 ou le 29, il lui avait écrit une lettre sans date, toute entière de sa main, lui annonçant son entrée à Paris et le départ des Bourbons, lui signalant l'enthousiasme général qui avait éclaté partout sur son passage, les dispositions du pays prêt à tous les sacrifices, la réunion de ses armées en Flandre, en Alsace, dans l'intérieur et dans le Dauphiné. « Jusqu'à cette heure, ajoutait-
» il, je suis en paix avec tout le monde. Je vous soutiendrai
» de toutes mes forces. Je compte sur vous. Aussitôt que
» Marseille aura arboré la cocarde tricolore, envoyez-y vos
» bâtiments pour que nous puissions correspondre, car je
» crains bien que la correspondance par l'Italie ne devienne
» difficile. Envoyez-moi un ministre ; je vous en enverrai
» un sur une frégate dans peu »[1].

1. NAPOLÉON. *Correspondance* T. 28. N° 21745 à Joachim Napoléon roi de Naples, (Sans lieu ni date). Cf. Note 1. Page 200

8 Avril 1815. — Combat d'Occhiobello. — Translation du Quartier-Général de Frimont de Piadena à Borgoforte et envoi de renforts à Bianchi. — Les rapports de Carafa, de Lechi et de Pepe. — Les reconnaissances de Starhemberg sur Carpi et sur Reggio. — Les Napolitains à Reggio. — Neipperg chargé du commandement par interim du 1er Corps (Radivojevich). — Situation et réclamations de Livron. — Pignatelli à Florence. — Sa note à Fossombroni et sa proclamation aux Toscans. — Les projets de Nugent d'après lord Burghersh. — Bentinck à Milan, en route pour le Quartier-Général de Frimont. — La note de Campochiaro et de Cariati à Metternich. — L'arrestation de Schinina à Mantoue.

La patience n'avait jamais été l'une des qualités dont Murat ait aimé à faire usage. Les attaques brusquées et de vive force plaisaient plus à son caractère impétueux et à son tempérament ardent que les mouvements étudiés, que les opérations rationnellement préparées dans lesquelles l'action combinée des différentes armes réussit à renverser, sans trop d'efforts et au prix de sacrifices relativement minimes les obstacles contre lesquels vient trop souvent se briser l'élan des meilleures troupes. La tentative infructueuse exécutée la veille et qui mieux et plus énergiquement conduite aurait eu de grandes chances de lui assurer les résultats désirés, cet insuccès, assurément regrettable pour lui, mais cependant loin d'être irréparable, aurait au moins dû l'édifier sur la situation, lui donner la mesure de la capacité de résistance de la tête de pont d'Occhiobello. On s'était, au cours de l'engagement de la veille, suffisamment approché des défenses autrichiennes pour pouvoir procéder à une reconnaissance approfondie de la position.

On avait pu constater, les généraux d'Ambrosio et Colletta
se sont chargés de nous l'apprendre, que la tête de pont
se composait d'une série de lunettes reliées entre elles soit
par des maisons crénelées, soit par des abatis; que le tracé
de l'ouvrage était bien entendu; mais aussi qu'en se mettant
en batterie sur la digue à droite de cette tête de pont on pouvait battre le pont de plein fouet, enfiler les défenses et
les prendre même à revers, démolir facilement tous les retranchements, les emporter alors sans peine, dans le cas où,
les Autrichiens écrasés par le feu de l'artillerie napolitaine
ne se seraient pas résignés à les évacuer avant l'assaut
final. Mais l'artillerie de position, dont on avait besoin
pour cette tâche, n'était pas arrivée. Les officiers du génie
de leur côté demandaient deux jours pour exécuter les travaux qui leur paraissaient indispensables. Murat, toujours
impatient, toujours pressé, refusa d'attendre, et dès son
retour de Ferrare[1] où il avait passé la nuit, il donna l'ordre
d'enlever la tête de pont de vive force.

Sans parler même de la nécessité de frapper l'imagination
des masses, d'effacer par un avantage réel l'impression causée par son insuccès de la veille, de presser l'exécution de
projets déjà compromis par les retards apportés à leur réalisation, par des considérations qui n'avaient pu manquer
de solliciter son attention et de préoccuper son esprit, la
hâte de Murat d'en finir avec Occhiobello s'explique cependant jusqu'à un certain point.

La démonstration de la veille, trop sérieuse pour être considérée comme une simple reconnaissance, avait forcément

---

1. Murat se croyait si sûr du succès qu'en quittant Ferrare de bon
matin il avait dit au nouveau podestat, le marquis Canonici : « Au revoir, à ce soir. » Il se proposait en effet, raconte CONTI dans ses *Annali
Storici di Ferrara* § 1340., (*Biblioteca Comunale.*) de revenir le soir même
à Ferrare où on ne le revit plus.

révélé ses véritables intentions à ses adversaires. « Murat
» semble porter le gros de ses forces vers le Bas-Pô, écrivait
» Frimont à lord Bentinck [1] et vouloir faire une entreprise
» sur Ferrare dont la citadelle mise en toute hâte en état
» de défense est occupée par nous. Je dirige sur ce point
» tous les renforts qui m'arrivent de l'intérieur et quelques-
» unes des troupes que j'ai ici ».

D'autre part, Bianchi, qui venait de rejoindre à Occhiobello le feld-maréchal lieutenant Mohr, constatait d'abord
que, quoique commencés depuis treize jours les travaux de
la tête de pont ne seraient achevés que le soir ou le lendemain ; qu'ensuite il y aurait non seulement lieu de modifier et d'améliorer le tracé et le profil de ces ouvrages,
mais d'en augmenter l'artillerie qu'il trouvait insuffisante.
De plus, les renforts venant de l'intérieur n'étaient pas encore arrivés ; ceux attendus pour le 10 ne devaient être à
Legnago que le 9, et les troupes qui garnissaient la tête de
pont ne se composaient par suite que de 10 compagnies du
régiment Wied-Runkel (1.800 hommes) et de 6 du régiment
Beaulieu (960 hommes) [2].

---

1. *Record Office. War Office.* Vol. 186. (*Army in the Mediterranean. Bentinck.*) Général de cavalerie Frimont à lord William Bentinck. Quartier-
général de Piadena, 8 avril 1815. (*en français*). Il ajoutait que Murat
ne pouvant manquer « d'étendre son entreprise par tous les moyens
» maritimes qu'il a rassemblés dans l'Adriatique » et la flotte autrichienne « y étant par trop faible », il le priait de donner aux forces
navales anglaises l'ordre de croiser vers les bouches du Pô.
2. *K. u. K. Kriegs-Archiv.* (*Feld-Acten. Bianchi.*) 995. *Correspondenz
Journal.* F. M. L. Bianchi au général de cavalerie Frimont. Occhiobello,
8 avril 1815. XIII. 52. 7. — Dans son rapport de même date (*R. Archivio
di Stato. Naples.*) d'Ambrosio estime à 15 bataillons et 15 escadrons les
forces mises en ligne contre lui par les Autrichiens qui auraient été
renforcées le matin par 8 bataillons.
Il importe de remarquer que d'après l'*Ordre de bataille* en date du
7 avril, les troupes de l'aile gauche du 11ᵉ corps ne se composaient
encore que de la Division Mohr (Quartier-général à Occhiobello) et
qu'elles étaient réparties comme suit : le major Brehm à Comacchio ; les

La défense du Bas-Pô à partir d'Ostiglia était, dès ce moment, divisée en trois secteurs : l'un, en amont d'Occhiobello allant de Bergantino (9 à 10 km. en aval d'Ostiglia) jusqu'à Occhiobello, l'autre, de ce point jusqu'à Crespino, et le troisième, jusqu'à la mer. La surveillance du fleuve était assurée de Bergantino jusqu'à Mesola (sur le Pô di Goro), sur une ligne de près de 100 kilomètres, par deux bataillons de chasseurs Fenner, un du régiment Saint-Julien et cinq compagnies du régiment Wied-Runkel [1], par un escadron et demi de hussards Liechtenstein qui éclairait de Bergantino à Occhiobello et par un demi-escadron en aval de ce point jusqu'aux bouches du Pô [2].

Le général d'Ambrosio avait pendant ce temps sur l'ordre de Murat formé en ordre oblique ses troupes, diminuées d'ailleurs de 20 compagnies et d'une partie de son artillerie laissées devant la citadelle de Ferrare, la deuxième brigade, dans la plaine et couverte sur son front par ses tirailleurs, la première, plus à gauche en terrain inégal et coupé de canaux, refusant sa gauche, se couvrant par des tirailleurs sur la route de Ravalle, son régiment de cavalerie à l'extrême gauche. Sous la protection de l'artillerie, les tirailleurs napolitains avaient à plusieurs reprises pu parvenir jusqu'à deux cents pas des ouvrages ; mais, malgré

---

brigades Eckhardt et Baumgarten, 7 bataillons et 3 compagnies à Occhiobello ; le général Lauer, à Ferrare. La brigade de cavalerie au général Taxis ne devait arriver que du 8 au soir au 10 au matin. Le reste du 11e corps ne se composait que de la brigade Starhemberg (un bataillon, 6 3/4 compagnies et une batterie à cheval, à Guastalla, Reggiolo et Moglia) et de la brigade Steffanini (5 bataillons et une demi-batterie) à Borgoforte. (*K. u. K. Kriegs-Archiv. Feld-Acten. Bianchi*). 992. Ordre de bataille du 11e corps, 7 avril 1815. IV. 21.

1. De ces 5 compagnies, l'une était encore en marche venant de Trévise et une autre avait ordre d'aller à Comacchio.

2. *K. u. K. Kriegs-Archiv.* (*Feld-Acten. Bianchi.*) 993. *Correspondenz. Journal.* F. M L. Bianchi au général de cavalerie Frimont. Occhiobello, 8 avril 1815. XIII. 52. g.

les renforts qu'on leur avait envoyés, ils avaient dû renoncer non seulement à pousser plus en avant, mais même à prendre pied sur le terrain qu'ils avaient péniblement gagné. Le combat durait déjà depuis quelques heures, lorsque Bianchi, à son arrivée sur le théâtre de la lutte, donna l'ordre d'exécuter une sortie générale. Immobilisant la gauche de d'Ambrosio à l'aide de démonstrations qui donnèrent au général napolitain des inquiétudes pour sa ligne de retraite sur Casaglia et le canal de Cento, il poussa vivement contre son centre et sa droite et les obligea à reculer. Après un combat des plus vifs, les 9e et 6e régiments de ligne parvinrent non sans peine à arrêter les progrès des Autrichiens, à exécuter une contre-attaque au cours de laquelle le général d'Ambrosio légèrement blessé eut son cheval tué sous lui et à contraindre en fin de compte les Autrichiens à se replier sur la tête de pont. L'approche de la nuit et les insistances de ses généraux obligèrent Murat à mettre fin à un combat qui avait coûté à ses troupes combattant à découvert des pertes aussi inutiles que sensibles.

La 2e division resta le 8 au soir devant Occhiobello. Murat, plus mécontent et plus découragé que la veille, retourna à Bologne après avoir donné au génie l'ordre d'exécuter les travaux qu'il avait jugés superflus le matin.

Quelqu'inconsidérée et mal préparée qu'ait été l'attaque de Murat, dont les troupes avaient d'ailleurs fait preuve d'entrain et de solidité, elle n'en avait pas moins donné des craintes sérieuses à Bianchi. « L'opération contre la tête de pont, écrit-il le soir même, a été mal conduite. Les Napolitains auraient dû agir plus énergiquement et en plus grosses masses pour emporter l'ouvrage de vive force au lieu de me donner le temps de m'y renforcer [1] ». Si la première

---

1. K. u. K. Kriegs-Archiv. (Feld-Acten. Bianchi.) 996. (Operations. Jour-

partie de la critique du général autrichien est parfaitement fondée, la seconde porte au contraire à faux. De part et d'autre, en effet, on avait mis en ligne toutes les troupes qu'on avait sous la main. Obligé de laisser une partie de la division d'Ambrosio devant la citadelle de Ferrare qu'on s'était contenté de canonner pendant le combat d'Occhiobello, Murat n'aurait pu disposer de plus de monde qu'en appelant à lui, ce qu'il n'avait osé faire de peur de découvrir Bologne, une partie des troupes de la division Lechi échelonnées entre Cento et Finale [1].

Pendant que Murat rentrait pour quelques heures à Bologne et prenait le parti de repartir le lendemain pour Mo-

---

nal). 8 avril 1815. Soir XIII. 68. — *Ibidem. (Feld-Acten. Frimont)*. 1015. F. M. L. Bianchi au général de cavalerie Frimont. Occhiobello, 8 avril 1815. 7 h. soir. IV. 162.

1. *R. Archivio di Stato. Naples. (Carte di guerra* etc., etc.*)*. Général d'Ambrosio au général Millet, devant Occhiobello et rapport sur le combat du 8 avril 1815. — *K. u. K. Kriegs-Archiv. (Feld-Acten. Bianchi.)* 995. Rapport officiel du général de cavalerie Frimont du 12 avril. XIII. 23. a. — *Ibidem. (Feld-Acten Frimont)*. 1015. F. M. L. Bianchi au général de cavalerie Frimont. Occhiobello, 8 avril 1815. 7 heures soir, IV. 62. — *Ibidem. (Hof Kriegs Rath. Proesidial Acten.)* 1041. Général de cavalerie Frimont au prince de Schwarzenberg. Castellucchio, 12 avril 1815. IV. 48. — *Record Office. War Office*. Vol. 185. (*Army in Mediterranean*). Sir John Dalrymple à lord Bathurst. Mantoue, 13 avril 1815. (Dépêche N° 1). — *Ibidem. Foreign Office*. Vol. 117. (*Austria. Stewart.*) Lieutenant-général lord Stewart à lord Castlereagh. Vienne, 14 avril (Dépêche N° 81). — *Ferrare. Archivio della Prefettura*. Rub. 14. (*Militari*). Dispositions prises par la Préfecture pendant l'occupation Napolitaine, du 7 au 13 avril. — *Biblioteca Comunale*. Conti. *Annali Storici di Ferrara*. § 1339. 134). 1342. (*Manuscrit*). — Sandri. *Storia della Citta di Ferrara*. — *K. u. K. Kriegs-Archiv. (Feld-Acten. Frimont)*. 1024. *Tagebuch über die Vertheidigung der Citadelle von Ferrara*. 7-12 avril. XIII. IV. — *Ibidem. (Feld-Acten. Bianchi)*. 995. *Correspondenz Journal*. 8 avril XIII. 8.

Cf. *Talleyrand au Roi*. Vienne, 15 avril 1815. (Dépêche 51.).« Les Autrichiens ont reçu d'Italie en date du 8 avril des nouvelles dont ils sont en général contents; mais ils sont contents de peu. Leur motif pour être satisfaits est que le corps d'armée de Murat, après avoir essayé sans succès de forcer la tête de pont d'Occhiobello, s'est retiré et toute son armée est entre Modène, Ferrare et la mer. Le général Frimont se croyait en mesure d'attaquer le 12. »

dène, Frimont expédiait de Piadena à Bianchi, en l'invitant à la faire parvenir immédiatement par parlementaire aux avant-postes napolitains, la déclaration de guerre de l'Angleterre à Murat. Se préparant à quitter dans l'après-midi Piadena et à établir son Quartier-général à Borgoforte, pensant que Bianchi avait déjà été rejoint par une partie des renforts en route, Frimont lui mandait qu'il avait ordonné au feld-maréchal lieutenant Knesevich de lui envoyer au plus vite deux bataillons du régiment Chasteller et que le général-major Haugwitz se portait à marches forcées avec trois bataillons du régiment Archiduc-Charles sur Occhiobello [1].

Murat, au contraire, dans la crainte de porter atteinte à l'équilibre déjà instable de ses trois divisions, n'avait pas osé faire exécuter le moindre mouvement à la division Lechi toujours immobile entre Cento, Finale et Bondeno. Il est juste de faire valoir cependant pour sa justification que ce fut seulement le 8 avril, à 10 heures du soir, que le général Carafa signala à Lechi [2] le retrait des postes autrichiens établis jusque-là du côté de Concordia (23 km. O de Finale et 8 km. de Mirandola) et l'enlèvement de toutes les barques de la Secchia.

Les renseignements envoyés par Carafa étaient en tous points conformes aux nouvelles que Pepe avait expédiées,

---

1. *K. u. K. Kriegs-Archiv.* (Feld-Acten. *Frimont*). 1015. IV. 149 et (*Feld-Acten. Bianchi*). 992. IV. 27. Général Frimont au F. M. L. Bianchi. Piadena, 8 avril 1815. matin.

2. *R. Archivio di Stato. Naples.* (*Carte di guerra.* etc.) 1060. Maréchal de camp Carafa au général Lechi. Finale, 8 avril. 10 h. soir. Général Lechi au général Millet. Cento, 9 avril 1815. 5 h. du matin. (Lui envoie le rapport de Carafa et tout en constatant le mouvement rétrograde des Autrichiens signale la présence du côté de Bondeno de quelques partis qu'il se propose de faire repousser.) — *R. Archivio di Stato. Modène.* (*Affari Esteri*). Filza A. Fasc. XXX. 245. 85. Général-major Steffanini au comte Munarini, 12 avril 1815. — *Archivio della Società di Storia Patria. Naples* LOGEROT. *Memorie Storiche e Politiche.* (Manuscrit.)

mais beaucoup plus tôt, de Carpi dès le 8 à trois heures du matin. Il confirmait l'apparition et la présence à Novi (3 km. S de Moglia) d'un détachement de 200 Autrichiens qui y bivouaquaient, mais se disposaient à rejoindre le gros de Starhemberg à Gonzaga où, d'après les rapports un peu prématurés mais d'ailleurs exacts de ses émissaires, ce général allait recevoir incessamment des renforts [1].

Starhemberg n'était pas resté aussi immobile à Gonzaga que Carafa à Finale et Lechi à Cento. Avant de partir de Piadena, Frimont désireux de savoir ce qui se passait du côté de Reggio et de Modène, et si les Napolitains continuaient à n'avoir que des patrouilles à Rubiera, avait prescrit à Senitzer (auquel avant de se rendre à Occhiobello Bianchi avait confié momentanément le commandement) de s'entendre avec Starhemberg pour pousser une forte reconnaissance sur Reggio [2]. Mais ce général, toujours actif et toujours vigilant, avait dès le matin fait battre le pays du côté de Carpi et envoyé dès la veille sur la route de Parme à Reggio un parti de 25 chevaux qui s'était établi à Calerno (à peu près à mi-chemin entre ces deux villes) et dont les patrouilles poussées le 8 au matin jusqu'aux environs de Reggio n'avaient pas relevé la moindre trace des Napolitains dont les avant-postes n'avaient pas encore dépassé la Secchia [3].

Starhemberg avait déjà expédié ces rapports et fait connaître de plus que les Napolitains restaient complètement

1. R. *Archivio di Stato. Naples.* (*Carte di guerra* etc, etc.) 1060. Général Pepe au généraux Millet et d'Ambrosio. Carpi, 8 avril 1815. 3 h. du matin.
2. *K. u. K. Kriegs-Archiv.* (*Feld-Acten. Bianchi.*) 992. Général de cavalerie Frimont au général-major Senitzer. Piadena, 8 avril 1815. IV. 22.
3. *K. u. K. Kriegs-Archiv.* (*Feld-Acten. Bianchi.*) 992. Général-major Starhemberg au F. M. L. Bianchi. Gonzaga, 8 avril 1815. IV. 24. — *Ibidem,* (*Feld-Acten. Frimont.*) 1015. IV. 161. au général de cavalerie Frimont. Gonzaga, 8 avril. IV. 174. a. — *Reggio. Biblioteca Comunale.* Sonini. (G. F.) *Cronaca.* 7 et 8 avril 1815.

immobiles tout le long du Cavo Bentivoglio, lorsque Senitzer lui communiqua, par une première dépêche partie de Borgoforte à quatre heures du soir, les instructions du général en chef. A dix heures du soir, il complétait encore ses instructions en l'avisant de l'envoi d'un renfort de deux bataillons et en l'invitant à tenir tout son monde prêt à exécuter au premier ordre reçu, soit de Frimont, soit de Bianchi une forte reconnaissance offensive sur Reggio et Correggio afin de déloger l'ennemi de Correggio et de Carpi et de l'obliger à se replier derrière la Secchia. Dès la réception de l'ordre définitif des généraux en chef, Starhemberg devait dans ce cas pousser en avant sa cavalerie venant de Gonzaga, attaquer simultanément Reggiolo et Moglia et s'efforcer d'enlever les troupes postées à Correggio [1].

Dans l'intervalle, entre onze heures et midi, un bataillon du 5e de ligne avait pris possession de Reggio et placé des avant-postes en avant de la ville. Les hussards autrichiens avaient filé à leur approche et étaient allés s'établir à Castelnovo di Sotto (13 km. NO de Reggio). Le soir venu, les Napolitains, au lieu de passer la nuit dans les casernes, allèrent camper hors de la ville, du côté de Modène et ne rentrèrent à Reggio que le 9 de grand matin [2].

---

1. *K. u. K. Kriegs-Archiv. (Feld-Acten. Bianchi).* 995. *Correspondenz Journal.* Général-major Senitzer au général-major Starhemberg. Borgoforte, 8 avril 1815. 4 h. soir et 10 h. soir. XIII. 51. 14. et 51. 15. — au colonel Scharlach, commandant par *intérim* la brigade Steffanini. Borgoforte, 8 avril 1815. 10 h. soir. XIII. 57. 17.

2. *K. u. K. Kriegs-Archiv. (Feld-Acten. Frimont.)* 1015. Général-major comte Starhemberg au général de cavalerie Frimont et au F. M. L. Bianchi. Gonzaga, 8 avril 1815. soir. IV. 174. b. et c. — *Ibidem. (Feld-Acten. Bianchi.)* 995. *Correspondenz Journal.* Général-major Senitzer au général en chef. Borgoforte, 8 avril. soir. XIII. 51. 15. — *Archivio della Societa di Storia Patria.* Naples. Logerot. *Memorie Storiche e Politiche.* (*Manuscrit*). 8 avril 1815. — Modène. *Archivio Storico. Museo Civico.* Rovatti. *Cronaca Modenese.* 8 avril. — Reggio. *Biblioteca Comunale.* Sonini. (C. F.) *Cronaca.* — *R. Archivio di Stato. Reggio.* Tit. XX. (*Polizia*). Filza F.

Pendant qu'à Mantoue le feld-maréchal-lieutenant Mayer von Heldenfeld s'empressait de porter par voie d'affiche la déclaration de guerre de l'Angleterre à Murat à la connaissance des populations [1], Carrascosa prenait à Modène une série de mesures administratives destinées à convaincre les sujets du duc de la solidité et de la durée du régime Napolitain. Afin d'assurer la marche régulière des affaires, il avait décidé la création d'un *corps collégial provisoire* remplaçant le Ministère sous le nom de *Commission d'Economie Publique* et désigné les trois membres dont elle devait se composer (le conseiller Pedrotti, le comte Torelli, et l'avocat Casoli). Cette commission devait en outre se charger d'assurer le service du logement et des prestations à fournir aux troupes de passage ou en station. Craignant de voir certains fonctionnaires hostiles au fond du cœur aux Napolitains apporter des empêchements à la libre circulation des grains et des farines, il avait fait savoir aux syndics, podestats et délégués qu'ils seraient dans ce cas immédiatement amenés à son Quartier-général et déférés aux Tribunaux. Il avait en même temps ordonné au podestat Li-

---

(*Provvidenze generali*) N° 1136. Fossa, Podestat de Reggio, au duc de Modène. Reggio 8 avril 1815. — *Ibidem*. (*Militari e guerra*). Tit. XXIII. Rub. IV. Filza 3. Fossa aux gouverneurs de la province, 8 avril N° 1188. Envoi par ordre du lieutenant-colonel Carrero de 50 exemplaires de la proclamation de Carrascosa aux soldats de l'ancienne armée d'Italie. — Podestat de Reggio. Procès-verbal de l'entrée des Napolitains. (*en français*) N° 1187... « Le lieutenant-colonel a déclaré à la députation (envoyée au-devant de lui par la municipalité)... qu'il n'y avait pas lieu de faire des distinctions entre Italiens, *puisque tous les Italiens doivent s'unir pour l'indépendance de l'Italie*. » Lieutenant-colonel Carrero, du 5e de ligne au Podestat. N° 1168. Il l'invite à faire imprimer 600 exemplaires de la proclamation et à la faire afficher dans toutes les communes. — *Ibidem*. (*Gride e Stampe*). Malaguzzi aux habitants de Reggio. Invitant les habitants à rester calmes, mais fidèles à la ligne de conduite qui leur est tracée par leur devoir et leurs serments.

1. *R. Archivio di Stato. Modène*. et *R. Archivio di Stato. Reggio*. (*Gride e Stampe*). Mantoue, 3 avril 1815.

vizzani de notifier par voie d'affiche aux conducteurs de voitures chargées de grains et de vivres qu'on leur délivrerait des passeports qui leur assureraient la protection des autorités et leur garantiraient toute liberté de déplacement [1].

Dans les Romagnes, à Bologne, à Forli, à Imola, à Lugo, à Ravenne, à Rimini, on s'occupait moins des questions administratives que des moyens d'entretenir, et surtout de stimuler l'enthousiasme de plus en plus tiède, de provoquer les enrôlements plus ou moins volontaires, et de se faire livrer les armes dont on avait si grand besoin [2]. Mais les événements malheureux des deux derniers jours n'étaient guère faits pour imprimer un nouvel essor à des sentiments que les masses étaient encore incapables de ressentir et encore moins disposées à manifester. On était loin des 12.000 volontaires promis et annoncés. Bologne et Ferrare étaient les seules villes qui avaient jusqu'ici répondu, quoique

1. *R. Archivio di Stato. Modène. (Gride e Stampe.)* Ordonnances du général Carrascosa et du podestat Livizzani. Modène, 8 avril 1815.
2. *R. Archivio di Stato. Bologne. (Stampe Governative)*. Agucchi, préfet du Reno, invite ses administrés à porter leurs armes à la caserne *della Santa*. Bologne, 8 avril. — (Proclamation et appel aux armes du comte Ginnasi. Forli, 8 avril. *Ibidem*. Tit. 17. Rub. 26 et du podestat de Lugo. — *Archives Particulières de M. Ambrosini. Bologne. Diario de* BEVILACQUA. Appel du général Arcovito aux fournisseurs militaires. — *Rome. Biblioteca Vittorio Emanuele. Busta* 5. 77. 78. 82. (Collection du Dr *Miserocchi*, de Ravenne). Décisions du Conseil Municipal de Rimini. Moyens de provoquer les élans patriotiques et les enrôlements, 8 avril et Zurlo à Strocchi, Vice-Préfet de Faenza. Bologne, 7 avril. — GIUDICINI. *Diario Bolognese*. — *R. Archivio di Stato. Bologne*. Tit. 17. Rub. 25. 8095. 615. Proclamation du Vice-Préfet de Porretta aux Syndics du district. Vergato, 8 avril. — Tant d'efforts pour aboutir à l'inscription de 39 volontaires à Imola. (Vice-Préfet d'Imola, 8 avril. Tit. 17. Rub. 26) ou au rapport de Bonnavisi, podestat de Molinella, au préfet du Reno, 10 avril 1815. (Tit. 17. Rub. 25. 8171-308) annonçant l'insuccès complet de ses tentatives pour provoquer des enrôlements volontaires. Sur 69 conscrits qu'il avait convoqués, « 21 seulement se sont présentés et tous ont refusé de partir comme volontaires. »

bien faiblement, aux espérances du Roi de Naples, et cependant il n'aurait fallu rien moins que le soulèvement général, que l'explosion du mouvement révolutionnaire dans la Haute-Italie pour paralyser et contrebalancer les mesures que venait de prendre Frimont. Le 8 avril en effet, il avait envoyé au feld-maréchal lieutenant comte de Neipperg l'ordre lui confiant *par intérim* le commandement du 1er corps d'armée. Ce corps encore en formation, et à la tête duquel on avait décidé de placer lorsqu'il serait complètement organisé le feld-maréchal-lieutenant Radiyojevich, devait se composer des brigades de Best, Gober, Fölseis et Spiegel, représentant un total de treize bataillons et dix-neuf et demi escadrons, deux compagnies de pionniers et trois batteries. Deux des brigades, dont il se composait, avaient ordre d'arriver la brigade de Best, le 10 à San Martino, et la brigade Gober, le 9 à Borgoforte; les deux autres étaient déjà rendues à Casalmaggiore [1].

Entré le 7 à Florence, Livron y avait été rejoint le 8 par Pignatelli-Strongoli. Il était tout naturel de penser, on n'en doutait pas au quartier-général napolitain, que d'après les réponses faites par ces généraux en possession des ordres pressants et multipliés de Murat, connaissant l'importance que leur Roi attachait à l'expulsion de Nugent hors de la Toscane, l'impatience avec laquelle il attendait la nouvelle lui annonçant qu'après l'avoir battu ils étaient en marche pour le rejoindre, Livron aurait immédiatement repris son mouvement en avant. Dès le 8, il aurait donc dû pour le moins reconnaître et tâter la position du petit corps autrichien et prendre ses dispositions pour l'attaquer à fond le

---

1. *K. u. K. Kriegs-Archiv. (Feld-Acten. Division Neipperg.)* 1013. Général de cavalerie Frimont au F. M. L. comte Neipperg. Piadena, 8 avril 1815. IV. 2.

lendemain 9 avec sa cavalerie soutenue par les fantassins de Pignatelli.

Il n'en avait rien été. Loin de sortir de Florence, Livron y fit séjour. Il préféra employer sa journée à se plaindre à Fossombroni. Nugent ayant fait arrêter en territoire toscan des courriers porteurs de fonds qui lui étaient destinés, il avait réclamé au Ministre du Grand-Duc la livraison de 1000 paires de souliers, 500 paires de bottes, 1000 chemises, 200 chevaux et enfin de 12.000 écus, en se fondant sur le fait que le gouvernement avait fourni au général autrichien non seulement des vivres, mais même des soldats. Malgré la pénurie du trésor qui mettait Fossombroni dans l'impossibilité de satisfaire à de telles exigences, il lui fallut cependant céder en fin de compte et faire en partie droit à sa demande [1]. Mais les deux généraux ne devaient pas s'en tenir là. Au lieu d'opérer contre Nugent, ils trouvèrent plus simple et plus facile de continuer à s'en prendre aux représentants du gouvernement toscan. A peine arrivé à Florence, au lieu de songer aux mouvements qu'il était cependant si urgent de faire exécuter à ses troupes, Pignatelli, n'ayant pas reçu de réponse à la lettre que Livron et lui avaient écrite le 6 à Fossombroni, s'était empressé de lui déclarer que, si les troupes toscanes ne se séparaient pas immédiatement de Nugent, si elles commettaient le moindre acte hostile, le Roi de Naples serait forcé « de voir dans cette attitude la preuve de l'intention du Grand-Duc de lui faire la guerre ». Ce n'était pas là d'ailleurs la seule plainte qu'il se plût à formuler. Il protestait également dans cette même note

---

[1]. R. *Archivio di Stato. Naples. (Affari Esteri). Prot.* 8. N° 1. (*Invasione Napoletana*). Général de Livron à Fossombroni et Fossombroni au général de Livron. Florence, 8 avril 1815. — *Ibidem.* Résumé des événements en Toscane du 30 mars au 20 avril. — *Archivio della Societa di Storia Patria. Naples. Pignatelli-Strongoli. Memorie.* (*Manuscrit*). Lettre à S. M. la Reine Régente. Naples, 17 mai 1815.

contre la proclamation « insultante » de Nugent qui « exci-
» tant à la guerre civile entre Italiens a été affichée à deux
» reprises à Florence et dans les provinces où l'on ne laisse
» pas ignorer au peuple que le gouvernement toscan par-
» tage et favorise les idées de Nugent ». Plus énergique en
paroles qu'en actions, Pignatelli n'avait pas hésité à donner
à la dernière phrase de sa note le caractère d'un véritable
ultimatum : « Si donc le Gouvernement toscan ne se conforme pas aux principes de la neutralité, nous serons obligés de l'y contraindre par la force [1] ».

Cette force, dont Pignatelli parlait si haut dans cette note,
il aurait mieux fait d'en faire sentir immédiatement le poids
à Nugent. Des opérations énergiques auraient en tous cas
produit plus d'effet que la grotesque et emphatique proclamation qu'il rédigea ce jour-là et qui devait, il n'en doutait
pas, frapper l'imagination des Toscans et effacer l'impression produite par celle de Nugent [2].

La journée ne s'était cependant pas passée aussi tranquillement que l'auraient voulu les généraux napolitains. Il y
avait eu dans le courant de l'après-midi quelques escarmouches qui engagées par les pointes poussées par les avant-
postes de cavalerie de Nugent avaient même causé pendant
quelques instants une véritable panique parmi les soldats
napolitains établis du côté de Ponte alle Mosse, presqu'aux
portes de Florence [3].

1. R. *Archivio di Stato. Naples.* (*Carte di guerra* etc, etc.) 1060. — R. *Archivio di Stato. Florence.* (*Affari Esteri*). Prot. 8. N° 1. (*Invasione Napoletana*). et Filza 2393. D° 17. (*Napolitani e Austriaci in Toscana.*) Général prince Pignatelli-Strongoli à Fossombroni. Note en date de Florence, 8 avril 1815.

2. Cf. ANNEXE XXIX. Proclamation de Pignatelli aux Toscans. (R. *Archivio di Stato. Bologna.*)

3. Cf. ANNEXE XXIX. Torelli au roi (Ferdinand IV) Florence, 10 avril 1815. — K. u. K. *Kriegs-Archiv.* (*Feld-Acten. Frimont*). 1015. Général comte Nugent au général de cavalerie Frimont. Pistoia, 9 avril 1815. IV. 193.

Nugent, comme il l'avait annoncé, à lord Burghersh [1], était fermement décidé, d'abord à ne pas se laisser passer sur le ventre, puis à se maintenir à tout prix en Toscane afin de manœuvrer sur les flancs et les derrières des Napolitains. Alliant la prudence à l'énergie, il comptait diriger ses opérations de façon à se réserver en cas de besoin la possibilité de se replier, non pas sur Modène ou Parme, mais sur Livourne où il savait trouver un refuge à bord de l'escadrille anglaise du commodore Campbell, ou bien encore sur Pise d'où il caressait le projet de prendre par Sienne et Arezzo pour aller s'établir sur la frontière du royaume de Naples [1].

Le parti désespéré, que Nugent songeait à prendre dans le cas où il aurait été délogé de Pistoia, eut été en réalité d'autant moins dangereux pour lui que non seulement il avait la possibilité de trouver à la dernière extrémité un refuge à bord des vaisseaux anglais, mais qu'il aurait été bien accueilli et aidé par les populations, enfin que la frontière napolitaine était ou entièrement dégarnie de troupes ou gardée par des unités dont la solidité était plus que douteuse.

— *R. Archivio di Stato. Florence.* (*Archivio Segreto. Polizia Segreta Toscana*). Filza 19. 445. 499. N° 471. — *Rapporti Riservati* de Chiarini, *Bargello* de Pistoia. Pistoia, 8 avril 1815. — *Record Office. Foreign Office.* Vol. 117. (*Austria. Stewart.*) Lieutenant-général lord Stewart à lord Castlereagh. Vienne, 19 et 21 avril 1815. (Dépêches N°s 40 et 41.)

1. *Record Office. Foreign Office.* Vol. 22. (*Tuscany. Burghersh.*) Lord Burghersh à lord Castlereagh. Pise, 8 avril 1815. (Dépêche N° 31.) — *K. u. K. Kriegs-Archiv.* (*Feld-Acten. Bianchi.*) 995. *Operations Journal.* XIII. 68. — *R. Archivio di Stato. Milan.* (*Atti Segreti.*) VIII. Chevalier de Lebzeltern au F. M. comte de Bellegarde. Gênes, 8 avril 1815. (N° 65).
« Lord Bathurst a promis d'envoyer des bâtiments croiser devant Ci-
» vita Vecchia et ordonnera de tenir à la Spezia des moyens de trans-
» port à portée et à la disposition du lieutenant-colonel Werklein s'il
» est obligé de se replier avec les Toscans sur la Spezia au lieu de sui-
» vre Nugent par Pontremoli sur Plaisance. »

Malgré son grand et très vif désir de coopérer activement à la cause commune et de réduire à néant par tous les moyens en son pouvoir les nouvelles, absolument contraires à la vérité que Murat se plaisait à répandre, d'une secrète intelligence entre l'Angleterre et lui, Bentinck, en passant par Milan pour se rendre au quartier général de Frimont n'avait pas pu dissimuler à Bellegarde[1] la faiblesse des ressources dont il disposait. Les forces anglaises dans la Méditerranée ne s'élevaient en effet qu'à 4.000 hommes en Sicile, un régiment à Gênes et quatre bâtiments de guerre. Mais en revanche l'annonce de l'envoi en Italie d'un contingent anglais, l'apparition même dans la Haute-Italie d'un corps expéditionnaire n'auraient jamais produit dans la Péninsule un effet comparable au coup terrible que porta à Murat la déclaration de Bentinck déjà affichée dans la Lombardie et la Vénétie et dont un parlementaire autrichien était sur le point de remettre la communication officielle aux avant-postes de l'armée napolitaine[2].

1. *Haus, Hof und Staats-Archiv.* (*Bellegarde* 123 b.) — *K. u. K. Kriegs-Archiv.* (*Hof Kriegs-Rath. Proesidial Acten.* 1041. IV. 13. et *R. Archivio di Stato. Milan.* (*Atti Segreti*). VIII. F. M. comte de Bellegarde au prince de Metternich. Milan, 8 avril 1815. (Dépêche N° 70).

2. La déclaration de Bentinck fut portée à la connaissance générale par la voie de la presse et des affiches. Sur tous les points occupés par les troupes Autrichiennes, elle fut affichée sous une forme à peu près semblable à celle adoptée à Comacchio, où elle fut publiée en ces termes :

« Par ordre de S. E. le F. M. L. de Mohr.

» Lord Bentinck a envoyé hier au Ministre Gallo un parlementaire
» porteur de la déclaration de guerre de l'Angleterre.

» Comacchio, 10 avril 1815.

» BREHM, major. »

R. Archivio di Stato. Bologne. (*Stampe governative.*)

On allait de plus paraphraser et reproduire dans les journaux de la Haute-Italie, à la disposition du gouvernement de Milan l'article virulent qui répondant à la proclamation de Rimini parut dans l'*Observateur Autrichien* (Journal rédigé sous l'inspiration de la Chancellerie.

Dans ces conditions, le sort réservé à la note, à la rédaction de laquelle Campochiaro et Cariati s'étaient appliqués avec tant de soin, dans laquelle ils avaient fait appel à toute leur habileté pour justifier la conduite de leur Roi et la marche de ses troupes vers le Pô, le sort réservé à cette note adressée à Metternich, mais qu'ils avaient cru devoir communiquer d'une façon toute spéciale à lord Clancarty, ne pouvait être douteux. Il eut été de toute façon trop tard

N° 105 du 15 avril 1815), et qui se faisait adresser de Milan une correspondance en date du 9 avril dont nous extrayons les passages suivants :
« ... L'Italie aspire au calme et au repos. Murat y est détesté parce
» que depuis la première guerre d'Italie il a été un des agents les plus
» actifs de la propagation de la misère générale. Dans le cours de la
» campagne de 1814, le pillage était systématiquement organisé dans
» son armée. Maintenant, s'adressant aux mauvaises têtes, il crie :
« *Devenez Italiens, et prenez-moi pour Roi.* » Aux princes, il affirme qu'il
» veut continuer à vivre dans la meilleure intelligence avec eux. A
» Bonaparte, il offre de partager l'Italie avec lui. A l'Autriche, il a de-
» mandé la reconnaissance de ses droits. Pour ce qui est de l'Angle-
» terre, il déclare qu'il est toujours son allié. C'est avec un tel sys-
» tème, fondé uniquement sur la fraude et le mensonge qu'il espère
» provoquer des troubles, paralyser tous les partis et faire tourner à
» son avantage le désordre qu'il se flatte de faire naitre. Une puissante
» armée formée des meilleures troupes autrichiennes mettra bientôt
» fin à ces odieuses tentatives ».
Expliquant en quelques lignes la retraite des troupes de Bianchi, l'auteur de l'article ajoutait :
« L'armée napolitaine ne s'avance qu'avec beaucoup de précaution,
» répandant partout des proclamations conçues dans le style le plus
» violent et le plus révolutionnaire. Les généraux napolitains pro-
» mettent partout la prospérité et le bonheur. Ils ont été reçus, eux et
» leurs proclamations, comme ils le méritaient, partout où on les a
» laissé pénétrer. Jusqu'à présent, aucune ville, aucune commune ne
» s'est prononcée en faveur de Joachim...
» Le 8 avril, lord Bentinck, général en chef des troupes anglaises
» dans le pays de Gênes et en Sicile, a passé par Milan pour se rendre
» au Quartier-général du général de cavalerie baron Frimont et con-
» certer avec lui les opérations militaires ultérieures. L'Angleterre
» conclut, comme on le sait, en janvier 1815, tant en son nom qu'en
» celui du roi Ferdinand avec Murat un armistice qui devait être dé-
» noncé trois mois avant sa rupture. A la suite de l'attaque dirigée par
» ce dernier contre les alliés de l'Angleterre, l'armistice a pris fin et
» Murat se trouve également en guerre avec l'Angleterre... »

pour avoir la moindre chance de se faire écouter. Les représentants de Murat à Vienne ne se le dissimulaient pas. Ils savaient mieux que personne que la diplomatie européenne avait, depuis quelque temps déjà, prononcé la condamnation de leur Roi. Obéissants et dévoués jusqu'au bout, ils continuaient à mettre toute leur habileté, toutes les ressources de leur intelligence au service d'une cause perdue [1]. Même avant la réception à Vienne du rapport de Frimont apportant la nouvelle de l'échec essuyé par Murat devant Occhiobello, il n'y avait plus rien à faire pour eux qu'à attendre les événements. Tous leurs efforts, il ne leur était plus possible d'en douter, étaient condamnés à échouer devant des résolutions tellement irrévocables que Talleyrand s'écriait joyeusement le jour même dans une lettre particulière qu'il écrivait à Castlereagh : « Les Autrichiens se sont enfin déci-
» dés contre Murat. Ils se placent comme auxiliaires de Fer-
» dinand IV » [2].

C'était chose tellement décidée que, pendant que les ministres de Naples remettaient à Metternich cette note qui allait être considérée comme « une véritable déclaration de guerre »[3], Schinina, que Campochiaro avait expédié en courrier de Vienne à Naples, était arrêté par les avant-postes autrichiens sur le Pô et conduit à Mantoue où on le retenait

---

1. ANNEXE XXX.
2. CASTLEREAGH. (*Letters and Despatches of lord*). X. 300. Prince de Talleyrand à lord Castlereagh. Vienne, 8 avril 1815. Cf. ANNEXE XXXI.
3. *R. Archivio di Stato*. Turin. *Congresso di Vienna*. Mazzo 2. S. 32. g. 39. Marquis de Saint-Marsan au comte de Vallaise. Vienne, 12 avril 1815. (Dépêche N° 94). « Le duc de Campochiaro et le prince Cariati ont re-
» mis, il y a trois jours seulement, une note qui est une véritable dé-
» claration de guerre, portant que toutes les démarches de leur Maître
» pour se faire reconnaître ayant été inutiles et les circonstances de
» l'Europe par l'invasion de Bonaparte se trouvant ce qu'elles étaient
» au commencement de 1814, le roi Joachim venait reprendre sur le
» Pô la position qu'il avait à cette époque. On leur a envoyé leurs pas-
» seports... »

prisonnier. Son arrestation avait eu lieu par ordre de Schwarzenberg qui voyait non sans raison des inconvénients à le laisser dépasser la ligne des avant-postes. Consulté par Metternich auquel Schinina s'était adressé pour réclamer sa mise en liberté, le généralissime avait fait savoir, trois semaines plus tard, au Chancelier qu'il avait autorisé Frimont à le laisser aller à Trieste, « d'où il pourrait s'embarquer pour se rendre à Naples [1]. »

1. *Haus, Hof und Staats-Archiv. (Neapolitanische Gesandlschaft in Wien).* F. 4. Chevalier Schinina au prince de Metternich. Mantoue, 9 avril 1815. — *Ibidem. Kriegs-Acten.* (Schwarzenberg. Metternich) F. 492. F. M. prince de Schwarzenberg au prince de Metternich. Vienne, 28 avril 1815. *Record Office. Foreign Office* Vol. 117. (*Austria. Stewart*). Général de cavalerie Frimont au F. M. prince de Schwarzenberg. Mantoue, 9 avril 1815. Prise et arrestation des courriers napolitains venant de Vienne et de Londres.

Le 17 mai, au moment où Bianchi portait les derniers coups au trône chancelant de Murat, le président du gouvernement à Trieste, Spiegelfeld adressait à Hager le rapport suivant qu'il nous a paru intéressant de consigner : « Schinina, Binda et le courrier Gourmetz (Gorney) qui avaient été retenus quelque temps par Frimont à Mantoue, m'ont été envoyés par lui avec l'ordre de les embarquer pour Naples après les avoir munis de passeports. Binda et le courrier se sont embarqués le 16 pour Manfredonia. Schinina a refusé de partir et a fait acte d'adhésion à Ferdinand IV, adhésion qui a été acceptée par le consul de Sicile. » *Archiv des Ministeriums des Innern.* 1815. (*Acten der Polizei Hof Stelle*). F. 528. 192/ad 192. Spiegelfeld au baron Hager. Trieste, 17 mai 1815.

Le 26 mai, Metternich, auquel Hager avait rendu compte de cet incident lui faisait savoir (*Ibidem*. Vienne, 26 mai), qu' « Après l'assu-
» rance donnée par Ruffo qui désire agir en faveur de Schinina, on a
» décidé de le laisser séjourner à Trieste. »

C'était encore de Schinina que Bianchi s'occupait dans une lettre qu'il adressait précisément le même jour, le 26 mai, à Gallo.

« En date du 18 de ce mois, le gouverneur de Mantoue me marque
» qu'à son retour les ci-devant employés diplomatiques napolitains
» présents dans cette place étaient le marquis de Saint-Elie (Schinina)
» le secrétaire Binda et le courrier Gorney, mais qu'au commencement
» de ce mois ils ont été escortés par un officier pour s'embarquer pour
» Naples, excepté le premier qui dit avoir donné sa démission. » (*Archives Particulières du duc de Gallo*.) Dossier N° 81. F. M. L. Bianchi au duc de Gallo. Naples, 26 mai 1815. (*en français.*)

9 Avril 1815. — La remise à Murat de la déclaration de guerre de l'Angleterre et le rappel à l'activité de l'ancienne armée italienne. — La nouvelle cocarde, les décrets et les proclamations. — Inaction des divisions napolitaines. — Bianchi retourne à Borgoforte. Ses ordres pour les opérations du lendemain. — Evacuation de Reggio par les Napolitains. — Escarmouches de Prato et de Poggio à Cajano.

Les dernières espérances de Murat étaient déjà bien près de s'évanouir au moment où le 8 au soir, triste, préoccupé, mécontent, il partait d'Occhiobello pour rentrer à Bologne. Une dernière déception l'y attendait. Bentinck avait mis sa menace à exécution, et le 9 à son réveil l'infortuné roi de Naples recevait la notification officielle de la déclaration de guerre de l'Angleterre. Il ne lui restait plus qu'une bien fragile planche de salut. Les édits, les proclamations, les appels aux armes n'avaient pu provoquer la levée en masse ; les volontaires promis ne se présentaient pas ; les Autrichiens se renforçaient de jour en jour, et l'Angleterre prenait ouvertement parti pour eux. Pour avoir l'ombre d'une chance de se maintenir, de se défendre, il lui reste, ou plutôt il s'imagine qu'il lui reste une dernière ressource, l'ancienne armée du royaume d'Italie, cette armée dissoute dont il a vainement tenté d'attirer à lui les soldats et qu'un décret rappelle à l'activité [1].

Un autre décret du même jour promettait aux engagés volontaires des emplois, dont ils seraient pourvus aussitôt après la campagne, et de l'avancement aux fonctionnaires

1. R. *Archivio di Stato. Bologne. (Stampe governative).* Décret rappelant à l'activité l'ancienne armée du royaume d'Italie. Bologne, 9 avril 1815. Cf. ANNEXE XXXII.

qui prendraient du service pour la durée de la guerre. Le même jour, en même temps qu'il exhortait les anciens officiers à se présenter et à se faire inscrire et qu'il renouvelait même cet appel vingt-quatre heures plus tard, le général Arcovito, en sa qualité de président de la commission de guerre italienne, mettait en adjudication par voie d'affiche la fourniture immédiate de 12.000 capotes de drap gris, 12.000 pantalons, 12.000 schakos, bonnets de police, sacs, gibernes, etc., et de 12.000 paires de bottes. Dans un autre ordre d'idées et dans l'espoir d'agir sur les esprits, une décision royale réunissait l'administration du département du Panaro au commissariat civil établi à Bologne. Le lendemain, un autre décret (du 10 avril) acceptait pour la durée de la guerre les services du corps de volontaires de Bologne organisé sous le nom de « *Chasseurs à cheval* », garantissait la possession de leurs grades aux officiers, allouait à chaque homme une somme de 440 *lires* destinée à l'achat de leurs chevaux, promettait la réintégration dans leurs emplois civils à ceux qui les auraient quittés pour faire partie de ce corps et décidait enfin que « le corps des chasseurs à cheval de Bologne conserverait ce nom après la guerre et ferait partie de la Garde royale ». D'autre part, pendant que les étudiants de Bologne appelaient aux armes leurs camarades de Modène et les exhortaient à suivre leur exemple, pendant que les commerçants de Ravenne assuraient Murat de leur dévouement et de leur fidélité, il avait bien fallu, au risque de mécontenter les populations, pourvoir aux besoins de plus en plus urgents de l'armée. Les caisses publiques étaient vides. Pour les remplir, on avait dû ordonner le payement anticipé, à raison d'un centime et trois millimes par écu monétaire, de la moitié des contributions foncières (*prediale*) des départements du Reno et du Rubicon venant à échéance en avril et en mai et dont on exigeait le payement avant la fin du mois d'avril. Enfin, on avait commis une faute d'autant plus grave qu'elle était inutile. Un dernier décret en date de ce même jour, décret destiné à donner aux idées de liberté et d'unité une impulsion qui leur manquait, à permettre en même temps aux défenseurs, aux partisans de ces grandes idées de se reconnaître et de se compter, déterminait les couleurs de la cocarde [1] que devraient désormais porter non seulement tous les militaires, mais tous ceux qui voulaient, qui désiraient l'Indépendance nationale. Mais au lieu de ressusciter les couleurs de la République Cisalpine et du royaume d'Italie, le tricolore vert, blanc et rouge qui avait reçu sur les champs de bataille le baptême du feu et de la gloire, on avait malencontreusement uni le vert à l'amarante de la cocarde napolitaine [1]. Ne semble-t-il pas, comme l'a fait si justement remarquer Dufourcq [2], « que ce soit bien moins l'indépendance de l'Italie que son absorption par le royaume de Naples que promette cette armée napolitaine ».

Bien que Murat ne désespère pas encore, le découragement, on n'en saurait douter, s'est cependant emparé de lui, puisque l'attaque infructueuse exécutée la veille contre Occhiobello aura été, à proprement parler, sa dernière opération offensive. A partir de ce moment l'initiative des opérations lui échappe et n'appartient plus qu'à ses adversaires. N'osant pas renouveler avec des troupes durement éprouvées par le combat de la veille l'attaque de la tête de pont, il n'essaye même pas d'entreprendre quoi que ce soit de sérieux contre cette citadelle de Ferrare devant laquelle continuent à rester en observation trois bataillons qui, s'il avait pu en disposer le 7 et surtout le 8, lui auraient vraisemblablement permis

---

1. *R. Archivio di Stato. Bologne.* (*Stampe governative.*) Bologne, 9 et 10 avril 1815. Cf. ANNEXE XXXIII.
2. A. DUFOURCQ. Murat et la Question de l'Unité Italienne en 1815.

de briser la résistance des Autrichiens et d'en finir avec Occhiobello. On se contente d'envoyer de temps à autre quelques coups de canon à la citadelle où, comme le général Medici le constate philosophiquement, les Autrichiens continuent leurs travaux de défense [1].

C'est uniquement vers les bouches du Pô que les Napolitains font preuve de quelque activité et se livrent sur mer à quelques platoniques démonstrations. Le commandant de la marine à Ravenne se propose à ce moment de remplacer devant Goro la *Lætitia* par la *Caroline* et un brick aviso, en même temps que la division de canonnières, qui a appareillé de Rimini, a reçu l'odre d'attaquer les voiles autrichiennes qui se montreraient dans ces parages [2].

Sur tout le reste du front, les Napolitains n'entreprenrent quoi que ce soit. Devant Occhiobello, le génie procède méthodiquement et lentement aux travaux qu'il vient de commencer. Lechi reste aussi immobile que la veille entre Cento et Finale [3]. Pepe informé par ses émissaires et les gens du pays des préparatifs et des mouvements des Autrichiens a trop peu de monde avec lui pour risquer une reconnaissance qui pourrait l'obliger à s'engager trop sérieusement et qu'à cause de l'heure avancée il ne pourra plus entreprendre le soir lorsque lui arrivera le bataillon de renfort envoyé par Carrascosa et qui portera l'effectif total de sa petite colonne à 2.500 hommes [3].

Pendant que Murat avait manœuvré par sa droite sur Fer-

---

1. R. *Archivio di Stato. Naples.* (*Carte di guerra* etc., etc.) 1000. Général de Medici au général Millet. Ferrare, 9 avril. — *K. u. K. Kriegs-Archiv.* (*Feld-Acten. Frimont.*) 1024. *Tagebuch üler die Vertheidigung der Citadelle von Ferrara* (7-12 avril 1815). XIII. 14. — Ferrare. *Biblioteca Comunale.* Conti. *Annali Storici di Ferrara* etc. § 1341.
2. R. *Archivio di Stato. Naples.* (*Carte di guerra* etc., etc.). 1060. Commandant de la Marine au général Millet. Ravenne, 9 avril 1815.
3. *Archivio della Societa di Storia Patria. Naples.* Logerot. *Memorie Storiche e Politiche.* (*Manuscrit.*). — Pepe. *Memorie.* II. 370.

rare et Occhiobello, qu'il n'avait plus sur sa gauche que Carrascosa à Modène, Pepe à Carpi et un bataillon à Reggio, l'aile droite autrichienne s'était sensiblement renforcée. Neipperg venait de recevoir de Frimont l'ordre d'être le lendemain en position à Curtatone avec ses 13 bataillons et ses 19 1/2 escadrons [1], et les troupes du F. M. L. Merville servant de réserve générale (5 bataillons, 4 escadrons) se tenaient entre Marcaria et Bozzolo. La rive droite du Pô en arrière du Cavo Bentivoglio continuait à être gardée par les 9 bataillons, les 6 3/4 escadrons et les 3 batteries des généraux Starhemberg, Steffanini et Senitzer. Telle était la position de l'aile droite au moment où Bentinck se rendait de Milan à Mantoue pour conférer avec Frimont, lui renouveler verbalement l'assurance de son concours et lui communiquer de vive voix les impressions que Dalrymple, qui l'avait rejoint à Turin, avait rapportées de son séjour au Quartier-général napolitain [2].

Se croyant de son côté suffisamment éclairé sur les projets de Murat par ce qu'il venait de voir à Occhiobello, convaincu qu'après avoir perdu un temps irréparable, le Roi de Naples allait être plus hésitant que jamais, jugeant que sa présence n'était plus indispensable à son aile gauche, Bianchi, après avoir laissé ses instructions à Mohr, était reparti pour Borgoforte. Il s'était arrêté quelques instants en route à Mantoue, juste le temps de soumettre à l'approbation de Frimont l'opération qu'il méditait contre Carpi et qu'avaient d'ailleurs déjà préparée les instructions envoyées pendant son absence par le général en chef à Se-

1. *K. u. K. Kriegs-Archiv.* (*Feld-Acten. Neipperg.*) 1013. Général de cavalerie Frimont au F. M. L. comte Neipperg. Mantoue, 9 avril 1815. IV. 4.

2. *Record Office. Foreign Office.* Vol. 117. (*Austria. Stewart.*) Général de cavalerie Frimont au F. M. prince de Schwarzenberg. Mantoue, 9 avril 1815.

nitzer et à Starhemberg. Complétant ses ordres de la veille, Frimont avait en effet pendant le cours de la journée du 9 prescrit à Starhemberg et à Steffanini de pousser en avant du Cavo Bentivoglio. Il avait recommandé au premier de ces généraux de se garder sur sa gauche, d'avoir l'œil ouvert sur Bondanello et Santa Lucia (sur la base Secchia); au second, de laisser du monde à Guastalla et sur le Cavo Bentivoglio ; au général Senitzer, d'aller s'établir à Gonzaga dès l'arrivée des trois bataillons de la brigade Gober à Borgoforte ; enfin au colonel Papp, de se porter avec deux bataillons du régiment Esterhazy, deux escadrons de hussards et une demi-batterie de Plaisance par Parme sur Reggio et Rubiera [1].

Tout était donc préparé pour l'attaque du lendemain, et Bianchi en arrivant le soir à Borgoforte n'attendait plus pour envoyer ses dernières instructions que les rapports de Starhemberg. Entre temps il lui avait mandé de venir le trouver le 10, à 9 heures du matin, à Gonzaga où la brigade Senitzer devait être rendue une heure plus tard [2]. Tout en se préoccupant de cette opération, Bianchi n'avait pas perdu de vue son aile gauche et en faisant part à Mohr de la diversion qu'il comptait exécuter le lendemain en sa faveur, il l'avait en même temps informé de l'arrivée à Occhiobello, le jour même d'un bataillon du régiment Saint-Julien, de trois autres bataillons qui devaient y être rendus le 12 et du départ de Legnago d'une batterie de six livres, de deux pièces de 12 et de deux obusiers [2].

---

1. *K. u. K. Kriegs-Archiv. (Feld-Acten. Frimont.)* 1015. Général de cavalerie Frimont au F. M. prince de Schwarzenberg. Mantoue, 9 avril 1815. IV. 181. — *(Feld-Acten. Bianchi.)* 992. Au général-major Senitzer. Mantoue, 30. — *Ibidem.* 996. *Operations Journal.* XIII. 68.

2. *K. u. K. Kriegs-Archiv. (Feld-Acten. Bianchi.)* 995. F. M. L. Bianchi au général-major comte Starhemberg et au F. M. L. Mohr. Borgoforte, 9 avril 1815. 8 h. 30 soir. XIII. 52.

Entre temps, Carrascosa auquel n'avaient pas échappé les mouvements que les Autrichiens avaient déjà esquissés la veille, trouvant que Pepe était à la fois trop faible et trop en l'air, mais reconnaissant d'autre part la nécessité de conserver un point aussi important que Carpi, avait donné au bataillon détaché la veille sur Reggio l'ordre d'évacuer cette ville et de se porter par Correggio sur Carpi, où il arriva vers le soir. Quelques heures après le départ des Napolitains, l'une des reconnaissances envoyées par Starhemberg entrait à son tour à Reggio, envoyait des patrouilles sur Correggio et s'y établissait au bivouac pour y attendre, comme elle en avait l'ordre, l'arrivée du colonel Gavenda[1].

En Toscane, tout en reconnaissant que grâce à leur supériorité numérique ils devaient parvenir sans trop de peine à rejeter dans la montagne Nugent dont la présence à Pistoia les empêchait de rejoindre Murat, Livron et Pignatelli continuaient à perdre un temps précieux. Au lieu de ne songer qu'à écraser sous leurs forces réunies un adversaire dont la faiblesse et les positions leur étaient connues, ils préférèrent préluder à leurs opérations par des reconnaissances aussi timidement exécutées que maladroitement combinées. Après avoir cru utile de se couvrir du côté de Livourne, en envoyant le 8 sur Empoli un détachement qui donna dans le vide, Livron poussa le 9 au matin une reconnaissance contre Prato occupé par le gros des avant-postes de Nugent. Le major Flette qui commandait sur ce point fit bonne contenance et parvint non seulement à arrêter les

---

3. *K. u. K. Kriegs-Archiv.* (*Feld-Acten. Bianchi.*) 992. Capitaine Wolf au général-major comte Starhemberg. Reggio, 9 avril 7 h. soir. — Général Starhemberg au capitaine Wolf. Gonzaga, 9 avril 10 h. soir. IV. 23. a. IV. 29. — *Reggio. Biblioteca Comunale.* Sonsi. *Cronaca.* — *R. Archivio di Stato. Reggio.* (*Militare e guerra*). Tit. XXVII. Rub. XV. Filza 3. (*Truppe Estere nello Stato.*) Podestat Fossa. Procès-Verbal de l'évacuation de Reggio, 9 avril 1815. N° 1198.

Napolitains par ses feux, mais même à conserver, malgré son infériorité numérique, sa position pendant toute la journée.

Plus à gauche une autre colonne napolitaine avait poussé plus tard, vers midi seulement, sur Poggio à Cajano, (9 km. S. de Prato sur la route directe de Pistoia) où Nugent avait établi un petit poste fourni par un détachement mixte qui à cause du faible effectif des troupes autrichiennes de première ligne ne se reliait avec Prato que par des patrouilles. De ce côté encore la colonne napolitaine, après avoir chassé devant elle les vedettes et les petits postes avancés, avait été arrêtée et même rompue par une charge exécutée par un peloton de cavalerie servant d'escorte à un officier d'état-major en train d'exécuter une reconnaissance. Rejetés sur leurs soutiens, les Napolitains avaient laissé entre les mains des cavaliers autrichiens un lieutenant-colonel et 32 hommes. Bien qu'elle se fut reportée en avant dès qu'on eut réussi à la reformer, cette colonne s'arrêta vers le soir en vue de Poggio à Cajano, où Nugent avait eu le temps de jeter un bataillon, et se contenta du peu de terrain qu'on lui avait abandonné [1]. C'était là un début aussi peu heureux que

1. *K. u. K. Kriegs-Archiv.* (*Feld-Acten. Bianchi.*) 993. *Operations Journal.* 9 avril 1815. XIII. 68. — *Ibidem.* 995. Frimont. Rapport officiel du 12 avril XIII. 25. a. — *Ibidem.* (*Feld-Acten. Frimont.*) 1015. Général comte Nugent au général de cavalerie Frimont. Pistoia, 9 avril 1815. IV. 193. Général de cavalerie Frimont au général comte Nugent. Castellucchio, 12 avril 1815. IV. 247. (Éloges adressés au général Nugent et au capitaine Radischitz, « l'officier d'état-major qui a fait prisonniers le lieutenant-colonel Galvani et 32 cavaliers napolitains »). — *R. Archivio di Stato. Florence.* (*Archivio Segreto.*) Filza II. 172. (*Movimenti, passagio e partenza delle Truppe Napolitane*). Cercignani au *Buon Governo*. Pistoia, 9 avril. — *Ibidem.* Filza 19. N° 471. *Rapporti Riservati* de Chiarini, Bargello de Pistoia. 9 avril. — *Record Office. Foreign Office.* Vol. 22. (*Tuscany. Burghersh.*) Lord Burghersh à A'Court. Livourne, 10 avril, à lord Castlereagh. Livourne, 11 avril 1815. (Dépêche N° 35). « La garde napolitaine n'a fait preuve ici ni du courage ni de la discipline qu'on est en droit d'attendre d'une troupe d'élite. »

brillant et qui permettait d'autant moins de bien augurer de l'avenir que Nugent était moins timide et autrement actif que les généraux napolitains. Informé que des troupes appartenant à la 4ᵉ division continuaient à défiler sous Rome pour se diriger soit sur la Toscane, soit par Foligno vers les Marches, il avait dès le 7 détaché dans l'Apennin un petit parti sous les ordres du capitaine Bernardini, auquel il avait confié la mission de soulever les habitants et d'inquiéter l'ennemi du côté d'Arezzo et de Gubbio et, si faire se pouvait, dans la direction d'Urbino et de Rimini [1]. D'autre part, afin de bien marquer qu'il entendait exercer sérieusement et effectivement le commandement des troupes toscanes, il avait donné dès le 8 l'ordre d'organiser pour le service des avant-postes un bataillon de chasseurs toscans, dont il confia le commandement au major Spannocchi, et d'augmenter de deux compagnies de fusiliers chaque régiment d'infanterie toscane [2].

1. *K. u K. Kriegs-Archiv.* (*Feld-Acten. Frimont.*) 1015. F. M. L. comte Nugent au général de cavalerie Frimont. Pistoia, 9 avril, 6 h. matin. IV. 212. a. — Nugent. *Nouveaux papiers.* (Détachement Bernardini). — *R. Archivio di Stato. Naples.* (*Affari di Roma*) 109. (Zuccari-Crivelli.) Zuccari au duc de Carignano. Rome, 11 avril 1815. — *R. Archivio di Stato. Milan.* (*Atti Segreti*). VIII. F. M. comte de Bellegarde au F. M. L. comte Bubna. Milan, 18 avril 1815.
2. *R. Archivio di Stato. Florence.* (*Stampe governative.*) Filza 6. 79. Général comte Nugent. Pistoia, 8 avril 1815.

10 Avril 1815. — **Combat de Carpi. — Positions des Belligérants le 10 au soir sur la ligne Ferrare-Modène. — Les désertions et les mesures de répression contre les déserteurs. — Nugent replie ses avant-postes sur Pistoia. — Les Napolitains occupent Prato et Poggio à Cajano. — La proclamation de Fossombroni aux Toscans. — La réponse de Metternich à la note du 8 avril. — La déclaration de guerre de l'Autriche. — Les dépêches du 11 avril de Metternich à Bellegarde. — L'article de la Gazette de Vienne du 12 avril. — La mission et l'arrestation de Binda. — Les ordres de l'Empereur à Decrès et à Caulaincourt. — L'envoi d'un ministre de France à Naples.**

Tout en persistant à ne vouloir prendre décidément et vigoureusement l'offensive que lorsque les renforts annoncés et en route seraient plus près de lui et sur le point de le rejoindre, Frimont se rendant aux considérations exposées par Bianchi avait reconnu cependant les avantages résultant du mouvement général en avant que tant afin de faire une diversion en faveur d'Occhiobello que de donner à l'ennemi des inquiétudes pour sa gauche, ce général se proposait d'exécuter sur Carpi [1].

Entre temps et bien qu'assez incomplètement renseigné sur la force réelle et la position des Napolitains [2], Bianchi

---

1. *K. u. K. Kriegs-Archiv.* (*Feld-Acten. Frimont.*) 1015. F. M. L. Bianchi au général de cavalerie Frimont. Borgoforte, 10 avril matin. IV. 201. — Général de cavalerie Frimont au F. M. L. Bianchi. Castellucchio, 10 avril IV. 203. (Autorise le mouvement proposé par Bianchi, mais lui défend de prendre l'offensive.)

2. *K. u. K. Kriegs-Archiv.* (*Feld-Acten. Bianchi.*) 995. (*Correspondenz. Journal.*) F. M. L. Bianchi au général de cavalerie Frimont. Borgoforte, 10 avril matin. « Les nouvelles venant des avant-postes sont si confu-
» ses que j'ignore la force réelle des Napolitains. Toutefois, et surtout
» d'après ce qui m'a été dit par l'archiduc François (le duc de Modène)

avait dès la veille au soir envoyé ses ordres de mouvement et ses dispositions pour l'attaque de cette ville, dispositions qui ne répondaient guère aux précautions, peut-être exagérées dont il fait mention dans une de ses dépêches à Frimont : « En me portant en avant, il me faudra être prudent et marcher concentré [2] ». Ces craintes n'avaient dû lui venir que plus tard, et postérieurement au moment où il avait lancé ses ordres et décidé de se porter en avant sur quatre colonnes.

La première sous les ordres du général-major comte Starhemberg (trois bataillons d'infanterie, deux compagnies de chasseurs, quatre escadrons de hussards et une demi-batterie à cheval) constituait la colonne principale qui suivant la route de Moglia à Novi devait réunir ses différents éléments au Ponte della Pietra (environ 2 km. Nord de Carpi) et pousser ensuite droit sur Carpi.

La deuxième colonne, marchant à droite de la première et à la tête de laquelle se trouvait le colonel Gavenda, (huit compagnies, un et demi escadron et l'autre moitié de la batterie à cheval) avait ordre de marcher de Guastalla par Novellara sur Correggio, de détacher de ce point deux compagnies et un escadron qui prenant sur Santa Croce déboucheraient sur la route de Modène au sud de Carpi sur les derrières des défenseurs de cette ville, tandis que Gavenda irait sur Rubiera avec la mission de couper de Modène les troupes napolitaines qu'on supposait encore à Reggio et contre lesquelles on avait également mis en marche la petite colonne du colonel Papp venant de Plaisance (deux bataillons, deux escadrons et une demi-batterie)[1].

» on peut l'évaluer à une division qui tient Reggio, Modène, Carpi et
» Bondeno. En me portant en avant il me faudra être prudent et mar-
» cher concentré. » XIII. 52. 15.
1. *K. u. K. Kriegs-Archiv.* (*Feld-Acten. Bianchi.*) 995. (*Correspondenz*

Sur la gauche de la colonne principale, le lieutenant-colonel Neumann devait avec trois compagnies et deux pelotons de hussards aller sur Concordia, y passer la Secchia, pousser sur Mirandola et de là le plus en avant possible sur Finale.

A l'extrême droite enfin, le capitaine Wolf, qui flanquait avec deux compagnies et un demi-escadron la colonne de Gavenda, avait pour mission de se porter sur Reggio, de donner la main au colonel Papp, d'en chasser l'ennemi de concert avec lui et d'opérer sa jonction avec la deuxième colonne à Rubiera.

Bianchi avait complété ces mesures en laissant en réserve à Novi huit compagnies d'infanterie et un demi-escadron avec le général-major Steffanini chargé de lui servir de soutien et d'assurer sa retraite. Le général Senitzer était en marche de Borgoforte sur Gonzaga; les passages de la basse Secchia étaient surveillés par une compagnie et un demi-escadron. Enfin la garnison de Mantoue avait fait occuper Ostiglia par deux compagnies, un demi-escadron et une demi-batterie. Malgré la précision et la minutie même de ces ordres, l'attaque de Carpi, que Bianchi comptait exécuter dès neuf heures du matin, ne put avoir lieu que beaucoup plus tard, vers cinq heures de l'après-midi.

Comme beaucoup de petites villes italiennes, Carpi était à cette époque (et est encore actuellement, en partie du moins) entourée de hautes et épaisses murailles qui facilitaient d'autant plus la défense que le terrain aux environs de la ville est entièrement plat et découvert.

Mis en éveil par les mouvements qu'il avait remarqués la veille, Pepe rejoint le 9 au soir par un bataillon du

---

Journal.) F. M. L. Bianchi au colonel Papp. Borgoforte, 10 avril 1815. XIII. 52. 14.

5e de ligne avait voulu s'éclairer plus complètement. Longeant avec deux bataillons et un peloton de cavalerie le canal de Carpi à Novi, il avait poussé en personne une reconnaissance et éventé la marche de la colonne de Starhemberg. Se repliant aussitôt sur Carpi, il avait pu y prendre ses dispositions en connaissance de cause [1].

Cette reconnaissance lui avait été d'autant plus utile qu'elle avait été la cause première du retard que subirent les opérations des colonnes de Bianchi. La colonne de Starhemberg venait de déboucher de Novi, lorsque ce général, prévenu par des gens du pays de la présence d'une colonne napolitaine sur sa gauche du côté de Rovereto, crut prudent de ralentir sa marche jusqu'à la rentrée des reconnaissances qu'il envoya dans cette direction [2].

Le détachement d'extrême gauche que Steffanini avait mis en route dès la veille avait eu d'autant moins de peine à s'acquitter de sa mission, qu'arrivé à Concordia dans la nuit du 9 au 10 il n'y avait trouvé personne. Le lieutenant-colonel Neumann avait en conséquence continué de grand matin sa marche sur Mirandola (à environ 8 kil. S.-E. de Concordia) que d'après les renseignements recueillis les Napolitains se proposaient de faire occuper par une petite colonne aux ordres du général Carafa (3e division) et qu'on lui disait forte de 2.000 hommes, 60 chevaux et un canon. On savait de plus qu'il n'existait tant à Concordia qu'à Bondanello qu'un pont volant dont on aurait eu beaucoup de peine à se servir en cas de retraite puisqu'on n'aurait guère pu y passer que par un. On avait, du reste, pris les dispositions nécessaires pour parer à ce grave inconvénient et

---

1. PEPE. *Memorie*. II. 267-268.
2. K. u. K. *Kriegs-Archiv*. (*Feld-Acten. Bianchi*.) 992. Général-major comte Starhemberg au F. M. L. Bianchi. (*Billet au crayon*), sur la route et à 1 mille de Carpi, 10 avril 9 h. matin. IV. 38.

poussé rapidement l'établissement d'un véritable pont [1].

Rassurée sur ce qui se passait sur sa gauche, la première colonne aurait donc été parfaitement en mesure de commencer l'attaque à l'heure prescrite, si son chef avait eu à ce moment des nouvelles lui annonçant l'approche du côté de Santa Croce de la deuxième colonne. Mais un ordre mal donné ou mal compris avait sensiblement retardé la marche des troupes confiées au colonel Gavenda.

Gavenda, qui avait reçu dans la nuit à Novellara, où il était arrivé après une marche assez pénible, l'ordre le dirigeant sur Correggio et Rubiera, sans nouvelles depuis la veille du détachement du capitaine Wolf envoyé sur Reggio, avait dû donner quelques heures de repos à ses troupes avant de les remettre en mouvement. Il n'en avait pas moins fait partir dans la matinée les deux compagnies et l'escadron qui devaient s'établir à Santa Croce. Tout marchait jusquelà régulièrement et conformément aux instructions de Bianchi, lorsqu'un peu avant d'arriver à Correggio Gavenda fut rejoint par un ordre inexplicable lui enjoignant de s'y arrêter [2].

Entre temps, les avant-postes de Pepe, qui à onze heures du matin avaient échangé les premiers coups de fusil avec l'avant-garde de Starhemberg, avaient recommencé vers trois heures à tirailler avec les Autrichiens. Aucun de ces engagements n'avait été ni long, ni sérieux, et jusqu'à cinq heures les Napolitains n'avaient éprouvé aucune difficulté à se maintenir en avant de la ville. Bianchi, qui avait tem-

---

1 *K. u. K. Kriegs-Archiv. (Feld-Acten. Bianchi.)* 992. Général-major Steffanini au F. M. L. Bianchi. Concordia 10 avril 5 h. 45 matin et 10 h. matin. IV. 32. IV. 33 et lieutenant Ottinger au lieutenant-colonel Neumann, en vue de Mirandola, 10 avril matin IV, ad. 33.

2. *K. u. K. Kriegs-Archiv. (Feld-Acten. Bianchi.)* 992. Colonel Gavenda au général-major comte Starhemberg. Novellara, 10 avril 3 h. 1/2 du matin et 10 avril, matin. IV. 29 et IV. 35.

porisé jusque-là dans l'espoir de voir Gavenda déboucher au sud de Carpi, ne pouvant à cause de l'heure déjà avancée attendre plus longtemps son arrivée, se décida alors à donner l'ordre d'attaquer. Ses troupes se portant vivement en avant rejettent les postes avancés de Pepe et poussent jusqu'à une centaine de pas des murs où elles sont accueillies par les feux bien dirigés d'un bataillon et le tir des deux canons mis en batterie sur les remparts. Obligés de s'arrêter, les Autrichiens sont même peu après contraints à reculer jusqu'en dehors de la zône battue par les feux des défenseurs devant une contre-attaque exécutée assez habilement par Pepe qui réussit pendant un moment à placer leur tête de colonne entre deux feux, ceux de la place et ceux du bataillon du 2ᵉ léger, qu'il a tenu à diriger en personne. Mais, arrêté bientôt par la supériorité du nombre et reconnaissant l'impossibilité de pousser plus avant sur la route de Mantoue, le général napolitain dut se résigner à renoncer à ce projet et rentrer à Carpi.

Bianchi, de son côté, avait renoncé à enlever par une attaque directe, qui lui aurait coûté trop de monde, une ville entourée de remparts et que son adversaire paraissait décidé à ne lui céder qu'à la dernière extrémité. Pendant que son artillerie ouvrait le feu contre la porte de Novi, le lieutenant-colonel Leszczinsky (du régiment de Simbschen) recevait l'ordre de contourner Carpi par la gauche et de venir s'établir sur la ligne de retraite des Napolitains sur la route menant à Modène [1]. Cette manœuvre, jointe à l'épuisement presque complet de ses cartouches et de ses munitions d'artillerie, décida Pepe à abandonner Carpi et à se

---

1. *K. u. K. Kriegs-Archiv. (Feld-Acten. Bianchi).* 992. Lieutenant colonel Leszczinsky au général-major Starhemberg. Villa Quartirolo (900 mètres Sud de Carpi) 10 avril 1815. *(Billet au crayon).* IV. 38 a. (Rend compte de l'exécution de son mouvement et annonce que l'ennemi se retire couvert par sa cavalerie.

replier à sept heures du soir sur Modène suivi de près jusqu'à peu de distance de la Secchia par les Autrichiens qui inquiétèrent sa retraite, lui infligèrent des pertes assez sérieuses, mais sans parvenir toutefois à l'entamer.

Le gros de la colonne de Starhemberg entra, un peu après sept heures, à Carpi avec le duc de Modène qui avait assisté au combat et y ramassa une centaine d'hommes qui n'avaient plus pu réussir à en sortir à temps. D'après les rapports de Bianchi, les pertes des Napolitains s'élevaient à douze officiers et environ 400 hommes, pour la plupart faits prisonniers, et celles des Autrichiens, à 14 hommes tués, un officier et 69 hommes blessés et 32 disparus.

Dès qu'il eut reçu à 6 heures et demie l'ordre expédié à 3 heures et demie de Ponte della Pietra et lui enjoignant de se porter sur Carpi, Gavenda s'était immédiatement remis en marche. Arrivé à la nuit avec son avant-garde à 1.500 mètres de Carpi alors que tout était déjà fini, le colonel, sur la foi d'un renseignement erroné lui signalant la présence à Rubiera d'une colonne napolitaine forte de 2.000 hommes, avec 200 chevaux et 2 obusiers, était revenu s'établir à Correggio [1] pour y passer la nuit. Sans nouvelles depuis la veille du détachement du flanc droit dirigé sur Reggio, il

---

1. *K. u. K. Kriegs-Archiv.* (*Feld-Acten. Bianchi*). 995. *Correspondenz Journal.* Relation du combat de Carpi. XIII. 52. 10-13. — *Ibidem.* 996. *Operations Journal.* Combat de Carpi XIII. 68. — (*Feld-Acten. Frimont*). 1015. F. M. L. Bianchi au général de cavalerie Frimont. Fossoli (5 km. Nord de Carpi), 10 avril 7 h. 1/2 soir. IV. 210 et rapports détaillés en date de Carpi le 12 avril. IV. 249. 251. 255. 255 a et b. — *Ibidem.* Général-major comte de Starhemberg au général comte Nugent. Lettre particulière sur le combat de Carpi. Gannaceto (4 km. 1/2 du pont de la Secchia) 11 avril. IV. 562. — (*Feld-Acten. Bianchi.*) 995. Général de cavalerie Frimont. Rapport officiel du 12 avril sur le combat de Carpi. XIII. 25. a. — *Ibidem.* XIII. 51. F. M. L. Bianchi au général de cavalerie Frimont. Carpi, 12 avril. Détails sur le combat du 10. — (*Feld-Acten. Frimont*). 1015. Général de cavalerie Frimont au F. M. comte de Bellegarde. Borgoforte, 11 avril.- Compte-rendu du combat de Carpi IV. 217. — *R. Archivio di Stato. Naples.* (*Carte di guerra* etc.). 1060. Général

avait en outre cru utile d'envoyer des patrouilles de découverte sur Reggio, Rubiera et Modène [1]..

Le détachement du capitaine Wolf était entré depuis 6 heures du soir à Rubiera après une petite escarmouche dans laquelle il avait enlevé cinq lanciers et une vingtaine d'hommes au petit poste napolitain laissé sur ce point par le général de Gennaro, lorsqu'il avait évacué cette ville à une heure de l'après-midi pour se replier sur Modène [2].

Le colonel Papp, qui avait ordre de se porter dans la même direction, n'était parti que ce jour-là de Plaisance et était encore assez loin en arrière en marche sur Parme.

La colonne de gauche arrivée, on le sait, sans encombre à Concordia n'avait pas rencontré de difficultés à établir sa communication avec Carpi à l'aide de postes échelonnés le long de la Secchia qui se relièrent avec le piquet que Starhemberg avait envoyé à San-Antonio, à hauteur de la route menant de Bomporto à Carpi. Dans la direction de Modène, les avant-postes avaient été poussés jusqu'à Lesignana, à 1.500 mètres du pont de San Pancrazio [3].

Pendant qu'on se battait à Carpi, Frimont avait envoyé à Neipperg l'ordre de venir le lendemain avec ses 3 brigades de Curtatone à Borgoforte [4].

Carrascosa au général Millet. Modène, 11 avril 1815. matin. (Rapport sur le combat de Carpi).

1. *K. u. K. Kriegs-Archiv.* (*Feld-Acten. Bianchi.*) 992. Colonel Gavenda au général-major comte Starhemberg. Correggio, 10 avril 1815 10 h. 1/2 soir et 11 avril 2 h. matin. IV. 35. b. et c.

2. *K. u. K. Kriegs-Archiv.* (*Feld-Acten. Bianchi.*) 992. Capitaine Wolf au colonel Gavenda. Rubiera, 10 avril 8 h. 1/2 soir. IV. 37. — *Reggio. Biblioteca Comunale.* SONINI. *Cronaca.*

3. *K. u. K. Kriegs-Archiv.* (*Feld-Acten. Bianchi*). 992. SONINI. *Cronaca.* Général-major comte Starhemberg au F. M. L. Bianchi, Carpi, 10 avril 9 h. 1/2 soir. 1.V 34. — Capitaine Viragh au général-major comte Starhemberg. San Antonio, 10 avril. Soir. IV. ad. 34.

4. *K. u. K. Kriegs-Archiv.* (*Feld-Acten. Neipperg.*) 1013. Général de cavalerie Frimont au F. M. L. comte Neipperg. Castellucchio, 10 avril IV. 6.

T. III. 26

A Occhiobello, la journée s'était passée tranquillement [1] et, comme la veille, on avait de temps à autre envoyé quelques coups de canon à la citadelle de Ferrare qui avait riposté de son côté.

Devant la tête de pont on avait continué les travaux de construction des batteries, et d'Ambrosio avait réparti ses troupes de la façon suivante : 3e d'infanterie légère ; 4 compagnies sur la digue de Ponte Lagoscuro, 8 devant Occhiobello ; 7e de ligne : 2 bataillons à Ferrare, un à Ponte Lagoscuro ; 2e d'infanterie légère : 11 compagnies devant Occhiobello, une entre ce point et Ferrare, 6 à Ferrare ; 9e de ligne : une compagnie à Porotto, 11 devant Occhiobello, soit 41 compagnies devant Occhiobello, 19 à Ferrare et Porotto. 2 de ses 8 pièces de campagne étaient employées contre la citadelle et les 6 autres devant Occhiobello. Enfin 80 de ses 216 chevau-légers étaient devant Occhiobello, 73 à Ferrare et 63 à Porotto [2].

Honorable pour les soldats du général Pepe dont la tenue au feu avait été excellente, honorable surtout et presque glorieuse pour leur général qui, livré à lui-même et dans des conditions particulièrement difficiles, complètement isolé et en l'air, avait compris et conduit les opérations avec autant d'intelligence que d'énergie, la journée n'en avait pas moins été mauvaise pour Murat. Elle aurait pu être plus mauvaise encore si, au lieu de suivre des errements regrettables par trop en faveur dans l'armée autrichienne, au lieu

---

1. *K. u. K. Kriegs-Archiv.* (*Feld-Acten. Bianchi.*) 995. *Correspondenz Journal.* F. M. L. Bianchi au général de cavalerie Frimont, 10 avril XIII. 52. 15.
2. *K. u. K. Kriegs-Archiv.* (*Feld-Acten. Frimont*). 1034. *Tagebuch über die Vertheidigung der Citadelle von Ferrara.* 7-12 avril 1815. XIII. 14. — R. *Archivio di Stato. Naples.* (*Carte di guerra* etc.) 1060. Costa (chef d'Etat-major de la 2e Division) au général Millet, devant Occhiobello, 10 avril 1815. — Ferrare. *Biblioteca Comunale.* Cònti. *Annali Storici di Ferrara* etc. § 1342-1343.

de morceler ses troupes, de répartir ses 7 bataillons, ses 6 escadrons et son artillerie entre des colonnes agissant isolément et dans des directions différentes, mais devant arriver simultanément sur un point donné, Bianchi avait poussé tout son monde contre l'objectif qu'il avait choisi. Il se serait épargné la situation critique dans laquelle il se trouva et dont il ne sortit à son avantage que grâce à son sang-froid, grâce à la manœuvre qui porta un de ses bataillons sur la ligne de retraite de son adversaire, grâce surtout à l'abandon dans lequel on laissa Pepe.

L'insuffisance de sa cavalerie, la difficulté qu'il éprouvait à se procurer des renseignements sur les intentions et les mouvements de son adversaire ne justifient pas l'immobilité de Carrascosa. Il avait dû, tout comme les postes autrichiens arrivés à Reggio et en marche sur Rubiera, entendre à Modène le canon et la fusillade de Carpi. Sans s'affaiblir pour cela outre mesure, il aurait dû, se conformant aux règles les plus élémentaires, diriger sur ce point un ou deux bataillons qui non seulement auraient dégagé Pepe, mais dont l'approche et l'entrée en ligne auraient modifié complètement le résultat de la journée et vraisemblablement décidé Bianchi à se replier sur Novi et Gonzaga.

Comme il serait aisé de le démontrer pièces en mains, le général en chef autrichien aurait été mieux inspiré si, en raison même des conditions dans lesquelles on allait livrer le combat de Carpi, il s'était décidé à renoncer ou à s'opposer à une opération dont il lui était impossible de tirer le moindre avantage sérieux. Une pareille opération n'aurait eu de raison d'être que dans le cas où elle aurait été le prélude de la reprise immédiate d'une offensive que Frimont croyait encore prématurée[1], la première manifestation d'un

---

[1] *K u K Kriegs-Archiv. (Feld-Acten. Frimont).* 1015. Général de ca-

mouvement général et en avant de toutes les troupes placées sous ses ordres, débouchant d'Occhiobello et faisant pour le moins une démonstration sur le front des positions de Lechi pendant que sa droite attaquait Carpi. Un mouvement isolé comme celui qu'il avait entrepris, n'était en somme qu'une sorte de reconnaissance offensive qui, sans l'inexplicable immobilité de Carrascosa, sans l'apathie de Lechi, aurait pu se terminer par un insuccès. Bien que trop peu significatif pour exercer une influence sérieuse sur la marche ultérieure des opérations, il n'en aurait pas moins eu un retentissement considérable, aurait rehaussé le prestige des armes napolitaines, fait oublier l'échec que Murat avait essuyé la veille devant Occhiobello et peut-être contribué à provoquer ce mouvement populaire, dernier espoir de Murat, qu'on cherchait encore à stimuler de tous côtés à l'aide des proclamations.

Un avantage remporté par les Napolitains, quelque léger qu'il eût été, pouvait, surtout à ce moment, avoir des conséquences d'une extrême gravité. Il suffisait en effet d'un événement en apparence insignifiant pour amener peut-être dans l'état d'esprit de l'armée napolitaine et dans l'opinion publique un revirement dont Murat avait d'autant plus besoin que les désertions augmentaient et que rien ne par-

---

valerie Frimont au F. M. L. Bianchi. Castellucchio, 10 avril 1815. IV. 203. (Dépêche autorisant l'opération sur Carpi mais *lui défendant de prendre l'offensive*). Malgré ces ordres qui restreignaient singulièrement le rayon d'action laissé à Bianchi, on avait pourtant espéré au Quartier-général autrichien que le combat de Carpi donnerait des résultats plus significatifs. Écrivant la veille à l'archiduc Ferdinand pour lui annoncer qu'il est attaché à l'état-major de Frimont, critiquant en passant le combat du Panaro qu'à son avis on n'aurait pas dû livrer, Ficquelmont lui disait : « Murat manœuvre sur le bas Pô pour nous » enlever Ferrare. Il a peu de monde à Modène et à Reggio. Nous allons » faire une grosse diversion en sortant de Borgoforte. » (*K. u. K. Kriegs-Archiv. Feld-Acten. Frimont.*) 1015. Général comte de Ficquelmont à l'archiduc Ferdinand. Castellucchio, 9 avril 1815. IV. 177 1/4.

venait à secouer la tiédeur, l'indifférence des populations.

Les désertions avaient pris depuis quelques jours des proportions si considérables et si inquiétantes que Pellegrino Rossi[1], non content de recommander au préfet du Reno d'user de la plus grande sévérité contre les déserteurs, s'était vu contraint à rappeler immédiatement la Garde Nationale à l'activité et à la charger de procéder, de concert avec les Gardes de Finance, à l'arrestation des soldats qui abandonnaient leur drapeau.

A Ancône, le podestat avait cru devoir une fois de plus renouveler son appel aux armes, exhorter la jeunesse à s'enrôler et inviter la population à faire des offrandes patriotiques et à apporter ses armes ; mais il comptait si peu sur l'effet de ses paroles, sur les résultats que produirait même sa demande relative aux armes, qu'il avait jugé prudent de publier en même temps le tarif des sommes que le gouvernement avait décidé d'allouer aux détenteurs d'armes : 20 lires pour un fusil avec sa baïonnette, 15 lires pour un fusil sans baïonnette, 2,50 lires pour une baïonnette, 3 pour un sabre d'infanterie, 6 pour un sabre de cavalerie avec fourreau en métal, 4 pour un sabre de même espèce, mais avec fourreau de cuir[2].

L'enthousiasme, fort calmé partout ailleurs, ne se manifestait guère plus qu'à Rimini où au sortir d'un banquet les patriotes avaient parcouru les rues aux cris de : *Vive l'Indé-*

---

1. R. *Archivio di Stato. Bologne. Governo Provisorio. Dipartimento del Reno. Militari.* Tit. 17. Rub. 30. Sez. 1. (*Guardia Nazionale Provvidenze generali.*) 8290/38. Pellegrino Rossi, commissaire civil des trois départements, au préfet du Reno. Bologne, 11 avril. — *Ibidem.* Tit. 17. Rub. 8. (*Disertori*) 8194/339. Le même au même. 10 avril. — Syndic de Castel del Rio au délégué du gouvernement. Même sujet. 10 avril. (8200/128). — Podestat de Castelguelfo au préfet du Reno. 11 et 12 avril (8250/211 et 8251/224.)

2. *Ancône. Biblioteca Comunale.* ALBERTINI. *Storia d' Ancôna.* (*Manuscrit*). Avis du Podestat. Ancône, 10 et 11 avril 1815.

pendance italienne! Vive le roi Joachim! A bas les prêtres et les papistes![1] Mais en dépit de tout ce bruit et de tous les efforts, le nombre des enrôlements continuait à être insignifiant.

Malgré l'issue favorable pour lui des deux petites affaires de Poggio à Cajano et de Prato, Nugent avait reconnu l'impossibilité de conserver des postes avancés par trop éloignés de sa position centrale. Ne laissant qu'un rideau de cavalerie sur son avant-ligne, il avait ordonné à ses avant-postes de se rapprocher de Pistoia dans la nuit du 10 au 11.

Dans la matinée du 10, après avoir ravitaillé les forts de Florence les Napolitains partant de Ponte alle Mosse (un peu plus de 2 km. O de la Porta al Prato) se portèrent sur Campi, tiraillèrent vers huit heures et demie avec les derniers postes autrichiens, qui ne tardèrent pas à se replier, et poussèrent sans encombre à gauche sur Poggio à Cajano, à droite sur Prato. Dans le courant de la journée, leur avant-garde s'engagea même sur la route de Pistoia et parut à peu de distance de la ville dont Nugent fit fermer les portes, pendant qu'il envoyait une compagnie, renforcée par les vétérans, garder sa ligne de retraite sur Serravalle (sur la route qui mène à Pescia). Le major Spanocchi et les officiers toscans étaient arrivés à Pescia où ils devaient organiser le bataillon de chasseurs toscans, dont la formation semblait devoir être d'autant plus rapide que les volontaires se présentaient en assez grand nombre [2]. En même

---

1. Rimini. *Biblioteca Gambalunga*. ZANOTTI. *Giornale di Rimini dell' anno MDCCCXV. (Manuscrit).* 10 et 11 avril 1815.

2. *K. u. K. Kriegs-Archiv. Nugent. (Nouveaux papiers). 1815. IV.* Général Nugent. Rapports sur les événements de la journée. Pistoia, 10 avril. 11 h. soir. — R. *Archivio di Stato. Florence. Archivio Segreto.* Filza 11. 172. — (*Movimenti, passagio e partenza delle Truppe Napoletane*). Corfoni, vicaire. Rapport de Pescia, 10 avril 1815. — *Ibidem.* Carcignani. Rapport de Pistoia 10 avril. — *Ibidem. (Polizia Segreta toscana).* Filza 19. N° 471. Chiarini, *Bargello* de Pistoia. Pistoia, 10 avril. — *Ibidem.* Filza 4. 40. Rapports de police sur les mouvements des Napolitains et des Autri-

temps, afin de couvrir contre une attaque éventuelle des Napolitains Livourne dont il lui importait de s'assurer à toute éventualité la possession [1], Nugent avait prescrit au lieutenant-colonel Ghequier de venir de Lucques s'établir avec une compagnie et demie d'infanterie et deux canons à Pontedera (à mi-chemin environ entre Empoli et Pise), d'où après avoir été rejoint par un détachement toscan composé de quatre compagnies et d'un peloton de dragons venant de Livourne, il avait ordre de pousser dans la vallée de l'Elsa. Au sud de Florence, le capitaine Bernardini continuait à armer les populations du côté d'Incisa in Valdarno [1], tandis qu'au nord en territoire modenais on distribuait des armes aux montagnards du district de Gravagna.

Du côté du gouvernement grand-ducal, Nugent rencontrait cependant des difficultés dues à la situation extrêmement délicate dans laquelle se débattait Fossombroni. Pendant que Buol Schauenstein rendait compte à Metternich des désirs de Nugent, du besoin urgent pour lui de pouvoir disposer des troupes toscanes, qu'il lui transmettait la lettre par laquelle Pignatelli promettait au Grand-Duc d'évacuer la Toscane si ce prince consentait à rentrer à Florence et s'engageait à faire respecter la neutralité de ses Etats [2],

---

chiens. Florence, 10 avril. — *Archivio della Societa di Storia Patria. Naples.* PIGNATELLI-STRONGOLI. *Memorie.* (Manuscrit). Lettre à S. M. la Reine Régente. Naples, 17 mai 1815. (*en français*). — *Record Office. Foreign Office.* Vol. 22. (*Tuscany. Burghersh.*) Lord Burghersh à lord Castlereagh. Livourne, 11 avril (Dépêche N° 35.)

1. *Record Office. Foreign Office.* Vol. 22. (*Tuscany. Burghersh.*) Lord Burghersh à William A'Court. Livourne, 10 avril 1815. « Frimont, qui
» dit que ses renforts sont sur le point de le rejoindre, annonce qu'il
» va bientôt prendre l'offensive. Quant à Nugent, il voudrait s'embar-
» quer avec ses 2.500 hommes à Livourne pour débarquer près de Na-
» ples et y être rejoint par les Anglo-Siciliens. Il a écrit à ce propos
» à lord William Bentinck qui doit lui faire savoir si de Gênes on peut
» lui envoyer les transports nécessaires. »

2. *Haus, Hof und Staats-Archiv.* F. M. N° 6. Toscana. Comte de Buol

Fossombroni s'était vu contraint par la nécessité à publier la lettre que le Grand-Duc venait d'écrire le jour même de Livourne à Nugent. Il lui faisait savoir par cette dépêche qu'en présence des réclamations de Pignatelli il s'était engagé à replacer les troupes toscanes sous le commandement de leurs officiers et l'invitait, par suite, à les séparer des troupes autrichiennes et à les renvoyer à Livourne rejoindre le reste du contingent grand-ducal [1]. Pour donner plus de poids à ses réclamations, Pignatelli avait chargé le sous-inspecteur aux Revues de la Garde Napolitaine d'informer Fossombroni de l'arrivée, le 13 avril, à Florence d'une colonne de 6.000 hommes et de 1.500 chevaux venant de Foligno et de l'inviter à faire préparer les vivres et les fourrages dont elle aurait besoin [2].

Les affaires de Murat n'en allaient pas moins de mal en pis. Chacun des derniers jours avait été marqué non seulement par des insuccès militaires qui lui faisaient perdre le peu de prestige qui lui restait, mais par des déclarations diplomatiques qui ne laissaient plus de doute sur son isolement, sa faiblesse et sa situation désespérée. Vingt-quatre heures après l'arrivée de la note de lord Wil-

Schauenstein au prince de Metternich. Livourne, 10 avril 1815. (Dépêche N° 63.)

Cf. *K. u. K. Kriegs-Archiv. Nugent. (Nouveaux papiers)*. N. 1815. Général-major comte Nugent au général de cavalerie Frimont. Pistoia, 10 avril 11 h. soir. Le général se plaint plus vivement que jamais du Grand-Duc qu'il croit et sait enclin à s'entendre avec Murat et même tout disposé à se rendre à Bologne pour y conclure un arrangement avec le Roi. Nugent est décidé à s'y opposer et il a fait prévenir le Grand-Duc par le comte de Buol que, si ce prince l'y obligeait, il n'hésiterait pas à le traiter en ennemi.

1. *R. Archivio di Stato. Florence. Polizia Segreta Toscana*. Filza 6. 70. Fossombroni au peuple toscan. Florence, 10 avril 1815.
2. *R. Archivio di Stato. Florence. Affari Esteri. Prot*. 8. N° 1. (*Invasione Napolitana*). Sous-Inspecteur aux Revues de la Garde Napolitaine à Fossombroni. Florence, 10 avril 1815.

liam Bentinck, Metternich avait fait tenir aux Plénipotentiaires napolitains à Vienne sa réponse à leur note du 8 avril. Reprenant presque un à un tous les vieux griefs de l'Autriche, récapitulant les fluctuations suspectes et les dissimulations constantes de Joachim, insistant sur le double jeu dont sa Cour n'a pas été dupe, affectant de lui donner des conseils de sagesse et de prudence qu'il sait inutiles et en tout cas trop tardifs, s'il ne va pas encore jusqu'à prononcer dans cette note le mot de déclaration de guerre, il n'en établit pas moins définitivement la rupture en rappelant le comte de Mier et en envoyant à Campochiaro et à Cariati leurs passeports déjà préparés depuis quelques jours [1].

Il sera, il est vrai, plus net et plus catégorique dans la déclaration sur les affaires d'Italie que publiera la *Gazette de Vienne* du 12 avril [2]. Dès le lendemain du reste il s'exprimait à cœur ouvert avec Bellegarde. En lui envoyant annexée à la note des Ministres de Naples « la réponse par laquelle cette rupture est établie, » il traçait lui-même les grandes lignes de la paraphrase de la déclaration qui allait paraître dans la *Gazette de Vienne* et qu'il lui recommandait de faire publier par les journaux italiens : « Le caractère donné à
» cette *guerre napolitaine*, lui écrit-il [3], est celui d'une lutte
» à laquelle nous sommes provoqués par un prince qui sa-
» crifie le sang de ses sujets pour une cause qui n'est pas la
» leur, qui nous attaque parce que nous sommes un obsta-
» cle à son ambition. Nous repoussons cette agression et
» nous appelons à notre aide des auxiliaires et parmi eux
» naturellement le Roi de Sicile. *Nous servons la cause de cet*

1. Cf. ANNEXE XXXIV.
2. Cf. ANNEXE XXXV.
3. *Haus, Hof und Staats-Archiv. (Instructions à Bellegarde.* 123 b. Prince de Metternich au F. M. comte de Bellegarde. Vienne, 11 avril. (Dépêche N° 25. 1. — et R. *Archivio di Stato.* Milan. *Atti Segreti.* VIII. N° 123.)

» allié, mais tel n'est pas le but de cette guerre [1]. Nous protè-
» gerons l'ancienne Cour, mais nous espérons qu'elle se
» rendra digne de notre protection et nous offrirons en
» même temps toutes les garanties aux partisans du nouvel
» ordre de choses. Le commandeur Ruffo se rendra sous
» peu à Milan pour s'entendre avec Votre Excellence ».

Après lui avoir ainsi en quelques mots tracé le programme de la politique autrichienne en Italie, annoncé la conclusion prochaine d'un traité d'alliance avec Ferdinand IV, il le met encore en garde contre lord Bentinck, contre les idées que ce personnages a formulées dans le temps et auxquelles il ne lui paraît pas avoir définitivement et franchement renoncé. Il lui recommande d'exiger de Bentinck l'exécution immédiate des mesures énumérées dans la dépêche de lord Clancarty [2]. « Il est essentiel, ajoute-t-il en terminant,
» que les Italiens ne puissent pas s'arrêter à l'idée d'une
» protection anglaise qui, loin d'exister de la part du gou-
» vernement britannique, est entièrement opposée à ses
» vues et à sa marche politique [2] ».

---

1. Voir plus haut P° 383, le passage relatif à l'Autriche et à la Sicile extrait de la lettre de Talleyrand à lord Castlereagh, de Vienne, le 8 avril 1815.
En parlant le 12 à Lebzeltern (Ibidem. Kirchenstaat F. 1. Metternich. 1315). Prince de Metternich au chevalier de Lebzeltern. Vienne, 12 avril 1815. (Dépêche N° 9), de la conférence « qui a eu lieu avec les Ministres
» de Naples et qui a établi la rupture, » Metternich croit utile de le
» rendre attentif à l'attitude dans laquelle l'Autriche se place vis à-vis
» des Napolitains. »
« Les événements de France, lui écrit-il, ne peuvent qu'avoir donné
» beaucoup de retenue aux partisans des Bourbons dans tous les pays.
» Il faut donc que les partisans de Ferdinand IV se montrent dignes
» d'être soutenus. *L'Autriche est décidée à protéger et à garantir les par-*
» *tisans du nouveau régime et tous ceux qui craignent une réaction.* Le Saint-
» Père peut puissamment aider l'Autriche par son attitude. »
2. Cf. plus loin au Tome IV, la réponse de Bellegarde à ce sujet (Dépêche du 19 avril) et ses craintes sur le peu d'effet que produisent sur les agents anglais en Italie les recommandations de lord Clancarty.

Le même jour encore, avant de charger Bellegarde de transmettre à Bentinck copie de la déclaration du 10 avril[1], il avait jugé utile de ne pas lui laisser ignorer les intéressantes communications sur les vues de Murat que Campochiaro venait de lui faire au cours de l'audience qu'il avait donnée au Ministre napolitain sur le point de quitter Vienne.

« Ce qui me porte, disait Metternich[2], à accorder de la
» confiance à ce Ministre, c'est que je lui ai trouvé toujours
» beaucoup de mesure et de sagesse et que, bien qu'il partage les idées du Roi, il est décidé à se retirer de son
» service. Il n'y a guère plus de doute que nous ne puissions
» le conserver à notre cause et par conséquent à celle du
» Roi Ferdinand.

» Ayant témoigné au Duc ma surprise sur la lenteur des
» mouvements du Roi après qu'il s'est décidé à l'offensive,
» il m'a dit qu'il lui paraissait de toute probabilité que le
» plan du Roi n'est pas d'aller au-devant d'une affaire qui
» pût le compromettre.

« Il a d'abord cru, ajouta le Duc, que vous ne relèveriez
» pas le gant qu'il vous jetait et que vous le laisseriez s'établir dans les Légations ». Et maintenant qu'il a jeté le
» masque, le Duc suppose qu'il se bornera à la petite guerre
» tout en cherchant à travailler l'esprit public en Italie dans
» le sens révolutionnaire[3] ».

---

1. *Haus, Hof und Staats-Archiv. (Instructions à Bellegarde).* 123 b. Prince de Metternich au F. M. comte de Bellegarde. Vienne, 11 avril. (Dépêche N° 27).

2. *Haus, Hof und Staats-Archiv. (Instructions à Bellegarde).* 123 b. Prince de Metternich au F. M. comte de Bellegarde. Vienne, 11 avril. (Dépêche 26). (*Réservée*).

3. Le mouvement révolutionnaire était dès ce moment une des plus grosses préoccupations de Metternich. Le 9 avril il avait à ce propos adressé à Saint-Marsan une note confidentielle que celui-ci transmettait le 12 à Vallaise, en lui marquant de plus que « les notions dont il

Et Metternich concluait en invitant Bellegarde à « engager Frimont à prendre l'offensive la mieux combinée et la mieux soutenue »[1].

Affectant d'oublier que vingt-quatre heures auparavant il avait reçu notification officielle de la déclaration de guerre de l'Angleterre, à moins toutefois qu'avec son insouciance, son inconséquence et sa légèreté habituelles il ne se soit imaginé que par ce singulier procédé il réussirait à donner le change à Bentinck, Murat avait fait adresser par Gallo à Bentinck une requête tellement singulière, que, même abstraction faite des incidents auxquels la mission de Binda donna naissance, elle mériterait d'être relevée ici.

« M. Binda qui a l'honneur d'être connu de Votre Excel-
» lence, écrit Gallo à lord William Bentinck [2], aura celui
» de lui remettre cette lettre. C'est à mylord Holland que
» je dois d'avoir fait sa connaissance, et ses qualités lui ont
» valu toute mon estime et ma confiance. J'espère que Vo-
» tre Excellence voudra bien lui accorder ses bontés et per-

était question dans cette note avaient été données par Talleyrand qui les lui avait répétées de vive voix ».

« Elles (ces notions) portent en substance, écrit-il à Vallaise, que les
» Jacobins de Paris se flattaient que si Murat parvenait à entrer en
» Piémont, il réussirait à attirer à lui les soldats Piémontais qui avaient
» servi en France. » et Saint-Marsan ajoutait : « J'ai su d'autre part,
» par une lettre de Bologne que la Secte *degli Unitari* avait beaucoup
» d'affiliés au Piémont et qu'ils espéraient un mouvement si Murat arrivait sur le Pô. »
R. *Archivio di Stato*. Turin. *Congresso di Vienna*. Mazzo 2 S. 32. G. 39. Note confidentielle du prince de Metternich au marquis de Saint-Marsan. Vienne, 9 avril 1815 et marquis de Saint-Marsan au comte de Vallaise. Vienne, 12 avril 1815. (Dépêche N° 97). *Confidentielle*. Dans une autre dépêche du même jour (N° 96) Saint-Marsan envoyait le numéro de la Gazette de Vienne contenant la Déclaration de l'Autriche sur les affaires de Naples.

1. Voir plus loin au Tome IV la réponse de Bellegarde en date de Milan, 19 avril 1815.

2. *Haus, Hof und Staats-Archiv*. (Schwarzenberg. Metternich.) 492. Duc de Gallo à lord William Bentinck. Bologne, 10 avril 1815. (*en français*).

» mettre que je profite de son voyage pour me rappeler à
» son souvenir et pour le prier de croire à tout ce que
» M. Binda aura l'honneur de lui dire de ma part ».

Le voyage projeté de Binda, ce voyage interrompu presque dès son début, ce voyage, dont Gallo parlait intentionnellement comme d'un objet secondaire, n'avait en réalité d'autre but que d'essayer de renouer par cette voie détournée les relations diplomatiques avec l'Angleterre rompues officiellement par la note du 5 avril, de calmer les ressentiments de Bentinck, de lui faire tenir par une personne sûre les avances grâce auxquelles Murat, à la veille de devoir renoncer à l'offensive, espérait désarmer le gouvernement britannique et l'empêcher de faire cause commune avec l'Autriche. L'objet réel de la mission de Binda est d'ailleurs exposé tout au long dans la lettre que Gallo lui écrivit le 11 avril. Il lui adressait un duplicata de la réponse à la note du 5 avril qu'il venait de rédiger par ordre du Roi et que Murat, craignant de voir arriver trop tardivement l'original qu'un parlementaire avait ordre de porter aux avant-postes autrichiens, le chargeait de remettre au plus vite entre les mains de lord Bentinck [1]. La mauvaise fortune qui s'acharnait contre Murat et la vigilance du lieutenant-colonel Werklein devaient se charger de déjouer cette combinaison assez habilement imaginée. Binda, arrêté à Massa (ou à Lucques) par ordre de Werklein, alla rejoindre à Mantoue un autre compagnon d'infortune, Schinina.

1. *Record Office. Foreign Office.* Vol. 23. (*Tuscany. Burghersh.*) Duc de Gallo à Binda. Bologne, 11 avril 1815. Pour la réponse de Gallo à la note de Bentinck du 5 avril, voir plus loin P° 429 au 11 avril.

Il ne se trouve dans le dossier de lord Burghersh (*Record Office.* Vol. 23) qu'une seule des lettres saisies lors de l'arrestation, lettre sans date, de Bologne, mais écrite évidemment à ce moment par Gallo à Binda, dans laquelle le duc déclare que lord Holland peut venir en toute sûreté à Bologne et insiste sur les preuves incessantes que Murat donne en toute occasion de son attachement pour l'Angleterre.

« Binda envoyé de Bologne par le duc de Gallo à lord
» Bentinck [1] et chargé de commissions verbales, nous ap-
» prend le rapport de Frimont à Schwarzenberg [2], était
» muni d'un passeport ordinaire parce que sa mission était
» secrète. Il avait pris par Florence où il a été rejoint par
» un courrier qui lui apporta l'ordre d'y attendre des ins-
» tructions. Resté deux jours à Florence, il y reçut des
» instructions écrites du duc de Gallo, se remit en route et
» a été arrêté à Lucques par le lieutenant-colonel Werklein
» qui l'a envoyé ici. Binda est porteur de dépêches impor-
» tantes qui prouvent que Murat tente tout pour gagner les
» Anglais à sa cause ; qu'il est appuyé en Angleterre par
» un gros parti ; qu'il y a déjà des négociations entre lui et
» ce parti afin d'introduire en Italie un nouvel ordre de cho-
» ses. Tout prouve grâce à ces papiers, que lord Holland y
» a joué un grand rôle, que Bentinck est au courant de cette
» affaire, mais que Murat doute de son appui, bien que,
» comme je l'ai écrit à Votre Altesse le 14 de ce mois [3],
» Bentinck, quoique ennemi déclaré du Roi, soit dangereux

1. *Haus, Hof und Staats-Archiv. Kriegs-Archiv. (Schwarzenberg. Metter-nich.)* 492. F. M. prince de Schwarzenberg au prince de Metternich. Vienne, 27 avril 1815. (Envoi du rapport de Frimont du 21 avril et des papiers de Binda). Schwarzenberg ajoute : « Parmi les lettres saisies s'en trouvait une de lord Holland à lord William Bentinck que le lieutenant-colonel Werklein a fait remettre à lord Burghersh. » Binda aurait été arrêté à Massa, d'après la dépêche de Schwarzenberg à Metternich, ou à Lucques, si l'on s'en tient au contraire au rapport de Frimont à Schwarzenberg.

2. *Haus, Hof und Staats-Archiv. (Kriegs-Acten). (Schwarzenberg. Metternich).* 492. Général de cavalerie Frimont au F. M. prince de Schwarzenberg. Mantoue, 21 avril 1815. *(en français).*

3. Cf. *K. u. K. Kriegs-Archiv. (Feld-Acten. Frimont).* 1066. Général de cavalerie baron Frimont au F. M. prince de Schwarzenberg. Mantoue, 14 avril 1815. IV. 563. (Plaintes contre Bentinck et Dalrymple) et *Record Office. Foreign Office.* Vol. 117. *(Austria. Stewart.)* Même lettre.

Cf. *Haus, Hof und Staats-Archiv. (Bellegarde)* 123 b. F. M. comte de Bellegarde au prince de Metternich. Milan, 19 avril (Dépêche N° 82). (Plaintes contre les Anglais. Voir plus loin au Tome IV.)

» pour l'Autriche parce qu'il est grand partisan de l'Indé-
» pendance Italienne.

» Je n'ai pas ouvert les deux lettres adressées à Bentinck
» parce que, par imprudence de Werklein, lord Burghersh
» a eu connaissance de l'arrestation de Binda, a vu ces dé-
» pêches et en a informé lord Bentinck qui me les a récla-
» mées [1] ».

La précaution prise par Gallo et par Murat était cependant des plus sages, puisque l'original de cette réponse à sa note du 5 avril, que le Roi de Naples était si pressé de voir parvenir entre les mains de Bentinck, ne lui fut remis par l'intermédiaire de lord Burghersh que le 5 mai. Mais le coup de filet de Werklein était venu d'autant plus à point qu'il avait fourni un puissant argument de plus à Metternick, à Schwarzenberg, à Bellegarde, à Frimont, à tous ceux qui accusaient, non sans raison peut-être, les Anglais, ou tout au moins certains d'entre eux, de favoriser la diffusion en Italie des idées d'Indépendance et d'Unité.

1. *Record Office. Foreign Office.* Vol. 23. (*Tuscany. Burghersh.*) Lord Burghersh à lord Castlereagh. Florence, 16 avril 1815. (Dépêche N° 37). « On a arrêté à Lucques un nommé Binda, porteur de papiers divers » parmi lesquels se trouvait une lettre de lord Holland à lord William Ben-» tinck et un projet de constitution pour le royaume de Naples rédigé par » lord Holland. »
Un autre document non moins curieux, une lettre relative à l'arrestation à Massa de Joseph Binda, chef de division du Ministère des Affaires Etrangères de Naples et envoyé en mission confidentielle auprès de Bentinck, lettre adressée de Mantoue en date du 21 avril 1815 à lord William Bentinck. (*K. u. K. Kriegs-Archiv. Hof Kriegs-Rath. Proesidial Acten.*) 1014. IV. 97. complète encore les renseignements donnés par lord Burghersh à son gouvernement. Frimont, après avoir affirmé que Murat essaye de se concilier Bentinck et de le gagner à sa cause grâce au concours de lord Holland, ajoutait. « On a trouvé sur Binda, outre une lettre du duc de Gallo à Binda, de Bologne le 14 avril, des instructions et des ordres destinés à agir sur Bentinck auquel Murat s'engage à donner toutes les garanties possibles, des lettres de lord Holland à Binda et à Bentinck, enfin deux lettres cachetées de Gallo à Bentinck. »

Au moment où tout le monde se tournait contre Murat où ses affaires prenaient de jour en jour une tournure plus défavorable, l'Empereur seul lui témoignait une bienveillance à laquelle il avait cependant peu de droits. Le 10 avril, aussitôt après réception de la nouvelle de la soumission de Marseille, Napoléon prescrivait à l'amiral Decrès d'envoyer à Murat un aviso emportant avec une collection du *Moniteur* une lettre destinée à lui faire connaître « l'heureux état des affaires en France » et les lettres écrites par le Ministre des Relations Extérieures auquel il avait en même temps ordonné de faire partir sur-le-champ un ministre pour Naples [1]. Non content d'envoyer un ministre à Naples, Napoléon avait tenu à placer auprès de Murat un conseiller sage, un homme sûr et ayant de l'influence sur lui et avait jeté les yeux sur le général Belliard. « Si cela lui convenait, écrivait-il à Caulaincourt [1], il serait très propre à cette mis-

---

1. *Correspondance de Napoléon*. T. 28. L'Empereur au Vice-Amiral Decrès. N° 21783, au général Caulaincourt duc de Vicence, N° 21784. Paris, 10 avril 1815. Par décret du 13 avril, le général Belliard était nommé Envoyé extraordinaire et Ministre Plénipotentiaire près le roi de Naples avec un traitement de 80.000 francs. Deux autres décrets de même date nommaient Caillard, 1er secrétaire de la Légation à Naples, et attachaient à Belliard pour la durée de sa mission à Naples le chef d'escadron Passy et le capitaine Vinet en qualité d'aides de camp et les commissaires des guerres Froissard et Petit en qualités d'adjoints. (*Archives Nationales* A. F. IV. 6973 N° 1).

L'Empereur renouvelait dans sa dépêche à l'amiral Decrès les ordres qu'il lui avait une première fois donnés le 30 mars (*Correspondance*, T. 28 N° 21744) : « Monsieur le duc Decrès, la goëlette Napolitaine qui » arriva à Toulon vient pour avoir des nouvelles : c'est une opération » concertée. Expédiez trois officiers adroits, vingt-quatre heures l'un » après l'autre, avec copies chiffrées de la lettre que vous remettra le » Ministre des Affaires Etrangères. Ils remettront cette lettre ainsi » que le *Moniteur* depuis le 20 jusqu'à ce jour au commandant de la » goëlette. Expédiez un de ces officiers par Gap, un par Arles, et l'au- » tre par la droite ligne. Il faut que ce soient des gens du pays. Enfin, » réitérez, autant qu'il sera nécessaire, l'envoi d'officiers pour porter » vos lettres, des nouvelles et des journaux sur Toulon... »

sion », que nul en effet ne pouvait remplir mieux que lui, mais qui malheureusement lui fut confiée trop tard, à un moment où le mal déjà fait était si grand qu'il était irréparable.

11 Avril 1815. — Les ordres de Frimont. — Bianchi obligé de rester immobile. — Murat à Modène, ordre d'évacuer la ville pendant la nuit. — Affaire de Mirandola. — Escarmouche de Casaglia. — Sortie de la garnison de Ferrare. — Le coup de main de San Alberto. — Situation critique de Nugent. — Les craintes, les fautes et les mouvements incompréhensibles de Livron et de Pignatelli-Strongoli. — La réponse du duc de Gallo à la note du 5 avril.

Si Bianchi avait été laissé libre d'agir à sa guise, dès le 11 au matin, aussitôt après avoir reçu de bonne heure les rapports de ses avant-postes [1], il aurait immédiatement repris son mouvement en avant et essayé de tirer plus complètement parti des avantages qu'il avait remportés la veille en obligeant Pepe à lui abandonner Carpi. Le général autrichien sait à ce moment, ou a tout au moins tout lieu de croire, qu'il n'a devant lui que Carrascosa en position derrière la Secchia avec 7.000 hommes fatigués et démoralisés. Dans ces conditions il lui semble qu'en les attaquant sur leur gauche il lui sera aisé de les rejeter au-delà du Panaro. « L'ennemi est en piteux état, mande-t-il de Fossoli à Frimont à huit heures du matin [2]. Je vais marcher sur Modène ».

---

1. *K. u. K. Kriegs-Archiv. (Feld-Acten. Bianchi.)* 992. Lieutenant-colonel Lesozinsky au général Starhemberg. Lesignana, 11 avril. 7 h. matin. IV. 36. « L'ennemi a abandonné le pont sur la Secchia à 1 mille d'ici. J'ai barricadé le pont. L'infanterie ennemie est sur l'autre rive. J'ai envoyé des patrouilles sur Campogalliano. Mon gros est à Gannaceto. On dit que l'ennemi envoie du monde sur Ferrare. »
Campogalliano à 4 km. 1/2 Ouest du pont de San Pancrazio.
(Cf. rapports des capitaines Mestrovich et Viragh au général Starhemberg, de San Antonio, 11 avril matin. — *Ibidem*. IV. 39. c. et IV. 46.)
Les postes de gauche établis plus en aval sur la Secchia du côté de Bomporto ne lui signalaient rien d'inquiétant.

2. *K. u. K. Kriegs-Archiv. (Feld-Acten. Frimont.)* 101*. F. M. L. Bian-

Mais pendant qu'il fait part de ses projets au général en chef, on avait déjà fait partir du grand Quartier-général des ordres qui allaient à son grand regret l'empêcher de les mettre à exécution [1].

A sept heures et demie du matin, loin d'autoriser Bianchi à pousser en avant et de lui annoncer qu'il fera appuyer au besoin son mouvement, Frimont lui envoie un premier ordre laconique, mais formel. « On continuera à rester sur » la défensive. Bornez-vous à repousser les Napolitains, » mais ne vous laissez pas entraîner à leur suite [2] ».

Frimont résume d'ailleurs en quelques mots les singuliers motifs de son incompréhensible prudence. Il espère que Mohr pourra dégager Ferrare; mais il a appris d'autre part que Livron et Pignatelli étaient entrés le 7 avec 8.500 hommes, dont 1.500 chevaux, à Florence, y avaient fait une halte de vingt-quatre heures, puis pris la route de Bologne après avoir chargé un détachement d'observer Nugent posté à Pistoia. Il lui annonce en même temps que Neipperg est avec trois brigades entre Cerese et Borgoforte et que la brigade Gober, qui va à Gonzaga, met un bataillon à San Benedetto.

Frimont craint tellement de n'avoir pas été bien compris, et tient tellement à ce que Bianchi reste pour le moins immobile qu'il revient immédiatement à la charge. « Il m'est » encore impossible de prendre l'offensive. Il me faut at- » tendre pour cela que je sois assez fort pour pouvoir la » continuer et la pousser jusqu'au cœur du royaume de

---

chi au général de cavalerie Frimont. Fossoli, 11 avril. 8 h. du matin. IV. 226.

1. *K. u. K. Kriegs-Archiv.* (Feld-Acten. Bianchi.) *Operations Journal.* 996. XIII. 68. 11 avril matin.

2. *K. u. K. Kriegs-Archiv.* (Feld-Acten. Frimont.) 1015. Général de cavalerie Frimont au F. M. L. Bianchi. Borgoforte, 11 avril. 7 h. 1/2 du matin. IV. 214. IV. 218 et *Ibidem.* (Feld-Acten. Bianchi.) IV. 49.

» Naples. Jusque-là je resterai sur la défensive, me conten-
» tant d'inquiéter l'ennemi et de déboucher soit par Fer-
» rare, soit par Plaisance. *Tel est le but de ma position sur la*
» *Cavo Bentivoglio et à Occhiobello. Je consens toutefois à ce*
» *que vous alliez jusqu'à Bologne avec la brigade Starhemberg*,
» MAIS JE TIENS A CE QUE VOUS RESTIEZ AVEC VOTRE GROS SUR
» LA CAVO BENTIVOGLIO. Si l'ennemi tient sur la Secchia,
» mais sans vous attaquer, vous l'observerez. Le colonel
» Papp [1] retournera à Parme et enverra des partis de ca-
» valerie vers la haute Enza et vers Reggio ». Et pour
mieux marquer à Bianchi sa ferme résolution de rester
sur la défensive, il termine en lui disant : « Je remets mon
» Quartier-général à Castellucchio et vous invite à renvoyer
» Gober de Gonzaga à Borgoforte. Neipperg est à Borgoforte
» et Fölseis dans la tête de pont [2] ».

En présence d'ordres aussi formels, Bianchi dut garder
pendant toute la journée du 11 son gros autour de Carpi.
L'avant-garde sous Starhemberg se tenait en face des Napolitains au pont de San Pancrazio qui n'avait pas été
détruit, que l'on barricada et qu'on fit passer à quelques
sections qui trouvèrent les avant-postes ennemis retranchés
à 1.500 mètres plus loin, à la croisée des routes. La ligne
des avant-postes autrichiens s'étendait, à droite jusqu'à
Campogalliano se reliant avec Rubiera occupée par un détachement, à gauche jusqu'à San Antonio. Quelques partis
poussaient par Formigine sur Sassuolo où l'on craignait
une insurrection, d'autres, en arrière de Modène vers le Panaro et Bologne, afin d'inquiéter les communications de

---

1. Le colonel Papp avait on le sait, reçu l'ordre de venir sur Rubiera
et Modène.
2. *K. u. K. Kriegs-Archiv.* (*Feld-Acten. Bianchi*). 992. Général de cavalerie Frimont au F. [M. L. Bianchi. Borgoforte, 11 avril 1815. IV. 48.
— *Ibidem.* (*Feld-Acten. Neipperg.*) 1013. *Correspondenz Protokoll.* 11 avril
1815. Borgoforte, 11 avril XIII. 14.

l'ennemi. Enfin Steffanini établi sur l'extrême gauche à Concordia avait, d'après les derniers rapports reçus par Bianchi, détaché le lieutenant-colonel Neumann sur Finale avec l'ordre d'en chasser les troupes de Lechi. Ce général mandait en outre au général en chef que les Napolitains étaient en train de jeter un nouveau pont sur le Panaro, sur la route de Modène à Bologne et que d'après les renseignements envoyés par le Grand-Duc, la Toscane et le Modenais paraissaient disposés à se prononcer en faveur des Autrichiens [1].

Aussitôt après son arrivée à Castellucchio et après réception de ce rapport de Bianchi, Frimont lui avait expédié une nouvelle dépêche qui ne modifiait du reste en aucune façon ses ordres antérieurs [2]. Lié par des instructions aussi catégoriques, Bianchi n'avait pu que rester l'arme au pied, immobile sur ses positions, et le silence et le calme n'avaient été troublés que par les quelques coups de fusil que les reconnaissances de Starhemberg échangèrent en avant de San Pancrazio avec les patrouilles de découverte de Pepe [3].

1. *K. u. K. Kriegs-Archiv. (Feld-Acten. Bianchi.)* 992. *Operations Journal.* 11 avril 1811. XIII. 62. — *Ibidem. Correspondenz Journal. Bianchi.* 995. F. M. L. Bianchi au général de cavalerie Frimont. Carpi, 11 avril 1815. XIII. 52. 17-21.

2. *K. u. K. Kriegs-Archiv. (Feld-Acten. Bianchi.)* 996. *Operations Journal.* Général de cavalerie Frimont au F. M. L. Bianchi. Castellucchio, 11 avril 1815. XIII. 68.

Tout semble indiquer que Bellegarde eut le pressentiment des craintes et des hésitations de Frimont. C'est vraisemblablement afin de les dissiper qu'il lui adressa de Milan le 11 avril le billet suivant : « J'évalue comme suit l'effectif de Murat : Carrascosa, 8.000 hommes, d'Ambrosio, 7.000, Lechi, 6.000 ; plus en Toscane, Livron 3000, Pignatelli 6000 y compris ce qu'il y a dans les Etats du Pape. Total 30.000 hommes... » (*K. u. K. Kriegs-Archiv.*) (*Feld-Acten. Frimont.* 1060. IV. 60.)

3. Cf. Pepe. *Memorie* 270. — *K. u. K. Kriegs-Archiv. (Feld-Acten. Bianchi.)* 992. Général-major comte Starhemberg au F. M. L. Bianchi. Gannaceto, 11 avril, 9 h. et 9 h. 1/2 soir. IV. 42. Annonce l'envoi de partis sur Formigine et Sassuolo, d'autres allant par la montagne sur Bologne,

En l'absence de nouvelles intéressantes, Bianchi s'était borné à transmettre à Frimont les renseignements qui lui parvinrent, soit directement du colonel Papp qui arrivé à Parme lui mandait qu'il serait le lendemain à Rubiera, soit par l'intermédiaire de Starhemberg, auquel le colonel Szent-Ivanny avait fait tenir de Campogalliano des rapports venant du capitaine Wolf signalant de Rubiera quelques mouvements des Napolitains de Modène vers Sassuolo, mouvements qui avaient été également remarqués par la cavalerie de Starhemberg [1].

Pendant qu'on transportait le général Filangieri de Modène à Bologne, où on le déposa au palais Ercolani, Murat préoccupé des conséquences qu'aurait dû avoir le combat de Carpi, sachant par expérience que Modène entourée d'une enceinte très faible était facile à tourner, redoutant l'exécution d'un mouvement menaçant la ligne de retraite de Carrascosa, était accouru dans cette ville aussitôt après avoir expédié à Lechi l'ordre de détourner l'attention des Autrichiens postés à Carpi par un mouvement sur Mirandola. Il y avait trouvé la division Carrascosa sous les armes hors de la ville, en avant de la citadelle. Plus nerveux, plus impatient que jamais il ne jeta qu'un coup d'œil distrait sur les troupes et courut reconnaître les positions autrichiennes. A son retour, il donna l'ordre de couper immédiatement le pont de Navicello et d'envoyer 12.000 rations de vivres à Castelfranco. Puis, avant de quitter Modène à sept heures et demie du soir, il prescrivit à Carrascosa de procéder

---

rend compte de l'escarmouche avec la reconnaissance de Pepe, fait savoir qu'il est relié avec Rubiera et enfin qu'on travaille sur le Panaro.

1. *K. u. K. Kriegs-Archiv.* (*Feld-Acten. Bianchi.*) 992. Colonel Papp au F. M. L. Bianchi. Parme, 11 avril Midi. IV. 40. Général-major Starhemberg au F. M. L. Bianchi. Gannaceto, 11 avril 11 h. 1/2 matin et colonel Szent-Ivanny au général Starhemberg. Campo Galliano 10 h. 1/2 matin. IV. 41 et IV ad 41.

dès neuf heures du soir à l'évacuation de la ville et de revenir prendre position sur la droite du Panaro, de Spilamberto à la voie Emilienne, en ne laissant sur la rive gauche que des avant-postes à hauteur de Fossalta. Ce mouvement s'effectua pendant toute la nuit dans le plus grand silence, dans l'ordre le plus parfait, et le 12 dès l'aube, la brigade Pepe, qui formait l'arrière-garde, occupait les positions qui lui avaient été assignées, le 1er de ligne, au gué de Spilamberto, le 2° léger, en réserve près de la chaussée [1].

Pendant que Bianchi prescrivait à Steffanini, qui avait déjà envoyé au lieutenant-colonel Neumann un renfort de cinq compagnies, de recommander à cet officier de s'avancer sur Finale avec une extrême prudence [2], Murat avait donné de son côté à Lechi, dont la division n'avait encore rien fait, l'ordre de se porter sur Mirandola et de rejeter au-delà de la Secchia les Autrichiens établis à Concordia. Laissant du monde à Stellata, Bonleno et Finale, Lechi se dirigea sur Massa del Finale avec cinq bataillons et deux escadrons du 2e chevau-légers et détacha de ce point une petite colonne (un bataillon du 7e, un canon et deux pelotons de cavalerie) en prescrivant au général Carafa de prendre plus au nord par Montirone sur Mirandola, pendant qu'avec le reste de ses troupes il s'engageait sur le chemin qui y mène par San Felice et San Antonio [3].

1. *R. Archivio di Stato. Modène. (Ministero Affari Esteri.)* Filz 1 A. Fasc. XXI. 246-86. Comte Munarini au comte de Vallaise et à Fossombroni. Modène, 12 avril 1815. — *Ibidem.* 211-81 au gouverneur de Reggio — 245-84 au général Steffanini. — *Modène. Archivio Storico. Museo Civico.* Rovatti. *Cronaca Modenese,* 11 avril 1815. — *Archives Particulières de M. R Ambrosini. Bologne.* Bevilacqua. *Diario. (Manuscrit).* — *Bologne. Biblioteca Comunale.* Guidicini. *Diario Bolognese,* 11 avril.
2. *K. u. K. Kriegs-Archiv. (Feld-Acten. Bianchi.)* 992. F. M. L. Bianchi au génér. l Steffanini. Carpi, 11 avril 1815. IV. 45.
3. Stellata sur la rive droite du Pô en face de Ficarolo : Montirone, 4 km. N.-O de Massa ; San Felice, 6 km. S.-O. de Massa, San Antonio, 2 km. Sud de Mirandola et 6 km. N.-O de San Felice

Presque au même moment Neumann avait quitté Mirandola pour se porter sur Finale. Sachant que le terrain qu'il avait à parcourir était dangereux et difficile, coupé de petits bois, sillonné de nombreux canaux, de marais et de ruisseaux qu'on ne peut franchir que sur des ponts, pour la plupart en mauvais état, auxquels donnaient accès de petites digues étroites et mal entretenues, Neumann, s'éclairant avec le plus grand soin, était arrivé sans encombre jusqu'à peu de distance de Massa, lorsqu'une de ses patrouilles lui signala la marche des troupes ennemies se portant par San Felice sur Mirandola. Le lieutenant-colonel donna aussitôt l'ordre de faire demi-tour et de se replier sur Mortizzuolo [1]. Il était sur le point d'arriver à la croisée des chemins menant de Mirandola et de San Felice à Finale et à San Martino in Spino lorsqu'il fut rejoint par une autre de ses patrouilles que suivaient de près les chevau-légers italiens et attaqué à la fois par la colonne de Lechi et par celle de Carafa. Malgré l'infériorité numérique de ses troupes, bien qu'obligé de faire face de trois côtés à la fois, Neumann défendant le terrain pied à pied continua dans le principe sa retraite dans la direction de Mirandola, jusqu'au moment où sur le point d'être complètement cerné par les compagnies envoyées sur ses derrières par le 8º de ligne qui avait pénétré par escalade dans Mirandola et fait mettre bas les armes au petit poste qu'il y avait laissé, il dut se résigner à se rejeter vers le nord. Ce ne fut qu'à grand peine qu'il parvint à se faire jour, à atteindre San Martino in Spino [2] et à gagner le lendemain Revere, où il embarqua et fit passer sur la rive gauche du Pô ses hommes épuisés de fatigue [3].

1. Mortizzuolo, à peu près à mi-chemin entre Mirandola et Massa. Environ 7 km. 1/2 N.-O. de Massa.
2. San Martino in Spino, 9 km. N.-E. du point où il avait été attaqué, à la même distance N. de Massa.
3. R. *Archivio di Stato. Naples. (Carte di guerra* etc.) 1060. Bulletin de

Lechi qui avait poussé jusqu'à Concordia n'y resta que peu de temps. Rejoint sur ce point par l'ordre qui lui enjoignait de revenir immédiatement à Finale, il y rentra à minuit ramenant avec lui 70 hommes enlevés à Neumann[1].

A Occhiobello, où, par ordre du général en chef on avait apporté quelques modifications à la composition des brigades Eckhardt et Haugwitz, Mohr, se conformant aux instructions que Bianchi avait été chargé de lui envoyer, avait, afin de donner de l'air à la garnison de Ferrare, inquiété plus sérieusement d'Ambrosio que les jours précédents. Il avait à cet effet poussé une reconnaissance en avant de la tête de pont, pendant que de son côté le général Lauer avait fait une sortie de la citadelle afin d'inquiéter les travaux, du reste fort lents et insignifiants, des assiégeants.

Enfin, tandis que Bianchi invitait le 11 au soir Gober, qu'il savait à Gonzaga, à se mettre en communication avec Steffanini et à le soutenir s'il était attaqué le lendemain à Concordia[2], à l'extrême gauche des lignes autrichiennes,

l'armée napolitaine. Bologne, 12 avril 1815. — *Archivio della Societa di Storia Patria.* Naples. LOGEROT. *Memorie Politiche e Storiche.* (Manuscrit). 11 avril 1815. — *K. u. K. Kriegs-Archiv. (Feld-Acten. Bianchi.)* 992. Général-major Steffanini au F. M. L. Bianchi. Concordia, 12 avril. IV. 52. (A fait réoccuper Mirandola et su que Neumann se repliait sur le Pô.) — F. M. L. Mayer von Heldenfeld au F. M. L. Bianchi. Mantoue, 12 avril 1815. IV. 53, annonce l'arrivée de Neumann à Ostiglia (rive gauche du Pô). — *Ibidem.* F. M. L. Bianchi au général de cavalerie Frimont. Carpi, 12 avril. Minuit. (*Operations Journal. Bianchi.*) 995. XIII. 53. 2.)

1. *K. u. K. Kriegs-Archiv. (Feld-Acten. Bianchi.)* 995. *Correspondenz Journal.* F. M. L. Bianchi au F. M. L. Mohr. Carpi, 11 avril XIII 52. 16. — *Ibidem. (Feld-Acten. Frimont.)* 1015. F. M. L. Mohr au F. M. L. Bianchi. Occhiobello, 11 avril. IV. 211. et IV. 212. — *Ibidem.* 1024. *Tagebuch über die Vertheidigung der Citadelle von Ferrara.* 11 avril XIII. 14. — *Ibidem. (Feld-Acten. Bianchi.)* 995. Frimont. Rapport officiel du 13 avril XIII. 25. b. — *Archivio della Societa di Storia Patria.* Naples. LOGEROT. *Memorie Politiche e Storiche (Manuscrit)* 11 avril. — Ferrare. Biblioteca Comunale. — SANDRI. *Istoria de Ferrara* etc. 11 avril.

2. *K. u. K. Kriegs-Archiv. (Feld-Acten. Bianchi.)* 995. *Correspondenz Journal.* F. M. L. Bianchi au général-major Gober. Carpi, 11 avril 9 h. 1/2 soir. XII. 52. 22.

tout près de l'embouchure du Lamone, le général Napoletani était sorti de Ravenne avec 5 à 600 hommes. Détachant le tiers de son monde sur le poste autrichien de San Alberto chargé d'observer la route de Lugo à Ravenne, il l'avait attaqué, obligé de se replier sur la rive droite du Pô après lui avoir mis une trentaine d'hommes hors de combat. Le coup fait, Napoletani était rentré à Ravenne en ramenant une vingtaine de prisonniers et la plupart des blessés autrichiens [1].

« J'apprends, par une lettre du lieutenant-colonel Wer-
» klein en date du 11, écrivait Lebzeltern à Bellegarde [2],
» que Nugent tient encore à Pistoia et continue depuis trois
» jours à escarmoucher contre les 3.500 hommes de Cam-
» pana [3]. Nugent lui a pris un colonel et 50 hommes. Vu la
» situation précaire de ce petit corps, il serait à désirer
» qu'on pût assurer sa retraite en prenant au plus vite l'of-
» fensive sur le Pô. Nugent arrêtera, aussi longtemps qu'il
» le pourra, la marche en avant des Napolitains ».

Telle était, sans nous arrêter aux considérations stratégiques du Ministre d'Autriche auprès du Saint-Siège, la situation réelle de Nugent, la situation telle qu'il l'exposait lui-même dans un billet adressé au commandant du détachement autrichien de Lucques, situation que les généraux napolitains ne pouvaient ignorer, situation que Nugent ne cacha naturellement pas à Buol, le représentant de l'Autri-

---

1. *K. u. K. Kriegs-Archiv.* (*Feld-Acten. Bianchi.*) 992. Major Brehm au F. M. L. Mohr. Comacchio, 13 avril 1815. IV. ad 64. — *Ravenne. Biblioteca Comunale.* Raisi. *Giornale.* etc. 11 avril. — *Rome. Biblioteca Vittorio Emanuele. Manoscritti. Busta* 73. *Mural e l'Indipendenza Italiana. 1815. Cronaca Ravennese dal 5 aprile al 11 Maggio 1815.* (Collection Miserochi.)
2. *R. Archivio di Stato. Milan.* (*Atti Segreti*) VIII. N° 68. Chevalier de Lebzeltern au F. M. comte de Bellegarde. Gênes, 12 avril (*en français*).
3. Il y a là une erreur, ou peut-être une exagération intentionnelle, de Lebzeltern. Campana ne commandait qu'une des deux brigades de la Division de cavalerie de la Garde.

che à la Cour de Florence. Il a si grand besoin des troupes toscanes qu'on veut lui enlever, et dont il connaît mieux que personne le peu de valeur, qu'il invite ce Ministre non seulement à intervenir auprès du gouvernement grand-ducal qui la veille a décidé de les lui retirer, mais de plus à faire part aux Ministres de Ferdinand III des mesures de rigueur qu'il est bien décidé à prendre, des représailles qu'il n'hésitera pas à exercer.

Dans la bouche d'un homme comme Nugent, ce ne sont pas des paroles en l'air, des moyens d'intimidation. Un homme tel que lui fait sans hésiter tout ce qu'il dit. Il déclare à Buol et l'invite à prévenir Fossombroni que, si un officier toscan placé sous son commandement se permet d'exécuter d'autres ordres que les siens, il le fera traduire en conseil de guerre et fusiller dans les vingt-quatre heures[1].

Malgré son indomptable énergie, Nugent avait en effet dû se rendre à l'évidence et reconnaître qu'il allait bientôt lui être impossible de prolonger l'effort qu'il avait demandé à la poignée d'hommes dont il disposait. Il eut donc suffi d'un peu de vigueur déployée par les généraux napolitains pour briser sa résistance et s'ouvrir la route de Bologne. Mais ceux-ci, au lieu d'attaquer résolument et simultanément Pistoia avec toutes leurs forces réunies, continuèrent au contraire à perdre leur temps, à user leurs troupes, à déprimer leur moral par des marches et des contremarches. Le 11 avril, ils avaient bien eu un moment l'intention de se porter en masse sur Pistoia. Leurs colonnes s'en approchent même au point que Nugent, s'attendant cette fois à une attaque poussée à fond, fait barricader les portes, ne laisse ouverte que celle de Lucques qui servira à la retraite de ses

---

1. *Record Office. Foreign Office.* Vol. 22. (*Tuscany. Burghersh.*) Général comte Nugent au comte de Buol Schauenstein, Ministre d'Autriche à Florence. Pistoia, 11 avril 1815.

troupes et fait ses préparatifs pour se replier en cas de besoin sur Serravalle [1], lorsque tout à coup ce mouvement s'arrête. Les généraux napolitains, comme ils ne craindront pas de le mander, Livron à Millet (devant Prato, à cinq milles de Pistoia, le 11 avril) Pignatelli au Roi (de Prato, le 11 avril, à huit heures du soir), ont appris par un espion que Nugent laissait une garnison à Pistoia, envoyait les Toscans à Pescia et se portait sur Poggio à Cajano, d'où, comme Pignatelli aura l'audace de l'écrire à la Reine dans sa fameuse lettre du 17 mai [2], ce général pouvait se replier, soit sur Pescia, soit sur Pistoia. Il n'en fallut pas plus, il l'avoue lui-même, pour décider les deux généraux à masquer Pistoia et à aller sur Pescia par la route de Poggio à Cajano, en réalité à revenir sur leurs pas pour se porter de Prato sur Poggio à Cajano [3] et attaquer le lendemain l'ennemi à Pescia. C'était de cette façon que les généraux de la garde se conformaient à l'ordre formel de Millet du 4 avril, leur prescrivant : « *d'attaquer Nugent sur-le-champ et de le forcer à évacuer la Toscane* ».

Sur la foi d'un rapport d'espion, sur de simples conjectures, sans même juger utile de contrôler un pareil renseignement, sans songer à pousser une reconnaissance, à faire le moindre usage de toute une division de cavalerie, dans des

1. Cf. R. *Archivio di Stato. Florence. Archivio Segreto.* (*Polizia Segreta Toscana*). Filza 19. N° 471. Rapports de Chiarini, *Bargello* de Pistoia, 11 avril 1815. — *Ibidem*. Filza 11. (*Movimenti, Passagio e Partenza della Truppe Napolitane*). Corfoni, vicaire du gouvernement. Rapport de Pescia, 11 avril 1815.
2. Cf. *Archivio della Societa di Storia Patria*. Naples. PIGNATELLI-STRONGOLI. *Memorie*. Lettre à S. M. la Reine. Naples, 17 mai 1815. (*en français*).
3. Pour plus de clarté et de détails, Cf. ANNEXE XXXVI les rapports de Livron et de Pignatelli. — Cf. *Archivio della Societa di Storia Patria. Naples*. LOGEROT. *Memorie Storiche e Politiche* (*Manuscrit.*) « Le 11 les Napolitains marchent sur Pistoia, mais à la nouvelle que *Nugent y était*, ils se replient sur Prato, Campi et Poggio a Cajano. *On ne peut s'expliquer ni la lenteur de leur marche ni leur timidité.* »

circonstances où ils n'ignorent pas que les minutes sont précieuses, sans même tâter leur adversaire, ils renoncent à une entreprise essentielle à la continuation de leur mouvement, indispensable pour leur jonction avec l'armée du Roi. Regrettant l'inaction dont on les a obligés à sortir, ils donnent sur l'heure même à leurs divisions l'ordre de revenir sur leurs pas. Qu'était-il possible de faire avec de pareils lieutenants !

Le jour même où Mier quittait Naples [1], Gallo rédigeait, en même temps qu'il faisait tenir à Binda les instructions dont nous avons eu lieu de parler, la réponse que son Roi venait de lui ordonner de faire à la note de Bentinck du 5 avril. Le Ministre des Affaires Etrangères de Murat, se livrant à une dissertation aussi longue qu'inutile et spécieuse sur les engagements réciproques des alliés, protestait avec vivacité contre l'alliance de l'Angleterre et de l'Autriche, insistait surtout sur l'impossibilité pour la Grande-Bretagne de détruire l'armistice d'un trait de plume et rappelait au gouvernement anglais l'article 3 de la convention qui stipulait un préavis de trois mois. Faisant ensuite valoir « les graves intérêts qui lui commandent de ne pas rompre un lien si profitable aux deux nations », affirmant à nouveau que « le Roi ne tient à rien tant qu'à l'amitié de l'Angleterre », il déclarait en finissant que « Murat ne peut croire que le Prince Régent fasse dépendre les rapports et les intérêts de la Grande-Bretagne avec Naples des contestations que l'ambition de l'Autriche peut provoquer [2] ».

Si Murat avait encore conservé l'espoir de faire revenir

1. R. *Archivio di Stato. Milan.* (*Atti Segreti*) VIII. Comte de Mier au F. M. comte de Bellegarde. Ferrare, 3 mai 1815. « Parti de Naples, le 11 avril, il vient seulement d'arriver à Ferrare. Craignant de manquer Metternich à Vienne, il s'excuse de ne pouvoir se rendre à Milan. »

2. *Record Office. Foreign Office.* Vol. 71. (*Sicily. Bentinck. Castelcicala*). Duc de Gallo à lord Bentinck. Bologne, 11 avril 1815. (*en français.*)

le cabinet de Saint-James sur ses résolutions, Gallo ne partageait pas les illusions de son maître. On sent à la lecture de sa note les efforts qu'il dût faire pour arriver à rassembler des semblants d'arguments, on sent surtout qu'il était intimement convaincu de l'inutilité, de l'inopportunité d'un instrument qui ne pouvait que porter atteinte à la dignité de son roi, au peu de prestige qui lui restait.

12 Avril 1815. — **Les Autrichiens et Bianchi à Modène. — Ordres de Bianchi. — Positions de Starhemberg, Steffanini et Senitzer le 12 au soir. — Bianchi et Frimont.** — Raisons pour lesquelles Frimont reste sur la défensive. — **Combat d'Occhiobello.** — Evacuation de Ferrare par d'Ambrosio et retraite de Lechi sur Cento (nuit du 12 au 13 avril). — Livron et Pignatelli continuent leur retraite sur Florence. — Les rapports de Pignatelli et les ordres de Murat. — La lettre de Murat au Grand-Duc. — **Macirone envoyé auprès de Bentinck. — Nugent désigné par Metternich et Schwarzenberg pour prendre le commandement du corps expéditionnaire Sicilien.** — Metternich, Consalvi et les questions relatives aux troupes pontificales. — **Remise à Saint-Marsan de la déclaration de guerre à Naples et l'envoi de 10.000 Piémontais sur la frontière du côté de Plaisance.**

S'il avait suffi d'une conférence de quelques minutes pour établir une entente complète entre Livron et Pignatelli et les amener à prendre une résolution aussi déplorable qu'illogique, cette communauté de vues, si néfaste en ce cas, mais cependant si indispensable en général, était loin d'exister, du moins jusqu'au 12 au soir, entre Frimont et Bianchi. Ce dernier, par cela même que grâce à sa présence sur les lieux il avait pu se rendre un compte plus exact, et des forces que son adversaire était en mesure de lui opposer, et de l'état moral de ses troupes, était partisan, à défaut d'une offensive générale, tout au moins d'un mouvement en avant exécuté simultanément par toutes les unités placées sous son commandement. Il avait pu constater la démoralisation croissante de l'armée napolitaine sur laquelle, croyait-il, « Murat ne pouvait plus guère compter »[1]. Il s'exagérait

1. *K. u. K. Kriegs-Archiv.* (*Feld-Acten. Bianchi.*) 995. (*Correspondenz*

évidemment quelque peu, comme il s'en aperçut 48 heures plus tard, lors du combat sur le Reno, le degré de découragement de cette armée. Mais il n'en avait pas moins sainement apprécié la situation lorsqu'il se refusait, soit en exécutant le mouvement rétrograde derrière le Cavo Bentivoglio prescrit par le général en chef, soit en prolongeant davantage l'immobilité qui lui avait été imposée pendant la journée du 11, à perdre du coup les avantages qu'il espérait et qu'il pouvait tirer du combat de Carpi.

Sans attendre de nouveaux ordres et sans hésiter à enfreindre ceux qu'il avait reçus, Bianchi, auquel les mouvements rétrogrades de Carrascosa n'avaient pas échappé, sachant de façon positive que son adversaire s'était replié derrière le Panaro, avait, dès le 12 au matin et de sa propre initiative, reporté son aile droite en avant. A 7 heures et demie, les éclaireurs de cavalerie de Starhemberg, suivis de près (à 9 heures) par leur général, étaient rentrés à Modène et avaient aussitôt poussé vers le Panaro. Quelques heures plus tard, dans le courant de l'après-midi, le duc François IV était arrivé dans sa capitale, accompagné et escorté par Bianchi qui, avant de retourner fort avant dans la soirée à Carpi, était allé en personne reconnaître le terrain et les positions de Carrascosa [1].

Journal.) F. M. L. Bianchi au général-major comte Nugent. Carpi, 12 avril 9 h. 45 soir. XIII. 52/33.

1. *K. u. K. Kriegs-Archiv. (Feld-Acten. Bianchi.)* 995. (*Correspondenz Journal. Bianchi.*) F. M. L. Bianchi au général comte Nugent. Carpi, 12 avril 9 h. 45 soir. XIII. 52. 33. — *Record Office. War Office.* Vol. 185. (*Army in the Mediterranean.*) Sir John Dalrymple à lord Bathurst. Mantone, 13 avril 1815. (Dépêche N° 1). — *R. Archivio di Stato. Modène.* Filza A. Fasc. XXI. 244-84. (*Ministero. Affari Esteri.*) Comte Munarini au gouverneur de Reggio. Modène, 12 avril 1815. — Au comte de Vallaise et à Fossombroni. Modène, 12 avril 1815. 246-86. — *Modène. Archivio Storico. Museo Civico.* Rovatti. *Cronaca Modenese.* 12 avril. « Les Napolitains ont été très disciplinés à Modène. » — *Reggio. Biblioteca Comunale.* Sonini. *Cronaca.* — Galvani. *Memorie Storiche intorno la Vita di Francesco IV.*

Décidé à garder et à occuper solidement la ligne du Panaro jusqu'à l'arrivée des ordres l'autorisant à la franchir et à la forcer, Bianchi avait entre temps prescrit à ses brigadiers de venir s'établir sur les positions suivantes :

Son aile droite (général-major Senitzer : 5 bataillons, un escadron et demi, une demi-batterie), à Spilamberto, faisant surveiller à gauche les passages du Panaro jusqu'à Nizzola, poussant des petits partis de 30 à 50 hommes, auxquels on adjoignait 4 à 5 cavaliers, dans la direction de Bologne et observant sur sa droite les débouchés de la montagne.

Son centre (général-major comte Starhemberg : 3 bataillons, 4 escadrons, une demi-batterie), à Fossalta, couvert par une ligne d'avant-postes s'étendant de Nizzola à Bomporto, avec deux compagnies établies sur chacun de ces deux points extrêmes, gardant les passages du Panaro et tenant une réserve au pont de pierre que le général devait barricader et armer.

Son aile gauche (général-major Steffanini : 3 bataillons, un escadron, 2 pièces de 6 livres), à Mirandola, se reliant par deux compagnies envoyées à Camposanto [1] avec le poste de Bomporto. Le centre et la gauche de cette brigade, à laquelle le général Gober servait de soutien à Concordia [2], avaient ordre de se tenir sur le Panaro en débordant Finale et en surveillant Bondeno.

Bianchi avait complété ces ordres par des instructions réglant la conduite que ses généraux auraient à tenir dans

---

Notes de la main du duc de Modène sur les événements du 4 au 5 avril 1815. II. 34-36. — NAMIAS. *Storia di Modena*. 688-689.

1. Camposanto, sur le Panaro, 10 km. N.-O. de Bomporto et 13 km. S.-O. de Finale.
2. K. u. K. Kriegs-Archiv. (Feld-Acten. Neipperg.) 1013. (*Correspondenz Protokoll Neipperg*.) 12 avril. XIII. 14. — *Ibidem*. F. M. L. Bianchi au au F. M. L. comte de Neipperg. Carpi, 13 avril 2 h. 1/4 matin. IV. 13. « lui annonce l'arrivée du général Gober à Concordia où il a relevé Steffanini. »

T. III.

le cas où Carrascosa renforcé par la division Lechi tenterait avec des forces supérieures une attaque sur le Panaro. Il avait prescrit à Steffanini de se replier sur Concordia et à Starhemberg de revenir sur Gannaceto, de tenir sur la Secchia depuis San Antonio jusqu'à Campogalliano et de se relier avec le colonel Papp qu'on aurait rappelé à Modène et qu'on aurait alors poussé sur Rubiera. Quant à Senitzer, il avait ordre, mais seulement en cas d'impossibilité de regagner Modène, de se diriger soit sur Sassuolo, soit sur Rubiera. En même temps, afin de mettre ses brigadiers entièrement au courant de la situation, il leur avait fait part de l'arrivée à Vérone des premiers renforts dont l'entrée en ligne imminente allait porter l'effectif total de ses troupes à 21 bataillons. Non content de leur communiquer l'ordre donné à Mohr de déboucher d'Occhiobello avec 11 bataillons, il avait cru utile de leur faire connaître son sentiment personnel sur la situation générale des affaires. A son avis la prise de Carpi et la déclaration de guerre de l'Angleterre jointes à l'insuccès de ses proclamations devaient décider Murat à abandonner presque immédiatement la ligne du Panaro et celle du Pô di Primaro [1].

Entre temps et pendant la course rapide que Bianchi avait faite à Modène, Steffanini lui avait rendu compte de la ren-

---

1. *K. u. K. Kriegs-Archiv. (Feld-Acten Bianchi.)* 996. (*Operations Journal.*) F. M. L. Bianchi. Ordres. Carpi, 12 avril 1815. XIII. 68. — *Ibidem.* 195. (*Correspondenz Journal.* F. M. L. Bianchi au général comte Nugent. Carpi, 12 avril 9 h. 3/4 soir. XIII. 52, 33, au F. M. L. Mohr. 10 h. 1/2 soir. XIII. 52. 36, au général-major Steffanini, 10 h. soir. XIII. 52. 37, au général-major comte Starhemberg, 10 h. 1/4 soir. XIII. 52. 38, au colonel Papp 9 h. 3/4 soir. XIII. 52. 39. (Lui prescrit de mettre un bataillon avec une demi-batterie sur les remparts de Modène à droite et à gauche de la route de Bologne, un bataillon et sa cavalerie en arrière de la ville, en réserve sur la route de Reggio.) Au général de cavalerie Frimont. Carpi, 12 avril, minuit. XIII. 53. 1 et 2. — *Ibidem.* (*Hof Kriegs-Rath. Præsidial Acten.*) 1041. Général de cavalerie Frimont au F. M. prince de Schwarzenberg. Castellucchio, 12 avril 1815. IV. 48.

trée de ses troupes à Mirandola et de l'envoi de reconnaissances en avant de son front sur Villafranca, à gauche vers Bondeno, le colonel Papp, de son arrivée à Rubiera et de la continuation de sa marche sur Modène, Neipperg enfin, des ordres de mouvement qui l'envoyaient le lendemain à Gonzaga' et de la mise en route de Gober sur Moglia et Concordia [1]. Aussitôt rentré à Carpi, où pressé de conférer avec lui, Frimont accompagné par son chef d'état-major, le colonel Koudelka, était venu pendant son absence; Bianchi avait adressé au général en chef une dépêche dans laquelle il lui exposait les raisons pour lesquelles, malgré les ordres qu'il avait reçus, il avait cru utile de ne pas se replier derrière le Cavo Bentivoglio. Ce mouvement rétrograde aurait eu à tous égards des conséquences nuisibles. Il aurait fallu livrer de nouveaux combats pour reconquérir le terrain qu'on avait gagné. C'était pour cette raison surtout, et aussi parce que le Panaro, qui cesse d'être guéable en aval de Bomporto, constitué une ligne infiniment préférable à celle de la Secchia, qu'il proposait d'y prendre position. Quoique certain de l'approbation de son chef, il avait pourtant hésité à faire quitter sans ordres la ligne de la Secchia à son gros et n'avait pour cette raison poussé sur le Panaro que la chaîne de ses avant-postes [2].

Dans l'intervalle et avant même de se rendre de Castellucchio à Carpi, Frimont avait déjà quelque peu modifié ses projets et sa manière de voir. L'examen de la situation de

---

1. *K. u. K. Kriegs-Archiv. (Feld-Acten. Bianchi).* 992. F. M L. Neipperg au F. M. L. Bianchi. Borgoforte, 12 avril. 4 h. soir. IV. ad 50. Colonel Papp au F. M. L. Bianchi. Rubiera, 12 avril IV. 51. au capitaine Wolf. 12 avril, IV. ad 54. — Général-major Steffanini au F. M. L. Bianchi. Concordia, 12 avril, IV. 52.

2. *K. u. K. Kriegs-Archiv. (Feld-Acten. Bianchi.)* 996. *(Operations Journal).* F. M. L. Bianchi au général de cavalerie Frimont. Carpi, 12 avril. Minuit. XIII. 68.

son armée [1] avait probablement contribué à le rassurer sur les dangers réellement peu sérieux auxquels il s'exposait en imprimant un peu plus de vigueur et d'activité à ses opérations. Avec une loyauté et une franchise qu'on ne rencontre que trop rarement, il n'avait pas hésité à reconnaître dans une dépêche adressée à Bianchi [2] « que son mouvement sur
» la Secchia avait été utile et qu'il pourrait même constituer
» une diversion précieuse et fort efficace, si l'ennemi redou-
» blait d'efforts contre Ferrare et Occhiobello ».

Malgré les résultats obtenus par cette marche vers la Secchia et par le combat de Carpi, Frimont n'avait pourtant pas osé aller jusqu'à se décider à prendre résolument l'offensive. « Je ne peux pourtant pas tenter pour le moment une opéra-
» tion décisive parce que les renforts ne m'arriveront que
« dans 12 jours et, ajoute-t-il sans l'expliquer il est vrai,
» *parce que l'ennemi se renforce tous les jours* ».

En un mot, Frimont croyait imprudent d'abandonner les passages du Pô et de s'éloigner davantage de ce fleuve, tant qu'il risquait encore « de voir Murat pousser en force sur Borgoforte ». Passant alors à l'examen des opérations qui lui paraissent de nature à déjouer les projets qu'il ne pouvait encore s'empêcher de prêter à Murat, il exposait à Bianchi ses nouvelles dispositions. Il faut que Mohr ne laisse pas les Napolitains se retrancher devant lui, qu'il agisse, qu'il occupe le terrain compris entre le Pô et Bondeno, qu'il débloque Ferrare « mais en évitant tout engagement sérieux. » Afin de retenir les Napolitains, de détourner leur attention, il autorise, mais bien tardivement, Bianchi « à continuer ses opérations sur Modène, » reprend et annule son ordre de la veille par lequel il lui avait prescrit de

---

1. ANNEXE XXXVII.
2. *K. u. K. Kriegs-Archiv.* (*Feld-Acten. Bianchi.*) 992. Général de cavalerie Frimont au F. M. L. Bianchi. Castellucchio, 12 avril 1815. IV. 54.

revenir derrière le Cavo Bentivoglio et conclut en lui communiquant les instructions qu'il vient de faire tenir à Neipperg, dont le quartier général s'établira à Gonzaga et « dont » le mouvement obligera l'ennemi à quitter Mirandola, dès » que Mohr sera maître du pays entre Ferrare et Bon- » deno ».

Mais, on ne saurait en douter après les dernières phrases de sa dépêche, il n'en est pas moins toujours bien décidé à rester sur la défensive « parce qu'il est inquiet et qu'il redoute toujours encore un échec ». « *Je ne prendrai pas de si* » *tôt l'offensive et je suis par suite forcé de tenir et de couvrir* » *mes deux débouchés : Borgoforte et Ferrare. Je ne livrerai ba-* » *taille que si l'ennemi passe le Pô. Si vous êtes attaqué sérieuse-* » *ment, vous devez donc vous replier, sans trop tarder et sans vous* » *entêter, sur le Cavo Bentivoglio* ».[1]

Dans la matinée du 12, Mohr[2] prenant Casaglia pour objectif principal de son attaque avait débouché de la tête de pont à la tête de 6 bataillons, 4 escadrons, une demi-batterie à cheval qu'il formait aussitôt en deux colonnes, dont l'une remontant le Pô prit sur Ravalle afin de couvrir la droite de la colonne principale allant sur Casaglia.

Le général d'Ambrosio avait établi ses troupes sur deux lignes : la brigade d'Aquino, de Casaglia à Ferrare, la bri-

---

1. *K. u. K. Kriegs-Archiv.* (*Feld-Acten. Bianchi*). 996. (*Operations Journal.*) Général de cavalerie Frimont au F. M. L. Bianchi. Castellucchio, 12 avril. XIII. 63. — *Ibidem*. 992. IV. 50. — *Ibidem.* (*Feld-Acten. Neipperg.*) 1013. Général de cavalerie Frimont au F. M. L. comte Neipperg. Castellucchio, 12 avril. IV. 11 et ad 11. — *Ibidem.* (*Feld-Acten. Frimont*). 1015. Général de cavalerie Frimont au F. M. L. Bianchi et au F. M. L. comte Neipperg. Castellucchio, 12 avril 1815. IV. 237 et IV. 238.

2. *K. u. K. Kriegs-Archiv.* (*Feld-Acten. Frimont*). 1015. Général de cavalerie Frimont au F. M. L. Mohr. Castellucchio, 12 avril 1815. IV. 234. (Ordres relatifs à Occhiobello et à Ferrare) — *Ibidem.* (*Feld-Acten. Bianchi.*) 993. *Operations Journal*). Général de cavalerie Frimont au F. M. L. Bianchi. Castellucchio, 12 avril XIII. 63.

gade Medici, moins les troupes affectées au blocus de la citadelle de Ferrare, devant la tête de pont.

Préparant son attaque par les feux de son artillerie, Mohr rejeta sans grand effort les postes avancés napolitains, fit démolir les ouvrages et les tranchées, prit solidement pied sur la digue et enleva d'assaut les premières maisons de Casaglia sans pouvoir pénétrer plus avant dans ce village barricadé de tous côtés, dont toutes les maisons avaient été crénelées et dont la défense avait été soigneusement et intelligemment préparée. Se croyant trop faible pour tenter une attaque de vive force dont la réussite était incertaine et qui, en tout cas, lui aurait coûté des pertes sensibles, informé des mouvements exécutés par des troupes napolitaines qui venant de Ravalle et de Ferrare semblaient vouloir lui couper la retraite, Mohr crut plus sage de rompre le combat. Renonçant à Casaglia et cédant lentement le terrain, bien qu'il eut été rejoint à deux heures par deux bataillons amenés par le général-major comte Haugwitz, il replia sur la tête de pont à la tombée de la nuit ses troupes qui ramenaient avec elles un canon enlevé à l'ennemi et prit le soir même toutes ses dispositions afin d'être en mesure de recommencer la lutte le lendemain matin [1].

1. *K. u. K. Kriegs-Archiv. (Feld-Acten. Bianchi.)* 992. F. M. L. Mohr au F. M. L. Bianchi. Occhiobello, 12 avril 1815. IV. 57. « L'affaire d'Occhio-
» bello nous a coûté 150 hommes mis hors de combat, dont 2 offi-
» ciers. » — *Ibidem*. 993. (*Operations Journal. Bianchi.*) 12 avril XIII. 68.
— *Ibidem*. 995. Frimont. Rapport officiel du 12 avril. XIII. 25. a. — *Ibidem*. (*Feld-Acten. Frimont.*) 1015. F. M. L. Mohr au général de cavalerie Frimont. Occhiobello, 12 avril 1815. IV. 267. — *Ibidem*. Général de cavalerie Frimont au F. M. prince de Schwarzenberg. Castellucchio, 12 avril. IV. 258 et *Hof Kriegs-Rath. Præsidial Acten*. 1014. IV. 48. — *Archivio della Societa di Storia Patria. Naples*. Logerot. *Memorie Politiche e Storiche* 12 avril.

Cf. surtout *K. u. K. Kriegs-Archiv. (Feld-Acten. Bianchi.)* 992. F. M. L. Mohr au colonel Koudelka. (Chef d'Etat-major de Frimont). Occhiobello, 13 avril 9 h. matin. IV. ad 52 « ... J'ai délogé l'ennemi, l'ai poussé

Ces mesures, ainsi que celles adoptées par le général Lauer qui, après avoir fait pendant le combat d'Occhiobello une nouvelle sortie uniquement destinée à empêcher les Napolitains de détacher du monde, avait tout disposé pour bousculer le lendemain les travaux des assiégeants, allaient être absolument inutiles. Dans la nuit du 12 au 13, se conformant aux ordres qu'il avait reçus et sachant que sur sa gauche Lechi n'avait laissé que quelques détachements à Finale, Bondeno et Bomporto et s'était replié sur Cento et Crevalcore, d'Ambrosio avait levé en silence le siège de la citadelle et était sorti de la ville se dirigeant sur Malalbergo, accompagné par le préfet Cicognara et par tous ceux des Ferrarais qui avaient accepté de faire partie de l'administration installée par les Napolitains [1].

Livron et Pignatelli, non contents de mettre sur le compte d'un brouillard d'une épaisseur anormale les erreurs de tout genre qui avaient causé leur inexplicable résolution, n'avaient même pas songé à réparer le lendemain les fautes qu'ils avaient commises. Laissant Nugent continuer tranquillement ses préparatifs de défense, ils se gardèrent bien de faire le moindre mouvement, Pignatelli, en avant

» sur Ferrare, mais j'ai rappelé mes 3 bataillons dans la tête de pont,
» parce que je me voyais menacé par des mouvements de l'ennemi
» tant sur Pontelagoscuro que de Bondeno sur Palantone et Ravalle... »
Palantone, sur le Pô, 4 km. O. de Ravalle, environ 6 km. N.-E de Bondeno.

1. *K. u. K. Kriegs-Archiv. (Feld-Acten. Frimont.)* 1014. *Tagebuch über die Vertheidigung der Citadelle von Ferrara.*) 12 avril. XIII. 14. — *Ibidem. (Feld-Acten. Bianchi.)* 995. F. M. L. Bianchi au général de cavalerie Frimont. Carpi, 13 avril. Midi. XIII. 53. b. — *Archivio della Società di Storia Patria.* Naples. LOGEROT. *Memorie Politiche et Storiche.* Nuit du 12 au 13 avril. — *Ferrare. Archivio Prefettura.* Rub. 14. (*Militari*). Mesures prises par la Préfecture pendant l'occupation Napolitaine. — *Ferrare. Biblioteca Comunale.* POZZATI. *Memorie Patrie Ferrarese.* — CONTI. *Annali Storici di Ferrara* §§ 1313-1314. — SANDRI. *Istoria di Ferrara.* 12 avril. *Bologne. Archives Particulières de M. R. Ambrosini.* BEVILACQUA. *Diario.* — *Ibidem. Biblioteca Comunale.* GUIDICINI. *Diario Bolognese.*

de Poggio à Cajano et de Campi, Livron, en avant de Prato [1].

Pignatelli avait même trouvé un nouveau sujet d'alarmes qu'il s'empressa de transmettre à Murat. Se fiant au dire d'un espion, ils avaient, lui et Livron, cru à l'envoi par Nugent d'un gros détachement de Toscans et d'Autrichiens qui auraient passé l'Arno à Fucecchio (36 km. en aval de Florence, 23 km. S. de Pescia) et à l'apparition d'un autre parti à Empoli. Ces bruits, ces rumeurs avaient suffi pour le décider à se rapprocher le lendemain encore davantage de Florence, à aller prendre position avec Livron à Peretola (4 km. 1/2 O. de Florence) en ne laissant à Ponte a Signa (5 km. plus à l'ouest) qu'un bataillon et un demi-escadron avec un canon. Une partie des troupes de Livron commença même son mouvement dans la nuit du 12 au 13 [2].

Les deux généraux napolitains avaient donc pris définitivement la résolution de se replier tout au moins sur Florence, lorsque Pignatelli « reçut dans la nuit du 12 au 13 une estafette venant de Bologne et portant des ordres pour les généraux [3] ». « Cette lettre du Roi, comme il ne craint pas de le déclarer imperturbablement dans sa lettre du

---

1. R. *Archivio di Stato. Florence.* (*Archivio Segreto.*) Filza 11. 172. (*Movimenti, Passagio e Partenza delle Truppe Napolitane*) L. A. au Président du *Buon Governo*. Prato, 12 avril et 12 avril minuit. — Cercignani au même. Pistoia, 12 avril. — *Ibidem. Polizia Segreta Toscana.* Filza 19. 176. Chiarini, *Bargello* de Pistoia. (*Rapporti Riservati.*) Pistoia 12 avril. — *Ibidem.* (*Torelli. Minute diverse*) Busta, 415. 50. Quaderno 14. Torelli au roi Ferdinand IV. Florence, 12 avril 1815. — *Archivio della Società di Storia Patria, Naples.* PIGNATELLI-STRONGOLI. *Memorie.* Lettre à S. M. la Reine Régente. Naples, 17 mai 1315. (*en français.*)

2. Pignatelli au Roi, au bivouac en arrière de Poggio à Cajano, 12 avril. Soir. R. *Archivio di Stato. Florence.* Torelli au roi Ferdinand IV, 12 avril. — L. A. au Président du *Buon Governo*. Prato, 12 avril. Minuit.

3. R. *Archivio di Stato. Florence.* (*Polizia Segreta Toscana.*) Filza 11. 47. Rapport de police sur les mouvements des Napolitains et des Autrichiens. Florence, 12 et 13 avril 1815.

17 mai à la Reine Régente « *nous obligea à nous arrêter et à commencer le mouvement de retraite* ».

« Monsieur le lieutenant-général, lui écrivait Murat de
» Bologne le 11 avril. Compromettez le moins possible ma
» Garde et ne vous laissez jamais couper les communica-
» tions sur Arezzo. Je crois le moment arrivé où l'ennemi
» va reprendre l'offensive. *Il est malheureux que ma Garde qui
» devait me servir de réserve se trouve engagée en Toscane*. Ne
» *dépassez pas Pistoia*, ne faites rien marcher sur Livourne
» et soyez prêt à exécuter les ordres de mouvement que je
» serai dans le cas de vous donner. Mais rappelez-vous dans
» tous les cas que vous êtes chargé de contenir l'ennemi sur
» les débouchés de Foligno. Donnez-moi deux fois par jour
» de vos nouvelles. Sur ce, Monsieur le lieutenant-général,
» etc.
» *P. S.* Si l'ennemi s'était entièrement replié de Lucques
» vous reviendriez prendre position derrière l'Arno ».

Et c'est après avoir reproduit dans son plaidoyer *pro domo suâ* cette lettre, qu'il reçut plusieurs heures après avoir expédié son rapport de Poggio à Cajano et commencé sa retraite sur Ponte a Signa et Peretola, qu'il ose dire à la Reine : « Le 12 avril, resté à Poggio j'y reçus du Roi l'ordre de me replier sur Florence [1] ».

Colletta et d'Ambrosio [2] ont donc raison de dire : « Cet
» ordre fait naître deux réflexions : d'abord que Murat était
» peu au fait des mouvements de l'ennemi ; en second lieu
» qu'il ne désespérait pas de les prévenir et de continuer
» son offensive. Il voulait pour cette raison conserver les
» communications de Florence avec Modène et Bologne et

---

1. *Archivio della Societa di Storia Patria. Naples.* PIGNATELLI-SRONGOLI. *Memorie.* Lettre à la Reine Régente. Naples, 17 mai 1815. (*en français.*)
2. COLLETTA. *Opere Inedite o Rare*. I. 76. — *Général d'Ambrosio. La campagne de Murat en 1815. Carnet historique et littéraire.* 1899. III. 180.

» couvrir la route de Perugia. Il ne voulait pas que la Garde
» se compromît en se portant démesurément en avant, et
» d'autre part il ne songeait pas à la faire revenir en ar-
» rière. Il suffit de suivre les mouvements de son armée
» pour se convaincre que tel était bien à la date du 11 avril
» l'état d'esprit, l'idée du Roi ».

On pourrait, il est vrai, essayer d'opposer à cette appréciation des généraux Colletta et d'Ambrosio la lettre que, vingt-quatre heures après le départ de l'estafette porteur des instructions destinées à Pignatelli, Murat adressait au Grand-Duc et qu'il semble pour cette raison nécessaire de reproduire *in extenso*. Elle n'est cependant que la réédition de lettres antérieures, et l'évacuation proposée de la Toscane imposée d'une part par des considérations politiques y est subordonnée de l'autre à des conditions que le Grand-Duc ne pouvait accepter et qui rendaient par suite l'exécution de ce projet absolument impossible.

Bologne, 12 avril 1815 [1].

« Monsieur mon frère et cousin,

» J'ai reçu la lettre de Votre Altesse Impériale et Royale
» du 2 courant.

» C'est avec regret que j'ai dû ordonner à ma Garde qui,
» de Foligno [2] devait se rendre par le Furlo à Pesaro, de

---

1. *Record Office. Foreign Office.* Vol. 23. (*Tuscany. Burghersh.*) Murat au Grand-Duc de Toscane. Bologne, 12 avril 1815. Pignatelli plus habile politique que bon général s'empressa, afin de justifier sa retraite aux yeux du gouvernement toscan et de donner le change à l'opinion publique, d'informer *confidentiellement le 13* Fossombroni de l'arrivée et de l'expédition de la lettre adressée par Murat au Grand-Duc. (R. *Archivio di Stato. Florence.* Filza 2203 D° 17. (*Napolitani e Austriaci in Toscana*). Pignatelli à Fossombroni. Ponte Signa, 13 avril. — *Ibidem. Affari Esteri. Prot.* 8 N° 1. (*Invasione Napoletana*). Le même au même. Florence, 14 avril 1815.

2. D'après un rapport d'Arezzo du 11 avril (R. *Archivio di Stato.* Filza

» passer par Ses Etats. Mais Votre Altesse est trop juste
» pour ne pas sentir que je ne pouvais pas laisser un corps
» autrichien sur mes flancs et que j'étais forcé de faire mar-
» cher mes troupes contre le général Nugent.

» Je m'étais toujours flatté que, leur ayant défendu de
» commencer les hostilités, le général autrichien m'aurait
» laissé reprendre mes anciennes positions, ayant annoncé
» que je ne les prenais que pour attendre les résolutions
» des alliés.

» Aussi, je dois déclarer à Votre Altesse Impériale et
» Royale que, conservant pour Elle les mêmes sentiments
» d'amitié, je suis prêt à évacuer la Toscane si, de son côté,
» Elle veut prendre l'engagement de la faire évacuer par
» toutes autres troupes étrangères et d'y faire respecter la
» neutralité.

» Je prie Votre Altesse Impériale et Royale d'agréer, etc.

» Joachim NAPOLÉON ».

Cette lettre ne pouvait pas produire plus d'effet sur l'esprit du Grand-Duc que la mission dont Murat chargeait à peu près à la même époque un de ses agents plus ou moins secrets, le *colonel* Macirone, de s'acquitter auprès de Bentinck, mission qui eut pour unique résultat de provoquer l'indignation de Lebzeltern et de lui fournir un nouveau sujet de plainte contre Bentinck qu'il détestait et qui depuis quelque temps était devenu aussi suspect que Dalrymple à Frimont et à Bellegarde. Lebzeltern ne manqua donc pas de dénoncer et de signaler à Metternich la présence de Macirone, arrivé le 18 avril par mer de Massa à Gênes. Il rappelait que cet envoyé avait fait pour le compte de Mu-

---

11-172. (*Movimenti etc delle Truppe Napoletane*) 1400 hommes et 500 chevaux Napolitains avec de l'artillerie devant aller à Foligno attendaient des ordres à Arezzo.

rat plusieurs voyages en Angleterre et il faisait un crime à Bentinck de l'avoir reçu, de s'être longuement entretenu avec lui et plus encore de lui avoir visé un passeport pour Turin [1].

A Vienne, on ne cessait de songer aux moyens de donner à l'offensive qu'on voulait prendre au plus vite la plus grande puissance qu'elle fut susceptible d'avoir. Aussi Metternich avait-il cru le moment venu d'appeler l'attention de Schwarzenberg sur la nécessité d'envoyer le plus tôt possible en Sicile un officier général « dont la réputation et les talents » soient faits pour inspirer une juste confiance et qui soit » en état de diriger les opérations militaires de l'armée » sicilienne destinée à exécuter une diversion dans le » Royaume de Naples ». Il l'avait en conséquence invité à lui faire connaître le plus tôt possible, « afin d'en prévenir aussitôt la Cour de Palerme et lord Bentinck, le nom de l'offficier chargé de cette mission ».

Schwarzenberg n'avait pas hésité longtemps. Dès le lendemain il approuvait, non seulement l'idée du chancelier, mais même le choix qu'il lui avait proposé et désignait Nugent [2].

Metternich ne devait pas s'en tenir là. Ne voulant négliger aucun concours, quelque faible et minime qu'il pût être, en notifiant le lendemain 13 la déclaration de guerre au cardinal Consalvi, il lui avait marqué en outre qu'il « ne doutait » pas que Sa Sainteté se réunit à Sa Majesté Impériale et » Royale d'intentions et de moyens afin d'atteindre plus

---

1. *Memoirs of the Life and adventures of Colonel Macirone*. II. 170. Londres, 1838. — *Haus, Hof und Staats-Archiv. (Kirchenstaat).* N. A. F. 1. (*Lebzeltern. Metternich*). Chevalier de Lebzeltern au prince de Metternich. Gênes, 19 avril (Dépêche N° 99.)

2. *K. u. K. Kriegs-Archiv. (Hof Kriegs-Rath. Præsidial Acten.)* 1011. Prince de Metternich au F. M. prince de Schwarzenberg. Vienne, 12 avril IV. 35. et F. M. prince de Schwarzenberg au prince de Metternich. Vienne, 13 avril ad 35 et *Haus, Hof und Staats-Archiv. (Kriegs-Acten.)* (*Metternich.*)

» promptement et plus sûrement au but commun [1] ».

Le cardinal répondit à cette ouverture, en faisant remarquer à Metternich que le Saint-Père « tout en sentant assurément la nécessité de ces concours, privé de ressources même lorsqu'il était dans ses Etats, l'était encore davantage dans un moment où il s'était trouvé forcé d'en sortir [2] ».

Une démarche analogue faite du côté de la Sardaigne avait eu un résultat plus satisfaisant. En réponse à la notification de la déclaration que Metternich l'invitait à communiquer à sa Cour, Saint-Marsan lui avait fait connaître qu'aussitôt après avoir appris l'entrée des Napolitains dans les Légations, jugeant le danger plus pressant pour le moment de ce côté que de celui de la France, Victor Emmanuel n'avait « laissé sur les Alpes que le nombre de troupes strictement nécessaires pour mettre les passages les plus importants à l'abri d'un coup de main ». Le Roi de Sardaigne avait en revanche fait marcher un corps de 10.000 hommes sur les frontières du duché de Plaisance et donné ordre à ses généraux de se mettre en rapport avec le commandant en chef de l'armée autrichienne afin d'agir de concert « pour le grand objet de la défense de l'Italie ». Et pour mieux marquer la sincérité de ce concours, Saint-Marsan priait Metternich de lui fournir les indications dont il avait besoin pour pouvoir informer Victor-Emmanuel « des plans d'après lesquels on se propose d'agir et de la manière dont on désire employer sa coopération [3] ».

1. *Archives du Vatican. Congresso di Vienna.* Cardinal Consalvi au cardinal Pacca. Vienne, 15 avril 1815. (Dépêche chiffrée N° 295.) et prince de Metternich au cardinal Consalvi. Vienne, 13 avril 1815. (Note.)
2. *Archives du Vatican. Congresso di Vienna.* Cardinal Consalvi au prince de Metternich. Vienne, 15 avril 1815.
3. *R. Archivio di Stato. Turin. Congresso di Vienna.* (*Affari di Napoli. Murat.*) Mazzo 5. N° 1. Prince de Metternich au marquis de Saint-Marsan. Vienne, 13 avril 1815. — Marquis de Saint-Marsan au prince de Metternich. Vienne, 15 avril 1815. N° 8.

13 Avril 1815. — **Mouvement rétrograde de Lechi et d'Ambrosio. — Positions le 13 au soir. — Retraite de Pignatelli et de Livron sur Florence. — Les tentatives d'intimidation de Pignatelli. — La course de Murat à Malalbergo. — Résultats lamentables des engagements volontaires et des offrandes patriotiques. — Formation du bataillon de volontaires et du bataillon d'officiers. — Nouvelle lettre du duc de Gallo à lord William Bentinck. — Le conseil de guerre de Bologne. — La retraite décidée, la fin de l'offensive napolitaine.**

La journée du 13 avril se passa dans une tranquillité absolue, dans un calme auquel Mohr surtout était loin de s'attendre après les événements de la veille. Depuis le Panaro à hauteur de Spilamberto jusqu'à Bondeno et à Ferrare, on n'échangea dans la matinée que quelques rares coups de fusil du côté de Navicello, où les avant-postes de Starhemberg tiraillèrent avec ceux de Carrascosa [1]. Se conformant aux ordres que Bianchi leur avait expédiés la veille et qu'il leur renouvela le 13 au matin, les colonnes de sa droite et de son centre avaient continué à serrer sur le Panaro, pendant que sa gauche (Mohr) était ressortie d'Occhiobello [2]. Mohr n'avait plus trouvé personne devant lui. A huit heures et demie du matin, la citadelle de Ferrare était débloquée et quelques instants plus tard le général autrichien rentrait dans la ville même [3] en compagnie du général Lauer.

1. *K. u. K. Kriegs-Archiv. (Feld-Acten. Bianchi.)* 995. F. M. L. Bianchi au général de cavalerie Frimont. Carpi, 13 avril Midi. XIII. 53. 6.
2. *K. u. K. Kriegs-Archiv. (Feld-Acten. Bianchi). (Correspondenz Journal.)* F. M. L. Bianchi au F. M. L. Mohr. Carpi, 13 avril matin. 995. XIII. 52. 40. F. M. L. Bianchi à Steffanini. Carpi, 13 avril 7 h. matin. XIII. 52. 26-27. — *(Feld-Acten. Frimont).* F. M. L. Bianchi au général de cavalerie Frimont. Carpi, 13 avril, 9 h. matin. 1015. IV. 273.
3. *K. u. K. Kriegs-Archiv. (Feld-Acten. Bianchi).* F. M. L. Mohr au F. M.

POSITIONS DE L'ARMÉE DE MURAT LE 13 AU SOIR 447

Après avoir décampé en silence, le général d'Ambrosio avait continué sa marche dans la direction de Malalbergo où il avait ordre de s'établir derrière le Reno. A sa gauche, Lechi avait à peu près au même moment quitté Finale pour se replier sur Cento et Crevalcore, d'où il était à portée d'opérer sa jonction avec les troupes que Carrascosa avait postées à Castelfranco. Il n'avait laissé derrière lui, à Bondeno, Finale et Bomporto que quelques détachements qui se retirèrent sans s'engager, ceux de Bondeno, à l'approche de la division de Mohr dont l'avant-garde s'arrêta vers le soir à Diamantina [1], ceux de Bomporto, devant les troupes de Steffanini et ceux de Finale, à la nouvelle de l'arrivée à Concordia de la brigade Gober qui venait y renforcer Steffanini. En présence de ces mouvements, Lechi concentra sa division à Cento en plaçant une de ses brigades derrière le Canaletto de Cento, l'autre derrière le Reno [2].

A leur extrême droite et fort en arrière de ces deux divisions, les Napolitains n'avaient plus que quelques petits détachements à Argenta et à Ravenne et un poste à Forli.

A l'aile gauche de Murat, les troupes de Carrascosa restaient immobiles sur les positions qu'elles occupaient der-

---

L. Bianchi et au colonel Koudelka. Ferrare, 13 avril, 9 h. matin. 992. IV. 56 et IV ad'56.

1. Un peu plus de 6 km. E. de Bondeno. La brigade Haugwitz ne dépassa pas ce jour-là Salvatonica et Ravalle près du Pô, et la brigade Eckhardt resta à Casaglia et Pontelagoscuro.

2. *Archivio della Societa di Storia Patria. Naples.* LOGEROT. *Memorie Storiche e Politiche* 13 avril. K. u. K. *Kriegs-Archiv.* (Feld-Acten. Bianchi). *Operations Journal.* 13 avril. 996. XIII. 68. — *Ibidem.* Général-major comte Starhemberg au F. M. L. Bianchi. Modène, 13 avril, 9 h. matin. 992. IV. 55. Général-major Steffanini au F. M. L. Bianchi. Concordia, 13 avril 5 h. 1/4 soir. 992. IV. 59. — *Ibidem. (Correspondenz Journal).* F. M. L. Bianchi au général-major Steffanini. Carpi, 13 avril. XIII. 53. 3. au général de cavalerie Frimont. Carpi, 13 avril, Midi. XIII. 53. 6. — *Record Office. War Office.* Vol. 185. (*Army in the Mediterranean*). Sir John Dalrymple à lord Bathurst. Mantoue, 14 avril 1815. (Dépêche N° 2.)

rière le Panaro depuis leur sortie de Modène. Bianchi venait de son côté de transporter le jour même son Quartier-général dans cette ville, pendant que Neipperg recevait, en même temps que l'ordre de se porter sur Carpi, la décision qui le plaçait, à partir de ce moment, sous le commandement direct de cet officier général[1].

Sans se décider encore à prendre l'offensive, Frimont[2], auquel la concentration des divisons napolitaines autour de Bologne faisait espérer que Murat lui offrirait la bataille en avant de cette ville et lui donnerait aussi la possibilité de se conformer aux instructions de Schwarzenberg, n'en avait pas moins tenu à s'assurer, le cas échéant, une réserve en donnant l'ordre à la division du feld-maréchal lieutenant Merville de se rapprocher et de passer sur la rive droite du Pô, au général-major de l'est de pousser jusqu'à Campagnola, (3 km. E. de Novellara).

Continuant à redouter des dangers imaginaires, à se figurer que Nugent marchait en force par l'Arno pour les déborder et les couper de Florence, non contents d'avoir évacué d'un côté Prato où quelques cavaliers de Nugent les remplacèrent dans la matinée du 13, de l'autre Poggio à Cajano, bien qu'aucun incident ne se fût produit, bien qu'ils n'eussent été inquiétés par aucun parti toscan ou autrichien, les généraux napolitains n'avaient attendu que la tombée

---

1. *K. u. K. Kriegs-Archiv.* (Feld-Acten Frimont.) Général de cavalerie Frimont au F. M. L. comte de Neipperg. Gonzaga, 13 avril. 1015. IV. 272. — et *Ibidem.* (Feld-Acten Neipperg.) 1013. IV. 12.

Cf. FOURNIER. *Marie-Louise et la chute de Napoléon.* P° 35. Neipperg à Marie-Louise. Camp de Borgoforte, 13 avril 1815. « Nos renforts nous
» arrivent journellement, et dans peu de temps nous serons en état
» de donner une bonne leçon au maréchal Murat... »

2. *R. Archivio di Stato. Milan.* (*Atti Segreti*). VIII. Général de cavalerie baron Frimont au F. M. comte de Bellegarde. Mantoue, 14 avril 1815. IV. 163. « Votre Excellence verra par mes bulletins officiels que Murat
» a déjà dû renoncer à l'offensive. »

de la nuit pour quitter des positions sur lesquelles ils se croyaient trop exposés. Dès que le soir fut venu, ils avaient retiré leurs deux divisions de Peretola et de Ponte Signa et s'étaient repliées sur Florence. Pignatelli, Livron, Campana et le maréchal de camp Minutolo, arrivé le 11, y rentrèrent avec le gros de leurs troupes. Ils n'avaient laissé en avant de la ville, hors des portes San Frediano, San Gallo et al Prato [1], que leur artillerie avec quelques soutiens et quelques faibles avant-postes.

Comme il le mandait le jour même à Bianchi et à Frimont [2], presque entièrement dépourvu de cavalerie dont il n'avait cessé de réclamer l'envoi à cors et à cris, n'ayant, bien qu'il eût tiré tout ce qu'il pouvait de Lucques où il n'avait plus rien à craindre, qu'un escadron à opposer aux quatre plus beaux régiments de cette arme de l'armée napolitaine, Nugent avait dû se borner à observer et à suivre de loin la retraite d'un adversaire auquel, s'il se fût trouvé dans des conditions normales, il n'aurait pas manqué de faire beaucoup de mal et qu'il aurait probablement suffi d'inquiéter quelque peu sérieusement pendant ce mouvement de retraite pour le mettre en pleine déroute. La faiblesse de sa cavalerie avait seule été la cause de l'erreur momentanée

---

1. R. *Archivio di Stato. Florence. Archivio Segreto.* Filza 11. 172. (*Movimenti, Passagio e Partenza delle Truppe Napoletane*). L. A. au président du *Buon Governo.* Prato, 13 avril. — *Ibidem. Polizia Segreta Toscana.* Filza 19. 476. *Rapporti Riservati* de Chiarini, Bargello de Pistoia. Pistoia, 13 avril. — *Archivio della Società di Storia Patria. Naples.* PIGNATELLI-STRONGOLI. *Memorie.* Lettre à S. M. la Reine Régente. Naples, 17 mai (*en français*)

2. K. u. K. *Kriegs-Archiv.* (*Feld-Acten. Frimont.*) Général-major comte Nugent au général de cavalerie Frimont. Pistoia, 13 avril 1815. IV. ad 295. — *Feld-Acten. Bianchi.* Le même au F. M. L. Bianchi. Pistoia, 13 avril 992. IV. 58. — *Nugent. Nouveaux papiers.* Rapports au général de cavalerie Frimont et au F. M. L. Bianchi, 13 avril 1815. IV. — *Ibidem.* Général-major comte Nugent au lieutenant-colonel Werklein. Ponte Lungo, 13 avril.

qu'il commit en attribuant au mouvement rétrograde de ses adversaires un caractère tout autre que celui qu'il avait en réalité, en pensant que les généraux de la Garde, loin d'avoir l'intention de battre en retraite, n'avaient opéré qu'une concentration plus en arrière sur une position choisie à l'avance et sur laquelle ils se proposaient d'attendre l'arrivée de la division qu'on lui disait en marche de Pérouse sur Florence.

Bien autrement énergique la plume que l'épée à la main, Pignatelli ne s'était pas fait faute de recourir à l'égard de Fossombroni et des paisibles Florentins [1] à des armes qu'il maniait à merveille, l'intimidation et les menaces. Avant de se replier sur Florence, il avait éprouvé le besoin de faire connaître au Ministre que : « la guerre étant commen- » cée contre les troupes toscanes, le Grand-Duc n'ayant pas » voulu répondre à ses requêtes réitérées lui demandant de » les rappeler, contraint à se défier d'un pays désormais » placé sous les ordres d'un général ennemi qui essayait » d'allumer la guerre civile entre Italiens, il avait dû faire » saisir les courriers et la poste ». Ne voulant pas encore brûler ses vaisseaux, il avait cru sage de laisser Fossombroni sur une impression un peu moins désagréable. Après l'avoir remercié d'avoir fait remettre en liberté les officiers napolitains « arrêtés par Nugent au mépris du droit des gens », après avoir énergiquement protesté une fois de plus contre la participation des troupes toscanes aux opérations

---

1. Ils se vengèrent de Pignatelli par des sonnets, les uns portant le titre suivant : « *Sonnetti per la Gloriosa Spedizione del Generale Pignatelli in Toscana, dedicati al zelo italiano del Signor Michele Mezzoni, presunto Direttore di Polizia in Toscana.* » Imprimé chez Vittorio Alauzet. (R. *Archivio di Stato. Florence. Polizia Segreta Toscana*). Filza 2. 43, l'autre (*Ibidem*. Filza 6. 707.) intitulé : « *Sonnetto in Lode del Generale Nugent che ha pugnato contro I Napolitani in Toscana, d'un civico toscano. Livorno, nella Stampa Giorgi.* »

des Autrichiens, il avait cru devoir à nouveau conseiller à Fossombroni de proposer et de faire accepter au Grand-Duc « une mesure qui épargnera la guerre à la Toscane [1] ».

A peine arrivé à Florence, Pignatelli allait se charger de mettre au clair cette phrase énigmatique. Dans la nuit du 13 au 14, il chargeait en effet le général Campana de faire savoir à Fossombroni que, « si l'avant-garde de Nugent continuait à s'avancer, les Napolitains se renfermeraient dans Florence, s'y défendraient jusqu'à la dernière extrémité et s'enseveliraient, s'il le fallait, sous les ruines de la ville », mais qu'ils se replieraient si on s'engageait « à le laisser libre de prendre par Arezzo pour se rendre dans l'Ombrie ». Epouvanté par cette déclaration, croyant Pignatelli décidé à mettre ses menaces à exécution, désireux de sauver la capitale et ses habitants, Fossombroni avait jugé à propos d'envoyer à Nugent à Pistoia une députation chargée de le supplier d'épargner la ville, en consentant à un arrangement, que les circonstances allaient rendre inutile, mais que d'ailleurs le général s'était, comme on devait s'y attendre, refusé à accepter [2].

Pendant que poussé autant par son besoin de mouvement que par le désir de se rendre par lui-même compte de la situation Murat revenait de Malalbergo où il avait inspecté les troupes de la division d'Ambrosio et prescrit à ce général de couper derrière elles le pont du Reno, on avait inutilement tenté une fois de plus de réchauffer l'enthousiasme, par dessus tout de provoquer des enrôlements. A Bologne, le commandant de la gendarmerie essayait en vain de stimuler

---

1. R. *Archivio di Stato. Florence. (Affari Esteri.) Prot.* 8. N° 1. (*Invasione Napolitana*). Pignatelli-Strongoli à Fossombroni. Ponte Signa, 13 avril 1815.
2. R. *Archivio di Stato. Florence. (Affari Esteri.) Prot.* 8. N° 1. (*Invasione Napolitana*). Fossombroni au major-général comte Nugent. Florence, 14 avril 1815, à Corsini. Florence, 18 avril 1815.

le zèle des anciens gendarmes. A Ancône, vingt-quatre heures plus tard, le préfet du Métaure renouvelait sans plus de succès son appel aux anciens soldats de l'armée d'Italie et aux jeunes gens de son département. On avait beau prononcer les grands mots, montrer au peuple un roi Italien combattant à la tête d'une armée italienne pour l'indépendance de l'Italie; aucun des 12 régiments de volontaires pompeusement promis au pauvre Roi de Naples n'était encore en voie de formation. Le peu de succès des opérations depuis le début de la campagne avait, il convient de le reconnaître, contribué à augmenter l'indifférence des populations. Les résultats obtenus par les enrôlements, la livraison des armes et les offrandes patriotiques, même pendant la marche en avant de l'armée napolitaine, avaient été, non seulement insignifiants, mais dérisoires et lamentables. De Bologne, on n'avait fait partir le 13 pour la Romagne qu'une poignée de volontaires. Le podestat de Medicina avait écrit la veille au préfet du Reno pour lui annoncer que 4 anciens soldats et 7 volontaires s'étaient présentés à lui et fait inscrire et qu'on lui avait versé en fait d'armes 3 fusils avec baïonnettes. Dans le district de Vergato, 3 conscrits s'étaient présentés et fait inscrire du 7 au 12, et pendant le même laps de temps le syndic n'avait reçu que 12 gibernes, 3 schakos, 1 pantalon, 19 fusils avec baïonnettes, 6 sans baïonnettes, 2 sabres d'infanterie avec baudriers et un sabre de cavalerie. A Fusignano, on avait inscrit 3 volontaires et reçu 3 fusils avec baïonnettes et 3 sabres; à San Giovanni in Persiceto, 2 volontaires seulement s'étaient présentés. C'était à peu près tout ce qu'on avait pu obtenir, tout ce qu'on pouvait opposer aux nombreux états qui parvenaient au commissaire civil et aux préfets avec la mention: *Néant*[1].

1. R. *Archivio di Stato.* Bologne. Tit. 17. Rub. 26. (*Trasporti Militari.*

Enfin, tant à cause des événements qui se préparaient qu'à la suite des résolutions que Murat allait prendre le jour même, la commission d'organisation des troupes italiennes était sur le point de cesser d'exister et Millet avait soumis au Roi, qui l'avait approuvé, un rapport chargeant les inspecteurs aux revues d'organiser, sous le nom de bataillon de volontaires, de concert avec le colonel Neri « un *bataillon* formé à l'aide des volontaires qui s'étaient présentés », d'y placer les officiers les plus anciens et d'organiser avec les officiers restant disponibles un bataillon d'officiers [1]. Millet proposait en outre de prescrire à la commission de transmettre tous ses papiers à l'inspecteur aux revues Oliver.

A Macerata et dans les environs, les proclamations et les appels n'avaient pas produit plus d'effet. Il résulte, entre autres, d'un procès-verbal dressé le 4 avril que 5 volontaires seuls s'étaient présentés et que les dons patriotiques recueillis et offerts en grande partie par les fonctionnaires et employés du gouvernement s'élevaient au chiffre bien modeste de 915 lire. Il est juste toutefois d'ajouter que la commune de Macerata, ainsi qu'il résulte de documents absolument authentiques, souscrivit et versa une somme de 15.000 lire pour soutenir la lutte et si d'autre part le montant total des offrandes patriotiques ne dépassa pas jus-

---

Provvidenze Generali). Podestat de San Giovanni in Persiceto, 12 avril. 8258/638. Podestat de Medicina. 12 avril. 8266/345, 8267/345. Syndic de Vergato, 13 avril. 8351/953. Syndic de Fusignano. 14 avril, 8506/37 au préfet du Reno — Croffi, capitaine commandant la gendarmerie, aux anciens gendarmes. Bologne, 13 avril. 8293. — *Archives Particulières de M. R. Ambrosini. Bologne.* BEVILACQUA. *Diario.* et MARQUIS DE BUOI. *Diario.* 12-13 avril. — *Biblioteca Comunale. Bologne.* GUIDICINI. *Diario Bolognese.* IV. 12-13 avril 1815.

1. *R. Archivio di Stato. Naples. (Carte di guerra* etc., etc.) 1860. Général Millet au Roi. Rapport. Sans date. (Ce rapport ne saurait guère être postérieur au 11 avril.)

qu'à la date du 27 avril, la somme de *1.627 lire 17 centimes*, il convient de reconnaître que plusieurs habitants de la commune et du district avaient pris l'engagement d'équiper, d'armer et d'entretenir à leurs frais un certain nombre de volontaires [1]. A l'instar de Pellegrino Rossi, le commissaire civil des départements du Métaure, de Musone et du Tronto appelait, mais sans succès, ses administrés aux armes au cri de : « *La Liberta e l'Indipendenza Nazionale* [1] ».

Mesurant trop tard la grandeur des fautes qu'il avait commises, se rendant compte de la gravité de la situation dans laquelle il s'est mis, apercevant maintenant seulement l'abîme qui s'ouvre devant lui, mettant son esprit à la torture pour conjurer la catastrophe finale, consterné par les malheurs qu'il prévoit et qu'il a attirés sur son royaume et sur sa famille, aussi découragé par les insuccès de sa folle tentative qu'il était naguère encore aveuglé par son insatiable ambition, au milieu du naufrage dans lequel lui-même, sa dynastie et ses espérances sont sur le point de sombrer Murat croit encore pouvoir surnager en se cramponnant avec l'énergie du désespoir à ce qu'il persiste malgré tout à considérer comme la planche de salut. Sans souci de son amour-propre et de son orgueil, de sa dignité royale qu'il foule aux pieds dans l'espoir de sauver sa couronne, il poursuit la réalisation d'une nouvelle chimère, du projet, aussi puéril que ridicule, éclos dans sa cervelle d'enfant gâté jusqu'ici par la fortune. Il ne lui suffit plus d'avoir confié des missions confidentielles à Binda et à Macirone, d'avoir expédié depuis quarante-huit heures à peine la note officielle dans laquelle il vient d'affirmer avec tant de chaleur le prix

---

1. Spadoni. *Sette, Cospirazioni e Cospiratori nello Stato Pontificio all' Indomani della Restaurazione.* XXXIII — XXXIV — XLI. Procès-verbal du 4 avril. — *Ibidem.* XXXIV — XXXVI. Proclamation du commissaire civil des départements du Métaure, du Musone et du Tronto, 7 avril.

inestimable qu'il attache à l'amitié de l'Angleterre. Grâce à
la nouvelle note que Gallo a reçu l'ordre formel de rédiger et qu'il adresse en toute hâte à Bentinck [1], il se berce
du fol espoir de mettre fin à une guerre dont l'issue défavorable, désastreuse, ne fait plus de doute, même pour lui. L'ignorance complète de la nature et de l'étendue des engagements
qui lient l'Autriche et l'Angleterre, l'ignorance de la solidarité
existant entre les deux Puissances est seule, il l'affirme en
s'en excusant, cause de la démarche inconsidérée qu'il a
faite, de la conduite qu'il a adoptée. S'il en avait eu connaissance, il n'aurait pas manqué de se concerter avec le cabinet de Saint-James avant de suivre une marche politique et
militaire qui lui était imposée par la nécessité de garantir la
sûreté de ses peuples et d'assurer la légitime défense de
ses Etats menacés par l'Autriche. Instruit maintenant par la
note du 5 avril, tenant par dessus tout à ne donner aucun
sujet de plainte ou de mécontentement à la Grande Bretagne, à faire disparaître tout ce qui aurait pu servir de prétexte à l'ouverture des hostilités entre les deux Cours, renonçant à ses projets « par un acte de déférence qui n'est
» rien moins que l'hommage le plus éclatant qu'on put
» rendre au gouvernement d'une grande et généreuse na-
» tion », Joachim tout prêt à mettre fin à la guerre, décidé
à faire rentrer son armée dans ses Etats, donne pouvoir à
Gallo de « s'entendre avec Bentinck sur toutes les questions encore en litige et que le Roi entende trancher en
réglant la marche politique de son gouvernement sur celle
adoptée par le cabinet de Saint-James ».

Déçu dans ses espérances, ramené à la raison par un tardif retour sur lui-même, mais se berçant toujours du chi-

---

1. *Memorie del Duca di Gallo*. XV. 198-199. Duc de Gallo à lord William Bentinck à Bologne, 13 avril 1815.

mérique espoir de conserver, ou tout au moins de reconquérir, l'amitié et l'appui de l'Angleterre, s'imaginant qu'il lui sera encore possible, grâce à l'intervention du Cabinet britannique, de mettre fin à une guerre qui ne peut plus lui être que fatale, Murat réunit à Bologne dans l'après-midi du 13 un grand conseil de guerre auquel il appela ses Ministres et ses généraux. Il y exposa ses premiers projets, ses premiers succès ; l'impossibilité de rejeter les Autrichiens de l'autre côté du Pô, l'augmentation journalière de leurs forces due à l'arrivée de leurs renforts, l'avortement de l'expédition de Toscane ; l'extension démesurée de la ligne occupée par son armée, extension imposée par les circonstances, mais hors de proportion avec ses effectifs ; les dangers que lui faisait courir cet éparpillement, dangers d'autant plus sérieux qu'on n'avait pas de réserve et qu'en présence de l'indifférence, de la froideur des populations, il fallait renoncer à constituer une seconde ligne comme à maintenir les effectifs à l'aide des formations promises et du mouvement national sur lequel on avait cru pouvoir compter ; la gravité de la situation rendue plus critique encore par la rupture de l'armistice avec l'Angleterre ; les intentions hostiles de la Sicile ; la possibilité d'un débarquement dans le royaume d'un corps expéditionnaire anglo-sicilien ; les troubles que pourrait faire naître l'apparition d'une flotte anglaise ; la nécessité enfin de songer à couvrir et à protéger le territoire napolitain et invita chacun des assistants à exprimer librement et franchement son opinion.

La séance fut relativement courte. Tous, les généraux comme les ministres, reconnurent unanimement qu'en présence de la supériorité numérique de l'ennemi, des avantages que lui assuraient les positions qu'il occupait, on ne pouvait garder les lignes tenues à ce moment par l'armée napolitaine que pendant le temps nécessaire pour évacuer les malades et les blessés, et faire filer les convois et les bagages. Il parut à tous impossible d'accepter la bataille à hauteur de Bologne. Maîtres de Ferrare, du bas Pô et de la vallée de Comacchio, les Autrichiens, rien qu'en débordant la droite de l'armée, pouvaient par trop facilement changer une défaite en désastre, tandis que même battus à proximité du Pô ils avaient au contraire une retraite facile et assurée sur ce fleuve. Les conséquences d'un échec essuyé par les Napolitains auraient été terribles, fatales; les avantages résultant d'une victoire, insignifiants et éphémères. Il fallait donc ramener l'armée en arrière de Comacchio pour ne plus avoir rien à craindre d'un mouvement qui, débordant sa droite, menaçait de la couper de sa ligne de retraite, s'éloigner du Pô et choisir une ligne moins étendue, moins exposée sur ses ailes, un théâtre d'opérations sur lequel on pût avec plus de chances de succès livrer bataille à des troupes, même supérieures en nombre. Entre Bologne et Rimini, où l'Apennin toscan après s'être progressivement rapproché de la mer arrive presqu'à la border, on n'aurait pas eu de peine à trouver des positions favorables. Mais avant d'évacuer Bologne, il fallait d'abord en retirer tout ce qu'on y avait fait arriver, l'artillerie, les hôpitaux, le matériel et les équipages de l'armée, laisser à ces *Impedimenta* la possibilité de s'écouler sans encombre, tâter une fois encore la force et les positions de l'adversaire sur le point de prendre l'offensive, acquérir enfin la certitude de se faire rejoindre sur le Santerno, le Renco, ou même sur le Savio par les deux divisions de la Garde qu'on regrettait maintenant si amèrement d'avoir poussées en Toscane. Il s'agissait donc avant tout de gagner le temps nécessaire à l'exécution de ces mouvements, et d'autre part il importait de tenir compte de la situation de l'armée en position derrière le Panaro, sur le Reno et derrière le Pô di Primaro, occupant une ligne

démesurément longue pour un effectif total qui dépassait
à peine 20.000 hommes, mais heureusement couverte par
des obstacles naturels que surtout à cette époque de l'année
son adversaire aurait eu grand peine à surmonter. Au
printemps en effet, la plupart des gués deviennent impraticables ; les ponts existant sur les cours d'eau étaient non
seulement peu nombreux, mais de plus en mauvais état ;
les marais qui abondent dans cette région sont infranchissa-
bles, et les routes, ou pour mieux dire les chemins, qui
courent presque partout le long des digues et dans lesquels l'infanterie n'aurait pu marcher qu'au prix des plus
grands efforts, étaient absolument inutilisables pour l'artillerie. Il importe toutefois de reconnaître d'autre part que
par suite de l'abandon de Ferrare on n'était plus entièrement maître de la rive droite du Panaro, puisque les Autrichiens pouvaient désormais se porter de Pontelagoscuro
et de Bondeno vers Cento par Casumaro et Pepoli [1]. Mais si
les Autrichiens disposaient ainsi d'une route à peu près
praticable leur permettant de venir sur Castelfranco et de
soutenir leur droite, il convient toutefois de constater qu'un
pareil mouvement eut été fort hasardé et les eut obligés à
exécuter une marche de flanc à portée et presque en vue des
troupes de Lechi postées à Cento. L'intervention de ce général était d'autant plus à redouter dans ce cas, qu'il pouvait sans danger tenir sur cette position. Couvert sur son
front et sur sa gauche par les marais de Pepoli, appuyant
sa droite au Reno, Lechi y avait de plus sa retraite assurée par le pont sur lequel passe la route qui de Cento
mène à Pieve di Cento. Le centre de la ligne napolitaine
était donc à l'abri ; mais il n'en était malheureusement

---

1. Casumaro, environ 8 km. S.-O de Bondeno. Pepoli, 9 km. N. de Cento.

pas de même des points extrêmes de cette ligne : Spilamberto et Argenta. La perte du premier de ces points entraînait celle de la ligne du Panaro, celle d'Argenta faisait tomber les lignes du Reno et du Pô di Primaro. Enfin l'enlèvement par les Autrichiens d'un seul de ces deux points imposait aux Napolitains n'ayant aucune réserve, aucun soutien derrière eux, l'obligation de se replier sur le Ronco [1].

Aussi, avant même de sortir du Conseil, Murat donna-t-il sur l'heure même l'ordre de rappeler la Garde de Toscane par la route d'Arezzo et de San Sepolcro, de mettre du monde à Argenta, San Prospero et Spilamberto, de compléter les défenses de Malalbergo, de fortifier Cento et de diriger sur Ancône tout le matériel de l'armée.

L'offensive napolitaine avait pris fin. L'armée napolitaine recevait l'ordre de battre en retraite [2], non pas à la suite d'une bataille perdue, mais uniquement parce qu'après avoir promené pendant quinze jours sa royauté éphémère dans les Légations et dans les Duchés, après avoir fait mine d'y établir une autorité factice, son roi et son chef venait de reconnaître l'inanité de son entreprise. Il serait trop long et en tout cas absolument inutile de vouloir relever ici les

---

1. Cf. Général d'AMBROSIO. *La campagne de Murat en 1815*. (*Carnet historique* 1899. III. 191-192) et surtout Général COLLETTA. *Opere Inedite o Rare*. I. 91-97.

2. Cf. *Record Office. War Office*. Vol. 183. (*Army in the Mediterranean*.) Sir John Dalrymple à lord Bathurst. Mantoue, 14 avril 1815. (Dépêche N° 2). « On dit que les Napolitains vont se retirer et que c'est pour cette raison qu'ils restent en forces sur leur droite. Je crois qu'ils cherchent à tourner la droite des Autrichiens et, s'ils le font avec des forces suffisantes, je pense que Bianchi n'acceptera pas le combat avant d'être rejoint par ses renforts et d'être assez fort pour reprendre l'offensive.

« La longueur des lignes ennemies, leur extension vers la gauche, pour peu qu'on puisse tenir leur droite en échec, devrait cependant nous être très avantageuse et les expose à de grands dangers. »

innombrables erreurs politiques et militaires commises par Murat, d'exposer les raisons pour lesquelles, quoi qu'il eût fait, il était fatalement voué à une perte certaine, de relever et de discuter les causes de l'avortement aussi rapide qu'irrévocable de sa tentative. Il serait oiseux d'insister sur la faute capitale et irréparable que, dans l'espoir d'intimider ses adversaires, d'agir plus énergiquement sur l'imagination populaire, il commit en dirigeant sa Garde par les Etats Pontificaux sur la Toscane, au lieu de garder soigneusement dans sa main la masse, déjà si peu considérable en elle-même, des troupes dont il disposait. En voulant éblouir le monde par l'ostentation, par le mirage d'une force qu'il n'avait pas, il n'avait obtenu qu'un résultat diamétralement opposé : il avait donné à son adversaire la mesure exacte, la preuve certaine de sa faiblesse.

Il serait encore plus inutile d'insister sur l'absence complète d'un plan d'opérations étudié et préparé à l'avance, sur la folie qui avait poussé Murat à éparpiller ses faibles troupes sur une longue ligne convexe allant de Reggio Emilia en passant par Carpi, Mirandola, Bondeno et Ferrare aboutir à Ravenne, sans appui, sans autre réserve que les divisions de la Garde immobilisées en Toscane par le petit détachement de Nugent. Il serait également peu intéressant de discuter les avantages problématiques, et en tous cas fort hasardeux, qu'il aurait pu tirer d'une marche désespérée sur Plaisance et de là sur Milan et sur Turin, comme d'examiner les chances de succès que pouvait avoir ou l'adoption du projet conçu par le général Filangieri, ou l'exécution du mouvement sur la Vénétie que l'Empereur [1] avait indiqué en 1813 au Prince Eugène, mais en appelant son attention sur les qualités exceptionnellement rares indispensables

1. *Correspondance de Napoléon*. T. 26. N° 20928. Instructions pour le général d'Anthouard. Saint-Cloud, 20 novembre 1813. 11 h. soir.

au général qui entreprendrait une pareille opération [1], ou enfin la marche de Cento et de Malalbergo sur Ferrare et le forcement sur ce point du passage du Pô, cette opération que, s'inspirant des leçons de Napoléon, Moltke recommandait en 1866 à Victor-Emmanuel.

Il nous suffira de faire remarquer qu'au moment où Murat se décida à une retraite qu'il considérait comme nécessaire et inévitable, son armée n'avait en réalité pas été battue. Sans parler des escarmouches qui avaient jalonné ses premiers pas de Cesena jusqu'à Bologne, elle avait remporté un avantage incontesté sur les rives du Panaro. Quelques jours plus tard, la brigade du général Pepe avait fait preuve d'une remarquable solidité à Carpi. Elle avait opposé une résistance si énergique aux attaques de Bianchi que le général autrichien, obligé d'engager contre elle jusqu'à son dernier homme, se serait assurément mis en retraite à la première nouvelle de l'approche des renforts qu'on aurait pu et dû envoyer à Pepe de Modène ou de Finale. Enfin si, le 10 avril, d'Ambrosio avait échoué dans son attaque dirigée contre la tête de pont d'Occhiobello, le 12, le feld-maréchal lieutenant Mohr n'en avait pas moins été dans l'impossibilité de le débusquer de Casaglia. Obligé de ramener le soir ses régiments dans leurs positions, il n'avait pu en

---

1. Ecrivant à la Légation de Prusse à Florence chargée de concert avec le major Lucanus d'arrêter le plan des opérations contre l'Autriche, Moltke écrivait au printemps de 1866.

« J'espère que le roi Victor Emmanuel, qui est à la fois un homme d'Etat et un soldat, envisagera les choses d'une toute autre façon, qu'au dernier moment il percera à la tête de sa belle et nombreuse armée à travers la Polésine, coupera la principale communication du Quadrilatère, bloquera Venise par terre et par mer et poussera vers le cœur de la monarchie autrichienne. »

(Cf. SCHIRMER. *Feldzug der Oesterreicher gegen König Joachim Murat.* 89. (Note.)

Cf. ANNEXE XXXVIII. Considérations du général Pignatelli-Strongoli sur les premières opérations de Bianchi.

déboucher et débloquer Ferrare qu'après le départ du général d'Ambrosio rappelé à Malalbergo par les ordres du Roi.

Autant la direction des opérations avait été lamentable, autant, comme un simple coup d'œil jeté sur les événements permet de le constater, le commandement avait fait preuve d'une déplorable impéritie, autant au contraire il importe de rendre hommage à la belle attitude, au feu, à l'endurance, à la solidité des troupes napolitaines, de reconnaître qu'elles ne sauraient en aucune façon porter la responsabilité du mouvement rétrograde qu'elles allaient commencer à exécuter le lendemain et dont la continuation ne devait pas tarder à exercer sur leur discipline et sur leur moral son action néfaste et dissolvante.

C'en était fait de l'Indépendance Italienne. Joachim désabusé, découragé par l'indifférence [1] avec laquelle les popu-

1. Ecrivant à Castlereagh le 13 avril de Rome où il était resté tout tranquillement, Cooke lui disait : (*Letters and Despatches of lord Castlereagh* X. 308.) « Il faudra que Murat remporte bien des victoires dans » la Haute-Italie avant que l'effet s'en fasse sentir ici et même n'importe » où en Italie. Je crois si peu à ses succès que je me propose d'atten- » dre ici l'arrivée de votre réponse à ma première lettre... » Et cependant Cooke n'était certainement pas hostile à Murat. Deux jours plus tard, (*Ibidem.* X. 514.) parlant à Castlereagh d'une lettre dans laquelle Nugent traitait Murat de « *Vile Gladiatore* » il ajoutait : « Il me » semble que sa cour est en rage. Je pensais voir Murat suivre une » toute autre ligne de conduite. Je croyais qu'après l'évasion de Bona- » parte il se serait déclaré contre lui et placé sous la protection des » Alliés. Dans ce cas j'aurais désiré qu'on se décidât à le reconnaître » et à le conserver. Comme un fou et comme un valet, il a jeté le mas- » que et s'en est remis au hasard. »
Englobant dans la haine mortelle qu'il avait vouée à l'Empereur tout ce qui de loin ou de près appartenait à sa famille ou défendait sa cause, Pozzo di Borgo avait accueilli avec joie les nouvelles annonçant les premiers échecs et la retraite de Joachim «... On nous assure, écrivait-il à Nesselrode dans une lettre particulière de Bruxelles, le 28 avril 1815, que le *cuisinier couronné* (il s'agit de Murat dont il venait de parler quelques lignes plus haut à propos du manifeste de Metternich) a été battu. Vous savez que j'ai toujours vu cette affaire en beau

lations avaient accueilli et secondé sa tentative d'affranchissement, n'a plus désormais qu'une pensée : *Sauver à tout prix sa couronne et sa dynastie.*

si on voulait se résoudre à la terminer... » POLOVTSOFF. *Correspondance Diplomatique des Ambassadeurs et Ministres de Russie en France et de France en Russie de 1814 à 1830.* T. I. 201.
Cf. ANNEXE XXXIX.

APPENDICE

ANNEXES — NOTICES — DOCUMENTS OFFICIELS —
PIÈCES JUSTIFICATIVES

APPENDICE

ANNEXE I

Note du duc de Campochiaro au prince de Metternich.

Vienne, le 4 mars 1815 [1].

« Le Soussigné, Ministre d'Etat de S. M. le roi de Naples et
» son premier plénipotentiaire au Congrès de Vienne, a reçu les
» deux notes ainsi que les lettres officielles et confidentielles que
» S. A. le prince de Metternich, Ministre d'Etat et des Affaires
» Etrangères de S. M. l'Empereur d'Autriche, lui a fait l'hon-
» neur de lui adresser sous la date du 26 du passé.

» Il s'est empressé de transmettre ces communications à Sa
» Cour, dont il espère recevoir au plus tôt les réponses pour
» avoir l'honneur de les faire connaître immédiatement au Ca-
» binet de Vienne.

» Mais il croirait manquer à son devoir s'il n'adressait pas en
» même temps à S. A. le prince de Metternich les observations
» résultant des faits et de l'heureuse alliance existant entre les
» Cours de Naples et de Vienne qui seules peuvent donner une
» juste explication à cette démarche et un éclaircissement con-
» venable à l'état actuel des choses.

» Certes, rien n'honore autant le grand caractère de S. M.
» l'Empereur d'Autriche que le désir qu'il a toujours montré et
» l'intérêt qu'il met à assurer à l'Italie un état de repos qui se
» trouve directement lié à celui de l'Europe.

» Tout à fait animé des mêmes dispositions, S. M. le roi de
» Naples ne pourra que voir avec satisfaction les démarches que
» le Cabinet de Vienne vient de faire auprès de la France pour

---

1. R. *Archivio di Stato. Turin. Congresso di Vienna.* Mazzo 1.

» l'engager à renoncer aux projets hostiles dont elle menace
» l'Italie.

» Mais en même temps S. M. Napolitaine ne pourra pas ap-
» prendre sans beaucoup de peine qu'on ait pu regarder son atti-
» tude armée comme dirigée à entretenir un état de fluctuation
» en Italie. Le roi devait se flatter de s'être mis au-dessus de tels
» soupçons par les démarches, trop prononcées peut-être, qu'il a
» faites lorsque des discussions très graves entre les premières
» Puissances faisant entrevoir la possibilité d'une rupture, l'Au-
» triche se crut obligée de retirer la plus grande partie de ses
» troupes de l'Italie au moment où les partis se trouvaient encore
» dans un état d'effervescence très alarmant.

» Ce Souverain écrivit alors une lettre autographe à Sa Ma-
» jesté Impériale et Royale Apostolique, en date du 29 novembre
» dernier, dans laquelle en lui confirmant ses sentiments d'atta-
» chement et de reconnaissance il lui offrit l'assistance d'un allié
» fidèle et dévoué dans toutes les circonstances et surtout pour
» le maintien de la tranquillité italienne.

» Une note fut adressée sous la même date par S. E. le duc de
» Gallo à M. le Comte de Mier, par laquelle, en lui faisant con-
» naitre les motifs qui obligeaient le Roi à entretenir la force
» existante dans les Marches, il lui annonçait que le général
» Carrascosa, commandant la division d'Ancône, avait reçu l'or-
» dre de s'entendre avec M. le feld-maréchal de Bellegarde dans
» tous les cas où quelque événement imprévu pourrait lui rendre
» utile la coopération des troupes napolitaines pour maintenir la
» tranquillité dans toutes les provinces et parmi les sujets ita-
» liens de la monarchie autrichienne.

» Les Plénipotentiaires Napolitains avaient également adressé
» à S. A. le prince de Metternich une note en date du 21 novem-
» bre dernier par laquelle ils déclaraient que leur Souverain,
» déterminé à s'abandonner entièrement à la loyauté et à l'amitié
» de S. M. Impériale et Royale Apostolique, était prêt à con-
» courir, non seulement avec les forces stipulées par l'art. 5 du
» traité d'alliance du 11 janvier 1814, mais encore avec tous ses
» moyens à la défense et au maintien du système des deux Cours
» en Italie.

» Après de telles démonstrations faites à une époque où le re-
» nouvellement de la guerre n'étant pas impossible, l'Autriche

» ne pouvait avoir qu'une force bien peu considérable dans ses
» provinces italiennes, on n'est pas fondé à croire que le roi de
» Naples veuille faire servir ses armements à entretenir le trou-
» ble en Italie, à présent que l'Autriche, dégagée de grandes
» questions avec les premières Puissances, peut librement dis-
» poser de toutes ses forces.

» Il est bien plus naturel de penser que l'attitude du roi n'a et
» ne peut avoir d'autre but que celui de se tenir en mesure con-
» tre les agressions dont la ligue des Bourbons ne cesse de me-
» nacer le royaume de Naples.

» Le Roi n'aimerait rien mieux assurément que d'acquérir la
» certitude de ne pouvoir être attaqué par aucune Puissance,
» pour se mettre dans une attitude conforme au vœu de l'Autri-
» che et à celui qu'il a bien clairement exprimé lorsque, par
» suite de cette déclaration, il a été notifié par son Ministre des
» Affaires Étrangères, sous la date du 26 août dernier, que tous
» les pavillons étrangers, le Sicilien y compris, seraient admis
» dans les ports du royaume de Naples.

» Mais lorsque la France, l'Espagne et la Sicile répondent à
» ces démonstrations amicales par des déclarations et des démar-
» ches hostiles au Congrès, lorsqu'elles préparent des armements
» en déclarant publiquement qu'ils sont dirigés contre le royaume
» de Naples, le Roi aurait manqué à ses premiers devoirs s'il
» n'avait pas pris toutes les mesures propres à assurer le repos
» de Ses Etats qui est intimement lié à celui de l'Italie que l'Au-
» triche est si justement jalouse de maintenir.

» S. A. le prince de Metternich observe dans sa note du 26 fé-
» vrier dernier qu'on ne peut admettre la possibilité d'une inva-
» sion dans le royaume de Naples, dès que S. M. Impériale et
» Royale Apostolique est décidée à ne pas permettre le passage
» de troupes étrangères sur son sol. Le Roi compte avec la plus
» grande confiance sur cette assurance, comme il a toujours
» compté sur l'assistance et l'appui de son puissant et loyal al-
» lié. Mais on ne peut pas lui faire un tort de veiller avec tous
» les moyens dont il peut disposer au repos de l'intérieur de ses
» domaines et de chercher à être le moins possible à la charge
» de son allié. On ne saurait pas se dissimuler d'ailleurs qu'il y
» a des moments, où, bien récemment et même en le voulant,
» l'Autriche n'aurait pas pu fournir au roi les secours stipulés et

» qu'au contraire elle en aurait eu besoin elle-même. Sa Majesté
» Napolitaine ne pouvait donc pas abandonner le sort de son
» royaume à l'incertitude des combinaisons politiques du Cabinet
» de Vienne, d'autant plus que dans le royaume de Naples il est
» bien difficile de créer une armée au moment où l'on peut en
» avoir besoin.

» Au reste, le roi de Naples a déjà déclaré, et il déclare en-
» core, qu'il se considère en état de paix avec toutes les Puis-
» sances. Et c'est par ce désir de la paix qu'il a prié S. M. l'Em-
» pereur d'Autriche, par la note qu'il a fait remettre par ses
» plénipotentiaires au cabinet de Vienne sous la date du 25 jan-
» vier dernier, de vouloir bien employer sa puissante interven-
» tion auprès de la France pour faire terminer cet état de ten-
» sion qui existe entre cette Puissance et la Cour de Naples en
» contravention au traité de Paris et contre les vœux de S. M.
» Napolitaine.

» Le Soussigné, en réitérant au nom de son Souverain la même
» demande au cabinet de Vienne, se flatte qu'il s'y prêtera avec
» d'autant plus d'empressement que le repos de l'Italie ne sera
» véritablement assuré que lorsque la France, se mettant en re-
» lation avec la Cour de Naples, n'aura plus aucun prétexte pour
» remettre le pied sur le sol italien, dont elle se voit exclue à
» regret.

» Il espère aussi que les offices, qu'il a faits auprès du gou-
» vernement anglais et dont il a donné connaissance dans le
» temps au cabinet autrichien dans l'espoir d'obtenir son appui,
» puissent amener la prompte conclusion de la paix définitive
» entre les couronnes d'Angleterre et de Naples, non moins qu'un
» rapprochement entre cette Cour et celle de Sicile, afin que,
» n'ayant plus à craindre aucune agression, le Roi puisse enfin
» porter dans son état militaire les réformes et les réductions
» dont il a depuis longtemps préparé et adopté le plan.

» Mais jusqu'à ce que cet heureux moment soit arrivé, S. M.
» l'Empereur d'Autriche est trop juste et trop éclairé pour ne
» pas convenir que le roi commettrait la plus grande impré-
» voyance s'il se privait d'une partie des moyens dont il peut
» disposer et dont il pourrait avoir besoin pour s'opposer aux
» projets hostiles des Gouvernements qui, sans être provoqués,
» voudraient être ses ennemis.

» Au contraire, S. M. Napolitaine ne pourrait pas se dispenser d'augmenter encore ses armements, si Elle n'était pas sûre de n'avoir rien à craindre du côté de terre par la détermination et les mesures prises par S. M. Impériale et Royale Apostolique, et si en cas d'agression maritime Elle ne comptait pas sur le contingent stipulé par l'art. 5 du traité d'alliance du 11 janvier 1814.

» Le Soussigné prie S. A. le prince de Metternich de vouloir bien porter cette note à la haute connaissance de S. M. l'Empereur d'Autriche avec l'assurance, que le Soussigné est autorisé à lui réitérer, de la décision bien positive et constante du roi de ne jamais se départir du système de S. M. Impériale et Royale Apostolique et de concourir avec Elle à maintenir et à consolider la paix et le repos de l'Italie.

» Le Soussigné saisit cette occasion pour exprimer à S. A. le prince de Metternich l'assurance de sa très haute considération.

» Le duc de Campochiaro. »

ANNEXE II

Deux dépêches du Comte de Mier au prince de Metternich.

Le Comte de Mier au prince de Metternich.

Naples, le 5 mars 1815 (Dépêche n° 21).

« Mon Prince, Sa Majesté le Roi a reçu ce matin un courrier de Rome avec la nouvelle de l'évasion de l'Empereur Napoléon de l'île d'Elbe. Le chevalier de Lebzeltern a profité de cette occasion pour m'annoncer ce même événement. Votre Altesse peut facilement s'imaginer l'effet qu'a produit cette nouvelle sur l'esprit de leurs Majestés.

» Le Roi me fit venir chez lui pour m'entretenir sur cet événement et me prévint qu'il ferait partir dans quelques heures un courrier pour Vienne. Campochiaro reçoit l'ordre de déclarer à notre Cour qu'à tout événement la politique du Roi de Naples restait entièrement subordonnée à la nôtre, que rien ne pourra Le faire dévier de ce principe et qu'Il désire savoir la marche que nous croirons devoir tenir dans cette affaire pour s'y conformer. Le Roi me réitéra encore à cette occasion combien Il désirerait donner à l'Empereur François des preuves de Son attachement et de Sa reconnaissance.

» Pendant que nous causions, nous vîmes entrer plusieurs bâtiments marchands dans le port. Sa Majesté envoya s'informer de l'endroit de leur provenance. Il se trouva qu'un de ces vaisseaux venait de l'île d'Elbe et en était parti après la fuite de l'Empereur Napoléon. Le capitaine de ce bâtiment donna au Roi des détails que nous ignorions et Lui communiqua la proclamation du gouverneur de l'île d'Elbe après le départ de Napoléon.

» Que Votre Altesse daigne agréer l'assurance de ma plus haute considération.

» Mier » [1].

Le Comte de Mier au prince de Metternich.

Naples, le 9 mars 1815 (Dépêche n° 22).

« Mon Prince,

» 1) Le départ pour Rome de deux de nos officiers du régiment de hussards Prince Régent, qui ont passé ici quelques jours, me fournit une occasion pour faire passer ma présente dépêche à Rome et la recommander aux soins du Chevalier de Lebzeltern.

» 2) Ce n'est que le lendemain de l'expédition de mon rapport n° 21 que j'ai appris qu'il s'est trouvé sur le bâtiment arrivé de l'île d'Elbe un certain M. Mary, sécrétaire de la Princesse Pauline. C'est de lui qu'on tient tous les détails sur l'évasion de Napoléon. Je ne crois pas qu'il ait apporté des lettres pour Leurs Majestés ; au moins la reine me l'a assuré très positivement. Elle a eu la bonté de me communiquer la pièce ci-jointe rédigée par M. Mary [2].

1. *Haus, Hof und Staats-Archiv. Neapel.* N. F. (Mier. Berichte.) Comte de Mier au prince de Metternich. Naples, 5 mars 1815. (Dépêche N° 21.)
2. Rapport sur le départ de S. A. l'Empereur de l'île d'Elbe, le 26 fé-

» 3) J'ai eu l'honneur de dire à Votre Altesse dans mon dernier rapport que j'avais été appelé chez le roi au moment où Il avait reçu la nouvelle du départ de Napoléon de l'île d'Elbe. J'ai trouvé le roi extrêmement agité, ne sachant à quoi arrêter ses idées. On voyait qu'Il ne savait pas ce qu'Il devait désirer. Il soutenait que l'Empereur Napoléon débarqué en France aurait toute l'armée, toute la France pour lui ; que les Bourbons en seraient chassés ; que Napoléon n'aurait pas risqué cette entreprise sans être à moitié sûr de son succès ; que s'il trouve de la résistance d'un parti très douteux des Bourbons, cela amènera en France une guerre civile. « Quel parti prendront les autres Puis-
» sances et l'Autriche? C'est un événement très malheureux et
» qui peut tout embrouiller au moment où les questions princi-
» pales avaient été heureusement combinées au Congrès. Il n'est
» pas moins fâcheux pour moi sous beaucoup de rapports ; il peut
» retarder l'arrangement de mes intérêts, et à la longue je ne
» peux pas rester dans cette position ; il faut que je sache à quoi
» m'en tenir. » Il sortait à tout moment pour demander des nouvelles des bâtiments qui entraient dans le port.

» Après une conversation de plus de deux heures en présence de la Reine, Il se retira lorsqu'on vint Lui annoncer un bâtiment de l'île d'Elbe.

» J'ai eu après une longue conversation avec la Reine qui, toujours conséquente dans sa manière d'envisager les choses, sage dans ses vues et ses raisonnements, mettant du caractère et de la persévérance dans le parti et la marche qu'Elle s'est une fois convaincue d'être utile à ses intérêts, ne variant pas d'opinion à tout événement, prêchant toujours droiture et loyauté, m'a donné dans cette occasion de nouvelles preuves des qualités essentielles qui la distinguent. On voyait sur sa physionomie combien cet événement l'avait bouleversée. Elle me dit être extrêmement inquiète sur le sort de son frère qui court à sa perte inévitable ; que, comme sœur, Elle ne pouvait pas souhaiter sa mort ; mais qu'Elle aurait désiré qu'il se tînt tranquille dans l'île d'Elbe ; qu'Elle était convaincue que, si jamais l'Empereur Napoléon parvient à se replacer sur le trône de France, il s'empressera de

---

vrier 1815, par M. Mary, secrétaire de la princesse Pauline. (Copie de ce rapport est annexée à la dépêche N° 22.)

les chasser de Naples, chose qu'Elle ne cesse de répéter au roi ; que l'Empereur Napoléon, redevenu Empereur des Français bouleversera de nouveau toute l'Europe; qu'Elle connaît trop son caractère pour pouvoir jamais en douter; qu'on aurait tort de croire que l'âge et l'expérience l'auraient corrigé. « Le Roi, con-
» tinua-t-Elle, a un beau rôle à jouer ; c'est de rester invariable-
» ment attaché à la politique qu'Il a embrassée, d'unir le plus
» intimement possible ses intérêts à ceux de l'Autriche, de re-
» pousser toutes les insinuations perfides qu'on ne manquera pas
» de lui faire et de rester ferme dans ses promesses et ses décla-
» rations. C'est là ce que lui commandent son honneur et ses
» véritables intérêts. Vous me connaissez trop pour douter que
» Je ne fasse pas tout à cette fin. »

» 4) Un courrier napolitain expédié à Londres y a porté les mêmes déclarations que celui parti pour Vienne. Le même jour qu'on a appris ici la nouvelle de l'évasion de Napoléon, le roi a convoqué un conseil extraordinaire des Ministres où Il leur a déclaré que cet événement ne changerait en rien la marche de sa politique. Nonobstant ces déclarations et ces promesses faites à son peuple et à ses alliés, je sais que Sa tête travaille beaucoup ; qu'Il a admis dans Sa présence plusieurs Français réfugiés à Naples, Bonapartistes enragés; qu'Il a eu avec eux plusieurs conférences; qu'Il a envoyé de tous côtés des émissaires secrets (J'en ai signalé au maréchal de Bellegarde deux qui se rendent en France par Milan) et que Ses déterminations annoncées sont bien vacillantes. Cet événement, au lieu de faire ajourner Son voyage projeté dans les Marches, paraît l'avoir accéléré. Ses chevaux de selle et quelques équipages de campagne sont partis lundi dernier (le 6 mars) pour les Marches. Son départ peut avoir lieu d'un moment à l'autre. Son humeur, Ses propos annoncent qu'Il a des projets en vue, mais que Ses idées ne sont pas encore fixées et qu'Il attend les premiers résultats de l'entreprise de Napoléon. S'Il restait à Naples entouré de la Reine et de quelques personnes sensées qui, sans Le flatter, ont le courage de Lui dire la vérité, on pourrait compter qu'Il ne sera pas entraîné à quelques fausses démarches. Mais, à Ancône, rendu à lui-même, entouré de têtes échauffées, on ne peut répondre de rien. J'ai tout fait pour empêcher ce voyage; j'ai conseillé, prié et insisté pour ne pas l'entreprendre dans ce moment à cause du mauvais effet que cela produirait et du soupçon qu'Il réveillerait par cette démarche. Je sais que la Reine, M. de Gallo, le comte de Mosbourg et beaucoup d'autres personnes raisonnables le Lui ont positivement déconseillé; mais tout en vain. Il paraît décidé à partir. On ne sait pas encore s'Il laisse la régence à la Reine.

» 5) Les esprits à Naples sont très agités. Il se trouve des personnes qui font des vœux pour Napoléon, sans savoir ce qu'ils demandent. Mais en général on serait ici fâché si le Roi se mêlait d'une affaire, étrangère pour le moment aux intérêts de ce pays. Dans ce dernier cas, je crois que le Roi ne devrait pas compter sur la fidélité de Ses sujets. S'Il voulait faire une diversion en faveur de l'Empereur Napoléon en se portant en France, la moitié de Son armée Le quitterait. Cela ne serait pas de même s'Il restait en Italie. Il y trouverait des partisans et pourrait nous faire beaucoup de mal. La prudence exige que nous nous mettions dans ce pays en mesure à tout événement.

» 6) La Princesse de Galles a témoigné ouvertement beaucoup de joie sur l'évasion de Napoléon. Elle a dit au Roi qu'Elle espérait pour sa gloire qu'Il ne resterait pas spectateur oisif des événements qui se préparent; Qu'Il devait prendre l'exemple de l'Empereur Napoléon qui avec 1.000 hommes ne désespère de rien, tandisque Lui avec 80.000 a l'air de se laisser imposer; Que le parti qu'Il prendra dans les circonstances actuelles peut le mener à l'immortalité, etc., etc. Cette inconsidérée voudrait suivre le Roi à Ancône; mais on vient de me dire qu'Elle a changé de projet et qu'Elle part après-demain pour Civita Vecchia.

» 7) Le *Capri*, vaisseau de ligne napolitain de 80 canons, a mis à la voile depuis plusieurs jours pour rejoindre les deux frégates napolitaines qui sont parties pour l'Adriatique.

» 8) Jusqu'à présent aucun mouvement des troupes napolitaines n'a lieu dans le royaume.

» 9) Le comte Szechenyi part demain pour Londres. Je lui ai visé son passe-port pour Rome.

» Que Votre Altesse, etc.

» Mier »[1].

---

[1]. *Haus, Hof und Staats-Archiv. Neapel.* N. F. (*Mier. Berichte* 1815.) Comte de Mier au prince de Metternich. Naples, 9 mars 1815. (Dépêche N° 22.)

ANNEXE III

L'état général des affaires en Italie, d'après une dépêche du comte de Vallaise.

Il nous a paru intéressant de reproduire ici les passages les plus importants de cette dépêche peu connue, dans laquelle Vallaise examine l'état général des affaires en Italie, la situation faite à Murat par sa note imprudente de la fin de février et l'attitude que l'Autriche aurait intérêt à prendre vis à vis de lui.

Le Comte de Vallaise au Marquis de Saint-Marsan.

Gênes, le 8 mars 1815 [1].

« La dépêche N° 15 de Votre Excellence (celle que Saint-Marsan adressa à Victor-Emmanuel, de Vienne le 25 février et que nous avons reproduite dans les dernières pages du Chapitre III du précédent volume) m'a causé une vive satisfaction en m'apprenant l'effet qu'avaient eu les démarches hardies et imprudentes de Murat et les propositions faites par son Ministre dans un moment où tout devait l'engager à changer le ton que l'espoir d'une guerre dans le nord lui faisait tenir précédemment envers l'Autriche. L'ouverture faite par le duc de Campochiaro au prince de Metternich a produit le double effet de faire revenir la France à des idées plus exactes sur la véritable situation en Italie et d'offrir aux puissances italiennes le prétexte le plus plausible de donner leurs dispositions pour établir une neutralité armée sans exciter par là des soupçons dans l'esprit de Murat sur les arrière-pensées de ces puissances dans leurs armements.

» Le débarquement de Bonaparte en Provence a cependant changé la situation....... »

Mettant en quelques lignes Saint-Marsan au courant des mesures militaires prises par le Piémont afin de se défendre contre une invasion de Napoléon, Vallaise ajoutait :

« Cette invasion est possible si la France entrevoit dans le ca-

---

1. R. *Archivio di Stato. Turin. Congresso di Vienna.* Comte de Vallaise au marquis de Saint-Marsan. Gênes, 8 mars 1815. (Dépêche N° 79.)

binet de Vienne des dispositions pacifiques à l'égard de Murat qui pourrait bien encore une fois mettre cette Cour dans ses intérêts en sacrifiant lui-même pour cela ceux de Bonaparte. Malgré les intentions que montre en apparence et en secret contre lui le Cabinet de Vienne, ce prince pourrait réussir avec d'autant plus de facilité à s'assurer de nouveau la protection de l'Autriche pour être conservé dans ses États aux dépens des Bourbons que le rétablissement de cette dynastie à Naples n'est considéré par l'Autriche ainsi que par l'Angleterre que comme un moindre mal et jamais comme un vrai avantage pour leurs intérêts particuliers ».

Après avoir insisté sur le fait que le Piémont est en conséquence forcé d'avoir les yeux fixés sur la frontière française « qu'il lui faut surveiller et garder, » Vallaise examinait en terminant, la conduite qu'il y aurait intérêt à tenir à l'égard de Murat.

» Quant à la question d'agir hostilement et offensivement contre le roi Joachim, quoique, jusqu'à ce qu'on soit sûr de la tournure que prennent les affaires en France, il soit convenable d'être entièrement passif à son égard, le moment ne saurait être plus propice, si l'Autriche n'a pas adopté le parti de soutenir Murat ou si elle ne l'a pas fait d'une manière irrévocable, pour l'engager à se déclarer d'une manière claire et agressive contre Murat dès que l'on apprendrait que Bonaparte aurait manqué son opération et que la France, de son côté, perdrait tout sujet d'inquiétude. La déclaration de l'Autriche contre le roi Joachim serait en effet le seul moyen d'ôter à la France tout prétexte d'entrer en Italie. Le découragement des partisans de Napoléon qui s'ensuivrait de sa défaite présenterait en même temps l'occasion la plus favorable pour rétablir dans l'Italie méridionale l'ancien état de choses et rendre au reste de la Péninsule une tranquillité que la présence de Murat dans la disposition actuelle des esprits rendrait toujours imparfaite.

» Sa Majesté m'ordonne d'ajouter qu'Elle ne peut qu'abonder dans le sens de l'Autriche... pour agir dans le cas d'une guerre contre Murat, mais en exigeant que les troupes alliées n'entreraient pas dans Ses États ».

ANNEXE IV
Mouvements de troupes ordonnées par S. M. le Roi, le 10 mars 1815.

Mars	CAPOUE — 7ᵉ Régiment de ligne (3ᵉ Bataillon)	ISERNIA — 1ᵉʳ Régiment d'infanterie légère	NAPLES — 4ᵉ Régiment de ligne	NAPLES — (à Capoue) 2 Escadrons 2ᵉ Régiment de chevau-légers	VENAFRO — 2ᵉ Régiment de ligne (3ᵉ Bataillon)	NAPLES — Canonniers de la Marine	CASTELLAMARE — 1ᵉʳ Régiment de ligne. Compagnies d'élite	GAÈTE — 10ᵉ Régiment de ligne. (3ᵉ Bataillon)	PROVINCE DE NAPLES — Compagnies d'élite	TERRE DE LABOUR — Compagnies d'élite	
12	Teano		Arienzo	Capoue		Suivent à un jour de marche le 2ᵉ Bᵒⁿ du 4ᵉ de Ligne et vont à Ancône.	Ces compagnies viennent à Naples le plus vite possible ainsi que le bataillon stationné à Capri où on ne laissera que le dépôt.	De Gaète à Jesi, dès l'arrivée dans cette place des compagnies d'élite de la Terre de Labour.	De Naples à Ca. oue le plus vite possible.	Au plus vite à Gaète.	Un officier d'état-major marchera avec le 4ᵉ de Ligne. Le 1ᵉʳ Régiment de chevau-légers part le 18 et va à Lanciano. Le bataillon de Sapeurs part le 15 de Capoue pour Ancône.
13	Venafro	Castel di Sangro	Bénévent	Teano							
14	Isernia		Pontelandolfo	Venafro							
15	(Repos)	Sulmona	Campobasso	Isernia							
16	Castel di Sangro		(Repos)	(Repos)	Isernia						
17	Sulmona		Trivento	Castel di Sangro	Castel di Sangro						
18	Popoli		Palmoli	Sulmona	Tocco						
19	Torre di Passeri			Tocco	(Repos)						
20	(Repos)			Pescara	Chieti						
21	Penne			(Repos)	Pescara						
22	Teramo			Guilianova							
23				S. Benedetto							
24				Fermo							
25											
				Le 2ᵉ Bᵒⁿ suit à un jour de distance. Le 3ᵉ Bᵒⁿ part le 14 de Foggia pᵣ aller à Lanciano.							

A. R. Archivio di Stato. Naples. Carte di guerra ed Amministrazione delle Marche. 1059.

ANNEXE V

Le Comte de Mier au duc de Gallo.

Naples, le 12 mars 1815 (matin)[1].

Note.

« Le départ de Sa Majesté le Roi annoncé comme très prochain
» pour Ancône, le mouvement présque général des troupes na-
» politaines de l'intérieur vers les frontières du royaume, l'ordre
» donné à la Garde royale de se tenir prête à marcher et les me-
» sures prises ne prouvent que trop que Sa Majesté Napolitaine a
» en vue des projets qu'il importe à l'Autriche, *Puissance amie*
» *du Roi*, d'éclaircir principalement dans *les circonstances ac-*
» *tuelles*.

» Le Soussigné, Envoyé Extraordinaire et Ministre Plénipoten-
» tiaire de Sa Majesté l'Empereur d'Autriche près de la Cour de
» Naples, a donc l'honneur de s'adresser à S. E. M. le duc de
» Gallo, Ministre des Relations Extérieures, pour obtenir par son
» canal des éclaircissements et des réponses promptes et catégo-
» riques à cet égard pour pouvoir les porter le plus tôt possible
» que faire se pourra à la connaissance de sa Cour.

» En priant Son Excellence de vouloir bien lui envoyer sa ré-
» ponse dans la journée d'aujourd'hui pour l'expédier par un
» courrier qu'il fait partir cette nuit pour Rome, il a l'honneur de
» lui renouveler à cette occasion etc...

Mier ».

ANNEXE VI

Lettre du général Colletta au Roi Joachim pour le détourner de la guerre.

Naples, le 12 mars 1815.

« Sire,

» C'est en ma qualité de Conseiller d'Etat que j'écris à Votre

---

1. *Haus, Hof und Staats-Archiv. Neapel.* N. F. 1. (Mier. *Berichte* 1815.)
Note jointe en copie à la Dépêche N° 24 de Naples, 12 mars 1815.

Majesté parce qu'il me faut Lui dire des choses que je ne saurai lui exposer autrement sans enfreindre les règlements militaires.

» Votre Majesté se prépare à la guerre ! Plaise à Dieu que Son génie et Sa bonne étoile favorisent Ses projets. Mais qu'avant de mettre Son armée en mouvement, Elle daigne lire ces lignes dans lesquelles Elle ne trouvera que l'expression des sentiments qui animent un bon citoyen et un fidèle sujet. J'aime trop ma patrie et j'ai voué trop de reconnaissance à Votre Majesté pour fermer les yeux sur les dangers qui menacent mon pays et mon Roi.

Quel avantage Votre Majesté espère-t-elle tirer de la guerre ? Qu'a-t-Elle à craindre de l'état actuel des choses ? L'unité de l'Italie, je la crois un rêve. Quelques têtes chaudes s'abandonneront à cette séduisante illusion ; mais dans la masse des Italiens, les uns la dédaigneront, les autres n'auront pour elle que de l'indifférence ; d'autres peut-être s'armeront pour la combattre ; mais vingt-cinq ans de guerre et de révolutions ont fait naître dans tous les cœurs le désir du repos et de la conservation. Les paroles qui répondaient aux passions des peuples ont commencé par enflammer les cœurs ; elles ont ensuite agréablement caressé leurs oreilles ; aujourd'hui, on les tourne en dérision. On s'en est trop servi, on en a surtout fait un usage trop trompeur. Tous les peuples, les Italiens surtout, sont devenus égoïstes et calculateurs. Il n'est désormais plus possible de compter sur leur coopération qu'en leur offrant des avantages réels, en leur montrant une force qui les rassure. Sire, Votre Majesté est-elle sûre d'avoir le dessus sur le théâtre de la guerre ? Et Son armée, quoique nombreuse et bonne, peut-elle être considérée comme supérieure aux armées autrichiennes ? Une petite nation comme la nation napolitaine peut-elle espérer triompher par la guerre de la Maison d'Autriche ? Le Cabinet de Votre Majesté peut-il jamais prétendre à être plus fort et plus influent que celui de Vienne ? Les Italiens supputeront les chances de notre entreprise et ne voudront pas embrasser avec nous une cause condamnée à la défaite.

« Votre Majesté compte peut-être sur l'appui de la France, parce qu'Elle sait combien l'Empereur Napoléon est grand et qu'Elle croit qu'il lui est facile de réussir dans toutes ses entreprises ? Mais ce que l'on sait jusqu'à présent de sa tentative n'est guère rassurant. Pour ma part, tout en croyant qu'on exagère les événements d'Antibes, je ne vais pas jusqu'à admettre qu'ils puissent être absolument décisifs.

» Mais supposons même que l'Empereur réussisse, que dans un mois il se retrouve à Paris et qu'il soit remonté sur le trône de France. Combien de temps lui faudra-t-il pour faire disparaître les traces de cette dernière révolution, pour réorganiser l'armée, pour reconstituer le matériel détruit pendant les campagnes de 1812 et 1813 et pour accourir au secours de Votre Majesté en Italie? L'armée de Votre Majesté peut donc avoir été battue longtemps avant d'avoir été secourue.

Si l'Empereur Napoléon a à combattre contre les Alliés, les forces et les positions de ses adversaires lui tailleront une rude besogne sur le Rhin et en Belgique. Et tout ce qu'il pourra faire se réduira tout au plus à l'observation, à la garde de la frontière d'Italie. S'il est en paix avec eux, je ne crois pas que la supériorité de ses forces soit assez grande pour lui permettre de leur dicter la loi. Je ne crois pas non plus qu'il porte à Votre Majesté un intérêt tel qu'il s'imposera des sacrifices pour La maintenir ou La replacer sur Son trône. N'oubliez pas, Sire, j'en supplie Votre Majesté, les événements d'autrefois et surtout les derniers événements de 1814.

» Enfin le mouvement simultané du beau-frère de Votre Majesté en France et de son armée en Italie ferait supposer un accord qui aurait pour effet immédiat de faire perdre aux quelques Italiens, qui y croient encore, leurs derniers espoirs d'indépendance et d'unité.

» Je crois donc, et je voudrais me tromper, que Votre Majesté, si Elle est décidée à la guerre, ne doit compter ni sur l'Italie ni sur la France. Il reste, il est vrai, à Votre Majesté Son armée et Ses peuples sur lesquels Elle est en droit de compter, sur l'armée, parce qu'elle est Son enfant chéri, sur Ses peuples, parce qu'ils doivent lui être reconnaissants des efforts que Votre Majesté a faits pour améliorer leur sort et leur condition. Mais, Sire, l'armée est jeune, et numériquement elle ne représente que le cinquième des effectifs des armées ennemies. Quant à la nation dans le sein de laquelle il existe encore bien des partis, elle ne saurait fournir à Votre Majesté des moyens suffisants pour soutenir la lutte. Les opérations de la conscription et de l'enrôlement ne s'exécutent chez nous que fort lentement, nos finances sont épuisées, comme le sont, depuis longtemps déjà, nos ressources extraordinaires.

» Pour toutes ces raisons, je crois donc que Votre Majesté ne saurait rien espérer d'une guerre. Peut-être, au contraire, n'a-t-Elle rien à redouter de l'état de paix !

» J'ignore quels sont actuellement les rapports de Votre Majesté avec l'Autriche et en général avec les Alliés. Comment m'aurait-il été donné de pénétrer les secrets du Congrès de Vienne et du Cabinet diplomatique de Votre Majesté. Mais, dans mon humble opinion, je crois qu'une dynastie nouvelle ne pourra pas parvenir à durer longtemps si elle reste isolée et seule. Mais la France, qui était notre ennemie sous Louis XVIII, ou bien cessera de l'être sous Napoléon, ou bien, dans le cas où l'Empereur ne réussirait pas dans sa tentative, la secousse révolutionnaire qu'il aura provoquée désarmera pour longtemps la France contre nous et les Alliés eux-mêmes, quelle que soit l'issue de ce mouvement, auront pour longtemps d'autres sujets de préoccupation. Il s'écoulera de longues années avant qu'ils ne songent à prendre la moindre détermination contre Votre Majesté. La dynastie de Votre Majesté sera alors moins jeune, et pendant ce temps Votre Majesté aura pu augmenter Sa puissance et Se créer des alliances.

Mais admettons même, ce qui serait le pire pour nous, que le Cabinet de Vienne nous déclare la guerre. Comment s'y prendra-t-il pour passer sans motif de l'alliance aux hostilités ? L'Europe protestera contre un pareil attentat. La justice de notre cause nous rendra plus forts, tandis que la perfidie même de l'Autriche sera pour elle une source de faiblesse.

Sire, je m'arrête en suppliant Votre Majesté au nom de Ses peuples, de Ses amis, de Son trône, de Sa famille, de renoncer à Ses projets de guerre ou tout au moins d'ajourner Ses résolutions jusqu'au moment où Elle connaîtra la tournure finale prise par les événements qui commencent seulement à se dérouler.

» Alors si dans Sa sagesse Votre Majesté se décide pour la guerre, j'espère qu'Elle daignera me permettre de lui donner, non plus comme Conseiller d'Etat, mais comme soldat sur le champ de bataille la preuve de ma reconnaissance et de mon dévouement ».

ANNEXE VII

Le Duc de Gallo au comte de Mier, (*en français*).

Naples, le 14 mars 1815 [1].

« Ayant eu l'honneur de soumettre au Roi la note, sous la date d'avant-hier (12 mars), que Vous m'avez fait l'honneur de m'adresser, Sa Majesté n'a pas lu sans surprise que vous témoignez de l'inquiétude sur la marche de Ses troupes vers la frontière lorsqu'il est connu que la France réunit des forces considérables à Grenoble et à Dijon dans des vues hostiles contre le Roi, ainsi que le Cabinet de Vienne s'en est convaincu lui-même.

» Au surplus, les événements extraordinaires et inattendus, qui se passent dans ce moment et qui peuvent embraser de nouveau le continent, sont de nature à exiger que le Roi se trouve en mesure d'agir pour Sa propre conservation et en suite des réponses que Sa Majesté attend avec impatience aux ouvertures que Ses Ministres ont l'ordre de faire au Cabinet de Vienne.

» J'ai eu l'honneur de vous entretenir déjà sur ces ouvertures ainsi que sur le voyage de Sa Majesté dans Ses provinces et pays occupés par Ses troupes, voyage arrêté et annoncé, comme vous le savez, Monsieur le Comte, depuis le commencement de l'hiver.

» Je ne doute pas, Monsieur le Comte, que vous ne trouviez dans ces éclaircissements des motifs bien naturels pour justifier les mouvements dont il est question.

» Je vous prie, etc.

» GALLO ».

---

1. *Haus, Hof und Staats-Archiv. Neapel. N. F. 2. (Mier. Berichte.)* Comte de Mier au prince de Metternich. Naples, 15 mars 1815. P. S. ad Dépêche N° 26.

ANNEXE VIII

Etat de situation de l'Armée Napolitaine (Mars 1815). [1]

			Régiments	Bataillons	Escadrons	Compagnies	Hommes
ÉTAT-MAJOR	de l'armée	(officiers)	—	—	—	—	358
	du Génie	(id.)	—	—	—	—	174
	des Places	(id.)	—	—	—	—	110
LIGNE : INFANTERIE	de ligne		12	36	—	252	35.736
	légère		4	12	—	84	11.912
CAVALERIE			4	«	20	40	5.264
ARTILLERIE DE TERRE	de ligne		2	«	«	40	4.872
	Train		1	2	«	14	1.983
	Ouvriers		—	—	—	2	230
	Armuriers		—	—	—	3	390
	Pontonniers		—	—	—	1	125
	Vélites		—	—	—	12	1.206
ARTILLERIE DE MARINE	Canonniers		1	2	—	12	1.847
	Artificiers		—	—	—	1	109
SAPEURS MINEURS			1	2	—	16	2.334
VÉTÉRANS			1	2	—	11	939
		Total :	26	56	20	488	67.586
GARDE	Infanterie		4	9	—	57	8.135
	Cavalerie		4	»	16	32	4.228
	Marins		—	1	—	6	850
	Vétérans		—	1	—	4	331
	Gardes du Corps		—	—	—	1	159
	Artillerie		—	—	1	2	211
	Train		—	—	—	2	283
		Total :	8	11	17	104	14.197
FORCES A EMPLOYER A L'INTÉRIEUR	Cies provinciales		—	—	—	14	2.470
	Cies d'élite		—	—	—	63	6.925
	Gendarmerie royale		1	—	7	14	3.285
		Total :	1	—	7	91	12.680
		Total général :	35	67	44	683	94.463

1. *Archivio della Società Napoletana di Storia Patria.* PIGNATELLI STRONGOLI. *Memorie.*

ANNEXE IX

Ordre de Bataille de l'armée Napolitaine. (Armée d'Opération)[1]. 15-18 Mars 1815.

DIVISIONS	COMMANDANTS DES DIVISIONS	COMMANDANTS DES BRIGADES	CORPS DE TROUPES	HOMMES	CHEVAUX	TOTAUX PAR D^{on}	CANONS
Infanterie de la Garde	Pignatelli Strongoli	C^l Taillade	1er Vélites	1.125	—		
			Voltigeurs	1.536	—		
		C^l Merliot	2e Vélites	1.164	—	5.840	275	12
			2e Artillerie	818	—		
			Sapeurs	818	—		
		Artillerie	Artillerie	226	—		
			Train	153	275		
Cavalerie de la Garde	Livron	Campana	Hussards	518	598		
			Chevau-légers	487	557		
		Giuliani	Cuirassiers	440	513	2.109	2.436	8
			Lanciers	390	398		
		Artillerie	Artillerie	132	145		
			Train	142	225		
1re Division	Carrascosa	Pepe	2e léger	2.553			
			1er de ligne	2.551			
		de Gennaro	3e de ligne	2.146		9.694	261	12
			5e de ligne	2.056			
		Artillerie	Artillerie	232			
			Train	156	261		
2e Division	d'Ambrosio	d'Aquino	3e léger	2.335			
			2e de ligne	2.229			
		Medici	6e de ligne	2.425		8.968	267	12
			9e de ligne	1.611			
		Artillerie	Artillerie	222			
			Train	146	267		
3e Division	Lechi	Majo	1er léger	2.089			
			4e de ligne	2.250			
		Carafa	7e de ligne	2.100		9.358	275	12
			8e de ligne	2.340			
		Artillerie	Artillerie	2 6			
			Train	153	275		
4e Division	Pignatelli Cerchiara	Rossaroll	4e léger	3.163			
			10e de ligne	1.563			
		Roche	11e de ligne	1.863		8.376	275	—
			12e de ligne	1.408			
		Artillerie	Artillerie	226			
			Train	153	275		
Cavalerie de la ligne	Rossetti	Fontaine	1er chevau-légers	748	660		
			3e chevau-légers	828	690	2.922	2.450	—
		Napoletani	2e chevau-légers	808	750		
			4e chevau-légers	538	350		

1. *Archivio della Società Napoletana di Storia Patria.* PIGNATELLI STONGOLI *Memorie.*

		HOMMES	CHEVAUX		CANONS
Sous les ordres directs du Commandant en chef.	Réserve d'Artillerie.....	1.475	1.000	1.475 1.000	10
	Escadron de Gendarmerie.	141	54	141 54	—
	Canonniers de la Marine....	618	—	618 —	—
	Détachements auxiliaires (à Ancône)....	2.136	—	2.136 —	—
	Sapeurs	311	—	311 —	—
	Total général............			51.948 7.293	78

Situation réelle des effectifs de l'armée Napolitaine
(au début des opérations)

	HOMMES	CHEVAUX	CANONS
Infanterie de la Garde.....................	4.000	250	10
Cavalerie de la Garde.....................	1.400	1.700	6
1re Division d'infanterie...................	8.400	200	10
2e Division d'infanterie	8.200	210	10
3e Division d'infanterie...................	8.350	220	10
Division de Cavalerie	2.000	1.900	—
Canonniers de la Marine..................	400	—	—
Réserve d'artillerie.......................	800	500	10
Sapeurs.................................	740		
Total général......	34.290	4.980	56

ANNEXE X

Ordre de bataille de l'Armée Autrichienne d'Italie. 15 Mars 1815[1].

DIVISIONS	BRIGADES	CORPS DE TROUPES	BATAILLONS	ESCADRONS	CANONS	HOMMES	CHEVAUX	EMPLACEMENTS
F. M. L¹ baron Mohr (Rivarolo)	Colonel Zichy (Casalmaggiore)	10° Chasseurs R¹ Aloïs Liechtenstein Hussards Liechtenstein 1 Batterie à cheval	1 1	5	6	4.853	829	Martignana di Po Sabbionetta Casalmaggiore
	Général-major baron Spiegel (Rivarolo)	Hussards de Frimont » Roi Frédéric- Guillaume 11° Chasseurs 1 Batterie à cheval	4/6	8 8	6	499	2.249	Gazzuolo-Belforte Gussola Rivarolo-Cividale Gussola
F. M. L¹ baron Merville (Vho)	Général-major baron Fölseis (Castel Didone)	R¹ Ignace Gyulay Batterie de position de 6 livres	3		6	3.448		Castel Didone S. Giovanni in Croce
	Colonel Habinay (Vho)	Grenadiers Chimany Grenadiers Welsperg Grenadiers Faber Grenadiers Habinay 1 Batterie de position de 6 livres	1 1 1 1		6	2.404		Piadena Bozzolo Vho
F. M. L¹ Marquis Sommariva (Milan)	Général-major Gober (Crémone)	R¹ Mariassy R¹ S¹ Julien 1 Batterie de brigade	2 1		8	3.742		San Martino Asola
	Général-major Suden (Plaisance)	R¹ Mariassy (4° B⁽ⁿ⁾) 8° Chasseurs R¹ Esterhazy 1 Batterie de brigade	4/6 2/6 2		8	3.869		Plaisance
	Colonel Schlottheim (Asola)	Dragons de Savoie Dragons de Toscane		4 4			1.062	Gazzoldo Asola

DIVISIONS	BRIGADES	CORPS DE TROUPES	BATAILLONS	ESCADRONS	CANONS	HOMMES	CHEVAUX	EMPLACEMENTS
F. M. L.t baron Bianchi (Bologne)	Général-major baron Eckhardt (Rovigo)	Chasseurs Fenner R.t S.t Julien R.t Wied-Runkal R.t Hesse-Homburg 1 Batterie de 6 livres	2 1 5/6 1		8	4.004		Rovigo
	Général-major Steffanini (Bologne)	R.t Hesse-Homburg R.t Splény 9.e Chasseurs Hussards Prince Régent 1 Batterie à cheval	2 3 1	7 3/4	6	6.662	1.029	Bologne
	Major Brehm	R.t Hesse-Homburg	1			1.405		Comacchio
	Colonel Szinkovitz	R.t Wied-Runkel	2			2.507		Ferrare
	L.t Colonel Werklein (Lucques)	R.t Vacquant Hussards Prince Régent 1/2 Batterie	3/6	1/4	4	564	37	Lucques et Piombino
		R.t Vacquant 8.e Chasseurs Hussards Liechtenstein	2 3/6 4/6	1		3.344	164	A Parme, en route pour se rendre en Toscane
Total des troupes disponibles pour les opérations actives.			33 1/6	38	38	34.298	5.370	
Auxquelles on pouvait à la rigueur adjoindre en la tirant de la garnison de Mantoue la brigade du général-major Senitzer.		R.t Simbschen » Hiller Hussards Liechtenstein	4 3	2				

1. K. u. K. Kriegs Archiv. Feld-Acten 1815. Bianchi. Operations Journal. 996. F. XIII. 68 8/9.

ANNEXE XI

Le Duc de Campochiaro au prince de Talleyrand.

Vienne, le 17 mars 1815.

» Monseigneur,

» Un courrier, expédié de Rome par le chevalier Crivelli le 4, a apporté la nouvelle de l'évasion de Bonaparte de l'île d'Elbe, le 5 à Naples dans la matinée, disant qu'il était parti le 26, dirigé sur Fréjus, invité par un parti en France en sa faveur.

» Le Roi a immédiatement rassemblé son conseil des Ministres et y a fait intervenir tous les chefs d'administration, Conseillers d'Etat, pour leur apprendre ce fait. Loin de vouloir les consulter, il leur a déclaré que, quelles que puissent être les circonstances à l'avenir, son parti était pris, celui de rester fidèle aux engagements avec son allié pour le repos et la tranquillité de l'Europe ; Qu'il ne voyait d'autre sûreté pour ses Etats que celle qui était basée sur sa loyauté et l'honneur. Il a répété personnellement ces sentiments au ministre d'Autriche et m'a fait expédier un courrier à Vienne pour me faire connaître ses intentions, ce courrier étant arrivé le 15 à quatre heures après-dîner.

» Comme je crois devoir rendre hommage aux talents éminents et au digne caractère de Votre Altesse qui, en remplissant les devoirs de sa place avec zèle, n'aime certainement pas ni s'induire en erreur, ni altérer les faits par de fausses préventions, j'ai l'honneur de lui en faire une communication confidentielle, profitant des bontés que Votre Altesse m'a toujours témoignées, indépendamment de notre position respective.

» Je me permets aussi de faire observer à Votre Altesse qu'au moment où le Roi s'est vu menacé de la France, et ignorant si cette évasion était un délire ou un accord avec un parti, qu'on n'a que trop mal à propos débité, celui que le Roi a pris n'a été que pour le gouvernement actuel de la France. Puisse la justice de ce magnanime Souverain qui règne, et dont cette qualité n'est pas la dernière de ses vertus, faire céder à d'autres raisons de convenance celle qui achèverait de rendre la tranquillité à l'Europe et qui ne serait sûrement que le fruit de son seul ouvrage.

» Le duc de Campochiaro [1] ».

ANNEXE XII

Le Duc de Gallo au comte de Mier.

Naples, le 17 mars 1815 [2].

« Monsieur le Comte,

» Le Roi m'ayant ordonné de le suivre dans le voyage qu'il vient d'entreprendre dans les Abruzzes et dans les Marches et pour lequel il est parti cet après-midi, je m'empresse, Monsieur le Comte, de vous en faire la participation officielle en vous prévenant que cette détermination de Sa Majesté ne change en rien les relations officielles que j'ai l'honneur d'entretenir avec vous et que je serai toujours flatté de continuer.

» Je vous prie en conséquence, Monsieur le Comte, de vouloir bien remettre à mon Ministère les offices que vous serez dans le cas de m'adresser pendant mon absence momentanée et qui peuvent exiger une résolution de Sa Majesté. Ils me seront transmis tous les jours par une estafette extraordinaire de mon Ministère et je mettrai le plus grand soin à vous faire parvenir, Monsieur le Comte, les réponses de Sa Majesté.

» Quant aux affaires courantes avec le gouvernement intérieur ou à celles qui ne sauraient souffrir aucun délai, Sa Majesté vient d'en confier la direction à M. le duc de Carignano, Son Conseiller d'Etat, et je vous prie, Monsieur le Comte, de vouloir bien lui adresser vos offices pendant mon absence pour tous les objets

---

1. Il nous a paru utile de reproduire in-extenso cette lettre dont Louis XVIII disait : « La lettre du duc de Campochiaro est bonne à con-
» server comme un monument de l'insigne perfidie de son maître. » Le roi au prince de Talleyrand, Gand, le 22 avril 1815. (Dépêche N° 3.)

2. *Haus, Hof und Staats-Archiv. Neapel.* N. A. F. 1. (*Mier. Beriche* 1815.) ad Dépêche 28 du comte de Mier au prince de Metternich. Naples, 17 mars 1815. (*En français*).

de cette nature et qui pourront exiger des promptes dispositions.

» Agréez, Monsieur le Comte, les assurances de ma très haute considération.

» Le duc de GALLO ».

ANNEXE XIII

Renseignements biographiques sur GAETANO BEVILACQUA, **dûs à l'obligeance de M. R. Ambrosini, de Bologne.**

Comme l'a fait très justement remarquer M. Ambrosini, c'est dans le *Diario* de BEVILACQUA que, sans jamais le citer, Guidicini, l'auteur du *Diario Bolognese* 6, a puisé une bonne partie des renseignements qu'il enregistre.

Pour s'en convaincre il suffit de constater que sans y faire attention il a donné, comme Bevilacqua, *31 jours* au mois de septembre 1814, et qu'il a de plus copié presque littéralement, mais incomplètement, le texte même du *Diario*.

D'après les renseignements recueillis par M. Ambrosini, Gaetano Bevilacqua naquit à Bologne le 10 juin 1774 de Giacomo Bevilacqua et de Maria Zucchini. Il était de sa profession *pettinaro* (fabricant de peignes) et mourut le 5 juin 1850. Il se maria trois fois, d'abord avec Alessandra Trizza, née le 9 février 1784, morte le 13 janvier 1812, puis le 19 août 1812, avec Maria Ravassini, âgée de 22 ans et qui mourut le 2 octobre 1814. Il en eut un fils, Giacomo, né le 29 avril 1813, mort le 11 janvier 1816. Sa troisième femme, Prudenza Zucchi, née en 1792, et qu'il épousa le 30 novembre 1814, lui survécut et mourut le 14 mars 1851. Bevilacqua habitait Via Arienti n° 668. Depuis 1840, et peut-être même avant cette date, la comtesse (?) Maria Luigia Carati, veuve d'Enrico Riva, habitait avec le ménage Bevilacqua.

On sait qu'en 1813, il était employé par un certain Giuseppe Grossi : on sait encore que Bevilacqua mourut à l'hôpital de Sant-Orsola où il avait été interné pour cause de démence.

Des recherches faites par M. Ambrosini aux archives des notaires de Bologne, il résulte que Bevilacqua s'adonnait à la boisson, qu'on l'avait surnommé *Beviano* et qu'il avait la manie d'écrire tout ce qui lui arrivait et tout ce qu'il apprenait ou voyait.

Enfin à propos de Guidicini, l'auteur du *Diario Bolognese*, il ne sera pas inutile de faire remarquer à ceux qui auraient peut-être occasion de consulter son travail qu'il vécut hors d'Italie depuis le mois de janvier 1798 jusqu'à la fin de 1800 et qu'il habita Paris depuis l'année 1803 jusque vers le milieu de l'année 1815.

On ne s'étonnera donc pas si nous nous sommes, le plus souvent possible, abstenu d'avoir recours à la *Cronaca* de *Guidicini*.

ANNEXE XIV

Le départ du Pape de Rome et la lettre de Joachim à Pie VII.

La contrariété causée à Murat par la nouvelle du départ du Pape de Rome à la seule annonce de l'entrée de ses troupes à Terracine et de leur marche sur Velletri avait été si vive et si profonde qu'il n'hésita pas à prier lord Bentinck de faire passer à Pie VII la lettre qu'il venait de lui écrire sous le coup de cette émotion.

Le Roi Joachim Murat à Sa Sainteté le Pape Pie VII.

Ancône, 27 mars 1815.

« Très Saint-Père,

» Lorsque des circonstances extraordinaires me mirent dans la nécessité de faire passer des troupes sur le territoire de l'Etat Romain pour les faire arriver dans les Marches où je voulais réunir mon armée, j'eus soin d'en prévenir Votre Sainteté et de demander Son agrément pour ce passage. Je ne devais m'attendre à aucune difficulté, puisque je m'étais réservé, en Vous remettant les départements de Rome et du Trasiméne, une route militaire pour mes communications par cette voie, en cas de nécessité, avec les Marches occupées par mes troupes. Cependant Votre Sainteté crut devoir Se refuser à ma demande.

» Si les circonstances l'eussent permis, j'aurais fait prendre à mes troupes une autre route afin de Vous donner une preuve nouvelle de la déférence et des sentiments de vénération que dans toutes circonstances j'ai accordées à Votre Sainteté. Mais il n'y avait aucune possibilité de changer la direction des corps déjà arrivés à ma frontière et qui avaient même déjà perdu plusieurs jours pour attendre la décision de Votre Sainteté. Je fus donc dans la nécessité d'ordonner qu'ils continuassent leur route; mais je me hâtai de prévenir Votre Sainteté qu'ils n'entreraient pas dans la ville de Rome.

Je me flattais que Vous seriez satisfait de cette assurance et je fus persuadé que la protestation que Vous fîtes faire, comme il est d'usage en pareil cas, avait pour unique objet de prévenir les plaintes des Puissances que la marche de mes troupes pouvait contrarier.

» C'est donc avec une surprise et une peine infinie que j'ai appris que Votre Sainteté avait quitté les États de Rome à l'approche de mes troupes et que l'on attribuait Son départ à leur passage sur le territoire Romain. S'il en était ainsi, la détermination de Votre Sainteté serait une marque éclatante de défiance et d'inimitié à l'égard d'un Prince qui, maître de Rome, il y a un an, remit cette Capitale et les Etats Romains à Votre Sainteté sur la seule promesse de Votre amitié.

» J'aime à croire, Très Saint-Père, que Vous aurez eu, en Vous éloignant, quelque motif moins désobligeant pour moi. Je ne puis toutefois me dissimuler que l'absence de Votre Sainteté laisse l'Etat Romain livré à toutes les intrigues de la malveillance et l'expose peut-être à des agitations dangereuses pour le repos de mon royaume et du reste de l'Italie. Je ne puis donc me dispenser d'inviter avec instance Votre Sainteté à retourner à Rome et de la prévenir que, si Son absence se prolongeait, je me verrai, suivant toute vraisemblance, forcé de faire occuper militairement un pays qui se trouverait menacé de tous les dangers et les malheurs de l'anarchie.

» J'espère que, prenant en considération la prière que je Lui adresse, Elle se plaira à rentrer dans une ville qui doit lui être chère, ou que, si Votre Sainteté n'y rentre pas, Elle approuvera toutes les mesures que j'ordonnerai pour en assurer la tranquillité.

» Sur ce, je prie Dieu, Très Saint-Père, qu'il Vous conserve longues années au régime du gouvernement de notre Mère la Sainte Eglise.

» Votre dévot (*sic*) fils.

» Joachim NAPOLÉON ».

Expédiée par lord Bentinck de Turin à Gênes le 6 avril, elle fut remise le 8 à Pie VII qui, comme il l'avait toujours fait quand il recevait des lettres de Joachim, se garda, cette fois plus que jamais, de lui en accuser réception et chargea Pacca du soin de répondre à Gallo. Le cardinal s'acquitta de cette mission le 10 avril.

(*Archives du Vatican. Congresso di Vienna*. Pièces jointes à la dépêche (chiffrée sans numéro) du cardinal Pacca au cardinal Consalvi, Gênes, 12 avril 1815). Cf. RINIERI *Corrispondenza Inedita dei Cardinali Consalvi e Pacca*, 457-465.

Afin de compléter les renseignements relatifs au départ du Pape, nous avons cru devoir reproduire ici la déclaration rédigée par le cardinal Pacca, adressée par lui au cardinal Consalvi, et affichée à Rome et dans les Etats Pontificaux, par laquelle le Pape faisait connaître au monde les causes déterminantes de son départ.

« ... Le Saint-Père n'ignorait pas que les troupes napolitaines se rapprochaient depuis quelques jours de ses frontières. Vivant en paix avec tout le monde il ne redoutait rien et ne pouvait croire qu'en refusant ce qu'il était de son devoir de refuser, en exigeant ce qu'il était de son devoir d'exiger, il allait donner à autrui le droit de lui créer de nouveaux soucis.

» Les prétentions du Gouvernement Napolitain ont causé de justes alarmes à Sa Sainteté.

» Le consul de Naples a demandé le libre passage pour deux divisions Napolitaines, dont l'une aurait passé près de Rome et l'autre aurait suivi la route de Terni à Ancône où elle se serait réunie à d'autres troupes, sous le prétexte qu'on ne pouvait à cette époque de l'année faire passer l'artillerie et les gros bagages par les Abruzzes.

» Le Saint-Père n'a pas cru pouvoir autoriser le passage de

ces troupes à travers ses Etats, parce que ce fait répugnait à son caractère, nuisait aux intérêts de ses sujets et qu'il était de plus inutile. Il répugnait à son caractère parce que le mouvement de ces troupes et la façon dont la demande de passage lui avait été adressée prouvaient l'imminence d'une nouvelle guerre à laquelle ces troupes pourraient participer et auraient pu porter atteinte à la neutralité absolue que le Saint-Père s'est imposé de garder. Il aurait nui aux intérêts de ses Etats en raison des représailles auxquelles ce passage pouvait exposer ses sujets. Il était inutile, puisqu'on pouvait parfaitement faire passer l'artillerie et les bagages par les Abruzzes.

» Sa Sainteté a appris avec un profond chagrin qu'en dépit de son refus les troupes napolitaines sont entrées sur son territoire et ont violé ses Etats.

» Le Saint-Père ne pouvant supporter en silence la violation de ses droits souverains nous a ordonné de protester formellement contre l'illégalité de cet acte et de renouveler en cette occasion sa protestation publique contre l'occupation des Marches, de Bénévent et de Ponte Corvo.

» Ne pouvant pas douter que ce passage cachait l'intention d'attenter à son pouvoir temporel et au respect dû à sa Personne Sacrée, afin de mieux marquer sa désapprobation Sa Sainteté a cru devoir s'éloigner momentanément de sa capitale pour se retirer dans une autre ville voisine de ses Etats.

» Sa Béatitude invite par notre bouche tous ses sujets, et en particulier son peuple bien-aimé de Rome, à rester fidèles à leurs devoirs, à maintenir la paix publique et à prouver qu'ils se font gloire de seconder les vues de leur tendre Père.

» Palais du Quirinal le 22 mars 1815.

» B. Cardinal Pacca,
» Camerlingue de la Sainte Eglise et Pro-Secrétaire d'Etat. »

A Son Excellence le Cardinal Consalvi, Secrétaire d'Etat, etc., etc.

ANNEXE XV

Le Duc de Gallo au F. M. comte de Bellegarde. (*En français.*)

Ancône, le 25 mars 1815.

« Monsieur le Maréchal,

» M. le comte de Starhemberg vient de me remettre les deux lettres que Votre Excellence m'a fait l'honneur de m'adresser sous la date du 21 courant.

» Je me suis empressé d'en rendre compte à Sa Majesté et j'ai eu l'honneur de Lui présenter M. le Général Comte de Starhemberg qui s'est acquitté auprès d'Elle de la commission dont Votre Excellence l'avait chargé.

» Quant aux explications que vous me demandez, Monsieur le Feld-Maréchal, sur la réunion des troupes Napolitaines dans les Marches et sur le voyage du Roi à Ancône, je m'empresse de remettre à Votre Excellence une copie de la réponse que par ordre du Roi j'ai eu l'honneur d'adresser à M. le Comte de Mier sur le même sujet [1]. Elle doit vous prouver, Monsieur le Feld-Maréchal, qu'il ne peut être trouvé rien d'extraordinaire dans ces mesures, lorsque les événements et la prudence exigent que le Roi prenne pour sa sûreté et sa propre conduite les mêmes précautions que Sa Majesté l'Empereur d'Autriche vient de prendre en faisant marcher en Italie un renfort de 100.000 hommes.

» Je prie Votre Excellence, etc.

» Gallo ».

(*Record Office War Office.* Vol. 186.) (*Army in the Mediterranean.* Bentinck.) et (*Haus, Hof und Staats-Archiv.*) (Bellegarde) 123. b. (ad Dépêche b. 7.)

---

1. Il s'agit ici de la note de Gallo à Mier en date de Naples, 14 mars.

ANNEXE XVI

Situation et composition de l'armée Napolitaine * A. 17-30 mars 1815 ¹.

DIVISIONS	COMMANDANTS DES DIVISIONS	COMMANDANTS DES BRIGADES	CORPS DE TROUPES	HOMMES	CHEVAUX	TOTAUX HOMMES	TOTAUX CHEVAUX	CANONS	
Garde Infanterie	Pignatelli-Strongoli * B	C¹ Taillade	1ᵉʳ Vélites Voltigeurs	923 1.456					* A. Commandant en chef: le Roi. Chef d'Etat-major Général: le général Millet de Villeneuve. Sous-chef : le Maréchal de camp Galdemar. Commandant du génie: général Colletta. Commandant de l'artillerie: général Pedrinelli. Ordonnateur en chef de l'armée: Chevalier Vauchelles. A la suite du Roi, les lieutenants-généraux Macdonald et Filangieri. * B. Une brigade sous les ordres du général Minutolo suivit le mouvement en passant par Rome.
		C¹ Merliot	2ᵉ Vélites 2ᵉ Artillerie Sapeurs	1.064 340					
		Artillerie	Artilleurs Train	426 135	250	4.044	250	10	
Garde Cavalerie	Livron	Campana	Hussards Chevau-légers	426 323	556 447				
		Giulini	Cuirassiers Lanciers	200 313	200 340				
		Artillerie	Artilleurs Train	106 113	135 216	1.486	1.894	8	
1ʳᵉ Division	Carrascosa	Pepe	2ᵉ léger 1ᵉʳ de ligne	2.263 2.245					
		de Gennaro	3ᵉ de ligne 5ᵉ de ligne	1.829 1.747					
		Artillerie	Artilleurs Train	213 142	200	8.439	200	10	

DIVISIONS	COMMANDANTS DES DIVISIONS	COMMANDANTS DES BRIGADES	CORPS DE TROUPES	HOMMES	CHEVAUX	TOTAUX HOMMES	TOTAUX CHEVAUX	CANONS
2ᵉ Division	d'Ambrosio	d'Aquino	3ᵉ léger 2ᵉ de ligne	2.203 2.046				
			6ᵉ de ligne 9ᵉ de ligne	2.147 1.488				
		Artillerie	Artilleurs Train	207 138	210	8.229	210	10
3ᵉ Division	Lechi	Majo	1ᵉʳ léger 4ᵉ de ligne	2.062 2.051				
		Carafa	7ᵉ de ligne 8ᵉ de ligne	1.845 2.062				
		Artillerie	Artilleurs Train	203 140	220	8.363	220	10
Dⁿ de Cavalerie	Rossetti	Fontana	1ᵉʳ Chevau-légers 3ᵉ Chevau-légers	445 363	412 330			
		Napoletani	2ᵉ Chevau-légers 4ᵉ Chevau-légers	625 416	592 366	1.849	1.700	10
			Réserve d'artillerie Canonniers Marins Sapeurs	800 400 740	500	800 1.140	500	
Total de l'Armée en marche vers le Pô						34.350	4.974	
4ᵉ Division en formation sur le Garigliano * C		Rosaroll	4ᵉ léger 10ᵉ de ligne	2.161 1.180				58
		Roche	11ᵉ de ligne 12ᵉ de ligne	1.246 1.127				
		Artillerie	Artilleurs Train	201 120	212	6.035	212	10

* C. Cette division franchit la frontière le 7 mai sous les ordres de Pignatelli-Cerchiara. Les généraux Manhès et Montigny reçurent plus tard des commandements actifs.

*. Marine, dans l'Adriatique : Frégates *Caroline*, *Lætizia*, *Cerere* de 44 canons, Brick. *Calabrese* et un 2ᵉ brick, un bateau-poste et 13 petits bâtiments.
A Naples : 2 vaisseaux de ligne.
1. K. u. K. Kriegs-Archiv. Feld-Acten Bianchi. Operations Journal. 996. F. XIII. 68.

ANNEXE XVII

Ordre de bataille de l'armée d'Italie (25 mars 1815).

CORPS	COMMANDANTS DE CORPS	COMMANDANTS DE DIVISION	COMMANDANTS DE BRIGADE	CORPS DE TROUPES	BATAILLONS	ESCADRONS	INFANTERIE	CAVALERIE	TOTAL GÉNÉRAL	
Premier	Radivojevich	Bubna	Starhemberg	2ᵉ Cⁱᵉ de Pionniers Hussards Prince Régent 7ᵉ Bᵒⁿ de Chasseurs	1	12				* a Corps de troupes n'ayant pas encore rejoint.
			Rebrovich	Oguliner * a Sluiner * a 8ᵉ Bᵒⁿ de Chasseurs	1 1 1					
		Wied-Runkel	Czivich	Warasdiner Kreuzer * a Deutsch Banater * a	2 1					
			de Best	Vacquant Hiller	3 3					
			Gober	Mariassy Hesse Homburg	4 4					
		Mayer von Heldenfeld	Geppert	Aloïs Liechtenstein Deutschmeister	3 3					
			Mumb	Argenteau Devaux	3 3					
			Pflüger	Infanterie Toscane * a	3					
		Mohr	Hecht	Hussards Frédéric-Guillaume Dragons roi Maximilien-Joseph		12 6				
			Fölseis	Ignacé Gyulay Saint Julien	4 4					
				Total du premier Corps........	44	30	46,934	5,268	52,202	

CORPS	COMMANDANTS DE CORPS	COMMANDANTS DE DIVISION	COMMANDANTS DE BRIGADE	CORPS DE TROUPES	BATAILLONS	ESCADRONS	INFANTERIE	CAVALERIE	TOTAL GÉNÉRAL :
Deuxième	Bianchi	Crenneville	Bogdan	3e Cie de Pionniers Hussards Frimont 9e Bon de Chasseurs	1	12			
			Steffanini	10e Bon de Chasseurs 11e Bon de Chasseurs Chasseurs de Fenner	1 1 2				
			Suden	Wallachisch-Illyrisch 1er Valaques 2e Valaques	1 1 1				
			Eckhardt	Splenyi *b Wied-Runkel	4 4				*b Le 4e Bataillon n'a pas encore rejoint.
			Wattlet	Duka Simbschen	4 4				
		Civilart	Fürsten-werth	Archiduc Charles Kerpen	3 3				
			Haugwitz	Chasteller Orange	3 3				
			Lauer	Archiduc Louis *c Esterhazy	3 4				*c Deux de ces 3 bataillons n'ont pas encore rejoint.
		Hadik	Spiegel	Hussards Liechtenstein Dragons de Savoie		12 6			
				Total du deuxième Corps........	43	30	45.328	5.477	50.805

CORPS	COMMANDANTS DE CORPS	COMMANDANTS DE DIVISION	COMMANDANTS DE BRIGADE	CORPS DE TROUPES	BATAILLONS	ESCADRONS	INFANTERIE	CAVALERIE	TOTAL GÉNÉRAL :
de Réserve	Frimont	Knesevich	Taxis	Dragons Risch * a		6			* a Corps de troupes n'ayant pas encore rejoint.
				Dragons de Toscane * a		6			
			Quallenberg	Grenadiers Habinay	1				
				Grenadiers Welsberg	1				
				Grenadiers Faber	1				
				Grenadiers Chimany	1				
		Merville	Klopstein	Lusignan	3				
				Kutschera * a	3				
			Trenk	Coburg * a	3				
				Lindenau * a	3				
		L'Épine	Hohenegg	Zach * a	4				
				Strauch * a	4				
			Pulsky	Nugent * a	4				
				Beaulieu * d	4				* d Un seul bataillon présent.
				Lusignan	1				
				Chasteller	1				
				Coburg	1				
				Lindenau	1				
				Devaux	1				
				Archiduc Louis * a	1				
				Orange	1				
				Archiduc Charles	1				
				Argenteau	1				
				Kerpen	1				
				Toscane	1				
				Deutschmeister	1				
				Alois Liechtenstein	1				
				Kutschera	1				
				Total du corps de réserve........	46	12	52.549	1.802	54.351
				Total général..................	133	72	144.811	12.547	157.358

K. u. K. Kriegs. Archiv. Feld-Acten. (Frimont. Armee in Italien) 1014 F. III 133. a.

ANNEXE XVIII

Tableau de marche des corps de troupes dirigés à marches forcées sur l'Italie.

CORPS DE TROUPES.	BATAILLONS.	ESCADRONS.	DATE DE L'ARRIVÉE A VÉRONE.
Dragons de Toscane		6	19 avril
Dragons de Risch		6	20 »
Archiduc Louis et 1/2 Cie de Pionniers	3		23 »
Toscane	3		25 »
Sluiner	1		26 »
Oguliner	1		26 »
2me Banal	1		27 »
Warasdiner Kreuzer	2		29 »
Kutschera	3		4 mai
Lindenau	3		7 »
Coburg	4		8 »
Nugent	4		9 »
Beaulieu	3		12 »
Strauch	4		22 »
Splenyi (4e bataillon)	1		23 »
Division d'artillerie de Lemberg	—		26 »
Deutsch Banater	1		27 »
Wallachisch-Illyrisch	1		29 »
Zach	4		11 juin
1er Valaques	1		14 »
2me Valaques	1		22 »
Total......	41	12	

En outre de ces troupes on avait également dirigé sur l'Italie 4 divisions (*Abtheilungen*) d'artillerie et les divisions (2 escadrons) de Vélites des régiments de hussards stationnés en Italie.

K. u. K. *Kriegs Archiv. Feld-Acten.* (Frimont. Armee in Italien) 1014. F. III. 133. 1. Vienne, 25 mars 1815.

ANNEXE XIX

Rapport sur l'affaire de Cesena.

Le Lieutenant-général Carrascosa au général Millet.

Etat-Major général,
Armée Napolitaine.

Ordre du Jour.

————Quartier-général de Bologne
2 avril 1815.

Cesena, 30 mars 1815.

J'ai l'honneur de vous faire connaître qu'après avoir réuni 4 bataillons, 4 escadrons et 2 batteries de la 1re Division et donné au reste de cette division l'ordre de me suivre, je me suis porté sur Cesena d'après les ordres que le Roi m'avait donnés hier soir.

Les Autrichiens en position derrière le Rubicon avaient fait barricader le pont. D'après mes ordres, mon avant-garde s'avança vers le pont sans tirer. Mais les Autrichiens ayant ouvert le feu, j'ordonnai d'enlever le pont, ce qui fut immédiatement exécuté.

L'infanterie autrichienne tint ferme sur une bonne position. Me faisant couvrir de front par des tirailleurs, je cachai si bien le mouvement, que j'avais ordonné au général Pepe de faire avec 2 bataillons du 2e léger contre la droite des Autrichiens en se défilant par les hauteurs afin de tomber sur leurs derrières, que Pepe déboucha sans avoir été aperçu.

Pendant ce temps, mes tirailleurs avaient fait reculer l'ennemi ; mais ma droite était menacée par les charges des hussards, ce qui était d'autant plus dangereux que Ravenne, où les Autrichiens avaient du monde, se trouve de ce côté. J'ai donc fait faire un changement de front au 1er de ligne pour me relier avec la gauche de Pepe et je refusai entièrement ma droite. Ce mouvement a achevé de rejeter les Autrichiens dans Cesena dont ils ont fermé les portes. Je m'y suis présenté au moment où les habitants prévenaient le colonel Gavenda que le général Pepe entrait en ville, par la porte du fleuve, du côté opposé à celui où je me trouvais.

Les Autrichiens se sont retirés vivement par la porte du Savio où un certain nombre se sont jetés. Les voltigeurs du 2ᵉ léger se sont battus en ville contre les hussards. Les habitants ont reçu nos troupes avec enthousiasme. Nos pertes sont presque nulles. Je n'ai eu que 3 compagnies engagées.

Les Autrichiens qui avaient reçu dans la nuit 2.000 hommes de renfort étaient au nombre de 2.400. J'ai fait poursuivre l'épée dans les reins l'ennemi pendant 8 milles jusqu'au Ronco.

CARRASCOSA [1].

ANNEXE XX

La Proclamation de Rimini.

Italiens!

L'heure est venue où doivent s'accomplir les grandes destinées de l'Italie. La Providence vous appelle enfin à être une nation indépendante. Des Alpes au détroit de Sicile, qu'un seul cri s'élève : *Indépendance de l'Italie!* Et à quel titre, des peuples étrangers prétendent-ils vous enlever cette indépendance, premier droit et premier bien de toute nation? A quel titre dominent-ils vos plus belles contrées? De quel droit s'approprient-ils vos richesses pour les transporter dans des pays qui ne les ont pas produites? De quel droit vous enlèvent-ils vos enfants pour les faire servir, languir et mourir loin des tombeaux de leurs ancêtres? C'est donc en vain que la nature a élevé pour vous garantir la barrière des Alpes, qu'elle vous a entourés d'un rempart plus insurmontable encore, celui de la différence des langues et des mœurs et de l'invincible antipathie des caractères? — Non. — Que toute domination étrangère disparaisse du sol italien! Vous qui avez été une fois les maîtres du monde, vous avez expié cette gloire par vingt siècles d'oppression et de massacres. Mettez aujourd'hui votre gloire à ne plus avoir de maîtres!

1. R. *Archivio di Stato. Naples. Carte di guerra ed Amministrazione delle Marche.* 1059. — Cf. TROYANELLI. *Cesena dal 1796 al 1831.* 1. 127-128.

Tous les peuples doivent se tenir dans les limites que la nature leur a assignées. Les vôtres sont des mers, des montagnes qu'on ne peut franchir. N'essayez jamais d'en sortir ; mais repoussez l'étranger qui les a violées, s'il ne se hâte de rentrer dans les siennes.

80.000 Italiens s'avancent sous les ordres de leur Roi ; ils jurent de ne prendre aucun repos avant que l'Italie ne soit délivrée et ils ont déjà prouvé qu'ils savent tenir leurs serments.

Italiens de toutes les contrées de l'Italie, secondez ce dessein magnanime. Qu'ils reprennent les armes qu'ils ont déposées, ceux qui parmi vous les ont déjà portées et que la jeunesse novice à les manier apprenne à le faire.

Qu'à de si nobles efforts se préparent tous les cœurs, toutes les intelligences ! Que toutes les voix libres se fassent entendre parlant au nom de la patrie à tous les cœurs vraiment italiens ! Que l'énergie nationale se manifeste dans toute son étendue et sous toutes les formes ! Il s'agit de décider si l'Italie doit être libre ou réduite à plier encore pour des siècles son front humilié sous le joug !

Que la lutte soit décisive et bientôt nous verrons assuré pour longtemps le bonheur d'une patrie si belle qui, bien que sanglante encore et déchirée, excite tant de convoitises étrangères. Les hommes éclairés de tous les pays, toutes les nations dignes d'un gouvernement libéral, les souverains qui se distinguent par la grandeur de leur caractère se réjouiront de votre entreprise et applaudiront à votre triomphe. Pourrait-elle ne pas applaudir à vos efforts, l'Angleterre, ce modèle de gouvernement constitutionnel, ce peuple libre qui met sa gloire à combattre et à répandre ses trésors pour l'indépendance des nations !

Italiens ! vous avez été longtemps étonnés de nous appeler en vain ; vous avez peut-être accusé notre inaction alors que vos vœux se faisaient entendre tout autour de nous ; mais le moment favorable n'était pas encore arrivé. Je n'avais pas encore fait l'expérience de la perfidie de nos ennemis. Il était bon que les événements démentissent les promesses trompeuses dont se sont montrés si prodigues vos anciens dominateurs lorsqu'ils reparurent parmi vous. Combien rapide, combien lamentable fut cette expérience, vous le savez !

J'en appelle, à vous, braves et infortunés Italiens de Milan, de Bologne, de Turin, de Venise, de Brescia, de Modène, de Reggio, de tant d'autres villes célèbres et opprimées. Combien de braves guerriers, combien de patriotes vertueux ont été arrachés au sol natal! Combien gémissent dans les fers! Que de victimes, d'extorsions, d'humiliations inouïes, Italiens! Pour réparer tant de maux, unissez-vous d'une étroite union à un gouvernement de votre choix. Qu'une représentation vraiment nationale, qu'une constitution digne de ce siècle et de vous garantisse votre liberté, votre prospérité intérieure, aussitôt que par votre courage vous aurez assuré votre indépendance.

J'appelle autour de moi tous les braves pour combattre. J'appelle également tous ceux qui ont profondément médité sur les intérêts de leur patrie afin de préparer et de régler la constitution et les lois qui doivent régir l'Italie heureuse, l'Italie indépendante.

JOACHIM NAPOLÉON.

Rimini, le 30 mars 1815.

Pour copie conforme,
Le chef de l'état-major général:
MILLET DE VILLENEUVE.

Murat avait en outre adressé le même jour de Rimini une proclamation aux Napolitains, proclamation dans laquelle après s'être plaint de la perfidie de l'Autriche, qui l'obligeait à s'éloigner d'eux pour défendre les armes à la main leurs intérêts et leur gloire et combattre à la tête de leurs frères pour l'indépendance de l'Italie, il faisait appel à leur patriotisme et confiait à leur loyauté et à leur fidélité sa femme et ses enfants et leur promettait après la victoire de se consacrer tout entier au développement du bien-être et de la prospérité de son royaume et de ses sujets.

ANNEXE XXI

Ordre du Jour à l'armée.

Soldats!

Le cri de la guerre se fait entendre de nouveau parmi vous. La voix de l'honneur et de la gloire vous appelle à combattre.

Courons donc aux armes pour affronter l'ennemi perfide qui a violé la foi sacrée des traités.

L'Autriche avait demandé, provoqué notre alliance si nécessaire au succès de ses armes en Italie; et aussitôt qu'elle a pu oublier impunément votre coopération et vos droits à l'exécution des traités garantis par les promesses les plus solennelles, elle a tourné ses armes contre nous pour soutenir nos éternels et implacable ennemis, ses armes que nous faisions triompher l'année dernière au prix de notre sang sur les rives de la Secchia et de l'Eridan.

Soldats! Nous combattrons dans ces mêmes champs qui naguère furent les témoins de notre valeur. Nous délivrerons de la présence de nos ennemis ces mêmes provinces qui étaient devenues le prix de votre triomphe, que vous avez cédées à l'Autriche comme gage de conditions qu'elle n'a pas remplies. Ces provinces opprimées par les lois impérieuses de la force appellent à haute voix vos armes destinées à venger l'honneur du nom Italien, à les délivrer du joug à jamais détesté de l'Autriche.

C'est sous vos drapeaux où sont gravés les mots d'*Honneur et Fidélité*, sans tâche, que les Italiens s'uniront animés d'un noble et généreux courroux et indignés de trouver sur les enseignes de vos ennemis les mots de : *Mauvaise foi et de Perfidie*.

Et quelle cause plus sainte que la nôtre! Nous combattrons pour la liberté et l'indépendance de la patrie, pour faire triompher les principes libéraux méconnus par vos ennemis, enfin pour la gloire militaire, première source de la force et de la grandeur des nations!

Que notre seul cri de guerre dans le tumulte des combats et au milieu des périls soit : INDÉPENDANCE DE LA PATRIE?

JOACHIM NAPOLÉON.

Rimini, le 30 mars 1815.

Pour copie,
Le chef de l'état-major,
Lieutenant-général et capitaine de la Garde,

MILLET DE VILLENEUVE.

ANNEXE XXII

Etat de situation de la flotte Napolitaine (fin Mars 1815).[1]

1 Gioacchino	Vaisseau	80 canons	Sur le 1er pont pièces de 36	Sur le 2e pont pièces de 24		Naples
2 Capri	»	74 »				»
3 Lætizia	Frégate	44 »	Sur le pont pièces de 24			Ancône
4 Cerere	»	44 »				»
5 Carolina	»	44 »	id.			Naples
6 Fama	Corvette	30 »	calibre inconnu			»
7 N.	Brick	6 »	pièces de 6			dans l'Adriatique
8 Lodola	Schooner	3 »	1 de 6, 2 de 3			Barletta
9 Comacchiese	Canonnière	3 »	1 de 4, 2 de 3	6 caronades de 6		Côtes des Pouilles
10 N.	Chebec	3 »	1 de 4, 2 de 3	—		Pesaro
11 Stella	Paranza	3 »	calibre inconnu	—		Trieste
12 Gazella	Balancelle	3 »	id.	—		»
13 Diligente	»	3 »	id.			Ancône
14 La Forte	Péniche	2 »	pièces de 3	—		Pesaro
15 Bianca	»	2 »	id.	—		»
16 Bionda	»	2 »	id.	1 caronade de 6		Barletta
17 L'Elena	»	2 »	—	»		»
18 N.	Goëlette	—	—	—		Naples
19 N.	»					»
20 N° 1 * A	Scampavia	—	—	—		Ancône
21 N° 4 * A	»	—	—	—		»
22 N° 21 * A	»	—	—	—		»
23 N° 22 * A	»	—	—	—		destiné à Rimini

* A. Eclaireur capable d'un service de guerre.

1. K. u. K. Kriegs-Archiv. Feld-Acten. Frimont. 1014. III. 109. — Cf. Archiv. des Ministeriums des Innern. Acten der Polizei Hof Stelle. F. 493. ad. 535. Etat portant la signature de

CARBONI
Lieutenant-Colonel, Inspecteur de la Marine.

ANNEXE XXIII

Observations et Dépêches de Bellegarde et de Frimont relatives à la prolongation du séjour du colonel Dalrymple à Bologne et à sa présence au Quartier-Général de Murat.

Le Feld-maréchal comte de Bellegarde à lord William Bentinck

Milan, le 1ᵉʳ avril 1815 [1].

» Mylord,

» Le Roi de Naples cherche par tous les moyens possibles de persuader à l'Italie que le Gouvernement Britannique connaît ses projets et se dispose à les soutenir. Il a besoin de pareilles mesures pour se gagner des partisans et leur donner du courage. Quoiqu'ils ne soient pas de nature à tromper les hommes éclairés qui connaissent combien sont réels les liens qui unissent la Grande Bretagne aux Hautes Puissances Alliées, et en particulier à l'Autriche, cependant de tels bruits semés avec artifice ne resteraient pas sans effet si on se servait de quelques circonstances fortuites pour les accréditer.

» Cette réflexion m'engage à observer à Votre Excellence que M. le colonel Dalrymple, envoyé par Elle à Ancône pour demander au Roi une déclaration sur l'objet de son arrivée à Ancône et du rassemblement de son armée, est arrivé à Bologne le 1ᵉʳ avril, de retour d'Ancône et qu'il avait le projet d'y attendre le Roi et de rester encore quelques jours auprès de lui. Le roi de Naples, qui *a formellement établi la guerre sans la déclarer*, saurait tirer parti de cette circonstance si elle se prolongeait.

» J'ai donc l'honneur d'en faire l'observation à Votre Excellence, persuadé qu'Elle voudra bien, par les mesures qu'Elle croira les plus convenables, détruire les impressions fausses données à l'opinion publique par les manœuvres sourdes du roi de Naples.

» Veuillez agréer, Mylord, l'assurance de ma haute considération.

» Bellegarde. »

---

1. *K. u. K. Kriegs-Archiv.* (*Feld-Acten. Frimont.*) 1016. IV. 553. F. M. comte de Bellegarde à lord William Bentinck, Milan, 1ᵉʳ avril 1815. (*en français.*)

*Le Général de Cavalerie baron Frimont au Feld-maréchal
Prince de Schwarzenberg.*

Piadena, le 4 avril 1815 [1].

« Le colonel Dalrymple que lord Bentinck avait envoyé à Ancône pour demander des explications à Murat est arrivé à Bologne le 1er avril. Il a envoyé un courrier à Bentinck et dit à Steffanini que Murat n'a été poussé à marcher de l'avant que par le désir de donner l'*Indépendance à l'Italie*; que les mouvements des Autrichiens et l'envoi de renforts en Italie l'ont forcé à prendre cette résolution ; qu'il a demandé au Pape et au Grand-Duc de Toscane le passage pour ses troupes; que le Pape a quitté Rome, ce qui lui a été fort désagréable. Dalrymple croit que Murat n'ira pas au-delà de Bologne qu'il a avec lui 20.000 hommes, 2.000 chevaux, plus 2 divisions qui passant par la Toscane doivent arriver le 10 à Bologne. Dalrymple voulait attendre à Bologne l'arrivée de Murat. En raison des bruits d'entente avec l'Angleterre répandus par Murat, ce serait une imprudence de l'y laisser et j'ai écrit dans ce sens à lord Bentinck. »

ANNEXE XXIV

Documents Inédits sur la mission supposée du Secrétaire du Conseil d'Etat, Tito Manzi, en Toscane en avril 1815 [2].

Le 2 avril 1815, Maghella, Ministre de la Police générale, adressait à Lampredi le billet suivant :

---

1. K. u. K. *Kriegs-Archiv*. (*Hof Kriegs-Rath. Praesidial Acten.*) 1041. IV 9. Général de cavalerie baron Frimont au F. M. prince de Schwarzenberg. Piadena, 4 avril 1815.
2. *Florence. Bibliothèque Palatine*. N° 1206. (*Fascicolo di Lettere e Manoscritti*.) C'est à ce même dossier que nous avons emprunté la lettre de Coletta à Manzi que nous avons eu lieu de citer plus haut.

Royaume des Deux Siciles.
Cabinet du Ministre. Naples, le 2 avril 1815.

Le Ministre de la Police générale à M. Lampredi.

« J'ai l'honneur de vous faire savoir que, sur l'ordre de Sa Majesté, vous devez vous rendre sans perdre une minute avec M. Manzi au Quartier Général de S. M. Je vous invite en conséquence à vous tenir prêt à partir demain soir au plus tard et j'espère que M. Manzi s'arrangera, lui aussi, de façon à se mettre en route demain soir.

Recevez, etc.

Le Conseiller d'Etat
Chargé du Ministère de la Police.
MAGHELLA. »

Pendant que Maghella lui faisait tenir cet ordre, Lampredi, informé officieusement de la destination qu'on voulait lui donner, de la mission que l'on se proposait de lui confier en compagnie avec Tito Manzi, avait commencé par aller prendre conseil de ce dernier avant de se rendre le 2 au matin chez le Ministre de la Police. En sortant de son cabinet, il s'était naturellement empressé de rendre compte à Manzi du résultat de la démarche qu'il venait de tenter.

Naples (Chiaja), le 2 avril 1815.

« Très honoré Commandeur,

» J'ai été ce matin chez M. Maghella et après une discussion aussi longue que vive j'ai enfin réussi à pouvoir suivre votre sage conseil et les élans de mon cœur. Je ne partirai certainement pas pour le Quartier Général du Roi.

» M. Maghella m'a prévenu qu'il m'avait écrit une lettre officielle, lettre que j'ai en effet reçue ce soir et à laquelle j'ai fait la réponse que je vous envoie ci-inclus afin de savoir si vous l'approuvez. J'irai demain chez vous pour connaître votre opinion à laquelle je me conformerai toujours.

» Je vous préviens qu'il ressort de mon entretien avec M. Maghella que vous et moi nous devions nous diriger sur la Toscane et recevoir à Florence les communications et instructions du général Pignatelli.

» Je suis, etc.

» Votre dévoué serviteur.

» A. LAMPREDI ».

A M. le Commandeur Tito Manzi, secrétaire du Conseil d'Etat. Naples. »

Le soir même, Lampredi avait en effet répondu à la lettre officielle de Maghella en invoquant d'abord son incompétence absolue en matières politiques et diplomatiques, mais surtout la reconnaissance qu'il devait à Pignatelli-Strongoli, son bienfaiteur et son protecteur depuis le jour où il arriva à Naples deux ans auparavant. Le Général, au moment de partir pour l'armée, avait confié à ses soins la princesse malade et enceinte de sept mois, ainsi que ses quatre fils et l'avait muni d'instructions, lui donnant pouvoir de régler des affaires particulières de la plus haute importance, et d'ordres confidentiels qu'il devait exécuter pour mettre sa famille en sûreté en cas de désastre. Il espérait que ces raisons suffiraient pour convaincre Maghella de l'impossibilité où il se trouvait d'obéir au Roi. Sa présence au Quartier-Général n'y serait d'aucune utilité et son départ de Naples causerait au contraire un tort incalculable au prince Pignatelli, fidèle serviteur du Roi. Il suppliait en conséquence Maghella d'intercéder auprès du Roi, le priait de le laisser à Naples où il pourrait s'employer de façon utile au service du Roi et s'acquitter en même temps du plus sacré des devoirs.

Tout semblait terminé lorsqu'à sa grande surprise Manzi reçut le 9 avril le billet suivant de Marceron.

Naples, le 9 avril 1815 [1].

« Mon cher Manzi, je vous conseille de ne plus vous faire tirer l'oreille et de presser votre départ pour Bologne. Il paraît, d'après ce que M. Maghella m'a dit, que le Roi vous attend avec impatience, que ses ordres sur votre compte sont positifs et que

---

1. *Billet en français.*

APPENDICE 543

lui, M. Maghella est disposé à mettre à l'exécution de ces ordres sa rigueur accoutumée. Tous vos amis peuvent trouver que les raisons, que vous alléguez pour vous dispenser de ce voyage, sont bonnes; mais moi, je vous dis que, fussent-elles encore meilleures, il n'en faut pas moins que vous partiez, ne serait-ce que pour les soumettre au Roi qui peut seul juger de leur solidité.

» Dépêchez-vous donc de partir et venez, quand vous voudrez, au Ministère toucher l'argent nécessaire pour votre voyage. On a augmenté de 100 ducats [1] la somme qui vous avait été allouée pour cet objet.

» Tout à vous.

» MARCERON. »

Dix jours plus tard, le général Millet revenait encore sur ce sujet et informait de son côté Manzi des graves désagréments auxquels il s'était exposé en s'entêtant à ne pas vouloir passer par la Toscane.

Armée Napolitaine.   Cesena, le 19 avril 1815.

Le Lieutenant-Général Millet de Villeneuve, capitaine des Gardes de Sa Majesté et Chef d'État-major de l'armée [2].

« Mon cher Manzi,

» Le Roi a été furieux contre vous dès qu'il a su en arrivant ici que vous n'aviez pas passé par Florence suivant ses ordres. D'après les principes que je vous connais, *je crois deviner les motifs de délicatesse qui vous ont conseillé d'éviter la Toscane.* Je suis bien loin de les désavouer, vous le savez; mais il est vrai aussi que, quand on a le malheur de servir, on doit pourtant faire souvent quelque chose contre sa propre volonté.

» Je crois devoir vous prévenir de tout cela pour votre règle. Au reste, *tout va ici comme nous l'avions prévu avant notre départ de Naples.* Tout à vous.

» MILLET. »

1. Un ducat, environ 4 fr. 65.
2. *Billet en français.*

Enfin lorsque la guerre fut finie, Manzi qui éprouvait le besoin de défendre sa conduite et d'avoir entre les mains une justification complète de son attitude avait invoqué le témoignage de Pignatelli-Strongoli qui lui adressa alors la lettre suivante :

Le Prince Pignatelli-Strongoli à Tito Manzi.

Naples, le 31 juillet 1815.

» Ayant su qu'on avait reproché en Toscane au Commandeur Tito Manzi d'avoir accepté la *commission de changer le gouvernement de ce pays* avec l'appui de la division Napolitaine placée sous mes ordres, je puis attester que l'année passée il a refusé toute mission relative à la Toscane et que cette année il a essayé si fort de détourner Murat de la guerre qu'il a encouru sa disgrâce et que, finalement ayant reçu de Murat lui-même l'ordre de se rendre à son Quartier-Général, il a commencé par refuser d'obtempérer à cet ordre et que, forcé par Maghella, il évita de passer par la Toscane et ne se rendit dans les Marches que pour obéir à un ordre auquel il ne pouvait plus se dérober.

» Ce n'est ni par condescendance, ni par amitié que je lui donne cette attestation, mais parce que je crois de mon devoir de justifier un honnête homme, un homme de mérite d'une imputation qui pourrait lui nuire dans l'esprit de ses concitoyens. Personne au monde n'est mieux en mesure de connaître les faits en question que le soussigné

Lieutenant-général Prince Pignatelli-Strongoli. »

ANNEXE XXV

Ordre du jour sur le combat du Panaro.

Armée Napolitaine. (4 avril 1815).

« L'ennemi fort de 10 à 12.000 hommes, après avoir été chassé de toutes ses positions sur la Samoggia, a été complètement battu sur le Panaro. Le fleuve a été passé à gué à Spilamberto à trois quarts de mille du pont de S. Ambrogio. Le pont a été enlevé à la baïonnette par le lieutenant-général Carrascosa et par le maréchal de camp Filangieri qui a été grièvement blessé.

L'ennemi chassé du pont a été poursuivi l'épée dans les reins jusque sur Modène où Sa Majesté a fait son entrée triomphale à sept heures du soir au milieu de l'enthousiasme de la population ».

Rapport de l'armée [1] Autrichienne.

« D'après des rapports officiels de Rome et de Milan, le roi de Naples, postérieurement au refus qui lui fut fait du libre passage à travers les Etats du Pape, a cependant passé de force, le 22 mars, sur le territoire romain. Il s'est avancé sur le champ avec ses principales forces pour se porter des Marches sur les Légations et a commencé réellement le 30 les hostilités en attaquant les troupes impériales à Cesena. Le colonel Gavenda, des Hussards du Prince Régent, avait ordre en cas d'attaque de ne pas s'engager dans un combat sérieux et en conséquence il se replia sur ses soutiens.

Le général de cavalerie baron Frimont, à qui Sa Majesté l'Empereur a confié le commandement de son armée en Italie, la rassemble entre Casalmaggiore et Piadona.

D'après les derniers rapports de M. le général de cavalerie, de son quartier-général de Piadena, le feld-maréchal lieutenant baron Bianchi a livré le 4 de ce mois au roi de Naples sur le Panaro *un combat où il a eu l'avantage.* Le général ennemi Filangieri a été blessé grièvement, et nous avons fait 200 prisonniers.

Le feld-maréchal lieutenant Bianchi ne pouvait pas encore déterminer sa perte, mais il la regarde comme insignifiante quoiqu'il eût à combattre une force ennemie bien supérieure en nombre.

Après le combat il a pris, conformément aux ordres qu'il avait reçus, position derrière le canal Bentivoglio et dans la tête de pont de Borgoforte ».

1. Cf. *K. u. K. Kriegs-Archiv.* (*Feld-Acten Bianchi.*) 995. XIII. 25 et Schoell. *Recueil de Pièces officielles* etc. V. 85.

ANNEXE XXVI

Rapport de Sir John Dalrymple à lord W. Bentinck sur le combat du Panaro.

Nous avons cru intéressant de reproduire, à la suite de l'ordre du jour napolitain et du rapport officiel autrichien, le rapport rédigé par Dalrymple sur le combat du Panaro auquel il venait d'assister, parce que s'il est toujours curieux de connaître l'impression produite par une affaire sur un officier n'appartenant à aucune des deux armées belligérantes, cette appréciation est surtout intéressante, quand cet officier ne saurait, comme c'est le cas pour Dalrymple, être soupçonné de partialité pour les vainqueurs.

Sir John Dalrymple à lord W. Bentinck.

Turin, le 8 avril 1815 [1].

« Les Napolitains ont quitté dans la nuit du 3 au 4 leur camp près de Bologne allant sur Modène (1re division, Carrascosa, 2e division, d'Ambrosio). Une partie de la 3e division les échelonne et leur sert de soutien. Le reste de la 3e division va avec le général Lechi à Cento.

Les Autrichiens de Bianchi ont pris position à Castelfranco derrière le pont du Panaro et couvrent Modène.

Carrascosa a essayé de tourner leur droite par Spernilvento [2]. Mais Bianchi a éventé ce mouvement en renforçant son aile droite.

Sur ces entrefaites, Murat qui avait rejoint Carrascosa décida de faire attaquer de front le pont du Panaro défendu par le centre et la gauche de Bianchi. Il poussa à cet effet une de ses brigades vers un gué pendant que sa cavalerie conduite par le général Filangieri et soutenue par le tir de son artillerie essayait de déloger les Autrichiens du pont même.

Carrascosa a été repoussé et a même failli être pris, mais il parvint à rallier son monde, au moment où Filangieri, qui a été

---

1. *Record Office. War Office.* Vol. 186. (*Army in the Mediterranean. Bentinck.*)
2. Spilamberto.

grièvement blessé dans cette attaque, venait de parvenir à forcer le pont.

Les Autrichiens débusqués de leurs positions tinrent encore tête sur la route de Modène. Mais ils ne tardèrent pas à replier leur centre et leur gauche vers le Pô en prenant sur Carpi et Finale.

Les pertes ont été sérieuses des deux côtés.

Pendant le combat livré près du pont, la colonne conduite par Carrascosa qui attaquait la droite autrichienne a été tenue en échec et malmenée par cette droite qui lui opposait des forces supérieures. Les lanciers napolitains ont beaucoup souffert, et un bataillon du 3ᵉ régiment napolitain a été pris presque en entier. Mais coupée des autres, cette aile droite a été obligée en fin de compte d'abandonner sa position pour essayer de rejoindre le gros. 1.500 à 2.000 hommes de cette aile qui n'avaient pu y parvenir ont dû se rejeter à droite de Modène, d'où ils ont en fin de compte réussi à rejoindre par Rubiera.

Les pertes des Napolitains s'élèvent d'après eux à 4 à 500 hommes, au dire des Autrichiens, à 6 à 700. Les Napolitains avaient mis en ligne 6.000 hommes auxquels les Autrichiens en opposèrent de 7 à 8.000.

Les Napolitains sont entrés à Modène le 4 avril à 7 heures et demie du soir. Les 2ᵉ et 3ᵉ divisions ont reçu l'ordre de se concentrer sur Cento, où Murat s'est rendu le 5 dans l'intention d'attaquer la tête de pont de Ponte Lagoscuro.

Les Autrichiens ayant évacué Modène, j'ai quitté cette ville le 5, à 5 heures du soir.

Les Napolitains ont placé leurs avant-postes à 5 kilomètres en avant de cette ville et sur Carpi.

Il n'y avait aucun poste autrichien sur la route de Plaisance avant Borgo San Donino et Firenzuola [1].

---

1. Fiorenzuola d'Arda.

ANNEXE XXVII

Rupture des relations diplomatiques avec Naples. — Rappel du comte de Mier.

Le Prince de Metternich à M. le Prince de Cariati, Ministre plénipotentiaire de Sa Majesté le roi de Naples près de la Cour d'Autriche.

Vienne, le 10 avril 1815 [1].

« D'après les rapports officiels que la Cour a reçus d'Italie, il est constaté que le Roi de Naples a franchi sans déclaration préalable avec son armée la ligne qu'il occupait dans la Marche d'Ancône et qui avait servi jusqu'ici de ligne de démarcation aux armées respectives. Cette démarche, aussi prononcée qu'inattendue, ne pouvant être considérée par la Cour de Vienne que comme une agression hostile, Sa Majesté l'Empereur a donné ordre au soussigné Ministre d'Etat et des Affaires Étrangères d'interrompre, à dater de ce jour, les communications officielles avec M. le Prince de Cariati et celui de lui faire expédier les passeports dont il a besoin, ainsi que les individus attachés à sa mission, pour sortir des Etats autrichiens.

» Le Soussigné a l'honneur de les envoyer ci-joint à M. le prince de Cariati et il le prie de recevoir l'assurance de sa considération distinguée ».

*A M. le Comte de Mier
Ministre de l'Empereur à Naples.*

Vienne, le 10 avril 1815 [2].

« J'ai l'honneur de vous envoyer ci-joint la copie de la note officielle que je viens de remettre à M. le Prince de Cariati.

1. *Haus, Hof und Staats-Archiv. Neapel.* 1815.
2. Mier avait demandé ses passeports dès le 3 avril.
Ces lettres n'ont été expédiées qu'après la remise de la note du 8 avril. — Cf. *R. Archivio di Stato Turin.* Saint-Marsan à Vallaise. Vienne, 12 avril N° 96.

» Au moment où vous recevrez la présente dépêche, par laquelle je vous annonce d'ordre de Sa Majesté l'Empereur que vos fonctions de Ministre auprès de la Cour de Naples ont cessé et que vous êtes rappelé, vous voudrez bien, M. le Comte, demander des passeports [2] pour vous et pour les membres de votre mission et vous rendre directement à Vienne.

» Recevez, etc...

ANNEXE XXVIII

Proclamation aux habitants de la Lombardie.

Milan, le 5 avril 1815.

« L'Europe commençait à peine à cicatriser ses plaies, et les puissances réunies au Congrès de Vienne s'occupaient avec un rare concert à établir les bases d'une longue paix, lorsqu'un événement imprévu appela de nouveau aux armes toutes les nations qui connaissaient déjà par expérience l'ambition d'un seul homme.

» Dans ce moment de crise passagère, l'Italie pouvait espérer d'être tranquille et déjà de nombreuses troupes étaient arrivées d'Allemagne uniquement pour la défendre. Mais le roi de Naples, jetant à la fin le masque qui l'a sauvé dans les instants les plus dangereux, sans déclaration de guerre pour laquelle il n'aurait pu alléguer aucun juste motif, contre la foi de ses traités avec l'Autriche auxquels il doit seuls son assistance politique, menace de nouveau avec ses armées la tranquillité de la belle Italie. Non content de porter avec lui le fléau de la guerre, il tente encore de rallumer partout, sous l'apparence de l'indépendance italienne, le feu dévastateur de la Révolution qui déjà autrefois lui a aplani le chemin et l'a fait sortir de l'obscurité pour l'élever à la splendeur du trône.

» Quoiqu'étranger à l'Italie, quoique nouveau venu parmi les rois, il affecte avec les Italiens un langage que pourrait à peine leur tenir un Alexandre Farnèse, un André Doria, un Trivulzio, et de lui-même, il se proclame le chef de la nation italienne qui a dans son propre sein des dynasties régnantes depuis des siècles et qui a vu naître dans ses plus belles contrées cette auguste famille qui réunit tant de nations sous son sceptre et sous son gouvernement paternel. Lui, roi de la partie extrême de l'Italie, il voudrait par de spécieuses idées de limites naturelles, tromper tous les Italiens par un fantôme de royaume dont il ne saurait même pas fixer la capitale, parce que la nature a fixé des limites particulières aux gouvernements particuliers des différentes parties de l'Italie et montré par là que ce n'est ni l'étendue du territoire, ni le chiffre de la population, ni la force des armes, mais le maintien des anciennes coutumes, les bonnes lois et une sage administration qui font le bonheur des peuples. C'est pour cette raison qu'on se rappelle encore en Lombardie et en Toscane avec des sentiments d'admiration et de reconnaissance les noms de Marie-Thérèse, de Joseph et de Léopold.

» Non content de tromper les masses par l'espoir d'une prétendue indépendance, le roi de Naples veut encore induire en erreur les Italiens en leur faisant croire que ces puissances, qui renouvellent avec une étonnante rapidité les armements les plus formidables sur terre et sur mer et qui dans peu de jours donneront au monde entier une nouvelle preuve de leur union indissoluble dans les mêmes principes, sont secrètement disposées à seconder ses projets comme si, gouvernée par lui, l'Italie pourrait se dire indépendante, comme si ces puissances ne savaient pas, aujourd'hui mieux que jamais, qu'il ne peut y avoir ni paix ni trêve avec qui ne respecte pas les promesses faites et n'est pas sensible au traitement de vainqueurs généreux.

» Les bienfaits répandus par l'Empereur François Ier sur toute l'armée italienne, dont aucun de ses sujets qui la composent n'est resté sans moyen honorable d'existence et qui se sont étendus à la classe nombreuse des employés au sort de laquelle il a également pourvu, la sollicitude paternelle avec laquelle, sans se préoccuper des opinions politiques et de la conduite passée, le gouvernement autrichien n'a cherché, à sa rentrée en Italie, qu'à réunir tous les partis en un seul, à les traiter tous comme ses enfants, en conservant ces sentiments paternels même envers le petit nombre de ceux qui par leurs erreurs l'ont contraint à recourir à des mesures de rigueur ; tous ces faits sont si notoires qu'ils détruisent d'eux-mêmes et sans autre appui toutes les calomnies répandues avec tant d'emphase dans les proclamations du Roi de Naples.

» Lombards ! Le gouvernement autrichien, sincère de sa nature

APPENDICE 521

et dont le système est de s'abstenir de toute exagération, vous a promis tranquillité, bon ordre et administration paternelle. Il tiendra tout ce qu'il vous a promis. Rappelez-vous les temps heureux antérieurs à 1796, les institutions de Marie-Thérèse, de Joseph II, de Léopold, et comparez ce système de gouvernement avec celui qu'on vous a imposé depuis et que, basé sur les mêmes principes, annoncé avec les mêmes faussetés, on vous présente aujourd'hui comme un objet d'espérance et un motif de nouveaux efforts. Votre trop grande crédulité aux promesses de la démocratie française a déjà un peu causé votre ruine. Soyez plus prudents aujourd'hui parce que cette faute serait plus grave après l'expérience du passé. Avec la docilité de votre caractère, avec la réflexion, fruit de vos lumières, avec toute votre affection envers votre auguste souverain si digne de votre cœur, coopérez dans toute circonstance à la conservation de l'ordre et à la défense du trône et de la patrie.

Le Gouverneur-Général.
BELLEGARDE, feld-maréchal [1]. »

ANNEXE XXIX

Proclamation adressée par le Lieutenant-Général Pignatelli Strongoli aux Toscans.

8 avril 1815.

» Pendant qu'un étranger, Nugent, traversait la Toscane à la tête de troupes étrangères, un corps Napolitain y passait par un autre chemin. Ou bien le droit de passage n'appartient à personne, ou bien celui qui en fait usage viole l'état de Paix. Le Roi de Naples a assuré le Grand-Duc de son amitié en le priant de rester dans ses Etats; mais il ne lui a jamais promis que ses troupes ne passeraient pas par ses Etats. Dans le cas présent, l'armée Napolitaine avait le droit de poursuivre en territoire toscan un

---

[1]. *K. u. K. Kriegs-Archiv*. (*Feld-Acten Bianchi*) 995. XIII. 35-36. — *R. Archivio di Stato*. Milan. Reggio. Modène. (*Gride e Stampe*.) — *Record Office*. *Foreign Office*. Vol. 22. (*Tuscany. Burghersh*.)

corps allemand qui y était entré le premier et dont l'attitude l'a obligé à changer de direction à partir de Foligno.

» Nugent s'est rendu coupable d'un grave attentat contre le droit des gens en forçant un corps de *braves Italiens* à se mêler à ses *Ultramontani* pour faire, malgré les intentions de leur Prince, la guerre à d'autres Italiens.

» Les gens d'honneur ne répondent aux injures que sur le champ d'honneur. Ces injures n'avilissent et ne dégradent que ceux qui les prononcent.

» Telle est la réponse que mérite un général, dont les meilleures familles de Faenza déplorent encore les prouesses, ces familles dont beaucoup de membres ont été massacrés par quelques factieux devenus les maîtres de la Romagne.

» Vous, Toscans, qui vous distinguez en Italie par votre intelligence, vous l'avez déjà jugé. Il ne vous séduira pas par ses intrigues et vous rejoindrez vos frères sous les drapeaux de la patrie, évitant ainsi de faire de votre patrie le théâtre de la guerre et donnant un éclatant démenti à ceux qui veulent armer vos bras contre vos frères de l'Italie Méridionale.

Pignatelli Strongoli [1].

Il nous a paru curieux de reproduire ici une lettre que nous croyons inédite, qui est en tout cas peu connue, et que Torelli adressait deux jours plus tard à Ferdinand IV. Tout en faisant une certaine part aux exagérations inévitables auxquelles son auteur se laisse entraîner par la haine qu'il porte aux Napolitains, il convient de reconnaître qu'elle contient cependant des appréciations aussi exactes qu'intéressantes sur l'état des troupes napolitaines envoyées en Toscane.

---

1. R. *Archivio di Stato. Bologne. Stampe governative.*

Torelli au Roi (Ferdinand IV).

Florence, le 10 avril 1815 [1].

« 4.000 hommes et 10 canons vont bivouaquer sur la route de Prato entre Peretola [2] et Poggio à Cajano [2]. Les Napolitains ont comme toujours une belle tenue extérieure; mais si l'on considère l'esprit qui les anime, ils ne donneront pas beaucoup de fil à retordre aux Autrichiens. Ils se sont assez mal conduits à Florence, et, s'ils avaient peur de la populace, ils dévastaient les maisons des paysans et des bourgeois. Ils ont pris tout ce qui restait dans les écuries royales, ont réquisitionné de la commune des souliers, des chemises, des chevaux et ont levé une contribution de 60.000 écus qu'on a commencé à payer. Ils ont peu d'entrain, sont découragés de voir que les provinces ne leur fournissent pas de volontaires. On me dit qu'on doit aux soldats trois mois de solde, que leurs officiers mangent presque la totalité des rations, ce qui les force à voler.

» L'ordre du jour de Nugent appelant à lui les troupes toscanes pour s'unir à lui et aux Anglais les a démoralisés.

» On avait annoncé dans les journaux que cette division se composait de 8.000 hommes. Elle n'en a que 3.500 au plus. On ne croit pas qu'ils soient suivis par d'autres troupes. La commune n'a pas, elle non plus, été avisée, et dans ce cas si Nugent a, comme on le dit, reçu des renforts, et si les Autrichiens sont rentrés à Bologne, ils ne tarderont pas à s'enfuir devant Nugent. Ces soldats n'ont aucune envie de se battre et ne sont maintenus dans les rangs que par la présence à leur tête de quantité d'officiers étrangers. Il n'y a dans cette colonne que 80 officiers Napolitains; tous les autres sont français, corses, lombards. Les soldats ne savent pas qu'on leur a exagéré la force de l'armée de Murat. Sans cela ils déserteraient en masse. En général, ils n'ont aucun attachement pour Murat, et la venue à l'armée du prince

---

1. *R. Archivio di Stato. Florence. (Manoscritti. Minute Diverse. G. Torelli.)* (Busta 445. 5ᵉ Quaderno 14.) Torelli au Roi. Florence, 10 avril 1815. Rapports sur l'entrée des Napolitains à Florence). (*En français*).

2. Peretola, 4 km. O. de Florence. Poggio à Cajano 15 km. O de cette ville.

Léopold ferait peut-être mettre bas les armes à des régiments entiers. Bon nombre de soldats sont des galériens et des gens qu'on a fait sortir de prison »...

Torelli, après avoir ensuite dit quelques mots d'une panique qui s'était produite parmi les Napolitains pendant l'après-midi du 8 aux portes de Florence, à Ponte alle Mosse, et rendu compte de l'affichage, le 9 avril, de la proclamation de Pignatelli, communiquait à Ferdinand IV la singulière réponse faite à cette proclamation.

« Pendant la nuit on a affiché sur les murs de l'*hôtel de New-York* (où loge l'Etat-Major) et sous les yeux du poste le placard suivant :

« Monsieur le général Pignatelli,

» Nul n'est plus étranger à l'Italie que votre Roi et les chefs de votre armée. Nugent s'est adressé à ses soldats et non à la nation... *Vive Ferdinand III* ».

» Ce même placard a été affiché sur plusieurs points. Je n'ai pu lire la proclamation de Rimini parce qu'on l'arrachait aussitôt après son affichage.

» On a su vers midi qu'il y a eu des engagements près de Poggio à Cajano et sur la route de Prato. On a rapporté des blessés à Florence, et parmi eux le major Koff, aide de camp de Livron, blessé mortellement. »

ANNEXE XXX

Note du duc de Campochiaro et du prince de Cariati au prince de Metternich, portant plainte de la conduite de la Cour de Vienne envers celle de Naples et contenant les motifs de la marche des troupes napolitaines vers le Pô.

Vienne, le 8 avril 1815.

» Les Soussignés, Ministres plénipotentiaires de Sa Majesté le Roi de Naples au Congrès de Vienne, ont reçu l'ordre de leur Cour de faire la réponse suivante à la note et à la lettre officielle de Son Altesse M. le prince de Metternich, Ministre d'Etat et des Affaires Etrangères de Sa Majesté l'Empereur d'Autriche, en date du 26 février dernier.

» Toujours animé du plus vif et sincère désir de conserver les rapports les plus intimes d'amitié et d'union avec Sa Majesté l'Empereur d'Autriche, son auguste allié, et d'être en paix avec toutes les Puissances, le Roi n'a cessé de faire pendant toute la durée du Congrès tous ses efforts et tous les offices possibles pour cimenter son alliance avec la Cour de Vienne et pour se mettre en relations directes avec les autres Cours de l'Europe.

» A cet effet, le Roi a fait solliciter à différentes reprises le Cabinet de Vienne de conclure un nouveau traité d'alliance, conformément à l'article V, secret, de celui du 11 janvier 1814 ; il a offert à Sa Majesté Impériale et Royale Apostolique la coopération de toutes ses forces pour le maintien de la tranquillité italienne et il a mis même une partie de ses troupes à la disposition du commandant supérieur autrichien en Italie, en cas qu'il pût en avoir besoin pour rétablir ou entretenir le bon ordre dans les provinces italiennes appartenant à la maison d'Autriche. Il n'a omis enfin aucun moyen pour donner à Sa Majesté Impériale et Royale Apostolique les preuves les plus convaincantes de son constant dévouement et de son entier abandon.

» Sa Majesté Napolitaine se flattait qu'une conduite si franche et si loyale aurait mérité une réciprocité parfaite de la part de la Cour de Vienne et qu'elle aurait agi enfin avec toute l'énergie et l'efficacité d'un bon et fidèle allié pour l'accomplissement du traité du 11 janvier 1814.

» On ne saurait expliquer autrement que par un excès de confiance la facilité avec laquelle la Cour de Naples s'est abandonnée au Cabinet de Vienne pendant les négociations du Congrès, tandis qu'il a toujours décliné toutes les sollicitudes (doit être sollicitations) que les Soussignés lui ont adressées pour obtenir l'exécution des engagements qu'il avait contractés par son alliance avec leur Cour, et tandis que les notes que les Soussignés lui ont adressées et une lettre autographe même du Roi à Sa Majesté l'Empereur d'Autriche contenant les protestations et les offres les plus amicales sont demeurées sans réponse.

» Et lorsque pour la première fois le Cabinet de Vienne a rompu ce fatal silence, il a intimé au Roi, d'un ton menaçant, par sa note du 26 février dernier, d'attendre, les bras croisés, que 150.000 Autrichiens avec 200 pièces d'artilleries se fussent rendus en Italie; que trois ponts fussent jetés sur le Pô et que 8.000 ouvriers eussent mis la dernière main à des fortifications tracées sur la ligne de ce fleuve pour lui imposer ensuite la loi qu'on aurait voulu lui faire subir.

» Le Cabinet de Vienne cherche à justifier la nécessité de ces mesures par les armements napolitains. Cependant il savait bien, et le Roi ne cessait de le répéter en toutes occasions qu'il n'attendait que le moment de savoir consolidés par des actes solennels la sûreté et le repos de ses Etats et de ses peuples pour réduire ses forces et pour se mettre dans une attitude tout à fait pacifique.

» Pourquoi l'Autriche, au lieu de prendre en Italie des mesures qui devaient nécessairement augmenter les alarmes du Roi, n'a-t-elle pas préféré de les détruire par l'exécution du traité du 11 janvier? Le moyen était bien plus simple, et il aurait réussi davantage. Mais le Cabinet de Vienne, loin de se déclarer l'allié fidèle du Roi et d'agir en conséquence, a évité, même avec une sorte d'affectation, d'insérer dans la note adressée, sous la date du 25 février dernier, au Cabinet des Tuileries un seul mot qui pût donner à la France l'idée la plus éloignée que l'Autriche était disposée à défendre le royaume de Naples, en cas qu'il fut attaqué. Et pourtant la garantie et la défense des Etats du Roi forment la base de son alliance avec l'Autriche qui, ayant stipulé d'ailleurs par le premier article du traité de Paris, que ses alliés seraient en paix avec la France, avait un droit et une obligation de plus de défendre et de soutenir le Roi contre cette puissance.

» Il est digne de remarquer que le Roi a reçu les notes du Cabinet de Vienne, du 25 et du 26 février, et les nouvelles des mesures extraordinaires de guerre que l'Autriche prenait en Italie, le 7 mars, c'est-à-dire deux jours après que, nonobstant le peu de sûreté que lui avaient offert jusqu'alors les négociations de Vienne, il avait déclaré solennellement que, quels que fussent les événements qui pourraient se passer en France, il demeurerait toujours fidèle à ses engagements.

» Telle était, et telle est encore la volonté du Roi. Néanmoins, après les démarches inattendues de la Cour de Vienne qui ont jeté une lumière inquiétante sur toute la marche qu'elle a suivie pendant les négociations du Congrès envers la Cour de Naples, et après les événements survenus en France et qui peuvent embraser de nouveau le Continent, le Roi a dû penser à assurer sa conservation et la sûreté et la tranquillité de ses Etats par ses propres moyens.

» C'est par suite de ces motifs aussi graves qu'impérieux et sur l'exemple des autres puissances et de l'Autriche même, qui ont porté en avant et concentré leurs forces, que le Roi a jugé nécessaire de faire reprendre à son armée la même position qu'elle occupait sur le Pô à la fin de la dernière guerre, d'après une convention signée le 7 février (1814) entre les généraux autrichien et napolitain.

» La marche de l'armée Napolitaine sur le Pô ne peut donc être envisagée que comme une mesure de précaution et de prévoyance, dictée par le renouvellement de l'état de choses qui donna lieu à la convention sus-énoncée et par la considération que le roi, ne pouvant compter que sur ses propres forces, la ligne du Pô est la seule qui puisse le mettre en mesure de se défendre contre toute attaque qu'en pourrait méditer contre ses Etats.

» Cette explication, qui a été donnée à temps aux commandants en chef de l'armée autrichienne en Italie pour prévenir tout acte d'hostilité jusqu'à ce que les deux Cours se fussent entendues, n'a pas produit l'effet qu'on attendait, puisque le Roi a été informé qu'une canonnière napolitaine a été arrêtée et désarmée dans le port de Cervia. Une autre canonnière qui portait des dépêches au consul napolitain à Venise a été également arrêtée sur la pointe de Goro, à l'embouchure du Pô; on a tiré sur elle, et, lorsque le commandant a déclaré qu'il était chargé de dépêches pour ledit agent, on lui a répondu que, d'après les ordres de M. le feld-maréchal Bellegarde, aucun bâtiment napolitain ne pouvait être reçu sur toute la côte autrichienne.

» Enfin un officier napolitain, qui avait été envoyé au pont de Lagoscuro pour recevoir des caisses de fusils dont le gouvernement autrichien avait accordé l'exportation, a été renvoyé sans pouvoir obtenir la remise de ces armes.

» Sa Majesté Napolitaine regrette infiniment que Sa Sainteté et Son Altesse Impériale et Royale le grand duc de Toscane, malgré les assurances les plus amicales qu'Elle leur a fait donner, aient pris la détermination précipitée de s'éloigner de leurs capitales. Le Roi a dû voir avec peine dans cette circonstance que le Ministre autrichien à la Cour de Rome, au lieu de calmer les inquiétudes mal fondées du Saint-Père, ait contribué au contraire, avec la plus grande chaleur, à l'engager à quitter sa résidence, tandis que Sa Majesté lui avait fait déclarer que le passage de ses troupes par les Etats romains n'aurait pas apporté le moindre changement dans l'état du gouvernement; qu'elles n'auraient même pas traversé la ville de Rome et que tous les objets, qui leur auraient été fournis dans leur passage, auraient été exactement payés.

» Pourquoi donc s'effrayer de la sorte du simple passage de troupes amies avec des restrictions si rassurantes? Certainement le Roi aurait bien voulu s'abstenir de faire passer ses troupes par les États romains; mais les circonstances étaient si urgentes et les routes des Abruzzes si impraticables à cause de la fonte des neiges qu'il n'a pu suspendre cette mesure. Les alliés, moins pressés peut-être que le Roi, en agirent de même dans la dernière guerre, et personne ne put les blâmer.

» Au reste, le Roi déclare, comme il l'a toujours déclaré à la face du monde entier, qu'il n'a d'autre désir que la paix, d'autres prétentions que l'accomplissement immédiat du traité du 11 janvier. Il se flatte que Sa Majesté l'Empereur d'Autriche, animé des mêmes dispositions et de cet esprit de conciliation et de justice qui le caractérise, et pénétré des motifs qui ont mis le Roi dans la fâcheuse nécessité de prendre des mesures extraordinaires pour veiller à sa propre conservation et à la sûreté de ses États, voudra bien étouffer le germe de mésintelligence si contraire à la politique et aux intérêts des deux Cours et des deux nations en rétablissant par la prompte exécution du traité susénoncé le parfait accord et les rapports intimes qui les ont si heureusement unies.

» A cet effet les Soussignés prient Son Altesse M. le prince de Metternich de vouloir bien porter cette note à la haute connaissance de Sa Majesté l'Empereur d'Autriche et de leur transmettre au plus tôt une réponse catégorique sur ces propositions afin qu'ils puissent l'expédier sans délai à leur Cour.

» Les Soussignés préviennent en attendant Son Altesse M. le prince de Metternich que, d'après les ordres de leur Cour, ils ont communiqué la présente note aux Ministres Plénipotentiaires des Cours de Russie, d'Angleterre et de Prusse qui ont pris part ou concouru au traité sus-mentionné. Ils saisissent cette occasion pour réitérer à Son Altesse M. le prince de Metternich les assurances de leur haute considération.

Vienne, le 8 avril 1815.

Signé : le duc de CAMPOCHIARO. Le prince de CARIATI.

Note du duc de Campochiaro et du prince de Cariati, Plénipotentiaires Napolitains, au vicomte Clancarty, pour lui communiquer la note du même jour adressée au prince de Metternich.

« Vienne, le 8 avril 1815.

» Les Soussignés, ministres de Sa Majesté le Roi de Naples au Congrès de Vienne, s'empressent d'après les ordres de leur Cour de communiquer à Son Excellence lord Clancarty, premier Plénipotentiaire de Sa Majesté Britannique audit Congrès, une note sous la même date qu'ils ont adressée au Cabinet de Vienne.

» Ils prient Son Excellence de vouloir bien porter cette pièce à la connaissance de son gouvernement qui pourra y trouver les explications les plus amples sur les motifs impérieux qui ont déterminé Sa Majesté Napolitaine à faire marcher des troupes sur le Pô, non moins que les vœux sincères qu'Elle forme pour la continuation de la paix.

» C'est uniquement pour en assurer la durée dans ses Etats et à ses peuples; c'est pour se mettre en mesure contre les préparatifs extraordinaires de guerre qu'on fait en Italie et contre la réverbération des événements survenus en France que le Roi de Naples s'est vu forcé de reprendre les anciennes positions qu'il occupait sur le Pô à la fin de la dernière guerre.

» Mais il n'a eu d'autre but que celui d'acquérir enfin les sûretés et les garanties qu'il a en vain sollicitées pendant la durée du Congrès et qui lui sont dues en force de son traité d'alliance avec la Cour de Vienne, auquel l'Angleterre a prêté son concours et son consentement.

» Le Roi de Naples ne doute pas qu'éclairé sur ses vraies intentions, le gouvernement anglais ne veuille concourir à employer sa puissante intervention auprès des autres Puissances pour satisfaire les justes désirs de Sa Majesté Napolitaine qui, de son côté, s'empressera de faire tout ce qui dépendra d'Elle pour prouver au monde entier son sincère désir de la paix et pour cimenter les relations d'amitié et de commerce qui existent heureusement entre les couronnes d'Angleterre et de Naples.

» Les Soussignés saisissent cette occasion, etc.

Vienne, le 8 avril 1815.

Signé : le duc de Campochiaro. Le prince de Cariati [1].

ANNEXE XXXI

Les demandes d'argent adressées par la Légation de France à Vienne au gouvernement Anglais.

Il nous a paru curieux, bien qu'il s'agisse d'une question étrangère à notre sujet, de relever au *Record Office* quelques-unes des dépêches échangées entre lord Stewart et lord Castlereagh et relatives à la détresse de la Légation de France et aux demandes d'avances de fonds qui leur étaient faites par les Ambassadeurs de Louis XVIII.

Dès le 29 mars, lord Stewart écrit à lord Castlereagh. (*Record Office, Foreign Office.* Vol. 117. (*Austria. Stewart*). Dépêche n° 17.

« Talleyrand et le duc de Dalberg sont venus chez moi ce matin et m'ont en raison des événements de France demandé de leur avancer de l'argent.

» La mission française au Congrès est dans la plus grande détresse, mais je ne ferai rien sans instructions. Talleyrand estime les dépenses totales de l'Ambassade à 2.200 livres par mois et demande que cette somme soit tirée sous la signature des frères

---

1. D'Angeberg. *Congrès de Vienne.* II. 1047-1052. — Schoell. *Recueil de Pièces officielles* etc. 25-36.

Bethmann, à Francfort, à partir du 1er avril et pour le compte des Ministres de France. »

Il faut croire que Castlereagh n'avait pas éprouvé le besoin de se prononcer très vite sur cette question, puisque c'est seulement près d'un mois plus tard et sur l'intervention de Wellington qu'il répondit à Stewart.

Secret et Confidentiel. — Lord Castlereagh à lord Stewart.

Londres. Foreign Office, le 20 avril 1815.

« Le duc de Wellington a transmis une demande de Talleyrand qui, à cause des circonstances, sollicite une avance qui lui permettra de couvrir les dépenses de l'Ambassade de France au Congrès.

» Talleyrand doit ignorer que Louis XVIII a emporté de France une assez grosse somme. Si Talleyrand insiste, vous lui direz que le gouvernement du prince Régent n'a pas de fonds disponibles à l'effet de cette avance. Mais je vous autorise à lui donner jusqu'à concurrence de 5.000 livres sur vos fonds secrets et de vous faire délivrer des reçus signés par Talleyrand [1]. »

Les besoins de l'Ambassade n'avaient pas été aussi grands que le pensaient Talleyrand et Dalberg. On s'en convaincra par les indications contenues dans cette lettre de lord Stewart :

Secret et Confidentiel. — Lord Stewart à lord Castlereagh.

Vienne, le 8 mai 1815.

« J'ai communiqué votre dépêche du 20 avril à Talleyrand qui m'a déclaré que Louis XVIII n'avait emporté de France que 4.500.000 francs qui serviront pour ses dépenses personnelles.

---

1. *Record Office, Foreign Office.* Vol. 116. (*Austria. Stewart. Lettres à lord Stewart.*)

La détresse de l'Ambassade, dont le crédit a été coupé, est très grande.

» J'ai par suite communiqué votre lettre à Talleyrand qui en a été très ému. Talleyrand a touché 1.000 livres sur les fonds secrets pour le 20 avril et 1.000 autres pour le 20 mai.

» A moins de contre-ordre je continuerai les avances[1] ».

(Stewart envoyait, joints à cette lettre, les reçus de Talleyrand du 20 avril et du 20 mai).

ANNEXE XXXII

Décret rappelant à l'activité l'ancienne armée du Royaume d'Italie.

Bologne, le 9 avril 1815[2].

Art. I. L'armée dissoute du royaume d'Italie est rappelée à l'activité. Tous les militaires, qui faisaient partie de cette armée en mars 1814, y seront de nouveau incorporés et versés dans leurs anciens régiments avec leur ancien grade, et la promesse d'un avancement presque immédiat.

Art. II. Sont exemptés :

1° Les fils uniques;

2° Les hommes mariés;

3° Les anciens soldats qui pourront faire valoir des cas de dispenses reconnus par la loi, et admis par les anciens règlements qui régissaient cette armée.

Les demandes d'exemption seront examinées par les Préfets et transmises par eux au commissaire civil qui se prononcera.

Art. III. Le remplacement est autorisé à la condition de présenter comme remplaçants des hommes ayant déjà servi.

Art. IV. Les familles des militaires rappelés à l'activité seront pendant une durée de trois ans au moins et pendant tout le temps que ces militaires resteront sous les drapeaux exemptées de toute taxe personnelle.

---

1. Record Office, Foreign Office. Vol. 118. (Austria. Stewart).
2. R. Archivio di Stato. Bologne. Stampe Governative.

Même faveur sera accordée aux familles des engagés volontaires.

Art. V. Nos Ministres sont chargés de l'exécution du présent décret.

JOACHIM NAPOLÉON.

Le Sous-Secrétaire d'Etat.
MOSBOURG.

Pour Copie Conforme
ZURLO. »

ANNEXE XXXIII

Proclamation du roi Joachim Murat.

La nouvelle Cocarde.

Bologne, le 10 avril 1815 [1].

« Joachim Napoléon, etc.

» Comme tous les Italiens doivent se rassembler pour la cause de la patrie sous des couleurs nationales, nous avons jugé à propos de réunir les couleurs que nous avons déjà prises dans notre royaume de Naples comme le symbole de l'honneur et d'une fidélité sans tâche, devise de notre brave armée, avec celles que les armées italiennes ont rendues célèbres sur tous les champs de bataille de l'Europe. En conséquence nous avons ordonné et ordonnons ce qui suit :

Art. Ier. La cocarde italienne sera composée de rubans à raies d'égale grandeur, amaranthes et vertes.

Art. II. La cocarde sera portée non seulement par l'armée, mais par les Italiens de tout état qui sont dévoués à la cause de l'indépendance nationale.

Nos Ministres sont chargés de l'exécution du présent décret.

JOACHIM NAPOLÉON ».

---

1. *R. Archivio di Stato. Bologne. Stampe Governative.* — Cf. SCHOELL. V. *Recueil de Pièces officielles* etc. 77-78.

Il nous a paru curieux de rappeler, à propos de ce décret, que par un autre décret en date du 15 février 1811, Joachim Murat avait décidé que les couleurs nationales, les couleurs du drapeau napolitain, seraient le bleu, le blanc et l'amaranthe. La partie centrale blanche portait en son milieu les armes du royaume. Quant à la cocarde, elle était à ce moment blanche et amaranthe, le blanc encadrant l'amaranthe [1].

ANNEXE XXXIV

Réponse du Prince de Metternich à la note du 8 avril des Plénipotentiaires Napolitains.

Vienne, le 10 avril 1815 [2].

« Le Soussigné, Ministre d'Etat et des Affaires Etrangères de l'Empereur d'Autriche a mis sous les yeux de Sa Majesté Impériale la déclaration que MM. les Plénipotentiaires de Naples lui ont fait l'honneur de lui adresser le 8 de ce mois. Il a l'ordre de lui faire la réponse suivante.

» Le Traité d'Alliance entre l'Autriche et la Cour de Naples était à peine conclu qu'on ne tarda pas à reconnaître, tant par l'inaction prolongée de l'armée Napolitaine que par une foule de preuves matérielles tombées entre les mains des armées alliées : que, dans le cours des négociations, le roi, loin de se rallier au but commun pour lequel les Puissances agissaient dans la guerre de 1813 et de 1814, avait principalement calculé ses démarches sur l'issue des événements.

» L'Empereur ne resta pas moins fidèle au Traité d'Alliance du 11 janvier 1814. Ne voulant s'arrêter ni aux motifs qui pouvaient avoir provoqué la négociation, ni aux circonstances qui avaient amené l'accession du Roi, Sa Majesté Impériale ne régla ses déterminations que sur la nature des engagements de l'alliance. Elle ne différa pas de s'employer à établir des relations entre ses alliés et la Cour de Naples.

---

1. Pour la description détaillée, voir *Raccolta uffiziale delle leggi e decreti*. Vol. 1. P° 122. Année 1815.
2. D'ANGEBERG. *Congrès de Vienne*, II. 1061-1062.

» Les raisons, qui ont empêché que ses rapports ne fussent étendus à des alliances formelles, sont trop connues du Cabinet de Naples pour que le Soussigné croie devoir les rappeler.

» Plus la marche, qu'a suivie le roi depuis le premier moment de l'Alliance, s'est écartée de celle de l'Autriche, moins il est en droit d'imputer au Cabinet de Vienne les inconvénients qui ont pu résulter de cette divergence pour la Cour de Naples.

» L'Empereur n'a cessé de faire représenter au roi les conséquences dans lesquelles l'entraînerait l'occupation prolongée des Marches, dans les conjonctures où une saine politique prescrivait au roi de borner ses prétentions à la conservation de son royaume en s'écartant de tout projet de conquêtes, où cette même politique l'appelait à la tâche honorable d'aider les gouvernements de l'Italie à assurer le repos de la presqu'île, au lieu d'y entretenir l'agitation des esprits en renforçant sans cesse des armées disproportionnées aux ressources de ses Etats et plus encore en rassemblant ces armées sur des points qui, se trouvant par la situation géographique des possessions autrichiennes à l'abri de toute attaque de la part des Puissances opposées à la Cour de Naples, ne pouvaient dès lors être considérées que comme des positions prises contre l'Autriche et contre les autres princes d'Italie.

» Quoique dans ces entrefaites les intérêts généraux de l'Europe et de la monarchie réclamassent toute l'attention de Sa Majesté Impériale, Elle ne négligea néanmoins rien pour ramener le Roi à plus de modération. Elle ne renonça à aucuns moyens de confiance et de persuasion jusqu'à l'époque où les armements de ce prince prenant le caractère d'une agression plus directe, Elle dut enfin se décider à une démarche provoquée par des ouvertures du Cabinet Napolitain qui ne décélérèrent que trop les vues sur lesquelles il ne reste plus d'incertitude depuis les ouvertures faites par le Roi à la Cour de Rome.

» Le Soussigné reçut l'ordre de remettre simultanément aux plénipotentiaires de Naples et à celui de France des déclarations qui ne pouvaient laisser de doute que l'Empereur, dans aucun cas, n'accorderait à des troupes étrangères le passage sur son territoire.

» La déclaration adressée à la France le 26 février fut communiquée le lendemain aux plénipotentiaires de Naples. Si ces déclarations simultanées présentent une différence de rédaction, la raison en est simple : La Cour de Naples est celle qui avait agité la question ; c'était elle qui s'était placée dans l'attitude de l'agression.

» L'Empereur a dû à la sûreté de ses Etats et à ses rapports généraux avec l'Europe de porter ces déclarations. Il doit au sentiment de sa dignité de les soutenir. Sa Majesté Impériale eut rejeté toute demande de la France à envoyer des armées en Italie; Elle eut regardé, en suite de la déclaration du 26 février, toute démarche de sa part comme une déclaration de guerre ; l'Empereur regarde de même la sortie des troupes napolitaines des frontières du royaume et de leurs cantonnements dans les Marches, comme une rupture de l'Alliance et comme une mesure dirigée contre lui. De même Sa Majesté regarde aujourd'hui l'entrée de l'armée napolitaine dans les Légations et les actes d'hostilité contre les troupes Impériales comme une déclaration positive de la guerre, quels que soient les prétextes sous lesquels le Cabinet de Naples présente ces faits.

» Le Soussigné a, en conséquence, l'ordre de rappeler sur le champ de Naples la mission Impériale en même temps qu'il doit remettre les passe-ports ci-joints à la députation de la mission de Naples à Vienne.

Signé : METTERNICH. »

Vienne, le 10 avril 1815.

ANNEXE XXXV

Déclaration de la Cour de Vienne sur la Conduite du Roi de Naples.

Vienne, le 12 avril 1815 [1].

« Après la campagne de l'année 1812, le roi de Naples abandonna l'armée française dans laquelle il avait commandé un corps. A peine revenu dans sa Capitale, il fit faire à la Cour d'Autriche des ouvertures sur l'intention où il était de réunir sa marche politique ultérieure avec celle du Cabinet autrichien.

1. D'ANGEBERG. *Congrès de Vienne*, II. 1001-067.

» Bientôt après, la campagne de l'année 1813 commença. Lors des premiers événements qui parurent favorables à Napoléon, le roi Joachim quitta Naples pour se charger de nouveau d'un commandement dans l'armée française. En même temps, il offrait secrètement au Cabinet autrichien sa médiation entre les Puissances et l'Empereur des Français. La glorieuse journée du 18 octobre décida du sort de la cause des Français. Le roi revint dans ses Etats et renoua sur le champ les négociations qui avaient été rompues pour son accession à l'alliance européenne. Il fit avancer son armée et proposa à l'Autriche le partage de l'Italie. Le Pô devait former la ligne de démarcation entre les deux Etats.

» Deux mois s'écoulèrent en négociations continuelles avec les Alliés et en correspondance non moins active avec le général en chef de l'armée française d'Italie. Les forces militaires de Naples n'étaient pour aucun des deux partis; ni l'un ni l'autre ne pouvait compter sur elles; on avait à les combattre. L'Autriche était la puissance pour laquelle cet état de choses avait le moins de désavantages. Elle pouvait diriger ses principales forces contre l'ennemi commun sans s'inquiéter de l'Italie.

» Enfin, le 11 janvier 1814, un Traité fut signé entre l'Autriche et Naples. Cependant, sous le prétexte que les ratifications n'étaient pas échangées, l'armée napolitaine resta encore longtemps dans l'inaction. Des preuves écrites, tombées entre les mains des alliés, ne laissèrent plus lieu de douter que les intelligences secrètes du roi avec l'ennemi ne durassent encore. Elles montraient alors principalement le dessein de donner le change à l'Empereur des Français sur l'accession effective du roi à l'alliance des Puissances. Les victoires remportées dans l'intérieur de la France décidèrent cependant le rôle du Roi. Paris était tombé entre les mains des Alliés et l'armée napolitaine commença à entrer en campagne.

» La convention du 11 avril 1814, avait mis fin à la guerre contre Napoléon. Les négociations de Paris fixèrent les rapports mutuels de la France et de ses anciens ennemis. Toutes les armées commencèrent leur retraite; les Napolitains se retirèrent dans les Marches Pontificales sur lesquelles le roi avait des prétentions à faire valoir en vertu du traité du 11 janvier.

» Les rapports de toutes les Puissances devaient être fixés au Congrès de Vienne. Toutes les branches de la Maison de Bourbon se prononcèrent contre la reconnaissance du roi Joachim. La situation de ce dernier avait assurément beaucoup changé par le retour des anciennes dynasties aux trônes de France et d'Espagne. Une politique prudente lui devait prescrire de borner uniquement ses vues ultérieures à la conservation d'un des plus beaux royaumes du monde en renonçant à toute conquête, surtout quand ces conquêtes ne pouvaient se faire qu'au détriment d'un voisin qui ne pouvait nuire sous les rapports militaires et qui était de la plus grande importance sous les rapports politiques. Mais la modération et la fidélité sont des mots vides de sens pour les souverains de la nouvelle race française.

» Au lieu de penser à sa propre conservation, le roi Joachim forma secrètement de vastes plans pour l'avenir. Il en prépara l'exécution en employant tous les éléments d'une révolution politique et militaire. Aucun de ses projets, aucun de ses mouvements n'échappa au Cabinet Autrichien. Ce n'était point là le moyen de faire changer les dispositions des Cours qui s'opposaient à l'admission du roi de Naples au rang des souverains de l'Europe.

» Lorsque le fardeau des charges militaires devint insupportable au royaume, le roi se décida à des démarches plus entreprenantes. Dans le courant de février dernier, il fit connaître au Cabinet Autrichien son projet d'envoyer une armée en France; à l'effet de quoi il ne demandait rien moins que le passage par la Moyenne et la Haute Italie. Une proposition aussi étrange fut repoussée, comme elle le méritait.

» S. M. l'Empereur adressa aux gouvernements de France et de Naples, le 15 et le 26 février 1815, des Déclarations par lesquelles ce Monarque prononçait la ferme résolution de ne permettre en aucun cas, que la tranquillité de la Haute et de la Moyenne Italie fût compromise par le passage de troupes étrangères.

» Sa Majesté Impériale donna en même temps l'ordre de faire marcher dans ses Etats d'Italie une augmentation considérable de forces militaires pour soutenir sa Déclaration. La France y répondit par des assurances formelles que le roi n'avait aucun projet semblable; le roi Joachim ne donna point de Contre-Déclaration. Le moment de dévoiler ses véritables desseins n'était pas encore arrivé.

» Le 5 mars, la nouvelle de l'évasion de Bonaparte arriva à Naples. Le Roi fit aussitôt appeler le Ministre d'Autriche et lui déclara qu'il resterait fidèle au système d'alliance. Il fit renouveler cette déclaration aux Cabinets autrichien et anglais. En même temps, il envoya le comte de Beaufremont, son aide de camp, en France avec la mission de chercher Bonaparte et de l'assurer de son appui. A peine la nouvelle de l'entrée de Bonaparte à Lyon était-elle parvenue à Naples, que le roi fit déclarer positivement à la Cour de Rome « qu'il regardait la cause de Bonaparte comme la sienne et qu'il prouverait maintenant qu'il ne lui avait jamais été étranger. » Il demanda en même temps le passage à travers le territoire de Rome pour deux de ses divisions « qui cependant, loin de se conduire hostilement, ne troubleraient pas le Saint-Père dans sa capitale. » Le pape protesta contre cette violation de son territoire. Lorsqu'elle eut lieu, Sa Sainteté quitta Rome et se rendit à Florence.

» Le 8 avril, les plénipotentiaires de Naples à Vienne remirent au Cabinet une note qui, en donnant l'assurance des sentiments d'amitié de leur maître et de sa volonté immuable de ne jamais se séparer de l'Autriche, contenait la notification « que Sa Ma-
» jesté se voyait forcée, d'après le changement de l'état des cho-
» ses et pour sa propre sûreté, ainsi que sous le rapport de me-
» sures militaires que toutes les Puissances jugeaient nécessaire
» d'adopter, à donner aussi une position plus étendue à ses for-
» ces militaires ; qu'en conséquence cette position aurait lieu en
» dedans de la ligne de démarcation que l'armistice de l'an-
» née 1813 avait fixée à l'armée napolitaine. »

» Cependant, l'armée napolitaine avait, le 30 mars, commencé, sans déclaration, les hostilités contre les postes autrichiens dans la Légation.

» Sa Majesté Impériale, pénétrée du sentiment de son plein droit, remplie de confiance dans la valeur de son armée et dans la fidélité éprouvée de ses peuples, ainsi que dans ses relations étroites avec toutes les Puissances de l'Europe a, par une note officielle du 10 de ce mois, fait déclarer au gouvernement napolitain qu'elle regardait les deux Etats comme étant en guerre et qu'elle en abandonnait la décision ultérieure au sort des armes. »

Le même numéro de la *Gazette de Vienne* contenait à la suite de cette déclaration un rapport de l'armée, rendant sommairement compte de la marche des Napolitains à travers les Etats du Pape, de l'affaire de Cesena, des ordres donnés à Frimont et du combat du Panaro.

ANNEXE XXXVI

Dépêches des Généraux Livron et Pignatelli à Murat et au Général Millet.

Les deux dépêches, expédiées le 11 avril au soir par Livron et Pignatelli et que Colletta nous a conservées, sont tellement édifiantes que l'on ne saurait faire autrement que de les reproduire ici.

Le Général Livron au Chef d'Etat-Major général.

Devant Prato (à 5 milles de Pistoia) 11 avril 1815.

» Aujourd'hui, après nous être portés sur Pistoia sans avoir rencontré l'ennemi, nous avons appris que le général Nugent, après avoir mis en état de défense et garni de canons cette ville entourée de fortes murailles, avait réuni 3.000 hommes, tous Autrichiens, sur la route de Poggio à Cajano à Florence soit afin de nous prendre à revers et de tomber sur notre flanc, soit (et nous en avons acquis la presque certitude) afin d'arriver cette nuit à marche forcée à Florence, pendant qu'il nous retiendrait aujourd'hui devant Pistoia. En conséquence, le général Pignatelli a résolu de prendre position sur la route de Poggio à Cajano et de se relier avec moi sur la route de Prato ».

Et il ajoute : « Dès que les lanciers seront arrivés à Florence, je me porterai sur Modène avec les chevau-légers, les hussards et l'artillerie légère. Cet ordre me fait renaître, car j'ai hâte de me trouver auprès de Sa Majesté ».

La dépêche de Pignatelli n'est pas moins stupéfiante.

1. COLETTA. *Opere Inedite o Rare*. 1. 73-75. Notes.

Le Général Pignatelli au Roi.

Prato, 11 avril, 9 heures du soir.

« Nous sommes partis ce matin pour attaquer l'ennemi dont les avant-postes étaient la nuit passée à 1 1/2 mille de Prato, mais il s'est partout retiré devant nous.

» Arrivés à 4 mille de Pistoia, nous avons, le général Livron et moi, conféré ensemble pour nous communiquer nos renseignements. Nous avons acquis la conviction que le général Nugent avait mis en état de défense la citadelle de Pistoia; qu'il avait mis des canons sur les remparts, précisément sur le front devant lequel nous devions nous présenter. En même temps nous avons acquis la certitude que son plan consistait à confier la défense de Pistoia à environ 2.500 Toscans pendant qu'il nous prendrait à revers avec 3.000 Autrichiens. Cette nuit et demain matin je porterai tout mon corps sur la route de Poggio à Cajano à Florence, me reliant avec le général Livron, par une double ligne de postes, l'une sur le chemin de traverse allant à Prato, l'autre plus en arrière par la route de Campi ».

ANNEXE XXXVII

Ordre de bataille de l'armée autrichienne d'Italie (12 avril 1815).
I. Troupes disponibles pour les opérations.

CORPS D'ARMÉE	DIVISIONS	BRIGADES	CORPS DE TROUPES	BATAILLONS	ESCADRONS	COMPAGNIES	BATTERIES	EMPLACEMENT
F. M. L.t comte Neipperg (*par interim*) Major Sunstenau, Capitaines Mähler, Hess (de l'Etat-major du Quartier-Maître général).	F. M. L.t comte Neipperg le 9 à Gazzuolo le 10 à Curtatone	Général-major Fölseis (Casalmaggiore)	Pionniers R.t Ignace Gyulay B.ie de brigade de 6 livres	3		2	1	Casalmaggiore 8, 9 et 10 avril
		Général-major Spiegel (Casalmaggiore)	10e Chasseurs 11e Chasseurs Hussards Frimont » Frédéric Guillaume B.ie à cheval	1 1	8 7 1/2		1	Martignana Viadana, 2 C.ies venant de Côme Cividale, Gazzuolo Rivarolo Villanova, Gussola
		Général-major de Best (Cremono)	Vacquant Aloïs Liechtenstein Parmesans	1 2 1				Cremone
	Général-major Gober (Borgoforte)	G.al major Gober le 9 à Curtatone le 10 à Borgoforte	Mariassy Saint Julien Hiller B.ie de brigade de 6 livres	2 1 1			1	Castellucchio, Curtatone, Chio
		Colonel Schlottheim	Dragons Max. Joseph		4			Asola, Redondesco
			Total......	13	19 1/2	2	3	

CORPS D'ARMÉE	DIVISIONS	BRIGADES	CORPS DE TROUPES	BATAILLONS	ESCADRONS	COMPAGNIES	BATTERIES	EMPLACEMENT
F. M. L¹ baron Bianchi. Major Hartenthal, Capitaines Spanoghi, Auer (de l'Etat-major du Quartier-Maître général).	F. M. L¹ Mohr (C⁰ⁿ Weingarten, de l'Etat-major du Quartier-Maître général)	Colonel C¹ᵉ Zichy, puis G⁰ᶦ major Taxis	Pionniers Chasseurs de Fenner Hussards Liechtenstein B¹ᵉ à cheval	2	5	2	1	Occhiobello
		Général-major baron Eckhardt	Wied Runkel Saint Julien Beaulieu B¹ᵉ de position de 6 livres	2 3/6 2 1			1	
	F. M. L¹ baron Bianchi	Colonel Baumgarten, puis Général-major comte Haugwitz	Chasteller Dragons de Toscane B¹ᵉ de position de 6 livres	2	6		1	En marche pour rejoindre. Tête de pont d'Occhiobello
		Général-major comte Starhemberg (Gonzaga le 10)	Pionniers 9ᵉ Chasseurs Hussards Prince Régent B¹ᵉ à cheval	1	6 3/4	1	1	Autour de Borgoforte jusqu'au 10
		Général-major baron Steffanini	Splenyi Hesse-Homburg B¹ᵉ de brigade de 6 livres	3 2			1	
		Général-major baron Senitzer	Simbschen Hiller	2 1				
		Général-major baron Lauer	Hesse Homburg Wied Runkel Hussards Prince Régent	1 3/6	1			Ferrare
		Major Brehm	Hesse Homburg.	4				Comacchio
			Total......	21	18 3/4	3	5	
		Attendus le 12 au plus tard	Archiduc Charles Hiller Modénais	3 1 1				
			Total......	26	18 3/4		5	

APPENDICE

CORPS D'ARMÉE	DIVISIONS	BRIGADES	CORPS DE TROUPES	BATAILLONS	ESCADRONS	COMPAGNIES	BATTERIES	EMPLACEMENT
Sous les ordres directs du Général en chef.	F. M. L.¹ baron Merville le 8 à Bozzolo, le 10 à Marcaria	Général-major baron Quallenberg	Grenadiers Chimany Grenadiers Welsberg Grenadiers Faber Grenadiers Habinay Modenais B^{ie} de brigade de 6 livres	1 1 1 1 1			1	Bozzolo le 8 et le 9 Marcaria le 10
		Colonel Chorgensky	Dragons de Savoie		4			Gozzoldo le 8, Redondesco le 9, Marcaria le 10
				5	4		1	
	F. M. L.¹ comte Nugent	F. M. L.¹ C.¹⁰ Nugent	Vacquant 8ᵉ Chasseurs Hussards Liechtenstein	1 3/6 4/6	1			En Toscane
		L.¹ colonel Werklein	Vacquant Hussards Prince Régent B^{ie} de 3 livres	3/6	1 1/4		1/2	
				2 4/6	1 1/4		1/2	
			Pionniers Infanterie d'état-major Dragons d'état-major Troupes de santé Réserve g^{le} d'artillerie Dépôt d'artillerie		1	2 2 4 1 8		dont une Cie à Mantoue avec 25 voitures d'ambulance Marmirolo Vérone
			Total général......	46 4/6	43 3/4	13	9 1/2	

Effectifs d'après Schwarzenberg : 44.550 hommes et 6.294 chevaux. *K. u. K. Kriegs Archiv. Hof Kriegs Rath Prædisial Acten 1041*, 13.401. F. M. Prince de Schwarzenberg au général de cavalerie Frimont, Vienne 28 avril.

II. Troupes indisponibles (12 avril 1815).

COMMANDEMENTS	DIVISIONS	BRIGADES	CORPS DE TROUPES	BATAILLONS	ESCADRONS	COMPAGNIES	BATTERIES	EMPLACEMENT
Commandement en chef de l'armée	F. M. L^t baron Mayer von Heidenfeld (Mantoue)		Kerpen Simbschen Hiller Hussards Liechtenstein Chasteller	3 2 1 1	 2			Mantoue Legnago
		Général-major Lanfrey (Peschiera)	Aloïs Liechtenstein » » Mariassy » »	5/6 1/6 1/6 1/6 4/6				Peschiera Rocca d'Anfo Lodi Pavie »
		Général-major Suden	Esterhazy 8e Chasseurs Hussards Frédéric-Guillaume	2 3/6		1/2		Plaisance
	F. M. L^t comte Bubna		Esterhazy »	13/6 3/6				Alexandrie Turin
				13 3/6	2 1/2			

COMMANDEMENTS	DIVISIONS	BRIGADES	CORPS DE TROUPES	BATAILLONS	ESCADRONS	COMPAGNIES	BATTERIES	EMPLACEMENT
Commandement général de la Vénétie	F. Z. M. marquis Chasteller	Général-major baron Wattlet	Duka	4				
		Saint Julien	4					
	F. M. L.¹ Marzioni (Vérone)	Le plus ancien officier supérieur	Wied Runkel	3/6				Palmanova
			Dragons de Savoie		1/2			
			Wied Runkel	2/6				Udine
			»	1/6				Osoppo
			Dragons de Savoie		1/2			Trévise
			»		1/2			»
			Orange	3/6				Padoue
			»	3/6				»
			Dragons de Savoie		1/2			Vicence
			Orange	1				»
			Dragons Max Joseph		1/2			Vérone
			Total......	8	2 1/2			
Commandement général de la Lombardie		Général-major Svinborn (Milan)	Deutschmeister	3				Milan
			Dragons Max. Joseph		1/2			»
			Gyulay	3/6				Bergame
			Dragons Max. Joseph		1/2			»
			Gyulay	3/6				Brescia
			Dragons Max. Joseph		1/2			»
			7ᵉ Chasseurs	1				Valteline, Côme et Varese
			Infanterie d'Etat-major	5	1 1/2	1		Milan
						1		au dépôt d'artillerie de Vérone
			Dragons d'Etat-major		1			Milan
			Total général......	26 3/6	7 1/2	2		

ANNEXE XXXVIII

Appréciations de Pignatelli sur les premières opérations de Bianchi (Carpi et Occhiobello) [1].

En raison même de la façon dont Pignatelli Strongoli conduisit son expédition en Toscane, nous avons pensé qu'il serait curieux de connaître les jugements portés par un pareil stratège sur les premières opérations du général Bianchi.

« Pendant que Bianchi, rassuré sur sa droite depuis le combat de Carpi et la retraite de Pepe sur Modène, porte sa gauche en avant et attaque Occhiobello, Lauer fait une sortie de la citadelle de Ferrare et immobilise la brigade Medici. A la suite de cette affaire, la 2ᵉ division dut se replier sur Malalbergo en gardant fortement le pont du Reno.

» Bianchi aurait pu et dû alors déboucher d'Occhiobello avec ses 30 bataillons et ses 12 escadrons, faire contenir par le reste de ses forces les 1ʳᵉ et 2ᵉ divisions, couper le général d'Ambrosio, envoyer 24 bataillons et 12 escadrons par Malalbergo à Bologne, occuper les débouchés des Apennins vers la Toscane, pousser sur Ferrare 6 bataillons et 2 escadrons, y attaquer de concert avec Lauer les 2 ou 3 bataillons de Medici qui auraient dû mettre bas les armes, puis maître de Ferrare pousser au plus vite 4 bataillons et 2 escadrons d'abord sur Ravenne, ensuite sur Forli et les faire rejoindre par le reste. A l'arrivée de ces troupes sur la Via Emilia, il aurait facilement enlevé le parc de l'armée qui se repliait de Bologne sous une faible escorte.

» Quant au reste de l'armée napolitaine, elle se serait trouvée dans une position des plus critiques entre l'Apennin, le Pô et l'armée autrichienne, et une attaque quelque peu énergique aurait achevé sa ruine.

» Même dans le cas où les 1ʳᵉ et 2ᵉ divisions napolitaines auraient réussi à arriver avant lui à Bologne, Bianchi se serait trouvé avec toute son armée sur le Primaro, maître du pont de Malalbergo et tout près de sa base. Posté de la sorte, il avait tous

---

1. *Archivio della Società di Storia Patria. Naples.* PIGNATELLI-STRONGOLI. *Memorie.*

les avantages pour lui et une bataille livrée par lui dans des conditions rendues encore plus favorables par sa supériorité numérique aurait terminé du coup la campagne. Enfin, en cas d'échec, peu probable d'ailleurs, il avait sa retraite assurée sur Ferrare et Occhiobello.

» Au lieu de livrer le combat *inutile* de Carpi, Bianchi aurait dû renforcer entièrement sa droite, profiter du cours du Pô qui fait un rentrant à Borgoforte et San Benedetto et un saillant à Occhiobello et s'en servir pour prendre par sa gauche l'offensive contre les deux divisions napolitaines. Les résultats d'une pareille opération étaient certains ».

Les idées, justes ou fausses, ne manquaient pas à Pignatelli, professeur de stratégie. Bonnes ou mauvaises, elles ne se présentaient pas aussi facilement à l'esprit du général lorsqu'il s'agissait pour lui de les appliquer en campagne.

ANNEXE XXXIX

Extraits du Mémoire Confidentiel de Gentz à Karadja sur l'état des affaires en Europe. [1]

Vienne, le 24 avril 1815.

Les soucis, les inquiétudes de Murat, étaient d'autant plus naturels qu'à Vienne même, c'est Gentz qui se charge de le dire à Karadja, la question de la déposition de Joachim n'était pas sans donner au Cabinet autrichien les sérieuses préoccupations qu'il exposait en ces termes à l'hospodar.

« J'en arrive maintenant à un sujet fort intéressant qui n'a cependant qu'une importance secondaire, si on le compare avec les questions que je viens de traiter et bien qu'il ait avec elle une quantité de points communs. Je veux parler des intérêts que nous avons en Italie et des événements qui viennent de se dérouler dans cette partie de l'Europe.

» La question de la déposition du Roi de Naples était une de

---

1. *Oesterreich's Theilnahme an den Befreiungskriegen*. 616-626.

celles dans lesquelles les soi-disants intérêts européens étaient en opposition directe avec ceux de l'Autriche. Il était extrêmement important pour cette puissance, d'une part, de s'opposer par tous les moyens en son pouvoir au rétablissement de la Maison de Bourbon en Italie, de l'autre, d'avoir sur le trône de Naples un souverain assez fort pour l'aider à maintenir l'ordre à l'intérieur et même pour lui prêter son concours en cas de besoin dans une guerre à l'intérieur, mais qui ne soit cependant pas assez fort pour s'affranchir de son influence et se passer de son alliance. Murat réunissait toutes les qualités, toutes les conditions qu'on recherchait.

» Il ne convient pas de juger l'homme par les résolutions insensées que lui dictèrent son aveuglement et son ambition, auxquelles le poussèrent l'ardeur et l'impétuosité de son caractère surexcitées par la désillusion que lui causait la conduite de ceux qu'il considérait comme ses seuls amis. Il convient au contraire de le juger d'après l'attitude qu'il eut tant qu'il vécut en bons termes avec l'Autriche.

» Il avait parfaitement reconnu alors que son existence dépendait de l'appui de cette puissance; qu'il ne pouvait se maintenir ni *contre*, ni *sans* elle et que toute sa politique se bornait à l'établissement et à la conservation d'une harmonie intime avec le Cabinet de Vienne.

» Le Ministre qu'il envoya au Congrès, le duc de Campochiaro, aussi recommandable par la loyauté de son caractère que par la sagesse et la modération de ses vues, avait pris ce système pour base de son action. Lors de l'ouverture du Congrès, il semblait encore tellement facile de maintenir le Roi de Naples, les relations que nous avions avec lui et les avantages que nous tirions de son adhésion absolue à notre système, que ceux-là mêmes, qui voyaient l'avenir sous les couleurs les plus sombres, (et je dois reconnaître que j'étais l'un d'eux) étaient intimement convaincus qu'en tout état de cause on pouvait compter sur la durée et la solidité de cette entente.

» Il y avait dans l'alliance entre le Roi de Naples et l'Autriche deux points qui pouvaient au cours du temps amener des difficultés que nous avions bien des moyens d'aplanir, et en tout cas d'ajourner. La première de ces questions avait trait à l'occupation de la partie du territoire pontifical connu sous le nom de

Marches; l'autre résultait du désir du Roi d'être reconnu par les alliés de l'Autriche et surtout par l'Angleterre. On s'appuyait pour justifier l'occupation des Marches par les troupes napolitaines sur un article secret du traité d'alliance du 11 janvier 1814. Ce n'était qu'une occupation provisoire, mais absolument légale comme telle, et le Roi de Naples avait incontestablement le droit de faire durer et de prolonger cette occupation jusqu'au règlement définitif de ses affaires. Mais les plaintes et les jérémiades incessantes du pape, l'activité déployée par le cardinal Consalvi, l'animosité personnelle du représentant de l'Autriche à Rome contre Murat provoquèrent des représentations pressantes dans lesquelles on insista sur la nécessité de l'évacuation de ce territoire; représentations auxquelles le Roi de Naples répondit en faisant valoir le refus opposé par le pape à sa demande de reconnaissance et la nécessité qui s'imposait à lui, dans la situation précaire dans laquelle il se trouvait, d'assurer sa propre sûreté. Pour ce qui était de l'article relatif à sa reconnaissance par les autres puissances et principalement par l'Angleterre, reconnaissance à laquelle il attachait à bon droit une grande importance, il est absolument vrai que la Cour de Vienne s'était engagée à la lui obtenir. Les Ministres napolitains adressèrent à cet effet à cette Cour des notes répétées dans lesquelles ils firent valoir tous les arguments, toutes les considérations qu'ils étaient en droit d'invoquer pour avoir gain de cause sur un point aussi capital pour eux; mais tous leurs efforts n'amenèrent aucun résultat et lorsque le Roi de Naples apprit que lord Castlereagh avait quitté Vienne sans avoir tranché cette question éventuelle, lorsqu'il dut même reconnaître l'impossibilité de rien savoir de l'attitude que le gouvernement britannique se déciderait à prendre à son égard, la confiance qu'il avait accordée à l'Autriche fut fortement ébranlée par ces inquiétantes constatations, et il se crut en droit d'adresser à ce Cabinet une réclamation de la plus haute importance.

» Quoiqu'il en fût, le Roi de Naples attachait un si grand prix à la conservation de l'amitié de l'Autriche, le duc de Campochiaro apportait à ses démarches tant de tact et de modération et le prince de Metternich (tout au moins, jusqu'à un certain moment) tenait si fort au système politique qui favorisait ces relations qu'il semblait impossible que ces germes de discorde pussent jamais se développer au point d'aboutir à une rupture complète. Mais ce furent des causes toutes différentes, des complications d'un autre genre qui amenèrent le revirement survenu en février dans les rapports entre l'Autriche et Naples.

» J'ai fait souvent ressortir la sagesse et la modération des plénipotentiaires français pendant les quatre premiers mois du Congrès et surtout au cours des négociations si difficiles auxquelles donnèrent lieu les questions de Saxe et de Pologne. Ils firent malheureusement preuve d'un tout autre esprit et manifestèrent de tout autres dispositions en tout ce qui avait trait à l'Italie. L'excommunication que, sans motif sérieux et fort maladroitement du reste, le Cabinet de Louis XVIII avait lancée contre Murat, semblait être surtout motivée par les principes antirévolutionnaires auxquels ce Cabinet était si profondément attaché. On ne tarda cependant pas à s'apercevoir que cette invocation du principe de la *légitimité* n'était entre les mains d'un homme d'Etat aussi habile et aussi perspicace que M. de Talleyrand qu'une manœuvre destinée à amener la restauration des Bourbons en Italie. Ces intentions se révélèrent encore plus clairement du jour où M. de Talleyrand, non content de protester de temps à autre contre l'usurpateur du trône de Naples, en vint à attaquer ouvertement les droits indiscutables de l'impératrice Marie-Louise sur les duchés de Parme et de Plaisance et à les revendiquer pour les héritiers de la branche des Bourbons qui les avaient possédés jadis. Tant que l'on s'inquiéta surtout de la Pologne et de la Saxe, M. de Talleyrand, qui avait sagement résolu de faire cause commune avec l'Autriche et de s'opposer aux dangereuses exigences de la Russie et aux non moins dangereuses prétentions de la Prusse, n'avait abordé que rarement, sans acharnement et sans amertume la question épineuse de l'Italie. Mais, dès que l'on fût sur le point d'arriver à un accommodement avec la Russie et la Prusse, il changea de ton et d'allure par rapport aux affaires d'Italie... »

Passant en revue le travail auquel s'était livré Talleyrand, l'intervention de Labrador provoquée par le plénipotentiaire français, le projet de partage de l'Italie préparé d'après ses indications par Noailles, les efforts de tout genre faits par le représentant de la France pour dépouiller l'Impératrice Marie-Louise au profit de l'ex-reine d'Etrurie, ses démarches couronnées de succès auprès de lord Castlereagh qui, pressé d'en finir et de tout régler avant de partir, consentit à lui prêter son concours, reconnaissant que, « ce qui, écrit-il, était encore plus inattendu et plus triste que tout le reste, » le Cabinet de Vienne s'était, lui aussi, laissé prendre au piège, après avoir ajouté que : « C'était là une des plus grosses fautes que nous réservait ce maudit Congrès », Gentz va plus loin encore. Il ne peut en effet s'empêcher de constater que, si la Cour de Vienne ne tarda pas à se ressaisir, la demi-mesure à laquelle elle se raccrocha n'en était pas moins déplorable et constituait à ses yeux un véritable scandale.

« Elle consacrait une violation criante du droit et elle eut pour
» conséquence immédiate et fatale de montrer au Roi de Naples
» le sort qui l'attendait. Il était désormais évident pour lui que,
» si grâce à leurs intrigues les ministres des Bourbons avaient pu
» réussir à dépouiller la fille et le petit-fils de l'Empereur d'Au-
» triche, rien ne devait leur être plus facile que de bouleverser
» tout le système politique de l'Italie et d'ensevelir sous ses dé-
» combres son trône déjà si fortement ébranlé.

» Encouragé par ses premiers succès, M. de Talleyrand redoubla ses efforts et n'épargna rien pour entraîner l'Autriche dans la croisade qu'il préparait contre le Roi de Naples. Bien que j'aie été assez complètement initié à l'histoire secrète des négociations du Congrès, je dois cependant avouer qu'il manœuvra dans cette affaire avec tant d'habileté et de mystère qu'il m'a été impossible d'arriver à pénétrer entièrement ses desseins. Il est vrai que toutes ces questions se traitèrent à ce sujet directement entre le prince de Metternich et lui. Si l'on s'ouvrit de ces projets à une tierce personne, ce ne fut guère qu'avec lord Wellington qu'on savait être, lui aussi, un ennemi déclaré du Roi de Naples. Je savais bien que depuis quelques semaines déjà M. de Talleyrand faisait répandre le bruit de la concentration à Grenoble d'une armée française de 60.000 hommes destinée à opérer au printemps contre Naples. L'invraisemblance et l'absurdité de cette manigance sautaient par trop aux yeux, et je connaissais trop bien M. de Metternich pour admettre un seul instant qu'il pût se laisser prendre à pareil artifice. Je suis du reste intimement convaincu qu'il en fut ainsi et que tout ce qui résulta de cette machination ne fut qu'un prétexte dont on se servit pour agrémenter et embellir un changement d'orientation dont il me fut impossible de découvrir et de comprendre la cause.

» Tout à coup, entre le 18 et le 20 février, on décida l'Empereur à diriger sur l'Italie, où l'on voulait former une armée d'observation, 60.000 hommes de renforts qu'on tira en grande partie des provinces les plus lointaines de la Monarchie. Quelques jours plus tard, M. de Metternich adressa d'une part à M. de Talleyrand, de l'autre à M. de Campochiaro les notes des 25 et 26 février. Les ordres relatifs à la marche des troupes, donnés à un moment où tout le monde s'attendait à une politique de recueillement et d'économies, à l'adoption de mesures favorisant le rétablissement des finances, furent exécutés avec tant de rapidité et de discrétion que ce fut seulement dans les premiers jours du mois de mars qu'on eut vent de ce qui venait de se passer.

» J'étais trop exactement au courant de nos visées politiques pour pouvoir me tromper sur le but et la portée de ces mesures. Je savais qu'on n'avait besoin de cette armée ni pour en imposer aux Français qui n'avaient jamais sérieusement pensé à envoyer un seul homme en Italie, ni pour tenir en bride le Roi de Naples qui malgré son mécontentement et ses soupçons n'aurait jamais songé à changer sa ligne de conduite à moins d'y être directement provoqué par nous. On l'accusa, il est vrai, d'avoir demandé le libre passage à travers nos provinces de 80.000 hommes à la tête desquels il se proposait d'entrer en France ; on réédita même cette accusation dans notre manifeste. Mais en réalité jamais pareille demande n'avait été faite, et toute l'accusation reposait sur une lettre confidentielle du Roi de Naples, dans laquelle à côté d'un certain nombre de manifestations irréfléchies et même presque insensées il avait fait allusion à ce chimérique projet.

» Lorsque le duc de Campochiaro reçut les notes des 25 et 26 février, il se rendit immédiatement compte de l'état réel des choses et reconnut que toutes ses espérances étaient déçues et que la situation était désespérée. Avec une force de caractère qu'on ne saurait trop admirer, il réussit à cacher ses inquiétudes, n'en laissa rien percer dans sa réponse et, ce qui était plus méritoire et plus difficile encore, il dissimula ses alarmes même à son souverain qu'il s'efforça de rassurer et de calmer en invequant à cet effet des arguments spécieux, les motifs apparents qu'aurait pu faire valoir le plus zélé des diplomates autrichiens. Le duc était en effet convaincu que même dans ce moment critique rien ne pouvait être plus fatal à son maître qu'une rupture irréfléchie, qu'un de ces actes irréparables que ses ennemis cachés ou avérés avaient si grand intérêt à provoquer. Il était de plus convaincu que, grâce à une sagesse, à une modération défiant toutes les embûches qu'on lui tendait le Roi de Naples parviendrait à conjurer l'orage qui le menaçait en évitant de fournir à l'Autriche les nouveaux prétextes dont elle avait besoin pour mettre à exécution des projets jusque-là injustifiés, et à mettre par suite cette puissance dans l'impossibilité d'assurer par son intervention les idées du plan machiné par M. de Talleyrand. Le duc de Campochiaro avait absolument raison.

» Je crois même que, malgré son aveuglement, son caractère ardent et emporté, et bien que son esprit ne s'ouvrît guère qu'aux questions purement militaires, le Roi de Naples aurait suivi les conseils de ce sage et clairvoyant ministre, s'il n'avait pas reçu les notes des 25 et 26 février et la nouvelle des mouvements des troupes autrichiennes à un moment où d'autres événements avaient précisément achevé de le désorienter et de déséquilibrer sa cervelle. Ces nouvelles, ces notes lui parvinrent en effet le 10 mars, trois jours après réception de l'avis lui annonçant le débarquement de Napoléon en France. Affolé par cette aventure inouïe, entouré de ministres médiocres et timorés dont aucun n'aurait été digne de servir de secrétaire à Campochiaro, excité par les discours insensés de la princesse de Galles qui, arrivée à Naples depuis quelques mois et amoureuse folle du Roi, brûlant du désir de se venger grâce à lui de son époux, le poussait à provoquer en Europe un bouleversement général qu'elle espérait voir amener la chute du Prince Régent et de ses alliés, cet homme incapable de réfléchir sérieusement, facile à décider à toutes les folies, perdit complètement la tête.

» Bien que le duc de Campochiaro soit encore actuellement à Vienne, comme on ne tarda pas à rompre toutes relations avec lui, nous ne pûmes jamais savoir positivement si oui ou non le Roi de Naples avait été mis au courant des projets de Napoléon. Nous avons cependant une foule de raisons, plus puissantes les unes que les autres, de croire de plus en plus fermement qu'il les ignorait. Nous savons seulement que le 5 mars, à la nouvelle du départ de Napoléon de l'île d'Elbe, il déclara solennellement qu'il ne séparerait jamais sa cause de celle de l'Autriche, que quatre jours plus tard il fit répandre partout les proclamations de Napoléon, que le 13 mars et les jours suivants ses divisions se mirent en marche et que quinze jours plus tard, le 27 mars, il expédia au duc de Campochiaro un courrier porteur de l'ordre lui enjoignant de remettre la note (du 8 avril) à laquelle le Cabinet de Vienne répondit par sa déclaration de guerre.

» Malgré l'inconséquence de sa conduite, le Roi de Naples, bien que déjà au bord de l'abîme, aurait encore pu se sauver s'il avait été assez maître de lui-même pour traîner les choses en longueur pendant quinze jours de plus. La déclaration par laquelle il annonçait sa résolution de reprendre ses anciennes positions sur le Pô, accompagnée, comme ce fût en effet le cas, d'assurances amicales et pacifiques ne lui aurait pas encore cassé le cou si, au lieu d'attendre, il n'avait pas poussé la folie jusqu'à mettre sur l'heure même et au galop ses menaces à exécution. L'opinion à Vienne s'était entre temps sensiblement modifiée et se prononçait de plus en plus en sa faveur. Si l'on avait seulement pu avoir quelque peu confiance en lui, on ne se serait pas tellement pressé à voir en lui un ennemi. M. de Talleyrand lui-même, précipité tout à coup des hauteurs où il avait un moment réussi à s'élever, tout entier à la lutte qu'il avait à soutenir contre un tout autre adversaire, en venait à reconnaître qu'en raison du duel à mort qui allait s'engager il serait plus sage, au lieu de proscrire le Roi de Naples, de se servir de lui. Enfin, et ce qui est plus intéressant encore, après avoir d'abord hésité pendant six mois, après s'être quelques semaines avant la grande catastrophe rapproché de ses ennemis, le gouvernement britannique avait tout à coup, le 24 mars, pris la résolution de traiter avec le Roi de Naples. Cette grosse nouvelle parvint à Vienne le même jour et presque à la même heure que la dernière déclaration du Roi de Naples. Elle arriva toutefois trop tard; les hostilités avaient commencé. La guerre était désormais fatale, inévitable; on la considérait du moins comme telle, et on la déclara.

» Vous ne manquerez pas de déduire de cet exposé impartial et strictement conforme à la vérité quels grands reproches l'Autriche risquait d'avoir à se faire dans le cas où cette guerre viendrait à finir mal pour elle. *En effet le Roi de Naples n'aurait jamais adopté une attitude hostile à notre égard si, non contents de lui avoir donné de justes et nombreux motifs de se plaindre, d'avoir négligé ses intérêts, blessé son amour-propre et éveillé ses soupçons, nous n'avions pas fini par le menacer directement en concentrant une grande armée en Italie.* Il faudrait cependant un concours inouï de circonstances pour que cette guerre se terminât autrement que par la ruine du Roi. La disproportion des forces est trop grande. Le Roi de Naples ne saurait frapper un grand coup. Il ne lui sera guère possible de combler les pertes que son armée éprouvera : ses ressources seront bientôt épuisées et enfin il a complètement échoué dans son grand dessein de révolutionner l'Italie... »

Après avoir résumé les événements militaires qui étaient connus à Vienne au moment où il rédigeait ce Mémoire, supputé les chances qui restaient à Murat, conclu à la seule possibilité pour lui de traîner les opérations en longueur, constaté l'impossibilité dans laquelle se trouvait Napoléon de le soutenir, insisté sur l'avantage qui résultait pour l'Empereur du maintien forcé en Italie « des 100.000 Autrichiens qui sans cela seraient entrés à la fin de mai dans le midi de la France », Gentz ajoute encore avant de finir : « Nos alliés ne sauraient d'ailleurs nous faire un grief de cette conjoncture désagréable. Ce sont eux en effet qui pour se donner le plaisir de précipiter Murat de son trône nous ont jetés dans cette guerre. Et il est de plus bien triste de penser que, même *si elle nous vaut victoire sur victoire, cette guerre ne saurait cependant en aucun cas amener des résultats conformes aux véritables intérêts de l'Autriche* ».

INDEX ALPHABÉTIQUE

INDEX ALPHABÉTIQUE

A

ABATTUCCI (consul de Naples à Trieste). 185.
ABOUKIR (L', vaisseau de guerre anglais). Note 225. 276.
ABRUZZES (Les). 54. 88. 91. 132. 139. 181. 268. Note 330. 490. 494. 495. 528.
A'COURT (William, Ministre d'Angleterre à Palerme). 50. 114. 181. 276.
ACQUAPENDENTE. Note 158.
ADIGE (L', fleuve). 272. 299.
ADRIA. 351.
ADRESSES (Les). 142.
ADRIATIQUE (Mer). 50. 92. 135. 145. 228. 231. 245. 276. 277. Note 368. Note 371. 475. 498. 508.
ADYE (Capitaine anglais, commandant le *Partridge*). 3. 46.
AGUCCHI (baron, Préfet du Reno). 303. 320.
ALBANO. Note 123. Note 158. 199.
ALEXANDRE Ier (Empereur de Russie). 37. 38. 57. 160. 161. 163. 206. 207.
ALEXANDRIE. 40. 99. 251. 336. 546.
ALLE DUE BOSCHI (près de Bellaria). Note 289.
ALLEMAGNE-ALLEMANDS. 95. Note 96. 218. 235. 519. 522.
ALLIANCE (*Quadruple*). — ALLIÉS ET TROUPES ALLIÉES. 206. 218. 244. 261. 267. 277. 410. 443. Note 462. 469. 477. 481. 482. 509. 528. 534. 535. 536. 537. 550.
ALPES (Les). 48. 193. 202. 203. 214. 218. 273. 299. 336. 415. 504.
ALSACE (L'). Note 200. 365.
AMBROSINI (R. Avocat. Bologne). 491.
AMBROSIO (d', Lieutenant-général napolitain). 45. 53. 54. 55. 56. 61. Note 106. Note 122. 126. 130. 196. 198. 216. 265. Note 281. 283. 289. 291. 298. 303. 329. 348. 349. 357. 358. 359. 362. 367. Note 368. 369. 370. 371. 402. Note 421. 425. 437. 439. 441. 442. 447. 451. 461. 462. 485. 498. 516. 547.
ANCÔNE. 7. Note 29. 44. 45.

47. Note 51. 53. 60. 61. 64.
70. 89. 91. 92. 93. 106. 108.
111. 116. 120. 121. 122. Note
123. 126. 127. 128. 129. 130.
131. 132. 133. 137. 139. 142.
143. 150. 151. 152. 164. 167.
168. 173. 175. 188. 191. 192.
193. 194. 195. 197. Note 199.
200. 209. 216. 217. 219. 223.
227. 228. 233. 236. 246. 255.
256. 265. 280. Note 283. 294.
343. 405. 452. 459. 468. 474.
475. 478. 479. 492. 494. 496.
508. 509. 510. 519.

ANGIOLO (chevalier d', fonctionnaire toscan). Note 66.

ANGLETERRE-ANGLAIS. 3. 6.
22. 23. 31. 32. 34. 35. 41. Note
42. 45. 46. 50. 55. 58. 64. 75.
105. 113. 114. 117. 125. 132.
135. 155. 156. 159. 176. 194.
219. 221. 222. 230. 232. 236.
237. 242. 243. 244. 266. 267.
268. 280. 282. 294. Note 317.
318. 319. 324. Note 330. 331.
340. 342. 360. 364. 372. 375.
380. 381. Note 382. 385. 410.
412. 413. 414. 415. 429. 434.
444. 455. 456. 470. 477. 505.
509. 510. 523. 529. 530. 539.
550.

ANTIBES. 56. 481.

ANTIMI (Angelo, Colonel commandant la Garde nationale de Rimini). 285. Note 321.

ANZOLA DELL' EMILIA. 287. 288. 300. 306.

APENNIN (L'). — APENNINS (Les). 81. 200. 223. 250. 254. 287. 300. 326. 328. 393. 547.

APENNIN TOSCAN (L'). 393. 457.

AQUILA. 45. 87. Note 246.

AQUILEJA. 185.

AQUINO (d', Général napolitain). 59. 196. 281. 357. 437. 485. 498.

ARCOVITO (Lieutenant-général napolitain). 320. 386.

AREZZO (et podestat d'). Note 199. 224. 275. 295. 319. 353. 380. 393. 441. Note 442. 451. 459.

ARGENTA. 216. Note 289. 447. 459.

ARIENTI (VIA, rue à Bologne). 491.

ARIENZO. 478.

ARLES. Note 201. Note 416.

ARMÉE (la Grande). 26. 95. 536. 537.

ARMÉE ANGLAISE et CORPS ANGLO-SICILIEN. 135. 136. 149. 151. 229. 231. 275. 276. 277. 340. 364. 381. Note 407. 456. 523.

ARMÉE AUTRICHIENNE. 9. 10. 18. 24. 25. Note 40. 55. 81. 93. 95. 96. 99. 100. Note 106. 115. 126. 129. 136. 146. 149. 163. 166. 170. 172. 173. 176. 180. 183. 189. Note 193. 194. 195. 201. 202. 204. 205. 218. 219. 223. 227. 229. 232. 237. 243. 245. 247. 249. 250. 254. 255. 266. 273. 280. 282. 286. 290. 297. 298. 299. 306. 307.

303. 309. 310. 311. 312. Note
313. 314. 315. 316. 322. 324.
326. 327. 328. 330. 335. 336.
338. 340. 343. 350. 352. 368.
Note 382. 385. 389. 391. 400.
402. 403. 408. 433. 436. 438.
443. 445. 448. 451. 456. 457.
458. 468. 480. 481. 487. 496.
499. 502. 503. 504. 510. 515.
516. 517. 519. 520. 521. 522.
523. 525. 526. 527. 536. 538.
539. 540. 541. 547. 552. 553.
556.

ARMÉE FRANÇAISE. 33. 105.
170. Note 200. 201. 335. 336.
365. 481. 536. 537. 538. 552.

ARMÉE ITALIENNE. — ARMÉE
DU ROYAUME D'ITALIE. 44.
55. 93. 97. Note 110. 136. 148.
184. 195. 268. 312. 320. 321.
333. 349. Note 375. 385. 452.
520. 532. 533. 537.

ARMÉE NAPOLITAINE. 7. 23.
25. 39. 44. 46. 51. 52. 55. 58.
61. 62. 67. 69. 70. 87. 88. 90.
91. 92. 93. 94. 96. 99. 112.
114. 115. 116. 121. 122. 123.
128. 134. 139. 141. 143. 144.
145. 149. 150. 151. 152. 153.
154. 158. 163. 173. 174. 181.
182. 188. 189. Note 193. 194.
195. 196. 198. 199. 200. 210.
217. 218. 219. 223. 224. 227.
231. 237. 240. 243. 244. 245.
247. 252. 255. 256. 257. 259.
264. 266. 267. 277. 280. 281.
283. 288. 289. 292. 297. 298.
302. 303. 305. 306. 307. 308.
309. 310. 311. 312. 313. 314.

317. 318. 320. 322. 323. 325.
326. 329. 330. 333. 335. 336.
340. 341. 343. 347. 352. 354.
363. Note 371. 372. 373. 381.
Note 382. 386. 387. 389. 391.
400. 403. 404. 419. Note 421.
429. 431. 436. 442. 443. 445.
448. 449. 452. 455. 456. 457.
458. 459. 461. 462. 468. 475.
479. 480. 481. 483. 484. 485.
486. 492. 493. 494. 495. 496.
497. 503. 506. 507. 509. 510.
513. 514. 515. 516. 517. 519.
521. 522. 523. 524. 525. 526.
527. 528. 529. 533. 534. 535.
536. 537. 538. 539. 540. 547.
550. 552. 553. 555.

ARMÉE PIÉMONTAISE. Note
110. 136. Note 412. 445. Note
461.

ARMÉE PONTIFICALE. 239.
363. 445.

ARMÉE SICILIENNE. 46. 444.

ARMÉE TOSCANE. 36. 37. 100.
Note 110. 113. 148. 180. 240.
245. 251. Note 254. 275. 282.
294. 319. 332. 354. 362. 378.
393. 407. 408. 427. 450. 541.

ARMISTICE. 135. 153. 230. 237.
242. 310. 341. 264. Note 382.
429. 456. 539.

ARNO (L', fleuve). 440. 441.
448.

ARQUA. 291.

ASCOLI. Note 92. 157.

ASOLA. 487. 542.

ASPRE (baron d', major autrichien). 164. Note 255. 282.
295.

AUER (Capitaine autrichien). 543.

AUTRICHE-AUTRICHIENS. 4. 5. 9. 10. 11. 14. 15. 18. 22. 23. 24. 25. 27. 28. 31. 32. 33. 34. 36. 37. 38. 39. 42. 43. 54. 55. 56. 57. 58. 60. 61. 63. 64. 66. 67. 69. 72. 75. 76. 79. 80. 82. 83. 84. 90. 92. 93. 95. 102 105. 107. 108. 113. 118. Note 121. 123. 124. 125. 129. 135. 137. 139. 141. 145. 150. 153. 155. 156. 161. 162. 169. 170. 171. 172. 182. 183. 184. 187. 189. 194. 195. 198. Note 199. 201. 202. 205. 206. 208. 210. 215. 216. 219. 220. 221. 222. 223. 226. 229. 230. 231. 232. 233. 237. 238. 241. 243. 244. 249. 251. 252. 253. 255. 256. 257. 258. 261. 266. 267. 269. 273. 275. 277. 280. Note 281. 282. 286. 289. 290. 291. 293. 295. 297. 298. 299. 306. 307. 308. 310. 311. 312. 318. 321. 322. 325. 326. 334. 335. 345. 346. 347. 357. 358. 364. 367. 370. 371. 372. 373. 378. 381. Note 382. 383. 388. 398. 399. 400. 409. 410. 413. 415. 420. 421. 422. 423. 425. 426. 427. 429. 440. 445. 451. 455. 456. 457. 458. 459. 467. 468. 469. 470. 471. 473. 474. 476. 477. 479. 480. 482. 489. 496. 503. 504. 506. 507. 509. 510. 519. 520. 521. 523. 525. 526. 527. 528. 534. 535. 536. 537. 538. 539. 540. 541. 548. 549. 550. 552. 554. 555. 556.

AVELLINO. 122. Note 246.

AVERSA. 246.

B

BAGNO à RIPOLI. 355.

BALABIO (Général italien). 321.

BALACHOFF (Général russe). 161.

BARDI (Château de). 251.

BALBIENI Ordonnateur napotain). 182.

BARI. 122. Note 246.

BARISONI (fournisseur et expéditeur d'armes, Milan). 41.

BARLETTA. Note 246. 508.

BARTORELLI (Secrétaire génal du département du Rubicon). 284.

BASILICATE (La). 122.

BASTIA. Note 289. 302.

BATHURST (lord, Ministre de la guerre). 65. Note 380.

BATTAGLINI (Comte, Podestat de Rimini). 259.

BAUFREMONT (Colonel de, Aide de camp de Murat). 34. 539.

BAUMGARTEN (Colonel autrichien). 351. Note 369. 543.

BAZZANO. 306. 307.

BEDFORD (Duchesse de). Note 342.

BEGANI (Maréchal de Camp, baron). Note 122.

INDEX ALPHABÉTIQUE

BELFORTE. 487.
BELGIQUE. (La). 481.
BELLARIA. Note 289.
BELLEGARDE (feld-maréchal, comte de). 10. 18. 28. 36. Note 37. 39. 40. 47. 66. 81. 82. 89. 97. 99. 113. 115. 126. 127. 132. 133. 134. 135. 136. 141. 145. 146. 147. 149. 151. 152. 153. 154. 156. 166. 167. 168. 169. 170. 171. 172. 173. 174. 180. 184. 187. 188. 189. 190. 191. Note 192. 202. 203. 204. 205. 215. 226. 227. 228. 231. 232. 233. 235. 237. 240. 243. 244. 245. Note 259. 260. 271. 275. 277. 278. 280. 283. 305. 317. 321. 334. 335. 336. 337. 338. 339. 340. 363. 364. 381. 409. 410. 411. Note 412. 415. Note 421. 426. 443. 468. 474. 496. 509. 521. 527.
BELLIARD (Général, comte). 416.
BELVEDERE. 297.
BÉNÉVENT (et principauté de). Note 42. 478. 495.
BENTINCK (Lord William). 35. 36. 52. 65. 114. 133. 134. 135. 136. 145. 146. 149. 151. 152. 156. 157. 174. 175. 188. Note 192. 211. 217. 219. 221. 223. 231. 232. 236. 238. 242. 243. 244. 245. 252. 260. 266. 267. 275. 276. 277. 280. 281. 317. 318. 319. 327. 339. 340. 342. 363. 364. 368. 381. Note 382. 385. 389. 409. 410. 411. 412. 413. 414. 415. 429. 443.
444. 455. 492. 494. 496. 509. 510. 516.
BERARDI (Chargé de recueillir les enrôlements). 333.
BERGAME. 195. 546.
BERGANTINO. 369.
BERNARDINI (Capitaine toscan). 393. 407.
BERTAZZOLI (Monseigneur). Note. 158.
BERTHIER (Maréchal, prince de Wagram). 347.
BERTINORO. 257. 263.
BEST (de, Général-major autrichien). 377. 448. 499. 542.
BETHMANN (Les frères, banquiers à Francfort). Note 276. 531.
BEVILACQUA (Gaetano, auteur d'un *Diario*, manuscrit, appartenant à M. R. Ambrosini). 491.
BEVILACQUA (Giacomo, père du précédent). 491.
BIANCA (La, péniche de la Marine Napolitaine). 508.
BIANCHI (feld-maréchal lieutenant, baron). 95. 99. 163. 166. 198. 202. 203. 227. 241. 251. 269. 278. 279. 290. 297. 298. 299. 300. 301. 302. 306. 307. 308. 311. 312. 314. 316. 322. 323. 345. 350. 352. 358. 359. 360. 368. 370. 372. 373. 374. Note 382. Note 384. 389. 390. 394. 396. 397. 398. 399. 400. 403. 418. 419. 420. 421. 422. 425. 431. 432. 433. 434. 435. 436. 446. 448. 449. 461.

488. 500. 515. 516. 543. 547. 548.

BICCI (Capitaine napolitain). Note 192.

BINDA (Joseph, Chef de division au Ministère des Affaires Etrangères de Naples). Note 384. 412. 413. 414. Note 415. 429. 454.

BIONDA (La, péniche de la Marine Napolitaine). 508.

BLACAS (Comte de, Ministre de la Maison du roi). 12. 13. 14. 15. 16. 17. 18. 19. 20. 21. 209. 210.

BOCCALEONE (Via. à Ferrare). Note 356.

BOGDAN (Général-major autrichien, baron). 500.

BOLOGNE (et convention de). — BOLOGNAIS. 45. 51. 52. 56. 89. 97. 98. 99. 115. 116. 123. 126. 128. 131. 137. 146. 147. 163. 164. 166. 183. 184. 185. 191. 192. Note 193. 194. 195. 198. 203. Note 204. 205. 218. 219. 220. 223. 236. 239. 241. 248. 250. 252. 253. 255. Note 259. Note 260. 263. 264. 267. 268. 270. 271. 274. 275. 279. 280. 281. 282. 283. 286. 288. 289. 290. 292. 293. 297. 298. 299. 300. 302. 303. 305. 310. 317. 318. 319. 320. 324. 325. 326. 328. 329. Note 330. 333. 345. 348. 361. 370. 371. 376. 385. 386. Note 412. Note 413. 414. Note 415. 419. 420. 421. 422. 427. 433. Note 434.

440. 441. 448. 451. 452. 456. 457. 461. 488. 491. 503. 505. 509. 510. 512. 516. 523. 532. 533. 547.

BOLOGNETTI (famille romaine). 70.

BOMBELLES (Comte Louis de, commissaire Impérial et Royal à Paris). 10. 209.

BOMPORTO. 272. 287. 300. 311. 347. 348. 401. Note 418. 432. 435. 439. 447.

BONAFOUS (Général, neveu de Murat). Note 75.

BONAPARTE (et famille). 38. 39. Note 100. 104. 105. 109. 208. 339. 344. Note 382. Note 383. Note 462. 476. 477. 489. 539.

BONAPARTISTES (Les). 273. 474.

BONDANELLO. 390. 397.

BONDENO. 348. 361. 372. 423. 433. 435. 436. 437. 439. 446. 447. 460.

BONFANTI (Général italien). 321.

BONNAVISI (Podestat de Molinella). Note 376.

BORGHÈSE (Princesse, voir Pauline Bonaparte).

BORGHI (Capitaine, italien). 349.

BORGOFORTE. 69. Note 193. 250. 251. 256. 270. 271. 308. 314. 316. 322. 323. Note 327. 328. 345. 352. 353. 359. 360. Note 369. 372. 374. 377. 389.

390. 401. 419. 420. 436. 437.
515. 542. 543. 548.
BORGO PANIGALE. 286. 287.
BORGO SAN DONNINO. 517.
BOURBONS (et Maisons de).
17. 33. Note 42. 64. 76. 113.
120. Note 121. 124. 161. 163.
174. 190. 210. 222. 365. Note
410. 469. 473. 477. 537. 538.
549. 551. 552.
BOZZOLO. 204. 250. 251. Note
327. 389. 487. 544.
BREHM (Major autrichien).
247. 302. 351. Note 368. Note
381. 488. 543.
BRESCIA. 99. 128. 195. 505.
546.
BRISIGHELLA. 263.
BRONDOLO. Note 327.
BROOK (homme politique anglais). 35.
BRUNN. Note 82. Note 168.
BRUXELLES. Note 228. 343.
BUBNA (feld-maréchal lieutenant, Comte). 40. 499. 545.
BUDRIO. 287.
BULK (chef de bataillon napolitain). 164.
BUOL SCHAUENSTEIN (Comte de, Ministre d'Autriche à Florence). 3. 48. 180. 193. 295. 407. 426. 427.
BUON GOVERNO (Le). 48. 226.
BURGHERSH (lord, Ministre d'Angleterre en Toscane). 2. 3. 51. 65. 113. 114. 134. 137. 142. 180. 181. 193. 225. 236. 275. 276. 294. 304. 380. Note 414. 415.
BUSTANELLI (courrier de Murat). Note 216.

C

CAILLARD. (1er Secrétaire d'ambassade). Note 416.
CALABRES (Les Deux). 122.
CALABRESE (brick de guerre napolitain). 498.
CALERNO. 373.
CAMPA (Monseigneur). Note 158.
CAMPAGNOLA. 448.
CAMPANA (Maréchal de camp napolitain). 77. Note 330. 331. 426. 449. 451. 485. 497.
CAMPBELL (Colonel Neil). 2. 3. Note 276.
CAMPBELL (Commodore). 380.
CAMPI. 406. Note 428. 440. 541.
CAMPOBASSO. Note 246. 478.
CAMPOCHIARO (duc de, l'un des plénipotentiaires de Joachim à Vienne). 23. 24. 25. 26. 27. 30. 31. 32. 41. 61. 69. 79. 104. 105. 139. 141. 153. 154. 176. 178. 208. 217. 337. 338. 382. 383. 409. 411. 471. 476. 489. 490. 524. 529. 530. 549. 550. 553. 554. 555.
CAMPOGALLIANO. Note 418. 420. 422. 434.
CAMPORI (Marquis, général-major Modénais). Note 272.
CAMPOSANTO. 433.
CANALETTO DI CENTA. 447.

Canino (Prince de). Voir Lucien Bonaparte.
Canonici (Marquis. Potestat de Ferrare). Note 367.
Canonnières Napolitaines. 130. 215. 508.
Cantalupo in Sabina. 224.
Capitanata (La). 122.
Capoue. Note 122. Note 246. 478.
Caprara (Palais, à Bologne). Note 485.
Capri (Ile et forts de). 121. Note 246. 478.
Capri (Le, vaisseau de guerre napolitain). 47. 276. 475. 508.
Carafa (Maréchal de camp napolitain). 348. 360. 372. 397. 423. 474. 485. 498.
Carati (Maria Luigia, Comtesse ?). 491.
Cariati (Prince, un des représentants de Murat à Vienne). 27. 41. 217. 337. 338. 382. Note 383. 409. 518. 519. 524. 529. 530.
Carignano (duc de, chargé du portefeuille des Affaires Etrangères, pendant l'absence de Gallo). 305. 490.
Carlton House (résidence du prince régent). 20.
Caroline (La, frégate napolitaine). 388. 498. 508.
Caroline de Brunswick (voir Princesse de Galles).
Caroline Murat (Reine de Naples). 4. 5. 6. 26. 30. 32. 33. 34. 48. 53. 54. 55. 57. 58. 66. 67. 72. Note 75. 76. 80. 81. 82. 83. 84. 89. 91. 106. 107. 108. 137. 138. 166. Note 167. 169. Note 260. 305. 330. 345. 428. 441. 471. 472. 473. 474. 475.
Carpi. 98. 272. 279. 287. 311. Note 312. 314. 322. 325. 328. 346. 347. 373. 374. 389. 391. 394. 395. 396. 397. 399. 400. 401. 403. 404. 418. 420. 422. 432. 434. 435. 436. 448. 460. 461. 517. 547.
Carrascosa ou Carascosa (lieutenant-général napolitain). Note 51. 53. 59. Note 92. Note 122. 123. 164. 182. 195. 196. 197. 198. 213. 214. 225. 238. 245. 246. 257. 263. 264. 265. Note 281. 288. 299. 306. 307. 308. 311. 312. 313. 323. 324. Note 328. 333. 345. 346. 348. 361. 375. 388. 391. 403. 404. 418. Note 421. 422. 432. 434. 446. 447. 468. 485. 497. 503. 504. 515. 516. 517.
Carrero (Lieutenant-colonel au 5ᵉ de ligne napolitain). Note 375.
Casaglia. 358. 370. 437. 438. Note 447. 461.
Casalmaggiore. 100. 204. 227. 250. 251. 323. 336. 377. 487. 515. 542.
Casoli (avocat, membre de la commission d'économie. Modène). 375.
Cassana (Pont de). 346. 349.

CASTELCICALA (prince de, Ministre de Sicile à Londres). 179.
CASTEL DIDONE. 487.
CASTEL DI SANGRO. Note 44. 478.
CASTELFRANCO. 307. 422. 447. 458. 516.
CASTELLAMARE. 276. 478.
CASTELLUCCHIO. 360. 420. 421. 435. 542.
CASTELNOVO DI SOTTO. 374.
CASTELPUSTERLENGO. 147.
CASTEL SAN PIETRO. 264. 286.
CASTIGLIONE FIORENTINO. 304. 331.
CASTLEREAGH (lord). 10. 11. 12. 13. 16. 18. 19. 20. 21. 23. 24. Note 35. 102. 142. 176. 177. 178. 179. 180. 208. 209. 210. 217. 231. 275. 316. 324. 343. 383. Note 462. 530. 531. 550. 552.
CASUMARO. 458.
CATINELLI (Colonel autrichien ayant servi sous les ordres de Bentinck). 261. 262.
CATTOLICA. 114. 130. Note 191. 203. 214. 215. 238. 338.
CAULAINCOURT (général de, duc de Vicence, Ministre des Affaires Etrangères). 175. 364. 416.
CAVANELLA D'ADIGE. 271. 290. 351.
CAVO BENTIVOGLIO (Le, ou canal). 98. 251. 279. 314. 323. 360. 374. 389. 390. 420. 432. 435. 437. 515.
CELLEY (chef d'Etat-major de la Division de cavalerie de la Garde). Note 293.
CENTO. 287. 291. 300. 319. 325. 329. 348. 351. 361. 370. 371. 372. 373. 388. 439. 447. 458. 459. 461. 516. 517.
CERERE (La, frégate napolitaine). 228. 498. 508.
CERESE. 419.
CERVIA (et porte de Cervia à Cesena). 258. 264. 527.
CESENA. 203. 238. 246. 248. 252. 254. 258. Note 259. 263. 265. 269. 284. 285. 303. 461. 503. 513. 515. 240.
CESENATICO. 247. 264. 271. Note 289.
CHANCELLERIE D'ETAT (La, Autrichienne). 47.
CHARLES IV (roi d'Espagne). 84. 114. 205. 219. Note 271.
CHARLES-EMMANUEL (roi de Sardaigne). 84.
CHARLES-LOUIS (Infant don). 13. 14. 17. 22.
CHASTELLER (feld-zeugmeister, marquis). Note 327. 546.
CHAUMONT (traité de). 206.
CHIETI. 478.
CHIO. 542.
CHIOGGIA. 228. Note 327.
CHORGENSKY (Colonel autrichien). 544.
CICOGNARA (Podestat de Ferrare). 349. 356. 430.
CILLI. Note 96.

CIRCELLO (Marquis de, Ministre de Ferdinand IV). 50.
CITTA-DUCALE, 181.
CIVIDALE. 487.
CIVILART (feld-maréchal lieutenant). 100.
CIVITA-CASTELLANA. Note 158.
CIVITA-NOVA. 60.
CIVITA-VECCHIA. 8. 23. 52. 53. Note 65. 70. Note 85. 181. 225. Note 380. 475.
CLANCARTY (lord, 1er plénipotentiaire anglais au Congrès). 316. 343. 382. Note 410. 529.
CLORINDE (La, frégate anglaise). Note 66. Note 206.
CLUBS ITALIENS (Les). 47.
COALITION (La). 177.
COCARDE ITALIENNE (adoptée par Murat). 387. 533. 534.
COLLETTA (P. lieutenant-général napolitain). 68. 69. 72. 195. 196. 367. 441. 442. 497. 540.
COLOMBANI (Comte, Podestat de Forli). 285.
COLONNA (Chevalier, Chambellan et envoyé de l'empereur). 3. 26. 30. 200. 201.
COMACCHIESE (La, canonnière napolitaine). 508.
COMACCHIO. 40. 98. 99. 116. 183. 241. 247. 271. 302. 327. 351. 353. Note 368. Note 369. Note 381. 457. 488. 543.
CÔME. 542. 546.

COMMISSION D'ÉCONOMIE PUBLIQUE (Modène). 375.
COMMISSION DE GUERRE ITALIENNE. 320. 386.
COMPIGNANO (et villa de). 4. 47. 48. 81. Note 167. 225. 226.
CONCORDIA. 372. 396. 397. 401. 421. 423. 425. 433. 434. 435. 447.
CONSALVI (Cardinal). 9. 22. 23. 25. 41. Note 42. 45. 52. 104. 105. 159. 160. 162. 163. 444. 445. 494. 495. 550.
CONSEIL AULIQUE DE LA GUERRE. 40. 95. 96. 97. 201. 204. 336.
CONSEIL D'ETAT (du royaume de Naples). 44. 68. 479. 482. 489. 490.
CONSTANT-VILLARS (de, capitaine autrichien). 166.
CONSTITUTION (la). 260. 261. Note 415. 506.
COOKE (Edward, sous-secrétaire d'Etat aux Affaires Etrangères). 112. 113. Note 462.
CORFOU (île de). 46. 245.
CORONA (Camp de la). 122.
CORPS COLLÉGIAL PROVISOIRE (Modène). 375.

CORPS DE TROUPES

ARMÉE ANGLAISE.
14e *Régiment d'Infanterie*. 130.
Régiment de la levée italienne. 130.

INDEX ALPHABÉTIQUE

CORPS DE TROUPES

ARMÉE AUTRICHIENNE.

1er *Corps de l'armée d'Italie.* 377. 499.
2e *Corps de l'armée d'Italie.* Note 369. 500.
Corps de réserve. 369. 501.

INFANTERIE.

Grenadiers Chimany. 487. 501. 544.
Grenadiers Faber. 487. 501. 544.
Grenadiers Hubinay. 487. 501. 544.
Grenadiers We'sberg. 487. 501. 544.
Régiment d'Infanterie Alois Liechtenstein. 487. 499. 501. 542. 545.
Régiment d'Infanterie Archiduc Charles. 372. 500. 501. 543.
Régiment d'Infanterie Archiduc Louis. 500. 501. 502.
Régiment d'Infanterie Argenteau. 499. 501.
Régiment d'Infanterie Beaulieu. 351. 368. 502. 543.
Régiment d'Infanterie Chasteller. Note 96. 351. 372. 500. 501. 543. 545.
Régiment d'Infanterie Coburg. 501. 502.
Régiment d'Infanterie Devaux. 499. 501.
Régiment d'Infanterie Duka. 500. 546.
Régiment d'Infanterie Esterhazy. 204. 300. 487. 500. 545.
Régiment d'Infanterie Hesse-Homburg. 271. 287. 323. 351. 488. 499. 543.
Régiment d'Infanterie Hiller. 272. 488. 499. 542. 543. 545.
Régiment d'Infanterie Hoch und Deutschmeister. 499. 501. 546.
Régiment d'Infanterie Ignace Gyulay. 487. 490. 542. 546.
Régiment d'Infanterie Kerpen. 500. 501. 543.
Régiment d'Infanterie Kutschera. 501. 502.
Régiment d'Infanterie Lindenau. 501. 502.
Régiment d'Infanterie Lusignan. Note 96. 501.
Régiment d'Infanterie Mariassy. 487. 499. 542. 545.
Régiment d'Infanterie Nugent. 502.
Régiment d'Infanterie Orange. 500. 501. 546.
Régiment d'Infanterie Saint-Julien. 148. 351. 369. 380. 488. 499. 542. 546.
Régiment d'Infanterie Simbschen. 271. 309. 488. 500. 543. 545.
Régiment d'Infanterie Splenyi. 488. 500. 502. 543.
Régiment d'Infanterie Strauch. 501. 502.
Régiment d'Infanterie Toscane. 499. 501. 502.
Régiment d'Infanterie Vacquant. 183. 204. 241. 248. 488. 499. 542. 544.
Régiment d'Infanterie Wied-Runkel. 147. 351. 368. 369. 488. 500. 546.

Régiment d'Infanterie Zach. 501. 502.

Bataillons de chasseurs Fenner. 147. 351. 369. 488. 500. 543.

7º *Bataillon de chasseurs.* 499. 546.

8º *Bataillon de chasseurs.* 241. 487. 488. 499. 544. 545.

9º *Bataillon de chasseurs.* 147. 310. Note 311. 352. 488. 499. 543.

10º *Bataillon de chasseurs.* 487. 499. 542.

11º *Bataillon de Chasseurs.* 487. 499. 542.

TROUPES DES CONFINS MILITAIRES.

2º *Banal.* 502.

Régiment d'Infanterie Deutsch Banater (Banat-Allemand). 499. 502.

Régiment Oguliner. 499. 502.

Régiment Szluiner. 499. 502.

Valaques (1er Bataillon de). 500. 502.

Valaques (2º Bataillon de). 500. 502.

Régiment d'Infanterie Wallachisch-Illyrisch. 500. 502.

Régiment Warasdiner Kreuzer. 499. 502.

CAVALERIE.

Régiment de dragons Risch. 501. 502.

Régiment de dragons Roi Maximilien-Joseph. 499. 542. 546.

Régiment de dragons de Savoie. 487. 500. 544. 546.

Régiment de dragons de Toscane. 487. 501. 502. 543.

Régiment de hussards Frimont. 489. 500. 542.

Régiment de hussards Liechtenstein. 248. 291. 369. 487. 488. 500. 543. 544. 545.

Régiment de hussards Prince Régent. Note 131. 163. Note 258. 311. 323. 351. 352. 374. 472. 488. 499. 503. 515. 543. 544.

Régiment de hussards Roi Frédéric-Guillaume. 487. 499. 542. 545.

Artillerie. 126. 127. 147. 148. 258. 287. 309. 323. 329. 368. 369. 390. 395. 596. 399. 403. 458. 487. 488. 499. 500. 501. 502. 542. 543. 544.

Génie. 127.

Mineurs. 127.

Pionniers. 9. 499. 500. 502. 542. 543. 544.

Sapeurs. 127.

CORPS DE TROUPES

ARMÉE FRANÇAISE.
Garde Impériale. 3.

CORPS DE TROUPES

MODÈNE.
Bataillon modénais. 301. 543. 544.
Dragons d'Este. 301.

Garde Civique (DUCHÉ DE MO-
DÈNE). Note 272. 312.

CORPS DE TROUPES

ARMÉE NAPOLITAINE.

Garde Royale. 45. 58. 60. 91. 121.
122. 129. 140. 181. 197. 199.
200. 224. 240. 250. 251. 252.
253. 254. 268. 274. 293. 294.
304. 305. 319. 325. 328. 330.
353. 362. 378. 386. 408. 419.
Note 421. 427. 428. 441. 442.
450. 459. 460. 479. 484. 485.
492. 493. 494. 495. 497. 507.
540.

1re *Division de la Garde Royale.*
Note 123. 137. 140. 144. 149.
Note 158. 197. 254. 274. 275.
293. 305. 355. Note 421. 449.
460. 485. 486. 497. 514.

2e *Division de la Garde Royale.*
Note 123. 137. 140. 149. Note
158. 197. 293. 305. 355. Note
421. 449. 460. 485. 486.

Infanterie de la Garde. 378. 484.
485. 486. 497.

*Grenadiers de la Garde (deux ba-
taillons).* 77. 138. Note 198.

1er *Régiment de Vélites de la
Garde.* Note 122. Note 198.
293. 485. 497.

2e *Régiment de Vélites.* Note
122. Note 198. 293. 485. 497.

Régiment de Voltigeurs. Note
122. 485. 497.

Division de Cavalerie de la Garde.
Note 293. 378. 428. 449. 484.
485. 486. 497.

Chevau-légers de la Garde. Note
122. 485. 497. 540.

Cuirassiers de la Garde. 77. 121.
138. Note 199. 305. 485.
497.

Hussards de la Garde. Note 122.
485. 497. 540.

Lanciers de la Garde. 138. 246.
401. 485. 497.

*Artillerie de la Garde. Artillerie
à cheval.* Note 122. 274. 449.
484. 485. 497. 540.

Train. 484. 485. 497.

Marins de la Garde. 484.

INFANTERIE.

1re *Division de ligne.* 90. Note
122. Note 123. 144. 196. 197.
198. 213. 240. 242. 245. 246.
251. 255. 256. 257. 265. Note
283. 286. 288. 292. 298. 299.
306. 307. Note 308. 309. 310.
311. 312. 325. 328. 352. 372.
418. Note 421. 422. 468. 485.
486. 497. 503. 516. 547. 548.

2^e *Division de ligne.* 56. 90. Note
122. Note 123. 144. 196. 197.
198. 240. 246. 252. 255. 256.
265. Note 283. 289. 292. 298.
319. 325. 346. 348. 349. 352.
358. 359. 367. 370. 372. Note
421. 437. 447. 451. 485. 486.
498. 516. 517. 547. 548.

3e *Division de ligne.* 90. Note 122.
Note 123. 129. 144. 197. 198.
200. 216. 240. 246. 252. 255.
256. 265. Note 283. 289. 292.
298. 319. 325. 328. 329. 347.
348. 352. 359. 371. 372. 397.
Note 421. 423. 424. 485. 486.
498. 516. 517.

4e *Division de Ligne.* 268. 328.
363. 393. 485. 498.

5e *Division de Ligne.* 268. 328.

1re *Brigade,* 1re *Division.* 287.
485. 497.

1re *Brigade,* 2e *Division.* 196.
197. 485. 498.

2e *Brigade,* 2e *Division.* 196. 485.
498.

1er *Régiment de ligne.* Note 92.
Note 246. Note 281. 305. 309.
423. 478. 485. 497. 503.

2e *Régiment de ligne.* 59. Note
92. Note 246. Note 281. 305.
362. 478. 485. 498.

3e *Régiment de ligne.* Note 92.
143. Note 246. Note 281. 306.
308. 310. 346. 485. 497. 517.

4e *Régiment de ligne.* 59. 122.
Note 246. Note 281. 478. 485.
498.

5e *Régiment de ligne.* Note 92.
Note 246. Note 281. 305.
310. 371. Note 375. 397. 485.
497.

6e *Régiment de ligne.* Note 92.
197. Note 246. Note 281. 352.
370. 485. 498.

7e *Régiment de ligne.* 181. Note
246. Note 281. 402. 423. 478.
485. 498.

8e *Régiment de ligne.* Note 246.
Note 281. 424. 485. 498.

9e *Régiment de ligne.* 7. Note 92.
129. 197. Note 246. Note 281.
358. 370. 404. 485. 498.

10e *Régiment de ligne.* 59. 121.
Note 246. 363. 478. 485. 498.

11e *Régiment de ligne.* 59. Note
246. 485. 498.

12e *Régiment de ligne.* Note 246.
485. 498.

1er *Régiment d'infanterie légère.*
59. Note 92. 181. Note 246.
Note 281. 478. 485. 498.

2e *Régiment d'infanterie légère.*
Note 246. 257. 264. Note 281.
346. 399. 402. 423. 485. 497.
503. 504.

3e *Régiment d'infanterie légère.*
Note 92. Note 246. Note 281.
305. 402. 485. 498.

4e *Régiment d'infanterie légère.*
59. Note 92. Note 286. 485.
498.

Bataillons et Compagnies d'élite.
59. 77. 92. 122.

Bataillon d'élite d'Avellino. 122.

Bataillon d'élite de la Capitanata.
122.

Bataillon d'élite de Molise. 122.

Bataillon d'élite de Naples. 122.
478.

Bataillon d'élite de Salerne. 122.

*Bataillon d'élite de la Terre de
Labour.* 122. 478.

Bataillon d'Officiers. 453.

Bataillons de réserve. 122.

*Bataillons de réserve des Trois
Abruzzes.* 122.

INDEX ALPHABÉTIQUE

Bataillon de réserve de Bari. 122.
Bataillon de réserve de la Basilicata. 122.
Bataillons de réserve des Deux-Calabres. 122.
Bataillon de réserve de Lecce. 122.
Bataillon de volontaires. 453.
Compagnies d'élites. 478. 484.
Compagnies provinciales. 92. 484.
Garde Nationale. Note 199. 284. 285. 292. 303. 405.
Garde Urbaine. 58. 247.
Gardes de Finance. 247. 405.
Guardia di Sicurezza interna à cavallo. 58.
Vétérans. 151. 484.

CAVALERIE.

Division de Cavalerie. 485. 486. 498.
Chasseurs à cheval de Bologne. 386.
1er Régiment de Chevau-légers. 59. Note 122. Note 123. 197. Note 246. Note 281. 478. 485. 498.
2e Régiment de Chevau-légers. 59. 60. Note 122. Note 123. 197. 198. Note 246. 346. 352. 402. 485. 498.
3e Régiment de Chevau-légers. 44. Note 122. Note 123. 197. Note 246. 306. 309. 324. 485. 498.
4e Régiment de Chevau-légers. Note 246. 485. 498.

ARTILLERIE.

Artillerie. 88. 91. 92. 121. Note 122. 198. 216. 255. 256. Note 281. Note 283. 292. 293. 309. 367. 369. 399. 457. 458. 484. 485. 486. 494. 495. 497. 498. 516.
Armuriers. 484.
1er Régiment d'Artillerie. Note 122.
Artillerie (parc et réserves d'). Note 91. Note 122. 197. 346. 484. 498.
Artillerie (Train d'). Note 246. 484. 485. 497. 498.
Canonniers de la Marine. 59. 60. 478. 484. 486. 498.

Gendarmerie Royale. 91. 181. Note 199. 247. 362. 451. 452. 484.

Génie. 91. 367. 388. 484.
Ouvriers. 484.
Pontonniers. 484.
Sapeurs. 59. 121. Note 246. Note 281. 478. 484. 485. 486. 498.

Train. 484. 485.

Ambulances. Note 122.

PARMESANS.
Bataillon d'infanterie. 542.

CORPS DE TROUPES

ARMÉE TOSCANE.
Régiment royal Léopold. Note 354.
Régiment royal Ferdinand. Note 354.

Chasseurs (bataillon de) 393. 406.

Fusiliers (Compagnies de). 393.

Dragons Tuscans. 407.

Artillerie. Note 354.

―――

CORREGIO. 374. 391. 395. 398. 400.
CORSE-CORSES. 523.
CORTELAZZO. 247.
CORTOIS DE PRESSIGNY (évêque de Saint-Malo, ambassadeur de France à Rome). 113.
CORTONA. 224. 274. 296. 319.
COVIGLIAIO. 553.
CRÉMONE. 99. 147. 183. 204. 272. 291. 323. 487. 542.
CRENNEVILLE (feld-maréchal lieutenant, comte). 500.
CRESPINO. 369.
CREVALCORE. 439. 447.
CRIVELLI (Maréchal de camp napolitain). 182.
CRIVELLI (Comte, diplomate napolitain). 7. 85. Note 86. 88. 111. 112. 120. 489.
CROKER (John Wilson, sous-secrétaire d'Etat à la Marine). 176.
CROSTOLO (Le, rivière). 132.
CURTATONE. 389. 401. 542.
CZIVICH (général-major autrichien). 499.

D

DALBERG (duc de, un des représentants de la France au Congrès). 530. 531.
DALMATIE-DALMATES. 232.
DALRYMPLE (Sir John, Colonel anglais. (Note 144. 153. 175. Note 192. 193. 211. 216. 217. 218. 219. 220. 223. 236. 242. 255. 256. 257. 260. 265. 266. 267. 268. 269. 275. 279. 280. 281. Note 313. 316. 317. 318. 327. 389. 443. 509. 510. 516.
DAUPHINÉ (Le). Note 200. 365.
DECRÈS (Vice-Amiral, Ministre de la Marine), 416.
DELLA TORRE (Podestat de Ravenne). 334.
DEMBOWSKY (Général italien). 321.
DÉSERTEURS-DÉSERTIONS. 257. 362. 363. 405.
DESVERNOIS (Général, baron, au service de Murat). 45. 46. 47. 91. 122.
DIAMANTINA. 447.
DIARIO BOLOGNESE (Chronique rédigée par *Guidicini*). 491. 492.
DIJON. 74. 483.
DILIGENTE (La. Balancelle de la Marine Napolitaine). 508.
DON (Général anglais). 136.
DORIA (André). 519.
DUCHÉS (Les). 126. 128. 144. 253. 254. 255. 273. 326. 459.

DUFOURCQ (A. auteur). 387.
DURAZZO (Palais du Marquis, Gênes). Note 158. Note 240.

E

ECKHARDT (Général-major, baron). 99. 131. 147. 204. 271. 290. 302. 329. 350. 351. 359. Note 369. 425. Note 447. 488. 500. 543.
ELBE (Ile d'). 2. 3. 13. 26. Note 28. 31. 33. 34. Note 35. 37. 45. 46. 47. 49. 50. Note 98. 175. 200. 206. 218. 221. 245. 276. 338. 471. 472. 473. 489. 555.
ELENA (L', Péniche de la Marine Napolitaine). 508.
ELISA BONAPARTE (Princesse Bacciocchi, ex-grande-duchesse de Toscane). 4. 51. Note 82. Note 123. 165. 167. 184. Note 185. Note 271.
ELSA (L', rivière). 407.
ELTZ (Comte d', porteur à Milan d'une dépêche de Metternich). 337.
EMILIE (L'). 256.
EMPOLI. 391. 407. 440.
ENZA (L', rivière). 420.
ERCOLANI (Monseigneur). 159.
ERCOLANI (Palais, Bologne). 422.
ERCOLANI (Prince, Bologne). 298.
ERIDAN (L', fleuve). 507.
ESPAGNE (et cour d') — ESPA-GNOLS. 69. 84. 95. 103. 190. 205. 213. 469. 538.
ESTE (et maison d'). 104.
ETRURIE. 84. 111. 205. 219. 551.
EUGÈNE DE BEAUHARNAIS (Prince, ex-Vice-roi d'Italie). 19. 460. 537.
EUROPE-EUROPÉENS. 1. 10. 24. 54. 56. 67. 69. Note 100. 101. 102. 104. 155. 174. 177. 206. 210. 221. 238. 339. 341. 364. Note 383. 467. 474. 482. 489. 490. 533. 536. 537. 538. 539. 548. 554.
EVANGELISTI. (Monseigneur). Note 158.

F

FABBRI (Odoardo, Vice-Préfet à Cesena). 284.
FAENZA. 203. 254. 258. 263. 265. 284. 285. 292. 303. 522.
FALZACAPPA (Monseigneur). 159.
FAMA (La, corvette napolitaine). 508.
FANO. Note 91. Note 123. 130. Note 131. Note 146. 193. 196. 203. 213. 216. 239.
FANTINI (Commissaire de police. Rimini). 45. Note 91.
FARNÈSE (Alexandre.) 519.
FARNÈSE (Maison et Palais — et Biens Farnésiens). 14.
FERDINAND III (Grand-duc de Toscane). 36. 85. 113. 124.

137. 146. 153. 180. 205. 224. 225. 252. Note 254. 266. Note 271. 275. 293. 294. 295. 296. 304. 319. 332. 378. 407. 408. 421. 427. 442. 443. 450. 451 510. 521. 522. 524. 527.

FERDINAND IV (roi de Sicile). 12. 19. 46. 50. 53. 105, 114. 144. 179. 209. 219. Note 382. 383. Note 384. 409. 410. 411. 522. 523.

FERDINAND D'ESTE (Archiduc). 108. 232. Note 404.

FERENTINO. Note 123. Note 158.

FERMO. 59. 60. Note 92. 197. 198. Note 199. 478.

FERRARE (et citadelle de). — FERRARAIS. 40. 51. 53. 97. 98. 116. 147. 183. Note 185. Note 193. 203. 204. 215. 216. 227. 241. 248. 250. 251. 252. 253. 256. 267. 271. Note 289. 290. 291. 302. 319. 329. 345. 347. 348. 349. 350. 351. 352. 353. 356. 357. 358. 359. 360. 361. 367. 368. 369. 371. 376. 387. 388. 389. 402. Note 418. 419. 420. 425. 436. 437. 438. 439. 446. 457. 458. 460. 461. 462. 488. 543. 548.

FESCH (Cardinal). 4. 69. 70. 85. 120.

FICAROLO. 260.

FICQUELMONT (général, comte de). 108. 109. 110. 232. 233. Note 404.

FIEFS IMPÉRIAUX (Les). 13.

FIGLINE. 361.

FILANGIERI (Général napolitain). 81. 82. 119. 120. 124. 126. 136. 166. 167. 168. 169. 170. 171. 172. 173. 182. 188. 194. 195. 196. Note 231. 292. 309. 310. 311. 314. 422. 460. 497. 515. 516.

FILOTRANO. 197.

FINA (La, paranga autrichienne). 228.

FINALE (et pont de). 301. 348. 360. 371. 372. 373. 388. 396. 421. 423. 424. 425. 433. 459. 447. 461. 517.

FIORENZUOLA D'ARDA. 517.

FLANDRES. Note 200. 365.

FLETTE (major autrichien). 391.

FLORENCE. 48. 52. 70. 81. 87. 111. 113. 119. 136. 137. 144. Note 158. 162. 205. 224. 225. 236. 240. 251. 253. 254. 283. 294. 295. 296. 301. 319. 325. 330. 331. 332. 354. 355. 361. 377. 378. 379. 406. 407. 408. 414. 419. 427. 440. 441. 448. 449. 450. 451. 512. 513. 523. 524. 539. 540.

FLOTTE ANGLAISE. 47. 135. 177. 231. 245. 305. 340. Note 368. 380. 381.

FLOTTE AUTRICHIENNE. 228. 229. Note 368. 388.

FLOTTE NAPOLITAINE. 7. 47. 135. 145. 181. 225. 245. 246. 247. 256. 276. 277. 282. 302. Note 327. 388. 475. 498. 508.

FOGGIA. Note 246. 478.

FOGLIA (La). 215.

INDEX ALPHABÉTIQUE

FOLIGNO. 138. 140. Note 158. 197. 199. 224. 246. 293. 294. 305. 393. 441. 442. 522.

FÖLSEIS (Général-major autrichien). 377. 420. 487. 499. 542.

FONDI. 112. Note 123. 305.

FONTAINE (Général napolitain). 44. 310. 311. 485. 498.

FONTANA (maréchal du camp napolitain). Cf. FONTAINE.

FONTANA (Père). Note 158.

FONTANELLI (Jules, Marquis, commandant la garde civique de Modène.) Note 312.

FORLI. 97. 114. 148. 203. 244. 248. 254. 255. 256. 257. 258. 263. 264. 265. 266. 268. 270. 279. 280. 281. Note 283. 284. 285. 289. 376. 447. 547.

FORLIMPOPOLI. Note 144. 258. 285.

FORMIGINE. 420. Note 421.

FORTE (La. Péniche de la Marine Napolitaine). 508.

FOSSALTA. 287. 299. 300. 311. 423. 433.

FOSSATO. 161.

FOSSOLI. 419.

FOSSOMBRONI (Président du Conseil des Ministres. Toscane). 2. Notes 4 et 5. 36. Note 37. 52. 65. 86. 113. 144. 180. 192. 205. 235. 270. [275. 283. 295. 296. 331. 332. 354. 378. 407. 408. 427. Note 442. 450. 451.

FOUCHÉ, DUC D'OTRANTE. Note 228.

FRANCE (et cour de). — FRANÇAIS. 10. 12. 14. 17. 20. 22. 25. Note 28. 32. 33. 34. 37. 38. 50. 54. 57. 63. 64. 70. 74. 78. 83. 89. 102. 103. 105. 108. 109. 125. 128. 134. 150. 161. 162. 163. 170. 172. 173. 176. 183. 184. 189. 190. 207. 208. 209. 210. 218. 220. 222. 233. 234. 237. 243. 244. 267. Note 271. 273. 326. 336. 338. 339. Note 410. Note 412. 416. 445. 467. 469. 470. 473. 474. 475. 476. 477. 480. 481. 482. 483. 489. 523. 526. 527. 529. 530. 531. 535. 536. 537. 538. 539. 552. 553. 554. 556.

FRANCE (Ambassade et Ambassadeurs de, à Vienne). Note 42. 101. 209. 530. 531. 532.

FRANCESCHETTI. (Général au service de Murat. 34.

FRANCFORT-SUR-LE-MEIN. 531.

FRANÇOIS Ier (Empereur d'Autriche). 18. 25. 37. 39. Note 40. 57. Note 65. Note 82. 83. 95. 96. 97. Note 98. 135. 161. Note 167. 172. 185. 202. 208. 234. 235. 249. Note 259. 321. 334. 344. 444. 467. 468. 469. 470. 471. 472. 479. 496. 519. 520. 524. 528. 534. 535. 536. 538. 539. 552. 553. 556.

FRANÇOIS IV (duc de Modène). 164. 183. 204. 241. 272. 273. 282. 301. 312. 319. 375. 394. 400. 432.

T. III.

578   INDEX ALPHABÉTIQUE

FRASCATI. Note 123. Note 158. 293.

FRÉDÉRIC-GUILLAUME III (roi de Prusse). 37. 38.

FREDIANI (Ermenegildo, auteur du Chant de guerre). 333.

FRÉJUS. 489.

FRIMONT (Général de cavalerie, baron). Note 59. 95. 196. 201. 202. 203. 250. 252. 278. 280. 298. 302. 314. 315. 316. 317. 321. Note 327. 329. 332. 334. 335. 336. 350. 352. 359. 368. Note 371. 372. 373. 374. 377. 381. Note 382. 383. 384. 389. 390. 394. 395. 401. 403. 412. 414. 415. 418. 419. 421. 422. 431. 435. 436. 443. 448. 449. 501. 509. 510. 515. 540.

FROISSARD (Commissaire des guerres). Note 416.

FROSINONE. Note 140.

FUCECCHIO. 440.

FURLO (Le). 293. 442.

FURSTENWERTH (général-major autrichien). 164. 500.

FUSIGNANO. 452.

G

GABRIELLI (Cardinal). 86.

GAETE 3. 22. 53. 56. Note 246. 478.

GALDEMAR (Général napolitain, sous-chef d'Etat-major général). 48. Note 289. 497.

GALIMBERTI (Général Italien). 321.

GALLES (Princesse de). 6. 46. 64. 65. 66. Note 85. Note 206. 475. 554.

GALLO (duc de, Ministre des Affaires Etrangères du royaume de Naples). 7. 17. 28. 30. 31. 32. 34. 35. 60. 61. 62. 66. 67. 73. 74. 75. 79. 80. 81. 86. 87. 88. 89. 104. 105. 107. 108. 111. 112. 132. 137. 139. 149. 152. 153. 161. 166. 167. 173. 175. 177. 188. 189. 194. 211. 217. 218. 219. 220. 222. 223. 236. 237. 242. Note 260. 265. 338. 3.0. 341. 342. Note 381. Note 384. 412. 413. 414. 415. 429. 430. 455. 468. 469. 475. 479. 483. 490. 491. 494. 496.

GALVANI (Lieutenant-colonel napolitain). Note 392.

GAND. 209.

GANNACETO. Note 418. 434.

GAP. Note 201. Note 416.

GARIGLIANO (Le, fleuve). 501. 498.

GATTARO. 275.

GAVENDA (Colonel autrichien). 137. 163. 166. 214. 215. 217. 238. 246. 248. 257. 258. 263. 264. 270. 271. 279. 286. 287. 288. 391. 395. 393. 598. 399. 400. 503. 515.

GAZELLA (La. Balancelle de la Marine Napolitaine). 508.

GAZETTE DE VIENNE. (*Wiener Zeitung*. Journal officiel

INDEX ALPHABÉTIQUE

autrichien). 409. Note 412. 539.

GAZZOLDO. 487. 544.

GAZZUOLO. 487. 542.

GÊNES (et rivière de). — GÉNOIS. 36. 37. 40. 52. 65. Note 66. 84. 89. 133. 136. 145. 149. Note 158. Note 206. 216. 225. 231. 267. 270. 282. 331. 334. 381. Note 382. 443. 476. 494.

GENNARO (de, Maréchal de camp napolitain). 346. 401. 485. 497.

GENTZ (Frédéric de, Secrétaire du Congrès de Vienne). 24. Note 209. 548. 552. 556.

GEORGES (Prince régent d'Angleterre). 6. 20. Note 85. 177. 178. 429. 531. 554.

GEPPERT (Général-major autrichien). 499.

GHÉQUIER (Lieutenant-colonel autrichien). 407.

GHISLIERI (Marquis). 182. Note 233. 262.

GIBRALTAR. 136.

GINNASI (Comte, Préfet du Rubicon). 284.

GIOACCHINO (Le, Vaisseau de guerre). Voir JOACHIM.

GOLFARELLI (Comte, Podestat de Forlimpopoli). 285.

GIULIANI (Maréchal de camp napolitain). 77. 485. 497.

GIULIANOVA. Note 44. 121. 478.

GIUNTA DI STATO, 71. 159.

GIUSTINIANI (Monseigneur). 159.

GOBER (Général-major autrichien). 323. 300. 377. 390. 419. 420. 425. 433. 435. 447. 487. 499. 542.

GODOY (prince de la Paix). 239.

GOLFE JOUAN (Le). 56. 267.

GONZAGA. 314. 322. 323. 345. 352. 373. 374. 390. 396. 403. 419. 420. 425. 435.

GORNEY (Courrier de Murat). Note 384.

GORO (fort de, Pô di, et Pointe de). 247. 282. 302. 388. 527.

GRANDE BRETAGNE. — GOUVERNEMENT BRITANNIQUE. 11. 21. Note 35. 112. 134. 135. 178. 221. 222. 238. 243. 269. 280. 318. 319. 341. 429. 455. 509.

GRASSE. 64.

GRAVAGNA. 407.

GRAZ. Note 96. 167. Note 185.

GRENOBLE. 37. 74. 105. 483. 552.

GROSSI (Giuseppe, patron de Bevilacqua). 491.

GUASTALLA (et duché de). 14. 22. 98. 279. 311. 314. 322. 323. 328. 345. 346. 352. Note 369. 390. 395.

GUBBIO. Note 51. 239. 304. 392.

GUIBOURD (de, Secrétaire de Caroline Murat). 5.

GUIDI (Palais à Cesena). Note 265.

GUIDICINI (auteur du *Diario Bolognese*). 491. 492.
GUILLOT (officier, français). 349.
GUSSOLA. 487. 542.

H

HABINAY (Colonel Autrichien). 487.
HADIK (feld-maréchal lieutenant). 500.
HAGER (baron, directeur de la police politique autrichienne). 47. 182. 186. Note 233. 252. 273. Note 384.
HARTENTHAL (Major autrichien). 543.
HARZ (Comte de. Voir Jérôme Bonaparte). 185.
HARZ (comtesse de, princesse Catherine de Wurtemberg, femme de Jérôme Bonaparte). Note 185. 186.
HAUGWITZ (Général-major autrichien, Comte). 372. 425. 438. Note 447. 500. 543.
HECHT (Général-major autrichien). 499.
HESS (Capitaine autrichien). 542.
HOHENEGG (Général-major autrichien). 501.
HOLLAND (lord). 35. 412. 414. Note 415.
HONGRIE-HONGROIS. 310.

I

IMOLA. 203. 248. 264. 270. 279. 287. 289. 376.
INCISA IN VALDARNO. 355. 361. 407.
INCONSTANT ('L, brick de Napoléon). 53. 56. 276.
INDÉPENDANCE ITALIENNE. 79. 127. 128. 142. 233. 254. 259. 260. 261. 281. 284. 303. Note 317. 318. 320. 333. 334. 387. 405. 406. 415. 452. 454. 462. 450. 504. 505. 506. 507. 510. 519.
INDÉPENDANTISTES – INDÉPENDANTS (Les). 128. Note 233. Note 234. 262. Note 346.
Inno dell' Indipendenza (composé par Rossini). 93. 233.
ISCHIA (et île d'). Note 246.
ISERNIA. Note 44. 478.
ISTRIE. 222.
ITALIE-ITALIENS (et royaume d'). 2. 4. 6. 9. 10. 18. 19. 21. 23. 25. 26. 30. 38. 39. 40. 55. 56. 57. 63. 68. 73. 76. 78. Note 82. 83. 92. 95. 96. 97. 99. 100. 109. 110. 114. 115. 124. 126. 127. 129. 130. 133. 136. 142. 143. 144. 145. 148. 155. 162. 163. 167. 170. 171. 172. 173. 176. 184. 187. 189. 191. 193. 195. 196. Note 199. Note 200. 202. 203. 208. 210. 218. 219. 222. 224. 229. 232. 233. 235. 236. 237. 243. 244. 259. 260. 261. 262. 266. 267. 268.

Note 271. 273. 276. 280. 284.
289. 291. 301. 303. 315. 316.
318. 320. 321. 326. 334. 336.
337. 338. 339. 343. 364. 365.
Note 371. 379. 381. Note 382.
387. 409. 410. 411. 114. 415.
445. 450. 452. Note 462. 467.
468. 469. 470. 475. 476. 477.
480. 481. 492. 493. 496. 502.
504. 506. 507. 509. 510. 515.
519. 520. 521. 522. 524. 525.
526. 527. 529. 534. 536. 537.
538. 548. 549. 551. 552. 553.
556.

ITALIE (Haute et Nord de l'). 10. 38. 261. 262. 326. 341. 363. 377. 381. Note 462. 538.

ITALIE (Méridionale et Sud de l') 180. 202. 233. 236. 477. 520. 522.

ITALIENS (Régiments) 97. 218. 273.

ITALIE (Guerre d', 1859). 261.

ITRI. 112. 305.

J

JACOBINISME-JACOBINS. 145. 268. 339. Note 412.

JAUCOURT. (Comte de). 38. 100.

JÉRÔME BONAPARTE (ex-roi de Westphalie). 185. 186. 239. 259. 265. 301. Note 330.

JESI. Note 92. 197. 478.

JOACHIM (Le, vaisseau de ligne napolitain). 225. 277. 508.

JOSEPH II (Empereur). 520. 521.

JOSEPH BONAPARTE (ex-roi d'Espagne). 193. 194. 213. 214. 216.

K

KARADJA (Hospodar de Valachie). Note 179. 548.

KARDOS (Capitaine autrichien). Note 258.

KLOPSTEIN (Général-major autrichien). 99. 501.

KNESEVICH (feld-maréchal lieutenant). 99. 372. 501.

KOFF (Major napolitain). 524.

KOUDELKA (Colonel autrichien). Note 66. 74. 89. 90. 273. 274. 435.

L

LA BESNARDIÈRE (Comte de, diplomate français). 209.

LABRADOR (Marquis de, représentant de l'Espagne au Congrès). 551.

LADERCHI (Comte Pietro, commandant la Garde nationale de Faenza). 284.

LÆTITIA (la, frégate napolitaine). 228. 246. 388. 498. 508.

LÆTITIA BONAPARTE (voir Madame Mère).

LAIBACH. Note 96.

INDEX ALPHABÉTIQUE

LAMONE (Le, fleuve). 247. 263. 426.
LAMPREDI (A, fonctionnaire napolitain). 510. 511. 512.
LANCIANO. 478.
LANFREY (Général-major autrichien). 545.
LANGENAU (de, Général autrichien). Note 90. 274.
LA TOUR DU PIN (Marquis de, un des Membres de l'Ambassade de France au Congrès de Vienne). 176. 229.
LAUER (baron, général-major autrichien). 251. 329. 343. 349. 350. 351. 357. 358. Note 369. 425. 439. 446. 500. 543. 548.
LAVINO (Le, cours d'eau). 287.
LE BREUX (major autrichien). 167.
LEBZELTERN (Chevalier de, Ministre d'Autriche à Rome). 8. 9. 30. 52. 65. 69. 84. 85. 86. 87. 111. 112. 115. 120. 134. 156. 157. 163. 226. 227. 240. 282. 426. 443. 471. 472. 528. 550.
LECCE. 122. Note 246.
LECHI (Joseph, lieutenant-général au service de Murat). 121. Note 122. 144. 197. 198. 216. 255. 265. Note 281. 298. 328. 347. 348. 359. 361. 371. 372. 373. 388. 404. 421. 422. 423. 424. 425. 434. 439. 447. 458. 485. 498. 516.
LEDERER (Président de la commission du gouvernement de Bologne). Note 51.
LÉGATIONS (Les). 97. 99. 114. 126. 128. 129. Note 132. 144. 146. 162. 163. 182. 183. 184. 194. 215. 228. 230. Note 233. 245. 250. 326. 411. 445. 459. 515. 536. 539.
LEGNAGO. 99. Note 327. 368. 390. 545.
LEIPZIG (et bataille de). 27.
LEMBERG. 502.
LÉOPOLD (Empereur). 520. 521.
L'EPINE (feld-maréchal lieutenant). 501.
LERICI. Note 225.
LESIGNANA. 401.
LESZCZINSKY (Lieutenant-colonel autrichien). 399.
LIGURIE-LIGURIENS. 55.
LIVERPOOL (lord). 177.
LIVIZZANI (Podestat de Modène). Note 312. 375. 376.
LIVOURNE. 1. 2. 3. 4. 48. 49. Note 65. 114. Note 158. 164. Note 206. 225. 229. 276. 362. 380. 391. 407. 408. 441.
LIVRON (lieutenant-général au service de Murat). 77. 122. 149. Note 158. 195. 199. 224. 253. 254. 274. 293. 295. 319. 331. 347. 354. 361. 362. 377. 378. 379. 391. 419. Note 421. 427. 428. 431. 439. 440. 449. 450. 485. 497. 524. 540. 541.
LODI. 147. 545.
LODOLA (La, Schooner napolitaine). 508.

INDEX ALPHABÉTIQUE

LOGEROT (chef de bataillon, chef d'Etat-major de la division Lechi). Note 122.

LOJANO. 253. 287. 362.

LOMBARDIE – LOMBARDS et ROYAUME LOMBARD-VÉNITIEN. 39. 47. 123. 182. 184. 195. Note 199. 234. 256. 316. 321. 334. 363. 381. 519. 520. 523. 546.

LONDRES. 22. 27. Note 29. 31. 32. 33. 34. 35. 45. 56. 132. 133. 145. 177. 179. 219. 232. 237. 242. 268. Note 384. 474. 475. 531.

LORETO. 60. Note 92.

LOUIS XVIII (roi de France). 10. 11. 12. 13. 14. 15. 16. 17. 18. 19. 21. 22. 100. 102. 103. 104. 105. 163. 207. 209. 210. 222. Note 228. 482. Note 490. 530. 531. 551.

LOUIS (baron, Ministre des Finances). 15. 16.

LOUIS BONAPARTE. 84. 120.

LOUIS PHILIPPE, DUC D'ORLÉANS. 222.

LUCANUS (Major prussien). Note 461.

LUCIEN BONAPARTE. 4. 31. 53. 69. 70. 84. 85. 88. 89. 111. 120. 124. 137. 154. 157. 159. 162.

LUCQUES. 4. 13. 48. Note 82. 99. 131. 147. 167. 180. 184. Note 226. 240. 251. 253. 331. 407. 413. 414. Note 415. 420. 427. 441. 449. 488.

LUGO. 284. 287. Note 289. 375. 426.

LYON. 78. 84. 87. 89. 105. 539.

M

MACDONALD (Général napolitain, Ministre de la guerre). 44. 59. 62. 199. 246. 305. 497.

MACERATA. 59. Note 92. 197. 453.

MAC FARLANE (Lieutenant général anglais). Note 45. 47.

MACIRONE (Colonel au service de Murat). 443. 454.

MADAME MÈRE (Lætitia Bonaparte). 3. 34. 48. 81. 119. Note 167. 276.

MAGHELLA (Antonio, baron, Conseiller d'Etat et Ministre de la police). Note 63. 64. 108. 296. 510. 511. 512. 513. 514.

MAHLER (Capitaine autrichien). 542.

MAJO (de, Maréchal de camp napolitain). Note 281. 361. 485. 498.

MALALBERGO. 439. 447. 451. 459. 461. 462. 547.

MALAMOCCO. 228.

MALCZEWSKI (major, officier d'ordonnance de Murat). 284.

MANDRIOLE. 247.

MANFREDONIA. Note 384.

MANHÈS (général, Comte). 63. 108. 498.

Mansi ou Manzi (Tito, Conseiller d'Etat napolitain). 68. 296. 510. 511. 512. 513. 514.
Mantoue. 40. Note 96. 99. 147. 184. 203. 205. 225. 270. 271. 272. 273. 282. 291. 300. 312. 322. Note 327. 353. 375. 383. Note 384. 389. 396. 399. 413. 488. 544. 545.
Manzoni (Alessandro). 93.
Marburg. Note 96.
Marcaria. Note 327. 389. 544.
Marceron (fonctionnaire napolitain). 512. 513.
Marches (Les). 5. 7. 22. 23. 32. 33. 41. Note 42. 43. 56. 74. 80. 83. 90. Note 91. 92. 97. 114. 116. Note 122. 129. 137. 139. 142. 144. 150. 152. 161. 162. 169. 182. 188. 194. 198. Note 225. Note 233. 239. Note 330. 337. 393. 468. 474. 490. 492. 495. 496. 514. 515. 518. 535. 536. 537. 550.
Marchesini (Comte, Inspecteur des postes). 285.
Marescalchi (Comte, Ministre à Parme). Note 133. 235. 236.
Marie-Louise (Archiduchesse, ex-Impératrice). 12. 17. 22. Note 448. 551. 552.
Marie-Louise (Doña, ex-reine d'Étrurie). 12. 14. 17. 84. 111. 205. 219. Note 271. 551.
Marie-Louise de Parme (reine d'Espagne). 84. 205.

Marie-Thérèse (Impératrice). 520. 521.
Mariotti (Chevalier, Consul de France à Livourne). 3.
Marmirolo. 544.
Marseille. Note 200. 365. 416.
Marshall (chargé de remettre une lettre à lord Liverpool). 177.
Martignana di Pô. 487. 542.
Martino (de, lieutenant de vaisseau napolitain). 246.
Mary (Secrétaire de la princesse Pauline). 472.
Marziani (feld-maréchal lieutenant baron). 99. 148. 546.
Massa. 291. 413. Note 414. Note 415. 443.
Massa del Finale. 423. 424.
Masséna (Maréchal). 273.
Mauri (Monseigneur). 157. Note 158.
Maximilien d'Este (archiduc). 164. 241.
Mayence. Note 39.
Mayer von Heldenfeld (feld-maréchal lieutenant baron). 99. 131. 271. 352. 375. 499. 545.
Medici (Général napolitain). 59. 197. Note 281. 349. 350. 358. 388. 438. 485. 547.
Medicina. 452.
Méditerranée (Mer). 151. 229. 231. 232. 275. 276. 277. 381.

MELDOLA. 257. 258. 263.

MEMORANDUM CONFIDENTIEL (Le). 11. 12. 15.

MERLIOT (Colonel). 485. 497.

MERVILLE (feld-maréchal lieutenant, baron). 99. 389. 448; 487. 501. 544.

MESOLA. 369.

MESSINE (détroit, phare et batteries du phare de). 45. 47. 135.

MÉTAURE (Le, fleuve et département du). 81. 130. Note 131. 143. Note 146. 182. 198. 210. 217. 218. 239. 452. 454.

METTERNICH (Prince de). 5. 11. 15. 16. 18. 19. 21. 22. 24. 25. 27. 30. 31. 32. 37. 38. 39. 41. 53. 60. 66. 74. 76. 77. 79. Note 81. Note. 82. 83. 85. 86. 97. 101. 102. 103. 104. 108. 126. 127. 141. 145. 149. 153. 154. 155. 156. 157. 162. 163. 167. 172. 173. 174. 187. 188. 189. 190. 191. 195. 205. 207. 209. 217. 227. 229. 230. 231. 233. 277. 282. 305. 316. Note 317. 334. 337. 339. 382. 384. 407. 409. 411. 412. Note 414. 415. 443. 444. 445. Note 462. 467. 468. 469. 470. 471. 472. 473. 476. 518. 519. 524. 525. 528. 529. 534. 536. 550. 552. 553.

MIER (Comte de, Ministre d'Autriche à Naples). 5. 6. 7. 30. 32. 33. 41. Note 42. 43. 44. 53. 57. 58. 60. 61. 62. 63. 64. 65. 66. 67. 72. 73. 74. 75. 76. 77. 78. 79. 80. 81. 82. 83. 84. 90. 104. 106. 107. 108. 117. 118. 138. 141. 144. 145. 161. 188. 237. 305. 337. 338. 409. 429. 468. 475. 479. 483. 490. 491. 496. 518. 519.

MILAN-MILANAIS. 9. 36. 47. 51. 55. 70. 81. 82. 83. 89. 95. 98. 99. 108. 114. 119. 126. 128. 130. 131. 136. 137. 145. 147. 149. 166. 184. 192. Note 193. 195. Note 199. 231. Note 233. 240. 241. 249. 256. 266. 270. 278. 298. 321. 326. 328. 334. 335. 337. 339. 381. Note 382. 389. 410. Note 421. 460. 474. 487. 505. 509. 513. 515. 519. 546.

MILLET DE VILLENEUVE (général, chef d'Etat-major général de l'armée napolitaine). 77. Note 106. 121. 123. 196. 240. 246. 254. 255. 260. 269. 283. 292. 313. 331. 333. 346. 347. 363. 428. 453. 497. 506. 507.

MINCIO (Le, fleuve). 327.

MINUTOLO (Maréchal de camp napolitain). 305. 449. 497.

MIRANDOLA. 347. 348. 372. 396. 397. 422. 423. 424. 433. 435. 437. 460.

MIZZANA. 349.

MODÈNE (et duché de). — MODÉNAIS. 36. Note. 96. 98. 100. 164. 166. 183. 204. 205. 225. 241. 248. 250. 251. 255. 256. 272. 273. 278. 279. 282. 299. 300. 301. 306. 310. 311.

312. Note 313. 315. 317. 319. 323. 325. 331. 333. 338. 345. 346. 348. 360. 361. Note 371. 373. 374. 375. 380. 386. 389. 395. 399. 400. 401. 403. 418. 420. 421. 422. 432. 434. 435. 436. 441. 448. 461. 505. 515. 516. 517. 540. 547.

MODIGLIANO. 263.

MOGLIA. 98. 279. 323. Note 369. 373. 374. 395. 435.

MOHR (feld-maréchal lieutenant, baron). Note 96. 99. 251. 350. 251. 352. 368. Note 381. 389. 300. 419. 425. 434. 436. 437. 438. 446. 447. 461. 487. 499. 543.

MOLINELLA. Note 376.

MOLISE. 122.

MOLTKE (feld-maréchal, comte de). 461.

MONITEUR (Le). 364. 416.

MONITEUR DES DEUX-SICILES (Le). 73. 76. 90.

MONTAGNOLO. 130.

MONTECARELLI. 253.

MONTE GENNARO. 59.

MONTELEONE. 122. Note 246.

MONTE OLIVETTO. 59.

MONTEROSI. Note 158.

MONTEROTONDO. 199. 224. 240.

MONTE SAN SAVINO. 294.

MONTEVARCHI. 331. 354.

MONTIGNY (Général napolitain, commandant la 3e Division militaire). 181. 498.

MONTIRONE. 423.

MORTIZZUOLO. 424.

MOSBOURG (Agar, comte de). 34. 43. 62. Note. 106. 107. 108. 118. 194. 330. 345. 475. 533.

MUMB (Général-major autrichien). 499.

MUNARINI (Comte, Ministre du duc de Modène). Note 29. 36. 205. 230. 273.

MURAT (Joachim, roi de Naples). 3. 4. 5. 6. 7. 8. 10. 11. 14. 18. 19. 20. 24. 25. 26. 27. Note 28 et 29. 30. 31. 32. 33. 34. 35. 36. 38. 39. 41. 42. 43. 45. 46. 47. 48. 50. 51. 52. 53. 54. 55. 56. 57. 58. 59. 60. 61. 62. 63. 64. 65. 66. 67. 68. 69. 70. 72. 73. 74. 75. 76. 77. 78. 79. 80. 81. 82. 83. 84. 85. 86. 87. 88. 89. 90. 91. 95. 96. 97. 102. 103. 104. 105. 106. 107. 108. 109. 111. 112. 113. 114. 115. 116. 118. 119. 120. 123. 124. 125. 126. 127. 128. 129. 131. 132. 133. 134. 135. 136. 137. 138. 139. 141. 142. 143. 144. 145. 146. 149. 150. 151. 152. 153. 154. 155. 157. 160. 161. 162. 163. 164. 165. 166. Note 167. 168. 169. 170. 171. 172. 173. 174. 175. 176. 177. 179. 180. 186. 187. 188. 189. 190. 191. 192. 193. 194. 195. 196. 198. Note 199. 200. 202. 206. 207. 208. 209. 210. 211. 213. 214. 215. 216. 218. 219. 220. 221. 222. 223. 224. 225. 227. 229. 230. 231. 232. 233. 234. 236. 237. 238. 239. 242. 244. 245. 247. 252. 253. 254.

INDEX ALPHABÉTIQUE

255. 256. 257. 259. 260. 261.
262. 265. 266. 267. 268. 269.
Note 271. 273. 274. 275. 277.
278. 280. 281. 282. 283. 284.
285. 288. 289. 291. 292. 293.
294. 296. 297. 298. 299. 301.
302. 304. 307. 308. 309. 310.
311. 313. 315. 316. 318. 319.
321. 324. 325. 326. 327. 328.
330. 331. 333. 335. 336. 337.
338. 340. 341. 342. 343. 344.
345. 346. 347. 348. 349. 350.
352. 353. 354. 356. 357. 358.
359. 360. 361. 363. 364. 366.
367. 368. 369. 370. 371. 372.
375. 377. 378. 381. 382. 383.
385. 386. 387. 388. 389. 391.
398. 399. 400. 402. 404. 406.
408. 409. 411. 412. 413. 414.
415. 416. 422. 423. 428. 429.
431. 434. 436. 440. 441. 442.
443. 447. 448. 451. 452. 453.
454. 455. 456. 457. 459. 460.
461. 462. 467. 468. 469. 470.
471. 472. 473. 474. 475. 476.
477. 479. 480. 481. 482. 483.
489. 490. 492. 493. 494. 495.
496. 497. 503. 505. 506. 507.
509. 510. 511. 512. 513. 514.
515. 516. 517. 518. 519. 520.
521. 523. 524. 525. 526. 527.
528. 529. 530. 533. 534. 535.
536. 537. 538. 539. 540. 541.
548. 549. 550. 551. 552. 553.
554. 555. 556.

MUSONE (Le et département du). 197. 454.

N

NAPLES (et royaume de). — NAPOLITAINS. 3. 4. 5. 6. 8.
9. 11. 12. 15. 17. 18. 19. 22.
23. 24. 25. 28. 30. 31. 32. 34.
41. 45. 46. 47. 48. 49. 50. 51.
52. 53. 54. 56. 57. 58. 59. 61.
62. 63. 64. 65. 66. 68. 73. 74.
76. 77. 78. 79. 81. 82. 85. 86.
87. 88. 89. 90. 91. 98. 104.
105. 106. 107. 108. 111. 112.
113. 114. 115. 117. 119. 120.
121. 122. 123. 126. 127. 131.
132. 134. 135. 137. 138. 141.
142. 143. 144. 146. 149. 150.
151. 152. 153. 154. 157. 160.
161. 162. 163. 164. 166. 168.
169. 170. 171. 172. 173. 174.
175. 176. 177. 181. 182. 187.
188. 190. 192. 198. 200. 201.
202. 206. 207. 209. 210. 211.
214. 215. 216. 218. 219. 221.
222. 228. 230. 232. 233. 235.
236. 237. 238. 239. 240. 241.
243. 244. 245. Note 246. 247.
248. 249. 252. 253. 254. 257.
258. 263. 266. 270. 272. 273.
274. 275. 276. 279. 280. 290.
294. 296. 297. 299. 300. 301.
302. 304. 305. 306. 307. 308.
310. 311. 315 318. 319. 322.
323. 328. 329. 330. 331. 332.
335. 336. 337. 338. 340. 341.
342. 351. 354. 358. 360. 362.
363. 364. 369. 370. 372. 373.
374. 375. 377. 378. 379. 380.
383. 384. 385. 387. 388. 389.

391. 392. 393. 394. 397. 400. 404. 406. 407. 409. 415. 416. 419. 420. 421. 422. 426. 429. 436. 439. 444. 445. 447. 448. 451. 452. 456. 457. 459. 461. 467. 468. 469. 470. 471. 472. 473. 474. 475. 477. 478. 479. 480. 481. 482. 483. 489. 490. 494. 498. 506. 508. 509. 511. 512. 513. 514. 515. 516. 517. 518. 519. 520. 521. 523. 524. 525. 526. 527. 529. 530. 533. 534. 535. 536. 537. 538. 539. 540. 548. 549. 550. 551. 552. 553. 554. 555. 556.

Napoléon (Empereur.) 2. 3. 4. 5. 19. 20. 22. 26. 27. 28. 33. 34. 36. 37. 38. 39. 40. 41. 48. 50. 52. 53. 54. 56. 57. 61. 64. 65. 70. 77. 78. 83. 84. 85. 89. 91. 95. 101. 104. 105. 107. 109. 115. 124. 128. 136. 143. 150. 154. 155. 161. 163. 168. 170. 176. 178. 179. 183. 188. 189. 190. 200. 201. 206. 207. 208. 213. 214. 218. 219. 221. 222. 225. Note 228. 235. 237. 245. 261. 267. Note 271. 273. 276. Note 317. 338. 339. 364. 365. 416. 460. 461. 471. 472. 474. 474. 475. 476. 477. 480. 481. 482. 537. 539. 554. 555. 556.

Napoléonistes – Napoléoniens. 233.

Napoletani (Maréchal de camp napolitain). Note 289. 352. 353. 426. 485. 498.

Narni. Note 158.

Natti (soupçonné d'être un des émissaires de Murat). Note 51.

Navicello. 272. 422. 446.

Neipperg (feld-maréchal lieutenant, comte de). 156. 174. 277. 343. 377. 389. 401. 419. 420. 435. 437. 448. 542.

Neri (Colonel, puis général au service de Murat). 349. 350. 453.

Nesselrode (Comte de, chancelier de Russie). 160. Note 462.

Neumann (lieutenant-colonel autrichien). 164. 396. 397. 421. 423. 424. 425.

New-York (Hôtel de, Florence). 524.

Nina (La, Goëlette autrichienne). 228.

Nizzola. 307. 308. 311. 433.

Noailles (Comte Alexis de, un des représentants de la France au Congrès). Note 42. 551.

Nocera. Note 246.

Nola. Note 246.

Nolli (Baron. Ministre des Finances de Murat). 43.

Novellara. 322. 395. 398. 448.

Novi. Note 312. 373. 395. 396. 397. 399. 403.

Nugent (général-major, puis feld-maréchal lieutenant, comte de). 9. 10. 50. Note 98. 164. 184. Note 204. 205. 219. 240. 250. 251. 253. 254. 274. 282. 293. 294. 295. 304.

INDEX ALPHABÉTIQUE

319. Note 330. 331. 332. 347.
353. 354. 355. 361. 362. 377.
378. 379. 380. 391. 392. 393.
406. 407. 408. 419. 426. 427.
428. 439. 440. 443. 444. 448.
449. 450. 451. 460. Note 462.
521. 523. 524. 540. 541. 544.

O

OBSERVATEUR AUTRICHIEN (L') (*Oesterreichischer Beobachter*. Journal). Note 381.
OCCHIOBELLO (pont, tête de pont et combat d') 9. 41. Note 96. 98. 147. 183. Note 193. 204. 248. 250. 251. 252. 253. 256. 271. 290. 302. 323. 329. 345. 347. 350. 351. 352. 353. 356. 357. 358. 359. 360. 361. 363. 366. 367. 368. 369. 370. 371. 372. 373. 383. 385. 387. 388. 389. 390. 394. 402. 404. 420. 425. 434. 436. Note 438. 439. 446. 461. 543. 547. 548.
OGLIO (L', rivière). 200. 291.
OLIVER (Inspecteur aux revues, napolitain). 453.
OMBRIE (L'). 451.
OPIZZONI (Cardinal). 86.
ORDRES DE BATAILLE. 92. 100.
ORDRES DU JOUR. 90. 259. 269. 270. 289.
ORLÉANS (duc d'). Voir Louis-Philippe.
OSIMO. Note 92. 197.

OSOPPO. 100. 546.
OSSAIA. 274. 295.
OSTIGLIA. 291. 352. 360. 396.

P

PACCA (Cardinal). 8. 9. Note 42. 44. 52. 53. 69. 70. 84. 85. 86. 88. Note 89. 105. 111. 112. 120. Note 121. 124. 137. 138. 139. 140. Note 156. 157. 158. 159. Note 160. 494. 495.
PACCA (Tiberio. Monseigneur, Délégat pontifical à Civita Vecchia). 8. 22. Note 65.
PADOUE. 99. 128. 131. 147. Note 185. 329. 546.
PAGANI (Capitaine napolitain.) 164.
PALANTONE (a destra). Note 439.
PALERME (et cour de). 46. 50. Note 151. 276. Note 342. 444.
PALMANOVA. 100. 546.
PALMOLI. 478.
PANARO (Le, rivière et combat du). 132. 250. 272. 282. 287. 297. 299. 300. 303. 307. 309. 312. 313. 314. 316. 317. 319. 320. 325. 329. Note 330. 339. 345. 347. 348. 386. 418. 420. 421. Note 422. 423. 432. 433. 434. 435. 456. 457. 458. 459. 461. 514. 515 516. 540.
PANDOLFI (Monseigneur, Délégat apostolique a Pesaro). 214.
PAPP (Colonel autrichien).

390. 395. 396. 401. 420. 422. 434. 435.

Paris (Cabinet, et traité de). 7. 10. 11. 12. 21. 23. 25. 27. Note 28. 38. 56. 101 105. 109. 175. Note 200. 209. 220. Note 228. Note 317. 359. 365. Note 412. 470. 492. 526. 537.

Parlement Anglais (Le). 19.

Parme (et duché de). 11. 12. 13. 14. 15. 22. Note 96. 99. 100. 241. 255. 256. 272. 331. 346. 373. 380. 390. 401. 420. 422. 488. 551.

Partridge (Le, frégate anglaise). 2. 3. 46. 276.

Passy (Chef d'Escadron, aide de camp de Belliard). Note 416.

Pauline Bonaparte (princesse Borghèse). 3. 4. 47. 48. 81. 119. 136. 166. 167. 168. 173. 225. 226. 276. 283. 472. Note 473.

Pavie. 99. 147. 204. 256. 329. 545.

Paviello. Note 254.

Pedrinelli (Général de division napolitain, 1er Inspecteur de l'artillerie). Note 283. Note 325. 497.

Pedrotti. (Conseiller, Membre de la Commission d'économie. Modène). 375.

Penne. 478.

Penrose (contre-amiral anglais). Note 25. 46. 114. 177. 181. 276.

Pepe (Chef de bataillon napolitain). 306.

Pepe (Guglielmo, Général Napolitain). 129. 213. 214. 257. 263. Note 281. 287. 298. 308. 313. 328. 346. 372. 338. 389. 391. 396. 397. 398. 399. 402. 403. 418. 421. Note 422. 423. 461. 485. 497. 503. 547.

Pepoli (Marais de). 458.

Peretola. 440. 441. 449. 523.

Perugia (Pérouse). 53. 189. 224. 293. 294. 296. 304. 442. 450.

Pesaro. 45. Note 51. 53. Note 91. Note 123. 130. Note 131. Note 146. 159. 192. 193. 195. 196. 203. 213. 214. 215. 216. 217. 223. 236. 238. 239. 242. 243. 245. 252. 256. 265. 275. 285. 442. 508.

Pescara. Note 44. 121. Note 246. 478.

Peschiera. 40. 99. 545.

Pescia. 253. 406. 428. 440.

Petit (Commissaire des Guerres). Note 416.

Peyri (Général Italien). 321.

Pfluger (Général-major Autrichien). 499.

Philipps (Major-général Anglais). Note 45. 46.

Piadena. 315. Note 327. 332. 336. 372. 373. 487. 510. 515.

Pian di Rigalla. 355.

Pianoro. 253.

Pie VII. 7. 23. 24. 31. Note 42. 52. 53. 55. 70. 81. 84. 85. 86. 87. 88. 111. 112. 119. 121.

INDEX ALPHABÉTIQUE

137. 138. 144. 156. 157. 158. 159. 160. 161. 162. 179. 180. 181. 205. 216. 218. 219. 224. 225. 239. 252. 266. Note 271. 282. 363. Note 410. Note 421. 444. 445. 492. 493. 494. 510. 515. 538. 539. 540. 550.

PIELLA (Colonel, commandant la gendarmerie du département du Reno). 362.

PIÉMONT-PIÉMONTAIS. 40. 55. 84. 89. 100. 251. 266. 274. 299. 326. 336. 341. Note 412. 445. 476. 477.

PIEVE DI CENTO. 458.

PIEVEPELAGO. Note 254. 295.

PIGNATELLI-CERCHIARA (Lieutenant-Général Napolitain). 485. 498.

PIGNATELLI-STRONGOLI (Prince, Lieutenant-général Napolitain). 43. 77. 81. 113. 114. 122. 136. 144. 149. Note 158. 182. 195. 199. 224. Note 225. 240. 253. 254. 268. 274. 293. 295. 296. 331. 347. 354. 355. 362. 377. 378. 379. 391. 407. 408. 419. Note 421. 427. 428. 431. 439. 440. 441. 442. 449. 450. 451 485. 497. 512. 513. 514. 521. 522. 524. 540. 541. 547. 548.

PINETTA (Département de la). 303. 324.

PIOMBINO. 4. 13. 48. 90. 184. 251. 488.

PIRQUET (Major autrichien.) 202.

PISATELLO (Le, fleuve). (Voir aussi RUBICON). 246. 257. 258.

PISE. 48. Note 158. 205. 225. 226. 240. 254. 282. 319. 380. 407.

PISTOIA. 253. 254. 295. 304. 319. 328. 331. 361. 380. 391. 392. 406. 419. 426. 427. 428. 441. 451. 540. 541.

PITTI (Palais. Florence). Note 205.

PLAISANCE. (et duché de). 12. 14. 22. 40. 92. 99. Note 193. 195. 204. 251. 256. 270. 272. 291. 299. 324. 326. 328. 352.. 359. Note 380. 390. 395. 401. 420. 445. 460. 487. 517. 545. 551.

Pô (Le, fleuve et vallée du). 9. 39. 40. 55. 89. 95. 96. 97. 98. 100. 115. 116. 127. 129. 130. 132. 147. 163. 164. 173. 180. Note 193. 195. 201. 203. 215. 217. 223. 227. 228. Note 233. 243. 244. 245. 250. 251. 252. 253. 256. 272. 273. 281. 290. 291. 299. 314. 322. 323. 326. 328. 336. 345. 346. 347. 351. 353. 357. 360. Note 368. 369. 382. 383. 388. 389. Note 412. 424. 426. 434. 436. 437. Note 447. 448. 456. 457. 461. 517. 524. 526. 527. 529. 537. 547. 548. 555.

Pô (le bas et département du bas). 99. 245. 299. 303. 320. 326. 356. 359. 360. 368. 369. 457.

Pô (le Haut.) 326.

Pô DI GORO (Le). 269.

Pô di Primaro (Le). 229. 247. 352. 353. 434. 457. 459. 547.
Poatello (et canal de). 349.
Poggio a Caianno. Note 205. 361. 392. 406. 428. 440. 441. 418. 523. 524. 540. 541.
Polésine (La). 299. Note 461.
Police Politique Autrichienne (et rapports de la). 47.
Polignac (Comte Jules de, envoyé en mission confidentielle à Rome). Note 21.
Pologne (et question de). 551.
Ponte a Signa. 440. 441. 449.
Ponte alle Mosse. 379. 406. 524.
Ponte-Corvo (et principauté de.) Note 42. 495.
Ponte della Pietra. 322. 395. 400.
Pontedera. 407.
Pontelagoscuro. 51. 123. 131. 183. 215. 229. 250. 290. 327. 356. 357. 402. Note 439. Note 447. 458. 517. 527.
Pontelandolfo. 478.
Pontremoli. 251. 253. 331. Note 380.
Popoli. 478.
Porotto. 348. 349. 402.
Porta al Prato (Florence). 406. 449.
Porte di Strada Maggiore (Bologne). 286. 288.
Porte San Felice. (Bologne). 286. 288.
Porte San Frediano (Florence). 449.

Porte San Gallo (Florence). 449.
Porte San Giorgio (Ferrare). 291. 349.
Porte San Paolo (Ferrare). 291. 349.
Portici. 82. 107. 138.
Porto di Goro. 351.
Porto Ferrajo. 1. 2. 3. 22.
Porto Salvi. 1.
Pouilles (Les). Note 185. 305. 508.
Pozzo di Borgo (Comte, Ambassadeur de Russie à Paris). Note 462.
Prangins. 193. 213.
Prati Caprari (Bologne). 288.
Prato. 331. 355. 361. 391. 392. 406. 428. 440. 448. 523. 524. 540. 541.
Pratolino. 253.
Présides (Les). 13.
Primaro. 247.
Procida (île de). Note 246.
Provana di Collegno (Diplomate Piémontois). Note 36. 52.
Provence. 476.
Prusse-Prussiens. 14. 16. 38. Note 121. 529. 551.
Puccini (Aurelio, Président du *Buon Governo*). Note 65. 226.
Pulsky (Général-major autrichien). 501.

Q

QUAGLIARELLI (Consul de Naples à Livourne). Note 49..

QUALLENBERG (Général-major autrichien). 501. 544.

QUEEN (La, Vaisseau de guerre anglais). 276.

QUESTIAUX (de, diplomate napolitain). 27. 28. 31.

QUIRINAL (Palais du). 495.

R

RAAB (fonctionnaire supérieur de la police autrichienne). 191. 252. 273.

RADISCHITZ (Capitaine autrichien). Note 392.

RADIVOJEVICH (feld-maréchal lieutenant). 202. 377. 499.

RAGONESI (Podestat de Cesena). 285.

RAPALLO. Note 158. Note 225.

RASPONI (Comte, Préfet du département de la Pineta). 334.

RAVALLE. 369. 437. 438. Note 439. Note 447.

RAVASSINI (Maria, deuxième femme de *Bevilacqua*. 491.

RAVENNE. 128. 203. 216. 228. 247. 257. 264. 283. Note 289. 303. 333. 334. 352. 353. 376. 386. 388. 426. Note 447. 460. 503. 508. 547.

REBROVICH (Général-major autrichien). 499.

REDONDESCO. 542. 544.

REGGIO-EMILIA. 36. Note 96. 128. 204. 241. 254. 272. 273. 282. 300. 312. 323. 324. 325. 328. 346. 352. 373. 374. 390. 391. 395. 396. 398. 400. 401. 403. 420. Note 434. 460. 505.

REGGIOLO. 98. 279. 322. Note 369. 374.

RENO (Le, fleuve et département du). 132. 247. 272. 286. 287. 288. 289. 299. 303. 320. 333. 362. 386. 405. 432. Note 447. 451. 452. 458. 459. 547.

RÉPUBLIQUE CISALPINE (La, et cocarde et couleurs de la). 387.

REVEDIN (Palais, près de Ferrare). 349. 356.

REVEL (Chevalier de, Gouverneur de Gênes). Note 36.

REVERE. 424.

RÉVOLUTION (la, française. 143. 214. 411. 519. 521.

RHIN (Le), fleuve). 481.

RIGANTI (Monseigneur). 159.

RIMINI (et proclamation de). 45. 51. 93. Note 131. Note 146. 203. 214. 217. 238. 245. 246. 252. 259. 261. 265. 269. 283. 285. Note 289. 303. Note 321. 333. 334. 339. 341. 342. 376. Note 381. 388. 393. 405. 457. 504. 506. 507. 524.

RINIERI (R. P. *Ilario*. Auteur). passim et 494.

RIVAROLA (cardinal). 86. 159.

RIVAROLO. 487. 542.
RIVOLI (Le, vaisseau de guerre anglais). 276. Note 342.
ROCCA D'ANFO. 545.
ROCCA ROMANA (duc de, grand écuyer de Murat). 65. 310.
ROCHE (Maréchal de camp napolitain). 363. 485. 498.
ROMAGNE (La). — ROMAGNES (Les). 45. 55. 196. Note 199. 216. 292. 298. 376. 452. 522.
ROMAGNOLI (Comte, commandant la garde Nationale de Forli). 285. 292. 515.
ROME (et cour de). ETATS ROMAINS. — ETATS PONTIFICAUX. — ETATS DU PAPE. — 3. 7. 8. 9. 23. 24. 31. 45. Note 51. 52. 53. 55. 66. 69. 70 81. 84. 85. 86. 87. 88. 90. 105. 111. 112. 113. 117. 119. 120. 121. 137. 138. 140. 143. 144. 155. 156. 157. 158. 159. 160. 163. 181. 199. 210 219. 224. 225. 227. Note 231. 233. Note 239. 246. 252. 266. Note 274. 292. 335. 363. 393. Note 421. 445. 460. 471. 472. 475. 479. 489. 492. 493. 494. 495. 510. 528. 537. 539. 540. 550.
ROME (roi de). — REICHSTADT (le duc de). 552.
RONCARINI (comte. Podestat de Faenza). 284. 285.
RONCO (Le, fleuve). 258. 457. 459. 504.
ROSSAROLL. (Maréchal de camp napolitain). 485. 498.
ROSSETTI (Général napolitain). 77. Note 122. 485. 498.
ROSSI (Pellegrino, comte, homme d'Etat, italien, commissaire général civil dans les départements occupés). 93. 259. 302. 320. 333. 405. 454.
ROSSINI (Compositeur de musique). 93. 333.
ROVERETO. 597.
ROVIGNESE (La, Péniche autrichienne). 228.
ROVIGO. 99. 131. 147. 148. 203. 241. 270. 290. 291. 327. 468.
RUBICON (Le, fleuve et département du). 246. 259. 284. 292. 303. 320. 386. 503.
RUBIERA. 311. 322. 346. 352. 373. 391. 395. 396. 398. 400. 401. 403. 420. 422. 434. 435. 517.
RUFFO (Commandeur Alvaro, Plénipotentiaire de Ferdinand IV au Congrès de Vienne). 151. Note 384. 410.
RUSSIE-RUSSES. 14. 16. 55. 95. Note 121. 160. 161. 162. 163. 207. 221. 529. 551.

S

SABBIONETA. 487.
SACRÉ COLLÈGE (Le). 159.
SAINT-JAMES Cabinet de). 24. 34. 50. 177. 430. 455.
SAINT-MALO (Evêque de). (Voir CORTOIS DE PRESSIGNY).

SAINT-MARSAN (Marquis de, Ministre de Sardaigne à Vienne). 25. Note 36. Note 40. 103. 104. 176. 209. 229. Note 412. 445. 476.
SAINT-SIÈGE (Le). 7. 23. Note 42. 88. 426.
SALERNE. 122.
SALO. 195.
SALVATONICA. Note 447.
SAMOGGIA. 300. 306. 514.
SAN AGOSTINO. 348.
SAN-ALBERTO. 247. 426.
SAN AMBROGIO (Pont de, sur le Panaro). 306. 307. 308. 309. 310. 311. 313. 318. 325. 515.
SAN-ANTONIO. 401. 420. 423. 434.
SAN BENEDETTO. 44. 60. Note 92. 98. Note 312. 346. 347. 419. 478. 548.
SAN CESARIO AL PANARO. 272. 307.
SAN DONNINO. 324.
SAN FELICE. 423. 424.
SAN GERMANO 7. Note 44. 138.
SAN GIOVANNI. Note 293.
SAN GIOVANNI IN CROCE. 487.
SAN GIOVANNI IN PERSICETO. 287. 300. 329. 452.
SAN GIUSTO. 59.
SAN JOVIO (pont de). Note 91.
SAN MARTINO. 377. 487.
SAN MARTINO IN SPINO. 424.
SAN MICHELE IN BOSCO. Note 204.

SAN NICOLO. 264.
SAN PANCRAZIO (pont de). 401. Note 418. 420. 421.
SAN PROSPERO. 459.
SAN QUIRICO. Note 158.
SAN SATURNINO (Marquis de, Ministre de Sardaigne à Rome). 84.
SAN SEPOLCRO. 459.
SANSEVERINO (Monseigneur, commissaire général des armes). 140. 158.
SANT' ELIA (Marquis de). Voir SCHININA.
SANT' ORSOLA (Hôpital, Bologne).
SAN VENANZIO. 254.
SAN VICENZO. 4.
SANTA CROCE. 395. 398.
SANTA LUCIA. 323. 390.
SANTA MARIA (La, felouque). 1.
SANTA MARIA DI CAPUA. Note 246.
SANTERNO (le, fleuve). 258. 457.
SARACENI (Maison-Ferrare). Note 357.
SARDAIGNE (royaume de). — SARDES. 40. 84. 103. 267. 342. 445.
SARZANA. Note 158.
SASSUOLO. 254. 420. Note 421. 422. 434.
SAVINI (Commissaire Général du *Buon Governo*). 45. 51.
SAVIO (Le, fleuve). 239. 457. 504.
SAVONE. Note 158.

SAXE (royaume et question de). 551.
SCHEGGIA (la). 161.
SCHININA (Marquis de Sant' Elia, diplomate napolitain). 383. 384. 413.
SCHLOTTHEIM (Colonel autrichien). 487. 542.
SCHÖEN (Capitaine autrichien). 90.
SCHWARZENBERG (feld-maréchal, prince de). 38. 50. 95. 97. 154. 155. 156. 164. 174. Note 193. 201. 202. 203. 249. 277. 278. 280. Note 317. 334. 335. 336. 384. 414. 415. 444. 448. 510. Note 544.
SECCHIA (La, rivière). 132. 325. 345. 346. 352. 372. 373. 374. 390. 396. 400. 401. 418. 420. 423. 434. 435. 436. 507.
SEDLNICKY (Capitaine autrichien). Note 4. 107.
SÉNAT. (Palais du, Milan). Note 184. 321.
SENITZER (Général-major autrichien). 322. 352. 359. 373. 374. 389. 390. 396. 433. 434. 488. 543.
SEPT-ILES (Les). 13. 232.
SERRAVALLE. 140. Note 158. 406. 428.
SESSA. Note 122.
SETACCI (Capitaine). 161.
SEVEROLI (Général italien). 321.
SICILE. — DEUX-SICILES. — SICILIENS. 17. 46. 47. 50. 151. 175. 232. 276. 381. Note 382. Note 384. 409. 444. 456. 469. 470. 504.
SIENNE. Note. 158. 275. 380.
SIGILLO. 160. 161.
SILLARO (Le, rivière). 264. 279.
SINIGAGLIA. Note 92. 114. 115. 130. 143. 146. 196. 197. 198. 215. 227. 259.
SLIGO (lord). 35.
SMOLA (feld-zeugmeister von). 147.
SOCHER (major autrichien). 51.
SOGLIA (Monseigneur). Note 158.
SOLA (Monseigneur). Note 158.
SOMAGLIA (della, Cardinal). 86. 159.
SOMERSET (lord). Note 317.
SOMMARIVA (feld-maréchal lieutenant, Marquis). 99. 487.
SORA. 91. Note 122. 123.
SPADINI (Major toscan). Note 354.
SPANNOCCHI (Général toscan, gouverneur de Livourne). 48. 49. Note 65. Note 66.
SPANNOCCHI (Major toscan). 319. 393. 406.
SPANOGHI (Capitaine autrichien). 543.
SPARVIERO (Le, brick de guerre autrichien). 228.
SPEZIA (La). Note 380.
SPIEGEL (Général-major autrichien). 577. 467. 500. 542.
SPIEGELFELD (Président du

INDEX ALPHABÉTIQUE 597

gouvernement, à Trieste). Note 384.

SPILAMBBERTO (et gué de). 272. 300. 306. 307. 308. 311. 325. 423. 433. 446. 459. 514. 517.

SPOLETO. 53. Note 158. 159. 223. 274.

STARHEMBERG (Général-major autrichien, comte de). 126. 167. 173. 174. 187. 188. 189. 190 191. 192. 193. 219. 233. 249. 264. 279. 286. 300. 301. 306. 308. 322. 323. 338. 352. Note 369. 373. 374. 389. 390. 391. 395. 397. 398. 400. 401. 420. 421. 422. 432. 433. 434. 448. 496. 499. 543.

STEFFANINI (Général-major autrichien, baron). 50. 98. 99. 115. 128. 131. 132. 147. 163. 164. 166. 184. Note 185. 198. 203. Note 204. 215. 227. 241. 248. 251. Note 259. Note 260. 270. 271. 272. 279. 280. 281. 286. 287. 303. 311. Note 317. 322. 352. Note 369. 389. 390. 396. 397. 421. 423. 425. 433. 434. 447. 488. 500. 510. 543.

STELLA (La, *Paranza* de la Marine napolitaine). 508.

STELLATA. 423.

STEWART (lord, lieutenant-général). Note 133. 275. Note 276. 324. 530. 531. 532.

STIGLIANO-COLONNA (prince chef d'escadrons napolitain). 140.

STOLLING (lieutenant autrichien). Note 215.

STORTA (La). 140. Note 158.

STROZZI (Carlo, Colonel toscan). Note 354.

SUDEN (Général-major autrichien). 251. 324. 487. 500. 545.

SUISSE (La), et SUISSES. 215.

SULMONA. Note 44. 121. 122. 132. 478.

SUNSTENAU (Major autrichien). 542.

SVINBORN (Général-major autrichien). 546.

SZECHENYI (Comte, officier autrichien, envoyé en courrier. 475.

SZENT-IVANNY (Colonel autrichien). 263. 264. 287. 289. 422.

SZINKOVICS (Colonel autrichien). Note 253. 290. 488.

T

TAGLIAMENTO (Le, rivière). Note 193 266.

TAILLADE (Colonel au service de Murat). 485. 498.

TAJANI (Capitaine napolitain de l'état-major de Carrascosa). 123.

TALLEYRAND (Prince de). 15. 16. 18. 21. 22. 23. 24. 38. Note 42. 100. 101. 102. 103. 104. 153. 175. 206. 207. 208. 218. 222. 267. Note 276. 383.

Note 412. 489. 530. 531. 532. 551. 552. 553. 554. 555.
TANARO (Le, fleuve). 336.
TAVOLLO (Le, rivière). 218. 219.
TAXIS (Général-major autrichien). 351. Note 369. 501. 543.
TEANO. Note 44. 478.
TERAMO. 478.
TERNI. 87. 137. Note 158. 224. 494.
TERRACINA (Terracine). 91. 123. 140. 158. 211. 492.
TERRA DEL SOLE. 263.
TERRE DE LABOUR (La). 59. 91. 122. 478.
TESTA (Monseigneur). Note 158.
THOMSON (Capitaine anglais commandant l'*Aboukir*). Note 225.
THUYLL ou TUYLL (baron, général russe). 160. 161. 163.
TIVOLI. 199.
TOCCO. Note 44. 478.
TOCCO (Commandeur, envoyé par Murat à Londres pour le représenter). 31. 35. 132. 177. 178. 179. Note 343.
TORELLA (prince de). 111. 120. Note 121.
TORELLI (ancien agent de Marie-Caroline, devenu un des agents de Ferdinand IV). 522. 523. 524.
TORELLO (Comte, Membre de la Commission d'Economie. Modène). 375.

TORRE (Manufacture d'armes della). 94.
TORRE DI PASSERI. 478.
TORRE TRE PONTI. Note 158.
TORRETTA (La). 182.
TORRETTE (Le). 239.|
TOSCANE-TOSCANS. 1. 10. 13. 36. 37. Note 51. 53. Note 66. 81. 100. 113. 124. 137. 146. 153. 179. 180. 195. Note 199. 205. 223. 224. 225. 226. 235. 240. 245. 250. 252. 253. 254. 266. 268. 274. 275. 282. 283. 292. 293. 294. 295. 296. 297. 304. 305. 319. 327. 330. 331. 332. 335. 346. 347. 354. 355. 362. 377. 379. 380. 391. 393. 407. 421. 428. 440. 441. 442. 443. 450. 451. 456. 457. 459. 460. 488. 510. 511. 513. 514. 521. 527. 541. 544. 547.
TOULON. 201. Note 416.
TRANI. Note 246.
TRASIMÈNE (Département du). 492.
TRECENTA. 291.
TREMENDOUS (Le, vaisseau de guerre anglais). 276.
TRE MORI (ALBERGO DEI, Ferrare). Note 185. 356.
TRENK (Général-major autrichien). 501.
TRENTE. Note 96.
TRÉVISE. 100. 329. 351. Note 369. 546.
TRIESTE. Note 51. 185. 186. 384. 568.
TRIVENTO. 478.
TRIVULZIO. (Prince). 519.

INDEX ALPHABÉTIQUE

TRIZZA (Alexandra, première femme de *Bevilacqua*). 491.
TRONTO (Le, fleuve et département du). 454.
TUILERIES (Les et cabinet des). 24. 209. 526.
TURIN. 99. 176. 327. 340. 364. 389. 445. 460. 494. 505. 516. 545.
TYROL-TYROLIENS. 310.

U

UDINE. 99.
ULTRAMONTAINS. — ULTRAMONTANI (Les). 56. 522.
UNITAIRES (Les). UNITARI (Secte *degli*) et UNITÉ ITALIENNE. 128. Note 412. 415.
UNZMARKT. 164.
URBINO. 239. 393.
URMENYI (Colonel commandant le régiment d'infanterie Vacquant). Note 204.

V

VACQUANT (Général autrichien). Note 39.
VALENZA. 251.
VALLAISE (Comte de, Ministre des affaires étrangères du roi de Sardaigne). Note 40. 176. 229. 476. 477.
VALLUNGA (et *Cascina Vallunga*). 41. 356. 358.
VALMONTONE. Note 123. Note 158.

VALTELINE (La). 13. 99. 546.
VARESE. 546.
VARGAS (de, Ministre d'Espagne à Rome). 69.
VATICAN (le, Palais et cabinet du). 119.
VAUCHELLES (Chevalier, ordonnateur en chef de l'armée napolitaine). 497.
VELLETRI. Note. 123. Note 158. 492.
VENAFRO. 44. 478.
VÉNÉTIE (La). 39. 184. 195. Note 199. 282. 321. 327. 381. 460. 546.
VENISE-VÉNITIENS. 40. Note 51. 55. 99. 128. Note 131. 137. 195. 228. 229. 256. 266. 282. Note 327. 363. Note 461. 505. 527.
VEROLI (Verula). 140.
VÉRONE. Note 96. 99. 147. 148. 164. 195. 203. 434. 502. 544. 546.
VERSAILLES (et cabinet de). 170.
VIADANA. 323. 542.
VIAREGGIO. 4.
VICENCE. Note 96. 99. 147. 546.
VICENCE (duc de). Voir CAULAINCOURT...
VICTOR-EMMANUEL Ier (roi de Sardaigne). Note 26. Note 36. 40. 52. 55. 84. 267. 342. 445. 476. 477.
VICTOR-EMMANUEL II. (roi d'Italie). 401...
VIENNE (Congrès, cour et ca-

binet de). 5. 7. 10. 11. 12.
13. 15. 16. 18. 21. 23. 24. 25.
27. 30. 31. 32. 33. 39. 41. 45.
54. 55. 56. 61. 74. 76. 79. 80.
82. 89. 95. 100. 101. 103. 104.
105. 107. 115. 120. 124. 125.
126. 139. 152. 153. 155. 156.
160. 163. 164. 166. 167. 169.
177. 178. 182. 187. 189. 192.
195. 205. 207. 208. 209. 210.
217. 218. 219. 220. 230. 231.
233. 236. 237. 240. 243. 252.
Note 259. Note 260. 266. 267.
315. 316. 334. 337. 338. 343.
363. 383. Note 384. 409. 411.
467. 469. 470. 471. 473. 474.
476. 477. 480. 482. 483. 489.
518. 519. 524. 525. 526. 529.
530. 531. 534. 535. 536. 537.
539. 548. 549. 551. 552. 554.
555. 556.

VILLAFRANCA. 435.

VILLANOVA. 542.

VILNA. 160.

VINCENT (feld-maréchal lieutenant, baron de). 10. 11. 15. 16. 17. 18. 19. 20. 21. 102. 210.

VINET (Capitaine, aide de camp de Belliard). Note 416.

VITERBE. 84. 156. 158.

VIVIANI (Sécrétaire du gouvernement. Pise). 48.

Vo ou VHO. 487.

VOIE ÉMILIENNE — VIA EMILIA. 195. 272. 307. 310. 423. 547.

VOLONTAIRES (Les, et enrôlements). 298. 320. Note 321.

333. 334. 376. 385. 386. 452. 453. 454.

VOLTELINI (commissaire des guerres napolitaines). 274.

W

WALCKER (Consul d'Angleterre à Naples). 31. Note 35. 132. 178.

WATERLOO (bataille de), 209.

WATTLET (Général-major autrichien, baron). 500. 546.

WEINGARTEN (Capitaine autrichien). Note 81. 132. 543.

WELLINGTON (feld maréchal, duc de). 23. 24. 101. 104. 153. 176. 178. 179. 207. 208. 209. 211. 229. 230. 231. 232. 245. 277. 339. 340. 343. 364. 531. 552.

WERKLEIN (Lieutenant-colonel autrichien). Notes 4 et 5. 48. 99. 131. Note 167. 184. 240. 241. 282. 295. Note 380. 413. 426. 448. 544.

WESTPHALIE (roi de, Voir JÉROME BONAPARTE).

WICKENBURG (Comte de, fonctionnaire autrichien). 185.

WIED-RUNKEL (prince de, feld-maréchal lieutenant). 499.

WINZINGERODE (Comte de). Note 185.

WIZZARD (Le, brick de guerre anglais). 46. 276.

WOHLGEMUTH (Colonel autrichien). 90.
WOLF (Capitaine autrichien). 396. 398. 401. 422.
WURZBURG. 343.
WURTEMBERG (roi de, Frédéric Ier). Note 185.

Z

ZICHY (Comte-Colonel autrichien). 323. 357. 360. 487. 543.
ZINI (Giuseppe, dit Savernino, blanchisseur). Note 288.
ZUCCARI (Consul général de Naples à Rome). 8. 9. 30. 31. 87. 88. 120. Note 121. 124. 137. 138. 139. 140. 160. 240. 363. 494.
ZUCCHI (Prudenza, 3° femme de *Bevilacqua*). 491.
ZUCCHINI (Maria, mère de *Bevilacqua*). 491.
ZUCHARY (Capitaine autrichien). 339.
ZURLO (Comte, Ministre de l'Intérieur). 62. Note 106. 194. 533.

TABLE DES MATIÈRES

PREMIÈRE PARTIE

LES DERNIÈRES HÉSITATIONS DE MURAT
(27 FÉVRIER-18 MARS)
MURAT A ANCONE (19-26 MARS).

Pages.

I. — (27 février-4 mars 1815.) — La première nouvelle du départ de Napoléon et de l'arrestation de Pauline. — Inquiétude et mauvaise humeur de Murat. — Influence néfaste de la princesse de Galles. — Continuation des mouvements des troupes napolitaines. — Les dernières tentatives de rapprochement avec le Saint-Siège. — Zuccari, Lebzeltern et le cardinal Pacca. — Mesures défensives préparatoires des Autrichiens et la situation d'effectifs de l'armée autrichienne d'Italie au 1er mars 1815. — Vincent chez Blacas et Louis XVIII. — Conclusion de l'arrangement entre la France et l'Autriche. — Conditions mises par la Cour de Vienne à son action contre Murat. — Les Instructions de Louis XVIII à Talleyrand (5 mars 1815.). — Les déclarations de Metternich au cardinal Consalvi. — Les notes de Campochiaro. — L'arrivée de Colonna à Naples... 1

II. — (5-9 mars 1815.) — Le Conseil extraordinaire du 5 mars. — Résolutions et déclarations de Murat. — Bellegarde et la situation militaire du duché de Modène et du grand duché de Toscane. — L'arrivée à Vienne de la nouvelle du départ de Napoléon de l'île d'Elbe (7 mars 1815) et les instructions de l'Empereur d'Autriche à Bellegarde. — Murat refuse définitivement d'évacuer les Marches. — Mesures militaires et ordres de mouvements. — Les projets de Joachim sur la Sicile, ses instructions au général Desvernois. — Mesures prises à Messine par le général Mac Farlane et le contre-amiral Penrose. — Les clubs italiens de Naples. — Arrivée à Compignano d'un courrier de Caroline et de Murat............ 30

III. — (12 mars 1815.) — Inquiétudes croissantes des Gouvernements Italiens. — Bentinck reprend le commandement des forces britanniques à Gênes. — Le Pape songe sérieusement à quitter Rome. — Le général d'Ambrosio chez Murat. — L'*Inconstant* à

Gaëte. — Mouvements des troupes napolitaines. — Les dépêches de Mier à Metternich. — Sa note à Gallo (12 mars 1815.) — Manhés, gouverneur de Naples, et Maghella, Ministre de la Police. — Murat et les Anglais. — Départ de la princesse de Galles pour Rome. — Lettre inédite du général Colletta à Tito Mansi. — Les lettres de Murat à Lucien et au cardinal Fesch (10 mars). — Lucien et le cardinal Pacca (11 mars). 50

IV. — *(13-16 mars 1815.)* — Détente inattendue et momentanée. — La nouvelle de l'arrivée de Napoléon à Lyon, le conseil extraordinaire et la volte-face de Murat. — Mier chez Gallo et chez Caroline (15-16 mars). — Consternation causée à Rome par les nouvelles de France. — Les dépêches de Lebzeltern à Metternich et à Fossombroni, les instructions de Murat à Gallo, les lettres de Gallo à Lucien et à Zuccari et l'ajournement du départ du Pape. — Mouvements des troupes napolitaines. — Situations et effectifs de l'armée napolitaine. — Schwarzenberg et l'empereur François. — Ordres envoyés à Steffanini en cas d'ouverture des hostilités. — Etat de situation de l'armée autrichienne d'Italie (13-15 mars 1815). — La mise hors la loi de Napoléon (13 mars 1815). — Les inquiétudes de Talleyrand et l'offre de Campochiaro de signer la déclaration 72

V. — *(17 mars 1815.)* — Murat quitte Naples. — L'alarme à Rome. — Lord Burghersh et Pignatelli. — Les inquiétudes de Bellegarde 106

VI. — *(18 mars 1815.)* — La détresse et la misère à Naples. — Le général Filangieri et le prince de Torella à Rome. — Les lettres de Murat à Lucien. — Ordre général de mouvement donné à l'armée napolitaine. 117

MURAT A ANCONE (19-26 MARS 1815).

I. — *(19-20 mars 1815.)* — Arrivée de Murat à Ancône. — Son inaction pendant ces deux journées. — Murat et Bentinck. — Bentinck et Bellegarde. — Le général Filangieri à Florence. — La note de Zuccari et la réponse du cardinal Pacca. 128

II. — *(21 mars 1815.)* — Entrée des têtes de colonnes napolitaines dans les Etats Pontificaux. — Pignatelli en audience de congé chez Fossombroni. — L'état des esprits à Naples et l'envoi dans l'Italie du Nord des mécontents italiens. — La dépêche de Bentinck transmise par Bellegarde à Metternich. — Etat de situation de l'armée autrichienne. — Mouvements des troupes autrichiennes sur Ferrare et Rovigo 140

III. — *(22 mars 1815).* — Les conséquences de l'entrée en scène de Bentinck. — Le départ de Pie VII de Rome. — Consalvi, le général de Thuyll et Metternich. — Bianchi prend le commandement des troupes autrichiennes de la rive droite du Pô. — Ordres de mouvement. — Les missions de Neumann, d'Aspre et de l'archiduc Maximilien d'Este 149

IV. — (23-24 mars 1815). — Filangieri chez Bellegarde. — Importance de leur entretien. — Les dépêches de Bellegarde à Metternich et à Gallo. — Starhemberg à Ancône et l'objet de sa mission. — Le colonel Dalrymple envoyé par Bentinck à Murat. — Les ordres de l'Empereur à Caulaincourt. — Les instructions de Croker au contre-amiral Penrose. — L'hostilité de l'Angleterre. — Tocco et Castlereagh. — L'alarme en Toscane. — Les désertions dans les Abruzzes. — La circulaire de Carrascosa. — L'état des esprits en Lombardie et dans les Légations. — Les préparatifs autrichiens. — Le départ d'Elisa de Bologne. — Le prince Jérôme s'enfuit de Trieste. 166

V. — (25-26 mars 1815.) — Starhemberg à Ancône. — Son entrevue avec Murat. — La réponse de Gallo à Bellegarde. — Conseil des Ministres et conseil de guerre à Ancône. — Le plan de campagne de Filangieri. — Emplacements des troupes napolitaines et ordres de mouvement. — Les instructions de Schwarzenberg à Frimont et l'état de situation de l'armée autrichienne d'Italie. — Répartition des troupes de Steffanini dans les Légations. — Mesures prises par Bellegarde. — Les arrangements avec Modène et la Toscane. — Pie VII à Florence et les préparatifs de départ du Grand-Duc. — La manœuvre de Talleyrand. — L'hostilité d'Alexandre Ier contre Murat. — La dépêche de Wellington à Castlereagh 187

DEUXIÈME PARTIE

LA GUERRE
L'OFFENSIVE NAPOLITAINE (27 MARS — 13 AVRIL 1815.)

27 mars 1815. — La division Carrascosa passe le Métaure. — Le général Pepe à Pesaro, sa rencontre en route avec le secrétaire de Joseph. — La division d'Ambrosio à Sinigaglia et la marche de la division Lechi. — Dalrymple à Ancône chez Murat et chez Gallo. — La colonne de gauche de l'armée Napolitaine en marche sur la Toscane et la lettre de Murat au Grand-Duc. — La surveillance de Pauline. — La consternation en Toscane et l'opinion de Lebzeltern sur les plans d'opérations. — Bellegarde concentre son armée à Casalmaggiore. — Etat de la flotte autrichienne 213

TABLE DES MATIÈRES

Pages.

28 mars 1815. — Les résolutions de Metternich et de Wellington. — L'alarme en Italie. — Bellegarde préconise la création du royaume de Lombardie. — Les appréciations de Marescalchi et de lord Burghersh. — La réponse de Gallo à la demande d'explications de Bentinck. — Les Napolitains occupent Cattolica et Rimini. — Gavenda se replie sur Cesena (Nuit du 28 au 29). — Murat à Pesaro. — Décret d'annexion des territoires d'Urbino, de Pesaro et de Gubbio aux Marches et des Marches au royaume de Naples. — Ordre à Pignatelli de se porter à marches forcées sur Florence. — L'envoi de Nugent en Toscane. — Mouvements de troupes autrichiennes dans les Duchés. — Ordres à Bianchi 230

29 mars 1815. — La lettre de Murat à Bentinck. — Bellegarde informe Bentinck de l'ouverture des hostilités et de l'envoi de Nugent en Toscane. — Carrascosa continue son mouvement sur Cesena. — La garnison de Ravenne se replie sur Primaro et de là sur Comacchio. — Préparatifs d'évacuation de Bologne . . 242

30 mars 1815. — Ordres et plan d'opérations du général Frimont. — Positions des deux armées. — Positions et mouvements des colonnes napolitaines. — L'armée de Murat jugée par le colonel Dalrymple. — Les premiers coups de fusil. — L'affaire de Cesena. — La proclamation de Rimini et les appréciations de Catinelli 249

31 mars 1815. — Retraite de Gavenda sur Imola. — Murat à Forli. — Positions des trois divisions du corps de droite. — La dépêche de Dalrymple. — Ordre à l'armée napolitaine relatif aux bivouacs. — Préparatifs et inquiétudes de Steffanini et du duc de Modène. — Munarini et ses renseignements sur l'entente entre Napoléon et Murat. — Lord Burghersh et Fossombroni. — Ordres donnés par Bentinck aux commandants anglais en Sicile et dans la Méditerranée. — Le départ et la mission de Neipperg 263

1er avril 1815. — Prise effective du commandement en chef par Frimont. — Retraite de Gavenda sur Bologne. — Dernières dispositions de Steffanini en vue de l'évacuation de cette ville. — Dalrymple à Bologne et les projets qu'il prête à Murat. — Le duc de Modène fait couper le pont de Navicello et renvoie les troupes autrichiennes à Reggio. — Lebzeltern, d'Aspre, Fossombroni et l'arrangement avec la Toscane. — Mesures administratives prises et nominations faites par Murat 278

Nuit du 1er au 2 avril et journée du 2 avril 1815. — Evacuation de Bologne par les Autrichiens. — Positions des Autrichiens le 2 au matin. — Murat et sa 1re Division à Bologne. — L'escarmouche du pont du Reno. — Positions des Napolitains le 2 au soir. — L'alarme à Ferrare et la dépêche du général Eckhardt. — Le général d'Ambrosio, ses proclamations et sa lettre au général Millet. — Ordres de Murat à Livron et sa lettre au Grand-

TABLE DES MATIÈRES

Duc de Toscane. — La réponse de Ferdinand III à la lettre de Murat du 27 mars. — Nugent et d'Aspre à Pistoia........ 286

3 avril 1815. — Murat forcé de donner un jour de repos à ses troupes à Bologne. — Positions de son armée le 3 au soir. — Dispositions défensives de Bianchi. — Les instructions du duc de Modène. — Eckhardt à Occhiobello et l'escarmouche de Bastia. — Les décrets du 3 avril, les proclamations et les troubles de Gubbio. — L'entrée de la Garde napolitaine en Toscane. — Le départ du Grand-Duc décidé à la suite de la visite de Nugent. — Mise en route de renforts destinés à l'armée napolitaine. — Mier demande ses passeports............ 297

4 avril 1815 — Combat du Panaro. — Le fait d'armes décisif du général Filangieri. — Positions de Bianchi le 4 au soir. — Murat et la division Carrascosa à Modène. — Dalrymple quitte le Quartier général napolitain. — La lettre de Murat à Bentinck. — Positions des 2ᵉ et 3ᵉ divisions. — Départ du Grand-Duc de Toscane pour Pise. — La proclamation de Pellegrino Rossi et le décret de Murat créant la Commission de guerre italienne. — La prestation du serment de fidélité imposée en Lombardie et en Vénétie aux anciens officiers de l'armée italienne............................ 306

5 avril 1815. — Positions et mouvements du corps Bianchi. — Inaction et hésitations de Murat à Modène. — Mouvements de Lechi sur Cento, d'Ambrosio sur Ferrare. — Situation des Autrichiens à Ferrare et Occhiobello. — Ordres donnés à Livron et à Pignatelli et mouvements de leurs troupes. — Nugent à Florence. — Les proclamations et l'indifférence des populations. — Bellegarde, lieutenant du Vice-Roi et les instructions de Schwarzenberg à Frimont. — Envoi de la lettre de rappel de Mier et remise des passeports aux Ministres de Naples à Vienne. — La dépêche de Metternich à Bellegarde et la note de lord William Bentinck à Gallo. — La lettre de Wellington à Castlereagh. (Bruxelles, 5 avril, 8 heures du matin.).... 322

6 avril 1815. — Pepe occupe Carpi. — Les ordres de Murat à Carrascosa et à Lechi. — Le mouvement d'Ambrosio sur Ferrare et l'entrée de son avant-garde le 6 au soir. — Le feld-maréchal lieutenant Mohr chargé de la défense de la tête de pont d'Occhiobello. — Positions des troupes autrichiennes. — Reconnaissance sur Comacchio. — Nugent évacue Florence.. 345

7 avril 1815. — Murat à Ferrare. — D'Aquino à Pontelagoscuro. — Reconnaissance et première attaque de la tête de pont d'Occhiobello. — Marche des renforts vers ce point et les instructions de Frimont. — Immobilité des divisions Lechi et Carrascosa. — Livron à Florence, Nugent à Pistoia. — Les désertions dans l'armée napolitaine. — Les lettres patentes du 7 avril. — La déclaration de lord William Bentinck. — Les ordres de l'Empereur à Caulaincourt................. 356

TABLE DES MATIÈRES

Pages.

8 avril 1815. — Combat d'Occhiobello. — Translation du Quartier-général de Frimont de Piadena à Borgoforte et envoi de renforts à Bianchi. — Les rapports de Carafa, de Lechi et de Pepe. — Les reconnaissances de Starhemberg sur Carpi et sur Reggio. — Les Napolitains à Reggio. — Neipperg chargé du du commandement par intérim du 1er corps (Radivojevich). — Situation et réclamations de Livron. — Pignatelli à Florence. — Sa note à Fossombroni et sa proclamation aux Toscans. — Les projets de Nugent, d'après lord Burghersh. — Bentinck à Milan, en route pour le Quartier-général de Frimont. — La note de Campochiaro et de Cariati à Metternich. — L'arrestation de Schinina à Mantoue 366

9 avril 1815. — Remise à Murat de la déclaration de guerre de l'Angleterre et le rappel à l'activité de l'ancienne armée italienne. — La nouvelle cocarde, les décrets et les proclamations. — Inaction des divisions napolitaines. — Bianchi retourne à Borgoforte. — Ses ordres pour les opérations du lendemain. — Evacuation de Reggio par les Napolitains. — Escarmouches de Prato et de Poggio à Cajano 385

10 avril 1815. — Combat de Carpi. — Positions des Belligérants le 10 au soir sur la ligne Ferrare-Modène. — Les désertions et les mesures de répression contre les déserteurs. — Nugent replie ses avant-postes sur Pistoia. — Les Napolitains occupent Prato et Poggio à Cajano. — La proclamation de Fossombroni aux Toscans. — La réponse de Metternich à la note du 8 avril. — La déclaration de guerre de l'Autriche. — Les dépêches du 11 avril de Metternich à Bellegarde. — L'article de la *Gazette de Vienne* du 12 avril. — La mission et l'arrestation de Binda. — Les ordres de l'Empereur à Decrès et à Caulaincourt. — L'envoi d'un Ministre de France à Naples 394

11 avril 1815. — Les ordres de Frimont. — Bianchi obligé de rester immobile. — Murat à Modène. — Ordre d'évacuer la ville pendant la nuit. — Affaire de Mirandola. — Escarmouche de Casaglia. — Sortie de la garnison de Ferrare. — Le coup de main de San Alberto. — Situation critique de Nugent. — Les craintes, les fautes et les mouvements incompréhensibles de Livron et de Pignatelli-Strongoli. — La réponse du duc de Gallo à la note du 5 avril 418

12 avril 1815. — Les Autrichiens et Bianchi à Modène. — Ordres de Bianchi. — Positions de Starhemberg, Steffanini et Senitzer le 12 au soir. — Bianchi et Frimont. — Raisons pour lesquelles Frimont reste sur la défensive. — Combat d'Occhiobello. — Evacuation de Ferrare par d'Ambrosio et retraite de Lechi sur Cento (Nuit du 12 au 13 avril). — Livron et Pignatelli continuent leur retraite sur Florence. — Les rapports de Pignatelli et les ordres de Murat. — La lettre de Murat au Grand-Duc. — Macirone envoyé auprès de Bentinck. — Nugent

désigné par Metternich pour prendre le commandement du corps expéditionnaire Sicilien. — Metternich, Consalvi et les questions relatives aux troupes pontificales. — Remise à Saint-Marsan de la déclaration de guerre à Naples et l'envoi de 10.000 Piémontais sur la frontière du côté de Plaisance 431
13 avril 1815. — Mouvement rétrogade de Lechi et d'Ambrosio. — Positions le 13 au soir. — Retraite de Pignatelli et de Livron sur Florence. — Les tentatives d'intimidation de Pignatelli. — La course de Murat à Malalbergo. — Résultats lamentables des engagements volontaires et des offrandes patriotiques. — Formation du bataillon de volontaires et du bataillon d'officiers. — Nouvelle lettre du duc de Gallo à lord William Bentinck. — Le conseil de guerre de Bologne. — La retraite décidée, la fin de l'offensive napolitaine 446

APPENDICE

ANNEXES. — NOTICES. — DOCUMENTS OFFICIELS.
PIÈCES JUSTIFICATIVES.

ANNEXE I. — Note du duc de Campochiaro au prince de Metternich. (Vienne, 4 mars 1815) 467
ANNEXE II. — Deux dépêches du comte de Mier au prince de Metternich 471
ANNEXE III. — L'état général des affaires en Italie, d'après une dépêche du comte de Vallaise. (Gênes, 8 mars 1815) 476
ANNEXE IV. — Mouvements de troupes ordonnés par S. M. le Roi, le 10 mars 1815 478
ANNEXE V. — Le comte de Mier au duc de Gallo. Note. (Naples, le 12 mars 1815, matin) 479
ANNEXE VI. — Lettre du général Colletta au roi Joachim pour le détourner de la guerre. (Naples, le 12 mars 1815) 479
ANNEXE VII. — Le duc de Gallo au comte de Mier. (Naples, le 14 mars 1815) 483
ANNEXE VIII. — Etat de situation de l'armée napolitaine. (Mars 1815.) 484
ANNEXE IX. — Ordre de bataille de l'armée Napolitaine. (Armée d'Opération) 15-18 mars 1815 485
ANNEXE X. — Ordre de bataille de l'armée autrichienne d'Italie. (15 mars 1815) 487
ANNEXE XI. — Le duc de Campochiaro au prince de Talleyrand. (Vienne, le 17 mars 1815) 489
ANNEXE XII. — Le duc de Gallo au comte de Mier. (Naples, le 17 mars 1815) 490

Annexe XIII. — Renseignements biographiques sur Gaetano Bevilacqua, dûs à l'obligeance de M. R. Ambrosini, de Bologne... 491
Annexe XIV. — Le départ du Pape de Rome et la lettre de Joachim à Pie VII.. 492
Annexe XV. — Le duc de Gallo au F. M. comte de Bellegarde. (Ancône, le 25 mars 1815)............................. 496
Annexe XVI. — Situation et composition de l'armée Napolitaine. (17-30 mars 1815)..................................... 497
Annexe XVII. — Ordre de bataille de l'armée d'Italie. (25 mars 1815).. 499
Annexe XVIII. — Tableau de marche des corps de troupes dirigés à marches forcées sur l'Italie...................... 502
Annexe XIX. — Rapport sur l'affaire de Cesena. — Le lieutenant-général Carrascosa au général Millet............. 503
Annexe XX. — La proclamation de Rimini......................... 504
Annexe XXI. — Ordre du jour à l'armée. (Napolitaine)....... 506
Annexe XXII. — Etat de situation de la flotte Napolitaine (fin mars 1815).. 508
Annexe XXIII. — Observations et dépêches de Bellegarde et de Frimont relatives à la prolongation du séjour du colonel Dalrymple à Bologne et à sa présence au Quartier-général de Murat... 509
Annexe XXIV. — Documents inédits sur la mission supposée du Secrétaire du Conseil d'Etat, Tito Manzi, en Toscane en avril 1815.. 510
Annexe XXV. — Ordre du jour sur le combat du Panaro. — Rapport de l'armée Autrichienne....................... 514
Annexe XXVI. — Rapport de Sir John Dalrymple à lord William Bentinck sur le combat du Panaro...................... 516
Annexe XXVII. — Rupture des relations diplomatiques avec Naples. — Rappel du comte de Mier...................... 518
Annexe XXVIII. — Proclamation (de Bellegarde) aux habitants de la Lombardie... 519
Annexe XXIX. — Proclamation adressée par le lieutenant-général Pignatelli-Strongoli aux Toscans................... 521
Annexe XXX. — Note du duc de Campochiaro et du prince de Cariati au prince de Metternich, portant plainte de la conduite de la Cour de Vienne envers celle de Naples et contenant les motifs de la marche des troupes napolitaines vers le Pô. (Vienne, 8 avril 1815.)............................. 524
Annexe XXXI. — Les demandes d'argent adressées par la Légation de France au gouvernement anglais................. 530
Annexe XXXII. — Décret rappelant à l'activité l'ancienne armée du Royaume d'Italie................................. 532
Annexe XXXIII. — Proclamation du roi Joachim Murat. — La nouvelle Cocarde....................................... 533

Annexe XXXIV. — Réponse du prince de Metternich à la note du 8 avril des Plénipotentiaires Napolitains. (Vienne, 10 avril 1815.) 534
Annexe XXXV. — Déclaration de la cour de Vienne sur la conduite du roi de Naples. (Vienne, 12 avril 1815.) 536
Annexe XXXVI. — Dépêches des généraux Livron et Pignatelli à Murat et au général Millet. (11 avril 1815.) 540
Annexe XXXVII. — Ordre de bataille de l'armée autrichienne d'Italie (12 avril 1815.) ....
    I. — Troupes disponibles pour les opérations 542
    II. — Troupes indisponibles. 545
Annéxe XXXVIII. — Appréciations de Pignatelli sur les premières opérations de Bianchi. (Carpi et Occhiobello.). . . . 547
Annexe XXXIX. — Extraits du Mémoire Confidentiel de Gentz à Karadja sur l'état des Affaires en Europe. (Vienne, 24 avril 1815.) 548

Index Alphabétique 557

ERRATA ET ADDENDA

Tome II.

Page 424. 8° ligne, à partir du bas de la page, au lieu de « *Si torna* » lire « SE TORNA » et même ligne, au lieu de « *Stazione* » lire « STAGIONE. »

Page 425. Note 1. 1re ligne, et passim, au lieu de « *Protocoli* » lire « PROTOCOLLI. »

Page 563. 9° ligne et page 638, 1re colonne, 14° ligne, au lieu de « *Calcagiovine* » lire « CALCAGNINI. ».

Page 616. Au commencement de la 12° ligne, au lieu de « *Louis XVIII* » lire « LOUIS XVI. »

Tome III.

Page 10. 11° ligne, après « *68557* » ajouter « HOMMES. »

Page 12. 9° ligne, devant « *qui* » supprimer « , »

Page 21. Note 3, dernière ligne, au lieu de « *à son* » lire « DE SON. »

Page 23. 5° ligne à partir du bas de la page, au lieu de « *ses nouvelles provinces* » lire « LES PROVINCES QU'ON VENAIT DE LUI RENDRE. »

Page 32. 13° ligne, après « *ménager* » ajouter « À. »

Page 34. Note 1. 1re ligne, après « *Autriche* » supprimer « DE VIENNE. »

Page 38. 1re ligne, après « *Prusse* » ajouter « , »

Page 45. 6° ligne à partir du bas de la page, au lieu de « *quil* » lire « QU'IL. »

Page 48. 1re ligne, au lieu de « *à* » lire « DE. »

Page 50. 3° ligne à partir du bas de la page, au lieu de « *plue* » lire « PLUS. »

Page 63. Note 2. 7° ligne à partir du bas de la page, au lieu de « *courrier* » lire « COURRIERS. »

ERRATA ET ADDENDA

Page 68. 6° ligne, et note 1, 1re ligne, au lieu de « e » lire « o. »

Page 75. Note. 7° ligne à partir du bas de la page, après « 14 » supprimer « AU. »

Page 77. 11° ligne, au lieu de « Giulano » lire « GIULIANI. »

Page 84. 3° ligne à partir du bas de la page, au lieu de « suivre » lire « PRENDRE. »

Page 88. 11° ligne, après « demande » ajouter ».

Page 96. 8° ligne, après « action » ajouter « , »

Page 97. Note 1. 1re ligne, le mot « Acten » doit être placé avant le signe « . — »

Page 101. 5° ligne, au lieu de « public » lire « PUBLIQUE. »

Page 106. 6° ligne, au lieu de « grande » lire « GRANDES. »

Page 107. Titre courant, au lieu de « A » lire « DE. »

Page 114. 2° ligne, au lieu de « satisfaction » lire « SANCTION. »

Page 115. Note 3. 4° ligne, au lieu de « della » lire « DELLE. »

Page 116. 7° ligne, au lieu de « Comacchio » lire « OCCHIOBELLO. »

Page 123. 5° et 4° lignes à partir du bas de la page, au lieu de « avec les » lire « AUX. »

Page 125. 19° ligne, au lieu de « que » lire « QUI. »

Page 130. Note 4. 3° ligne, à partir du bas de la page, au lieu de « parti » lire « POSTE » et au lieu de « fort » lire « PORT. »

Page 137. Titre courant, au lieu de « Pignatelli » lire « FILANGIERI. »

Page 147. 4° ligne, au lieu de « demies » lire « « DEMIE. »

Page 158. Note 1. 7° ligne, au lieu de « Secreteria » lire « SEGRETERIA. »

Page 160. Note. 3° ligne et Page 161. Note avant-dernière et dernière lignes, au lieu de « Correspondenza » lire « CORRISPONDENZA. »

Page 181. 5° ligne, au lieu de « écrite » lire « ÉCRITES. »

Page 198. 7° ligne à partir du bas de la page, placer les mots « CE RÉGIMENT » après « De plus. »

Page 210. 6° ligne à partir du bas de la page, au lieu de « réservée » lire « RÉSERVÉ. »

Page 217. 13° ligne, au lieu de « que le colonel » lire « QU'IL. »

Page 227. 6° ligne à partir du bas de la page, après « Ferrare » ajouter « , ».

Page 231. 2° ligne, entre les mots « feld maréchal » ajouter « - »

Page 243. 13° ligne, devant « que » ajouter «.

Page 250. Notes. 1re ligne, au lieu de « 2 » lire « 1. »

Page 253. Note. 3° ligne, au lieu de « pont et » lire « PONT DE. »

Page 244. Note 1. 4° ligne et Note 2, 2° ligne, au lieu de « Joanny » lire « IVANYI. »

Page 283. Note 2. 2° ligne, au lieu de « Petrinelli » lire « PEDRINELLI. » et 5° ligne, au lieu de « division » lire « DIVISIONS. »

ERRATA ET ADDENDA

Page 285. 13e ligne, au lieu de « *Antomi* » lire « ANTIMI. »

Page 291. 3e ligne, au lieu de « *censta* » lire « CENTA. »

Page 297. 17e ligne, au lieu de « *esprit* » lire « UNITÉ » et 19e ligne, après « *dere* » ajouter « , »

Page 303. 4e ligne à partir du bas de la page, au lieu de « *Independenza* » lire « INDIPENDENZA. »

Page 307. Titre courant, au lieu de « *DE* » lire « DU. »

Page 314. 12e ligne, au lieu de « *peut être* » lire « PEUT-ÊTRE. »

Page 321. 10e et 11e lignes, placer devant « *à Milan* » les mots « LES OFFICIERS ITALIENS. »

Page 331. dernière ligne, après « *aurait* » supprimer « , »

Page 333. Note. 1re ligne, au lieu de « *dispositions* » lire « DISPOSITION. »

Page 340. Note. 5e ligne, au lieu de « *reçus* » lire « REÇUES. »

Page 354. 9e ligne, au lieu de « *rapidement* » lire « RAPIDEMENT. »

Page 361. 3e ligne à partir du bas, au lieu de « *s'occuper de* » lire S'EFFORCER À. »

Page 364. 5e ligne, au lieu de « ; » mettre « , » et après « *que* » supprimer « : »

Page 368. Note 2. 4e ligne à partir du bas de la page, au lieu de « *renforcées* » lire « RENFORCÉS. »

Page 401. 5e ligne, après « *entrepris* » supprimer « , »

Page 410. 11e ligne, au lieu de « *personnages* » mettre « PERSONNAGE. »

Page 413. Note 1. 2e ligne, au lieu de « *Lesozinsky* » mettre « LESCZINSKY. »

Page 421. 1re ligne, au lieu de « *sur* » mettre « À. »

Page 423. Note 1. 3e ligne, au lieu de « *della* » mettre « DELLE. »

Page 431. 18e et 19e lignes, au lieu de « *qu'illogique* » lire « QUE HONTEUSE. »

Page 448. 10e ligne, au lieu de « *aussi* » lire « AINSI. »

Page 451. Note 2. 2e ligne, au lieu de « *major-général* » mettre « GÉNÉRAL-MAJOR. »

Page 454. 15e ligne, au lieu de « *les* » mettre « L' »

Page 455. 5e ligne à partir du bas de la page, au lieu de « *entende* » mettre « DÉSIRE. »

Page 461. 5e ligne, placer après « VICTOR EMMANUEL. » le renvoi « 1 » qui se trouve à la 1re ligne, après le mot « *opération.* »

Page 462. 8e ligne, après « *attitude* » supprimer « , »

Page 488. 3e colonne, 3e ligne, au lieu de « *Runkal* » mettre « RUNKEL. »

Page 490. Note 2. 1re ligne, au lieu de « *Beriche* » mettre « BERICHTE. »

Page 491. 10e ligne, après « *Bolognese* » supprimer « 6. »

Page 494. 1re ligne, après « *conserve* » ajouter « DE. »

Page 497. 3e colonne, 5e ligne, au lieu de « *Giulini* » mettre « GIULIANI. »

ERRATA ET ADDENDA

Page 498. 3° colonne, 2° ligne, ajouter dans l'espace vide « MEDICI. »

Page 515. 12° ligne à partir du bas de la page, au lieu de « *Piadona* » mettre « PIADENA. »

Page 534. 12° ligne à partir du bas de la page, après « *alliées* » supprimer « : » et même page, Note 1. 2° ligne, au lieu de « *1815* » mettre « 1811. »

Page 537. 8° ligne à partir du bas de la page, après « *1814* » supprimer « , »

Page 544. Note. 1re ligne, au lieu de « *Prædisial* » mettre « PRÆSIDIAL. »

Page 566. 1re colonne, 22° ligne, ajouter « CARBONI (Lieutenant-colonel napolitain) 508. »

Page 582. 2° colonne, 13° ligne, ajouter « LÉOPOLD DES DEUX-SICILES. (Prince) 523. 524. »

Page 599. 2° colonne, 20° ligne, ajouter « VERGATO. 452. »

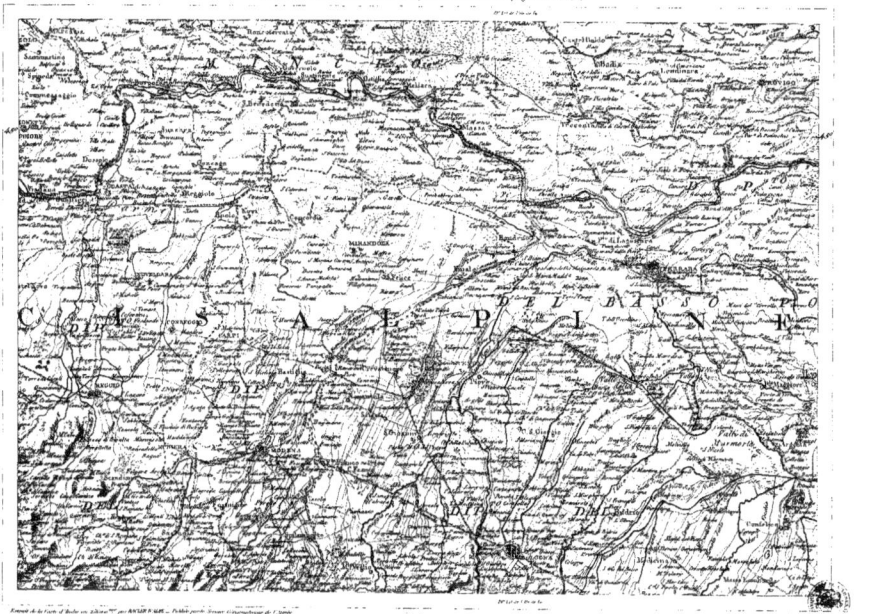

BASSIN DU PÔ DE GUASTALLA À PONTE LAGOSCURO
(Carte du Théâtre des Premières Opérations de la Campagne de 1815.)

Librairie A. FONTEMOING ET Cie, 4, Rue Le Goff, PARIS

Commandant M.-H. WEIL

Le Prince Eugène et Murat. — Opérations militaires. — Négociations diplomatiques (1813-1814). Ouvrage honoré d'une souscription du Ministère de la Guerre. 5 forts volumes in-8°, ornés de cartes............ **47 »**
(Chaque volume se vend séparément.)
T. I : 10 fr. ; T. II : 10 fr. ; T. III : 12 fr. ; T. IV : 12 fr. ; T. V : 3 fr.

Mémoires du Général-Major russe Baron de Löwenstern (1776-1858). — Publiés d'après le manuscrit original et annotés. Ouvrage honoré d'une souscription du Ministère de la Guerre. 2 beaux volumes in-8...... **15 »**
(Chaque volume se vend séparément.)
Tome I (1776-1812), avec un portrait en héliogravure............... **7 50**
Tome II (1813-1858) avec un portrait en héliogravure et une carte dans le texte... **7 50**

Mémoires du Général Govone (1848-1870), mis en ordre et publiés par son fils le chevalier U. Govone. — Traduit de l'Italien par le commandant M.-H. Weil. Edition française augmentée de documents inédits. — Préface de M. Jules Claretie, de l'Académie Française, avec portrait et une carte.
Un fort volume.. **10 »**

Arthur CHUQUET (de l'Institut)

Études d'Histoire. — 1re Série : *Bayard à Mézières ; la Sœur de Gœthe ; L'Affaire Abbattucci ; le Révolutionnaire George Forster.* Un vol...... **3 50**
2e Série : *Le Commandant Poincaré ; Adam Lux ; Klopstock et la Révolution Française ; Bertèche dit la Bretèche.* Ouvrage honoré de plusieurs souscriptions. Un volume.. **3 50**

Dugommier (1738-1794), portrait et cartes. Un volume in-8........ **7 50**
Un Prince Jacobin. Charles de Hesse ou le général Marat.......... **7 50**

Léon-G. PÉLISSIER

Le portefeuille de la Comtesse d'Albany (1806-1824). — Lettres mises en ordre et publiées avec un portrait. Un volume in-8............ **10 »**
Lettres inédites de la Comtesse d'Albany à ses amis de Sienne (1797-1820). Tome premier. — Un fort volume............................. **7 50**

Lieutenant-Colonel CLERC

Capitulation de Baylen. — *Causes et Conséquences*, d'après les archives espagnoles et les archives françaises de la Guerre, Nationales et des Affaires Etrangères, avec deux cartes. Ouvrage honoré d'une souscription du Ministère de la guerre. Un volume in-8................................ **7 50**

Sénac de MEILHAN

L'Émigré. — Publié par MM. Casimir Stryienski et Frantz Funck-Brentano. Contenant un portrait d'après une gravure du Cabinet des Estampes (Bibliothèque Nationale). Un fort volume in-8...................... **7 50**

Henri SERS & Raymond GUYOT

Mémoires du Baron Sers (1786-1862). — Publiés d'après le manuscrit original avec une introduction et des notes. Contenant un portrait d'après une miniature. Un fort volume in-8...................................... **7 50**

IMPRIMERIE GÉNÉRALE DE CHATILLON-SUR-SEINE. — A. PICHAT.

www.ingramcontent.com/pod-product-compliance
Lightning Source LLC
Chambersburg PA
CBHW070310240426
43663CB00038BA/1317